THE STRANGEST MAN

폴 디랙

양자물리학의 천재 폴 디랙의 삶과 과학

KB140539

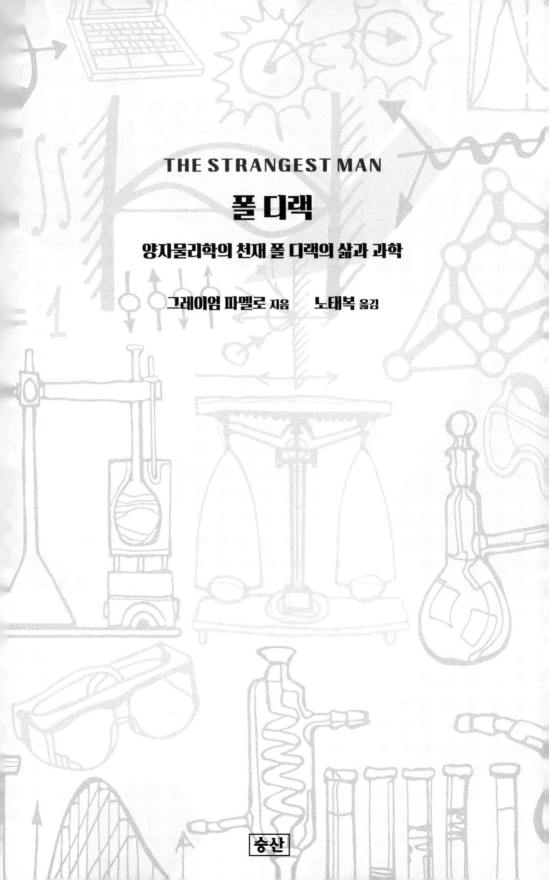

THE STRANGEST MAN

폴 디랙

양자물리학의 천재 폴 디랙의 삶과 과학

그레이엄 파멜로 지음   **노태복** 옮김

승산

'이 전기는 선물이다. 경이로운 이 책은 인간의 성취, 한계 및 이 둘 사이의 관계에 관한 흥미로운 사색의 기록이다 (…) 지금껏 읽은 책 중에서 가장 만족스럽고 기억에 남을 만한 전기이다.'   **루이사 길더, 『뉴욕 타임스 북 리뷰』**

'파멜로는 이 그늘진 인물을 3차원으로 훌륭하게 이끌어내는 데 성공하고 있다 (…) 파멜로는 기본 입자에 관한 개념들을 20세기 유럽과 미국의 혼란스러운 역사 속에서 조망하는 일에 발군의 솜씨를 발휘한다.'

조지너 페리 Georgina Ferry, **『가디언』**

'현대의 가장 위대한 지적인 탐험을 추구했던, 물리학자가 아닌 모든 이들에게 이 책은 전대미문의 책이다.'   **톰 스토퍼드**

'훌륭한 책.'   **스티브 코너**Steve Connor, **『인디펜던트』**

'이 아름답게 쓰인 전기에서 파멜로의 꼼꼼한 자료조사는 디랙의 인간적인 면을 상당히 많이 비추고 있다 (…) 노벨상 수상식에서 디랙 어머니의 유별난 행동에 관한 묘사는 대단한 즐거움을 안겨준다.'

프랭크 클로스 Frank Close, **『네이처』**

'꼼꼼하게 자료를 조사해서 쓴 이 애정 어린 책은 디랙의 시대와 그의 과학에 환한 빛을 비추어준다.'

새러 리핀코트*Sara Lippincott*, 『*LA 타임스*』

'파멜로는 뛰어난 문체로 물리학의 고도의 이론적 개념들을 지극히 명쾌하게 (…) 찬란하게 그리고 짜릿하게 설명하고 있다. 저자는 흥미로우면서도 살짝 삐딱한 유머 감각을 구사하는데, 그렇기에 이 책은 매우 넓은 독자들의 관심을 사로잡을 것이다.'

조슬린 벨-버넬*Jocelyn Bell-Burnell*, 『*타임스 하이어 에듀케이션*Times Higher Education』

'마음을 사로잡고 (…) 매력적이다 (…) (디랙은) 현대 사상의 아이콘이며 파멜로의 책은 디랙의 삶과 시대에 대한 진정한 통찰을 우리에게 안겨다준다.'

페드로 G. 페레이라 *Pedro G. Ferreira*, 『*뉴사이언티스트*』

'폴 디랙은 이상한 세계에 사는 이상한 사람이었다. 너무 늦게 나온 이 전기를 열렬히 환영한다.'

『*이코노미스트*』

'매혹적이다 (…) 위대한 책.'

존 그리빈, 『*리터러리 리뷰*』

'파멜로의 훌륭한 전기는 과학의 열정적인 팬들에게는 과학적 내용을 듬뿍 드러내주고 나머지 사람들에게는 인간에 관한 이야기를 가득 들려준다 (…) 멋진 책이다.'

조지 로시 George Rosie, 『**선데이 헤럴드**』

'통찰과 계시로 가득 찬 역작. 『**폴 디랙**』은 과학자로서뿐 아니라 인간으로서 디랙의 미처 몰랐던 흥미로운 모습을 우리에게 선사한다.'

『**SEED 매거진**』

'이야기를 통해 풀어내는 최상급의 역사적 사실을 매력적인 인간의 이야기와 결합시켜 파멜로는 근시대의 위대한 과학 전기를 내놓았다.'

로버트 매튜스 Robert Matthews, 『**BBC 포커스**』

'굉장하다 (…) 경이로운 책 (…) 한동안 나는 이 책에 관해 생각하게 될 것이다.'

윌리엄 라이스 William Leith, 『**이브닝 스탠더드**Evening Standard』

'경이로운 전기 (…) 과학자의 전기가 무엇인지를 보여주는 모범.'

제레미 번스타인, 『**양자도약**Quantum Leaps』**의 저자**

'예리하고 철저한 자료 조사를 통해 쓰인 이 전기에서 그레이엄 파멜로는 디랙을 드높이고 있으며, 그의 창의성이 꽃피었던 유럽의 학문적 분위기를 훌륭하게 통찰하고 있다.'

마틴 리스

'(디랙에 관한) 더 나은 전기가 우리의 일생 동안 나올 수 있을지 의심스럽다(…) 파멜로는 독자들을 어려운 물리학 속으로 능수능란하게 데리고 다닌다.'

존 엔더비 경 Sir John Enderby, 『**피직스 월드**』

'놀라운 사람을 훌륭하게 담아낸 놀라운 전기. 이 책은 디랙에 관한 섬세한 초상을 그려내며 그의 과학을 누구나 흠뻑 빠져드는 방식으로 풀어내고 있다.

실번 S. 슈위버 Silvan S. Schweber, **하버드 대학 과학사 교수**

'아인슈타인의 상대성이론부터 끈 이론까지 20세기 물리학을 한 편의 파노라마처럼 풀어낸 이 책은 과학에 밝지 않은 독자들을 위해 난이도를 낮추었다.'

존 캐리 John Carey, 『**선데이 타임스**』

추천사

이기명

고등과학원 물리학과 교수

폴 디랙은 20세기 초반, 양자역학의 발전과 양자전자론이란 광자와 전자의 이론의 발전에 근본적인 기여들을 한 이론 물리학자이다. 디랙의 노력, 주변의 도움, 기회의 포착, 지적인 성장, 심오한 발견, 커다란 지적사회와의 교류 등 수많은 이야기들로 어떻게 창조적 과학자가 태어나고, 성장하고, 소멸되는가를 이 전기는 그림처럼 보여 준다. 내가 젊었을 때 읽어본 디랙의 책, 케임브리지 대학교 세인트 존스 칼리지의 잔디와 식당, 덴마크 칼스버그 맥주 회사 창립자의 집이었고 보어의 유리창 많은 집에서의 연회, 프린스턴 대학교의 파인홀 건물, 프린스턴 아인슈타인의 집에서의 세미나 등 나의 수많은 기억들을 되살려 주는 이 책은 매우 읽기가 즐겁고 감명 깊었다.

　디랙의 이러한 지적 성장과 창조적인 기회는 지금의 젊은이들에게는 오히려 훨씬 많다. 디랙의 후예인 이론물리학의 분야만 하여도 대학과 박사과정에 많은 장학금의 기회들이 인재들을 위하여서 기다리고 있다. 국내뿐만이 아니라 국외의 저명 대학에서도 학자들과 함께 연구하고 교류할 기회는 크게 열려있다. 디랙의 전기에서 보듯이, 어떠한 지혜와 상상력과 결심과 노력으로 삶을 이끄는가가 사람의 미래를 바꾼다. 그렇게 멀리보이는 과학적인 창조성과 천재성을 이 전기를 읽음으로써 독자들은 온몸으로 느낄 것이다. 여기에서 가장 놀라운 비밀은 과학적인 창조성과 천재성이 전혀 어렵지 않은 과정이라는 것이다.

김광석

부산대학교 광메카트로닉스공학과 교수

동화『이상한 나라의 앨리스』에는 이해가 되지 않는 장면이 많다. 얼핏 보기에는 정신이 좀 이상한 사람들이 앞뒤가 맞지 않는 무의미한 말을 주고 받는 것 같아 보인다. 필명 루이스 캐럴Lewis Carroll로 알려진 이 기이한 동화의 작가 찰스 도지슨Charles L. Dodgson은 사실 옥스포드 대학교의 수학자였다. 수학은 일상의 체험을 숫자, 기호, 도형으로 표현해 낼 수 있지만 경험할 수 없는 세계를 다루기도 한다. 그러나 이런 추상적 수학 내용들은 실재적이지 않아 일상의 언어로 표현하는데 한계가 따른다.

『이상한 나라의 앨리스』를 수학적 관점에서 읽으면 아주 재미있다. 예를 들어, 4×5=12는 십진수 20을 18진법으로 표기한 것이고, 돼지로 변해버린 아기는 실재적인 실수축axis에 비실재적인 허수축axis이 추가된 2차원적 복소평면에서의 투사projection에 대한 풍자satire다. 또한, T-파티에 참석한 앨리스가 겪는 에피소드는 3차원의 틀에 갇혀 지내다 1차원을 추가한 사원수를 통해 마침내 '회전'의 해법을 찾아낸 수학자 해밀턴William R. Hamilton의 고민을 고스란히 보여주고 있다. 해밀턴을 떠올리게 하는 '모자 장수'는 '순환'을 상징하는 '겨울잠 쥐'와 '3월 토끼' 앞에 나타난 앨리스를 통해 수학적 교환법칙을 닮은 말의 앞뒤 바꾸기를 검증한다. T-파티는 차tea를 마시기 위한 목적보다 사원수가 되기 위해 추가한 차원이 시간time일지도 모른다는 생각을 하게 만든다. 실제, 사원수를 이용하면 공간과 시간의 변화를 다루는 특수 상대성이론을 표현할 수 있다.

주변을 둘러 보면 간혹 이해할 수 없는 말을 하는 이들이 종종 있다. 마치 **수학적 코드**를 모른 채『이상한 나라의 앨리스』를 읽고 루이스 캐럴을 괴짜

취급하는 것처럼 우리는 그들의 내면에 숨겨진 독특한 세계를 간과하고 있는지 모른다. 폴 디랙은 31살이라는 젊은 나이에 슈뢰딩거와 함께 노벨 물리학상을 공동 수상하고, 뉴턴이 지냈던 루커스 수학석좌교수로서 케임브리지 대학교를 대표하는 명성을 누렸지만 주변 사람들에게는 이해할 수 없는 사람이었다. 한 시간에 한마디의 말을 하는 '1 디랙'이라는 단위가 생길 만큼 말수가 적었으며, 지극히 평범한 대화에서도 적지 않은 문제가 있었다. 어떤 정신분석학자는 그의 이런 성향을 정상과 자폐증의 경계에 있는 것으로 진단해 유년시절 저녁식사 때마다 완벽한 프랑스어를 구사하도록 강요했던 아버지와의 갈등이나 집안의 유전적 성향에서 그 원인을 찾으려 한다. 하지만 수학의 언어로 풀어낸 그의 물리학 이론들은 기존 물리학의 패러다임을 뛰어넘는 놀라운 것들이었다. 실험물리학자들이 양전자positron를 발견하기 전에 그는 오롯이 수학의 언어만으로 **음의 에너지 상태와 반입자**의 존재를 예측했다. 광자는 소멸되면서 자신의 에너지를 전자–양전자(입자–반입자) 쌍의 **탄생**에 사용되고, **전자가 양전자를 만나 소멸**하면 다시 새로운 **광자를 탄생**시킨다. 평범한 이에게 빛이 지나오는 우주는 텅 비어 있는 것 같은 **공간**space이라는 단어로 묘사되지만 디랙에게는 고대 신화에서 묘사하는 모습처럼 광자와 전자–양전자 쌍이 형태를 바꾸어 **생성과 소멸**을 반복하는 **바다**였다. 그리고 그 모든 과정은 수학의 언어로 정교하게 기술되어 있다.

일생 동안 깊은 침묵 속에서 신과 마주하는 수도사처럼 디랙 역시 일상의 대부분을 수도원을 닮은 좁은 사무실 안의 침묵 속에서 지내며 양자 물리를 마주했다. '산은 산이고 물은 물이다'라는 법어처럼 진리의 심오한 모습을 일상의 언어로 풀어내는 것에는 한계가 존재하는지 모른다. 그래서 디랙에게는 진리를 표현하기에 가장 적합한 언어가 수학이었고 신은 고등 수학자였던 것이다. 아이러니하게도 일상적 언어를 통한 소통에는 문제가 있었지만 디랙은 고등 수학의 언어를 통해 소통할 수 없어 보이는 물리학 분야들을 서로 소통하게 만들었다. **파동**과 **행렬**이라는 각기 다른 방식으로 양자 상태를 표현한 슈뢰딩거와 하이젠베르크가 서로의 이론을 상이하게 받아들였던 반면, 디랙은 고등 수학의 시선에서 두 이론이 본질적으로 다르지 않음을 알았다. 나아가 자신이 개발한 bra-ket 표기법을 통해 서로 달라 보이는 **파동**과 **행렬**을 하나로 아우르며 소통할 수 있게 만들었다. 쉽지 않아 보였던 특수 상대성이론과 양자역학을 결합시킬 수 있었던 영감 또한 그런 수학적 통찰에서 비롯된다. 그래서 **디랙 방정식**은 겉으로 보기에는 슈뢰딩거의 파동방정식을 닮은 듯 보이면서도 하이젠베르크 방식의 행렬 개념이 내재해 있다.

그러므로 이 책은 **소통**이라는 키워드로 읽을 수 있다. 시간순으로 소개하고 있는 디랙의 성장 배경과 다양한 에피소드를 통해 우리는 익숙한 언어나 관습으로는 소통하기 힘들었던 한 이상한 남자의 내면에 감춰진 상처와 언어를 넘어선 그의 위대한 통찰을 비로소 이해할 수 있게 된다. 사실 우리 사회는 자신을 표현하는 데 서툴거나 말귀를 잘 알아듣지 못하는 이에게 가혹한 습성이 있다. 조직의 코드와 상이한 개인의 성향을 존중해 주거나 이해할 여유가 없는 것이다. 그래서 다수가 사용하는 유행을 따르지 않으면 뒤처질 것 같고 심지어 따돌림을 당할 수도 있다. 하지만 어딘가 어눌하고 이상해 보이는 이들은 내면에서 평범한 다수가 상상조차 할 수 없는 놀라운 세계를 자신만의 언어로 구축하고 있을지도 모른다. 맥스웰의 전자기학 식들을 통째로 바꿔야 할 **자기단극자**magnetic monopole의 존재가 전자가 1.6×10^{-19}C라는 전하량을 가져야 하는 이유가 된다고 설명한 디랙처럼 말이다. 어쩌면 우리 사회는 진부한 다수의 편견과 횡포로 보석 같은 재능을 지닌 수많은 디랙을 소외시키고 있는지도 모르겠다. 과학사는 오류를 지닌 다수의 주장이 잠시 부각될 수는 있지만 영원히 지속되지는 못한다는 것을 보여준다. 진리를 알고 있는 자는 우물 밖을 이해하지 못하는 다수가 아니라 그들에게 알 수 없는 이야기를 하는 한 마리의 이상한 개구리이기 때문이다.

정광훈

국립과천과학관 연구관

물리학자 폴 디랙의 이름을 들어본 사람은 많지 않을 것이다. 그러나 양자역학은 한번쯤 들어봤을 것이다. 양자역학은 상대성 이론과 함께 20세기 가장 중요한 과학적 성과로 평가된다. 폴 디랙은 양자역학을 정립한 대표적인 과학자들 중 한 명이다. 디랙은 1933년 31세의 젊은 나이로 슈뢰딩거와 함께 '원자이론의 새로운 형식의 발견'에 대한 공로로 노벨물리학상을 수상하였다. 이 책은 그의 전기를 다룬 책이다. 그의 어려운 어린 시절, 부모와의 관계, 학문적 성장과정, 인간관계 등 디랙의 모든 측면을 다루고 있다. 많은 사람들이 물리학자 디랙의 삶에 관심이 있을지 모르나, 이 책은 디랙의 가족관계, 그의 성격에 대한 일화까지 자세히 다루고 있기 때문에 독자들에게 좀 더 가까이 다가갈 수 있다고 생각한다.

1902년 영국 브리스틀에서 태어난 디랙은 엄격한 아버지, 형의 자살 등으로 성장과정이 순탄치 않았다. 하지만 디랙이 위대한 물리학자로 성장하는 데는 걸림돌이 되지는 않은 것 같다. 디랙은 브리스틀대학의 공학에서 수석으로 학위를 받았지만, 전쟁 후 불황으로 인해 다시 대학으로 돌아와 수학과 물리학을 공부한다. 수학 문제들을 푸는 전통적인 방법보다는 그만의 더 단순하고 아름다운 해법을 내놓기 좋아했던 디랙은 일반상대성이론이 에딩턴의 일식현상 관측을 통해 증명되었다는 사실이 〈타임스〉지에 실렸을 때, 그의 인생에서 가장 큰 영향을 받았다고 회고한다. 그가 위대한 물리학자로 성장하게 된 것은 어쩌면 준비된 그의 자질과 세상을 바라보는 태도, 학문적 환경이었던 것 같다. 그의 천재성은 공학에서 싹터, 수학에서 무럭무럭 자라났다. 케임브리지 수학과 파울러 교수는 디랙에게 유능한 지도교수였다. 그 당시 수학과는 엄격한 분위기였으나 지도교수는 디랙의 능력을 자유롭게 펼치도록 도왔다. 또한, 사람에게 별로 관심이 없었지만, 지적인 사람들의 진지한 대화에는 관심이 있었던 디랙은 케임브리지에서 많은 과학자들을 만날 수 있는 행운을 얻었다. 디랙의 논문은 수학의 대가가 아니라면 이해 불가에 가까웠는데, 물리학자, 순수수학자, 공학자가 뒤섞인 인물이었기 때문이라고 한다. 많은 물리학자들이 보기에 디랙은 자기만의 언어로 연구를 하고 있었고, 이런 점 때문에 그의 연구는 인기가 없었다. 또, 보어 연구소에서 디랙은 예/아니오로만 대답할 정도의 매우 과묵한 사람이었지만, 보어는 그가 연구소에 잘 적응할 수 있도록 보듬었다. 자연에 존재하는 모든 일관성을 연역해낼 수 있는 가장 적은 일반적 명제들은 무엇인가? 디랙은 상대성이론과 양자역학의 성공이야말로 수학적 아름다움의 원리가 지닌 가치를 입증해 준다고 했는데, 이론의 기반을 세우는 것이 먼저라고 생각하여 아인슈타인처럼 하향식 접근법을 좋아했다. 이 책에는 디랙이 자폐증을 앓았을 수도 있다는 사실이 소개된다. 자폐증의 몇 가지 특징이 나타났기 때문이라고 하지만, 명확하진 않다. 오히려 디랙의 자폐적인 특징은 이론물리학자로서 성공하는 데 결정적이었다고 생각한다. 또한, 그가 세계를 바라보는 독특한 방식을 어느 정도 이해할 수 있는 것 같다. 프리먼 다이슨은 디랙의 책 『양자역학의 원리』를 다음과 같이 평했다. '다른 양자역학 선구자들의 위대한 논문들은 디랙의 논문보다 더 허접하고 구성이 덜 완벽합니다. 디랙의 위대한 발견들은 하나씩 하늘에서 뚝 떨어진 멋진 대리석 조각상과 같아요. 순수 사고를 통해 자연의 법칙들을 마술과도 같이 만들어낼 수 있었던 것 같아요. 디랙의 독특함은 바로 그 순수성에 있었습니다.' 디랙의 학문적 성격을 잘 표현해 준 글 같다. 마치 위대한 예술작품을 평한 것 같다.

디랙과 동료 과학자들이 개발한 양자역학은 레이저, 반도체 등 첨단산업에 일상적으로 이용한다. 소형화로 인해 양자역학은 훨씬 중요해졌고, 스핀트로닉스 공학자들은 전자의 스핀까지도 제어하는 새로운 장치를 개발한다. 스핀 기반의 트랜지스터를 만들어 메모리와 논리회로에서 기존 트랜지스터를 대체하면, 더 높은 성능의 컴퓨터를 제작할 수 있다. 디랙의 순수한 호기심으로 전자스핀을 양자역학의 논리 구조 속에 포함시킨 그의 방정식이 의도하지도 않았던 첨단산업의 기반이 되고 있다. 이 책은 디랙과 수많은 과학자들이 양자역학에서 이룬 업적을 우리가 알고 있는 어렵지 않은 과학지식을 엮어 쉽게 소개한다. 디랙을 중심으로 양자역학에 얽힌 여러 과학자들의 이야기를 그의 천재적인 성격과 어려웠던 가족사와 함께 관전하는 재미가 있다. 정말 멋진 과학자 전기인 것 같다.

어머니께 그리고 돌아가신 아버지를 추억하며

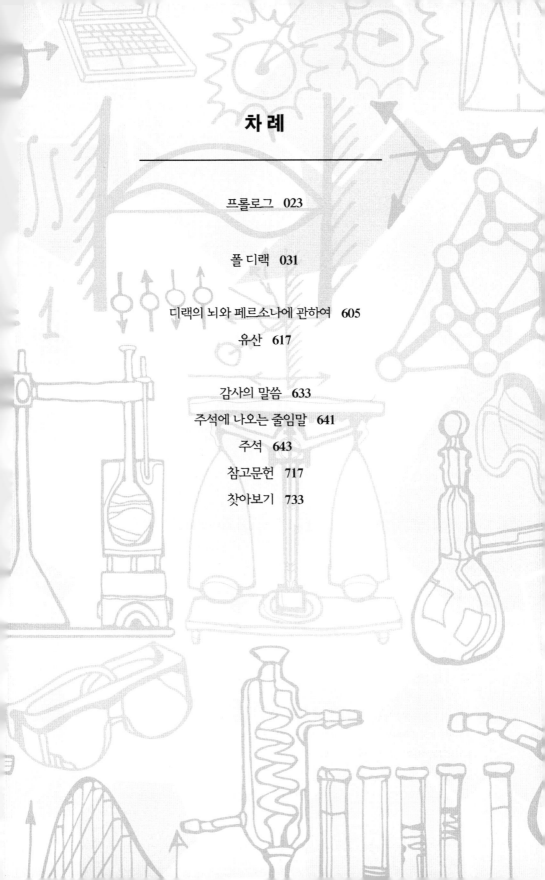

차 례

일러두기

1. 30장과 31장에서의 화자인 '나'는 저자 본인이며 그 전의 장과는 달리 저자의 견해에 관한 내용입니다.

2. 문서, 작품 표기 통일

　-단행본, 장편, 작품집, 저널 등 『 』

　-논문, 단편 등 「 」

　-잡지, 신문 등 《 》

　-미술, 영화 작품 등 〈 〉

3. 원고 안에서 책이 언급될 경우, 국내에 출간된 상태라면 그 제목을 따르고 국내에 출간되지 않은 상태라면 역자의 번역을 따르되 영어 병기를 하였습니다.

한 사회가 지닌 기이함의 정도는 천재성, 정신적 활력 그리고 도덕적 용기의 정도와 대체로 비례한다. 오늘날 기이함을 추구하는 자들이 매우 적다는 사실은 이 시대의 크나큰 위험이다.

—존 스튜어트 밀, 『자유론』(1869년)

우리는 다른 이들, 즉 선배 과학자, 우리의 스승 그리고 우리 동시대인들의 업적이 없다면 아무것도 아닙니다. 불충분한 것이든 완전한 것이든 새로운 통찰과 새로운 질서가 창조될 때에도, 다른 이들이 없다면 우리는 아무것도 아닙니다. 하지만 우리는 그렇지 않습니다.

—존 로버트 오펜하이머, 1953년 12월 20일 레이스 강연에서

프롤로그

아이를 대하는 부모의 태도가 상당히 거칠고 이기적이라고 해서 부모 자신한테 나쁜 결과가 뒤따르는 법은 좀체 없다. 다만 아이들의 삶에는 오랫동안 그늘이 드리울지 모른다.

―새뮤얼 버틀러, 『만인의 길 *The Way of All Flesh*』(1903년)

필요한 것은 염산이 든 오렌지 주스 딱 한 산이었다. 몇 분이 지나자, 그가 소화불량에 시달리는 까닭이 위산의 만성 결핍 때문임이 명백해졌다. 이전의 여러 달 동안 그는 한두 주에 한 번씩 병원에 입원하여 정맥주사를 맞았다. 하지만 어느 의사도 소화 장애가 왜 생겼는지 알아내지 못했다. 오렌지 주스 실험에 이어서 위 속의 화학 물질까지 분석했더니, 위에 위산이 너무 적다는 결론이 확실해졌다. 단지 식사 후 한 알씩 먹는 약으로 80년 남짓 지속된 소화불량이 끝났다. 주스 실험을 제안하고 정확한 진단을 내렸던 사람은 커트 호퍼Kurt Hofer였다. 그 결과, 얼떨결에 호퍼는 과학사에서 가장 존경받는 (그리고 가장 기이한) 인물 중 한 명인 폴 디랙의 건강 길잡이가 되었다.

호퍼와 디랙은 둘 다 플로리다 주립대학교에서 일했지만, 그 외에는 별로 공통점이 없어 보였다. 갓 40을 넘긴 나이의 호퍼는 최정상급 세포생물학자였다. 활발한 재담가이기도 해서, 오스트리아 산골의 농부들과 함께했던 어린 시절의 가족사에서부터 〈사운드 오브 뮤직〉에서 두둑한 출연료를 받고서 엑스트라로 활약했던 영화사의 산증인 역할까지 이야깃거리가 넘쳐났다. 자기 이야기를 할 때면 눈이 빛났고, 악센트가 분명한 목소리는 강조할 대목에서 크기가 급강하했다가 급상승했으며, 손짓이 심해서 마치 반죽을 다루듯이 허공에 대고 손을 휘저었다. 이런 활기찬 친구와 함께 있을 때도 디랙은 무덤덤했다. 꼭 질문해야 할 내용이 있거나 그보다 드문 경우였지만, 답변해야 할 말이 있을 때만 입을 열었다. 디랙이 가장 좋아하는 문구 중 하나는 이랬다. '듣기보다 말하기를 좋아하는 사람들이 언제나 더 많다.'[1]

디랙은 원자와 분자 및 그 구성요소들에 관한 현대적 이론인 양자역학의 세계적 선구자였다. 20세기의 가장 혁명적인 과학적 성취인 양자역학은 실재의 본질, 그리고 무엇이 이 세계의 확실한 진리인지에 관한 기나긴 선입견을 뿌리 뽑았다. 게다가 양자역학은 대단히 유용하기까지 하다. 현대의 마이크로일렉트로닉스microelectronics 전반의 바탕이 되는 이론일 뿐만 아니라, 전기가 전선에서는 잘 흐르지만 나무에서는 잘 흐르지 않는 이유와 같은 단순하지만, 오랫동안 풀리지 않았던 숱한 기본적인 질문들에 답을 내놓았다. 하지만 디랙은 양자물리학의 실용적이고 철학적인 결과들을 논할 때는 시큰둥해졌다. 그의 관심사는 오직 우주 구조의 핵심을 설명하는 근본적인 법칙들을 탐구하는 일뿐이었다. 그런 법칙들이 수학적으로 틀림없이 아름답다고 확신하고서는, '신神은 고차원적인 수학자'[2]라는 검증 불가능한 추측을 (소심해 보이던 평소의 모습과 달리) 대담하게 내놓기도 했다.

커트 호퍼의 야망은 디랙에 비해선 수수한 편이었다. 그는 주의 깊은 실험을 통해 암과 방사능을 연구했는데, 주로 결과를 설명하기 위한 이론을 찾는데서 두각을 보였다. 이는 영국의 생물학자 찰스 다윈이 사용했던 것과 같은 전통적인 상향식 기법이다. 다윈은 자신의 마음을 '수집한 많은 사실로부터 일반적 법칙을 뽑아내는 기계'[3]라고 여겼다. 이와 달리, 하향식 사상가의 대표적인 인물인 디랙은 정반대의 접근법을 취했다. 자신의 마음은 실험 결과들을 설명할 법칙을 추론하는 도구라고 여겼다. 디랙은 가장 위대한 업적이라고 할 수 있는 연구에서도 그런 기법을 사용했다. 즉, 전자를 기술하는 굉장히 아름다운 방정식을 통해서 결코 어울리지 않은 양자역학과 아인슈타인의 상대성이론을 결합했다. 얼마 후에는 아무런 실험적 단서도 없이 자신의 방정식을 사용하여 반물질의 존재를 예측했다. 반물질이란 기존의 입자와 질량은 같고 전하량은 정반대인 미지의 입자를 가리킨다. 누가 보아도 이 예측의 성공은 이론물리학의 가장 빛나는 성과에 속한다. 오늘날 초기 우주에 관한 우주론자(우주론 : 우주의 기원과 진화, 그리고 최종적인 운명에 이르기까지 우주 전반에 대해 연구하는 학문 −옮긴이)들의 표준 이론(다수의 관찰 증거에 의해 뒷받침되고 있는 이론)에 따르면, 반물질은 빅뱅 직후에 생성된 물질의 절반을 차지했다. 그러니 디랙은 초기 우주의 나머지 절반을 오로지 추론의 힘을 통해서 엿본 최초의 인물인 셈이다.

호퍼는 곧잘 디랙을 다윈과 비교하곤 했다. 둘 다 영국인이고, 대중의 눈에는 불편하게 여겨졌고, 과학자들이 우주를 생각하는 방식을 바꾼 인물이었다. 10년 전 디랙은 호퍼를 깜짝 놀라게 했다. 왜냐하면 디랙이 세계 정상급의 영국 케임브리지 대학교 물리학과를 떠나서, 미국에서도 고작 83위에 있던 플로리다 주립대학교 물리학과 교수로 자리를 옮긴다는 소문을 들었기 때문이다. 그곳에서도 디랙을 모셔 오자는 제안이 나왔을 때 나이 든 사람을 임명하는 것은 현명하지 않다고 교수들은 수군거렸다. 이런 반대 분위기는 학과장이 교수진 회의에서 다음과 같이 발표한 후에야 자취를 감추었다. '디랙을 모셔 온다면 영문학과 교수로 셰익스피어를 앉히는 것과 마찬가집니다.'[4]

1978년쯤부터 호퍼와 아내 리디는 대체로 금요일 오후에 디랙한테 찾아갔다. 한 주의 일을 마치고 두어 시간 담소를 나누기 위해서였다. 호퍼 내외는 오후 4시 30분쯤 탤러해시의 플로리다 주립대학교 교정 근처의 자택을 출발해 2분 30초를 걸어서 채플 드라이브 223번지로 갔다. 그곳의 조용한 주택가 골목에 있는 아담한 단층집이 디랙의 자택이었다. 집 앞의 평평한 영국식 잔디밭에는 약간의 관목과 종려나무 한 그루가 심어져 있었다. 깔끔한 옷차림을 한 디랙의 아내 맨시Manci가 호퍼 내외를 늘 반갑게 맞이했다. 맨시는 셰리 와인과 견과류 그리고 교수들에 관한 따끈따끈한 소문 보따리를 풀어놓으며 웃음꽃을 피웠다. 디랙은 깡마른 체구에 어깨가 굽었으며, 목이 트인 셔츠와 낡은 바지 차림의 평범한 복장이었다. 가만히 앉아서 묵묵히 대화를 듣고 있다가, 가끔 물이나 진저에일을 한 모금 홀짝였다. 대화 내용은 영국 런던의 다우닝가(총리 관저가 있는 곳 −옮긴이)의 계단에서 대처Thatcher(영국의 정치인, 훗날 총리가 된다)가 했던 솔직한 발언에서부터 백악관 정원에서 지미 카터가 최근에 했던 설교에 이르기까지 광범위했다. 대화가 오갈 때 디랙은 온순히 경청하는 편이었는데도 너무 내성적이었던 탓에 호퍼는 틈만 나면 그에게서 반응을 끌어내려고 했다. 호퍼는 디랙이 고개를 끄덕거리거나, 머리를 흔들거나, 몇 마디라도 말을 하면서 대화가 일방적으로 되지 않게끔 무슨 반응이라도 해주길 원했다. 디랙도 아주 가끔은 사적인 관심사를 잠깐 드러내곤 했다. 쇼팽의 왈츠, 미키마우스 그리고 미국 여성 가수 셰어Cher가 나오는 모든 텔레비전 방송이 그의 관심사였다.

이런 만남이 시작되고 나서 2년 동안 디랙은 자기 이야기라든가 속내를 터놓고 싶다는 기미가 전혀 없었다. 그래서 1980년 봄 어느 금요일 저녁에 디랙이 깊이 감추어둔 속마음을 터놓았을 때 호퍼는 전혀 마음의 준비가 되어 있지 않았다. '그날이 생생하게 기억난다. 나 혼자 갔다는 것 말고는 이전에 방문했을 때와 별다른 점이 없었다.' 호퍼는 이렇게 말한다. '아내는 첫 아이를 가져서 만삭의 몸이었던지라 가지 않기로 했다.' 이번에도 시작부터 디랙

26 폴 디랙

은 여느 때처럼 얌전히 대화를 듣고만 있었다. 의례적인 말들을 건넨 뒤 디랙 내외는 호퍼를 놀라게 했다. 금요일 만남의 시간에 늘 이야기를 나누던 진중한 분위기의 앞쪽 방을 떠나서, 주방과 정원 사이에 있는 집 뒤쪽의 안락한 가족실로 호퍼를 데려갔던 것이다. 가족실의 장식은 디랙 내외의 전쟁 전 취향이 반영되어 있었다. 바닥은 전부 나무 마룻장이 깔렸고 네 벽은 모두 널빤지가 대어 있었고 1920년대에 생산된 큼직한 장식장은 디랙의 전성기의 액자 사진들이 차지하고 있었다. 바로크풍을 모방한 샹들리에가 천장에 드리워져 있었고 벽면에는 온통 현대적인 느낌이라곤 전혀 없는 그림들이 걸려 있었다.

여느 때처럼 맨시와 호퍼가 이야기꽃을 피우고 있노라면 왜소한 디랙은 아끼는 낡은 의자에 꼼짝 않고 앉아 있다가 가끔 미닫이창 너머로 정원을 흘낏거렸다. 늘 그렇듯 대화가 시작된 지 반 시간쯤까지 조용히 있더니만 아내가 먼 프랑스 조상 이야기를 우연히 꺼내자 디랙도 활기차게 대화에 끼어들었다. 아내가 언급한 역사적 사실 한 가지를 바로잡아 준 후 자기 가족의 유래와 브리스틀에서 보냈던 어린 시절을 이야기하기 시작했다. 목소리는 나직하면서도 또렷또렷하고 유창했다. 연습을 충분히 한 배우처럼 또박또박한 문장으로 확신에 차서 말했는데, 잠시도 쉬지 않았고 앞서 한 말을 번복하지도 않았다. 호퍼는 이렇게 회상한다. '디랙이 거침없이 말하는 모습에 나는 깜짝 놀랐다. 사적인 자리에서 그처럼 술술 말하는 모습은 처음이었다.'

디랙은 자기 집안이 프랑스 서부 보르도의 시골 마을에서 시작했다가 18세기 말에 스위스의 발레Valais 주로 옮긴 사정을 이야기했다. 그 지역의 산업 도시 중 한 곳인 몽테Monthey에서 아버지가 태어났다고 한다. 아버지 이야기를 꺼내자마자 디랙은 초조한 표정을 짓더니 아내와 호퍼한테서 얼굴을 돌려 벽난로를 바라보고 있었다. 이제 호퍼한테 디랙의 상반신 옆모습이 그대로 눈에 들어왔다. 어깨는 구부정했고 이마는 높았으며 코는 오똑하게 위로

솟았고 콧수염은 희끗희끗했다. 에어컨과 텔레비전이 꺼져 있었기에 방안은 조용했다. 다만 가끔 자동차 지나가는 소리, 이웃집 개들이 짖는 소리, 부엌에서 찜통 뚜껑이 달그락거리는 소리만 나직하게 들렸다. 족보학자처럼 자세히 집안 내력을 읊고 나서, 디랙은 아버지가 브리스틀에 살게 되고 디랙의 어머니와 결혼하여 가정을 꾸리게 된 대목에 이르렀다. 디랙의 말은 늘 그렇듯이 단순하고 직접적이었지만, 어린 시절을 이야기하기 시작하면서 목소리가 굳어졌다. 희미한 불빛 아래 디랙의 실루엣이 더욱 선명해졌고 호퍼는 그 모습을 미동도 없이 앉아서 보고 있었다.

'어렸을 때는 사랑이나 애정을 몰랐다네'라고 디랙이 말했다. 여느 때처럼 무덤덤한 목소리였지만 슬픔이 확연히 어려 있었다. 디랙의 마음속에 늘 자리 잡고 있던 후회는 자신이 형과 여동생과 함께 줄곧 집 안에만 머문 채 사회적 교류가 없었던 것이라고 했다. '우리 집엔 찾아오는 사람이 없었거든.' 디랙의 회상에 의하면, 가장인 아버지는 밤낮으로 아내를 괴롭힌 폭군이었다. 게다가 자신의 모국어인 프랑스어를 영어 대신에 자식들한테도 쓰라고 강요했다. 식사 시간에 가족은 두 부류로 나뉘었다. 어머니와 형제자매는 주방에서 먹고 영어로 말했으며, 디랙은 아버지와 함께 다이닝룸(식당방)에 앉아 프랑스어로 말했다. 식사 때마다 디랙은 고문을 받는 느낌이었다. 언어에 소질이 없는 디랙한테 아버지가 엄한 프랑스어 교사 역할을 했기 때문이다. 디랙이 실수(가령 발음 잘못, 명사의 성 틀리기, 가정법 서투르게 말하기)를 저지를 때마다 어김없이 아버지는 아들이 하고 싶은 것을 못 하게 했다. 이 때문에 어린 디랙은 끔찍한 스트레스를 받았다. 그때부터 디랙은 소화 장애에 시달렸고 식사 도중에 메스꺼움을 종종 느꼈다. 하지만 아버지는 디랙이 프랑스어 실수를 하면 식탁을 떠나지 못하게 했다. 그러니 디랙으로서는 식탁에 앉아서 토할 수밖에 없었다. 가끔이 아니라 오랫동안 디랙한테 그런 일이 계속 반복되었다.

깜짝 놀란 호퍼는 자기 귀를 의심했다. '무척 당혹스러웠다. 친구가 꼭꼭 숨겨둔 비밀을 정신과 의사한테 털어놓는 셈이었으니까'라고 그는 회상한다. '무덤덤하고 거의 병적일 정도로 과묵하기로 유명한 남자가 70년 남짓 자신을 괴롭혀온 내면의 악마들을 공개적으로 드러냈다. 게다가 그런 끔찍한 일들이 바로 어제 벌어진 것처럼 화가 나 있었다.'

맨시는 별로 동요하지 않았다. 간식거리와 술을 가져다주고 저녁식사 준비를 조금 천천히 한 것 말고는 아무 반응이 없었다. 아주 가끔은 남편이 자기 속마음을 털어놓는 걸 알고 있었기 때문이다. 원래 모습에서 벗어나 마음의 응어리를 풀려면 그런 시간이 꼭 필요할 테니까. 저녁 기온이 더 떨어지자 그녀는 담요를 가져와서 남편의 다리 위에 놓아 무릎에서부터 발목까지 덮어 주었다. 꼼짝 않고 앉아 있는 호퍼에게 디랙은 다시 이야기를 시작했다. 자신이 왜 그토록 말이 없는지 그리고 일상적인 대화를 왜 그렇게 불편하게 여기는지 설명해주었다. '프랑스어로 의사 표현을 할 수 없다 보니까, 말을 안 하는 편이 나았지.'

이어서 디랙은 다른 식구 이야기도 꺼냈다. '나만 마음고생 한 게 아니다'라고 그는 여전히 흥분한 채로 말했다. 37년 동안 어머니는 자신을 현관 깔개 취급하는 남자랑 끔찍한 결혼생활을 보냈다. 하지만 아버지한테서 학대를 가장 심하게 당한 이는 디랙의 형이었다. '끔찍한 일이었네. 아버지는 형을 괴롭혔고 매번 형의 꿈을 짓밟았으니까.' 가끔은 태도를 바꾸어서 디랙은 자기 아버지가 언제나 좋은 교육을 중시했으며 동료들한테서 양심적이고 성실한 노동자로 존경받았다고 말했다. 하지만 이런 태도 변화도 잠깐뿐이었다. 잠시 후 디랙은 애써 분노를 억누르며 자신이 결국 아버지한테서 어떤 취급을 당했는지 토로했다. '아버지는 잘해 준 것이 단 하나도 없었네.' 이 마지막 거친 말에 호퍼는 움찔했다. 인상을 찌푸리기만 했을 뿐, 달리 할 말이 없었다. 디랙은 누구한테도 나쁜 말을 좀체 하지 않는 성격이었지만 이번만큼은 가장 잔인한 사람에게나 할 법한 극심한 비난을 아버지한테 퍼붓고 있었다.

해가 완전히 넘어간 직후 디랙은 갑자기 말을 멈추었다. 2시간 넘게 이어진 독백이 끝났다. 호퍼는 무슨 말을 꺼내도 적절치 않을 듯싶어, 차분히 작별 인사를 하고서 집으로 향했다. 아무 말 없이 그는 무거운 발걸음을 내디뎠다. 얼마 후에 자신도 아버지가 될 입장이었던 그는 화목한 가정에서 자란 자신의 어린 시절을 떠올렸다. '디랙처럼 끔찍한 어린 시절을 나는 상상도 할 수 없었습니다.'[5] 시간은 어린 시절 기억을 꾸미고 왜곡하고 심지어 새로 창조하기도 한다. 하지만 꾸며서 말할 줄 모르는 성향의 디랙이 과장을 할 수 있을까? 호퍼는 거듭 스스로 묻고 또 물었다. '왜 저토록 지독하게 아버지한테 사로잡혀 있었을까?'

그날 밤늦도록 디랙의 어린 시절에 관해 아내 리디와 이야기를 나누고 나서, 호퍼는 더 자세한 경위를 알아보기로 마음먹었다. '다음번 만남에서 디랙이 다시 입을 열지 않을까 싶었다.' 하지만 디랙은 두 번 다시 그 이야기를 꺼내지 않았다.

1장

1914년 8월까지

오늘날 영국인의 가정생활은 고결하지도 훌륭하지도 건전하지도 낭만적이지도 진솔하지도 않으며, 어느 모로 보나 특별히 영국적이지도 않다. 여러 측면에서 볼 때, 두드러지게 그 반대인데 (…)

－조지 버나드 쇼, 『결혼하기*Getting Married*』(1908년)의 서문

커트 호퍼가 알아차렸듯이, 폴 디랙은 노년기에도 아버지 찰스 디랙한 테서 벗어나지 못했다. 하지만 디랙의 지인 대다수는 그걸 몰랐다. 집에서 디랙은 아버지의 사진을 보여준 적이 없으며 아버지의 문서들도 책상 속에 꼭꼭 숨겨 놓았다. 디랙은 그 문서들을 가끔 살펴보았고, 아버지의 혈통에 관해 먼 친척들과도 이야기를 나누곤 했다. 아마도 자기 삶을 망친 사람을 끝까지 이해해 보려고 했던 듯하다.[1]

디랙이 알기로 자기만큼이나 아버지도 불행한 어린 시절을 보냈다. 20살 이던 1888년에 찰스 디랙은 스위스 군대에서 세 차례에 걸친 복무를 마쳤고 제네바의 대학교를 중퇴한 후 가족한테 어디로 가는지 알리지도 않고 집을 나갔다.[2] 대학교에서 전공했던 과목인 현대 언어학을 가르치는 떠돌이 강사

가 되었는데 취리히와 뮌헨 그리고 파리에서 직장을 얻었다가 나중에 런던에서 2년 동안 지냈다. 영어는 그가 잘 못 하는 언어였는데 왜 영국에서 살기로 했는지는 모를 일이었다. 아마도 세계에서 가장 부유한 나라여서 비교적 고액 급료의 강의 일자리가 많아서였던 듯하다.

6년 후 찰스 디랙은 상당한 칭송을 받게 되었다. 스탠퍼드의 한 학교 교장이 적은 평가에 의하면 디랙 씨는 '대단히 훌륭한 인내심과 견실함을 겸비한 사람이며 (…) 동료들과 학생들이 대단히 좋아할 만한 사람이다.' 라는 평가를 받았다. 파리에서 그를 고용한 사람도 '분석하고 종합하는 능력의 소유자로서 나의 실수를 지적해주고 그런 실수가 왜 생겼는지를 내가 과학적으로 파악할 수 있도록 도와준다'며 칭찬을 아끼지 않았다. 찰스는 명문 학교들이 많은 도시로 유명한 브리스틀에 정착했고, 1896년 9월 8일 급성장하던 머천트 벤처러스 스쿨의 현대 언어학 주임 교사가 되었다. 계약 조건은 주당 33시간 수업에 연봉 180파운드였다.[3] 그는 성실함, 강한 스위스식 프랑스어 억양 그리고 외모 때문에 교사들 가운데서 눈에 띄었다. 작고 땅딸막한 체구에 걸음걸이가 느릿느릿했고 얼굴에는 콧수염이 드리워졌으며 머리 선이 위로 올라가서 큰 이마가 훤히 드러났다.

영국의 산업도시들 가운데서 가장 풍요로운 브리스틀은 친절한 사람들과 온화하고 촉촉한 기후로 유명하다. 그리고 해변에서 십여 킬로미터 떨어진 에이번 강의 계류상들로 구불구불 내려가는 도로도 빼놓을 수 없다. 당시 브리스틀은 번성하는 제조업 중심지로서 프라이 사의 초콜릿, 윌스 사의 담배, 더글러스 사의 오토바이 등 여러 제품을 생산하고 있었다. 이런 기업들은 몇 세기 동안 그 도시의 주된 부의 원천이었던 (그리고 일부는 노예무역에 바탕을 두었던) 해상 교역을 대체했다.[4] 도시의 가장 부유한, 해양업에 종사하는 인물들 대다수는 머천트 벤처러스 소사이어티의 구성원이었는데 그곳은 강한 박애주의 전통을 지닌 사업가들의 비밀 모임이었다. 바로 이 모임의 자선

덕분에 찰스가 근무했던 학교의 설립과 더불어 그곳의 높은 강의 수준과 실험실 설비가 가능했다.[5]

브리스틀에 도착한 지 몇 달 후 시의 중앙도서관에 갔을 때 찰스는 플로렌스 홀튼Florence Holten을 만났다. 열아홉 살의 이 순진무구한 사서는 나중에 그의 아내가 되었다. 특별히 아름답진 않은데도 그녀는 매력적이었고, 나중에 자녀들에게 물려주게 될 몇 가지 특징을 지니고 있었다. 계란형 얼굴을 곱슬곱슬한 검은 머리카락이 감싸고 있었고 오뚝한 코가 검은색 눈동자 사이에 솟아 있었다. 콘월 지방 감리교도 집안 출생으로서 일요일은 휴식의 날이어야 하며 도박은 죄악이고 연극은 퇴폐적이기에 피해야 한다고 교육받았다.[6] 이름은 간호사 플로렌스 나이팅게일을 따서 지었다. 그녀의 아버지 리처드가 뱃사람이 되기 전에 크림 전쟁에 참전했는데, 그때 나이팅게일을 만났던 것이 계기였다.[7] 아버지는 한번 출항하면 여러 달 동안 집을 비웠기에 아내와 여섯 자녀가 아버지 없이 지냈고 그녀는 그중 둘째였다.[8]

플로렌스 홀튼과 찰스 디랙은 서로 성향이 달랐다. 플로렌스는 남편보다 12살 연하였고 직업 활동에는 무관심한 몽상가였던 반면에, 찰스는 성실하고 의지가 굳이며 자기 일에 열정적이었다. 둘의 성장에 영향을 미친 종교도 판이했다. 플로렌스는 독실한 감리교도 집안 출신에서 자랐기에 술이라면 인상을 찌푸렸지만 찰스는 가톨릭교도 집안에서 자랐던지라 식사 때 와인 한 잔을 곁들이기 좋아했다. 가톨릭교는 브리스틀 및 다른 영국 도시들에서 폭동의 원인이었기에 찰스는 처음에는 자신의 종교를 숨겼을지 모른다. 만약 드러냈다면 둘이 교제한다는 소문을 듣고서 그녀의 지인들은 눈살을 찌푸렸을 것이다.[9]

종교 문제로 인해 갈등이 생길 우려가 있는데도 1897년 찰스는 불안감에 젖어 있던 플로렌스와 약혼했다. 그래 놓고서 찰스는 둘이 처한 '곤란한 상황'에서 잠시 벗어나려고 제네바에서 양장점을 하는 그의 어머니 왈라Walla

한테 가버렸다. 그 바람에 약혼녀는 허구한 날 비가 내리는 브리스틀에서 뿌루통하게 지낼 수밖에 없었다. 찰스의 아버지는 1년 전에 세상을 떠났다. 살아생전에는 아주 예민한 성격의 교사였다가 나중에는 스위스 남서부의 몽테 역에서 역장이 되었다. 하지만 근무 시간에 걸핏하면 술을 마시는 바람에 해고를 당했고 남아도는 시간에는 연애 시를 쓰며 지냈다고 한다.[10] 스위스의 론강 유역은 (집안에서 전해 오는 이야기에 따르면) 디랙 집안이 18세기에 프랑스 남부의 보르도를 떠난 이후로 줄곧 머문 곳이었다. 이 지역 및 주변의 많은 타운들의 이름은 코냑Cognac, 캐딜락Cadillac처럼 ac로 끝나는데 앙굴렘에서 약 10킬로미터 떨어진 한 외딴 마을도 이름이 디랙Dirac이다.[11] 찰스는 자기 가족이 그 마을에서 시작했다고 믿었지만, (몽테 근처인) 생모리스의 시청에 현재 보관된 집안의 기록에 이를 뒷받침할 증거는 없다. 여담이지만 그곳 시청 벽에는 화려한 디랙 문장紋章(아래로 향한 세 개의 솔방울 밑의 오른쪽 발에 세 잎 클로버가 있는 붉은 표범의 형상)이 그려져 있다.[12]

찰스가 스위스에서 보낸 편지들이 걸핏하면 배달이 늦어지는 바람에, 플로렌스는 단단히 화가 났다. 그녀는 '편지가 트램(노면 전차)처럼 전기로 왔으면' 좋겠다 싶었다. 그녀가 막연하게 상상한 의사소통 방식(전자우편)을 통해 멀리 떨어진 연인들이 혜택을 보려면 한 세기가 더 지나야 했는데도 말이다.[13] 외로움과 절망 속에서 그녀는 거듭 찰스의 편지들을 읽었다. 그리고 가족이 엿보지 않고 있을 때면, 자신이 '내 남자'를 그리워한다고 식구들이 놀리는 내용을 재미있게 글로 써서 답장을 보냈다. 한번은 그리움을 절절히 표현한 시를 한 편 보낸 적이 있었는데, 그러자 찰스도 답례로 알프스의 꽃으로 꽃다발을 만들어 보내왔다. 그녀는 꽃다발을 약혼자의 사진 옆에 세워놓았다.

거의 2년이 지나서 플로렌스와 찰스는 결혼식을 올렸다. 브리스틀의 가장 오래되고 가장 큰 감리교 교회에 속하는 포틀랜드 스트리트 채플에서 '웨슬리 감리교파의 혼례 전통'에 따라 치러진 결혼식이었다. 부부는 코탐 로드

42번지에 있는 찰스의 거처에 신혼집(아마도 셋집)을 차렸다. 그 집은 도시 북쪽의 비숍스턴에 있는 플로렌스의 집에서 가까운 곳이었다. 관례상 플로렌스는 직장을 그만두고 집에서 주부로 지냈다. 영국이 남아프리카에서 최근에 일으킨 보어 전쟁의 첫 번째 전투 소식을 알게 된 지 얼마 후 그녀에게 경사가 생겼다. 첫 번째 아들인 펠릭스가 새로운 세기의 첫 번째 부활절 일요일에 태어났던 것이다.[14] 아홉 달 후 나라는 빅토리아 여왕의 서거로 인해 애도 분위기에 휩싸였다. 여왕은 63년이라는 전무후무한 기간 동안 영국을 통치하다가 손자인 카이저 빌헬름 2세의 품에 안겨 타계했다. 전쟁이 끝나면서 초상집 같던 나라 분위기도 잠잠해지자 찰스 내외는 새로운 출발을 준비했다. 1902년 7월에 몽크 로드에 있는 새 주택으로 이사를 갔던 것이다. 이전보다 더 넓은 2층집이었는데 찰스는 그곳을 자신의 고향의 이름을 붙여 몽티라고 불렀다. 얼마 후에는 플로렌스가 다시 임신하는 바람에 출산을 몇 주 앞둔 시점에서 더 넓은 공간이 필요해졌다.[15]

***

1902년 8월 8일 금요일 브리스틀 시민들의 눈은 전부 런던에 쏠렸다. 킹 에드워드 7세의 대관식이 하루 앞으로 다가왔기 때문이다. 대관식 행진을 보려고 수천 명이 기차를 타고 브리스틀에서 수도로 향했지만 그 행사는 찰스 내외한테는 부차적인 일이었다. 바로 그 금요일 아침에 플로렌스는 건강한 3kg짜리 남자아이를 집에서 낳았다. 바로 **폴 에이드리언 모리스 디랙**이었다. 그 아이는 나중에 어머니의 회상에 의하면 '조금 작은' 몸집의 갈색 눈을 가진 아기였는데 앞마당에 있는 유모차에서 몇 시간씩 얌전히 잠을 잤다고 한다.[16] 어머니는 아기가 다른 아기들보다 적게 먹는다며 걱정했지만 가족 주치의는 폴이 '양호한 편이며 신체 비율이 완벽하다'고 안심시켰다.[17] 부모는 아이에게 아주 작은 이란 뜻의 '타이니Tiny'라는 별명을 붙여주었다.

펠릭스와 폴은 어렸을 때 서로 닮았고 둘 다 곱슬곱슬한 검은 머리카락에 둥근 얼굴이 귀여운 천사 같은 모습이었다. 플로렌스는 두 아이에게 두꺼운 양털 조끼를 맵시 있게 입혔는데 조끼 윗부분에 흰 레이스가 달린 빳빳한 깃은 마치 큰 나비의 날개처럼 어깨까지 닿았다. 가족들끼리 주고받은 편지들과 플로렌스가 나중에 한 회고에 의하면 두 아이는 서로 친했고 그들을 잘 훈육하는 것이 가장 큰 관심사였던 아버지한테서 둘 다 사랑을 받았다고 한다. 하지만 찾아오는 손님이 거의 없었고 가족 외의 사람들과 만날 일이 별로 없었던지라 폴과 펠릭스는 자신들이 꽤 남다른 환경에서 자라고 있는 줄을 알아차리지 못했던 듯하다. 아버지는 프랑스어만 쓰고 어머니는 영어로만 말하는 집에서 가정교육만을 받는 온실 속에 있는지 몰랐던 것이다. 한 목격자에 따르면 어린 폴 디랙은 남자와 여자란 으레 서로 다른 언어를 쓴다고 믿었다고 한다.[18]

하지만 폴과 펠릭스는 가끔씩 족쇄에서 풀려났다. 어머니가 때때로 둘을 브리스틀 다운스라는 구릉 지역으로 데려다준 덕분에 에이번 협곡의 벼랑에서부터 도시 외곽까지 넓게 뻗어 있는 초록 놀이터에서 마음껏 놀 수 있었다.[19] 다운스에서 둘이 가장 좋아하는 장소에서는 클리프턴 현수교의 장관이 눈에 들어왔다. 그 다리를 만든 사람은 당시 천재 엔지니어로 통했던 이점바드 킹덤 브루넬Isambard Kingdom Brunel이다. 이 카리스마 넘치는 엔지니어는 또한 브리스틀의 가장 멋진 기념물인 플로팅 하버와 템플 미즈역을 브리스틀에 선사했다.

여름이면 가족은 버스를 타고 포티스헤드Portishead의 해변으로 갔는데 거기서 아이들은 헤엄치는 법을 배웠다. 서민 집안이 대부분 그렇듯이 디랙 가족도 거의 여행을 가지 않았다. 하지만 1905년 찰스 디랙은 어머니를 만나러 가족을 데리고 제네바로 갔다. 그녀는 제네바 호수에서 엎어지면 코 닿을 곳이자 그곳의 기차역에서 걸어서 10분 거리에 있는 한 연립주택에 살고 있었다.[20] 두 형제는 호숫가에 있는 철학자 장 자크 루소의 동상 옆에서 몇 시간을 보냈다. 함께 뛰어놀거나, 인공 분수에서 90미터 높이의 물줄기가 하늘로 치솟는 장면을 지켜보았다. 칠순의 나이에 디랙은 아득한 기억인 그 이야기를 꺼내면서 자신이 스위스에 갔던 바로 그 무렵 제네바에서 기차로 가면 금방인 베른에서 아인슈타인도 가장 독창적인 연구를 하고 있었다고 즐겨 말했다. 1905년에 **아인슈타인**은 사람들이 **공간, 시간, 에너지, 빛과 물질**에 관해 생각하는 방식을 뒤바꾼 **네 편의 논문**을 썼고, 양자론과 상대성이론의 토대를 마련했다. 23년 후에 디랙은 두 이론을 훌륭하게 결합한 최초의 인물이 된다.

1907년 여름 디랙 가정에는 오래도록 기억에 남을 두 가지 일이 있었다. 그해는 여동생 베티가 태어난 지 1년 후이자 폴이 학교에 들어가기 직전이었다. 첫 번째는 찰스 디랙이 국제 에스페란토협회에 참석하느라 케임브리지 대학교의 트리니티 칼리지에서 머물 때 가족과 나눈 서신 교환이다. 그해 초 찰스는 에스페란토어(유대계 폴란드인 루도비코 자멘호프가 국제적 의사소통을 위한 공용어를 목표로 하여 1887년에 발표한 인공어)를 가르칠 자격을 얻었고, 나중에 평생 브리스틀에서 그 언어를 알리는 일에 힘썼다.[21] 아버지가 집을 비운 시기에 나머지 가족은 애정 어린 편지를 많이 보냈다. 아내 플로렌스가 남편에게 보인 애정은 10년 전에 보였던 것과 다를 바 없었다. 세 아이를 돌보느라 옴짝달싹 못 하는 처지였지만 (아이들을 산책시키고, 애완용 쥐에게 먹이를 주고, 폴이 가장 좋아하는 잼 타르트를 만들어주고) 그녀는 세 아이 모두에게 똑같은 관심을 쏟았다. '당신이 없으니 집이 텅 빈 느낌이에요. 아이들은 심심해지면 저한테 들러붙어요.' 그녀는 남편에게 식구들이 '모두 양고기, 완두콩, 달콤한 디저트로 식사를 잘한다'고 안심시켰다. 자기만큼이나 아이들도 아버지를 무척 그리워한다고도 말했다. '오늘 밤 안녕을 고할 때 (즉, 침대에서) 당신이 그리울 거에요.'[22] 플로렌스는 남편에게 보내는 편지에 펠릭스와 폴의 쪽지를 동봉했다. 특히 폴은 막대 모양의 대문자 글씨로 쥐가 잘 지낸다는 사실과 가장 중요한 내용, 즉 아버지에 대한 그리움을 쪽지에 적었다. '아빠가 꼬마 타이니를 잊지 않았으면 좋겠어요. 아빠, 많이 많이 사랑해요. 빨리 타이니 디랙한테 돌아오세요.' 찰스는 엽서로 답장을 보냈다. 주로 영어지만 가끔 프랑스어도 나오는 엽서에서 그는 에스페란토 초콜릿을 사 들고 집에 돌아가겠다고 약속했다. 마지막으로 이렇게 덧붙였다. '웬만해선 집 밖에 나가지 않으마.'

이 애정 가득한 편지에는 디랙이 커트 호퍼에게 터놓은 끔찍한 가정의 모습이 전혀 엿보이지 않는다. 찰스가 영어를 쓰는 것도 폴이 자기 아버지가 오직 프랑스어만 쓴다고 했던 말과 일치하지 않는 듯하다. 게다가 편지에서 아버지의 어조도 폴한테 응어리로 남은 무정함이 전혀 배어 나오지 않는다.

분명 찰스는 여느 아버지들처럼 아이들에 관한 사진 기록을 남겨놓을 정도로 애정이 깊었다. 그 당시에 사진기(아마도 당시의 인기 제품인 상자형 사진기인 코닥 브라우니)를 구입해서 아이들 사진을 찍었는데, 특히 펠릭스와 폴 그리고 베티가 열심히 책을 읽는 모습의 사진이 많았다. 또한 찰스는 전문 사진사한테서 가족사진을 찍길 원했고 그것을 가족 및 친구들에게 보낼 엽서에 인쇄하길 바랐다. 전체 가족이 나오는 유일한 사진으로 지금까지 남은 것이 9월 3일에 촬영되었는데 이 사진을 통해 우리는 1907년 디랙 가족의 모습을 볼 수 있다.[23] 플로렌스는 얌전하고 진지한 표정이며 땋은 긴 머리카락이 등 뒤로 드리워져 있었고 아기인 베티를 무릎에 올리고 있다. 펠릭스는 어머니한테로 몸을 기울인 채 폴과 마찬가지로 활짝 웃으면서 사진기를 똑바로 바라보고 있다. 폴은 왼팔을 아버지의 오른쪽 다리 위에 올려놓고 있는데 아마도 그래야 마음이 편했을 듯하다. 찰스는 사진기를 향해 몸을 앞으로 숙이고 있는데 초롱초롱한 눈이 빛나고 있는 그의 모습이 화면에서 유독 돋보인다.

　행복한 가족을 담은 듯한 이 사진은 먼 훗날 디랙이 트라우마와 불행을 토로하는 바람에 빛이 바래고 만다. 폴 디랙의 고통스러운 기억에 의하면 부모님이 주방에서 서로 고성을 지르는 바람에 그와 형, 그리고 여동생은 마당에서 두려움과 불안에 떨며 서 있었다고 한다. 한번은 어느 인터뷰에서 부모님이 '대체로 따로 식사를 했다'고 언급했다. 하지만 20년 후에 친구들이 전한 말에 의하면, '부모님이 함께 식사하는 모습을 그가 보았던 적이 없었다'라고 말했을 뿐이라고 한다. 드문 경우이긴 하겠지만 분명 그가 과장했음을 알 수 있다.[24] 폴 디랙에 의하면 부모님 사이의 불화가 식사 시간에 자신이 겪는 고통의 원인이었다. 하루에 세 번씩 들리는 날붙이의 쨍그랑거리는 소리, 가스스토브 위 냄비의 딸그락거림, 집안에 퍼지는 음식 익어가는 냄새는 그가 싫어하는 의식을 알리는 전조였다. 식사 때의 자리 배치를 회상할 때 그는 왜 자기만 아버지 옆에 앉고 형과 여동생은 어머니와 함께 주방에서 식사를 했는지 결코 이유를 대지 않았다. 주방에는 의자가 부족해서 디랙이 거기에 앉을 수 없었다고 한 것이 유일한 이유라면 이유였다.[25] 하지만 그렇다고 왜 찰스가 펠릭스나 베티가 아니라 폴만 따로 특별 취급을 했는지 수수께끼는 전혀 풀리지 않는다.

　겨울 아침에는 식사 시간이 더 끔찍했다고 한다. 쥐 죽은 듯한 다이닝룸에서 그는 아버지와 함께 앉아 있었다. 난로에서는 석탄이 타서 따뜻했고 석유등을 몇 개 켜 놓아서 밝았다. 아버지는 3단 정장 차림이었다. 회의에 늦지 않기 위해 자전거를 타고 머천트 벤처러스 스쿨에 갈 만반의 준비 상태였다. 어머니는 허둥대는 바람에 아침 식사(대체로 엄청 뜨거운 오트밀)를 너무 늦게 내와서 아버지의 불편한 심기를 더 악화시켰다. 아침 식사를 기다리는 동안 아버지는 그날의 프랑스어 수업을 둘째 아들에게 했다. 이런 식사 분위기가 싫기도 했지만 폴 디랙은 부모가 음식을 강요했기 때문에 더 먹기 싫어하

게 되었다. 심지어 식욕이 없고 속이 메슥거릴 때도 음식을 남김없이 먹어야만 했다.[26]

어린 디랙에게 그건 일상이었다. 서른 초반에 그는 가정생활의 어려움을 친한 친구에게 편지로 토로했다. '사람이 누군가를 좋아할 수 있다는 걸 나는 알지 못했어. 그런 일은 소설 안에서만 생기나 싶었지.'[27] 또 다른 편지에서는 이렇게 적었다. '어렸을 때 최상의 대책은 (…) 남이 아니라 오직 나 자신에게서만 행복을 기대하는 것이었어.'[28] 디랙에 따르면 자기 바깥에서 오는 불행과 불만에 대항할 가장 좋은 방법은 자신만의 상상의 세계로 숨는 것이었다.

***

디랙은 다섯 살 생일 직후에 처음으로 집 밖의 다른 아이들과 어울렸다. 비숍 로드 주니어 스쿨이라는 자그마한 초등학교에 다니기 시작할 때부터였다.[29] 이 기회를 통해 처음으로 사회성을 기르고 다른 아이들의 삶과 다른 가정의 관습을 이해할 수 있었다. 하지만 다른 아이들에게 말을 붙여볼 엄두를 내지는 못했다. 조용히 자신만의 내면세계에서 계속 살았다.

학교는 집 근처에 있었는데 너무 가까워서 집에 있는 디랙이 하루의 시작을 알리는 학교 종소리를 들을 수 있을 정도였다. 아침을 허겁지겁 먹고 서두르긴 했지만 그와 형은 언제나 제시간에 학교에 도착했다.[30] 디랙의 교실은 보통 약 50명의 아이들이 가로세로 8미터 남짓의 비좁은 교실에 다닥다닥 모여 있었다. 학생들은 줄지어 놓은 똑같은 나무 책상에 앉아서 공부했는데 교실 분위기는 오늘날의 기준으로 봐도 매우 엄격하고 치열했다.[31] 졸업할 무렵이면 학생들은 상급 학교 진학에 도움이 될 장학금을 받기 위해 경쟁을 해야 했다. 장학금을 타게 되면 아이의 부모가 수업료를 적게 또는 하나도 내지 않아도 되었고, 타지 못하면 아이는 학교 대신 일터로 가야 했다.

폴과 펠릭스는 딱 봐도 형제였지만 펠릭스는 얼굴이 더 동그랗고 키가 10 센티미터쯤 더 컸고 몸집도 다부졌다.[32] 그는 차분하고 얌전했지만 가끔 무언가에 무섭게 몰입했다. 그래서 교장은 학생기록부를 적을 때 이렇게 지적했다. '영원한 몽상가의 기질이 있음. 정신을 차려야 함!' 펠릭스는 곧 대다수의 과목, 특히 미술에서 성적이 향상된 것을 보면 교장의 충고를 새겨들었던 듯하다.[33]

나중에 디랙이 회고한 어린 시절 이야기를 들어보면 불행한 아이였던 것 같지만 당시에 디랙을 그렇게 묘사한 어떠한 기록도 존재하지 않는다. 27년 후 어머니는 재미 삼아 디랙에 관해 짧은 시를 하나 지었는데 거기서 그를 '명랑한 어린 학생'이라고 묘사했고 그가 '만족스럽'고 '행복하게' 지낸다고 덧붙였다.[34] 디랙이 8살 때 작성된 공식 문서에서도 비숍 로드의 교사들은 디랙의 행실을 언급하진 않고 다만 '착하고', '똑똑한 학생'이며 '근면성실'하다고 적었다. 하지만 디랙이 자신의 잠재력만큼 실력을 발휘하지 못한다는 지적은 있었다. 몇몇 교사들은 이 점을 넌지시 내비쳤는데, 가장 대표적으로는 교장이 디랙이 반에서 고작 3등밖에 못한 것을 보고서 1910년 11월 학생기록부에 이렇게 적었다. '기대에 미치지 못함.'[35]

비숍 로드 스쿨에 함께 다녔지만, 디랙과 모르던 사이인 학생 중에 영화배우 캐리 그랜트가 있었다. 당시에는 아치 리치Archie Leach라는 이름으로 통했던 그는 몽크 로드에서 약 1km 거리에 사는 가난한 학생이었다. 비숍 로드 스쿨의 교실과 운동장에서 디랙은 매우 강한 브리스틀 억양을 습득하게 되었는데 다른 영국인 화자들한테는 영국 남서부의 농부들을 닮은 약간 촌스러운 억양으로 들렸다. 다른 브리스틀 토박이들처럼 디랙과 그랜트는 A로 끝나는 대다수 단어를 발음할 때 L을 덧붙였다. 지금은 사라지고 있는 습관이지만 많은 영국인들이 보기에 지금도 브리스틀은 아이디어idea를 아이디얼ideal로, 에어리어area를 에어리얼aerial로 발음하는 영국 내 유일한 도시이다.[36]

미국에 이민 가서도 캐리 그랜트는 이 억양을 유지했지만 디랙은 평생 그러지 않았다. 그는 적당한 억양에 젠체하지 않는 수수한 말투로 많은 사람들을 놀라게 만들었다. 미국 사람들은 그가 영국 지성인다운 고상한 영국식 영어를 쓸 줄 알았다고 생각했다.

형과 마찬가지로 디랙도 학교 성적이 차츰 향상되었다. 산수는 특출나지는 않았지만 양호했고, 그가 서툴렀던 실습이 들어있지 않은 대다수 과목은 잘했다. 8살 생일 직후 디랙의 담임교사는 디랙을 '머리는 똑똑한데 손을 쓰는 데 노력을 기울여야 한다'고 평했다. 디랙은 손글씨(전체 중 45%)와 그림 그리기(48%)에서 낮은 점수를 받았다. 실망한 담임교사는 디랙이 반에서 13등밖에 못 했다고 안타까워했다. 2년 후 디랙은 늘 반에서 1, 2등을 다투었는데 하지만 가끔 역사와 미술의 성적이 상대적으로 낮아서 전체 성적이 내려갔다.[37] 집에서는 교과목에는 없는 천문학을 취미로 탐구했는데 밤중에 뒷마당에 서서 행성과 별자리의 위치를 살폈고 가끔은 밤하늘을 가로지르는 별똥별의 흔적을 뒤쫓았다.[38]

학교에서는 과학을 가르치진 않았지만 데생과 제도 수업은 있었다. 제도 수업을 통해 디랙은 과학에 대한 자신만의 사고 방식의 기초를 닦을 수 있었다. 나중에 어머니는 아들의 '아주 아름다운 손'에 주목하면서 길고 가녀린 손가락을 지녔으니 화가가 되어보라고 권했다.[39] 엔지니어가 3차원 대상을 평면 종이 위에 그리는 데 쓰이는 제도를 요즘엔 가르치는 영국의 초등학교가 매우 드물고, 중등학교에서는 가끔 있다. 하지만 19세기 초반에는 학생들 절반이 필수과목으로 들어야 했다. 일주일에 몇 번의 수업이 있었는데 교실은 두 부류로 나뉘었다. 여학생은 가사를 배웠고 남학생은 제도를 배웠다. 제도 수업에서 디랙은 다양한 제품들을 이상적으로 시각화하는 법을 배웠다. 사물을 X, Y, Z축으로 바라봄으로써 대상을 왜곡없이 표현하는 방법을 익혔다.[40]

영국은 부유한 유럽 국가들 가운데서 학교 수업에 제도를 포함하는 데 가장 늦었는데 1851년 세계박람회를 개최하면서 제도를 수업 과목에 넣었다. 대중적으로 큰 성공을 거둔 이 박람회를 계기로 620만 관람객 중 매우 식견이 높은 사람들은 영국이 신흥 경쟁국인 미국과 독일에 맞서 경제적 패권을 유지하려면 국민적 차원의 기술 교육이 필요함을 실감했다. 정부도 공감하여 세계박람회의 주최자인 헨리 '킹' 콜 경이 나서서 영국 학교들의 기술 교과목을 변경했다. 덕분에 남학생들은 제도 수업을 통해 자연적 대상뿐만 아니라 제조 물품의 아름다움을 이해할 수 있게 되었다.[41] 하지만 1850년대 중반부터 영국에서 성행한 미학 운동Aesthetic Movement 형태의 제조물품의 아름다움에 대한 실용적인 개념에는 반발도 있었다. 프랑스에서 미학 운동의 지도자는 화려한 시인이자 비평가인 테오필 고티에였는데 그는 역도를 했고 루브르 박물관의 그리스 갤러리에 자주 다닌 걸로 유명했다.[42] 그가 말한 '예술을 위한 예술'은 오스카 와일드를 포함해 영국 탐미주의자들의 신조가 되었다. 그들은 형식적이고 미학적인 아름다움이야말로 예술 작품의 유일한 목적이라는 고티에의 믿음에 동조했다. 이 관점은 나중에 디랙의 과학철학에도 어렴풋이 나타나게 된다.

헨리 콜 경의 개혁은 계속 이어졌다. 그와 동료들이 세운 지침은 디랙이 공식 학교 교육을 시작한 비숍 로드 스쿨에서도 사용되고 있었다. 1909년 교육학자 F. H. 헤이워드Frank Herbert Hayward는 당대의 미술 교육의 바탕이 된 철학을 이렇게 요약했다. '(소묘와 제도를 포함한) 그림은 구상과 표현의 진리, 미에 대한 사랑, 창의성의 증진 그리고 손재주 훈련을 목표로 삼아야 하며 (…) 자연에 대한 학습과 과학은 그림 없이는 발전할 수 없다.'[43] 헤이워드는 꽃, 곤충, 탁자, 공구 창고 및 주머니칼 등의 자연물과 인공물을 정확하게 표현함으로써 학생들이 그리기 기술을 훈련하도록 권장했다. 1912년 가을 디랙은 주머니칼을 그려보라고 하자 거뜬하게 잘 그려냈다. 그가 그린 다른 그

림들과 마찬가지로 장식은 일체 없었지만 말이다.[44]

학교에서는 교과서의 규칙에 따라 글을 읽기 쉽게 쓰는 법을 학생들에게 가르치려고 애썼는데 분명 디랙과 형은 그런 글쓰기를 열심히 배웠을 것이다.[45] 글쓰기 스타일(교과서에서 설명하는 규칙에 따른 글쓰기)이 비슷하여 둘 다 깔끔하고 읽기 쉽고 미사여구가 거의 없었다. 다만 예외라면 D를 쓸 때 왼쪽 위를 휘갈겨 쓰는 것뿐이었다. 디랙은 평생 그 서체를 한번도 바꾼 적이 없었다.

1911년 초여름에 장학사들이 찾아와서는 이렇게 말했다. '똑똑하고 말 잘 듣는 아이들이 독립적이고 근면한 습관을 기르면서 세심하게 교육받고 있다.' 거의 3년 후 디랙이 학교의 마지막 학년이었을 때 그들은 비숍 로드 스쿨을 다시 찾아왔다. 그 '진취적인' 학교와 그곳에서 실시하는 실용적인 교육을 칭찬하면서 이렇게 평했다. '교장은 열정적이고 활기차고 사려 깊다. 교직원들은 근면하고 성실하며 (…) 제도 교육이 잘 이루어져 작품이 훌륭하고 학생들은 유용한 모형들을 많이 만든다. 게다가 학생들이 대상 선택에 상당한 자유를 누리면서도 자립심, 관찰력, 주의 깊은 계산과 측정 능력을 기를 수 있도록 제도 수업이 이루어지고 있다.'[46]

비숍 로드 스쿨은 학생들이 좋은 직업을 얻는 데 필요한 기술을 습득시켜주고자 했다. 하지만 디랙에게 그 실용적인 수업의 가장 중요한 결과는 우주의 작동 방식을 이해하는 데 노움을 준다는 것이었다. 이담한 교실의 자기 책상에 앉아서 나무로 만든 간단한 물체의 모습을 표현하려면 평면에 놓인 점과 직선들 사이의 관계를 기하학적으로 사고해야 했다. 또한 수학 수업에서 그는 그러한 관계를 설명한 유클리드 기하학(고대 그리스 수학자 유클리드가 발견한 기하학)을 배웠다. 시각적 이미지와 추상적 수학 기호를 둘 다 사용하여 기하학을 공부했던 셈이다. 10년 안에 그는 이러한 구체적인 기술적 응용 사례로서 기하학을 대하는 방식을 벗어나 이론물리학의 추상 영역으로 옮겨가게 된다. 즉, 나무로 만든 만년필 스탠드를 시각적으로 표현하던 디랙이 원자를 이상화된 수학적 모형으로 기술記述하게 되는 것이다.

***

늘그막에 디랙이 말하기로 그는 어린 시절이 없었다고 한다. 다른 어린아이들과 같은 유년기의 추억이 없었는데 가령 주말 오후에 한참 동안 새 둥지에서 알을 훔치지도, 근처 과수원에서 서리를 하지도, 전차 앞으로 뛰어들어보지도 않았다. 여러 면에서 볼 때 어린 시절의 그는 뉴턴과 행실이 비슷했던 것 같다. '차분하고 조용하고 생각이 많은 사내아이로서 (…) 밖에서 친구들과 어울려 노는 법이 좀체 없었다'고 어느 친구가 뉴턴을 두고 한 말이다. 이 말은 그대로 어릴 적 디랙한테도 해당한다.[47]

디랙은 스포츠에 관심이 없었는데 다만 아이스 스케이팅만은 예외였다. 집 근처 콜리세움 링크에서 형과 여동생과 함께 스케이트 타는 법을 배웠다. 그곳이 1910년에 처음 개장했을 때는 그야말로 장안의 화제였다.[48] 수십 년이 지나서 어머니의 회고에 의하면 디랙은 주위에 책들을 단정하게 놓아두고서 조용히 앉아 읽었으며 긴 시를 외워서 가족들에게 암송했다고 한다.[49] 그녀는 1933년 기자들과 인터뷰할 때 디랙의 무난한 어린 시절을 부각했다. '(애 아버지의) 좌우명은 언제나 공부, 공부 또 공부였기에 만약 아이가 다른 관심거리가 있었더라도 뭘 어쩌지 못했을 거예요. 하지만 그럴 필요도 없었죠. 공부 외에는 관심거리가 아예 없었으니까요.'[50] 찰스 디랙이 자신의 근면 성실의 윤리를 둘째 아들한테 각인시켰음은 의심의 여지가 없다. 나중에 디랙은 아버지의 성실성을 다음과 같이 높이 샀다.

어느 날 자전거로 (학교에 가는 도중에 아버지가 자전거에서 떨어지셨는데) 갑자기 뛰어들어온 아이를 피하려다 난 사고였다. 그래서 아버지는 팔이 부러졌다. 아주 성실하셨기에, 팔이 부러졌는데도 아버지는 쉬지 않고 학교에 출근해서 수업을 계속하셨다. 마침내 교장이 그 사실을 알고서는 아버지를 집에 보내면서 낫기 전에는 학교에 나오지 말라고 당부했다.[51]

폴 디랙은 또한 아버지가 돈에 아주 철저하다는 점도 알았다. 1913년 4월 찰스는 돈과 관련하여 인생 최대의 결정을 내렸다. 바로 더 비싸고 더 넓은 집을 구매했던 것이다. 가족은 몽크 로드의 비좁은 집에서 걸어서 몇 분 거리에 있는 조금 더 살기 좋은 쾌적한 집으로 이사 갔다. 한쪽 벽이 옆집과 붙어 있는 그 집은 줄리어스 로드 6번가에 있었다. 디랙 가족은 이제 아버지 찰스의 사회적 위치에 어울리는 집을 갖게 되었다. 두 사내아이도 서로 각자의 방을 쓸 수 있게 되어 이제 디랙은 혼자만의 공간이 생겼다. 그래도 여전히 디랙의 집은 식구들끼리만 지냈고 집에 손님이라고는 초대하지 않았다. 예외라면 한 달에 한 번 오후 다과회에 오는 플로렌스의 친정 식구와 그녀의 손님들(전부 여자) 그리고 꾸준히 언어 개인 교습을 받으러 오는 아버지의 학생들뿐이었다.[52]

다른 여느 부모처럼 찰스도 아이들이 장학생 선발 시험을 치르게 했다.[53] 펠릭스가 아홉살 때 이 시험에 불합격하자, 아버지는 담임교사한테 해명을 요구하기도 했다. 베티도 몇 년 후에 시험에 불합격했다. 폴은 그런 문제기 일어나지 않았다. 매번 의기양양하게 시험에 합격했기에 부모는 펠릭스 및 베티와 달리 폴이라면 최소한의 학비로 교육을 받을 수 있으리라는 확신이 생겼다.

***

새로운 기술이 브리스틀에 큰 영향을 미치는 현장을 폴 디랙이 직접 목격할 계기가 생겼다. 시 중심부는 수백 년 된 건물들과 새 건물들이 함께 모여 있었는데 그중 다수에 새로운 서비스와 제품의 광고가 붙어 있었다.[54] 도로에서는 지붕 없는 자동차들이 마차, 비틀대는 자전거들 그리고 도시를 덜컹덜컹 지나가는 전차들과 도로를 놓고 경쟁하고 있었다. 그러다가 20세기 초반부터 도로 건설 프로젝트가 시작되면서 자동차들이 도시를 점령하기 시작했다. 1910년 후반에 디랙은 영국에서 최초이자 최대 규모로 브리스틀의 항공 산업이 시작되는 현장도 목격했다. 브리스틀의 이 새로운 산업의 선구자는 지역 사업가인 조지 화이트 경Sir George White이었는데 그는 브리티시 & 콜로니얼 항공기 회사를 설립했고 디랙의 집에서 북쪽으로 10킬로미터쯤 떨어진 필턴의 전차 기지에서 초창기 항공기의 제작을 감독했다. 한참 세월이 흐른 후 디랙이 자녀들에게 말해준 바에 의하면 그는 뒷마당에 달려가서 비행기들이 약 1킬로미터 떨어진 새 활주로에서 조심스레 이륙하는 모습을 지켜보았다고 한다.[55] 아마 그 새로운 기술을 더 잘 알고 싶어서였던 듯하다. 청년 시절부터 기록해두던 노트에 보면 그 지역의 기술 대학교에서 1917년 12월에 시작한 교육 프로그램인 '항공역학에 관한 10가지 교육 강의'의 자세한 내용이 적혀 있다.[56]

디랙과 형은 비숍스턴의 아이 중에서 특출한 편이었다. 둘 다 학교에 들어가기 전부터 프랑스어를 잘했기 때문이다. 한 기록에 의하면 그 지역 아이들은 길에서 디랙 형제를 만나면 프랑스어로 몇 마디 해보라고 했을 정도였다.[57] 둘이 프랑스어를 잘한다는 사실은 그다음에 간 학교에서 모든 학생이 알았다. 학교에서 가장 엄격하기로 악명 높은 언어 선생이 바로 둘의 아버지였으니까.

2장
1914년 8월부터 1918년 11월까지

상업의 영역에서

공예와 미술에서

학생들은 명예롭게

자기 맡은 바를 다하네

스포츠와 취미에서도

이름을 드날린다네

배트를 휘두르는 법을 배우고

'경기를 펼치는' 법을 배운다네

– 머천트 벤처러스 스쿨 교가 중에서[1]

1914년 8월 4일 고등학교에 다닐 준비를 하던 디랙은 영국이 전쟁을 한다는 소식을 들었다. 유럽에서 모든 산업화한 국가들이 참여한 첫 번째 전쟁이었다. 그 어떠한 전쟁보다도 더 많은 영국인 희생자를 낳은 이 '유럽 전쟁'은 머천트 벤처러스 스쿨에서 디랙이 받은 중등 교육 전체의 배경이 되는 사건이었다.

영국의 다른 대다수 도시처럼 브리스틀은 재빠르게 전쟁에 대비했다. 보어 전쟁의 영웅인 키치너 백작Lord Kitchener이 전쟁은 영국의 최후의 100만 명이 판가름 낼 것이라고 선언하자, 전쟁 준비는 그야말로 발등에 떨어진 불이되었다. 8월 마지막 날 내각의 전쟁 장관의 자격으로 키치너는 브리스틀 시민 징집 위원회에 전보를 한 통 보냈다. '귀한 신분의 젊은이들'로 구성된 부대를 구성하라는 지시였는데 2주 만에 약 500명의 전문직 남성들이 '키치너의 군대'의 일부인 '제12 글로스터 연대'에 자원했다.[2] 몇 주 이내에 도시산업의 중심은 돈벌이가 아니라 군화와 전투복에서부터 차량과 항공기까지 모든 군수품을 군대에 제공하는 일로 바뀌었다. 심지어 콜리세움 아이스링크도 항공기를 조립하는 공장으로 변신했다.

선전포고 후 채 한 달도 안 돼서 최초의 사상자 명단이 발표되었다. 브리스틀 신문들이 전하기로 연합군은 독일의 초기 맹공을 막아냈으며 수많은 방어 시설들을 줄줄이 이어서 전선을 형성해 놓았다. 전선은 해변에 있는 프랑스-벨기에 국경에서부터 찰스 디랙이 자란 곳과 가까운 프랑스-스위스 국경에까지 뻗어 있었다. 외국인등록법이 의회에서 통과되자 브리스틀은 '금지된 지역'으로 선정되었다. 찰스도 외국인으로 당국에 등록해야 했지만 사실 그는 영국의 안보에 거의 위협이 되지 않을 사람이었다. 큰아들이 머천트 벤처러스 스쿨에 들어갔을 무렵 찰스는 이미 마흔여덟 평생 중 거의 삼분의 일을 그 학교의 프랑스어 주임교사로 지냈다. 그동안에 기존의 기술 과목 중심 교육을 넘어서 현대 언어들까지 아우르는 학교라는 명성을 드날리는 데 어느 교사들보다 크게 이바지를 했다.

찰스가 자전거를 타고 집을 나서서 15분쯤 가면 도시 중심부인 유니티 스트리트에 있는 학교가 나왔다. 학교 건물은 브리스틀의 가장 최신의 호화로운 음악낭인 히포드롬과 지척이었다. 음악당은 (폴 디랙이 그 학교에 입학한 직후) 젊은 캐리 그랜트가 전기 기사로서 조명 기구 작동의 보조 역할을 맡았던 첫 번째 직장이기도 했다. 학교의 에드워드 양식의 고딕 건물은 1909년 4월에 문을 열었는데 그 자리에 있던 이전 학교 건물이 화재로 소실된 후 재건한 것이다. 새 학교 근처의 사람은 누구나 건물 지하 작업장에서 나는 철컥철컥 윙윙거리는 소음을 들었다. 진동이 너무 커서 학교 부근의 와인 상점들은 저장고가 끊임없이 흔들린다며 불만을 터뜨렸다.[3]

제자들이 '데더Dedder'(Deader의 은어로 죽은 것과 다름없는 사람을 뜻한다)
라는 별명으로 불렀던 찰스 디랙의 행동은 여러 동료 교사들과 학생들의 증
언에서 확연히 드러난다. 이 증언들은 1980년대 중반 옥스퍼드 대학교의 의
학 교수인 딕 달리츠Dick Dalitz가 모은 것이다. 폴 디랙의 급우였던 레슬리 필
립스Leslie Philips의 아랫글을 보면 찰스 디랙이 어떤 사람인지 짐작된다.

> 선생님은 엄격한 교사이셨다. 정확하고 매사에 철저하고 꼼꼼하고
> 언제나 잘못을 바로잡고 처벌을 가하셨다. 교실에서 벌어졌던 모든
> 내용을 적어놓은 선생님의 기록은 깔끔하고 비밀스러웠다. 어떠한
> 학자도 그 기록의 중요성을 이해할 수는 없을 것이다. 나중에
> 졸업반이 되어서야 비로소 나는 그분의 인간미와 자상함을 알아차릴
> 수 있었다. 하지만 하급반일 때의 우리에게는 채찍이자 공포였을
> 뿐이었다.[4]

데더는 엄격하고 케케묵은 교습법과 학생들에게 갑자기 시행하는 시험으
로 악명이 높았다. 그래서 학생들은 언제나 시험을 치를 준비를 하고 있어야
했다. 시험이나 숙제에서 부정행위를 하다가 걸린 학생은 처벌을 받았다. 토
요일 오후에 4시간 반 동안 방과 후에도 학교에 남아 있어야 했다. '네가 쓴
게 아니구나. 부정행위를 했으니 토요일 오후 4시까지 남아라.' 데더가 나중
에 브리스틀 시장이 된 키릴 헤블스웨이트Cyril Hebblethwaite한테 했던 말이다.
대다수 교사는 버릇없는 학생들한테 슬리퍼나 지팡이로 볼기를 후려치는 체
벌을 가했는데, 이는 가학성이 의심될 정도로 심했다. 하지만 찰스가 이런
식의 체벌을 학교에서나 가정에서나 좋아했다는 기록은 없다.

두려움에 떨던 찰스 디랙의 제자들은 폴과 펠릭스를 보고서 아마도 이렇
게 물었을 것이다. '집에선 어떤 분이셔?' 이렇게 엄격한 교사였지만 교실에

서 학생들이 보던 만화를 빼앗아 집에 가져다주는 의외의 혜택도 있었다.[5] 어린 폴 디랙은 이 싸구려 '통속 만화'들을 읽었는데 흑백으로 된 그 만화들에는 슬랩스틱, 유치한 농담, 탐정 이야기, 자극적인 모험담, 심지어 가끔은 독일 군대의 육성이라는 시사적인 내용까지 담겨 있었다.[6] 이런 식으로 집에서 대중문화를 접했던 폴 디랙은 이후로도 줄곧 만화에 관심을 가졌다.

어머니도 아이들을 괴롭히는 데 한몫했다. 바로 곱슬곱슬한 머리카락을 짧게 깎고 유행이 한참 지난 느슨한 바지를 입게 했기 때문이다. 또한 무릎 아래를 여미는 짧은 반바지를 입히고 밴드를 너무 꽉 끼게 채우는 바람에, 반바지를 벗으면 다리 주위에 빨간 선이 드러났을 정도였다. 오늘날 같았으면 '멋지지 않다'고 비난받았을 그런 일로 폴 디랙은 급우들한테 놀림을 당했고 그 사실을 오랫동안 잊지 못했다.[7] 그때 입은 상처는 나중에 영국인 특유의 불편함, 즉 수줍은 성격으로 이어졌다.

당시의 모든 부모처럼 찰스와 플로렌스도 아이들이 결핵에 걸릴까 걱정했다. 그 무렵은 영국인 8명당 1명이 결핵으로 죽던 시절이었다.[8] 특히 성인 남성이 결핵의 무자비한 공격을 받았는데 15세부터 44세까지의 남성 중에서 셋 중 한 명이 결핵으로 사망했다. 찰스 디랙의 아이들 모두는 정부가 지원하는 결핵 퇴치 캠페인이 처음 시행되던 10년 동안에 태어났다. 캠페인은 모든 시민이 집 밖에 나가서 야외활동을 많이 함으로써 폐에 신선한 공기를 많이 채우도록 권장했다. 이런 방침에 따라 찰스는 아이들이 학교로 통학할 선차의 차비를 대지 않으려 했을지 모른다. 그래서 아이들은 (점심을 집에서 먹어야 해서) 하루에 두 번 걸어서 학교를 오고 갔다. 나중에 폴 디랙은 아버지가 구두쇠라고 분개했지만 아마도 그때부터 오래 걷기가 몸에 뱄고 이 습관은 평생 이어졌다.[9]

디랙이 머천트 벤처러스 스쿨에서 뛰어난 학생으로 자리 잡는 데는 고작 몇 주밖에 걸리지 않았다. 역사와 독일어를 제외하고는 모든 과목에서 뛰어났기에 대체로 반에서 성적이 제일 상위권에 속했다.[10] 교과목은 전부 실용적이어서 음악이나 (디랙으로서는 다행이게도) 라틴어와 그리스어는 포함되지 않았다. 대신에 학교는 학생들이 사업에 필요한 소양을 갖추어줄 과목들, 가령 영어, 수학, 과학(생물학은 제외), 약간의 지리와 역사에 초점을 맞추었다. 이 학교의 교육이 특별했던 까닭은 벽돌쌓기, 회반죽 작업, 구두 제작, 금속 가공 및 제도 등 기술적 재능의 교육 수준이 높았기 때문이었다. 최상의 기술 교육을 시행하는 곳이라며 장학사들이 50년 동안이나 학교를 칭찬했을 정도다.[11]

학교의 실험실에서 디랙은 금속 재료로 간단한 제품을 만드는 법, 선반 작동법, 절단과 톱질을 하는 법, 나사를 돌리는 법을 배웠다. 또한, 기계 철컥거리는 소리, 기름 웅덩이 그리고 잘린 재료 더미를 뒤로 하고서 제도하는 법도 배웠다. 비숍 로드에서 기본 과정을 익혔던 이 제도 수업 덕분에 디랙은 복잡한 대상을 제작하기 위한 설계도를 작성하는 법을 알게 되었고 물체를 다양한 각도에서 시각화하는 능력을 길렀다. '기하 제도' 수업에서 원기둥과 원뿔을 다루면서 이 물체들을 서로 다른 각도에서 잘라서 다양한 관점에서 바라보면 어떤 일이 생길지를 마음의 눈으로 보는 법도 배웠다. 또한, 정적이지 않고 움직이는 물체를 기하학적으로 생각하는 법도 배웠으며 바퀴가 도로에서 구를 때 바퀴 테두리의 점이 그리는 궤적처럼 완전한 원이 직선을 따라 구를 때 원 가장자리의 점이 따르는 경로를 그리는 법도 배웠다. 처음 접하는 학생들한테 그런 형태들(휘어진 형태, 대칭적인 형태, 종종 복잡한 형태)은 기쁨의 원천이었다. 하지만 설령 디랙이 그런 곡선들을 수학적으로 기술하는 법을 물었더라도 제도 선생님은 아마 제대로 대답하지 못했을지 모른다. 왜냐하면 대체로 제도 전문가였던 교사들은 수학적 전문지식이 별로 없었기 때문이다.

디랙은 대학에 갈 준비에 집중하고 있긴 했지만 전쟁의 기세를 잘 알고 있었다. 매일 트럭 수송대가 전선의 병사들을 위한 보급품을 싣고 브리스틀을 지나갔고 대포들이 거리를 지나는 통에 근처 건물들이 흔들거렸다. 밤에는 독일 비행기가 도시를 손쉽게 공격하지 못하도록 가로등을 꺼서 그런지 다행히도 독일 비행기가 나타나지는 않았다. 그 도시에서 항공산업은 전쟁 덕분에 급성장하고 있었기에 매일 학교 가는 길에 분주한 비행기 공장을 지나치던 디랙은 공습의 위협을 피부로 느낄 수 있었다.[12]

***

전선에서 들려오는 전쟁의 불안한 소식들이 신문과 소문으로 퍼져나갔다. 정부의 검열 정책으로 인해 기자들이 참상의 자세한 내용을 보도하지는 못했지만, 독자들은 전쟁의 무서움을 짐작할 수 있었다. 1916년 2월에 독일은 베르됭에서 프랑스군을 꺾기 위한 전투를 시작했고 7월에는 영국군이 솜므 지역을 공격했다. 사상자 수치가 급증했지만 전선은 아주 느리게 바뀔 뿐이었다. 1917년 4월 독일군은 무제한 잠수함 작전을 시작했는데 영국으로 가는 음식과 물자의 공급을 차단하여 적이 어쩔 수 없이 협상 테이블에 나오도록 만들기 위해서였다. 그 여파로 미국이 참전했고 이를 기념하여 브리스틀은 학생들에게 미국 독립일인 7월 4일에 하루의 절반을 쉬게 해주었다.[13] 한편 러시아는 혼란의 소용돌이에 휩싸였다. 그해 2월에 왕정이 무너지고 아홉 달 뒤에는 레닌의 볼셰비키 혁명이 발발했다.

매일 디랙 가족은 지역 및 전국 신문들을 통해 이런 사건들을 접했다. 브리스틀 이브닝 뉴스Bristol Evening News의 안쪽 지면에는 제복을 입은 10대 병사들의 얼굴 사진이 소속 부대, 전사 날짜 그리고 유품을 적은 몇 줄의 문구와 함께 실렸다. 이런 우울한 보도가 일상이었는데도 자원 입대자들의 행렬은 지속적으로 이어졌다. 다수는 최소한의 합법적인 나이인 18세보다 어렸다. 사지로 실려간 소년 중 일부는 디랙보다 고작 한 살이 많았다. 디랙으로서는 군복무와 가장 엇비슷했던 경험이라고 해 봐야 1917년 군사 교련단에서 짧게 복무했던 일뿐이었다. 하지만 주변에는 불운한 젊은이들의 전쟁 체험 소식이 흘러넘쳤다. 프랑스 전선에서 부상을 입었거나 불구가 되어 돌아온 숱한 병사들이 절뚝거리며 도시를 걸어 다니는 모습을 디랙도 분명 보았을 것이다.[14]

하지만 전쟁은 디랙의 교육에는 도움이 되었다.[15] 나이 든 학생들이 빠져나가는 바람에 상급반에 사람이 모자랐다. 그래서 디랙을 포함한 똑똑한 학생들이 그 틈을 메웠고 덕분에 빠르게 실력이 향상되었다. 디랙은 화학을 포함해 과학을 아주 잘했다. 평소에 얌전히 공부하는 편이었지만, 한 급우의 기억에 의하면 한번은 티를 낸 적이 있다고 한다. 선생님이 실수하자 디랙이 예의 바르게 고쳐주었다는 것이다.[16] 역한 냄새가 나는 실험실에서 디랙은 화학물질들이 어떻게 작용하는지를 체계적으로 조사하는 법을 배웠고 또한 모든 물질이 원자로 이루어져 있음을 배웠다. 케임브리지 대학교의 유명한 과학자인 어니스트 러더퍼드Ernest Rutherford경은 원자가 얼마나 작은지를 비유적으로 이렇게 설명해주었다. 만약 세상 모든 사람이 하루에 12시간씩 낱개의 원자들을 골무에 집어넣는다면, 골무가 다 차는 데 100년이 걸린다고.[17] 원자들이 무엇으로 구성되는지 또는 어떻게 원자들이 만들어지는지 아직 아무도 몰랐지만, 화학자들은 마치 돌이라도 다루듯 원자를 다루었다. 디랙은 실험실의 시험 용기에서 보았던 반응을 화학물질의 구성 요소인 원자들의 재배열로 해석하는 법을 배웠다. 물질이 행동하는 방식을 그것의 가장 기본적인 구성 요소들로 연구하면 이해할 수 있음을 처음으로 알아차린 것이다.[18]

물리 수업에서는 열, 빛 및 소리 등에 초점을 맞추어 물질계를 연구할 수 있음을 배웠다.[19] 하지만 이제 어린 디랙의 마음은 학교 교과목을 훨씬 넘어서고 있었다. 자신이 배우고 있는 온갖 복잡한 현상들을 설명하려면 어떤 근본적인 질문들을 던져야 함을 깨닫기 시작했던 것이다. 교실의 다른 아이들은 숙제를 제시간에 끝내느라 끙끙대고 있을 때 디랙은 집에 앉아서 공간과 시간의 본질에 대해 오랫동안 생각하고 있었다.[20] 그는 이런 생각이 들었다. '어쩌면 공간과 시간은 서로 어떤 관련성이 있을지 모르니, 일반적인 3차원의 관점에서 그것들을 살펴봐야만 해.'[21] 허버트 조지 웰스Herbert George Wells의 1895년 소설 『타임머신』 속의 시간 여행자와 생각이 흡사했는데, 웰스의 공상과학 소설에서 시간 여행자는 이렇게 말한다. '공간의 3차원과 시간은 우리의 의식이 시간을 따라 흐른다는 점 말고는 아무런 차이가 없다.'[22] 그런 생각은 19세기 말에 널리 퍼졌는데 디랙도 어렸을 때 시간 여행자의 저 문구를 읽었을지 모른다.[23] 어쨌거나 어린 디랙은 아인슈타인의 상대성이론을 듣기 이전에 이미 공간과 시간의 본질을 궁리하고 있었다.

디랙의 선생인 아서 피커링Arthur Pickering은 그를 더 이상 다른 아이들과 함께 가르치지 않고 도서 목록을 쥐여 주며 학교 도서관으로 보냈다. 어느 날 피커링 선생이 그 신동에게 집에서 밤새 고생하라고 어려운 계산 문제를 낸 적이 있었는데 알고 보니 디랙은 그날 오후에 집에 가는 길에 이미 계산을 끝내버렸다.[24] 그러자 피커링은 디랙에게 새로운 경지를 엿보여주고 싶었다. 그래서 단순한 기하학을 넘어서 독일 수학자 베른하르트 리만Bernhard Riemann의 이론들을 살펴보라고 디랙에게 권했다. 리만은 한 삼각형의 세 각의 합이 늘 180도가 되지 않음을 일찍이 밝혀냈던 수학자다.[25] 몇 년 후에 디랙은 리만의 기하학 개념들(겉보기에는 과학과 무관한 개념들)이 중력을 새롭게 조명할 수 있다는 이야기를 듣게 된다.

찰스 디랙은 작은아들이 무척이나 **세심한 마음과** 더불어 **무시무시한 집중력을 지녔음을** 누구보다도 잘 알았다. 가정에서 엄격한 교육을 함으로써 찰스는 아마도 의도했던 대로 자기가 보기에는 성실한 아들로 길러냈다. 하지만 다른 사람들과 마찬가지로 찰스가 알아차리지 못한 것은 폴의 특이한 행동이었다. 급우들은 폴 디랙을 이상한 아이라고 여겼다. 60년 후에 나온 증언에서 여러 급우는 그를 매우 조용한 아이라고 기억했다. 한 증언에 의하면 '마르고 키 크고 곱슬머리에 느슨한 바지를 입은 영국인처럼 보이지 않는 아이'였고, 또 다른 증언에 의하면 '도서관에 죽치고 앉아 있는 심각하고 조금 외로워 보이는 아이'였다.[26] 그때부터 디랙은 과학과 수학에 편집광처럼 매달렸다. 운동 경기는 관심이 없었는데 어쩔 수 없이 해야 할 때는 그냥 참여만 하는 수준이었다. 급우 중 한 명이 나중에 기억하기로 디랙이 크리켓 배트를 쥐는 방식은 '희한하게 엉성했다'라고 말한다. 나이가 들어서 디랙이 밝힌 바에 의하면 자신이 팀 경기를 좋아하지 않은 까닭은 '머천트 벤처러스 스쿨의 운동장에서 덩치 큰 상급반 학생들과 축구와 크리켓을 해야 했기 때문이다'라고 했다.[27]

문학에 대한 관심은 지극히 협소했다. 시의 매력을 느끼지 못했지만, 어린아이들이 좋아할 법한 소설은 읽었다. 모험 이야기와 전쟁 이야기를 즐겨 읽었는데 이런 책을 읽을 때마다 문학 비평가의 자세로 꼼꼼히 읽었다고 한다.[28] 아홉 살 때 비숍 로드 스쿨에서 대니얼 디포의『로빈슨크루소』를 상으로 받았는데 이 소설은 꼭 혼자까지는 아니너라도 많은 사람한테서 떨어져 있길 좋아하는 사람들한테 공감을 일으키는 작품이다.[29]

디랙의 사고방식을 형성하는 데 가장 큰 영향을 미친 것은 수학과 과학 수업이었다. 수십 년 후에 다시 연락이 닿은 그의 역사 교사 에디스 윌리엄스 Edith Williams의 말에 의하면 역사 수업 시간에 그녀는 디랙에게 이렇게 말했다. '언제나 느끼는 거지만 너는 형태와 수치라는 특이한 매체로 생각하는구나.'[30] 10대 중반 때 디랙의 행동을 들어보면 그는 오늘날의 신기술에 열광하는 기질을 지녔다. 다른 이들과 소통하기 위해 최신 소프트웨어와 장치를 사용하고 컴퓨터 화면 앞에 혼자 앉아 있을 때가 제일 행복한 사람처럼 말이다. 요즘으로 치자면 어렸을 적의 디랙은 에드워드 시대의 괴짜였던 셈이다.

머천트 벤처러스 스쿨은 학급 규모가 줄어들었고 수업 범위도 축소되었다. 1914년 9월 디랙이 학교에 입학했을 때는 학급에 37명의 아이가 있었지만 전쟁이 끝나기 네달 전인 1918년 7월 졸업할 때에는 고작 11명이었다. 1918년 7월에 있었던 웅변대회 날 그는 매해 그랬듯이 상을 탔는데, 이 자리에서 교장으로부터 1916년에서 1917년까지 96명이 전사했고 56명이 부상을 입었다는 소식을 들었다.[31] 이날 들었던 죽음에 관한 침통한 이야기는 평생 디랙의 뇌리를 떠나지 않았다.

집에서도 우울한 분위기를 벗어날 수 없었다. 디랙이 보기에 아버지는 학교에서 귀가하고 나면 공정하고 존경스러운 엄한 선생님에서 잔혹한 폭군으로 탈바꿈했다. 저녁 식사 자리에서도 여전히 언어 훈련을 강요했다. 전시라 물자 배급이 줄어서 식사는 이전보다 조촐했다. 1918년 초에는 빵, 마가린, 과일 및 고기를 받으려는 안타까운 행렬이 길게 줄을 지었다. 닭 한 마리 값이 1기니까지 올랐는데 이는 육체노동자의 일주일 치 급료에 해당하는 가격이었다.[32] 물자 부족으로 인해 디랙의 가정을 포함해 많은 집이 과일과 채소를 길러 먹었는데 이를 계기로 폴 디랙은 텃밭 가꾸기를 하게 되었다. 이 취미는 집안의 무거운 분위기에서 잠시 벗어나는 구실이기도 했다.[33]

디랙 가정의 또 다른 불행의 원인은 부모의 자식 사랑이 한쪽으로 치우쳤다는 데 있다. 폴은 어머니한테서, 베티는 아버지한테서 사랑을 받았지만 펠릭스는 주워 온 자식 취급을 받았다.[34] 비숍 로드 스쿨을 다닐 때만 해도 펠릭스는 동생과 실력이 엇비슷했지만 상급 학교로 진학해서는 실력의 차이가 너무나 커서 둘 사이에 심각한 마찰이 생기기 시작했다. 두 형제는 함께 다니지도 않았고 틈만 나면 다투었다. 말년에 디랙은 평소답지 않게 갈등의 이유를 이렇게 말했다. '똑똑한 동생을 두는 바람에 형이 무척 힘들긴 힘들었나 봅니다.'[35] 정말 무심한 발언이다. 디랙은 다른 이의 감정을 잘 헤아리지 못하는 무딘 성격이라서 동생보다 공부를 못하는 형의 고통을 아마도 대수롭지 않게 여겼던 듯하다.

학교를 졸업할 무렵 펠릭스는 의사가 되기로 마음을 정했다. 하지만 아버지는 생각이 달라서 그가 공학자가 되길 원했다. 공학은 젊은이들에게 인기가 있었는데, 조지 버나드 쇼George Bernard Shaw는 자신의 소설 『맞지 않는 결합The Irrational Knot』에서 공학자나 발명가라는 새로운 계층이 구닥다리 멍청이 귀족들 사이를 '증기 롤러처럼' 지나갈 것이라고 내다보았다.[36] 미래는 H. G. 웰스의 이른바 '과학적인 사무라이(열정적이고 진취적인 과학자)'의 손에 달린 듯 보였다. 분명 펠릭스는 실용적인 재능을 살려서 취업이 거의 보장될 전공을 선택하는 편이 맞는 듯했다. 아버지도 예상했겠지만, 펠릭스가 의사가 되려면 6년간 값비싼 교육을 받아야 했는데 받기 어려운 의과대학 장학생으로 선발되어 학비를 줄일 가능성은 별로 없었기 때문이다. 펠릭스는 소신대로 하고 싶었지만 아버지는 끝내 아들의 뜻을 꺾었다. 이후 둘의 관계는 아버지의 짐작보다 훨씬 더 나빠지고 만다.[37]

펠릭스가 공부할 가장 저렴하고 편한 장소는 머천트 벤처러스 스쿨과 부지 및 시설을 함께 사용하던 머천트 벤처러스 테크니컬 칼리지였다.[38] 아마도 신세를 한탄하면서 펠릭스는 1916년 9월에 기계공학 수업을 듣기 시작했을 것이다. 학비는 브리스틀 시에서 주는 대학 장학금에서 지원 받았다.[39]

폴 디랙은 과학 관련 과목 외의 다른 걸 공부할 생각을 한 적이 없었다.[40] 십여 가지 과학 과목 중에서 마음껏 원하는 것을 고를 수 있었는데 수학에서 학위를 받을까 진지하게 고려했지만 전혀 흥미가 없는 교직을 얻는 게 고작이겠다 싶어서 마음을 접었다.[41] 결국 딱히 강하게 끌리는 데가 없는 상황에서 넉넉한 장학금을 받고서 그는 형과 마찬가지로 (그리고 필시 아버지의 권유에 따라) 머천트 벤처러스 칼리지에서 공학을 공부하기로 했다.[42]

1918년 9월 펠릭스는 마지막 학년을 앞두고 있었지만 학업을 지속하기 벅찬 상황이었다. 성적이 반에서 밑바닥을 맴돌았던 것이다. 반면 폴은 고작 열여섯의 나이에 공학생의 수준에 오르기 직전이었다. 그는 교실의 다른 학생들보다 2살이 어렸다. 펠릭스는 다른 아이들이 자기를 동생과 비교하고 있으며 동생이 더 나은 평을 받는다는 사실을 틀림없이 알고 있었다.

3장

1918년 11월부터 1921년 여름까지

공공 직업소개소와 합계 작성되어 1916년 초반에 발표된 브리스틀 자문 위원회의 보고서에는 이전 해 전쟁이 젊은이들의 노동에 끼친 영향이 잘 나타나 있다. 보고서 내용에 의하면 젊은이들은 대체로 공학자가 되겠다는 야망에 사로잡혀 있었는데…

　–조지 스톤과 찰스 웰스(편집),『브리스틀과 세계대전*Bristol and the Great War*』(1920년)

1918년 11월 11일 우중충한 월요일 아침, 디랙은 집에서 나와 어느 때처럼 머천트 벤처러스 칼리지로 걸어갔다. 대학교에 다니기 시작한 지 7주째 되는 날이었는데 다른 때와 다를 게 없어 보였다. 하지만 도착하고 보니 모든 수업이 취소되어 있었다. 이유는 금세 드러났다. 갑자기 전쟁이 끝났기 때문이었다.

한낮이 되자 브리스틀 중심부는 기뻐 날뛰는 대규모 군중들로 넘쳐났다. 유례가 없을 정도로 시끌벅적하게 기쁨을 나누던 그 날, 영국인 특유의 수줍음은 온데간데없었다. 교회마다 종이 울렸고, 상점은 문을 닫았고, 너 나 할 것 없이 마음껏 국기를 몸에 휘감고 거리를 행진했으며 빈 비스킷 깡통과 쓰레기통 뚜껑 등 시끄러운 소리가 나는 것은 뭐든 두드렸다.[1] 도시 전역에서 영국 국기 유니언잭이 창가에, 가로등 기둥에 그리고 경찰의 제지 없이 그날 동원된 수백 대의 전차와 자동차에 내걸렸다. 영국 국가 '지배하라 영국이여 Rule Bratania'를 죽어라 불러대며 행진하는 무리 중에는 전장으로 향하던 미군들도 있었는데 그들은 너 나 할 것 없이 유니언잭을 손에 쥐고 있었다. 근처의 문법학교 학생들 무리는 한때 브리스틀 주민이었던 카이저 빌헬름 2세의 모습을 본떠 만든 인형을 나르고 있었다.[2] 디랙의 급우들도 도시를 돌아다니면서 그날의 행진을 위해 지은 노래를 불렀다. 디랙은 급우들이 목청껏 불렀던 합창을 오랫동안 기억했다. '우리는 소란을 일으키는 아이들이 아니다'에 이어 '우-아 우-아-아'라는 가사가 훨씬 더 큰 목소리로 울려 퍼졌다.[3]

그날 하원에서 데이비드 로이드 조지 수상이 후회와 낙관이 묘하게 뒤섞인 종전 연설을 했다. '인류에게 가해진 가장 잔인하고 끔찍한 전쟁이었습니다. 이 운명적인 아침에 모든 전쟁이 끝나기를 바라 마지않습니다.' 그러나 운명은 더 큰 참상을 예비하고 있었다. 전쟁 말미에 발생한 스페인 독감이 전쟁의 사상자보다 더 많은 목숨을 앗아갔던 것이다. 바이러스의 확산을 늦추고자 브리스틀의 학교들은 문을 닫았다. 그러자 수천 명의 아이는 오후 시간에 패티 아버클Fatty Arbuckle 같은 코미디언 영화배우의 새 영화를 보면서 낄낄댔다. 하지만 이들의 바람은 시 의회 소속의 고상하신 양반들이 학교 수업 시간대에 영화 상영을 금지하면서 좌절되고 말았다.[4]

소설가이자 시인인 로버트 그레이브스가 당시 상황을 재치 있게 간파했다. 즉, 1914년 이전에 영국은 지배자와 피지배자로 나뉘어 있다가 그 후에는 여전히 두 계급이긴 하지만 '전쟁 참가자와 (…) (정부를 포함한) 그 나머지'로 나뉘게 되었다.[5] 이 새로운 구분은 전후의 머천트 벤처러스 칼리지에서도 확연했다. 적과의 대결을 신문에서 읽은 게 고작인 기존 학생들보다 전선에서 돌아온 젊은이들이 부쩍 많아졌다. 병사들은 귀환하여 잠시 환영을 받았으나 트라우마와 전쟁의 공포 그리고 다른 여러 심리적 상처로 망가진 심신을 추스르며 재빨리 일상생활로 돌아가야 했다. 대다수는 여전히 제복 차림이었던 그들은 강의실에 새로운 근성과 실용주의를 불러왔다. 디랙은 나중에 이렇게 말했다. '새로 온 학생들은 삶의 자세가 부쩍 성숙했고 공학부에서 특히 실용적으로 중요한 결과들을 열심히 배웠으며 이론을 붙들고 늘어지지는 않았다.'[6]

돌아온 병사들을 포함하여 수천 명의 군중이 그해 브리스틀의 크리스마스 특별 행사에 몰려갔다. 포획한 독일 잠수함 U86을 구경하고 내부를 관람할 수 있는 기회였다. 잠수함은 부두에 정박해 있었고, 유니언잭 깃발이 잠수함 깃대 위의 독일 해군 깃발 위에서 펄럭이고 있었다. 그렇게 보이도록 해 놓은 의미는 분명했다. 탱크, 기관총, 비행기, 무전기 및 독가스 모두 전쟁에서 나름의 활약을 했지만 그 어느 것도 잠수함보다 더 위협적이지는 않았다. 이제 그 무시무시한 무기는 마치 죽은 상어처럼 무기력한 모습으로 전시되어 있었다.

공학은 젊은 디랙의 재능에 딱히 맞는 전공이 아니었다. 머천트 벤처러스 칼리지의 교과목은 이론적이라기보다는 실용적이었기에 디랙의 수학적 재능은 제대로 살려주지 못하고 서투른 손재주만 부각시켰다.[7] 예상대로 디랙은 수학에 남달랐으며 '질문에 틀리게 답하는 법이 없었지만, 도구를 다루는 법은 전혀 감을 잡지 못하는 학생'이었다.[8] 손이 서툴렀을 뿐만 아니라 아예 관심이 다른 데 가 있었다. 물리학 도서관에 틀어박혀서 일찌감치 과학의 근본적인 문제들을 사색하고 있었으니 말이다.[9] 그 무렵 돈도 없고 달리 할 일도 없었던지라 디랙은 일주일에 엿새를 줄리어스 로드에 있는 집에서 대학교까지 걸어가서 공부했다.[10] 그래도 디랙은 학급의 다른 31명의 학생 중에서 처음으로 친구 한 명을 사귀었다. 찰리 윌트셔Charlie Wiltshire라는 친구인데 그 또한 수학에 관심이 있는 내성적인 성향의 젊은이였다.

둘에게 수학을 가르친 사람은 에드먼드 불튼Edmund Boulton이었다. 그는 별명이 안짱다리라는 뜻의 '밴디Bandy'였다. 방금 말에서 내린 사람처럼 걸었기 때문이다. 대단히 학구적인 성향은 아니었던 밴디는 교과서의 수학 문제들을 푸는 전통적인 방법을 학생들에게 가르쳤는데 오직 디랙만이 더 단순하고 아름다운 해법을 늘 내놓았다. 곧 디랙과 월트셔는 특별 교육을 받게 되었다. 둘 한테는 애초부터 학습 진도를 별도로 정했는데 다른 학생들한테 위화감을 주지 않기 위해서였다. 가엾은 월트셔는 보통 학생들에게 속했더라면 더 마음이 편했을지 모른다. 자기 친구의 수학 실력을 따라가기란 '완전히 가망 없는' 일이었기 때문이다. 1년 만에 둘은 대학 과정 전체의 수학 공부를 마쳤지만 월트셔는 영원히 마음의 상처를 입었다. 이후 30년이 지나서 쓴 글을 보면 그는 디랙을 따라잡으려다가 '열등감으로 똘똘 뭉치고 말았다'고 한다.[11]

수학은 디랙의 교육과정 중에 작은 부분이었을 뿐이다. 그는 대부분의 시간을 월트셔와 함께 실험실을 더듬거리거나 아니면 강의 도중에 정신을 바짝 차리려고 애썼다. 대다수 학생과 달리 **그는 떠먹여 주는 수업을 좋아하지 않았고 혼자서 배우길 좋아했다.** 이상적으로는 도서관에 혼자 가서 책과 잡지들 사이의 통로들 사이를 오가면서 스스로 깨우치길 원했다. 디랙이 귀를 쫑긋 세우고 들었던 과목은 전기공학과의 열정적인 학장인 데이비드 로버트슨David Robertson의 수업이었다. 이론에 밝은 공학자인 그는 소아마비에 걸리고부터 휠체어 신세를 지고 있었다.[12] 디랙은 로버트슨을 존경했다. 인생을 체계적으로 살고 신체 동작을 줄여주는 영리한 방법으로 장애를 극복한 점을 높이 샀기 때문이다. 로버트슨은 분필과 칠판을 이용한 표준적인 강의를 하기 어려웠기에 디지털 장치의 원조 격인 방법을 이용했다. 뭐냐면 탄소아크등(탄소전극 사이 공기 속에서 가스를 통한 연속적인 방전으로 아크 방전을 일으킨 발광을 광원으로 한 전구. 영화 촬영이나 영사映寫에 사용하였다)을 깜빡거려서 일련의 연속적인 슬라이드를 구현했다.[13] 로버트슨은 설명이 너무 빨랐고, 학생들의 지적 수준이라든가 서둘러 필기를 해야 하는 사정을 고려하지 않았다. 디랙은 그런 수업을 좋아했지만 다른 대다수 학생은 허둥

지둥 따라가기에 급급했다.[14]

로버트슨은 전기공학이 든든한 이론적 토대 위에 세워졌음을 역설했다. 디랙과 다른 학생들은 마지막 해에만 전기공학을 배웠는데 그전에 물리학, 화학, 제도 및 다른 유형의 공학(토목, 역학 및 자동차 공학)을 배우고 난 뒤였다. 한편, 누구도 그 과목이 사업과 별로 맞닿지 않는다고 투덜댈 수는 없었다. 디랙은 경영, 계약 법률, 특허, 부기 및 회계도 배웠다. 심지어 소득세에 관해서도 공부했다.[15]

그 과목을 배운 곳은 주로 공학 실험실이었다. 디랙은 매주 거기서 많은 시간을 월트셔와 함께 공부하면서 역학 구조와 기계 장치들을 배웠다. 교량, 도르래, 펌프, 내연기관, 수력 기중기 및 증기 터빈 등 전부 산업의 바탕이 되는 것이었다. 그리고 여러 금속이 끊어질 때까지 잡아당겨 강도를 측정했고 힘을 가할 때 얼마만큼 휘는지도 관찰했다. 전기공학 수업은 매우 알차게 이루어졌기에 디랙은 기초적인 내용(전기와 자기에 관한 간단한 실험)에서부터 시작하여 전기 산업의 최신 하드웨어의 설계와 작동의 세부사항에 이르기까지 모두 배웠다. H. G. 웰스가 자기 소설 속의 기술 관료적 유토피아를 이끌 미래의 지도자를 양성할 방법으로써 디랙이 배웠던 교육보다 더 나은 방법을 찾지는 못했을 것이다.

대학 내 공학과는 학생들을 그 지역의 공장들로 견학을 보냈다. 곧 대다수 학생들이 졸업 후 취직해서 경험할 소음과 먼지를 미리 경험해보자는 취지였다. 1919년 3월에 견학을 갔을 때의 사진을 보면 디랙과 다른 학생들의 모습이 보인다. 전부 남자이며 다들 넥타이에 모자 그리고 코트를 입은 차림인데 여럿은 지팡이를 들고 있고 몇몇은 아직도 군복을 입고 있다. 열여섯살의 디랙은 양손을 주머니에 넣은 채 앞줄에 서 있다. 사진기를 무표정하게 바라보는 모습에서 반항적인 사춘기의 흔적이 엿보인다. 이 사진을 필두로 해서 젊은 시절 디랙의 많은 사진에는 초롱초롱한 눈빛과 자신만만한 얼굴 표정

이 고스란히 담겨 있다.[16]

줄리어스 로드 6번지는 디랙에겐 오붓한 느낌이라곤 없는 차가운 거처였다. 하지만 그 도시의 많은 사람이 보기에 디랙은 부러운 가정에 속했다. 찰스 디랙의 평판은 꾸준히 올라가고 있었다. 머천트 벤처러스 스쿨에서 사감 '4인방' 중 한 명이었고, 가정에서 하는 언어 개인 교습은 잘 되고 있었다. 앞마당이 내다 보이는 작은 서재에서 수업이 시작되면 몇 분 후에 플로렌스가 문을 노크하고 들어와서 찻잔과 비스킷 접시를 남편과 제자에게 가져다주었다. 학생들은 그런 응대를 당연히 받는 대접이라고 여겼다. 그녀는 집안일을 하느라 많은 시간을 보냈지만 오후에는 느긋하게 연애소설과 로버트 브라우닝, 로버트 번스 및 러디어드 키플링의 시를 즐겨 읽었다. 좋아하는 시구와 경구 모음을 공책에다 적어 놓기도 했는데 전통적인 미덕을 가치 있게 여기는 그녀의 성향이 드러난다. '자제하라, 베풀어라, 공감하라. 이 세 가지는 꼭 배우고 실천해야 한다. 자제, 자선 그리고 공감.'[17]

찰스 디랙의 딸 베티는 오빠들만큼이나 소심했다. 그 시대의 여자아이들 대다수는 초등학교를 졸업하자마자 변변찮은 직장에 다니기 시작했지만 그녀의 부모는 딸을 근처의 레들랜즈 여학교에 보내 계속 공부를 시키고 싶어 했다. 그래서 베티는 딱히 열의도 없이 학교에 다녔는데 성적도 별로였다. 찰스 디랙은 1919년 이후부터 수월하게 딸이 등교하는 길에 동행하게 되었다. 그의 학교가 디랙의 집에서 걸어서 10분 거리의 코탐 론 로드로 이전했기 때문이다. 학교 이전을 동료 교사들은 반기지 않았지만, 찰스는 경사가 생기면서 기분 좋은 일이 되었다. 뭐냐면, 수입이 더 많은 자리인 대학교의 보조 강사로 승진을 했던 것이다. 교무실의 동료 교사들은 그가 브리스틀에서 가장 뛰어난 교사 중 한 명이라고 치켜세우긴 했지만 많은 이들이 보기에 그는 좀 특이했다. 정작 그는 평판에 아랑곳없이 한 동료 교사에게 자신이 두개골을 뚫은 적이 있다고 터놓았다. 아마도 외과 의사가 사악한 영靈을 빼

내려고 머리에 작은 구멍을 뚫었던 것 같다.[18]

몇몇 동료 교사들이 보기에 찰스는 미심쩍은 구석이 있었다. 그는 자기 이름 뒤에 늘 B. ès. L(Baccalauréat-ès-Lettres)라는 문구를 붙였는데 그건 제네바 대학이 그가 고등교육을 받을 자격이 있다고 인정했다는 의미일 뿐이었다. 그 대학교에서 청강생으로 1년 동안 공부했을 뿐 학위도 받지 못했다. 나중에 한 동료 교사는 교무실에서 벌어진 찰스와 관련된 사소한 해프닝을 회상하면서 낄낄거렸다. 찰스는 정식 대학 예복을 입을 자격이 없었던지라 그냥 가운을 하나 사서 아내한테 붉은색, 흰색 및 파란색으로 휘장을 만들어 달라고 했다고 한다. 그녀는 남편의 속임수를 전혀 몰랐다가 여러 해가 지나서야 그때 왜 그랬는지 알게 되었다.[19]

***

1919년 봄에 무슨 이유에선지 찰스 디랙은 처음으로 영국 국적을 얻고자 했다. 스위스 당국에 급히 편지를 보내서 자신은 영국에서 30년 동안 교직에 있는데 '직업성의 이유로' 스위스 국적을 포기할 수밖에 없다고 밝혔다.[20] 영국 당국에 제출한 국적 취득 신청서에서 그는 투표권을 얻고 싶다고 적었다. 당시 그는 최근에 생긴 외국인등록법의 수정사항 때문에 정부에서 투표권을 박탈당한 상태였다. 플로렌스('외국 국적인'의 아내)도 총선거에서 투표할 권리를 거부당한 상태였다. (30세 이상의 영국 여성들과 마찬가지로 그녀는 6개월 전에 처음으로 투표를 했었다.) 어쩌면 그는 딸과 큰아들한테 영국 국민에게만 주는 장학금 신청 자격을 얻게 해주고 싶었던 것일까? 이유가 뭐든 찰스는 1919년 10월 22일 브리스틀에서 한 치안판사 앞에서 조지 5세에게 충성 서약을 했다.[21] 바로 그날 자녀들도 영국인이 되었다. 이전에는 스위스인으로 분류되는 바람에 베티가 훗날 회고한 바에 의하면 놀이터에서 '유럽인들 중 한 명'이라고 놀림을 당했다고 한다.[22] 폴 디랙은 이제는 외국인이 아니었지만 많은 영국인이 보기엔 늘 외국인 느낌을 풍겼다.

1919년 초여름에 나온 대학 첫해의 성적으로 볼 때, 폴은 앞으로 최우수 학생이 될 잠재력이 확연히 드러났다. 한편 형 펠릭스는 가족 중에서 학위를 받은 첫 번째 사람이 되긴 했지만, 졸업 성적은 하위였다. 두 형제 사이의 학문적 재능의 차이가 너무 컸기 때문인지, 어쩔 수 없이 둘의 관계가 이 무렵 매우 나빠졌다.

나중에 형과 힘들었던 시기를 슬쩍 터놓으면서, 디랙은 둘이 종종 '말싸움을 했다'고 했지만 다툼의 자세한 내막은 밝히지 않았다.[23] 아마도 질투심과 열등감이 있는 형의 마음을 디랙이 별로 살피지 않고, 언행을 조심하지 않아서 형의 자존감을 건드렸기 때문인 듯하다. 훗날 과학자로 지낼 때도 동료들한테 디랙은 다른 사람의 감정을 이해하지 못하고 눈치가 없기로 유명했는데 어렸을 때라고 달랐을 리가 없다.

학위를 받은 다음에 형은 집을 떠나 160km 쯤 떨어진 럭비Rugby로 거처를 옮겼다. 그곳은 웨스트미들랜즈 주의 한가한 소도시였다가 새로운 전기공학의 중심지로 급격하게 성장하고 있었다. 형은 브리티시 톰슨-휴스턴 컴퍼니에서 3년 간 견습 사원이 되었다. 처음에 주당 1파운드의 급료를 받으면서 경제적으로 독립의 길이 열렸다. 한편 무일푼 동생은 머천트 벤처러스 칼리지에서 공학과 부수석으로 불리학을 계속 공부했다. 이미 수학을 착착 배워나가고 있었기에, 공학과의 나머지 2년을 실험실 과제 수행과 교수들의 강의수강으로 열심히 보냈다. 지겨워질 때면 도서관에 가서 기술 사전에서 가장긴 독일어 단어(하이픈으로 이어진 복합명사)를 사냥하거나 가장 흥미를 느끼는 과목인 물리학 관련 책들을 읽었다.[24] 과학적 상상력이 풍부한 그는 큰 도전과제를 맡을 준비가 되어 있었다. 마침 대학교 2학년을 시작하고 몇 주후에 그런 과제가 찾아왔다.

60년쯤 후 스스로 밝혔듯이, 그 어떠한 사건도 상대성이론이 '엄청난 충격으로 세상을 뒤흔들었던' 순간만큼 디랙의 과학자 인생에 큰 영향을 준 것은 없었다.[25] 1919년 11월 7일 금요일 《타임스》가 발간한 또 한 차례의 종전 특별 호에서 아인슈타인이 주요 인물로 등장했다. 잡지 안에는 종전 기념일을 기념하여 2분간 묵념을 하자는 오스트레일리아 기자의 제안을 영국 왕이 받아들였다는 내용도 실려 있었다. 12쪽에 나온 900단어 분량의 6번째 칼럼에는 대다수 독자가 무심코 지나쳤을지 모를 기사가 실려 있었다. '과학혁명'이라는 제목에 관심을 두지 않았더라면 말이다. 하지만 그것은 기념비적인 기사였고, 덕분에 아인슈타인은 베를린에 사는 무명의 인물에서 일약 국제적인 명사가 되었다. 곧 그의 콧수염을 기른 얼굴과 곱슬곱슬한 검은 머리카락이 전 세계 신문 독자들에게 익숙해졌다. 기사의 보도 내용에 따르면, 아인슈타인이 증명해낸 이론이 '기존에 확립된 물리학의 토대에 일대 혁명을 불러올 것이며, 그 결과 지난 200년 동안 군림해온 아이작 뉴턴의 이론을 뒤집은 것이었다.'[26] 영국 천문학자들로 이루어진 두 연구팀이 관찰한 바에 따르면, 최근의 일식 기간에 머나먼 별에서 온 빛이 태양 주변에서 굴절했다고 했다. 이 현상은 뉴턴의 이론으로는 설명할 수 없고 아인슈타인의 이론이 옳음을 증명해주었다. 노년에 디랙은 그때를 특별한 흥분의 순간으로 기억했다. '갑자기 아인슈타인은 모든 사람의 입에 올랐습니다 (…) 너 나 할 것 없이 전쟁에 괴롭고 지쳤던 때였지요. 다들 전쟁의 상처를 잊고 싶어 했고요. 바로 그때 새로운 사상을 열어나갈 경이로운 개념으로서 상대성이론이 등장했던 겁니다.'[27]

디랙과 찰리 윌트셔 그리고 학교 급우들은 전부 아인슈타인의 상대성이론에 홀딱 반했고 이 난리법석이 도대체 무슨 일인지 이해해 보려고 했다. 하지만 쉬운 일이 아니었다. 교수들도 영국의 대다수 학자만큼이나 이 과학혁명에 대해 아는 게 없었다. 《네이처》와 같은 과학 학술지에 가끔 나오는 기사들을 빼면 이 새로운 상대성이론에 관한 지식의 주된 출처는 신문과 잡지였다. 편집자들한테 의뢰를 받은 해설자들이 새 이론의 내용이 기존의 상식에 반한다는 결과에 관해 (주로 익살맞게) 추측하는 칼럼들이 고작이었다. 1920년 1월 20일, 《펀치*Punch*》에는 반유대주의적인 시 한 편이 실렸다. 영국의 악독한 적국에서 생겨난 상대성이론에 영국인들이 얼마나 곤혹스러워했는지를 잘 보여주는 사례다.

> 유클리드는 권좌를 잃고 떠났네
> 선생들한테서 버림을 받았네
> 유대계 독일 물리학자가 새로 납셔서
> 공간의 기이한 비틀림을 알아냈다지
> 그것 때문에 질주하던 빛살이 휘청했다지
> 뉴턴의 이론들을 풍비박산 내면서

신문과 잡지의 지면들은 그 이론이 대중의 관심을 받게 된 지 고작 몇 달 이후부터 아인슈타인의 업적에 대한 온갖 어설픈 설명들로 넘쳐났다.[28] 당시에는 과학 전문 기자가 없었기에 디랙과 윌트셔는 과학자들이 쓴 대중적인 기사에 기댈 수밖에 없었다. 그중 대표적인 사람이 아서 에딩턴이다. 케임브리지 대학교의 천문학자 겸 수학자로서 영국에서 그 이론을 이해한 유일한 인물이었다. 고생스러운 일식 관찰 탐사를 통해서 상대성이론을 입증할 결정적 증거를 찾아낸 사람이 바로 에딩턴이다.

재치 있고 손에 잡히는 비유가 일품인 일련의 흥미진진한 기사와 책을 써서 에딩턴은 가장 복잡하고 추상적인 개념들을 이해하기 쉽고 재미있게 설명했다. 이런 솜씨가 잘 나타난 예가 1918년에 그가 아인슈타인의 유명한 방정식 $E = mc^2$을 설명한 내용이다. 다른 저자들은 에너지 E와 질량 m 및(문자

*c*로 표시하는 진공)에서 빛의 속력 사이의 깔끔한 관계를 무미건조하고 아리송하게 설명할 뿐이었다. 반면에 에딩턴은 남달랐다. 그는 독자들이 재미있어할 만한 계산에 그 방정식을 이용했다. 가령, 지구에 쏟아지는 빛의 총 질량을 계산한 다음 그 결과를 이용하여 서머타임제를 시행해야 하는가라는 논쟁적인 질문에 다음과 같이 답했다.

> 석유 회사와 전기 회사가 제공하는 빛의 가격은 계산해 보면 대략 온스 당 1,000만 파운드쯤이다. 이를 볼 때 서머타임이 꼭 필요하다. 태양은 매일 이 소중한 빛을 160톤씩 우리에게 하사해주는데도 우리는 이 공짜 선물을 소홀히 대하고 훨씬 질이 낮은 것(빛)에 온스 당 1,000만 파운드를 냅다 지불한다.[29]

에딩턴을 포함해 여러 저자 덕분에 디랙은 물질세계가 어떻게 작동하는지 이해하는 데 부쩍 흥미를 갖게 되었다. 하지만 대부분의 시간은 공학 공부에 쏟았다. 강의에 집중하고, 이론적 개념들을 터득하고, 실험을 바탕으로 어디 하나 손볼 데가 없는 거의 완전무결한 보고서를 작성하느라 여념이 없었다. 현대의 시각에서 볼 때 그런 보고서는 마치 보통 인간의 서체를 기계가 훌륭하게 모방해서 인쇄한 것 같았다. 반복해서 나오는 문자마다 똑같은 모양으로 적혀 있었으니 말이다.[30]

찰리 윌트셔는 디랙의 인간적 측면을 엿본 몇 안 되는 사람 중 한 명이었다. 대다수가 보기에 디랙은 자기만 아는 냉정한 사람처럼 보였다. 사람과의 어울림에는 아무 관심도 보이지 않고 오직 수학, 물리학 및 공학에만 몰두했기 때문이다. 당시처럼 암울한 시기에도 디랙은 아무런 불평도 없이 자기 일만 신경 쓰는 듯했다.[31]

열여덟 생일 직후 디랙은 쳇바퀴 도는 듯한 일상에서 처음으로 벗어났다.

형이 공장에서 견습 직원으로 일하고 있던 럭비에 갔던 것이다. 그도 방학 동안 견습 기술자로 지내며 공장 일이 맞는지 어떤지 알아볼 참이었다. 한 달 동안 지내고 나니 답이 확실해졌다.

디랙은 기차역에서 적당히 떨어진 곳에 있는 브리티시 톰슨-휴스턴 전기 제품 공장에서 일했다. 그 공장이 럭비를 먹여 살렸다. 럭비에 사는 사람이라면 누구나 자신이 그 공장에서 일하거나 그런 사람과 알고 지냈다. 분명 그 소도시 주민 모두에게는 공장 지붕들의 톱니 형태의 옆 모습이 익숙했는데, 그중 하나에는 '전기 기계'라는 간판이 달려 있었다. 그리고 어디에 있든지 누구든 한 쌍의 긴 창처럼 생긴 두 개의 굴뚝이 보였다. 하늘 위로 뾰족이 솟은 두 굴뚝에서는 쉼 없이 연기가 피어올랐다.

디랙은 새 손목시계를 자랑스레 차고서 럭비에 도착했다. 10년 전에만 해도 여자나 착용하는 걸로 여기던 장치였지만, 전쟁 중에 군인들이 사용하면서 남자에게도 근사한 물건으로 인식이 변했다.[32] 디랙은 어느 길모퉁이의 포목상 위층 집에 숙소를 잡았다. 공장의 두 출입문 사이 한가운데 위치한 곳이었는데, 거기서 걸어서 몇 분 거리였다. 디랙은 방학 동안 하찮은 노동을 제공한 백여 명의 학생 중 하나였다. 다수의 노동자가 바캉스를 떠난 시기에 터빈 제조시설에서 멀찍이 떨어진 비교적 조용한 품질검사실에서 주로 일했다. 그해 여름은 큰 뉴스거리가 없던 때였다. 거리라고 해봐야 일렉트리컬 트레이즈 유니언의 극석인 식상폐쇄 소식 그리고 전쟁부 장관이었던 윈스턴 처칠이 선수로 나선 지역의 폴로경기(말을 타고 벌이는 구기 종목 -옮긴이)가 고작이었다.[33]

어머니가 디랙에게 편지를 정기적으로 썼는데, 그때부터 시작해서 세상을 떠날 때까지 그녀가 쓴 편지가 몇백 통이다. 디랙은 편지를 전부 모아 놓았던 듯하다. 그 무렵 받은 편지들은 화기애애하고 재미있는 소식이 많았다. 가령, 베티가 새로 강아지를 얻었다는 이야기, '깎아야 할 잔디가 산더미인데도 아빠가 널 무척 보고 싶어 한다'는 이야기, 그리고 곧 소포로 보낼 예정인 디랙의 새 외투 이야기 등이었다('아빠한테 보여줬더니 자기가 입고 싶다더 구나'). 어머니는 디랙이 거기서 뭘 하는지 가족한테 제대로 이야기해주지 않는 게 늘 불만이었다. '형을 만나긴 했니?'라고도 물었다.[34] 사실을 말하자면, 둘은 럭비의 거리에서 마주치긴 했지만, 서로 말 한마디도 나누지 않았다.[35] 둘의 관계는 서로에게 냉담한 적대감을 드러내는 단계에까지 이르렀다. 디랙은 거의 누구에게나 그러듯이 형한테도 분명 무표정한 눈길을 보냈을 것이다. 어머니는 두 아들이 소원해진 사정을 몰랐거나, 아니면 너무 무뎌서 눈치를 채지 못했을 것이다.

디랙은 평생 받은 것 중에서 가장 나쁜 근무 성적표를 고용주한테서 받았다. 고용주는 데이비드 로버트슨에게 나쁜 평가서를 보여주면서, 브리스틀에서 온 방학 견습 학생 중에서 부정적인 평가를 받은 이는 디랙이 유일하다고 터놓았다. 평가서에 보면 디랙은 '전기제품 품질검사부에서 골치 아픈 존재'이며, '민첩성이 떨어지고' 또한 '외모가 너저분하다'라고 나와 있다. 디랙이 공장에서 미래를 꿈꾼다는 건 현명치 못함이 분명해졌다.[36]

1920년 9월 후반 디랙은 브리스틀로 돌아와서 학부 과정의 마지막 1년을 준비했는데, 이때 전기공학을 전공했지만 관심은 상대성이론에 가 있었다. 하지만 어떻게 아인슈타인이 그런 이론을 전개해 나갔는지 알아들을 수 있게 차근차근 설명해주는 전문적 자료를 찾을 수가 없었다. 상대성이론에 관해 디랙이 읽은 숱한 허튼 소리들은 대부분 철학 분야에서 나온 것이었다. 한 저자는 이렇게 썼다. '과학 이론을 몰라도 그것에 대해 논할 수는 있지 않겠냐고. 여기는 철학자한테 한심한 생각이라고 나무랄 것까진 없다'.[37] 이 글을 쓴 사람은 영국에서 활약하던 가장 재능 있는 젊은 철학자 중 한 명인 찰리 브로드Charlie Broad다. 원래는 공학자가 되고 싶었지만, 케임브리지에서 철학과 과학을 함께 공부했다. 그는 아인슈타인과 그의 이론을 제대로 몰랐던 다른 대다수 물리학자보다 상대성이론을 더 잘 알았다. 1920년 가을에 브로드는 브리스틀 대학교의 철학 교수로 임명된 직후 마지막 학년의 과학도에게 과학 사상에 관한 일련의 강의를 했는데, 여기에 아인슈타인의 이론에 관한 설명이 들어 있었다.[38] 디랙과 다른 여러 명의 공학도도 이 강의를 들었는데, 디랙처럼 끝까지 참여한 학생은 극소수였다. 내용이 곧 어려워졌고, 주제도 공학과 별 관련이 없었기 때문이다. 그 강의는 디랙한테 기억에 남는 경험이었다. 브로드도 마찬가지였는데, 30년 후 그는 자서전에 이렇게 썼다.

> 내가 감히 신발 끈을 매어줄 수도 없는 학생이 강의에 왔다. 디랙이라는 아주 젊은 친구였다. 그의 천재성은 공학에서 싹트기 시작하더니 수학에서 무럭무럭 자라나고 있었다.[39]

브로드의 강의는 굉장히 특이했다. 항상 꼼꼼하게 준비한 자료를 들고 와서는 모든 문장을 2번씩 읽었다. 농담은 예외였는데, 그건 3번이었다. 무덤덤하게 말하긴 했지만, 내용은 흥미진진했고 어려운 전문용어가 없었고 찰스 디킨스, 코넌 도일, 오스카 와일드 및 다른 문학계의 인물들을 재치 있게 언급하면서 강의했다. 서슴없이 정곡을 찌르는 것이 가장 큰 장기였다. 상대성이론을 다룬 대다수 대중적 이야기는 죄다 헛소리라고 주의시키면서 그는 이렇게 조언했다. '대중적인 설명은 완전히 틀렸거나 아니면 애매해서 오해의 소지가 있다. 그리고 상대성이론이 틀렸다고 하는 모든 선전 책자들(저명한 옥스퍼드 대학교 교수들이 낸 것이라고 해도)은 아예 모르고 하는 소리였다'.[40]

브로드가 강의에서 상대성이론을 다루는 방식은 기존에 없던 희한한 것이었다. 아인슈타인의 첫 번째 이론과 더욱 일반적인 버전을 함께 가르쳤는데, 통합적인 접근법을 취하면서 수학적인 측면보다는 기본 개념에 집중했다. 브로드의 목표는 그 이론들이 '자연을 급진적으로 새롭게 바라보는 방법'

을 제공함을 확실하게 알려주자는 것이었다.[41] 아인슈타인의 이론 중 첫 번째는 보통 '특수 상대성이론'이라고 한다. 왜냐하면 관찰자가 다른 관찰자에 대해 등속 직선 운동을 하는 경우만을 다루기 때문이다. 가령, 나란한 선로 상에서 매끄럽게 달리는 두 열차의 승객들이 그런 예다. 이 이론은 두 가지 단순한 가정에 바탕을 두고 있다. 첫째, 각각의 관찰자가 진공 속에서 빛의 속력을 측정할 때, 자신들의 이동 속력과 무관하게 빛의 속력은 동일하다. 둘째, 관찰자들이 어떠한 운동 상태에 있든지 간에 적용되는 물리 법칙들은 동등하다. 아인슈타인의 위대한 통찰은 이 두 가정에 따라 논리적인 결론을 도출하면 공간, 시간, 에너지 및 물질에 관한 새로운 속성이 출현한다는 것이다.

아인슈타인 이론의 피해자는 우주가 에테르로 가득 차 있다는, 당시로선 널리 인정된 믿음이었다. 브로드는 더 이상 그런 개념이 필요 없음을 이렇게 역설했다.

> 에테르라는 특이한 물질이 우주를 가득 채우고 있으려니 했다. 이 이론에서 에테르는 보통의 물질에 모든 종류의 효과들을 미친다고 여겨졌으니, 어떤 물리학자들한테 에테르는 일종의 애완견이 되었다. 물리학이 발전하면서 에테르가 그런 물질이라고 보기는 점점 더 어려워졌다.[42]

그런 물질의 존재는 특권을 가진 좌표계가 따로 있음을 암시하는 반면에, 상대성이론은 에테르는 불필요한 가정이며 실험으로 드러나지 않는 한 존재하지 않을 가능성이 크다고 암시한다. 또한, 아인슈타인은 공간과 시간이, 사람들의 예상과 달리 독립적이지 않으며 긴밀히 연결되어 있음을 알아차렸다. 그리하여 통합된 시공간의 개념이 도출되는데, 이는 그의 은사인 독일 수학자 헤르만 민코프스키가 처음 도입한 개념이다. 마지막으로 아인슈타인은 이 새로운 사고방식의 필연적인 귀결이 $E = mc^2$임을 밝혀냈다. 가령, 작은 동전 하나의 질량이 도시 하나를 여러 날 동안 운영하거나 완전히 파괴해버릴 막대한 에너지에 해당한다는 의미다. 이 힘의 묵시록적 비전은 이미 H. G. 웰스가 1차 세계대전 발발 직전에 『해방된 세계*The World Set Free*』에서 제시했다.

보통의 경우 아인슈타인의 특수 상대성이론의 예측은 뉴턴의 이론에서 예측한 것과 거의 비슷했다. 하지만 두 예측은 물체가 진공 속 빛의 속력에 가깝게 운동할 때는 서로 확연히 달랐다. 아인슈타인의 주장으로는 그런 조건에서는 자신의 이론이 더 정확하다. 비록 수십 년이 지나서야 여러 실험에 의해 설득력 있게 입증되긴 했지만 말이다. 그 사이에 아인슈타인의 추론 덕분에 뉴턴의 이론에 따른 예측들을 수정한 '상대론적' 버전(특수 상대성이론의 원리들과 일치하는 버전)이 나올 수 있었다. 2년 후 디랙은 뉴턴 이론의 상대론적 버전을 내놓겠다는 포부로 새로운 작업에 착수했다. 이 작업을 그는 마치 공학자가 이미 검증된 설계를 더 고급 사양에 맞게 작동하도록 업그레이드하는 방식으로 수행했다. '비상대론적 형태로 표현된 물리 이론을 특수 상대성이론에 맞게 고치려면 일종의 일반적인 문제점이 생긴다. 내겐 재미난 놀이 같아서, 기회가 있을 때마다 거기에 몰두했다.'[43]

아인슈타인의 두 번째 상대성이론은 가속 운동을 하는 관찰자를 포함하여 모든 관찰자에게 적용된다. 가령, 중력의 작용에 의해 자유 낙하하는 관찰자한테도 이론이 적용된다. 이 '일반 상대성이론'에서 아인슈타인은 중력의 기하학적 구조를 제시했는데, 이는 사과를 포함하여 모든 물체가 중력의 지배를 받는다는 뉴턴의 개념을 급진적이고 새로운 방식으로 기술한다. 아인슈타인에 따르면, 모든 물체는 휘어진 시공간(비유하자면 휘어진 고무판)에서 존재하며 시공간 속의 임의의 지점에서 그 물체의 운동은 그 지점에서 시공간의 곡률에 의해 결정된다. 일반 상대성이론도 당연히 상대성이론이므로, 정보는 빛의 속력보다 빠르게 전달될 수 없으며 모든 에너지가 ($E = mc^2$에 의해)

질량에 이바지하며 따라서 중력에도 이바지한다. 밝혀지기로, 거의 모든 물체가 비교적 밀도가 낮고 빛보다 훨씬 느리게 운동하는 태양계 내에서는 아인슈타인의 중력 이론에 따른 예측은 뉴턴의 중력 이론에 따른 예측과 대단히 잘 일치한다. 하지만 어떤 상황에서는 둘의 예측이 차이가 두드러지는데, 가장 대표적인 사례가 일식 동안에 별빛이 중력에 이끌려서 휘어지는 경우다. 아인슈타인의 이론은 이 굴절이 뉴턴 이론에 의한 값의 2배일 것이라고 예측했다. 바로 이 예측은 에딩턴의 탐사 팀이 일식 실험에서 입증해낸 것이다.

브로드가 맡은 수업의 강의 초기에 디랙은 공간과 시간의 본질을 깨달았다. 브로드는 두 지점 사이의 거리를 계산하는 방법을 이야기하고 있었다. 만약 두 점이 직각삼각형의 두 꼭짓점에 놓여 있다면, 두 점 사이의 거리(대변의 길이)가 피타고라스 정리에 의해 결정됨을 학생들이라면 누구나 안다. 이 거리의 제곱이 다른 두 변의 길이의 제곱의 '합'과 같다. 하지만 특수 상대성이론의 시공간에서는 그렇지 않다. 훗날 디랙은 회상하기를, 브로드 교수가 마이너스 부호를 적었을 때 자신은 '엄청난 충격'을 받았다고 한다.[44] 칠판에 분필로 그은 그 막대기를 보고서 디랙은 이전에 배운 공간과 시간의 개념이 틀렸음을 알아차렸다. 전에는 공간과 시간 사이의 관계가 익숙한 유클리드 평면기하학을 이용하여 기술될 수 있다고만 여겼다. 그게 맞다면, 두 점 사이의 거리에 관한 공식의 모든 부호는 마땅히 플러스여야 했다. 공간과 시간의 관계는 (유클리드 기하학과는) 다른 종류의 기하학(비유클리드 기하학)으로 결정됨이 분명했다. 머천트 벤처러스 스쿨에서 디랙의 수학 교사인 피커링이 이미 리만 기하학을 소개해준 적이 있었다. 아인슈타인이 휘어진 시공간을 기술하기 위해 사용한 바로 그 기하학이다. 공간과 시간을 바라보는 이 관점에서는 삼각형의 세 각을 더하면, 보통의 유클리드 공간에서와 달리 180도가 아닐 수도 있다. 아인슈타인의 일반 상대성이론에서 물질과 에너지는 이것들이 존재하는 무대인 공간 및 시간과 연결되어 있다. 물질과 에너지는 시공간이 얼마나 휘어져 있는지를 결정하고, 반대로 시공간의 곡률은 물질과 에너지가 어떻게 운동하는지를 지시한다. 그러므로 아인슈타인은 뉴턴의 정원에 있는 나무에서 사과가 왜 떨어졌는지를 새롭게 설명해냈다. 지구의 중력 때문이 아니라 **사과가 있는 영역에서 시공간의 곡률이 벌인 일이었다.**[45]

브로드의 강연과 에딩턴의 유명한 책 『공간, 시간 및 중력*Space, Time and Gravitation*』에서 영감을 받아서 디랙은 곧 특수 및 일반 상대성이론을 스스로 터득했다. 이론가로서 그의 특별한 재능이 일찌감치 드러난 것이다. 아인슈타인의 일반 상대성이론은 수학적으로 너무 복잡했기에, 대다수 물리학자는 질겁한 나머지 탐구해볼 엄두를 내지 못했다. 반면에 디랙은 정식 물리학도가 아니라 공학 학부생인데도 열정적으로 파고들었다. 19살 또래의 다른 학생들이 육체에서 찾았던 아름다움을 그는 방정식에서 찾고 있었다.

브로드는 철학이 자연계를 이해하는 데 보탬이 된다고 보진 않았지만(그는 철학을 '원 안에서 목적 없이 돌아다니기'라고 했다), 그의 강의에 자극을 받아서 디랙은 철학이 탐구할 가치가 있다고 믿게 되었다. 도서관에서 찾은 책 중에 존 스튜어트 밀의 『논리학 체계*A System of Logic*』가 있었는데, 아인슈타인도 15년 전쯤에 탐독했던 저서다.[46] 밀은 19세기의 저명한 영국 철학자로서, 경험주의를 가장 설득력 있게 설파한 인물이다. 인간의 모든 사상은 검증 가능한 경험에 토대를 두어야 한다는 입장이 바로 경험주의다.[47] 윤리학에 대한 그의 접근법은 대체로 공리주의적이었다. 궁극적인 선은 최대 다수에게 최대의 행복을 가져다주는 것이며, 인간 행위의 옳고 그름은 공공의 행복에 이바지하는지에 따라 판단해야 한다는 입장이다. 밀은 다른 경험주의자들한테서 영향을 받았는데, 대표적인 인물이 친구였던 오귀스트 콩트다. 실증주의의 선구자인 이 프랑스인은 모든 참된 지식은 자신이 명명한 '사회과학'을 포함하여 과학적이어야 한다고 믿었다. 밀은 칸트의 '직관주의'에 반대했는데, 이는 어떤 진리는 너무 고고하기에 경험을 초월한다는 견해다. 밀은 추기경이나 정치인 그리고 자신이 보기에 두루뭉술한 도덕론자들이 내뱉는 검증 불가능한 주장들을 무의미하다고 치부했다. 밀의 그런 견해와 현실에 입각한 공공선의 중시는 빅토리아 시대에 굉장한 영향력을 발휘했으며 진보적인 영국인의 필수 덕목이 되었다. 디랙을 포함한 많은 이들도, 비록 자신들은 의식하지 못했더라도 큰 영향을 받았다.

『논리학 체계』는 1843년에 출간된 책이다. 경험주의가 인간 생활의 모든 측면을 어떻게 규정할 수 있는지를 세세히 설명하고는 있지만, 평이하게 쓰인 책이다.[48] 책에는 과학에 대한 밀의 의제가 들어있는데, 여기에는 근본적인 '자연의 균일성'이 있다고 가정한다. 과학의 목표는 가급적이면 더 적은 개수의 법칙들로 더 많은 관찰 결과들을 설명해내는 것이어야 하며, 각각의 법칙은 경험에 토대를 두고 경험에서 도출되어야 한다. 밀이 보기에 실험에 의한 측정과 이에 대응하는 이론적 예측이 일치한다고 해서 그 이론이 옳다는 의미는 아니다. 다른 이론들로서도 그런 일치가 나올지 모르기 때문이다. 그의 주장으로는 과학자들은 실증적 관찰과 더더욱 일치하는 이론들을 끊임없이 찾아야 한다.

70대에 쓴 회고록에서 디랙은 철학을 '심사숙고'했다고 밝혔다. 철학이 물리학에 어떤 도움을 줄 수 있는지 알아내려고 애썼다.『논리학 체계』를 '통독'했다는데 평소 습관대로 꼼꼼히 읽으면서 깊이 생각했음이 분명하다.[49] '무척 재미없는' 책이긴 했지만, 이제껏 배웠던 서로 이질적인 과학적 관찰들과 이론들이 기본적인 통일성을 지니고 있음을 그는 깨달았다. 더욱이 과학은 가장 단순한 방식과 가급적 적은 개수의 자연법칙들을 이용하여 이 통일성을 설명해야 했다. 젊은 디랙의 사고에 영향을 주긴 했지만, 결론적으로 철학은 자연의 작동 원리를 알아낼 효과적인 방법이 아니라고 그는 결론지었다. 1963년의 한 인터뷰에서는 이렇게 밝혔다. '철학은 이미 해 놓은 발견을 놓고서 갑론을박할 뿐이지요.'[50]

자연의 규칙성을 이해할 최상의 방법은 수학을 통해서라고 그는 여기고 있었다. 꾸준히 공학 강의를 듣다 보니 자연스레 디랙은 수학적 엄밀성의 중요성을 깨달았다. 수학은 해당 목적에 대해 올바르거나 적어도 충분히 정확한 답을 얻는 도구였다. 공학이 수학을 바라보는 이 실용주의적 접근법의 주창자는 올리버 헤비사이드였다. 전류 펄스를 전기 회로에 보내는 효과를 연구하기 쉽게 해주는 성능 좋은 배터리를 발명한, 입이 거친 은둔형 학자였다. 아무도 그런 방법이 왜 통하는지 몰랐지만 그는 개의치 않았다. 중요한 것은 그런 방법이 올바른 결과를 내놓았다는 사실이다. 게다가 다른 더 엄밀한 방법들이 따라올 수 없을 만큼 빠르게 그리고 수학적인 모순을 일으키지 않고서 말이다. 공학자들은 헤비사이드의 방법이 유용하다고 칭찬했지만, 수학자들은 엄밀성이 부족하다며 조롱했다. 헤비사이드는 원리적인 면에 신경 쓸 시간이 없었기에 ('소화 과정을 이해하지 못한다고 해서 저녁을 먹지 말아야 하는가?'[51]) 자신을 비난하는 반대자들의 공격을 무시해버렸다. 심지어 나중에 지은 자서전의 제목도 이랬다. 『내가 아는 사악한 사람들*Wicked People I Have Known*』.[52]

디랙도 헤비사이드의 기법을 공부했는데, 나중에 밝히기로 거기에는 '어떤 마법'이 있다고 했다.[53] 디랙이 감동한 한 가지 영리한 기법은 물질에 가해진 응력의 계산에 관한 것이었다. 응력이란 이를테면 체조선수가 평균대 위에 서 있을 때 평균대에 가하는 힘이다. 공학자들은 수학자들의 엄밀한 기법보다 훨씬 더 빨리 정답을 내는 특별한 다이어그램을 이용해 보통 응력을 계산한다. 수업 시간에 디랙은 이 방법을 써서 응력을 계산해 본 결과 그 위력을 실감했다. 몇 년 후 그는 비슷한 기법을 전혀 다른 상황, 즉 원자를 이해하는 일에 사용하게 된다.[54]

공학 수업에서 그가 배운 교훈 하나는 근사적 이론의 가치였다. 무언가의 작동 방식을 기술하려면, 영향을 가장 크게 미치는 양을 고려하고 무시해도 될 중요치 않은 양을 배제하는 것이 필수적이었다. 데이비드 로버트슨은 디랙이 나중에 중대한 교훈이라고 여기게 된 것을 한 가지 가르쳐주었다. 즉, 근사적인 이론이라도 수학적인 아름다움을 지닐 수 있다는 점이었다. 엔진의 회전축 및 발전기 회전자에 가해지는 응력도 마찬가지였다. 전기회로를 공부하면서 디랙은 이와 관련된 기본 이론들도 아인슈타인의 일반 상대성이론처럼 수학적으로 아름답다는 것을 깨달았다.

디랙이 처음으로 이론물리학자의 목표는 자연계를 기술하는 방정식 찾기임을 알게 된 계기는 아마도 아인슈타인의 이론을 연구하면서였다. 하지만 공학 연구를 통해 그는 자연의 근본적인 방정식도 단지 근사임을 깨달았다.[55] 과학자의 임무는 진리에 더 가까운 근사를 찾는 일이었다. 비록 그런 근사만 하더라도 찾아내기가 너무나 어렵지만.

***

럭비에서 받았던 형편없는 평가만 제외하면, 디랙의 성적은 거의 최상급이었다. 전 과목에서 1등을 놓친 것이 3년 동안 딱 한 번뿐이었다(물질의 강도라는 과목에서만 2등을 한 번 했다).[56] 하지만 분명 그의 진짜 재능은 이론적인 과목과 수학에 있었다. 1921년 초 학위를 받은 지 몇 달 만에 아버지는 디랙한테 케임브리지 대학교에서 공부한다는 목표를 세워 보라고 권했다.[57] 그해 2월 초에 아버지는 케임브리지 대학교의 세인트 존스 칼리지에 편지를 썼는데, 이는 십중팔구 로널드 하세Ronald Hassé의 조언 때문이었다. 그는 브리스틀 대학교 수학과 학장이자 케임브리지 대학교의 인재 선발 위원회 회원이었다. 그 무렵 하세는 케임브리지 대학교 내의 단과대학인 세인트 존스 칼리지에서 연구생으로 있었었는데, 케임브리지에서 아인슈타인의 '상대성이론'을 강의한 최초의 인물로도 유명했다.[58]

아버지가 편지로 문의한 내용은 아들이 지원할 수 있는 '과학이나 수학 분야의 장학금'에 관한 자세한 정보를 알려줄 수 있느냐는 것이었다.[59] 칼리지에서는 재빨리 답장을 보냈고, 디랙이 1921년 6월에 케임브리지에 와서 입학시험을 볼 수 있도록 조처했다.[60] 막 19살을 넘기고서 디랙이 낸 입학 지원서를 보면 성인이 되었을 때의 필체가 드러난다. 캘리그래퍼처럼 정확성과 반듯함을 자랑하는 필체인데, 각 글자는 똑바로 서 있으며 일부 대문자들에는 작은 소용돌이 모양이 맵시 있게 장식되어 있었다.[61]

디랙은 거뜬히 입학시험에 합격했지만, 연간 장학금 70파운드(소소한 장학금 액수)를 받게 되었는데 이는 케임브리지 대학교를 다니는 데 필요한 연간 200파운드에는 한참 못 미치는 장학금이었다.[62] 아버지는 '묻고 자시고 할' 것도 없이 자기 주머니에서 나갈 돈은 없다고 딱 잘랐다. 짭짤한 개인 교습 수익은 숨긴 채 자기는 1년에 고작 420파운드 수입뿐이라고 우기면서 말이다. 브리스틀 대학교 당국도 아버지와 아들이 영국 국적을 얻은 지 2년 밖에 안 되어 자금 지원을 받을 자격이 없다며 도움을 거절했다. 이에 굴하지 않고 아버지는 나중에 케임브리지에 편지를 써서 아들한테 다른 기회가 생기면 알려달라고 부탁했다. '번거롭게 해서 죄송하지만, 제 아이는 수학에 머리가 비상하기에 저는 아들을 위해 최선을 다하고 싶습니다.'[63] 그러자 세인트 존스 칼리지의 한 직원이 가정의 재정 상태를 더 자세히 알려줄 수 있느냐고 교묘하게 물었지만, 아버지는 답장하지 않았다.[64]

디랙의 케임브리지 입학 지원은 유보 상태로 남았지만, 7월이 되자 그는 공학에서 수석으로 학위를 받았다. 그와 아버지는 일자리가 굴러들어 오겠거니 잔뜩 기대를 했다. 하지만 그가 졸업할 무렵 영국은 산업혁명 이후 최악의 불경기였다. 실직자가 200만 명으로 치솟았다. 입사 지원을 해도 번번이 퇴짜를 맞았다. 결국 브리스틀이 낳은 가장 재능 있는 졸업생이 실직자 신세가 되고 말았다. 하지만 그건 대단한 행운을 안겨주었다.

4장
1921년 9월부터 1923년 9월까지

수학은 (…) 체계적인 사고와 정확한 표현을 가능하게 해주는데, 진실을 말하기는 사람한테 가장 중요한 사회적 자질 가운데 하나다. 거짓 소문, 아첨, 비방, 기만은 전부 진실한 표현 능력을 교육받지 못한 허술한 마음에서 생겨난다.

−S. T. 더튼 Dutton, 『학교 및 가정 교육의 사회적 단계들』(런던, 1900년)

급성장하던 항공 산업 분야에서 만약에 디랙이 지원했던 회사들 중 한 곳에 입사했더라면, 그는 어떻게 되었을까? 물리학에 생긴 손해가 항공 산업에서 생긴 막대한 이익으로 상쇄될 수 있을까? 이런 질문이 수학자 로널드 하세 때문에 가상역사로 남고 말았다. 그는 디랙의 진로를 공학에서 과학으로 솜씨 좋게 바꾸어 놓았다. 상황은 전혀 다르게 진행될 수도 있었다. 1921년 9월 디랙이 할 일이 없이 일자리를 찾고 있을 때 데이비드 로버트슨은 빈둥거리지만 말고 전기공학 프로젝트를 해보라고 제안했다.[1] 디랙이 몇 가지 실험에 잠시 손을 대고 있었는데 몇 주 후에 하세가 그를 브리스틀 대학교 수학과 강의실로 다시 불러들였다. 그는 디랙이 학비 부담 없이 수학과에서 공부하고 아울러 첫 1년치의 과정을 건너뛰어 2년 만에 마칠 수 있도록 배려해주었다.

수학과 급우들은 디랙이 시간을 정확히 지키는 것에 놀랐다. 9시에 시작하는 하루 중 첫 강의에 그는 언제나 제일 먼저 도착했다. 제일 앞줄에 조용히 자리를 잡고서는 다른 학생들이 뭘 하든 아무런 관심을 두지 않았다. 누가 말을 걸어야 자기도 말을 했으며, 그것도 아무런 감정도 담기지 않은 짧고 사무적인 문장으로만 말했다. 급우들 중 한 명이 나중에 회고한 바에 의하면, 그 '키 크고 창백한 청년'의 이름을 아무도 몰랐으며 크리스마스 시험 결과가 나오기 전까지는 그에게 아무도 관심을 두지 않았다. 시험 결과는 새로 온 '폴 디랙'이 반에서 수석을 차지했다는 것.

몇몇 학생이 정체불명의 급우가 어떤 녀석인지 알아보기로 했다. 놀랍게도 반의 다른 학생들보다 18개월이나 어린데도 이미 공학 학위가 있었다. 그리고 천성적으로 조용한 성격이지만, 중대한 과학적 오류가 눈에 띄면 흥분하는 편이었다. 일례로 한 교수가 칠판 두 개 반을 기호들로 가득 채웠고 학생들은 미친 듯이 받아 적고 있었다. 판서를 마친 교수는 자신이 실수했음을 알아차렸다. 칠판에서 몸을 돌려 디랙을 향해 물었다. '틀린 데가 있는데, 찾아낼 수 있겠나?' 디랙이 실수를 찾아내서 어떻게 하면 고칠 수 있는지 설명하자 교수는 감사를 표한 다음 다시 설명을 계속했다.[2]

첫해에 디랙은 순수수학(응용에는 아무 관심이 없는 수학 분야) 그리고 실용적 문제들을 풀기 위한 응용수학을 공부했다. 교수 중 한 명이 피터 프레이저Peter Fraser였다. 스코틀랜드 고원 출신 농부의 아들인 그는 독신으로 살면서 몽상에 잠겨 시골길을 걷는데 많은 시간을 썼다. 수학의 고상한 진리들을 사색하면서 말이다. 독창적인 연구를 한 적도, 연구 논문을 쓴 적도 없었지만, 지적인 에너지를 몽땅 교육에 쏟았다. 디랙이 보기에 그는 이제껏 만난 교수 중 최고였다.[3]

월요일, 화요일 및 금요일 오전 9시 직전에 디랙은 자리에 앉아서 프레이저의 특수한 형태의 수학에 관한 다음 수업을 기다리고 있었다. 사영기하학이라는 분야인데 주로 프랑스 수학자들이 원근법, 그림자 및 공학 제도 등을 연구하다가 발전시킨 학문이었다. 창시자 중 한 명인 가스파르 몽주Gaspard Monge는 제도사 겸 수학자였는데, 복잡한 대수보다는 기하학적 개념들을 이용하여 수학 문제 풀기를 무척 좋아했다. 1795년 몽주는 화법기하학Descriptive geometry을 창시했다. 세 가지의 직교 관점에서 사물을 표현하는 이 방법은 바로 디랙이 비숍 로드 스쿨에서 제도를 할 때 사용했던 것이다. 나폴레옹 군대 소속 공학자 장 빅토르 퐁슬레는 1812년 러시아에서 감옥살이를 할 때 몽주의 아이디어를 바탕으로 사영기하학을 발명했다. 퐁슬레의 아이디어와 그 결과물을 디랙은 평생 동안 찬양했다.

대다수 학생들은 사영기하학을 처음 접하면 특이한 수학 분야라고 여겼다. 왜냐하면 주로 시각화에 치중하고 복잡한 수학 공식은 다루지 않기 때문이다. 사영기하학에서 중요한 것은 두 점 사이의 거리에 관한 익숙한 개념이 아니라 상이한 직선들 또는 상이한 평면들 상의 점 사이의 **관계**다. 디랙은 사영기하학의 기법들이 대수적 방법들보다 문제를 훨씬 더 빠르게 푼다는 데에 흥미를 느꼈다. 가령, 사영기하학 기법들을 이용해 기하학자는 점에 관한 정리로부터 직선에 관한 정리를 감쪽같이 도출해낼 수 있었고 그 반대 방향으로도 할 수 있었다. 디랙은 40년 후에 '그게 무척이나 마음에 들었다'고 밝혔다.[4] 감수성이 예민한 젊은 수학자인 디랙이 보기에, 분명히 그것은 공간의 본질을 탐구하는 데 위력적인 도구였다.[5]

프레이저는 디랙에게 수학적 엄밀성의 가치를 강조했다. 논리, 일관성 및 완결성을 언제나 추구하라는 뜻이었는데, 공학생 시절에는 슬쩍 무시하라고 배웠던 것이다.[6] 응용수학을 공부할 때는 전기, 자기 및 유체의 흐름을 기술하는 법을 배우며 관찰 결과와 일치하는 깔끔한 해를 내놓는 위력적인 방정식을 이용했다. 또한, 뉴턴의 역학 법칙들을 이용하여 응용수학자 교육에 요긴한 사례들을 공부했다. 이를테면 벽에 기대 있는 단단한 사다리, 기울어진 면을 내려가는 구 그리고 둥근 테를 따라 미끄러지는 구슬이 그런 예였다.[7] 디랙은 여러 권의 연습장에 문제 풀이를 했는데 대부분 정답이었다. 주로 자기 침대에서 그랬는데, 화목이라곤 없는 집안 분위기와 짖어대는 베티의 개한테서 벗어나는 방법이기도 했다. 베티는 무기력하고 의기소침한 여자가되어가고 있었다. 오빠의 지적 능력에 주눅이 들어, 아무 일도 하지 않고 허송세월을 보냈다. 그래도 아버지는 딸을 무척 아꼈다. 비숍스턴 사람인 노먼 존스가 60년 후에 회상한 바에 따르면, 자기가 기억하는 찰스 디랙은 대체로 '애지중지하던 딸과 함께 늘 우산을 든 채로 언덕을 올라오고 있는 모습'이라고 했다.[8]

디랙은 형 펠릭스를 주말에 아주 가끔씩 보았다. 형이 미들랜즈의 블랙 컨트리 지역 울버햄프튼 근처에 있는 하숙집에서 돌아올 때였다. 여전히 서로 말을 나누지는 않았다.

**

교육 과정 마지막 해에 디랙은 순수수학 아니면 응용수학 전공을 선택할 기회를 얻었으면 좋았을 것이다. 순수수학을 원했지만, 뜻대로 되지 않았다. 사정은 이랬다. 수학과에는 디랙 외에 베릴 덴트Beryl Dent(한 교장의 딸로서 심지가 굳은 여자였다)라는 학생이 있었는데, 이 학생이 선택권을 얻었다. 디랙과 달리 그녀는 학비를 내고 수업을 들었기 때문이다. 그녀는 응용수학을 공부하고 싶다는 뜻을 확실하게 밝혔고 그대로 실현되었다. 디랙도 따라서 응용수학을 배우게 되었다. 아마도 교수들로서는 두 학생에게 똑같은 교과목을 가르치는 편이 더 쉬웠기 때문이다. 그리하여 고등학교 이후로 디랙은 처음으로 젊은 여자와 함께 공부하게 되었는데, 하지만 둘의 사이는 대단

히 형식적이었다. 서로 말도 거의 하지 않았다.[9]

디랙은 1922년 3학기 동안 전해에 배웠던 응용수학을 바탕으로 착실하게 실력을 다져나갔다. 이 학기 때 좋은 점 하나는 특수 상대성이론에 관한 강의가 몇 가지 있었다는 것이다. 아마도 그걸 가르치는 이보다 디랙이 더 많이 아는 이론이긴 했겠지만 말이다.[10] 졸업할 무렵 그는 뉴턴 역학에 상당한 지식을 쌓았다. 아인슈타인이 뉴턴의 운동 법칙들이 지닌 결점을 찾아내긴 했지만, 그 법칙들은 현실 세계의 모든 적용 사례에 대단히 잘 들어맞았다. 따라서 (아인슈타인은 물론이고) 수많은 다른 학생들이 그랬듯이, 그 법칙들을 습득하는 일은 대단히 중요했다.

수학과에서 공부하는 동안 디랙은 19세기 아일랜드 수학자 겸 아마추어 시인 윌리엄 해밀턴의 이론과 마주쳤다. 해밀턴은 윌리엄 워즈워스의 친구였다. 뜻밖에도 워즈워스는 과학 발전에 이바지했는데, 친구가 시보다는 수학에 공을 들이는 편이 낫겠다고 설득시켰으니 말이다. 해밀턴의 가장 대표적인 업적은 사원수Quaternion의 발명이었다. 이는 서로 곱했을 때 특이하게 행동하는 수학적 대상들이었다. 보통의 두 수를 곱하면, 곱셈의 순서와 무관하게 똑같은 결과가 나온다(가령 6×9는 9×6과 값이 같다).

수학자들은 그런 자연수의 집합은 곱셈에 대해 가환(교환)법칙이 성립한다고 말한다. 하지만 사원수는 다르다. 첫 번째 사원수를 두 번째 사원수에 곱한 결과는 두 번째 사원수를 첫 번째 사원수에 곱한 결과와 '다르다'. 현대적인 용어로 말하면, 사원수는 '비가환적'이다.[11] 해밀턴은 사원수가 실제 응용 사례가 많을 것이라고 믿었지만, 당시로서는 수학적으로만 흥미로울 뿐 과학에는 쓸모가 없으리라고 다들 여겼다.

또한, 디랙은 해밀턴이 뉴턴의 역학 법칙들을 재구성했다는 소식도 들었다. 해밀턴의 접근법은 대체로 힘이라는 개념을 없앴고, 원리적으로 과학자들이 임의의 물질들(양자에서부터 우주 공간의 물질까지)을 뉴턴의 방법을 사용했을 때보다 훨씬 더 쉽게 연구할 수 있도록 해주었다. 해밀턴 기법의 핵심은 사물의 행동을 포괄적으로 기술해낼 특별한 유형의 수학적 대상이었는데, 이를 가리켜 해밀토니안Hamiltonian이라고 한다. 해밀턴의 기법은 디랙의 마음을 사로잡았고 나중에는 물리학의 근본 법칙들을 펼쳐나갈 때 가장 좋아하는 방법이 되었다.

***

수학 공부가 디랙이 계속 몰두할 만큼 대단한 흥미를 가져다주지 않자, 하세는 시간표가 허락하는 한 학부의 물리학 과목을 최대한 많이 들어보라고 권했다. 다시 한번 디랙은 원래 교과목에는 없던 근본적인 주제들을 공부하기로 했다. 그중 하나가 전자를 공부하는 과목이었다. 전자는 케임브리지 대학교의 캐번디시 연구소에서 25년 전에 J. J. 톰슨이 발견한 입자이다. 톰슨은 이론적 연구와 (손이 서툴긴 했지만) 실험적 연구 두 면에 모두 능숙했다. 톰슨이 전자는 원자보다 작고 모든 원자의 구성 요소라고 주장하자, 여러 동료들은 농담이겠거니 여겼다고 한다. 많은 과학자한테 원자보다 더 작은 물질이 존재할 수 있다는 생각은 얼토당토하지 않았다. 하지만 톰슨의 주장은 옳다고 증명되었고, 디랙이 전자를 처음 접했을 무렵의 교과서들은 전류란 톰슨이 발견한 전자들의 흐름이라고 낭연히 적어 놓았다.

디랙은 아서 틴돌Arthur Tyndall이 하는 원자 물리학 수업도 들었다. 친절하고 시원시원한 성격의 이 사람은 과학의 영재를 알아보는 눈이 예리했다. 틴돌은 얼마 후 20세기 물리학의 중대한 통찰이 될 어떤 개념을 디랙에게 소개했다. 뭐냐면, 극미의 세계에서 자연을 기술하는 '양자론'의 법칙들이 일상적인 물질을 기술하는 기존의 과학 법칙들과 다르다는 개념이었다. 예를 들어 빛의 에너지는 연속적인 파동으로 나타나지 않고 양자라고 하는 불연속적인 작은 양의 단위로 나타난다. 처음에는 다들 대수롭지 않게 여겼다. 거의 모든 과학자들이 빛이 파동이라고 확신했기 때문이다. 이런 믿음이 생긴 까닭은 수십 년 전에 스코틀랜드 물리학자 제임스 클러크 맥스웰(캐번디시 연구소 소속의 첫 교수이기도 했다)이 발표한 빛의 이론이 그동안 엄청난 성공을 거두었기 때문이다. 숱한 실험에서 확인된 맥스웰의 이론에 따르면, 빛의 에너지 및 다른 모든 유형의 전자기파는 바닷물이 항구의 방파제 벽에 부딪힐 때처럼 덩어리가 아니라 연속적으로 전달된다.

양자론은 베를린에 사는 독일의 중견 물리학자 막스 플랑크가 (거의 우연히) 발견했다. 양자 개념은 우연한 계기로 세상에 나왔다. 플랑크가 일정한 온도에서 오븐 벽 내부에서 생기는 희한한 복사 현상에 관한 실험 결과를 분석하던 중에 나온 것이다(그 실험은 조명 장치의 효율을 높여 독일의 산업 발전을 돕자는 목적이었다).[12] 양자는 그 오븐의 어둠 속에서 은밀하게 숨어 있다가 플랑크라는 천재의 눈에 포착된 셈이다. 플랑크는 오븐의 온도 설정 구간마다 특정 파장을 갖는 복사의 세기 변화에 대한 공식을 대단히 명석하게 추측해냈다. 1900년이 끝나갈 즈음 플랑크는 '흑체복사 스펙트럼Black body Radiation Spectrum'에 대한 공식을 설명하면서, 맥스웰의 이론과 정반대인 개념을 도입해야만 그런 설명이 가능함을 깨달았다. 바로 빛(그리고 다른 모든 유형의 복사)의 에너지가 오직 양자 형태로 원자에 전달된다는 개념이었다.

보수적인 성향의 플랑크는 이 양자화를 복사에 관한 혁명적인 발견이라고 보지 못했고, 다만 자신의 계산이 통하려면 그런 '순전히 형식적인 가정'이 필요하다고 여겼다. 반면에 아인슈타인은 1905년에 그 개념이 실제로 중요함을 깨달았다. 그는 복사 양자 개념을 사실 그대로 받아들였고, 흑체 복사 스펙트럼 공식을 유도하기 위해 플랑크가 사용했던 추론이 형편없는 오류였음을 밝혀냈다. 이제 남은 과제는 플랑크를 뛰어넘어 그 공식을 논리적으로 유도해내는 일이었다.

에너지의 양자를 발견했을 때 플랑크는 또한 에너지의 크기가 새로운 근본 상수에 의해 직접적으로 결정됨을 알아냈다. 그가 h라고 명명한 이 상수는 이후 다른 과학자들에 의해 **플랑크 상수**라고 불리게 되었다. 양자론의 거의 모든 방정식에는 어김없이 나오는 상수인데, 하지만 '고전적 이론'이라고 요즘 불리는 빛과 물질에 관한 이전의 성공적인 이론들에는 얼씬도 하지 않는다. 이 상수는 크기가 엄청나게 작은데, 빛의 일반적인 양자의 에너지가 그만큼 지극히 작다는 뜻이다. 가령, **가시광선의 한 양자는 파리 날개가 한번 펄럭일 때 드는 에너지의 약 1조 분의 일이다.**

다시 틴들의 강의로 돌아가자. 틴들은 디랙에게 빛에 관한 새로운 사고방식, 즉 새로운 물리학을 소개한 것이다. 하지만 비록 틴들이 그런 내용을 깔끔하게 소개하긴 했지만, 당시 양자물리학은 애매하고 임시적이고 혼란스러운 단계였다. 따라서 디랙이 좋아하는 방식, 즉 명확한 원리와 간결한 방정식을 바탕으로 정연하고 잘 구성된 강의를 틴들이 디랙에게 해준다는 것은 아예 불가능했다. 바로 그런 까닭에, 디랙이 훗날 회고한 말이 옳다면 양자론에 관한 첫 수업은 디랙한테 거의 영향을 끼치지 못했다. 그의 주된 관심사는 여전히 상대성이론이었다.

처음엔 뜻을 이루지 못했지만, 아버지는 아들을 다시 케임브리지에 보내겠다는 희망을 버리지 않았다. 3월에 로널드 하세가 세인트 존스 칼리지 교수인 응용수학자 에버니저 커닝햄Ebenezer Cunningham에게 편지를 보냈다. 하세는 디랙이 2년 전에 장학금만 받을 수 있었어도 케임브리지에 충분히 다닐 수 있는 인재임을 강조했다. 또한 '지난 6월에 반에서 1등을 차지했으며', '대단히 수학을 잘하고', 주된 관심사는 '특정한 세부사항보다는 상대성이론이나 양자론 같은 일반적인 주제에 관심이 있는지라, 내 생각에는 과학의 논리적 측면에 대단히 밝은' 학생이라고 치켜세워 주었다. 예리한 하세의 평가 중에는 디랙의 성격이나 사적인 면을 언급한 내용도 있다. '이 학생은 조금 괴짜이고, 딱 한 자리에만 앉으려 하고, 내성적이며, 나가서 놀지 않고, 경제적인 사정이 아주 나쁩니다.' 이런 사소한 점들을 빼고는, 케임브리지에서 생활비를 대줄 장학금을 줄 수만 있다면 이 학생을 뽑아달라고 하세는 자신 있게 추천했다.[13]

이번에는 디랙에게 행운이 따랐다. 8월에 케임브리지에 입학 소식을 듣고서 디랙은 에딩턴과 같은 교파 신도인 커닝햄한테서 상대성이론을 배우고 싶다고 부탁했다. 커닝햄은 1차 세계대전 직후에 아인슈타인의 특수 상대성이론의 특이한 버전을 영국에 소개했던 인물이다.[14] 당시 커닝햄과 에딩턴은 케임브리지의 다른 동료들보다 훨씬 앞서 있었다. 대다수 과학자는 아인슈타인 이론을 거부했고, 그 중요성을 무시하거나 부정했으니 말이다.[15] 하지만 커닝햄은 부탁을 들어줄 수 없었다. 1차 세계대전이 끝난 후로는 더 이상 대학원생의 지도교수직을 맡지 않았기 때문이다. 왜냐하면 양심적 전쟁 반대자라는 이유로 비난을 받아서 정부 당국이 '아이들을 가르치기에 부적합하다'며 학교에서 가르치는 임무를 금지당했기 때문이다.[16] 대신 디랙의 지도교수는 랠프 파울러Ralph Fowler라는 다른 수리물리학자로 정해졌다. 인심 좋은 이 교수는 몸집이 거대하고 목소리가 훈련교관 같았다. 그는 상대성이론 전문가는 아니었지만, 대신에 전국에서 가장 양자론에 밝았고 또한 어떤 물질의 행동을 원자들의 집단적인 행동의 측면에서 이해하는 데 탁월했다. 어쨌든 상대성이론을 공부하기를 간절히 바라는 디랙에게는 그다지 반가운 사람은 아니었다.

두 건의 장학금(세인트 존스 칼리지에서 주는 연간 70파운드 그리고 정부의 과학산업연구부에서 주는 연간 140파운드)은 평소처럼 검소하게만 산다면 디랙이 케임브리지에서 첫해에 쓸 돈으로 충분했다.[17] 이제 모든 준비가 다 된 것처럼 보였건만, 9월에 비보가 날아들었다. 대학교에서 학비를 학기 초에 납부하라고 했건만, 정부의 장학금은 한참 지나서야 들어올 예정이었다. 이번에도 고작 5파운드가 모자라서 기회를 놓칠까 봐 디랙은 애가 탔다.

하지만 케임브리지에 꼭 납부해야 할 금액을 아버지가 대주었다. 디랙은 감격했다. 훗날 밝히기로, 아버지의 지극한 은혜를 입고 나서 디랙은 옛날 식사 시간의 고압적인 태도며 아버지의 다른 온갖 잘못을 모두 용서하게 되었다고 한다.[18] 어쨌거나 마냥 나쁜 아버지는 아니었던 것이다.

5장
1923년 10월부터 1924년 11월까지

(…) 나는 바라볼 수 있네.

프리즘과 말 없는 얼굴을 지닌

뉴턴 조각상이 서 있는 예배당을.

마음의 대리석 표지가 영원토록

사고의 낯선 바다를 여행하네, 홀로.

－윌리엄 워즈워스 『전주곡 *The Prelude*』 3권,

「케임브리지에서 지내기 *Residence at Cambridge*」(1805년)

케임브리지는 아주 친절한 장소라고 보긴 어렵다. 처음 거기에 도착한 사람들은 기차역이 도시 중심부에서 거의 2킬로미터 남짓 떨어져 있어서 깜짝 놀란다. 이런 식의 퇴짜 놓기는 짐짓 일부러 그런 것이다. 1845년에 기차역이 처음 개통하기 40년 전에 시 당국은 케임브리지를 운하로 런던과 연결하자는 제안을 거부했지만, 신흥 철도망의 일부로 삼아야 한다는 압력은 더 이상 피하기 어려웠다. 하지만 그렇더라도 기차역이 가장 가까운 대학교에서 걸어서 약 20분 거리만큼 떨어져 있어야만 한다고 못 박았다. 학생들이 런던으로 마실 다닐 유혹을 덜 느끼고 외부인들도 도시의 분위기를 어지럽히기 어렵게 만들자는 속셈이었다. 1851년 케임브리지 대학교의 부총장이 철도회사의 관리자들에게 항의했다. '철도회사가 책정한 요금이 낮아서, 예전에는 일요일

이든 아니든 대학교에 나오던 사람들이 유혹을 받을지 모른다는' 내용이었다.[1]

디랙(그리고 짐을 잔뜩 든 다른 신입생들)은 역에 내리자마자, 도시 중심부로 걸어가거나 한참 줄을 서서 기다렸다가 아주 드문 버스를 타고 평의원회관까지 가야 했다. 1923년 10월 1일 월요일 튜더 그레이트 게이트를 지나서 세인트 존스 칼리지에 도착했을 때, 디랙은 전통과 동료애와 특권의 낯선 세계 속으로 들어갔다.[2] 제복과 비단 모자를 착용하여 화사한 느낌을 주는 짐꾼들이 마중 나왔다. 각자 자기가 맡은 학생을 책임지고 무슨 심부름이든 해주었다. 대학교는 남자만 받았는데, 다수는 승마바지와 높이가 낮은 모자를 착용했고 명문가 출신을 티 내는 듯한 이야기를 넌지시 흘렸다. 디랙의 신분은 브리스틀 협동조합에서 산 싸구려 옷과 서툰 예의범절 그리고 어쩌다가 말을 할 때의 억양이 증명해주었다. 또한 그의 외모에는 어떤 특이한 점이 있다. 잘 가꾼 작고 검은 콧수염이 삐뚤삐뚤한 윗니 위에 나 있었고, 창백한 얼굴은 위쪽에는 검은 곱슬머리가 덮여 있었고 가운데에는 코가 오똑하게 솟아 있었다. 키는 180센티 남짓이고 아버지를 닮아선지 디랙은 눈이 초롱초롱했고 큰 이마에는 헤어라인이 위로 부쩍 올라가 있었고 이미 등이 약간 구부정했다.

대학교의 전통은 건물에 가장 잘 표현되어 있었다. 어떤 건물은 400년이나 되었으며, 건축 비용은 헨리 8세의 할머니로서 책 읽기를 좋아했던 레이디 마거릿 보퍼트Lady Margaret Beaufort의 유산 중 기부금에서 나왔다. 유구히 내려오고 있는 대학 건물을 보고서 학생들은 이렇게 여겼을 것이다. 이곳의 가장 재능이 많은 인물을 빼고는 거의 모두 잊히더라도, 이 상아탑만큼은 오랫동안 남으리라고. 디랙은 큰 야심 없이 그곳에 도착했고, 자신이 동료 학생들과 비교하여 학문적 지위가 어떤지도 몰랐다. 그저 가장 끌리는 중요한 연구를 하기로 마음먹었을 뿐이다. 이런 전통은 근대 물리학의 시조인 갈릴레오로 거슬러 올라간다. 갈릴레오는 수학의 언어로 쓰인 '자연의 책'을 집필할 첫 번째 단계를 밟았다. 그때가 17세기 벽두였으니, 이 대학교가 처음 완공된 지 거의 100년 후였다. 그런 면에서 보자면 세인트 존스 칼리지는 물리학보다 더 오래되었다.

대학 생활은 영국의 학문이 처음에 어떻게 태동했는지를 반영하고 있었다. 최초의 학자들은 승려들로서 모두 똑같은 옷을 입었고 정해진 시간표와 규칙 속에서 **명상하는 삶**을 살았다. 1923년에도 세인트 존스 칼리지의 모든 정식 학생들 및 케임브리지 대학교의 나머지 학생들은 전부 남자였고, 다들 공개적으로 가운과 사각모를 착용해야 했다. 바르지 않은 복장으로 도심으로 나간 학생은 대학교의 사설 경찰('학생감')이나 해진 후에 거리를 돌아다니는 학생감의 하수인('불독')한테 붙잡힐 위험이 있었다.[3] 복장 규정 위반에는 6실링 8페니의 벌금이 뒤따랐다. 돈을 아끼며 살아야 하는 젊은 학생한테는 결코 웃을 일이 아니었지만, 방에 여자를 들였다가 발각되었을 때의 처벌에 비하면 별로 심각한 수준은 아니었다.[4]

학생들은 일상생활에서 톡톡히 시중을 받았다. 아침 6시면 어김없이 여성 침실 담당 직원('베더bedder')들이 돌계단을 올라와서 아침 일과를 준비하기 시작했다. 사환(남성하인)이 학생 및 교수를 위해 종일 청소며 세탁이며 심부름을 했다. 하지만 그런 서비스를 입학 첫해의 디랙은 받을 수 없었다. 첫해 동안 그는 세인트 존스 칼리지에서 걸어서 15분 거리의 4층짜리 빅토리아 시대 집의 비좁고 춥고 눅눅한 방에서 다른 두 하숙생과 함께 지냈기 때문이다. 학기 당 거의 15파운드를 받고서 하숙집 주인 미스 조세핀 브라운은 땔감용으로 석탄과 나무를 가져다 주었고 어둑한 작은 방을 밝힐 램프에 쓸 기름을 제공했다. 그 외에 그릇도 주고 학생들의 신발도 세탁해주었다. 대학교에서 승인받은 다른 하숙집 주인들과 마찬가지로, 미스 브라운은 밤 10시까지 디랙이 하숙집으로 돌아오지 않으면 기록을 해두었다. 언제나 그 시간보다 일찍 귀가했기에 디랙은 한번도 물의를 일으키지 않았다.[5]

디랙이 식사를 하는 교내 식당은 생전 처음 경험해 본 멋진 곳이었다.[6] 식당은 시설이 굉장했다. 목재로 정교하게 장식된 천장이며, 고딕식의 스테인드글라스 창이며, 짙은 목재 널빤지에는 **윌리엄 워즈워스**를 포함해 그곳 출신 중 가장 유명한 몇몇 인물들의 초상화가 걸려 있었다. 교수들 및 대학의 다른 고위직 인물들이 도착해서 담담한 표정의 레이디 마거릿의 유화 초상화 아래에 있는 긴 식탁에 앉고 나서 저녁 식사는 7시 30분에 시작되었다. 학생들은 그 전에 여섯 줄의 식탁을 따라 가운 차림으로 앉아 있었다. 식탁들은 양쪽으로 세 줄씩 놓여 있었고, 각 줄의 식탁은 대학교의 문장을 수놓은 깨끗한 흰 린넨 식탁보로 덮여 있었다.

관례상 학생들 중 한 명이 명판에 쓰인 라틴어 감사기도문을 읽을 때 다들 머리는 예의 바르게 모자챙을 위로 향하게 하고 양손은 점잖게 포갠 자세에서 가만히 앉아 있었다. 기도를 마치면 식당은 왁자지껄한 대화 소리들로 가득 찼다.

프랑스어 손글씨로 쓰인 메뉴는 파리 미식가의 기준에 맞는 스타일의 세 가지 단계로 구성되었다. 처음에는 대구 수프나 렌틸콩 수프부터 시작해서 메인 요리로는 토끼 스튜나 삶은 혀 요리가 나오고 마지막에는 구스베리 파이와 크림 또는 갓과 무와 곁들인 치즈 또는 심지어 토스트 위에 올린 정어리도 나왔다.[7] 이 푸짐한 음식들은 디랙한테는 낭비였다. 소화 기능이 약해서 아주 기본적인 음식만 좋아했고, 게다가 아주 작은 양씩 조금씩 먹었으니까.

디랙과 함께 식사하는 이들은 주로 브라이즈헤드Brideshead 세대의 청년들이었다. (에블린 워Evelyn Waugh의 소설 『다시 찾은 브라이즈헤드Brideshead Revisited』에서 찰스 라이더와 세바스티안 플라이트는 당시 옥스퍼드에서 마지막 학년을 시작하고 있었다.) 그들 다수는 이튼, 해로우 및 럭비 등의 학교에서 개인교습을 받아서, 라틴어와 그리스어 그리고 T. S. **엘리엇**의 모더니즘 시처럼 당시의 인기 주제들을 논하거나 **조지 버나드 쇼**가 최근에 도발한 일을 거만하게 비판하는 법을 배웠다. 디랙은 함께 낄 준비가 되어 있지 않았다.

매일 밤마다 술이 식탁 위아래로 돌아다니면서 학생들의 혀를 풀리게 만들었고, 주위가 소란하니 다들 자기 목소리를 더더욱 키웠다. 그런 시끌벅적한 분위기 속에서도 디랙은 감리교 전통에 따라 술 대신 물만 마시면서 차분히 앉아 있었다. 브리스틀에 있을 때도 차나 커피를 한 잔도 마셔본 적이 없기에, 그런 음료를 처음 마시기는 그로서는 일대 사건이었다.[8] 둘 다 별로 끌리진 않았지만, 가끔 우유를 곁들인 약한 차를 아주 조금씩 마시기는 했다. 수십 년 후 자녀한테 해준 말에 의하면, 디랙은 오직 세미나 발표 전에 용기를 얻으려고만 커피를 마셨다고 한다.[9]

식사 시간에 디랙의 태도는 전설이 되었다. 잡담에 전혀 관심이 없었고, 여러 음식들이 차례차례 나오는 동안 단 한마디의 말도 없었고 심지어 옆에 누가 앉는지 관심도 없었다. 너무 소심해서 누구한테 소금이나 후추를 건네달라고 하지도 않았으며, 동료들에게 아무런 부탁도 하지 않았고, 단 한 순간이라도 대화에 끼어야 한다고 느끼지도 않았다. 누가 말이라도 걸어오면, 못 들은 척하거나 그냥 '네,아니오'만 대답했다. 세인트 존스 칼리지에서 지금도 돌아다니는 이야기에 따르면, 디랙은 언젠가 '비가 좀 오네, 안 그래?'라는 질문을 받자, 창가로 갔다가 다시 돌아와서는 '지금 비 안 와'라고 대답했다고 한다.[10] 그런 행동을 보고서 금세 동료 학생들은 더 이상 질문을 해봤자 소용없다는 걸 깨달았다. 하지만 디랙은 식사 때 지적인 사람들이 진지한 주제를 논하는 걸 듣기는 좋아했다. 그런 대화를 들으면서 디랙은 차츰 과학 바깥의 삶이 어떤지 알게 되었다.

그 무렵에 케임브리지에 간 것은 디랙으로선 행운이었다. 얼마 전까지만 해도 학생들이 공식적으로 소집 해제를 받기 전까지 군복이 학생복을 대신하고 있었으니 말이다.[11] 이제 영국이 더 이상 국제적 분쟁의 위협에 시달리지 않게 되었으니 좋은 시절이 온 셈이었다. 그 후 세대의 학생들은 마음껏 다시 학문을 탐구할 수 있었다. 디랙은 대학교에서 가장 큰 학과인 수학과에서 공부하고 있었다. 그곳은 높은 기준과 경쟁력으로 유명한 곳이었다. 가장 촉망받는 학생들은 공부도 우수하고 운동도 잘하는 이들이었다. 바로 그런 까닭에 하세가 디랙의 성향 중에 '나가서 놀지 않는다'라고 굳이 언급했던 것이다. 대다수 학생들은 케임브리지의 사교생활 중 적어도 한두 가지에는 참여했다. 커피숍에서 수다를 떨거나 합창단에서 노래를 부르거나 저녁에 영화를 보러 가거나 고대 그리스 연극을 보러 가거나.[12] 죄다 디랙한테는 관심거리가 아니었다. 가장 야심찬 공부벌레의 기준에서 보더라도 그는 유난히 공부에만 집중했다. 해마다 수천 명의 학생들이 깨닫고 있듯이, 집중한다고 성공이 보장되지도 않는데 말이다. 브리스틀 대학교에서는 줄곧 1등을 차지했지만, 케임브리지의 쟁쟁한 학생들과 경쟁할 수 있을지는 그도 잘 몰랐다. 디랙과 동료 학생들이 도착한 순간부터 교수들은 학생들을 일일이 살펴보면서 진정으로 탁월한 학생(케임브리지의 용어로는 '1등급 인간')을 늘 찾고 있었다.[13]

오래지 않아 디랙의 재능을 지도교수 파울러가 확실히 알아보았다. 파울러는 디랙의 성장을 흡족해하며 엄선한 문제들을 풀어보라고 내밀었고 수학 실력을 갈고닦으라고 늘 격려해주었다. 파울러는 훌륭한 답안을 내놓은 학생들에게 '대단하네!'라는 칭찬을 해주었고, 종종 등을 톡톡 두드려주기도 했다. 수학과에서 학생들의 기운을 북돋우는 존재였지만, 가끔은 미움을 받기도 했다. 집에서 연구하거나 물리학의 대륙 중심지들을 찾아다니느라 학교를 비우는 시간이 많았던지라, 그의 조언을 갈구하던 학생들을 실망시켰다. 하지만 디랙은 그다지 교수한테 기대지 않았다. 가벼운 지도로 만족했고 혼자 공부하고 자기 스스로 여러 과제를 진행하길 좋아했다. 알고 보니 디랙한테 파울러는 케임브리지에서 가장 유능한 지도교수였다.

파울러의 태도는 수학과에서 남달랐다. 수학과의 지배적인 문화는 매우 엄격했던지라, 학자들(전부 남자였고 은행원 같은 옷을 입었다)은 연구실에서 머리를 숙이고 있었다. 성 대신 이름의 사용은 거의 금지되어 있었다. 가장 친한 교수들끼리도 서로 성으로 불렀으며, 휴게실 밖일 경우 대화는 예의를 차리는 데 필요한 정도로만 짧게 했다. 대학교 밖에서 만날 기회는 드물었다. 함께 모여 차나 커피를 마시는 전통도, 밖에서 세미나를 여는 일도 없었기 때문이다. 오늘날의 대학 생활에 거의 필수인 직원과 학생의 교류도 없었다. 파울러의 길잡이 역할을 제외하면 디랙은 학교생활을 스스로 해나가야 했다. 곧 그는 자기만의 생활 방식을 확립했고, 덕분에 수천 명의 학우한테는 있는지 없는지도 모르는 존재가 되었다. 수학과에서 자기만의 연구를 할 시간은 없었고, 대신에 파울러가 내준 문제들을 해결하고 교재와 최신 학술지를 읽었으며 강의 도중에 적은 노트를 복습했다. 쉬는 날은 일요일뿐이었다. 날씨가 좋을 때면 아침에 몇 시간씩 산책을 하러 나갔다. 평일에 늘 입던 옷차림을 하고 두 손은 허리 뒤에 두고서 일정한 발걸음으로 자연 속을 걸어 다녔다. 한 급우는 디랙이 '이탈리아 결혼식 사진 속의 신랑' 같았다고 말했다.[14]

산책을 할 때는 머릿속 계산을 멀찍이 밀쳐놓았다. 머리를 비워서 월요일 아침에 다시 산뜻한 마음으로 공부하기 위해서였다. 도시락을 먹으려고 잠시 쉴 때는 주변 지형을 꼼꼼하게 살폈다. 북쪽으로는 구불구불한 그레이트 우즈강 유역이 있었고 동쪽으로는 기하학적으로 연결된 습지의 배수시설들과 네덜란드 박공을 단 튜더 양식의 건물들이 있었다.[15] 때에 맞춰 세인트 존스 칼리지로 돌아와 저녁을 먹은 후, 어둑한 케임브리지의 안개 낀 뒷길을 지나 하숙방으로 돌아갔다. 월요일 아침에는 다시 엿새 동안 자신만의 공부를 시작할 준비가 되어 있었다.

디랙은 수줍은 성격이긴 해도 케임브리지에 온 직후부터 영국의 가장 유명한 여러 과학자들과 계속 만났다. 그런 과학자들 중에는 상대성이론의 전문적인 내용을 알려준 사람이 있었는데 바로 아서 에딩턴이었다. 그는 마흔 살이었지만 나이보다 젊어 보였고, 언제나 깔끔한 정장 차림이었는데, 짙은색 넥타이의 장식 매듭이 빳빳한 셔츠의 제일 위쪽 단추 바로 아래에 놓여 있었다. 그는 대단히 저명한 과학자치고는 놀랍도록 자신감이 부족했다. 방어적인 자세로 팔짱을 종종 끼고 있었고 말도 아주 조심스러웠다. 과학자로서 그의 독보적인 장점은 수학자와 천문학자의 재능을 겸하고 있다는 데 있었다. 그런 이상적인 자질 덕분에 일반 상대성이론 검증에 주도적인 역할을 맡을 수 있었다. 그는 퀘이커 교도여서 양심적 병역 거부자로 등록되어 있었기에, 전쟁의 와중에도 실험을 할 수 있는 몇 안 되는 과학자들 중 하나였다. 대다수 동료 과학자들 몰래 에딩턴은 자신의 평판을 이용하여 언론의 호들갑을 이끌어냈다. 1919년 5월 29일에 개기 일식 결과가 (에딩턴은 일식이 일어나는 아프리카 프린시페 섬으로 조사단을 파견했다. 이때 나타난 먼 별에서 방출된 빛이 태양 주변을 통과한 사진을 찍어, 반년 전의 위치와 비교해 보았고 태양 가까이에서 빛이 휜다는 아인슈타인의 상대성이론의 3가지 증거 중 하나를 뒷받침 해냈다) 뉴턴의 이론보다 아인슈타인의 이론에 따른 예측을 뒷받침한다는 소식을 온 세상에 알렸던 것이다.[16]

디랙은 에딩턴의 강의를 들었는데, 화려한 글을 통해 그를 처음 접했던 대다수의 사람처럼, 실망하고 말았다. 알고 보니 에딩턴은 조리 있게 말을 하지 못했는데, 아무렇게나 한마디를 던져 놓고서는 마치 흥미를 잃은 듯 어설프게 다음 말로 옮겨가는 습관이 있었다.[17] 하지만 디랙은 에딩턴이 과학을 다루는 수학적 접근법을 존중했는데, 그 접근법이 디랙에게는 아주 큰 영향을 미쳤다. 케임브리지 대학교 과학계의 또 한 명의 위대한 인물인, 뉴질랜드 출신의 어니스트 러더퍼드는 에딩턴과 서로 죽이 맞지 않았다. 둘은 성격이 뚜렷이 달랐고, 물리학을 대하는 관점도 정반대였다. 에딩턴은 내성적이고 온순하며 수학적 추상화를 좋아한 반면에, 러더퍼드는 외향적이고 직설적이며 다혈질적이고 거창한 이론 구성을 좋아하지 않았다. '물리학과에서 우주가 어쩌니저쩌니 떠들어대는 사람은 딱 질색'이라고 그는 딱 잘라 말했다.[18]

에딩턴과 달리 러더퍼드는 조금도 지성인 티를 내지 않았다.[19] 디랙이 처음 그를 만났을 무렵, 팔자수염을 길렀고 눈빛이 초롱초롱했던 러더퍼드는 쉰두 살의 나이인데도 체구가 건장했다. 하지만 손이 너무 부드러워 악수하던 디랙이 깜짝 놀랐을 정도였다. 파이프에 바짝 마른 담배를 채웠기에 불을 붙이면 마치 화산폭발이 일어나는 듯했다. 목소리가 남들보다 커서 누구나 그가 주위에 있다는 걸 알았다. 트럼핑턴 거리를 성큼성큼 걸어가는 모습은 마치 사업을 번창시켜 신수가 훤한 자신만만한 사람처럼 보였다. 하지만 겉모습이 다가 아니었다. 그는 당시 생존해 있던 가장 위대한 실험과학자였다. 러더퍼드는 처음으로 원자핵의 존재를 발견한 사람으로 가장 유명하다. 얇은 금박에 아원자입자를 쏘면 무슨 일이 벌어지는지 두 제자에게 살펴보라고 시키고 나서 얻은 결과였다. 아원자입자들 몇 개가 뒤로 튕겨 나갔다는 말을 듣고서 러더퍼드는 상상력을 발휘해 원자의 본질을 꿰뚫어보았다. 즉, 모든 원자의 중심부는 양으로 대전되어 있으며 (그의 표현대로 하자면 '대형 공연장 내의 작은 벌레' 정도로) 지극히 작은 부피를 차지한다고 결론 내렸다.[20] 그가 처음으로 원자핵의 존재를 확인했던 때는 맨체스터 대학교에서 연구하던 1912년 여름이었다. 8년 후에 케임브리지로 자리를 옮겨서 J. J. 톰슨의 뒤를 이어 캐번디시 연구소의 소장이 되었다. 연구소에 도착한 직후 그는 원자핵에 관한 대담한 예측을 내놓았다. 원자핵 대다수는 양성자뿐만 아니라 양성자와 질량은 같고, 전하는 띠지 않은 어떤 새로운 입자로도 이루어져 있다는 제안이었다. 러더퍼드는 동료 과학자들에게 그 '중성자'를 찾아 달라고 촉구했지만, 이런저런 실험에도 별 성과가 나오지 않았다.

1920년대 중반은 러더퍼드한테 결실이 없는 시기였다. 혁명적인 발견을 더 이상 해내지 못하고 다만 자신의 비범한 재능을 캐번디시 연구소를 감독하는 데만 쏟았다. 그는 자비로운 절대군주처럼 연구소를 운영했다고 한다. 연구소는 수학과 건물에서 도보로 몇 분 거리인 프리 스쿨 레인이라는 한갓진 곳에 자리 잡고 있었지만, 완전히 별세계였다. 1871년에 지어진 연구소의 빅토리아 고딕 양식의 벽면이 특히 인상적이었다. 정문을 지나 안으로 들어가면, 어수선하게 주차해놓은 자전거들이 절반쯤을 차지한 큰 현관 바로 옆에 우중충한 복도가 나왔다. 오늘날의 관점에서 보자면 연구소는 히스 로빈슨Heath Robinson(영국의 삽화가로서 괴상한 기계 그림을 그렸던 것으로 유명하다 −옮긴이)이 차고에 만들었던 일종의 작업실 같았다. 장식이 없는 벽돌담과 목재 바닥, 페달로 작동하는 선반, 손으로 작동하는 진공 펌프, 유리 불기 장비, 기름투성이 도구들로 덮인 튼튼한 벤치 그리고 너무나 원시적이어서 고물상에서도 사기 어려울 듯한 몇 가지 장치들이 널려 있었다. 케임브리지 대학 당국자들은 그런 환경이 신사의 대학교에 어울리는지 염려했지만, 어쨌든 그곳이 별로 비용도 들지 않고서 물리학 연구에 대단히 생산적인 중심지로 자리 잡았음을 인정했다. 1925년에 연구소의 총예산은 모든 급여와 장치 비용을 포함하고서도 9,628파운드에 불과했다.[21]

러더퍼드는 수리물리학을 경멸했지만 (혹은 그러는 척했지만) 자기 대신에 어려운 계산을 해줄 말 잘 듣는 이론가들은 환영했다. 가령, 사위이자 골프 파트너인 파울러가 그런 이론가였는데, 캐번디시 연구소에서 자기 연구실이 있는 유일한 사람이기도 했다. 연구소에 찾아온 이론가들은 누추하고 난방도 안 되는 도서관이나 굳은 우유와 오래된 비스킷이 퀴퀴한 냄새를 풍기는 낡아빠진 응접실 말고는 앉을 데가 없었다.[22] 나이 든 이론가들 중 다수는 러더퍼드의 경멸하는 태도에 맞서서 캐번디시 연구소와는 일체 협력하지 않았지만, 일부 젊은 학생들은 연구소의 정기 수요일 오후 세미나에 참여해달라는 초청을 수락했다. 세미나 시작 전에는 종종 러더퍼드의 아내가 따라주는 차가 나왔고 가끔은 첼시 번Chelsea bun(말린 과일이 든 작고 동그란 빵 − 옮긴이)도 나왔다.[23] 캐번디시에서 디랙은 러더퍼드의 '아이들' 둘을 알게 되었다. 앞으로 디랙의 가장 가까운 친구가 될 두 사람, 영국인 **패트릭 블랙킷**

Patrick Blackett과 러시아인 **표트르 카피차**Pyotr Kapitsa였다. 둘 다 이전에 공학을 전공했지만, 성격은 극단적으로 달랐다. 한 명은 디랙처럼 수줍고 내성적인 성격이었고(블랙킷) 다른 한 명은 잠시도 가만히 못 있는 외향적 성격이었다 (카피차).[24] 서로 정반대 방식으로 이 두 사람은 디랙에게 큰 영향을 끼쳤다. 덕분에 디랙은 케임브리지의 초기 시절에 좁은 껍질에서 벗어나서 실험 활동의 중심지에서 활동할 수 있게 되었다. 게다가 둘과의 인연이 아니었더라면 결코 어울리지 못할 사람들을 많이 소개받았고, 이전에는 아무 관심도 없던 분야인 정치에도 흥미를 갖게 되었다.

블랙킷과 카피차는 전쟁 후에 생긴 해변의 부유물처럼 캐번디시에 흘러들어 왔다. 먼저 블랙킷이 1919년 1월에 왔는데, 스물한 살의 나이였고 여전히 해군 제복 차림이었다. 그전에 블랙킷은 한 해군 대학교에서 최고 등급의 기술 교육을 받았고, 졸업 후 며칠 만에 열여섯의 나이로 전쟁터에 나갔다. 1916년 5월, 1차 세계대전에서 가장 치열했던 바다 전투인 유틀란트 해전 첫날에 그는 전함 HMS 버럼의 포탑에 있었다. 너무 멀어서 보이지도 않는 독일 전함들로부터 무자비한 폭탄 세례를 받으면서 말이다. 그날이 끝날 무렵에는 화약 냄새와 살균제 냄새가 자욱한 공기를 헤치며 갑판 위를 걷고 있었다. 주위에는 불타 버린 시체들이, 그중 일부는 사지가 날아가 버린 시체들이 즐비했다.[25]

캐번디시에 온 지 3주가 지나서, 그는 장교직을 사임하고 자연과학 학위를 얻기로 했다. 실험물리학을 탐구하는 삶을 꿈꾸게 된 것이다. 그는 정중하고 낭만적인 풍모를 풍겼다. 키가 185센티미터가 조금 넘을 정도로 늘씬했으며 영화배우처럼 미남이었다. 하지만 눈앞에서 전우들이 몸부림치다가 죽어가는 모습을 목격한 해군 장교의 트라우마를 불쑥불쑥 드러내곤 했다. 연구소에 들어와서는 금세 창의적인 실험가로 입지를 굳혔다. **상상력**과 **회의주의**라는 두 가지 과학적 미덕을 겸비한 덕분이었다. 한 동료는 그가 '자기 자신의 생각에조차도 쉽사리 설득당하지' 않았다고 언급했다.[26]

다른 연구소에 있었더라도 블랙킷은 자기 세대 중에서 가장 뛰어난 학생으로 돋보였을 것이다. 하지만 당시는 캐번디시 역사의 특별한 시기였기에, 그는 숱한 경쟁에 직면했다. 특히 카피차는 이전에 블랙킷을 누르고 대학교의 최우수 연구소 장학생으로 선발되었다. 이외에도 여러 번 카피차는 블랙킷의 오기를 발동시킬 소소한 승리를 거두었다. 카피차는 1921년에 영국에 정착했는데 (트리니티 칼리지의 한 동료의 말에 의하면) '비극적인 러시아 왕자처럼 보였다'고 한다. 1919년 말 고작 몇 달 사이에 가족 넷이 죽는 바람에 불안정하고 절망적인 상태였기 때문이다. 갓 태어난 아들이 성홍열로 죽었고, 얼마 전에는 아버지와 아내 그리고 아기인 딸이 스페인독감(1918년에 처음 발생해 전 세계에서 2,500만~5,000만 명의 목숨을 앗아 간 독감)의 희생자가 되었다.[27] 1921년 여름 한 번 거절을 당했는데도 굴하지 않고 카피차는 러더퍼드에게 자신을 캐번디시에 학생으로 받아달라고 부탁했다. 카피차는 러더퍼드가 시원시원하고 열정적이며 묘한 능력을 지녔다며 우상처럼 섬겼다. 그 능력으로 자연을 합리적으로 탐구하여 깊고 깊은 비밀을 파헤치는 인물이라고 여겼다. 러더퍼드의 목소리가 닿을 거리 너머에 있을 때면 카피차는 그를 '악어'라고 불렀다. 자신이 가장 좋아하던 동물이 악어였다. 카피차는 악어에 관한 시를 수집했고 심지어 지붕이 열린 자신의 라곤다Logonda 차의 라디에이터에 철제 악어 모형을 붙여 놓기도 했다.[28] 소장이 보기에 카피차라는 이름은 소련의 가장 유명한 아동문학 작가인 코르네이 추콥스키Korney Chukovsky의 책에 나오는 유명한 파충류를 무의식중에 떠올리게 했을지 모른다. 러시아의 대다수 부모들처럼 카피차는 아마도 자녀들에게 사람과 개를 삼켰다가 그대로 뱉어내는 유명한 악어 이야기를 읽어 주었을 것이다. 추콥스키는 독자들이 악어를 두려움과 존경심을 함께 갖고서 바라봐주길 원했다. 마치 카피차가 러더퍼드를 볼 때처럼.[29]

디랙이 캐번디시에 도착했을 때, 카피차는 그 소도시의 가장 화려한 인물이 되어 있었다. 어떠한 언어도 (심지어 자기 모국어도) 유창하지 않았지만, 그는 말하기를 좋아했고 말들이 입에서 끊임없이 새어 나왔다. 고음의 목소리로 즐겁게 수다를 떨었고, 카드 장난 그리고 '카피차어Kapitzarene'로 들려주는 재미있는 이야기들로 동료들을 즐겁게 해 주었다. 그 언어는 러시아어, 프랑스어 그리고 영어가 엇비슷한 비율로 뒤섞인 카피차만의 언어였다. 매년 소련으로 돌아가서 가족을 보았고, 레닌의 후계자 이오시프 스탈린이 추진하던 산업화 프로그램에 고문으로 활동했다. 그 무렵 카피차는 위험한 게임을 하고 있었다. 경제학자 존 메이너드 케인스가 1925년 10월에 아내에게 한 말에 의하면, 카피차는 케임브리지에 다시 돌아올 수 있도록 확약을 받은 다음에 소련에 가서 그 나라 전체에 전기 시설을 도입하는 프로그램을 추진하라고 트로츠키에 조언할 계획이었다고 한다. 케인스는 이렇게 적었다. '내가 보기에 그 사람은 조만간 붙잡히고 말 거요 (…) 그는 거칠고 냉담하고 허영심이 많고, 아예 문명과는 거리가 먼 사람이고, 천성적으로 볼셰비키에 끌릴 인물이라오.'[30]

디랙은 그런 은밀한 면이 없었다. 인생이 저물어 갈 무렵, 카피차와 보냈던 옛 시절을 아련히 회상하면서 디랙은 그의 대담함과 자신감에 금세 마음이 끌렸다고 적었다.[31] 둘은 과학과 공학에 대한 열정을 함께 지니긴 했지만, 서로 다른 점도 많았다. 카피차는 잡담을 즐겼지만, 디랙은 전혀 그렇지 않았다. 카피차는 문학과 연극을 좋아했지만, 디랙은 둘 다에 관심이 없었다. 카피차는 이론물리학의 추상적인 면에 회의적이었던 반면, 디랙한테는 그것이야말로 고귀한 가치였다.

***

캐번디시에 온 첫날 카피차는 러더퍼드의 첫 지시에 깜짝 놀랐다. 연구실에서 공산주의 선동을 퍼뜨리지 말라고 당부받았던 것이다.[32] 카피차는 자기 자리에 앉아 열심히 일만 했지, 자신이 레닌의 정치 노선을 따르며 1917년 혁명으로 러시아의 지주 귀족층을 축출한 것을 지지한다는 비밀을 쉬는 시간에 결코 입 밖에 냈던 적이 없다. 나중에 쓴 글에 의하면 카피차는 비록 공산당에 가입하지는 않았지만, 당의 목적을 늘 지지했다. '나는 노동 계급이 이끄는 사회주의 건설 그리고 공산당의 지도하에 추진하는 소련 정부의 광범위한 국제주의에 완전히 공감한다.'[33]

1920년대 초반, 영국 정부는 국가 기관들이 안전한지 우려하고 있었다. 공산주의자들이 침투해서 자기들 수중에 넣지 않을까 걱정했던 것이다.[34] 그런 상황이다 보니 당연히, 카피차가 케임브리지에 온 지 고작 2년 만에 익명의 제보자가 영국보안부 MI5에 '카피차가 러시아 볼셰비키 당원이라는 취지의' 투서를 넣었다.[35] 런던광역경찰청 특수정보실과 협력하여 보안부는 조금이라도 눈치를 채지 못하게 그를 은밀히 감시했다.

아마도 디랙에게 소비에트 이데올로기를 알려준 사람은 카피차였을 것이다. 이 이데올로기는 나중에 둘의 우정에 중요한 요소가 되었다. 1920년대 중반에서 후반까지만 해도 그런 사상은 케임브리지에서 유행하지 않았다. 대다수 학생들과 교수들이 정치에 진지한 관심이 없었기 때문이다.[36] 가장 두드러진 마르크스주의자는 경제학자 모리스 돕Maurice Dobb이었는데, 카피차와 마찬가지로 트리니티 칼리지 소속이었다. 교수 휴게실에서 정치를 소재로 한 대화의 분위기는 러더퍼드와 같은 중재자들 그리고 여러 보수주의자들 덕분에 절제와 균형이 이루어졌다. 보수주의자들 중에는 시인이자 고전학자인 A. E. 하우스먼과 찰리 브로드가 들어있었다. 찰리 브로드는 케임브리지로 자리를 옮겨서 한때 뉴턴이 썼던 방에서 살고 있었다.

카피차는 자신을 디킨스의 소설에 나오는 픽윅 씨Mr Pickwick와 곧잘 비교했는데, 정말 적절한 비교였다. 둘 다 활기찬 성향이어서 클럽을 조직했고,

구성원들에 의해 영구 클럽 회장으로 뽑혔으니 말이다. 1922년 10월에 카피차 클럽을 만들 때 그는 무기력한 대학원 동료들을 흔들어 깨워서 설득했다. 물리학의 인기 주제를 논하는 주간 세미나에 참석해보라고. 세미나는 보통 화요일 밤에 저녁을 든든히 먹은 후 트리니티 칼리지에서 진행되었다. 발표 자는 클럽 구성원에서 자원했는데, 오직 분필 한 자루와 이젤 위에 놓인 칠 판의 도움만으로 발표했으며, 여러 번 자신의 말이 가로막히는 상황에 대비 해야 했다. 그런 일이 생기면 카피차가 재치 있는 말과 현대 운동 경기 진행 자의 자세로 중재에 나섰다.[37]

클럽의 규칙은 이랬다. 학생이 클럽 회원이 되는 방법은 오직 세미나 진행 을 맡아야 가능하고, 회원 자격 박탈은 세미나에 몇 차례 빠질 경우에 생긴 다. 디랙은 케임브리지에 도착한 직후부터 그 클럽에 나가기 시작했으며, 비 교적 덜 모이지만 더 이론적인 성향의 $\nabla^2 V$ (라플라스 연산자[기울기의 발 산]에 V를 붙인것)클럽에도 나갔다. 그 클럽 이름은 수리물리학에 흔히 쓰 이는 기호를 따서 붙인 명칭이다. 이 클럽(이론가들의 세미나에 가장 가까운 성격의 모임)은 학생뿐만 아니라 교수도 참석했기에, 그 행사는 수학과의 엄 격한 분위기에 가까운 편이었다. 러더퍼드는 아주 드물게만 참석했는데, 이 론가들은 '기호 놀이에만 빠져 있지만, 우리 캐번디시 연구원들은 자연의 진 정한 사실을 밝혀낸다'라며 조롱했다고 한다.[38]

이런 새로운 경험들은 쏙 빼고, 디랙이 집에 보낸 엽서에는 그가 아직 살 아 있다는 사실만 확인시켜 줄 뿐이었다.

아버지, 어머니께

다음 주 화요일에 집에 갑니다. 기차로 늦게 도착할 듯합니다.

그럼 안녕히 계세요.

폴 올림[39]

엽서는 죄다 저런 식이었다. 케임브리지 풍경이 나오는 적갈색 사진 한 장 그리고 오직 사실과 날씨에 대한 짧은 요약만 적힌 2~30단어 분량의 형식적인 글이 전부였다. 그래도 어머니는 거의 일주일에 한 번씩 꾸준히 편지를 써서 연락을 지속했다. 디랙의 연구 경력 중반 때까지 꾸준히 보낸 편지에서 그녀는 줄리어스 로드 6번지의 사소한 일상이며 아버지와의 관계를 적었다. 이 시기까지 편지들을 보면, 가족의 특이한 점이라곤 전혀 드러나지 않는다. 어머니가 사랑을 듬뿍 담아 미주알고주알 적어나간 편지 내용을 보면, 얼마나 아들을 그리워하는지가 잘 드러난다. 디랙은 보답으로 어머니에게 사랑의 감정을 드러낸 적이 없었다. 분명 아버지는 디랙에게 편지를 쓰지 않았던 듯한데, 어머니는 디랙이 잘 지내는지 아버지가 '아주 많이 궁금해한다'는 구절을 굳이 편지에 적어 넣었다.[40]

어머니는 집안 식구들 모두 새로운 장난감, 즉 라디오 때문에 얼마나 신났는지 아들에게 알려주었다. 디랙 가족은 라디오를 구입한 첫 세대에 속했다. 처음 라디오가 나왔던 1922년에서 채 1년도 안 지나서였다. 집에 전기가 아직 들어오기 전이었던지라, 아버지는 근처의 전철역까지 걸어가서 라디오의 배터리를 충전해야 했다. 하지만 그런 불편을 겪을 가치가 있었다. 그 새 장치는 줄리어스 로드 6번지에 활기를 가져다주었다. 종일 조용하던 집안 분위기는 영국방송공사에서 방송하는 대담, 콘서트 및 뉴스 소리들로 북적거렸다. 디랙 가족은 매일 밤 라디오 주위에 둥그렇게 모여 앉아서, 아나운서가 마치 장례식에서 조사를 읊듯이 전하는 뉴스를 들었다. 1924년 1월 22일에는 램지 맥도널드Ramsay MacDonald가 영국 최초의 노동당 출신 수상으로 선출되었다는 소식이 들려왔다. 처음에 노동조합으로 시작했던 그 당은 사무실이 다우닝가에 있었으며, 당의 정책과 선전 구호는 급격한 변화를 꺼리는 영국 대중들을 놀라게 만들지 않게끔 적절한 수준이었다.[41] 어머니는 디랙에게 아버지의 반응을 전했다. '노동당 정부가 마침내 들어서서 기뻐하신단다. 교

사들의 봉급을 위해서는 최고라시면서.'[42]

　어머니의 편지에 형 펠릭스 이야기는 거의 없었다. 1924년 봄 여전히 울버햄프튼 근처에 살던 펠릭스는 제도사로서 적당한 급여를 받았고, 짧은 휴가를 얻으면 자전거를 타고 브리스틀에 왔다.[43] 테 없는 안경을 코에 걸치고 제도판 앞에 구부리고 앉아서 그는 온종일 한 중장비 업체를 위해 제도 작업을 했고 작업장의 기술자들한테 조언해주었다. 성실한데다 예의 바르고 책임감도 강해서 동료들의 인정을 받았다. 펠릭스 자신이나 동료들도 알았듯이, 그는 단조로운 직장 생활 이외의 다른 것을 기대하지 않았다. 대신에 개인적으로 부모 및 동생과 멀어지게 만든 일에 관심을 쏟기 시작했다. 불교도가 되었고 점성술에 심취했으며, 런던 남서쪽에 사는 사파스비 아나가미 이니엄 박사Revd. Sapasvee Anagami Inyom라는 스승한테 도움을 구했다. 그가 펠릭스와 나눈 서신으로 판단하자면, 이 스승은 신지神智론자로서, 힌두교 및 불교의 가르침을 통해 하나님을 알고자 하는 구도자였다.[44] 그의 편지들(일반성은 강하지만 구체성은 약한 편지들)은 모두 번지르르한 문구들('삼보三寶 속에 있는 위대한 사랑과 기쁨과 평화를 전합니다')로 시작해서 확신에 찬 장황한 말들이 여러 쪽에 걸쳐 이어졌다. 영적인 길에 들어섬으로써 펠릭스는 어머니 집안의 감리교와 아버지 집안의 가톨릭을 차츰 버렸고, 아마도 동생한테 도발을 가했던 듯하다. 디랙은 여느 과학자들처럼 별과 행성이 인간의 운명에 영향을 미친다는 개념을 얼빠진 짓으로 치부했을 테니까.

　동생과 달리 펠릭스는 이성에 관심을 보였다. 여자친구를 사귀었는데, 둘의 사이는 어느덧 깊어졌다. 그래서 아버지는 디랙이 집에 있어서 온 가족이 함께 볼 수 있을 때 펠릭스한테 여자친구를 집으로 데려와서 인사를 시키라고 했다. 펠릭스는 어머니가 아버지의 그 제안에 반대했다는 말을 들었다면 실망했을지 모른다. 그리고 아마 디랙도 어머니한테 발끈했다. 거의 45년이 흘러 가족에 관해 처음으로 인터뷰에 응했을 때, 디랙은 어머니가 어깃장을 놓으면서 했던 말을 전하며 웃음을 터뜨렸다. '아, 안 돼요. 절대 오면 안 돼요. 폴이 먼저죠.' 그리고 평소답지 않게 디랙은 어머니의 방어적인 태도를 언급하면서 '나는 좀 짜증이 났습니다'라고 덧붙였다.[45] 디랙은 형의 여자친구를 만나러 오라는 초청(실제로 그런 초청을 받았다면)을 자신이 수락했을지 여부는 언급하지 않았고, 대신에 그 경우에만 국한해서 아버지가 어머니보다 훨씬 더 합리적이었다고 넌지시 내비쳤다. 공적으로든 사적으로든 어머니의 행동을 디랙이 문제 삼은 것은 그때가 유일했다. 아마 자기에게만 집착하고 형한테 무관심한 어머니의 태도에 조금 화가 났던 듯하다. 디랙이 형이든 다른 누구에게든 타인에게 마음을 열어준 아주 드문 예였다.

***

케임브리지에 와서 디랙은 진정으로 근본적인 연구를 하려면 따라잡아야 할 것이 조금 있음을 절감했다. 브리스틀 대학교에서 훌륭한 제도 교육과 더불어 기본적인 수학을 배웠지만, 자신에게는 여러 가지 부족한 점이 있었다. 가장 심각한 것은 제임스 클러크 맥스웰이 50년 전에 내놓은 전기와 자기에 관한 통합 이론을 모른다는 사실이었다. 이 이론은 다윈의 진화론과 더불어 빅토리아 시대의 가장 중요한 과학 발전이었고, 나중에 아인슈타인의 일반 상대성이론이 중력을 밝혀냈듯이 그 이론 덕분에 전기와 자기 현상이 규명되었다. 맥스웰은 전기와 자기를 몇 가지 방정식으로 기술했고 그 방정식들을 이용하여 가시광선이 전자기파(또는 '전자기복사')임을 훌륭하게 예측해냈다. 가시광선은 전자기파 중에서도 인간의 눈으로 볼 수 있는 좁은 파장대에 속한 빛이다. 가시광선보다 더 짧은 파장을 갖는 전자기파에는 자외선과 X선이 있으며, 더 긴 파장을 갖는 전자기파에는 적외선과 극초단파Microwave가 있다.

디랙은 에버니저 커닝햄이 하는 수업에서 맥스웰 방정식을 처음 배웠다. 조숙한 브리스틀의 이 공학도 겸 수학도는 커닝햄이 모르는 물리학에 관한 질문을 금세 적극적으로 던졌다.[46] 맥스웰의 방정식은 디랙에게 대단히 흥미로웠다. 단 몇 줄의 수식으로 그 방정식은 전기, 자기 및 빛에 관하여 그가 브리스틀이든 다른 어디서든 했던 모든 실험의 결과를 설명해냈다. 맥스웰 방정식을 알고 나니까, 왜 몇 년 전까지만 해도 아인슈타인의 광양자 이론이 그렇게나 비웃음을 받았는지 이해가 되었다. 그 이론은 빛이 입자가 아니라 파동이라는 이미 확립된 맥스웰의 견해에 정면으로 어긋났던 것이다. 하지만 디랙이 케임브리지에 오기 아홉 달 전, 미국 실험물리학자 아서 콤프턴이 어떤 상황에서 (아마도 가시광선을 포함하는) 전자기복사가 실제로 파동이 아니라 이산적인 입자로 행동할 수 있음을 알아냈다.[47] X선을 전자에 충돌시키는 산란 실험을 했더니, 측정 결과는 오직 산란이 마치 한 쌍의 당구공이 서로 부딪힐 때처럼 두 입자 사이의 충돌이어야만 설명될 수 있었다. 아인슈타인이 제안했던 그대로였다. 빛의 파동설과 정반대로, 빛이 입자처럼 행동했던 것이다. 많은 물리학자들은 그런 결과를 믿지 않으려 했지만, 디랙은 남다르게 선뜻 받아들였다. 맥스웰 이론을 배운 지 얼마 되지 않았던 때여서 그만큼 벗어나기도 쉬웠던 것이다.

광양자 이론을 터무니없다고 거부했던 과학자 중에 덴마크의 이론물리학자 닐스 보어가 있었다. 그는 모든 원자에 아주 작은 핵이 있다는 러더퍼드의 제안을 1913년에 발전시키면서 유명해졌다. 러더퍼드의 견해는 원자가 특정한 파장의 빛을 흡수하고 방출한다는 실험 결과를 설명할 수 없었다(가령, 가시광선을 방출하는 원자는 특정한 색깔의 빛만을 방출한다). 마치 각각의 원자가 소리가 아니라 빛으로 작곡된 자신만의 '노래'(비유하자면 저마다의 고유한 세기를 지닌 음표 대신에, 각각의 색깔 별로 고유한 밝기를 지닌 빛으로 작곡된 노래)를 가진 듯했다. 과학자들은 어떻게든 이 원자 멜로

디가 어떻게 작곡되는지를 알아내야 했다. 보어는 수소(전자가 하나뿐인 가장 단순한 원자)에서 방출된 빛의 색깔이 지극히 단순한 패턴을 띤다는 소식을 듣자마자 아이디어를 내놓았다. 그 패턴을 처음 찾은 사람은 스위스의 학교 교사인 요한 발머였다. 그는 우연히 수소 원자가 방출하는 빛의 색깔을 설명해 줄, 간단하지만 이유는 알 수 없는 공식을 내놓았다. 수소의 고유한 멜로디를 수학적으로 표현한 공식이었다. 다른 원자는 더 복잡했고 이해하기가 훨씬 더 어려웠다. 보어의 업적은 이 패턴에서 힌트를 얻은 다음에, 수소 원자에 대한 이론을 세우고 나아가 그것을 다른 모든 종류의 원자에까지 일반화시킨 일이었다.

보어의 원자 모형에는 양으로 대전된 원자핵이 원자 질량의 대부분을 차지하고 그 주위에 음으로 대전된 전자들이 돌고 있다. 전자는 정반대 전하 사이의 인력에 의해 묶여 있다. 이와 흡사하게 행성들도 중력이라는 인력에 의해 태양 주위를 돌고 있다. 보어가 상상하기로, 수소 원자 내의 전자는 오직 특정한 원형 궤도(이른바 '보어 궤도')에서만 원자핵 주위를 돌 수 있고, 각각의 궤도는 특정한 에너지 값, 즉 '에너지 준위'와 관련되어 있다고 상상했다. 이 궤도들 각각은 자신만의 자연수, 즉 양자수를 갖는다. 양자수는 핵에 가장 가까운 궤도에 수 1을 붙이고, 그다음 궤도에 2, 그다음에 3, 이런 식으로 계속 붙여 나간다. 보어의 위대한 통찰은 다음과 같은 상상이었다. 즉, 원자는 한 에너지 준위에서 더 낮은 에너지 준위로 도약(또는 달리 말해서 전이)할 때 빛을 방출하는데, 이때 동시에 두 준위의 에너지 차이에 해당하는 에너지를 갖는 복사 양자를 방출한다는 것이다. 결과적으로 보어는 원자 수준의 물질은 일상적인 물질과 매우 다르게 행동한다고 주장했다. 만약 뉴턴의 정원에 떨어진 사과가 일련의 할당된 에너지 값들을 따라 내려가면서 에너지를 잃는다면, 땅으로 떨어져 내릴 때 매끄럽게 떨어지지 않고 불규칙적으로 내려갈 것이다. 마치 에너지 사다리를 따라 통통 튕기면서 내려가듯이. 하지만 사과의 에너지 준위들은 서로 너무 가깝기 때문에 그 구분은 무시할 수 있는지라 에너지 사다리를 따라 매끄럽게 내려가는 듯 보인다. 오직 원자 규모에서만 에너지 값들 사이의 차이가 불규칙적인 전이를 보일만큼 유의미해진다.

보어의 이론은 발머의 불가사의한 공식을 간단히 설명해냈다. 단 몇 줄의 평이한 고등학교 대수만으로, 물리학자라면 누구나 보어의 가정을 이용하여 발머의 공식을 유도해낼 수 있다. 이제 수소가 내는 빛의 색깔 패턴은 충분히 이해할 수 있게 된 듯했다. 하지만 보어의 이론은 절반의 성공을 거두었을 뿐이다. 전자기 법칙에 따르면 그것은 터무니없는 주장이었다. 맥스웰의 이론에 의하면, 궤도 운동을 하는 전자는 빛을 내면서 (즉, 전자기복사를 연속적으로 방출하면서) 차츰 에너지를 잃게 된다. 따라서 곧 전자는 핵을 향해 나선형으로 떨어져 결국 원자는 파괴되어 버린다. 이 이론에 보어가 반박할 수 있는 유일한 방법은 궤도 운동하는 전자들은 그런 복사를 방출하지 않으며 맥스웰 이론이 아원자 규모에서는 통하지 않는다고 주장하는 것뿐이었다.

자신만만하게 보어는 그런 아이디어를 다른 모든 원자들에게까지 확장했다. 그는 각 원자마다 에너지 준위를 가진다고 여겼는데, 덕분에 왜 상이한 화학 원소들이 서로 다르게 행동하는지 설명할 수 있었다. 가령 아르곤은 불활성이 매우 큰 반면에 칼슘은 반응성이 매우 큰 이유를 설명할 수 있었다. 아인슈타인은 보어의 모형이 발머의 공식을 설명해냈다는 점 그리고 상이한 원자 종류별로 차이가 나는 까닭을 밝혀냈다는 점, 덕분에 화학의 기초를 이해하는 데 이바지했다는 점을 높이 샀다. 아인슈타인이 자서전에서 언급했듯이, 보어의 모형은 '사상의 영역에서 최고 수준의 음악성'을 보여주는 대표적인 사례였다.[48]

하지만 누구도 보어의 원자 모형이 뉴턴 및 맥스웰의 위대한 이론과 어떤 관계인지 제대로 이해하지 못했다. 그런 이론들을 가리켜 '고전적 이론'이라고 하는데, 이는 이후에 나온 양자론과 구별하기 위해서였다. 여기서 다음과 같은 근본적인 의문이 떠오른다. 어떻게 극미의 이론이 거시 세계의 이론과 정확하게 통합되는가? 답을 내놓기 위해 보어는 자신이 대응 원리Correspondence principle라고 명명한 것을 개발해냈다. 입자의 양자수가 커질수록, 양자론에 따른 입자의 기술記述이 고전적 이론에 의한 기술과 점점 더 닮아진다는 원리였다. 반대로, 만약 한 입자가 매우 빠르게 진동하여 양자수가 매우 작다면 양자론을 적용해야지 고전적 이론을 적용하면 확실히 실패하게 된다.

이 원리는 디랙이 보기에 너무 어설펐다. 그는 철학자들이 반박할 수 있는 말로 된 이론이 아니라, 명확하고 정교한 의미를 지닌 방정식으로 표현되는 이론을 선호했다. 그렇기는 해도 디랙은 원자에 관한 보어의 이론에 끌렸다. 브리스틀에서는 그 이론을 듣지 못했던지라, 파울러의 강의에서 그 이론을 접하자 디랙은 흠뻑 빠져들었다. 보어가 원자 내부에서 벌어지는 현상을 설명하는 구체적인 이론을 최초로 내놓았다는 데 디랙은 큰 감명을 받았다. 디랙은 파울러의 강의 내용을 적은 공책을 오후 늦게까지 도서관에서 공부했고 또한 고전적인 교과서 『원자 구조와 스펙트럼 선Atomic Structure and Spectral Lines』을 탐독했다. 뮌헨의 이론물리학자 아르놀트 좀머펠트가 쓴 교재였다. 양자론을 배우려는 학생들의 필독서였던 그 책은 보어의 원자 모형을 설명하고 아울러 어떻게 하면 그것을 향상시킬 수 있을지도 다루었다. 좀머펠트는 전자가 취할 수 있는 궤도들이 (보어의 가정대로) 원형이 아니라 마치 태양 주위를 도는 행성의 경로처럼 타원형인 경우를 더 자세히 기술했다. 또한 궤도 운동하는 전자의 운동을 뉴턴의 법칙이 아니라 아인슈타인의 특수 상대성이론을 이용하여 기술함으로써 보어의 모형을 더욱 발전시켰다. 좀머펠트의 계산 결과로 나온 에너지 준위들은 보어가 예측한 준위들과 약간 달랐는데, 이는 가장 정밀한 실험에 의해 뒷받침되었다. 보어는 원자물리학을 연구하는 모든 이들과 마찬가지로 자신의 이론이 치명적인 결점이 있기에 단지 잠정적인 것임을 잘 알았다. 다만 후속 이론이 보어의 이론을 조금만 수정한 것일지 아니면 완전히 새로운 유형의 것일지는 아직 알 길이 없었다.

***

보어의 이론을 배우고 응용해나가던 바로 그 무렵에 디랙은 기하학에 빠져 있었다. 혼자서도 공부했고, 토요일마다 하세의 친한 친구인 헨리 베이커 Henry Baker라는 수학자가 여는 주간 다과회에서도 배웠다. 은퇴를 앞두고 있던 베이커는 당시로서는 거의 누구나 기르던 콧수염을 짙게 길러서 무서운 인상이었다. 다과회는 캐번디시 지적에 있는 에드워드 시대의 엄숙한 건물인 미술대학에서 토요일 오후 4시에 열렸다. 짐꾼과 몇 명의 청소부를 빼고는, 미술대학은 한밤중의 미술관만큼이나 활기가 없었다. 하지만 디랙을 포함한 열대여섯 명의 열정적인 기하학도들이 찾아와서 정문을 두드리면서부터는 분위기가 살아났다. 베이커는 그 모임을 자신의 기하학 사랑을 가장 유능한 학생들에게 뽐낼 수 있는 기회라고 여겼다. 자신은 기하학에 꼭 필요한 사람이었다. 거의 지난 한 세기 동안 영국에서 가장 인기 있는 수학 분야였던 기하학이 근래에 해석학과 정수론이 유행하기 시작하면서 인기가 시들해지고 있었기 때문이었다.[49]

다과회(더 정확하게는 전문가들을 위한 4시간짜리 강의)는 우호적인 분위기이면서도 형식과 규칙이 확실히 지켜졌다. 모임은 오후 4시 15분에 정확히 시작되었는데, 시간을 존중하는 영국 대학교의 규칙상 모두가 한 잔의 차와 비스킷을 대접받기 전까지는 시작되지 않았다. 늦어도 되는 학생들은 운동선수뿐이었다. 조정 경기 선수와 럭비 선수 및 육상운동 선수들이 시뻘건 얼굴로 도착해서는 땀투성이 복장이 든 가방을 내려놓고 급하게 자리에 앉았다. 매주 베이커는 미리 학생 한 명을 정해서 발제를 하게 시켰다. 발제가 끝나면 한 손으로는 필기를 하고 다른 한 손으로는 담배를 피우는 청중들의 질문 공세가 이어졌다. 베이커는 열정적인 교사이자 합리적인 중재자이면서도 엄한 감독이기도 했다. 조금이라도 한눈파는 학생들이 보이면 가차 없이 질책했다. 참가한 학생들 중 여럿에게는 시시한 일이었지만, 디랙한테는 한 주의 가장 큰 행사였다. '(덕분에) 수학의 아름다움에 대한 나의 관심은 훨씬 더 깊어졌다.' 그는 수학자라면 자기 생각을 깔끔하게 표현해야 한다는 걸 배웠다. '거기서 아주 중요한 일은 (현상들 사이의) 관계를 아름다운 형태로 표현하려고 애쓰는 일이었다.'[50]

바로 이 다과회에서 디랙은 사영기하학을 주제로 첫 세미나를 진행했다. 학우들과 베이커 교수 덕분에 그는 그라스만Grassmann대수라는 수학 분야도 잘 알게 되었다. 19세기 독일 수학자의 이름을 딴 명칭이었다. 이 대수는 비가환적이라는 면에서 해밀턴의 사원수와 닮았다. 한 원소를 다른 원소에 곱할 때 곱하는 순서가 달라지면 결과 값이 달라진다. 일부 응용수학자들은 그라스만의 개념이 실용적으로 별 가치가 없다고 비아냥댔지만, 그런 걱정은 베이커한테는 문젯거리가 아니었다. 그는 학생들에게 순수수학에서 뭔가를 이룬다고 해서 대중의 인정을 기대해서는 안 된다고 주의를 주었다. 대신 이렇게 조언했다. '만약 혜성을 발견하거든 관련 내용을 《타임스》에 알리는 편이 좋네.'[51]

베이커는 '매우 교양 있는' 케임브리지의 학자였다. 특정 학문의 전공자로서 고급문화에 열정적인 관심을 지닌 사람이란 뜻이다. 취미 중 하나는 고대 그리스 문화였는데, 고대 그리스의 아름다움에 대한 사랑에 심취해 있었는데, 그것이 다른 무엇보다도 과학자로서의 삶에 자극을 준다고 여겼다. 아마도 그런 까닭에 디랙은 베이커 다과회에서 진행한 세미나에서 아인슈타인의 중력 이론의 미학적인 매력에 관심을 기울였고, 반면에 그 전의 이론인 뉴턴의 중력 이론은 '다른 유형의 거리의 역제곱 법칙보다 순수수학자에게는 더 이상 관심(아름다움?)을 받지 못한다'고 지적했다.[52] 이것이 '아름다움'에 관해 디랙이 공식적으로 언급한 첫 번째 사례다. 이미 그는 브리스틀에서 수학의 미학적 측면을 중시하라는 말을 들은 적이 있었는데, 케임브리지에서도 아름다움의 개념이 유행하고 있었다. 그 개념이 유행했던 까닭은 일정 부분 조지 무어의『윤리학 원리』의 성공 덕분이었다. 조지 무어는 트리니티 칼리지의 교수로서 찰리 브로드의 동료였다. 전문용어를 배제한 참신한 그 책에서 무어는 다음과 같은 날카로운 제안을 했다. '아름다움이란 숭배하며 음미하는 행위가 그 자체로서 선이 되는 것이라고 정의되어야 한다'.[53] 곧 지성인들의 대화 주제가 된 이 책은 버지니아 울프 및 블룸스베리 그룹에 속한 그녀의 동료들에게 칭송을 받았고, 메이너드 케인스는 '플라톤보다 낫다'고까지 찬양했다. 한 세기 전에 임마누엘 칸트가 아름다움이라는 주제를 철학자들이 다루기에 너무 난해하고 골치 아프게 만들어 놓았다면, 무어는 다시 그 주제를 감탄이 절로 나오게끔 쉽게 만들었다.[54] 『윤리학 원리』가 과학의 미학적 측면까지 다루지는 않았지만, 아름다움에 대한 무어의 상식적 접근법은 아마도 트리니티에 있는 과학자 동료들한테도 영향을 미쳤을 것이다. 가령 러더퍼드 그리고 트리니티의 가장 저명한 순수수학자인 G. H. 하디가 그런 예다. 둘 다 곧잘 자기가 연구하는 학문의 아름다움을 떠벌리곤 했으니 말이다. 카피차도 실험물리학을 '일'이라고 보지 않고, 여러 동료들과 마찬가지로 일종의 '미학적 흥밋거리'라고 여겼다.[55]

디랙은 철학에 관심이 없긴 했지만, 아름다움이라는 속성에 흠뻑 빠진다는 점에서는 둘째가라면 서러울 사람이었다. 많은 이론가들처럼 그도 아인슈타인의 상대성이론과 맥스웰 이론을 연구하는 데서 쾌감을 느꼈다. 디랙과 동료들이 보기에 그 이론들은 모차르트의 주피터 교향곡, 렘브란트의 자화상 또는 밀턴의 소네트만큼 아름다웠다. 물리학의 근본적 이론의 아름다움은 위대한 예술작품과 통하는 여러 가지 특징, 가령 근본적인 단순성, 필연성, 힘과 장대함 등이 있다. 모든 위대한 예술작품처럼 물리학의 아름다운 이론은 언제나 야심차고 결코 시시하지 않다. 가령 아인슈타인의 일반 상대성이론은 과거와 현재와 미래를 아울러 모든 시간에 걸쳐 우주의 모든 물질을 기술하고자 한다. 명확하게 확립된 몇 가지 원리로부터, 아인슈타인은 그 원리들이 바뀌지 않는 한, 자연을 설명하는 능력 면에서 결코 무너지지 않을 수학적 구조물을 세워 올렸다. 평소의 겸손한 자세를 버리고 그는 자신의 이론이 '독보적으로 아름답다'고 자신만만해했다.[56]

디랙은 내면을 읽어내기가 지극히 어려운 사람이었다. 보통 그는 무덤덤해 보이거나 아주 얇은 미소만 띠었다. 과학 문제를 푸느라 집중하든 아니면 제대로 안 풀려서 실망해 있든 표정에는 별 차이가 없었다. 감정 표현을 할 필요가 없고 경험을 남들과 나눌 필요가 없는 자기만의 세계에서 사는 것 같았다. 마치 자기는 오직 과학을 하기 위해서 지구에 내려온 사람이라고 여기는 듯했다.

스스로 공부한다는 신조 때문에 디랙은 파울러와 실랑이를 벌인 적이 있었다. 디랙이 케임브리지에서 학업을 시작한 직후 파울러는 새 학생의 능력을 점쳐볼 겸, 시시하진 않지만 그렇다고 너무 어렵지도 않은 문제를 하나 풀어보라고 냈다. 온도가 한쪽 극단에서 다른 쪽 극단으로 차츰 변하는 밀폐된 용기 속에 든 기체 분자들의 운동을 기술할 이론을 내놓으라는 것이었다.[57] 약 5달 후에 해법을 찾은 디랙은 서류철에 넣어 놓고 잊어버렸다. 이 사실을 알게 된 파울러는 단단히 실망했다. '연구 결과를 기록하지 않을 작정이라면, 공부를 때려치우는 편이 낫겠네!'[58] 이에 디랙이 움찔하여 과학 논문 작성법을 배울 수밖에 없었다. 쉬운 일은 아니었지만, 차츰 그를 유명하게 만든 문체를 익혀나갔다. 단순명쾌함, 확고한 추론, 탄탄한 수학 그리고 평이한 영어가 특징인 문체였다. 평생 디랙은 동시대 작가인 조지 오웰과 글에 관한 관점이 똑같았다. '좋은 글은 창문과 같다.'[59]

첫 번째 논문은 비유하자면 학문적 몸풀기였다. 중요하지도 않았고 디랙이 좋아했던 물리학의 근본적인 이론들과도 무관했다. 하지만 다음 세 편의 논문은 상대성이론에 바탕을 둔 것이었다. 그 주제에 관한 첫 번째 논문에서 디랙은 아인슈타인의 일반 상대성이론을 수학적으로 설명한 에딩턴의 교재 속 한 내용을 명확하게 짚었고, 그다음 두 논문은 그 이론의 특수한 버전을 처음에는 에너지 준위들 사이를 도약하는 원자에 적용했고, 이어서 원자뿐만 아니라 전자와 복사에까지 확대 적용했다. 그러다가 1924년 말이 되어서야 디랙은 돋보이는 연구 결과를 내놓았다. 원자에 가해지는 힘이 천천히 변할 때 원자의 에너지 준위에 무슨 일이 벌어지는지를 보어의 원자론을 이용하여 설명해낸 것이다. 디랙이 내놓은 결론이 세상을 깜짝 놀라게 할 정도는 아니었지만, 디랙이 보어의 이론과 해밀턴의 수학적 기법을 완전히 터득했음을 그의 논문에서 확실히 알 수 있었다. 하지만 디랙은 그런 연습이 무의미하다고 차츰 여기고 있었다. 보어 이론을 생각하면 생각할수록 그 이론의 약점에 자꾸만 불만이 쌓여갔다. 다른 사람들도 그런 불만을 토로했다. 전 유럽의 물리학자들은 원자를 논리적으로 설명하는 이론이 인간 정신을 훌쩍 뛰어넘을지 모른다고 암담해했다.

6장
1924년 12월부터 1925년 11월까지

나의 근심은 전부 안에 있네

겉으로 드러나는 이런 탄식은

괴로운 영혼 속 조용히 부풀어 오르는

보이지 않는 근심의 그림자일 뿐이지.

－윌리엄 셰익스피어, 『리처드 2세』, 4막 장면

디랙이 졸업 과제를 끝마쳐 갈 때쯤 에버니저 커닝햄은 그를 가리켜 '수리물리학 분야에서 내가 만난 가장 독창적인 학생'이자 '타고난 연구자'라고 치켜세웠다.[1] 1924년 크리스마스 휴가로 브리스틀에 돌아왔을 때, 디랙은 스스로 자랑스러워할 온갖 이유가 있었다. 다섯 편의 근사한 논문(뛰어난 대학원생을 기준으로 보더라도 평균을 훌쩍 뛰어넘는 수준의 논문)을 썼는데, 그것도 파울러나 다른 어떠한 교수의 도움도 받지 않고 썼다. 박사학위를 얻는 것은 자신이 있었다. 하지만 자신의 연구는 주로 다른 이들의 프로젝트에서 미진한 부분을 정리하는 수준이었지, 결코 이론물리학의 최전선에 있는 보어나 아인슈타인의 자리에 오를 만한 수준이 아님을 스스로도 잘 알았다. 당분간 디랙은 국제적인 수준으로 나아가기 전에, 영감이 떠오르길 기다리며 온실에서 대기하고 있었다.

지난해 내내 디랙은 어머니의 편지에 슬픔이 깊어지고 있으며 어머니가 속마음을 터놓을 대상으로 자꾸만 아들에게 의지한다는 걸 눈치챘을지 모른다. 초여름에는 자기한테 돈이 없다고 불만을 쏟아냈는데, 디랙과 나눈 어머니의 편지에 걸핏하면 등장하는 내용이었다. 아버지는 쏠쏠한 봉급을 받았고 거기에다 개인 교습까지 했지만 늘 돈 걱정을 했고, 당시의 많은 남편들이 그러듯이 아무 가책 없이 아내한테는 살림을 꾸릴 정도만 돈을 주었다. 자존심이 강해서 친구들이나 형제자매한테는 손을 벌릴 수 없던 어머니는 디랙한테 돈을 달라고 했다. '(네 아버지는) 이제 식료품 살 비용까지 아끼려고 난리다. 그러니 다음에 집에 올 때 한 주에 몇 실링만 줄 수 있겠니?'[2] 디랙은 답장을 보낸 것 같지는 않지만, 아마도 마음이 불편했을 테다. 자신도 장학금으로 근근이 생활하는 데다 별도로 수입이 없었기 때문이다. 어머니한테 돈을 줬다가는 극빈자 신세로 내몰릴 터였다.

6월에는 하숙집에서 벗어나 대학 내 가장 웅장한 곳으로 이사했다. 19세기 초반에 지은 신고전주의 양식의 뉴 코트New Court란 건물이었다.[3] 건물의 왼쪽 날개 쪽에 있는 방에서 그는 처음으로 온전히 자기만의 공간에서 공부에 집중하는 기쁨을 처음으로 누렸다. 방해하는 사람이라고는 청소부와 침대 정리 사환뿐이었다. 많은 부유한 학생들은 숙소에 자기 영역 표시를 했다. 개인적으로 가구, 동양식 깔개, 그림 및 자잘한 장신구들을 가져다 놓았던 것이다. 디랙의 방은 감방처럼 황량했지만, 그 숙소는 디랙이 원하는 모든 것을 주었다. 평온함과 고요함, 때맞춰 나오는 음식과 따뜻한 실내 공간을. 성가신 것이라고는 정기적으로 울리는 채플에 참여하라는 벨 소리였다. 몇 년 후에 친구한테 말하기로 그게 '가끔 신경에 거슬렸는데', 너무 심하게 거슬려서 '(그게 울릴까봐) 조금 불안감을 느낄 정도였다'고 한다.[4] 하지만 어머니는 디랙이 브리스틀에서보다 케임브리지에서 더 행복하다는 걸 알았기에, 이제 큰 무대로 나간 아들이 변변치 않은 가정에 더 이상 만족하지 못하면 어쩌나 노심초사했다. 디랙이 크리스마스 휴가차 브리스틀에 돌아온 직후, 어머니는 아들의 침실을 준비하고 카펫을 털고 바닥을 닦으면서 이렇게 말했다고 한다. '누추한 방이지만 이렇게라도 해야지 싶었단다.'[5]

펠릭스는 버밍엄에 정착했다. 그 도시의 남서쪽에 있는 하숙집에 살면서 한 공장의 기계 품질검사실에서 일했다. 경력상으로 더 이상 올라갈 가망이 없었고 부모가 케임브리지에 있는 동생의 전도유망한 앞날을 이야기하는 것을 듣고 있기 힘들었을지 모른다. 펠릭스는 샘이 날 수밖에 없었다. 여전히 제도실의 의자에 꼼짝없이 붙들려서 돈이 되지도, 만족을 주지도 않는 일을 하고 있었기 때문이다. 아버지의 반대 때문에 의대에 가지 못한 게 여전히 후회 되었던 펠릭스는 구급 부대에 자원했다. 갈망하던 의사의 삶을 엿볼 수 있게 해준 야간 업무였다. 동생한테는 알리지 않았다. 둘은 형제애라고는 없이 각자의 삶을 살았다.

춥고 스산했던 1925년 초 펠릭스는 결국 사고를 쳤다. 직장을 그만두었던 것이다. 그래도 기계 품질검사부의 기술 관리자이자 상관과는 좋은 사이를 유지하려고 애를 썼다. 그는 늘 펠릭스가 '성실히고 예의 바르며 맡은 일에 최선을 다한다고' 인정해주던 사람이었다.[6] 이제 펠릭스는 부모에게도 여동생에게도 편지를 보내지 않았으며, 집안 식구들은 물론이고 하숙집 주인한테도 퇴사한 이야기나 벌어놓은 돈을 까먹으면서 살고 있다는 사실을 알리지 않았다. 여전히 일하고 있는 척하면서 아침이면 하숙집을 나와서 저녁 식사를 하러 돌아왔고, 때로는 근처 미들랜드 연구소의 강의에도 참석했다.

겨울이 끝나갈 무렵 그가 벌어놓은 돈은 바닥이 났다. 하숙집 주인은 삼월의 첫째 목요일 저녁이 오기까지는 그런 사실을 까맣게 짐작조차 못 했다. 그날 펠릭스는 저녁을 먹으러 돌아오지 않았다.[7]

***

3월 10일 화요일의 쌀쌀하고 우중충한 아침은 폴 디랙으로서는 여느 때와 별 다를 것 없어 보였다. 이제 대기에 봄의 기운이 어려 있었다. 평소처럼 일과를 시작하기 전에 그는 세인트 존스 칼리지의 석조 건물을 지나서 수위실로 걸어갔다. 자기에게 온 우편물이 있는지 보기 위해서였다. 작은 봉투가 하나 있었다. 손바닥에 올려놓으면 딱 맞을 정도로 작은 봉투에는 그 전날 밤늦게 찍은 브리스틀 소인이 있었다. 매주 오는 어머니의 편지는 아니었다. 접힌 편지를 열어 보니 이모인 넬Nell한테서 온 것이었다. 넬 이모는 심상치 않게 서두를 열더니, 네 '부모가 정신을 못 차리고 있다'면서 곧 전할 소식에 마음의 준비를 하라고 했다. 펠릭스가 죽었다는 내용이었다.[8]

시체는 나흘 전에 머치 웬록의 슈롭셔 계곡에서 남쪽으로 3km쯤 떨어진 벌판 가장자리의 호랑가시나무 덤불 밑에서 발견되었다. 깔끔한 정장 차림에 나비넥타이까지 맨 채 펠릭스는 주머니 한 곳에 스패너가 들어 있었고 자전거 탈 때 바지를 묶는 밴드를 차고 있었다. 자전거는 주변에 보이지 않았다. 발견자는 그가 독약을 먹고 자살했다고 여겼는데, 빈 유리병이 시체 옆에 있었기 때문이다. 신분증도 지니지 않았고 유서도 남기지 않았다. 신원을 확인할 수 있는 유일한 단서는 안경집이었는데, 거기에 울버햄프튼에 있는 검안사의 이름이 적혀 있었다.[9]

그리 오래지 않은 옛날에 디랙은 형을 좋아했고, 우러러보았으며, 같은 침대를 썼고, 같은 만화를 읽었다. 형과 함께 언덕길을 내달리고 형을 따라서 대학교에 갔다. 하지만 둘은 말다툼과 원망과 시샘으로 갈라섰는데, 이제 그 모든 일은 불상사 앞에서 무의미하게 느껴졌다. 자살로 인해 둘의 화해는 영영 불가능한 일이 되고 말았다.

디랙이 그때 어떤 심정이었는지는 알려지지 않았다. 그의 반응을 기록한 증거가 어디에도 남아 있지 않으니까. 만약 평소 성격대로 행동했다면, 무덤덤하게 그 소식을 듣고 나서, 파울러 교수 이외에는 케임브리지의 누구한테도 말하지 않았을 것이다. 하지만 수십 년이 지나서 비록 몇 번뿐이긴 하지만 친한 가족 몇몇에게 터놓았던 말을 통해 그의 감정을 추측해볼 수는 있다.[10] 이 감정을 1925년 당시로까지 연장해본다면, 이렇게 결론 내는 편이 타당할 듯하다. 펠릭스의 죽음은 디랙의 내면에 분노와 슬픔과 죄책감이 뒤엉키게 했다고.

펠릭스가 죽었다는 소식은 이미 월요일 오후 늦게 즘에 온 브리스틀에 다 퍼졌다. 석간신문 제 일면은 '들판에서 죽다'라는 표제의 기사에서 그 죽음을 알렸다.[11] 그 다음 날 보도에 따르면, 펠릭스의 죽음이 도시에 '심히 큰 고통'을 초래했는데, 그도 그럴 것이 망인이 '그 도시 교육계의 가장 존경받는 신사의 아들'인지라 도저히 이해할 수 없는 일이라고 밝혔다.[12] 디랙의 부모는 그 보도를 읽지 못했다. 아들의 신원을 확인하고 사인 규명의 첫 단계에 참여하기 위해 슈롭셔에 가 있었기 때문이다. 디랙은 이모의 편지를 받고 나서 왜 부모가 그 소식을 듣자마자 직접 전보를 날리지 않았는지 궁금해했을지 모른다. 정말로 부모는 디랙이 형의 죽음 소식을 제일 먼저 듣기를 원치 않을 거라고 여겼을까? 40년이 지나서 지인에게 터놓기로, 디랙은 부모의 망연자실한 모습에 깜짝 놀랐다고 한다. 형의 죽음은 디랙에게는 '전환점'이었다. '부모님은 끔찍하게 괴로워하셨네. 그렇게 아끼시는지 몰랐네 (…) 부모님이 자식을 아끼신다는 걸 모르고 있다가, 그때부터 알게 되었네.'[13]

이 말과 함께 그의 어렸을 적 가정생활에 대한 다른 회고들이 옳다면, 그가 정서적으로 얼마나 무심한 성격인지가 잘 드러난다. 그는 아마도 아이들의 삶에 가장 큰 영향을 주는 여러 경험들을 알지 못했던 듯하다. 이를테면, 부모의 애정, 가정에서 벌어지는 일상의 소중함, 가족들과 매일 어울려 지내는 삶의 의미 같은 것을 몰랐다. 직접 드러내지는 않았지만, 아마도 디랙 집안의 차가운 분위기는 적어도 일정 부분은 디랙의 무감각한 성격에서 비롯되었을지 모른다. 어쩌면 디랙은 일종의 정서적 교감 장애를 앓았다고도 볼 수 있다.

아버지는 냉혹한 독재자이고 어머니는 모성애가 넘치는 편이라는 디랙의 평가로 볼 때, 펠릭스의 죽음은 아버지보다 어머니한테 더 큰 상처를 남겼다고 예상할 법하다. 하지만 그 반대였다. 아버지는 실신하기까지 했다. 보통의 슬픔이 아니었다. 의사까지 나서서 1년간 쉬라고 조언했다. 나머지 식구들은 아버지가 정신이 나갈까 두려워했고 아버지마저 스스로 목숨을 버릴까 전전긍긍했다.[14] 반면에 어머니는 모든 상황을 받아들였다. 비록 자기가 펠릭스의 마음을 읽어내지 못하고서 비극이 다가오는 걸 알아차리지 못했다며 자책하긴 했지만. 13년이 지나서 펠릭스한테 바친 추모시에서 그녀는 이렇게 썼다. '아들은 가면을 벗어버렸네.'[15]

아들의 죽음을 처음 들은 날로부터 2주 후의 매섭게 차가운 일요일에 부모는 근처 교회에서 열리는 추도식에 참석했다. 어머니는 집에 돌아와서 디랙에게 이런 결연한 편지를 보냈다. '목요일에 아버지를 만나서 사인검사 후 내내 같이 있어 드리렴. 착한 내 아들아, 그런 다음에 아버지한테 무슨 말을 듣게 되든 집으로 안전히 모시고 오너라.'[16] 디랙은 시키는 대로 했다. 며칠 후 그는 형의 사체가 발견된 곳에서 얼마 떨어지지 않은 곳에 차려진 조사실로 갔다. 한때 그 주변은 하우스먼의 노스탤지어가 가득한 시로 인해 영국인들의 마음속에 아름다운 곳으로 각인된 지역이었다. 조사실에서 디랙과 상심한 아버지는 바로 옆에 앉아서 검시관이 보고서를 읽는 걸 들었다. 보고서는 사체가 3월 6일에 발견되었다는 내용부터 시작했다. 사체는 스물다섯쯤의 남자이며, 키는 185센티미터쯤 되고, 몸이 말랐으며 머리카락이 검고 콧수염이 조금 나 있고 치아 상태는 양호하다는 내용이 뒤를 이었다. 검시관은 결론 내리길, 펠릭스는 '황망한 심리 상태 중에 청산가리를 먹고' 스스로 목숨

을 끊었다고 했다.[17]

아버지가 괴로워하는 모습을 보고서 아들은 교훈을 얻었다. 삶이 아무리 고통스러워도 자신은 결코 자살은 하지 않겠다고. 가족이 치러야 할 대가가 너무나 클 것이기 때문이다.[18] 베티가 받은 충격도 적지 않았다. 세월이 지나서도 그녀는 펠릭스의 자살과 관련된 상황은 결코 입 밖에 내지 않았고, 대신 자녀들에게 큰아버지는 자동차 사고로 세상을 떠났다고 둘러댔다.[19]

***

아마도 디랙은 평소대로 일상을 계속했던 듯하다. 파울러가 안식년을 맞아 보어와 함께 연구하려고 코펜하겐으로 가버리는 바람에 디랙은 젊은 천체물리학자 에드워드 밀른Edward Milne의 손에 맡겨졌다. 그의 지시로 디랙은 태양과 같은 별들의 표면에서 벌어지는 현상을 연구하라는 과제를 맡았다. 이 문제를 거뜬히 풀긴 했지만, 이번에도 어떤 혁신적인 결론을 내놓지는 못했다.[20] 여러 달 동안 디랙의 연구 실적은 급격히 떨어졌다. 이유를 자신이 설명하시는 않았지만, 아마도 슬픔 때문에 힘이 빠졌을 수도 있고, 어쩌면 쉽게 풀 수 있는 문제를 공략하기보다는 진정으로 근본적인 문제를 찾으려고 방향 전환을 시도하고 있기 때문이었으리라. 디랙은 자신이 위대한 과학자의 상징인 그런 벅찬 과제를 찾아내는 능력이 있음을 아직 보여주지 못하고 있었지만 분명 그런 재능을 키워나가고 있었다. 그래서 플랑크가 에너지 양자의 개념을 처음 떠올렸던 흑체복사라는 미해명 문제로 되돌아갔다.

디랙은 스물여섯 살의 프랑스 학생인 루이 드 브로이가 박사학위 논문에서 처음 제기한 도발적인 아이디어를 살펴보았다. 드 브로이는 특수 상대성이론을 이용하여 매우 대범하고도 독창적인 주장을 펼쳤다. 즉, 전자를 포함해 모든 아원자 입자는 아직 이해되지 않은 파동의 속성이 있다고 주장한 것이다.[21] 전자를 원자핵 주위를 궤도 운동하는 입자로 여기는 데 익숙해 있던 디랙이었기에, 파동의 성질을 띤 전자라는 드 브로이의 아이디어는 물리학자에게는 아무런 중요성도 없는 수학적인 허구의 개념처럼 보였다.[22] 디랙은 몇 가지 계산을 해보았지만, 발표할 가치가 없다고 결론 내리고 그 연구를 제쳐놓았다. 중요한 문제의 낌새를 잠시 느꼈다가 놓친 셈이었는데, 하지만 곧 다시 이 주제로 돌아오게 된다.

5월 초 형이 죽은 지 거의 2달 후에 디랙은 닐스 보어를 간절히 만나고 싶었다. 당시 보어는 세계 정상급의 원자물리학자로 널리 인정을 받고 있었다(2년 전에는 노벨물리학상을 수상했다). 그 무렵 40살 생일을 앞두고 있던 보어는 대단히 인상적인 인물이었다. 고상하고 어진 성품에다가, 큰 키와 큰 머리 그리고 큰 몸집은 아직도 청년 운동선수의 흔적을 지니고 있었다.[23] 민첩한 양손 덕분에 한때는 덴마크의 1급 골키퍼였으며, 1908년 올림픽에서 국가대표팀 축구선수로 거의 빠지지 않고 경기에 출전했다. 그 손은 이제는 곰방대나 담배에 불을 붙이는 데 거의 쓰였다. 마찬가지로 줄담배를 피우던 러더퍼드처럼 보어는 틈만 나면 성냥에 불을 붙였다. 두 사람은 1912년 초여름에 세 달 동안 맨체스터에서 함께 연구한 적도 있었는데, 보어는 러더퍼드를 '아버지 같은 풍채'를 지닌 인물로 여겼다. 둘의 우정은 정말 생기기 어려운 희한한 사례였다. 둘 다 진지하고 직관적인 사상가로서 수학적 사고를 좀체 견디지 못하는 성향은 같았지만, 둘의 표현 방식은 완전히 달랐다. 러더퍼드는 말이 직설적인 편이어서, 무뚝뚝하게 한소리를 하면 막노동꾼이라도 움찔할 정도였다. 반면에 보어는 늘 중얼중얼댔으며, 언제나 공손했고 자기 머릿속에서 떠오르는 내용을 끊임없이 쏟아내려고 했다. 말의 내용이 들을 가치가 충분했기에, 청중들은 잠자코 앉아서 보어의 한 마디 한 마디를 들으려고 집중했다.[24]

보어는 5월 13일에 '양자론의 문제들'이라는 강연을 했고 사흘 후에는 카피차 클럽에서도 다시 강연했다. 그는 현재의 원자 이론이 잠정적일 뿐이며 더 나은 이론이 절실함을 역설했다. 또한 보어는 빛을 어떨 때는 입자로 또 어떨 때는 파동으로 기술해야 하는 상황이 못마땅했다. 얼마 전에는 그 이분법을 해결하는 데 실패했기에, 양자물리학의 현 상황에 심히 비관적인 마음이었다. 그런 혼란은 범상한 과학자한테는 위기감을 주었겠지만, 비범한 이들한테는 자신의 이름을 드날릴 좋은 기회였다. 보어가 보기에 양자론의 그런 문젯거리들을 풀만큼 총명한 학생은 독일의 신동 베르너 하이젠베르크였다. 당시 하이젠베르크는 괴팅겐에 적을 두고 있었지만, 곧 케임브리지를 찾아오게 된다.[25] 그는 디랙과는 성향이 딴판인 사람이었다. 다방면에 교양이 넘쳤으며 사람들과의 대화를 즐겼다. 또한 다년간 참여한 독일 청소년운동 Jugendbewegung에서 캠프파이어를 통해 익힌 애국적인 노래를 좋아했다. 하이젠베르크는 맥주를 한 잔 들이켜면서 '물리학은 재밌다'라고 외치곤 했다. 지금으로부터 90년 전에 그 학문의 토대를 쌓았던 다른 진지한 이들의 머릿속에서는 절대 떠오르지 않았을 말이다.[26]

7월 28일 선선한 화요일 저녁 그 전날 종일 바람이 불고 촉촉이 비가 내린 다음이라 여름 공기가 차분하고 상쾌했을 때, 하이젠베르크가 카피차 클럽에서 강연을 했다. 케임브리지에서는 처음 했던 발표였다. 예의범절로 유명한 대학교라서 꽤 형식적인 대접을 받을 줄 알았는데, 알고 보니 강연장도 급조한 듯한 공간이고 청중들 중 여럿은 바닥에 그냥 앉아 있었다. 디랙이 하이젠베르크의 세미나 내내 깨어 있었는지 아니면 참석하기라도 했는지는 불분명하다.[27] 참석한 물리학자들 중 몇몇 어렴풋한 기억에 의하면, 하이젠베르크는 원자가 방출 및 흡수하는 빛을 논하고 있었으며, 맺음말로 자신이 원자물리학에 대한 새로운 접근법을 주제로 논문을 한 편 썼노라고 밝혔다. 나중에 하이젠베르크는 자신이 행사 주최자인 파울러한테 그 논문을 언급한 것만은 확실하다고 했지만, 당시로써는 하이젠베르크 자신을 포함해서 아마

케임브리지의 누구도 자신들이 새로 만들어지는 역사에 동참하고 있음을 알아차리지 못했다.[28]

디랙은 여름방학 동안 집으로 와 있으면서, 앞으로 3년간 공부할 장학금을 확보했다. 1851년 세계박람회의 왕립위원회가 준 장학금인데, 박람회가 뜻밖에 큰 수익을 얻는 바람에 디랙한테 행운이 찾아왔던 것이다. 디랙의 장학금 신청을 메이너드 케인스가 추천해주었고 아울러 커닝햄, 파울러 그리고 물리학자 겸 천문학자인 제임스 진스James Jeans도 칭찬의 말을 거들었다. 제임스 진스는 디랙이 '수리물리학에 최고 수준의 재능'을 지녔다고 극찬하기까지 했다.[29] 이처럼 주위의 기대를 한몸에 받았지만, 디랙은 형의 자살 이후로 중요한 연구 결과를 전혀 내놓지 못하고 있었다.

디랙은 아마 브리스틀로 돌아오라는 부모의 애절한 요청을 뿌리쳐야 했을 것이다. 이미 아버지는 브리스틀 대학교의 수학과 부교수 자리에 지원하라고 아들을 설득하고 나섰다. 하지만 설령 그 대학교에서 오라고 해도 디랙이 그 자리를 수락했을 리는 없다. 그 무렵 디랙은 자신의 학문적 가치를 차츰 깨닫고 있었기 때문이다.[30] 그는 여전히 자신의 재능에 어울리는 도전과제를 기다리고 있었다.

***

1925년 9월 초에 우편배달부가 줄리어스 로드 6번지의 정문으로 이어진 가파른 길을 올라와서는 편지 봉투 하나를 건넸다. 이후로 디랙의 삶은 완전히 달라졌다. 파울러가 보낸 봉투 속에는 한 논문에 대한 15쪽짜리의 증명 내용이 들어 있었다. 파울러가 저자인 하이젠베르크한테서 받은 것인데, 그가 비스듬한 글씨체로 여러 차례 고친 흔적이 있었다.[31] 독일어로 쓰인 이 논문에는 원자를 이해하는 완전히 새로운 접근법이 초기 버전 형태로 들어 있었다. 대다수의 지도교수는 동료 과학자들보다 앞서기 위해 그런 증명 내용을 드러내지 않는 편이었다. 하지만 파울러는 디랙한테 그걸 보내면서 첫 페이지의 오른쪽 구석 위에 몇 자를 휘갈겨 적었다. '이걸 어떻게 생각하나? 자네 의견이 궁금하네.'

전문적이고 복잡한 그 논문은 디랙이 읽기 어려웠다. '머천트 벤처러스 스쿨에서 배운 독일어 실력이 그리 대단치 않았기 때문이다.' 하지만 양자론의 수학을 다룬 흔한 논문은 아니라는 것은 확실히 알 수 있었다. 보어의 이론에는 전자의 위치와 같은 양들 그리고 전자가 원자핵 주위를 도는 데 걸리는 시간이 함께 나왔다. 하지만 하이젠베르크는 그게 실수라고 여겼다. 왜냐하면 어떤 실험자도 이제껏 그 둘을 함께 측정할 수 없었기 때문이다. 논문의 도입 문장에서 하이젠베르크는 자기 이론의 목표를 다음과 같이 요약하면서 그 점을 강조했다. '본 논문은 오로지 원리적으로 관찰 가능한 양들 사이의 관계를 바탕으로 세워진 이론적인 양자역학의 기초를 확립하고자 한다.'[32] 하이젠베르크는 완벽한 원자 이론을 한꺼번에 내놓기란 지극히 어려움을 알아차렸다. 그것은 너무 벅찬 일이었다. 대신에 더 단순한 방식을 시도했다. 즉, 전자를 일반적인 3차원 공간에서가 아니라 단 **하나의** 차원, 즉 직선상에서 운동하는 전자의 이론을 세우려고 시도했다. 그런 전자는 이론물리학자의 마음속에서만 존재하지만, 만약 이 프로토타입이 작동한다면 그걸 확장해서 실제 원자에도 적용되는 더 현실적인 버전의 이론을 내놓을 수 있을 것이다.

하이젠베르크는 어떻게 고전적 이론이 앞뒤로 오가는 전자를 기술하는지 고찰했고, 어떻게 양자론이 그걸 설명할 수 있는지도 고찰했다. 그러면서 두 이론이 대응 원리에 따라 매끄럽게 통합되도록 애썼다. 하지만 양자론은 고전적 이론과는 판이했다. 예를 들어, 양자론에서는 전자의 위치가 단일한 수로 표현되지 않았다. 대신에 전자의 위치는 사각형 배열로 된 수로 표현되었는데, 이는 수학자들이 행렬이라고 부르는 수 배열의 한 예다. 이 배열 속의 각 수는 전자의 에너지 준위들의 한 雙의 속성으로서, 전자가 그 에너지 준위 쌍 사이를 도약할 가능성을 나타낸다. 따라서 각각의 수는 전자가 두 에너지 준위 사이를 도약할 때 방출되는 빛을 관찰하여 알아낼 수 있다. 이런 방식으로 하이젠베르크는 오로지 **측정 가능한** 양들로부터 완전히 새로운 원자 이론을 세우는 방법을 증명해냈다.

그런 구도는 처음 접하는 사람한테는 누구라도 어리둥절했다. 놀랍도록 대담하게도, 하이젠베르크는 전자가 핵 주위를 궤도 운동하는 모습으로 시각화할 수 있다는 가정(이전에 아무도 의문을 던지지 않은 가정)을 버리고 전자를 순전히 수학적인 관점에서 기술해냈기 때문이다. 전자를 이렇게 기술하는 방식은 받아들이기가 어려웠다. 가령, 그걸 보통의 물질에 적용하려고 하면, 물체의 정확한 위치는 정확히 측정되지 않고 대신에, 전자가 다른 에너지 상태로 전이할 확률을 가리키는 수들의 한 배열로 표현된다. 이것은 상식에 전혀 맞지 않는 발상이다. 하이젠베르크가 시도한 이런 창의적인 도약은 비유하자면 베르메르의 고전적인 회화 양식이 몬드리안의 추상적인 회화 기법으로 바뀐 것이나 마찬가지였다. 하지만 화가에게 추상은 단지 실재의 것을 그대로 나타낼 수도 있고 아닐 수도 있는 매력적인 이미지를 표현하는 기법일 뿐인 반면에, 물리학자에게 추상은 물질적 실재를 최대한 정확히 설명하기 위한 표현 방법이다.

디랙이 처음 보기엔 하이젠베르크의 접근법은 너무 복잡하고 인위적이었다. 그래서 논문을 제쳐놓고서 '전혀 흥미가 없다'며 거들떠보지 않았다.[33] 하지만 열흘 후에 다시 보았더니, 하이젠베르크가 논문 중반쯤에 적어놓은 내용에 깜짝 놀라고 만다. 원자론에서 다루는 일부 양들은 특이한 성질이 있다는 내용이었다. 만약 한 양에 다른 양을 곱할 때, 그 결과는 곱셈의 순서가 반대면 때로는 값이 달라진다는 것이다. 하이젠베르크가 한 물질의 위치와 운동량(물질의 질량 곱하기 속도)을 표현하기 위해 사용한 양들이 그런 예였다. 위치에 운동량을 곱한 결과가 특이하게도 **운동량에 위치를 곱한 값과 일치하지 않았다.** 곱셈의 순서가 결정적인 역할을 하는 것 같았다. 나중에 밝히기로, 하이젠베르크는 그런 점이 당혹스럽기는 하지만 그렇다고 해서 논문 독자들이 기피하거나 그 이론이 발표할 가치가 없을 만큼 너무 설득력이 없다고 여기지 않기를 바란다고 했다. 기피하기는커녕 디랙은 그 특이한 양들이 **양자물리학을 여는 새로운 열쇠임을 알아차렸다.** 여러 해가 지난 후 디랙의 어머니가 인터뷰한 내용에 따르면, 그때 디랙은 너무나 흥분해서 자기 연구를 부모에게 일체 알리지 않는 규칙을 깼고 최선을 다해 비가환성non-commutation을 설명했다고 한다. 그런 일은 두 번 다신 없었다.[34]

비가환 양non-commuting quantities을 접한 적이 없던 하이젠베르크와 달리, 디랙에게 그것은 매우 익숙한 개념이었다. 디랙이 이전에 배웠던 사원수, 베이커의 다과회에서 들었던 그라스만 대수, 그리고 철저히 공부했던 사영기하학에 전부 그런 성질이 나왔다.[35] 따라서 디랙은 양자론에 그런 양이 등장한 것에 불편함을 느끼지 않았을 뿐만 아니라 반갑기까지 했다. 비록 처음에는 그 중요성을 이해하지 못했고 하이젠베르크의 아이디어를 자신이 어떻게 발전시킬지 몰랐지만 말이다. 디랙은 하이젠베르크가 자신의 이론을 특수 상대성이론과 일관되도록 구축해내지 못했음을 간파했다. 그래서 자신의 특기를 살려 특수 상대성이론과 일관되는 하이젠베르크 이론의 버전을 새로 만들어내려고 시도했지만, 곧 단념했다.[36] 9월 말이 되자 디랙은 케임브리지로 돌아갈 준비를 했는데, 그 무렵엔 양자론에서 비가환 양이 미스터리를 풀 열쇠임을 확신하고 있었다. 연구를 발전시키려면 자물쇠를 찾아야 했다. 즉, 그 양을 해석하는 방법, 그 양을 실험에서 관찰되는 측정값과 결부시키는 방법을 알아내야 했다.

디랙은 몰랐지만, 하이젠베르크의 이론에 아인슈타인도 흥분을 느꼈다.

아인슈타인은 친구한테 이런 내용의 편지를 보냈다. '하이젠베르크가 큼직한 양자 달걀을 낳았네.'[37]

***

10월 초에 디랙은 대학원생으로서 마지막 학년을 시작했다. 파울러의 격려에 힘입어 디랙은 보어의 이론에 바탕을 둔 복잡한 계산들이 가득한 책들을 제쳐놓았다. (만약 하이젠베르크의 이론이 옳다면) 그런 계산은 거의 쓸데없다는 걸 잘 알고 있었기 때문이다.

학기가 시작되고 얼마 안 지나서 평소처럼 일요일 산책을 하고 있을 때 디랙에게 처음으로 큰 계시가 내려왔다. 오랜 세월이 지나 그는 정확한 날짜는 기억하지 못했지만 그 발견을 처음 했던 짜릿한 흥분의 순간은 분명히 기억했다.[38] 평소처럼 그는 한 주간의 일은 잊고 평화로운 근처 야외를 마음껏 쏘다니고 있었다. 하지만 바로 그날에는 하이젠베르크 이론 속의 비가환 양이 자꾸 머릿속을 맴돌았다. 가장 중요한 점은 그 양들, 가령 A와 B가 곱해지는 순서에 따라 값이 달라진다는 사실이었다. AB와 BA가 다른 것이다. 그 차이 AB-BA는 무엇을 의미한단 말인가?

그러다가 느닷없이 디랙에게 무언가가 떠올랐다. AB-BA 형태와 비슷한 푸아송 괄호라는 특수한 수학적 구조였다. 어렴풋이 떠올렸을 뿐이지만, 그 구조가 운동을 기술하는 해밀턴의 방법과 어떤 식으로든 관련이 있음을 알아차렸다. 여기서 디랙의 특징이 여실히 드러나는데, **그는 대수적 기호보다 이미지에 훨씬 더 강했다.** 그의 짐작에 이 괄호가 원자에 관한 새로운 양자론과 고전적 이론 사이의 (하이젠베르크 이론에 나오는 비가환 양과 고전적 이론에 나오는 통상적인 양 사이의) 관련성을 알려줄지도 몰랐다. 52년이 지나서 그는 이렇게 회상했다. '갑자기 떠오른 생각이었는데, 물론 약간 흥분을 안겨다 주었으며 이어서 당연히 이런 생각이 저절로 들었다. "아냐, 아마도 틀렸을 거야."(…) 매우 당혹스러운 상황이었기에, 푸아송 괄호가 정확히 어떤 것인지 다시 알아보는 게 급선무였다.'

그는 집으로 달려가서 강의 공책과 교재에서 푸아송 괄호에 관한 내용을 샅샅이 뒤졌지만, 헛수고였다. 난감한 상황이었다.

> 어쩔 도리가 없었다. 일요일 저녁인데다 도서관은 모조리 문을 닫았으니까. 그 생각이 좋은 건지 나쁜 건지 모른 채 초조하게 밤새도록 기다려야만 했는데 밤이 지나면서 점점 더 확신이 들었다. 이튿날 아침 서둘러 문을 열자마자 도서관으로 뛰어 들어가서 (…)[39]

도서관에 들어간 지 몇 분쯤 지나서 디랙은 두툼한 책 한 권을 서가에서 꺼냈다. 자신의 질문에 답을 주리라고 여긴 책,『입자와 강체의 해석역학에 관한 논고*A Treatise on the Analytical Dynamics of Particles and Rigid Bodies*』였다. 지은이는 에든버러 대학교의 수학과 교수 에드먼드 휘태커Edmund Whittaker였다. 색인을 통해 먼저 299쪽에 가니, 휘태커가 그 괄호에 대한 수학 공식을 적어 놓았다. 푸아송 괄호는 한 세기 전에 프랑스 수학자 시메옹 드니 푸아송의 책에서 처음 등장했는데, 확실히 디랙이 짐작했듯이 푸아송 괄호는 어떤 두 양의 곱에서 어떤 두 양의 곱을 뺀 $AB - BA$와 비슷한 형태였다.[40] 실로 위대한 통찰을 발휘하여 디랙은 이 실로부터 카펫 한 장을 뜰 수 있음을 알아차렸다. 그리고 실제로 몇 주 동안 집중적인 연구를 통해 그는 고전적 이론에서 유추하여 양자론의 수학적 토대를 세웠다. 하이젠베르크와 마찬가지로 그는 물질의 매우 작은 입자를 마음속에서 이미지화하기는 오류의 소지가 있다고 여겼다. 그런 입자는 시각화할 수도 없고, 게다가 위치, 속력 및 운동량과 같은 통상적인 양을 이용하여 기술할 수도 없다. 해법은 고전적 이론에 '대응하는' 추상적인 수학적 양을 사용하는 것이다. 디랙이 떠올렸던 것은 그런 양에 의해 기술되는 입자가 아니라 그러한 (고전적 이론과 양자론 사이의) 관계였다. 푸아송 괄호에서 유추하고 대응 원리를 사용하여 디랙은 추상적인 수학적 양들 사이의 관계를 알아냈는데, 특히 한 입자의 위치와 운동량과 연관된 기호들 사이의 관계를 나타내는 다음 방정식을 얻었다.

위치 기호 × 운동량 기호 − 운동량 기호 × 위치 기호
= h × (−1의 제곱근)/(2 × π)

여기서 h는 플랑크 상수이고 π는 원의 지름에 대한 원둘레의 비다(값은 약 3.142). −1의 제곱근(자기 자신과 곱했을 때 −1이 되는 수)은 일상생활에서는 아무런 역할을 하지 않지만, 수리물리학에서는 흔히 등장한다. 따라서 이 방정식의 오른쪽은 새로운 것이 없었다. 방정식의 가장 불가사의한 부분은 왼쪽이었는데, 특히 위치 기호와 운동량 기호를 추상적 기호 이외의 다른 어떤 것이라고 여기는 똑똑하지 못한 사람들한테는 더욱 불가사의했다. 그것들은 수나 측정 가능한 양이 아니라 그냥 기호, 즉 순전히 수학적 대상이기 때문이다.

매우 진지한 성향의 수리물리학자를 제외하면 누가 보더라도 디랙의 기술은 생뚱맞아 보였다. 하지만 분명 디랙의 추상적 기호들을 조작하여 구체적인 예측을 내놓는 것이 가능했다. 에딩턴의 말을 빌리자면, '대단히 흥미로운 점은, 전개 과정이 진행되면서 기호들로부터 실제 수가 **솔솔 흘러나온다는** 것이다.'[41] 풀어서 말하자면, 기호가 수학적인 처리를 통해서 실험자들이 확인할 수 있는 수치를 내놓는다는 뜻이다. 그 이론의 가치는 이론을 통해 얻은 예측이 계수기, 눈금판 및 검출 화면에 표시된 수치와 일치하느냐 여부에 달려 있었다. 만약 그런 수치들과 일치하고 논리적으로도 일관된다면, 아무

리 특이해 보이더라도 그 이론은 성공이라고 판단할 수 있는 것이다.

파울러는 자신의 제자가 특별한 일을 해냈다며 높이 평가했다. 디랙의 이론은 전자가 직선상에서 오가는 인위적인 상황을 기술한 하이젠베르크의 이론보다 훨씬 더 야심찬 것으로써, '모든' 시간의 '모든' 상황에서 '모든' 양자입자의 행동을 기술하려고 했다. 하지만 가장 중요하고 우선적으로 밝혀내야 할 것은 원자에 관한 일반적인 관찰 결과들을 그 이론이 설명할 수 있는지 여부였다. 몇 줄의 대수식으로 디랙은 에너지가 (거시 세계에서와 마찬가지로) 자신의 이론에서 보존되고 원자 내의 전자가 한 에너지 준위에서 다른 준위로 도약할 때 두 준위의 차에 해당하는 에너지를 갖는 빛의 양자를 방출함을 증명해냈다. 따라서 그 이론으로 디랙은 별 주위를 도는 행성처럼 전자가 궤도 운동을 하다가 원자핵 속으로 끌려 들어가지 않고서도 보어 이론의 결과를 재현할 수 있었다. 디랙으로서는 그런 그래픽 이미지를 사용할 필요가 없었다. 양자 입자는 정확하고 고상한 수학 기호만을 이용하여 기술할 수 있기 때문이다.

디랙이 하이젠베르크의 논문에서 영감을 얻긴 했지만, 두 사람은 그 주제에 대한 접근법이 첨예하게 달랐다. 하이젠베르크는 자신의 논문을 '위대한 톱'이라고 자랑스레 말했는데, 낡은 보어 이론이 기대고 있는 나뭇가지를 자르는 도구라는 뜻이다.[42] 한편 디랙은 뉴턴 역학과 양자론 사이의 다리를 놓고자 했다. 해밀턴을 포함해 여러 수학자가 뉴턴의 역학 이론을 재구성하려고 이용했던 수학을 모조리 새로운 양자론에 정확히 대응시키는 것이 디랙의 꿈이었다. 만약 디랙이 옳다면 물리학자들은 '고전역학'의 기반 시설(수백 권의 교재에 이미 나와 있는 내용)을 이용하여 양자론을 세울 수 있을 것이다. 이런 의미에서 양자론은 전해에 하이젠베르크의 선배인 막스 보른에 의해 '양자역학'이라고 명명되었다.

11월 초 디랙은 자신의 이론을 논문으로 작성하고서 가장 무심한 독자라도 마음을 사로잡을 야심찬 제목을 붙였다. 「양자역학의 근본적인 방정식들」. 파울러는 뛸 듯이 기뻐했다. 이전에 그는 제자가 '자신의 아이디어를 수학적으로 펼쳐나갈' 수 있고 '이전의 문제들을 참신하고 단순한 방식으로' 바라볼 수 있는 재능을 지녔다고 평가했다.[43] 그런데 불과 몇 달 만에 디랙은 잠재력이 아니라 실제 업적을 내놓고 있었다. 이제 파울러의 급선무는 인쇄 일정이 허락하는 한 최대한 빨리 그 논문을 출간하도록 돕는 일이었다. 만약 디랙의 경쟁자가 앞서 비슷한 논문을 발표하기라도 한다면, 과학계의 암묵적인 규칙에 따라 디랙은 '2등'으로 간주되고 말 것이다. 스포츠에서처럼 과학도 승자가 독식하는 세상인 법이다. 다행히 파울러는 최근 영국의 과학 아카데미인 왕립학회 회원으로 선출되었기에, 왕립학회 회보에 디랙의 논문 원고를 지체 없이 실을 수 있었다.

***

케임브리지의 대다수 물리학자들한테 양자역학의 발견은 별 관심을 끌지 못했다. 파울러와 논의한 걸 제외하면, 디랙은 진행 중인 물리학의 새로운 혁명에 동료들이 관심을 갖도록 전혀 애쓰지 않았다. 그런데도 어느새 그가 '정상급 인물'이 되어가고 있다는 소문이 퍼지기 시작했다. 또한 여위고 별 말이 없는 사람인지라 무슨 생각을 얼마나 깊이 하는지 도통 짐작이 안 간다는 소문도 함께 퍼졌다. 아마도 바로 그즈음 동료들은 말은 할 줄 알면서도 가장 적은 개수의 단어로만 말하는 과묵함의 단위를 나타내는 새로운 용어를 창조해냈다. 바로, 한 시간에 평균 한 단어 말하기를 '1디랙'이라고 정의했던 것이다. 드물지만 '예/아니오'보다 더 많이 말을 해야만 하는 경우가 생기면, 디랙은 자기 생각을 단지 정확하게만 말했다. 다른 사람들의 감정이나 정중한 대화를 위한 관례 따위는 일체 아랑곳하지 않고서.

어느 날 세인트 존스 홀에서 식사를 하면서 디랙은 한 학우를 짓밟아 버렸다. 고전물리학의 평범한 문제를 붙들고 씨름하던 그에게 이런 소릴 했다고 한다. '지엽적인 문제 말고 근본적인 문제를 공략해야지'[44] 그건 러더퍼드의 신조이기도 했는데, 디랙의 접근법이 더 구체적이었다. 러더퍼드는 실험가들한테 유용한 결과가 나오기도 전에 이론가들이 최신 기호들을 늘어놓으면서 호들갑을 떠는 것이 영 못마땅했다. 양자역학도 아직 그런 결과가 나오지 않았다. 대다수 물리학자들은 가장 단순한 원자의 에너지 준위를 단 몇 줄의 식으로 설명하는 보어의 이론 대신에 수십 쪽에 걸친 대수식이 필요할 정도로 자연이 삐딱하다고는 보지 않았다. 러더퍼드와 그의 제자들에게 그해 가을에 진짜로 놀라운 일은 양자역학에 관한 계시가 아니라 **전자가 스핀을 갖고 있다는 발견**이었다. 두 명의 네덜란드인이 라이덴 대학교에서 발견한 전자의 스핀은 **물리학계를 충격에 빠트렸다.** 보어의 원자 모형에서 보자면, 무슨 일이 벌어지는지 쉽게 상상할 수 있다. 궤도 운동을 하는 전자는 마치 지구가 위아래 축 주위로 팽이처럼 돌 듯이 돈다는 것이다. 곧 당연한 일로 받아들여졌지만, 초기에 많은 정상급 물리학자들조차도 전자에 스핀이 있다는 발상은 터무니없었다.[45]

케임브리지에서 그 학기에 스핀의 발견 소식을 처음 들었던 대학원생 중에 로버트 오펜하이머가 있었다. 당시 반유대주의 정서가 강했던 하버드 대학교에서 막 건너온 말쑥하고 부유한 유대계 미국인이었다. 그는 심지가 굳지 못해 어떤 인생을 살고 싶은지 갈피를 못 잡고 있었지만, 겉으로는 자신만만해 했으며 다방면의 문화에 조예가 깊다는 걸 늘 과시했다. 러더퍼드가 자신을 제자로 받아주지 않자, 그 무렵 퇴물 취급을 받던 J. J. 톰슨 밑에서 아무 결실도 없는 연구를 몇 주간 붙들고 있었다. 오펜하이머는 케임브리지 생활을 싫어했는데, '과학 동아리는 좀 활기가 없고', 강의는 '역겨웠고' 게다가 '비참한 구멍' 속에서 살아야 한다고 여겼기 때문이다. 그가 보기에 미국인 학우들은 '텃세와 날씨와 요크셔 푸딩으로 고초를 겪으며 말 그대로 죽어가고' 있었다.[46] 케임브리지에서 첫 학기가 끝날 무렵, 오펜하이머는 가까운 미국인 친구한테서 '최상급 우울증 환자'라는 소리를 들었다.[47]

디랙은 집에 보내는 엽서에 새로 사귄 학우들 이야기라든가 자신이 하는 연구 이야기는 입도 뻥긋하지 않았다. 그런 태도가 늘 불만이었던 부모는 숙소가 지내기 편하냐고 아들한테 물어도 한 달 반이 지나서야 답을 들었다. 어머니는 아들이 하이젠베르크의 첫 번째 논문의 중요성을 간파한 후 연구에 점점 더 몰두하자, 아무 소용없는 간섭을 해대기 시작했다. '너무 연구만 하지 말거라. 상황 봐서 놀기도 좀 하고.' 아버지는 여전히 상심에서 헤어나지 못하고 있었는데, 어머니의 말에 따르면, 추운 날씨에 벌벌 떨면서 걸음걸이도 '너무 느렸기에 마치 얼음덩이가 걸어가는 것 같았다'고 한다.[48]

어머니의 가장 큰 관심사는 지역 및 전국의 정치였는데, 그해 가을에는 일체 그런 이야긴 없었다. 아마도 딱히 다룰 만한 사건이 없었기 때문인 듯하다. 영국은 안정적으로 착실하게 나아지고 있었다. 1920년대 후반기에 접어들자 영국은 마침내 전쟁에 대한 악몽에서 벗어나는 것 같았다. 국가 간의 불화를 두 번 다시는 전쟁을 통해 풀려고 해서는 안 된다는 국제적인 인식이 자리 잡은 덕분이었다. 이런 인식이 명확하게 드러난 것이 만인들의 환영을 받은 로카르노 조약이었다. 이 불가침 협정은 프랑스와 독일 및 벨기에 사이에 맺어졌고, 공평하게 이탈리아와 영국이 지지해주었다. 12월 1일 런던에서 협정이 체결되었을 때 하루 동안 휴교를 했는데, 바로 그날에 왕립학회는 디랙의 양자역학에 관한 첫 번째 논문을 발간했다. 파울러가 애써 준 덕분에 평소라면 발간에 석 달 걸리던 일이 3주로 줄어들 수 있었다.

***

스타가 탄생했다는 소식이 양자론 전문가들 사이에 퍼졌다. 디랙의 이전 연구 결과는 별로 주목을 받지 못했지만, 이번 논문은 마치 실력이 무르익은 수학자 겸 물리학자가 쓴 것처럼 보였다.[49] 양자론에 관한 이 연구가 나오기 전에 디랙이라는 이름도 들어보지 못했던 사람 중에 하이젠베르크의 스승인 괴팅겐 대학교의 막스 보른Max Born이 있었다.[50] 과장법을 삼가고 절제된 표현을 쓰긴 했지만, 회고록에서 그는 양자역학에 관한 디랙의 첫 논문을 읽은 소감을 이렇게 밝혔다. '살면서 그렇게나 놀란 적이 별로 없었다 (⋯) 저자는 젊은 친구 같았지만, 내용은 모든 면에서 완벽했고 감탄스러웠다.'[51]

하이젠베르크도 논문을 읽고서 충격을 받았다. 11월 23일 디랙이 보내준 논문 교정쇄를 받고 며칠 후 하이젠베르크는 두 쪽짜리의 (독일어로 된) 답신을 보냈는데, 이것은 둘 사이의 50년 우정의 시작을 알리는 편지였다.[52] 편지에서 그는 디랙에게 '멋진 논문을 대단히 흥미롭게' 읽었다고 상냥하게 운을 뗀 후에, '양자론을 믿는 사람이라면 누구라도 논문의 내용이 옳다는 걸 의심할 수 없다'고 덧붙였다. 정작 양자론의 발견자 중 한 명은 자신이 불멸의 가치를 지닌 개념을 내놓았다는 것을 아직 모르고 있었다.

그 뒤의 내용에 디랙의 가슴이 철렁 내려앉았다. '그런데 논문의 일부 결과가 이미 얼마 전에 발견되었다는 말을 듣고 상심하지 않으시면 좋겠습니다.' 디랙 자신이 처음으로 발견했다고 여긴 위치 기호와 운동량 기호 사이의 관계를 보른이 이미 독립적으로 알아냈던 것이다. 이런 내용 말고도 편지에는 하이젠베르크의 이론이 수소 원자에 대한 발머 공식을 설명해냈는데, 이것은 하이젠베르크보다 조금 연상의 친구인 볼프강 파울리의 기막힌 계산 덕분이었다는 내용도 들어있었다. (파울리는 오스트리아의 이론물리학자로서 총명한 두뇌, 지적인 문제에 관한 일이라면 인정사정 봐주지 않는 공격성 그리고 함부르크의 나이트클럽에서 마신 수많은 포도주로 유명했다.) 하이젠베르크의 편지에는 다른 유럽 이론가들도 경쟁적으로 뛰어들어 그보다 먼저 발표하려 한다는 기운 빠지는 전망도 들어있었다.

첫 편지를 보낸 지 열흘이 지나서 하이젠베르크는 칭찬이 더 많이 들어간 따듯한 편지를 세 통 보냈다. 디랙의 첫 번째 논문에 있는 전문적인 난해한 내용과 사소한 오류를 지적하고 세부사항을 더욱 명확하게 풀이한 편지들이 었다. 12월 1일의 편지를 그는 이렇게 마무리했다. '적어 보내는 이 질문들을 결코 훌륭한 연구에 대한 비난으로 여기지 말아 주십시오. 지금 저는 양자론의 상태에 대한 논문을 써야 하는데 (…) 디랙 씨가 이 문제를 해결한 수학적 단순성에 지금도 감탄합니다.'[53] 디랙은 자신이 이론물리학계의 가장 치열한 경쟁에 직면해 있음을 깨달았다. 하이젠베르크는 보른과 자신의 제자 파스쿠알 요르단뿐만 아니라 세계 정상급의 수학자들과도 함께 연구하고 있었다. 보른, 하이젠베르크 및 요르단 3인조는 괴팅겐 대학교의 전통에 따라 이론물리학자, 수학자 및 실험물리학자가 긴밀히 협력하면서 연구하는 반면에, 개인성이 숭상되는 케임브리지의 학계에서는 학자마다 거의 따로 따로 연구가 진행되고 있었다. 따라서 양자역학의 완성된 이론을 최초로 개발해내는 이 총성 없는 전쟁에서, 괴팅겐의 수학자와 물리학자 연합군이 외톨이 디랙을 상대하고 있는 형국이었다. 디랙이 알아차리기로, 다른 독일 경쟁자들은 두 달이나 앞섰다.

이후로 양자역학이 완벽한 이론으로 성장하는 데는 여러 해가 걸리게 된다. 그 사이에 양자역학은 약 50명의 물리학자들이 함께 발전시키는 이론이었다. 되돌아보면, 그들은 비록 달성하는 방법은 제각각이었지만 하나의 공동 프로젝트(물질의 행동에 관한 새 이론을 세우는 일)를 추진하기로 뜻을 모은 건설 노동자 무리와 비슷했다. 그렇게 본다면, 건설 현장은 북서 유럽 이곳저곳에 흩어져 있었다. 거의 모든 노동자들은 30세 미만의 남성이었다. 또한 이들은 물리학자로서 성공을 거두는 축복과 더불어 동료들의 존경을 갈망하며 서로 치열하게 경쟁했다. 공식적인 지도자는 없었기에, 누구든 그 프로젝트 중에서 관심이 가는 부분을 마음껏 집중해서 연구했다. 이렇게 반쯤 무정부주의적인 분위기였기에 어떤 과제들은 동시에 여러 사람이 달성했다. 따라서 유익한 결과가 나왔을 때 누가 가장 공이 큰지 다툼이 생기곤 했다. 이 노동자들은 저마다 가장 좋아하는 도구가 달랐고, 당면 문제를 해결하는 방법 또한 각양각색이었다. 접근법도 어떤 이는 철학적이었고, 또 어떤 이는 수학적이었으며, 실험에서 얻은 내용에 집중하는 이도 있었다. 누군가는 프로젝트의 원대한 계획에 집중했고 누군가는 세부사항에 집중했다. 대다수는 협력도 하고 동료들한테 아이디어를 내놓길 좋아했지만, 몇몇(대표적으로 디랙)은 어디든 팀에 속하지 않으려고 했다. 당시로서는 어떤 새로운 개념이 쓰레기고 어떤 것이 보석인지 알아내기가 쉽지 않았고, 더군다나 그 문제에 대한 누구의 접근법이 가장 유망한지도 안갯속이었다. 어떤 물리학자도 완전히 일관된 하나의 접근법이 있어야 한다고 여기지도 않았다. 쓸 수 있는 수단이면 뭐든 이용해서 문제를 해결하는 것이 제일 중요했다. 결국 새로운 과학 이론에 기여한 업적은 새 건물의 구성 속에 포함되어야 상을 받는 법이다. 건물을 짓는 동안 번지르르하게 말로 떠드는 사람들이 아니라 계획을 세운 다음에 실현하기 위해 최신을 다한 사람들이 상을 받는다는 뜻이다.[54]

디랙은 양자역학의 완벽한 이론을 세우는 길에 자신과 동료들이 이제 고작 첫걸음을 떼었음을 잘 알고 있었다. 앞으로 갈 길이 멀었다.

7장
1925년 12월부터 1926년 9월까지

이런 문은 우리가 뒷다리로 우뚝 선 이후로 대여섯 번 활짝 열렸지. 당신이 알던 거의 모든 것이 틀렸음을 깨달은 순간이야말로 살아남기에 가장 좋은 때야.

−톰 스토파드, 『아카디아』(1993년), 1막 장면 4

아인슈타인은 새로 등장한 양자역학에 감탄하면서도, 한편으로는 미심쩍어했다. 1925년 크리스마스 날 베를린에서 그가 친한 친구에게 쓴 편지에 의하면, 양자 입자의 위치를 나타내는 수처럼 단순한 것이 숫자들의 배열('진짜로 마법과 같은' 곱셈표)에 의해 대체되어야 한다고 보긴 어려울 듯하다고 밝혔다.[1] 두 달쯤 후에는 그 이론이 틀렸다고 스스로 결론 내렸다.[2]

디랙은 그런 꺼림칙함이 없었다. 하이젠베르크가 최상의 방법을 제시했다고 확신했던 것이다. 디랙이 하이젠베르크의 이론에 동조하긴 했지만, 둘의 접근법은 판이했다. 하이젠베르크는 그 이론이 혁명적이라고 여겼던 반면에 디랙에게는 고전적 이론의 확장일 뿐이었다.[3] 하이젠베르크와 괴팅겐 동료들이 실험 결과를 설명하려고 줄곧 애썼던 반면에, 디랙의 급선무는 (에딩턴이 가장 좋아하는 용어로 말하자면) 그 이론의 '기반substratum'을 세우는 것이었다. 디랙은 아인슈타인처럼 하향식 접근법을 택했다. 먼저 근본적인 원리들을 수학적으로 정확하게 구성한 다음에야 그 이론을 이용하여 예측을 하는 방식이었다.

(가족이 펠릭스 없이 처음으로 맞이했던) 크리스마스 후 몇 주가 지나서 디랙은 막 발간된 자신의 양자역학 논문을 주제로 카피차 클럽에서 세미나를 열었다. 이틀 후에는 자신의 이론이 발머 공식을 재현했다는 증명 내용을 발표하기 위해 보냈다. 이 첫 번째 논문을 포함하여 디랙은 그해 1월부터 4월까지 양자역학에 관한 논문을 세 편 썼다. 양자역학에 관한 이 논문들에서 디랙은 그 이론을 이해하고 아울러 적용하려고 시도했다. 하이젠베르크 이론 속의 기호들 때문에 골머리를 앓으면서, 여러 달 동안 그 기호들을 사영기하학과 관련지어 보려 했지만 아무런 소용이 없었다. 동료들이 아예 모르거나 적어도 낯설어하는 수학을 사용하는데도, 그는 자신이 사용하는 수학기법들 또는 자신이 설명하려고 하는 실험 결과들을 자세히 설명해주는 법이 없었다. 그래서 물리학자와 수학자 양쪽을 모두 당혹스럽게 만들었다. 거의 50년이 지나서야 디랙은 자신이 수학을 대하는 태도가 무신경했노라고 시인했다.

> '내가 다루는 일부 기호들'의 정확한 수학적 속성을 굳이 찾으려 하지도 않았고 그런 기호들을 어떤 식으로든 굳이 신중히 다루려고 하지도 않았다. 아마도 공학을 배운 게 몸에 배어 그런 듯했다. 그냥 결과를 빨리 얻고 싶었다. 엄밀한 논리에서 도출되지 않았더라도 옳다는 확신이 들 수 있는 결과이기만 하면 괜찮았다. 당시 나는 프레이저 교수한테서 배웠던 엄밀한 수학보다는 공학자의 수학을 사용하고 있었던 셈이다.[4]

이 말은 디랙의 동료들이 1925년 봄에 들었다면 의아해했을 것이다. 동료들 대다수는 그의 논문에서 공학자의 낌새를 알아채기 어려웠을 텐데 더군다나 그의 글은 공학자들이 좋아하는 임시변통식 계산법을 과시하지도 않았기 때문이다. 오히려 디랙의 논문은 수학의 대가가 아니라면 이해 불가에 가까웠다. 디랙의 접근법이 대단히 난해했던 한 가지 이유는 그가 보기 드문 혼합형 인물이었기 때문이다. 즉, 이론물리학자와 순수수학자와 공학자가 뒤섞인 인물이었다. 근본적인 자연법칙을 알고자 하는 열정 면에서는 물리학자였고, 추상을 그 자체로서 사랑하는 면에서는 수학자였으며, 이론이 유용한 결과를 내놓아야만 의미 있다고 우기는 면에서는 공학자였다.

그래도 어쨌든 물리학이 우선이었기에 다음 사실을 잊지 않았다. 즉, 양자역학이 아무리 수학적으로 아름답더라도, 아직은 보어의 이론보다 우월함을 입증해 줄 단 한 건의 예측도 확인되지 않았음을 유념했다. 양자역학에 관한 그런 실험을 찾기가 쉽지 않았다. 디랙이 할 수 있는 최선은 그 이론을 이용하여 아원자 충돌의 가장 많이 연구된 사례(단일 전자에 의한 광자[빛의 입자]의 산란)를 기술하는 일이었다. 이 과정에는 빛의 속력에 가깝게 극단적으로 고속 운동을 하는 입자들이 관여하므로, 그런 현상을 기술하려는 이론이라면 반드시 상대론적이어야 한다. 즉, 아인슈타인의 특수 상대성이론에 부합해야 한다. 문제는 하이젠베르크 및 디랙의 양자역학 이론이 상대론적이지 않다는 것, 그리고 상대성을 그 이론에 어떻게 통합시킬지 불확실하다는 것이었다. 디랙은 그러기 위해 우선 양자역학을 조금 수정하여 상대성이론에 부합되게 만든 후, 그걸 이용하여 검증 가능한 예측을 하였다. 하이젠베르크의 원래 논문을 받은 직후에 그가 브리스틀의 집에서 발전시켰던 아이디어를 토대로 한 일이었다. 급조한 이론이긴 했지만, 덕분에 디랙은 양자역학의 첫 번째 예측을 할 수 있었다. 그래프를 이용하여 그는 전자 산란의 관측 사실을 자신의 '새로운 양자론'과 비교했으며 이 새 이론이 고전적 이론보다 관측 사실과 더 잘 일치함을 보여주었다.

하지만 양자역학은 아직 초보적인 이론일 뿐이었다. 그 이론에 나오는 수학적 기호들의 해석을 놓고서 명확히 짚어야 할 내용이 많았다. 도대체 그 기호들의 의미가 무엇인가? 그리고 아원자 입자의 운동을 더 이상 어떻게 설명할 수 있단 말인가? 그 이론을 전자가 둘 이상인 수소 이외의 다른 복잡한 원자에 어떻게 적용할 수 있는가? 훗날 디랙이 지적하기로, 양자역학이라는 학문은 무슨 의미인지 알기도 전에 발견된 최초의 물리학 이론이었다. 그는 기호들의 해석에 관한 문제를 여러 달 동안 궁리한 끝에, 그 이론이 자기가 처음에 예상했던 것보다 수학적으로 덜 복잡함을 알아차렸다. 보른이 하이젠베르크에게 알려주었듯이, 그의 양자론 속에 나오는 숫자의 각 배열은 행렬이었다. 이 행렬은 가로 열과 세로 행으로 배열된 수들로 이루어져 있으며, 그 수들은 교과서에 설명된 단순한 규칙에 따라 행동한다. 역설적이게도 하이젠베르크는 자신이 그 이론을 발견했을 때 행렬이라는 개념을 들어본 적이 없었다. 이 점을 보른은 동료들에게 종종 일깨워주었는데, 아울러 보른은 자기가 도와준 덕분에 하이젠베르크의 알이 제대로 부화했고 그 알 속의 내용물이 자라서 병아리가 될 수 있었노라고 자화자찬했다.

많은 물리학자들이 보기에 디랙은 자기만의 언어로 연구하고 있었다. 이런 접근 불가능성 때문에 그의 연구는 인기가 없었다. 오랫동안 이론물리학의 국제적 수도인 베를린에서 괴팅겐 그룹(하이젠베르크, 보른 및 요르단)의 접근법이 가장 효과적이라는 데 이견이 없었다. 당시 양자역학의 발전 면에서 유럽보다 한참 뒤져 있던 미국에서는, 실용적 성향의 이론가인 존 슬레이터가 디랙의 저작에 대해 자신이 느낀 불만을 훗날 토로했다. 슬레이터가 보기에 이론물리학자는 두 가지 유형이 있다. 첫 번째 유형은 자기와 같은 사람들로서, '경험적이고 실용적이며 현실적인 부류인데, 이들은 최대한 아주 쉬운 방식으로 글을 쓰거나 말을 하려고 한다.' 둘째 유형은 '신비주의를 조장하거나 현란한 동작을 하는 유형인데, 이들은 마술사처럼 마치 자신이 모자에서 토끼를 진짜로 꺼내는 것처럼 보이려고 이리저리 손을 흔들어 대며, 독자나 청중을 아리송하게 만들어야지 직성이 풀린다.' 슬레이터를 포함해 많은 이들이 보기에 디랙은 일종의 마술사였다.[5]

학계에서 디랙의 주가는 대학원생으로서 마지막 학기인 1926년 봄에 더욱 치솟았다. 이제 그는 더 이상 케임브리지의 총명하지만 성취감이 없는 여러 학생 중 한 명이 아니라 비범한 인재로 인정받았다. 파울러의 주선 덕분에 동료 학생들에게 양자론에 관한 강연을 여러 차례 하기도 했다. 또한 파울러도 청중석에 있었는데, 그 자리에서 디랙의 빛나는 천재성이 자신을 능가했음을 절감했다.

러더퍼드는 호언장담하는 이론을 조롱하는 척하긴 했지만, 양자물리학의 최신 소식에 줄곧 촉각을 곤두세우고 있었다. 그의 부탁을 받고서 디랙은 캐번디시 연구소에서 세미나를 열었다. 괴팅겐에서 이루어진 양자론의 여러 발견들이 주제였는데, 서둘러 준비하다보니 알찬 세미나가 되진 못했다.[6] 청중에는 오펜하이머와 카피차 그리고 블랙킷이 있었는데, 이들은 겉으로는 친한 척했지만, 점점 불화가 심해졌다. 갈등의 뿌리는 러더퍼드와의 관계가 저마다 달랐기 때문이다. 카피차는 러더퍼드에게 온갖 아양을 떨면서 환심을 샀고, 보답으로 러더퍼드는 카피차를 지극히 아꼈다. 러더퍼드는 자기에게 없었던 아들을 대하듯 카피차를 대했다고 한다. 그런 모습이 블랙킷한테는 못마땅했다. 비록 그도 러더퍼드가 연구소를 창의적으로 잘 운영하는 점을 존경하긴 했지만, 독재적인 태도에는 단호히 반대했다. 또한 블랙킷은 시기의 대상이기도 했다. 1925년 초여름에 그는 연구소 벤치에서 오펜하이머에게 실험 물리학 기법들을 개인교습 해 주었다. 스스로도 잘 알고 있듯이, 오펜하이머에게 부족한 지식이었다. 이상하기 짝이 없는 신경증에 사로잡혀선지, 오펜하이머는 실험실에서 나온 독성 물질로 오염된 사과를 블랙킷의 책상에 몰래 올려놓아서 블랙킷한테 복수하기로 마음먹었다(아마도 자존심이 강한 오펜하이머가 자신을 가르쳐준 블랙킷에게 열등감을 느낀 나머지 정신 나간 짓을 시도한 듯하다).[7] 블랙킷은 죽음을 모면했지만, 대학 당국은 격분했다. 간신히 오펜하이머의 부모가 나서서 대학교가 고소를 하지 말고 근신 처분을 내려달라고 사정한 덕분에 대학교에서 퇴학당할 위기를 모면했다. 오펜하이머가 정기적으로 정신과 의사한테 진찰을 받는 사정을 참작해 달라고 부모가 호소한 덕분이었다. 몇 달 후 그는 자신에게 훨씬 더 잘 맞는 이론물리학으로 방향을 바꾸었기에, 독자적으로 양자역학을 만들어내느라 바빴던 디랙과 같은 분야에 속하게 되었다. 오펜하이머는 이렇게 회상했다. '디랙은 쉽게 이해할 수 없는 인물이었고, 남이 이해해주든 말든 상관하지 않았습니다. 내 생각에 그는 정말로 대단한 사람이었습니다.'[8]

디랙은 아마도 친구들과 지인들 사이의 은밀한 불화라든지 사적인 문제들을 알아차리지 못했을 것이다. 설령 알아차렸더라도, 그런가보다 하고 넘겼을 것이다. 그는 종일 연구에 몰두했으며, 휴식이라고는 일요일 산책과 체스 두기뿐이었다. 체스는 그가 잘하던 게임인데, 대학교의 체스 클럽에 그의 맞상대가 별로 없을 정도였다. 때로는 한 자리에서 여러 명을 상대로 승리를 거두곤 했다. 디랙은 정치에도 그다지 관심이 없었다. 영국 총파업 때도 방관자였다. 1926년 5월 초에 벌어진 그 파업으로 아흐레 동안 영국의 모든 산업 활동이 중단되는 바람에 볼셰비키 혁명이 임박했다고 전 국민이 불안에 떨었다. 조지 5세가 나서 자제를 촉구했고, 처칠은 탄광 노조를 지지하고 있던 노동자들('적들')에게 '무조건 항복'만을 요구했다. 일부 학생들은 파업이 국가의 위기라고 여겼지만, 다른 학생들한테는 전차를 운전해보거나 항만 노동자 또는 경찰이 되어 볼 기회였다. 케임브리지 대학생의 거의 절반이 파업 저지 활동에 참여했기에 대학 당국은 기말시험을 연기할 수밖에 없어서, 결과적으로 학생들이 빈둥빈둥 노는 시간만 늘려 주었다.[9] 디랙은 어머니한테서 브리스틀의 전차와 버스는 여전히 운행되고 있어서 아버지한테는 다행이라는 소식을 들었다. 당시 아버지는 크게 상심에 빠진 나머지 집에서 머천트 벤처러스 스쿨까지의 약 2km를 걸을 수 없던 처지였다. 운명도 야속하게 아버지는 곧 훨씬 더 큰 슬픔에 빠지게 된다. 그해 3월 초에 찰스의 어머니가 별세했다는 소식이 제네바에서 날아왔기 때문이다.[10]

총파업의 실패가 중요한 계기가 되어 케임브리지 대학교에서 정치 문제가 활발하게 논의되기 시작했다. 대학 내에서 파업에 반대하는 분위기가 강했던 까닭은 교수들이 당시의 정치 질서를 바꾸려 하지 않았기 때문이었다. 심지어 일부 사회주의 노선의 학자들도 파업 저지에 가담했다. 그랬기에 1926년 5월의 굴욕이 중요한 동기로 작용하여 몇몇 마르크스주의 과학자들은 케임브리지 내에서 급진적인 정치 분위기를 조장하고 이를 전국에 퍼뜨리기로 했다. 그 결과 생긴 개종자들 중에서 가장 두드러진 인물은 젊은 결정학자 데스먼드 버널Desmond Bernal이었다. 열정과 카리스마가 넘친 이 박식가는 1923년 졸업 후에 공산당에 가입했다.[11] 그의 비전은 공평무사하고 박식한 집단주의 사회였다. 모든 정책 결정이 과학적 원리에 따라 내려지고 전문적인 기술적 지시의 혜택을 모든 구성원이 받는 사회를 추구했던 것이다. 과학자는 그가 꿈꾸는 이상적인 사회의 엘리트였는데, 과학자한테는 '거의 독립적인 국가를 결성하고 외부세계와 상의 없이 거대한 실험을 할' 자유를 주어야 하지 않겠냐고까지 그는 제안했다.[12] 버널의 정치 노선의 이론적 기반은 마르크스주의였다. 버널과 그의 친구들이 보기에 마르크스주의는 모든 사회적, 정치적 및 경제적 문제에 대한 해답을 제공하는 체계였다.

버널과 동료들은 다른 동료들을 마르크스주의로 사상을 바꾸려고 했는데, 처음에는 진척이 느렸다. 아마도 러더퍼드와 같은 온건파들의 저항 때문이었던 듯하다. 러더퍼드는 버널을 케임브리지의 다른 누구보다도 더 경멸했는데, 그런 활동을 하는 것도 그렇고 성적으로 문란한 사람이기도 했기 때문이다.[13] 정식 공산당원이라는 의혹이 너무 심해지는 바람에, 버널은 캐번디시에서 전업으로 일하기 시작한 때인 1927년에 당원 자격을 포기하기로 했다. 그 이후로는 아마도 동료들 중 누구도 공식적으로 공산당에 가입하지 않은 듯하다.[14]

카피차는 비록 버널과 정치관이 상당히 일치했지만, 선배 동료들을 등지게 만드는 실수를 저지르지 않았다. 그래서 연구소에서 정치 이야기로 러더퍼드의 심기를 건드리지 않게 조심했다. 하지만 카피차는 디랙과 사회에 관한 정치적 비전을 공유하게 된다. 디랙은 케임브리지에 처음 왔을 때는 정치에 문외한이었지만, 뉴턴이 과학에서 이룬 업적을 사회에서 이룰 수 있는 만병통치의 과학 이론을 마르크스주의가 제공한다는 주장을 처음 듣게 되었다. 이 비전에 따르면, 모든 경제 활동은 한 이론(때로는 잔인하기도 한 시장의 보이지 않는 손을 계획적인 경제가 대체함으로써 더 나은 미래가 보장된다는 이론)을 위한 시험대가 될 수 있다. 디랙은 마르크스주의자들이 교육과 산업화를 강하게 지지하고 반면에 종교에는 비난을 퍼붓는다는 것을 알아차렸을지 모른다. 그런 주제들은 디랙이 물리학 바깥의 세상에 관심을 갖게 만들었고, 곧 디랙의 중요한 관심사로 등장하게 되었다.

***

총파업 동안 디랙은 박사학위 논문 작성에 몰두했다. 양자역학에 관한 자신의 비전을 간결하게 요약한 내용이었다. 그 이론을 제대로 이해하고 있다고 확신하긴 했지만, 논문을 쓰는 도중에 알고 보니 그게 전부가 아니었다. 왜냐하면, 최근에 양자론에 관한 대안적인 버전이 등장했는데 그건 하이젠베르크의 이론과 완전히 달라 보였기 때문이다. 그 새로운 버전의 저자는 오스트리아의 이론물리학자로서 취리히 대학교에서 연구하던 에르빈 슈뢰딩거였다. 하이젠베르크와 디랙보다 한 세대 위인 서른여덟 살인 그는 뛰어난 박식가로 유럽에서 명성이 자자했다.

슈뢰딩거는 자신의 양자론을 하이젠베르크와 독립적으로 몇 주 후에 발견했는데, 이는 디랙이 감탄하긴 했지만 진지하게 여기지는 않았던 드 브로이의 물질파 이론을 바탕으로 세워진 것이었다. 1925년 크리스마스 휴가 기간에 스위스의 산에서 애인과 바람을 피우면서, 슈뢰딩거는 양자의 행동을 파동의 관점에서 기술하는 방정식을 작성하고 그것을 일련의 놀라운 논문들에 적용했다. 그의 업적은 드 브로이의 아이디어를 일반화했다는 것이다. 드 브로이라는 젊은 프랑스인의 이론은 오직 외력이 작용하지 않는 물질의 경우에만 적용되었지만, 슈뢰딩거의 이론은 임의의 상황에 있는 모든 물질에 적용되었다.

슈뢰딩거 이론의 크나큰 장점은 사용하기 쉽다는 것이다. 하이젠베르크 방식에 나오는 추상적 수학에 질겁한 많은 과학자들이 보기에 슈뢰딩거 이론은 낯익은 개념이어서 좋았다. 그의 이론은 대다수 물리학자들이 학부생일 때 수면파 및 음파를 배우면서 터득했던 방정식과 매우 닮은 형태였다. 더군다나 슈뢰딩거 이론에서 원자는 적어도 어느 정도까지는 시각화가 가능했다. 대략 비유해서 말하자면, 원자의 에너지 준위들은 한쪽 끝을 고정하고 다른 쪽 끝을 흔들 때 밧줄에 생길 수 있는 파동들에 대응했다. 흔드는 사람은 밧줄에 하나의 반파장 파동half-wavelength(가령, 위아래로 한 번 운동하는 마루)을 만들 수도 있고, 밧줄을 더 세게 흔들어서 두 개의 반파장 파동을 만들거나 세 개 또는 네 개, 이런 식으로 계속 더 많은 개수의 반파장 파동을 만들 수 있다. 이런 파동 패턴 각각이 밧줄의 특정 에너지에 대응한다고 볼 수 있듯이, 원자가 가질 수 있는 각각의 슈뢰딩거 파동이 그 원자의 에너지 준위에 대응하는 것이다. 이 슈뢰딩거 파동의 의미는 불확실했다. 발견자인 슈뢰딩거 스스로도 확신은 하지 못한 채로, 그런 파동이 원자핵 주위를 도는 전자의 전하 분포 값이 아닐까라고 여겼다. 이 파동은 속성이 무엇이든 간에, 수학 실력이 부족한 이들에게 하이젠베르크의 행렬보다 직관적으로 더 끌렸다. 그런데 슈뢰딩거가 자신의 이론이 하이젠베르크와 똑같은 결과를 내놓았다는 잠정적 증명을 제출하자 다들 안도했다(완벽한 증명은 다른 물리학자들이 2년 후에 제출했다). 겁에 질려 있던 물리학자들은 그제야 하이젠베르크의 행렬을 신경 쓰지 않아도 되었다.

처음에 디랙은 슈뢰딩거의 이론을 언짢아했다. 새로 나온 양자역학에 관한 연구를 지연시키고 다시 시작한다는 발상 자체에 분개했기 때문이다. 하지만 박사학위 논문 작성이 막바지로 향해 가던 5월 하순에 하이젠베르크한테서 편지가 한 통 날아왔다. 슈뢰딩거의 이론을 진지하게 살펴보라는 내용인데 꽤 설득력이 있었다. 이 현명한 조언이 하이젠베르크한테서 나왔다는 것은 역설적이다. 왜냐하면 슈뢰딩거와 경쟁자인 그는 6월 초에 볼프강 파울리에게 이런 내용의 편지를 보냈기 때문이다. '슈뢰딩거 이론의 물리적 부분을 살펴보면 볼수록 더더욱 역겨워져. 자기 이론이 시각화를 가능하게 한다는 그의 주장도 딱히 옳은 것 같지가 않아. 달리 말해서, 그건 헛소리라고.' 하이젠베르크가 어떻게 보건 간에, 슈뢰딩거는 상당한 이점이 있었다. 하이젠베르크 이론의 수학적 난해함이 없는 데다 양자도약 개념을 배제했기 때문이다. 두 이론가는 한 달 후 뮌헨에서 열린 북적북적한 세미나에서 처음 만나 서로 얼굴을 붉혔다. 이 첫 번째 대립을 시작으로 둘은 장기간의 신랄한 논쟁을 이어가게 된다.[15]

디랙은 박사학위 논문인 「양자역학」(이 주제에 관해 제출된 최초의 논문)에서 슈뢰딩거의 이론을 무시했다. 논문은 심사위원들한테 크게 인정을 받았다. 위원 중 한 명인 에딩턴이 6월 19일 손수 수학과 학위 심의 위원회를 대표하여 친서를 보내올 정도였으며, '탁월한' 연구라며 디랙을 칭찬했다.[16] 디랙은 축하나 행사를 싫어해서 학위 수여식에 참석할 마음이 거의 없었다.

가지 않아도 학위를 받을 수 있지만 자랑스러워하는 부모를 위해서 참석하기로 마음먹었다. 특히 케임브리지에서 공부할 수 있도록 학비를 보태 준 아버지를 생각해서였다.

디랙의 부모와 여동생 베티도 새벽 4시에 출발했다. 대학교의 평의원회관에서 디랙이 학위를 받는 모습을 지켜보기 위해 그 이른 시간에 기차를 타고 패딩턴을 거쳐 케임브리지에 도착했다. 행사의 면면은 그 대학교가 애초에 수도원 같은 분위기에서 비롯되었음을 여실히 드러냈다. 산족제비 모피 깃이 달린 의복 차림의 대학 부총장이 행사를 주재했는데, 그는 다른 학교 당국자들과 마찬가지로 라틴어로만 말했다. 디랙으로서는 한 단어도 알아들을 수가 없었다. 흰 나비넥타이가 달린 예복을 입고 작은 검은 모자를 쓰고 진홍색 줄이 쳐진 두건이 달린 검은 비단 가운을 두른 채, 디랙은 벨벳 방석 위에 무릎을 꿇었다. 디랙이 양손을 함께 모아 앞으로 뻗자 부총장이 잡아주면서 기도 비슷한 식사式辭를 건넸다. 박사가 된 디랙이 자리에서 일어났다.[17]

그 무렵은 지난 5년 동안 케임브리지에서 가장 습한 6월이었지만, 학위 수여식 당일에는 비가 멎었다. 학생들과 부모들이 북적대어 도시는 활기가 가득했다. 디랙은 대학교의 전통인 노섯기를 배우지 못했다. 그래서 디랙과 가족은 다른 이들이 바닥이 평평한 배를 저어 잔디밭과 야외 마당을 거쳐 화려한 단과대학들과 채플 건물들을 지나가는 모습을 멀거니 바라만 보았다.

디랙 가족은 일요일 새벽 4시에 집에 도착했다. 즐거운 여행이었지만, 비용 때문에 아버지의 심사가 틀어졌다. 어머니는 아들한테 편지를 보냈다. '아버지 말씀이 8파운드가 들었다는구나. 그래서 이번 나들이를 여름휴가로 친다고 하시더라.'[18] 어머니로서는 최고의 여름이었지만, 아들이 핼쑥하고 쇠약해 보이던 모습이 마음에 걸렸다. '푹 쉬고 잘 먹고 건강해졌으면 좋겠구나. 그렇게 해 보렴!' 평소처럼 디랙은 귀담아듣지 않았다. 아버지처럼 그도 휴가가 필요 없었다. 긴 방학은 쉬는 날이 아니라 열심히 연구하는 날이었다. 대학교는 여름 방학에 들어가기 직전이었기에, 남은 소수의 학자들은 사람들을 상대할 일이 거의 없게 되었다. 디랙한테는 더욱 집중해서 연구에 집중하기에 완벽한 환경이었다. 하이젠베르크와 슈뢰딩거는 이미 보석 가방을 더듬기 시작했고, 다이아몬드를 먼저 빼내기 위한 경쟁이 달아오르고 있었다.

***

디랙은 하숙집을 떠나서 대학교 건물 내의 연구실로 거처를 옮겼다. 거기서 찌는 듯한 7월 동안 자기 책상에서 연구에 몰두하여 자연에 관한 심오한 통찰을 얻어냈다.[19] 알고 보니 그가 슈뢰딩거 이론을 경계한 것은 잘못이었다. 자기도 고전역학과 양자역학 사이의 관련성에만 너무 집착하지 않았더라면 자신의 이론을 이용하여 슈뢰딩거 방정식을 유도해낼 수 있었기 때문이다. 이제 편견을 벗어던지고 새로운 열정으로 연구를 진행할 수 있게 되었다. 그는 시간이 흘러도 일정하게 유지되는 경우에만 적용된 슈뢰딩거 방정식의 첫 번째 버전을 시간에 따라 변하는 상황(가령 변동하는 자기장 속에 놓인 원자)에까지 일반화시키는 법을 설명했다. 슈뢰딩거도 독자적으로 그러한 일반적 방정식을 작성했는데, 이 방정식은 (전적으로 공정하지 않게도) 그의 이름을 따서 명칭이 붙었다.

몇 주 동안 슈뢰딩거 방정식을 완전히 이해한 다음에 디랙은 그걸 이용하여 과학에 자신이 남긴 가장 유명한 업적을 내놓았다. 그것은 자연에 존재하는 가장 기본적인 입자들에 관한 내용인데, 그런 입자들은 더 이상의 구성요소들이 없다고 보아서 '기본' 입자라고 불린다. 대표적인 예가 광자와 전자이다. 오늘날에는 실험을 통해 밝혀진 두 가지 사실이 기본 입자에 관한 연구의 토대를 이룬다. 첫째, 각 유형의 기본 입자에 대하여, 우주 내의 개별 입자 각각은 동일한 유형의 다른 모든 입자들과 똑같다. 지구에 있는 모든 원자 속의 각각의 전자는 수백만 광년 떨어진 은하 내의 각각의 전자와 구별이 불가능하다는 뜻이다. 전구에서 매초 방출되는 수조 개의 광자 또한 까마득히 먼 별에서 오는 광자와 똑같다. 전자와 광자의 경우 여러분이 단 한 개를 보았다면, 다른 모든 전자와 광자를 다 본 셈이다. 둘째, 기본 입자의 유형들은 두 가지 부류로 나뉘는데, 마치 거의 모든 인간을 남성이나 여성으로 나눌 수 있는 것과 같다. 첫 번째 부류의 대표적인 예는 광자이고, 두 번째 부류의 대표적인 예는 전자다. 1926년에는 기본 입자에 두 가지 부류가 있음을 아무도 몰랐다.

전자와 광자는 첨예하게 대조적인 행동을 보인다. 가령 한 원자 내의 전자 집단의 경우 각각의 사용 가능한 에너지 상태는 **2개보다 많은 전자**를 수용할 수 없다. 광자의 경우는 전혀 다르다. 각각의 에너지 상태는 모든 개수의 광자를 수용할 수 있다. 이 차이를 시각화하기 위해 한 쌍의 책장을 상상해보자. 수평 책꽂이들이 에너지의 오름 순으로 차곡차곡 아래에서 위로 쌓여 있는 책장이다. 서가에서 높은 곳일수록 그 위치에 대응하는 에너지도 더 높다는 뜻이다. '전자 책장'의 책꽂이들은 전자가 사용할 수 있는 에너지 상태들을 나타내며, '광자 책장'의 책꽂이들은 광자가 사용할 수 있는 에너지 상태들을 나타낸다. '전자 책장'의 경우 각 책꽂이는 최대 두 권의 책을 수용할 수 있다. 일단 책꽂이가 차면 다른 책은 더 이상 들어올 수 없다. '광자 책장'은 각각의 책꽂이가 임의의 개수의 책을 수용할 수 있기 때문에 상황이 다르다. 비유하자면, 전자는 비사교적이고 광자는 사교적인 성격인 셈이다.

파울리가 1925년에 최초로 전자들이 어울리기 싫어한다는 사실을 알아차리고서 배타 원리를 제시했다. 이 원리는 왜 한 원자 속의 모든 전자들이 동일한 최저 에너지 준위 궤도로 원자핵 주위를 돌지 않는지를 설명해냈다. 그 이유는 전자들은 동일한 에너지 상태에 속할 수가 없기 때문이다. 파울리의 배타 원리로 인해 전자들은 더 높은 에너지 상태들에 차곡차곡 채워질 수밖에 없다. 바로 이 때문에 서로 다른 원자(서로 다른 화학 원소)마다 특성이 다르다. 흔히 알고 있듯이 네온은 기체이고, 나트륨은 고체다. 하지만 네온 기체의 원자들은 나트륨 원자들과 매우 비슷하다. 차이라고는 나트륨 원자가 네온 원자보다 전자가 하나 더 많다는 것뿐이다. 이 여분의 전자가 두 원소 사이의 차이를 결정하는데, 파울리 배타 원리는 왜 나트륨의 여분의 전자가 다른 전자들과 함께 어울려서 거의 동일한 유형의 원자를 구성하지 않는지 설명해준다. 여분의 전자는 더 높은 에너지 양자 상태에 속하게 되고, 이로 인해서 두 원소의 특성에 차이가 생기는 것이다. 똑같은 이유로, 만약 배타 원리가 없다면 이 세계에는 우리가 당연하게 여기는 온갖 종류의 형태, 질감 및 색깔이 존재하지 않게 되었을 것이다. 우리의 감각이 지각할 대상이 없을 뿐만 아니라, 아예 그런 대상 자체가 존재하지 않을 테다. 더군다나 인간이라든가 생명 자체도 존재하지 않을 것이다.

디랙은 배타 원리의 위력을 알고 있었다. 하지만 그가 비숍 로드 스쿨에서 했던 화학 실험이 원자 수준에서 무슨 일이 벌어지는지를 이론물리학자들이 제대로 이해할 수 있으려면 훨씬 더 많은 내용이 밝혀져야 했다. 비숍 로드 스쿨에서 배운 화학은 원소 및 기타 물질들이 어떻게 행동하는지를 설명하는 일이었다. 이제 관건은 그런 현상에 관한 설명을 넘어서서 보편적인 법칙의 관점에서 화학 실험을 설명하는 일이었다. 양자역학이 바로 그렇게 하겠다고 약속했지만, 1926년으로서는 그 이론을 한 개보다 더 많은 전자를 지닌 원자들, 이른바 '무거운 원자들'에 적용하기조차 불가능했다.

대학 내 자신의 연구실에서 디랙은 슈뢰딩거 파동이 어떻게 무거운 원자들을 기술할 수 있을지 그리고 파울리 배타 원리가 얼마나 중요한지를 고찰했다. 디랙은 하이젠베르크가 주창하던 교리를 늘 마음속에 품고 있었다. 이론은 오직 실험물리학자가 측정할 수 있는 양의 관점에서만 세워져야 한다는 교리였다. 그는 한 원자 내의 두 전자를 기술하는 슈뢰딩거 파동들을 고찰하면서, 만약 전자들이 위치를 서로 바꾸면 각각의 파동이 달라질지가 궁금했다. 어떤 실험으로도 그 차이를 알아낼 수 없으리라고 그는 결론 내렸는데, 왜냐하면 그 원자에서 나오는 빛이 두 경우 모두 똑같을 것이기 때문이다. 그가 알아차린 바에 의하면, **전자를 기술하는 방법은 임의의 두 전자가 위치를 바꿀 때 부호가 달라지는 속성을 지닌 파동을 통해서였다.** 몇 쪽에 걸친 대수 계산에서 그는 이 아이디어를 이용하여, 전자들의 무리가 사용 가능한 에너지 상태들을 채울 때 어떻게 에너지가 전자들 사이에서 공유되는지를 알아냈다. 디랙이 그해 여름에 유도해 낸 공식은 오늘날 금속과 반도체를 연구하는 과학자들이 매일 사용하고 있다. 그런 물질 속에서 열과 전기의 흐름은 디랙의 공식에 따라 집단적으로 춤을 추는 전자들에 의해 결정된다.

하지만 응용은 디랙의 관심사가 아니었다. 자연이 가장 근본적인 수준에서 어떻게 작동하는지 그리고 전자를 기술하는 파동과 광자를 기술하는 파동 사이에 왜 뚜렷한 차이가 있는지를 이해하는 것에만 관심이 있었다. 그의 결론은 이랬다. 만약 두 전자가 위치를 서로 바꾼다면 전자들의 집단을 기술하는 파동은 부호가 바뀌지만, 광자들의 집단을 기술하는 파동은 정반대로 행동한다. 즉, 두 광자가 위치를 서로 바꾸어도 파동은 부호가 바뀌지 않는다.

이 결론은 그가 흑체복사를 대상으로 하다가 중단했던 연구 결과와 깔끔하게 맞아떨어졌고, 덕분에 그는 양자역학의 가장 난해한 문제 하나를 설명할 수 있게 되었다. 그건 아인슈타인도 이해하지 못하고 있던 문제였다. 디랙이 처음에 브리스틀에서 틴돌의 강의를 들었을 때, 이미 양자론은 플랑크가 에너지는 양자로 표현된다고 제시했던 1900년 말경에서 한참이 지났다. 그런데도 문제는 아무도 양자역학이라는 새 이론이 플랑크의 공식을 어떻게 설명하는지 몰랐다는 것이다. 형이 죽은 지 여러 달이 지난 시점에 디랙은 문제 해결의 실마리를 놓치고 말았는데, 자신의 이론적 도구들이 부적합했기 때문이었다.[20] 이제야 그는 흑체복사 스펙트럼을 설명하는 데 필요한 도구를 발견했다. 바로, 임의의 두 광자가 서로 위치를 바꿀 때 광자를 기술하는 파동이 변하지 않는다는 사실이었다. 디랙의 공책에 적힌 두 쪽짜리 계산이 마침내 25년 동안 이어진 연구 프로젝트에 종지부를 찍었다. 자신이 특별한 것을 해냈음을 분명 알았을 텐데도 그는 부모한테 알리지 않기로 했다. 7월 27일, 그가 주마다 보내는 엽서에는 이렇게 적혀 있었다. '지금은 딱히 드릴 말씀이 없어요'[21]

8월이 끝나갈 즈음 디랙은 자신이 발견한 새 이론에 관한 내용을 왕립학회에 보냈다. 스스로 자랑스러워할 만한 상황이었지만, 실망의 순간이 그를 기다리고 있었다. 다시 한번 논문 출간에서 누군가에게 뒤처졌기 때문이다. 10월 말 그의 논문이 발표된 지 한 달 후, 타자기로 친 짧은 편지가 로마의 한 물리학자로부터 날아왔다. 8개월 전에 전자에 관한 양자론을 발표했다는 이 물리학자는 한살 연상의 이탈리아 사람인 엔리코 페르미였다. 배워서 익힌 영어로 쓰인 짧은 편지에서 페르미는 디랙이 미처 알지 못했으리라고 여긴 자신의 논문을 언급하면서 아무 사심 없이 이렇게 마무리했다. '그걸 한 번 봐주시길 바랍니다'[22] 하지만 디랙은 '이미' 여러 달 전에 페르미의 논문을 읽고서 별로 중요하지 않다고 여겼기에, 그 논문은 안중에 없었다. 디랙의 논문이 페르미의 논문과 접근법이 매우 다르긴 했지만, 전자의 에너지에 대한 예측은 둘 다 같았다.

나중에 알고 보니, 또 한 명의 물리학자도 페르미와 비슷한 연구를 했다. 괴팅겐 대학교의 파스쿠알 요르단도 독립적으로 동일한 결과를 내놓았는데, 그걸 원고 상태로 적어서 미국으로 가는 여행길에 읽으라고 지도교수인 막스 보른한테 주었다. 보른은 그 논문을 옷가방 바닥에 쑤셔 놓고 까맣게 잊고 있다가 여러 달 후에 독일로 다시 돌아와서야 읽었다. 하지만 너무 늦었다. 오늘날 물리학자들은 전자에 대한 양자론적 설명의 원조가 오직 페르미와 디랙이라고 여긴다. 안타깝지만 여기에 요르단의 자리는 없다.[23]

***

1926년 9월 디랙은 케임브리지를 떠날 채비를 하고 있었다. 1851년 세계 박람회 왕립위원회가 수여하는 장학금을 받고서 유럽 대륙에서 1년 동안 지내기 위해서였다. '1851년 장학금 수혜자'로서 그는 하이젠베르크와 괴팅겐의 동료들과 함께 1년을 보내고 싶었지만, 파울러는 코펜하겐에 있는 보어의 이론물리학 연구소에 디랙이 가길 원했다. 둘은 절충안에 합의했다. 즉, 두 곳에 각각 반년씩 머물고, 시작은 덴마크에서 하기로 했다.

디랙은 기진맥진한 채로 코펜하겐에 도착했는데, 북해를 건너는 열여섯 시간 동안 거의 내내 토하고 있었기 때문이다.[24] 이 경험을 통해 그는 놀라운 결심을 하게 된다. 뱃멀미의 약점을 극복할 수 있을 때까지 폭풍우 치는 바다를 계속 여행하기로 결심한 것이다. 깜짝 놀란 동료 네빌 모트는 이렇게 말했다. '추위나 불편함 또는 음식 등에 전혀 개의치 않았다 (…) 디랙은 약간 간디 비슷한 사람이었다'[25]

8장

1926년 9월부터 1927년 1월까지

프랜린 씨 : (…) 바로 이 가게에서 30분 남짓 전에 산 이 앵무새에 문제가 있는 것 같아요.

애완동물 가게 주인 : 아 네, 그, 음, 노르웨이젼 블루 말이군요 … 무슨, 음, … 무슨 문제가요?

프랜린 씨 : 뭐가 문제가 하면요. 죽었어요. 그게 문제예요!

〈몬티 파이턴의 플라잉 서커스 *Monty Python's Flying Circus*〉(1970년)의 대사

(각본 : 존 클리스와 그레이엄 챕맨)

몬티 파이턴의 유명한 장면은 디랙이 코펜하겐에 도착한 직후 러너버드가 보어에게 이야기해 준 우화와 신기하게도 닮았다. 보어는 이렇게 투덜댔다. '디랙이라는 이 친구는 물리학을 잘 아는 것 같긴 한데, 도통 말을 하지 않아.' 사정을 잘 알던 러더퍼드는 보어의 불평을 누그러뜨리려고 애완동물 가게에서 앵무새를 산 남자 이야기를 했다. 그 남자는 앵무새를 가르치려고 해도 성과가 없었다. 그러자 다시 앵무새를 데리고 가게로 가서는, 말을 할 줄 아는 다른 앵무새로 바꿔 달라고 했다. 주인은 어쩔 수 없이 그렇게 했고, 남자는 새 앵무새를 집으로 데려갔지만 이번에도 앵무새는 말을 하지 못했다. 결국 남자는 단단히 화가 나서 다시 가게를 찾아가서 이렇게 말했다. '말하는 앵무새라고 해 놓고선, 이번에도 말을 안 하잖아요.' 가게 주인은 잠

시 말이 없더니 손으로 자기 머리를 때리고 나서 말했다. '아, 맞아요! 말하는 앵무새를 원하셨죠. 죄송합니다. 제가 깜빡했네요. 생각하는 앵무새를 드렸지 뭐예요.'[1]

디랙은 코펜하겐에서 많은 생각을 했는데, 대체로 혼자 했다. 보어 연구소에 있는 어느 누구도 디랙처럼 과묵한 사람을 본 적이 없었다. 이론물리학자의 기준에서 보더라도 그는 대단히 특이하고 비사교적인 성격이었고, 혼자 있거나 가만히 듣고만 있을 때 가장 행복한 사람이었다. '예/아니오'로만 답하는 그의 기질을 알고서 보어는 루이스 캐럴의 『거울나라의 앨리스Alice through the Looking Glass』에 나오는 장면이 떠올랐다. 앨리스가 고양이와 대화하기의 어려움을 토로하는 대목이었다. '만약 고양이가 그르릉대면 "예"란 뜻이고, 야옹하면 "아니오"라는 뜻이거나, 뭐 그런 비슷한 규칙이라면, 대화가 가능해! 하지만 늘 똑같은 말만 한다면 도대체 어떻게 상대해야 하지?'[2] 하지만 가끔씩 디랙도 이진법 응답을 확장시킬 때가 있었다. 보어나 보어 친구가 짜증을 내거나 이거든 저거든 좋아하는 걸 대보라고 재촉하면, 다음과 같은 퉁명스러운 말로 그런 심문을 끝냈다. '전 뭐든 상관없어요.'[3]

놀랍게도 디랙은 케임브리지의 딱딱한 분위기와는 딴판인 그 연구소의 우호적이고 딱딱하지 않은 분위기에서 잘 지냈다.[4] 보어는 1921년 연구소를 개설한 후로 그런 화기애애한 분위기를 만드는 데 각별히 공을 들였다. 도시의 북서쪽 가장자리의 넓은 직선 도로인 블레그템스브지Blegdamsvej에 위치한 그 연구소는 바깥에서 보면 도시의 다른 새 건물과 다를 바 없이 평범해 보였다. 하지만 연구소 내부의 분위기는 독특했다. 하루 대부분 진지한 태도로 수준 높은 토론이 이어졌다. 독립성을 존중해주면서도 협동 연구를 북돋웠다. 연구소 행정은 터무니없는 관료주의가 없어서 효율적이었다. 보어는 동료들이 함께 휴식을 취하도록 권장했다. 장난스러운 놀이를 하거나, 도서관 책상을 탁구대로 쓰거나, 밤에 영화 관람을 한 다음에 밤늦도록 열띤 토론을 이어가는 식이었다. 양자물리학은 이런 물리학자 세대가 만들어내고 있었으며, 그들도 그 사실을 알았다. 연구소에 속한 과학자마다 새로 등장한 양자역학에 의미 있는 역할을 하길 바랐다. 시시한 결과를 내는 것이 아니라 **불멸의 가치를 지닌 통찰을 내놓기를 저마다 갈망했다.** 다들 자신들의 연구 논문이 역사의 한 페이지를 장식하기를 염원했다.

보어는 덴마크의 국가적 영웅이었지만, 겉으로는 티가 나지 않았다. 소탈하지만 위엄 있는 모습이었는데, 마치 청어잡이 배의 선장을 그만둔 사람처럼 보였다. 그의 깊이 있고 다재다능한 면모에 디랙은 큰 감동을 받았으며, 디랙이 보기에 보어는 최고의 물리학자가 예술, 주식시장, 심리학 및 기타 어느 분야에도 활발한 관심을 쏟을 수 있다는 산증인이었다. 디랙의 은사인 러더퍼드처럼 보어도 자연의 작동 방식에 대한 탁월한 직관력과 더불어 젊은 제자들한테서 최상의 능력을 뽑아내는 참된 재능을 지닌 인물이었다. 특별한 손님이 오면 보어는 손님을 데리고 도시 바로 외곽에 있는 클람펜보르 숲의 벚꽃나무 사이를 산책했다. 새로 온 동료의 잠재력을 가늠해보고 물리학에 대한 자신의 비수학적 접근법을 넌지시 알려주기 위해서였다. 대다수 젊은 물리학자들은 러더퍼드한테 푹 빠지듯이 보어한테도 푹 빠졌다.

보어와 그의 위엄 있는 아내 마르그레테는 연구소의 일상을 마치 호스텔의 지배인처럼 신경 써서, 손님들이 편안하게 지낼 수 있도록 최선을 다했다. 보어는 종일 파이프에 불을 붙여가며 대화를 나누느라 여념이 없었다. 동료 한 명 또는 여럿과 대화를 나누면서 격려도 해주고 아이디어를 발전시키도록 도왔다. 매우 예의 바른 성격이었기에, 제자들한테 자세히 물어볼 때에도 '비판을 하자는 게 아니라 나도 배우려는 걸세'라는 말을 입에 달고 살았다.[5] 보어는 원자물리학계의 소크라테스였기에, 따라서 코펜하겐은 원자물리학계의 아테네인 셈이었다.

디랙은 도시 중심부의 하숙집에 임시로 거처했다. 브리스틀과 케임브리지에서처럼 정해진 규칙에 따라 살았다. 일요일을 제외하고는, 도시의 북서쪽 가장자리의 인공호수에서 줄지어 다니는 오리들과 백조들을 지나 매일 30분을 걸어 연구소에 갔다가, 하숙집에 점심을 먹으러 돌아왔다.[6] 일요일이면 숲속을 한참 거닐거나 도시 북쪽 해변을 따라 걸었는데, 보통 혼자였지만 때로는 동료들이나 보어와 함께 걷기도 했다.[7] 거기서 새로 사귄 사람 중에서 하이젠베르크(편지를 주고받을 때와 마찬가지로 호감이 가는 사람이었다)와 잘 어울렸지만 파울리와는 그렇지 않았다. 천재적인 재능이 있긴 했지만, 파울리는 물리학계에서 그다지 정이 가는 인물이 아니었다. 그는 뽐내기를 좋아했고 친구들에게조차도 무심코 심한 소리를 하곤 했다. 하지만 면박을 당한 이들조차도 그의 솔직한 성격은 인정해주었다. '바보천치 같으니!'라고 파울리는 하이젠베르크에게 거듭 외쳤는데, 정작 하이젠베르크는 덕분에 자기가 발전하는 데 도움이 되었노라고 훗날 밝혔다.[8] 디랙은 그런 취향이 아니었는데도 파울리는 틈만 나면 디랙의 자존심을 건드렸다. 하지만 디랙은 불편하다는 기색을 보이지 않았다. 칭찬을 받든 비난을 받든 그는 묵묵히 앞만 바라보았고, 표정에는 대화를 나누거나 누군가를 상대하기 꺼리는 모습이 늘 역력했다.

디랙의 행동에 보어는 그다지 놀라지 않았다. 몇 년 후 디랙이 연구소에 처음 왔을 때를 한 기자에게 설명하면서 보어는 『햄릿』 속의 무덤 파는 사람의 대사를 읊조렸다. '코펜하겐에서는 영국 사람이란 으레 그런가 보다 여기지요.'[9]

양자론의 가장 곤혹스러운 문제는 여전히 이것이었다. 즉, 양자론 방정식들 속의 기호가 무슨 의미인가? 여름 내내 괴팅겐 대학교의 막스 보른은 슈뢰딩거의 파동들을 해석하면서, 임의의 입자의 미래 상태가 원리상으로 언제나 예측될 수 있다는 고전적 원리를 포기했다. 보른은 전자가 목표물에 부딪힌 후 산란하는 현상을 고찰했다. 그가 주장하기를, 전자가 얼마만큼 휘는지를 정확히 예측하기는 불가능하지만, 전자가 어떤 각도만큼 산란하는 확률만큼은 알 수 있다고 했다. 여기서 더 나아가 이렇게 제안했다. 한 특정한 파동이 전자를 기술할 때, 임의의 작은 영역에서 전자를 탐지할 확률은, 대략적으로 말해서 그 영역에 있는 파동의 '크기'를 그 자신과 곱하는 단순한 계산에서 도출된다.[10] 보른에 따르면, 그 파동은 전자의 미래 행동의 가능성을 예측할 수 있게 해주는 수학적인 가상의 양이다. 이는 뉴턴 우주관의 기계적 확실성과 정면으로 배치되는 개념으로써, 미래는 과거에 의해 결정된다는 수백 년을 내려온 개념에 종지부를 찍었다. 디랙 등 다른 이들도 똑같은 생각을 했지만, 처음 발표한 사람은 보른이었다. 하지만 보른조차도 처음에는 그 중요성을 완전히 알아차리지는 못했던 듯하다. 논문에서 그 개념을 소개하면서도, 오직 주석에서만 언급했으니 말이다.

보른의 양자 확률은 연구소의 누구에게도 새로운 소식이 아니었던 듯하다. 특히 보어가 가장 심한 편이었는데, 그는 이렇게 말했다. '아무도 그렇지 않으리라고 생각한 적이 없네.' 그렇기는 해도 보어든 다른 누구든 그 개념을 발표하는 게 좋겠다고 생각하지 않은 이유는 불확실하다.[11] 양자역학의 확률 기반 해석이 어디에서 비롯되었든 간에, 물리학계에 속한 이들은 1926년 가을쯤에는 누구나 그걸 이야기하고 있었다. 그리고 보어와 디랙이 처음 나눈 '대화'의 주제도 바로 그것이었다. 디랙이 도착한 지 몇 주 밖에 안 되어 슈뢰딩거가 연구소에 찾아와서는, 양자파동 및 양자도약의 개념에 관한 보른의 해석이 터무니없는 것이라고 단언했다. 한번은 보어한테 달달 볶인 후에 슈뢰딩거는 혼이 빠져서 침대에 가서 쉬고 있었는데, 하지만 그곳이 피난처가 되지는 못했다. 보어가 침상까지 쫓아와서 다시 심문을 시작했으니까.[12]

디랙은 그런 줄기찬 질문 공세에 잘 대응하지 못하는 편이었지만, 그래도 가을에 함께 산책하는 동안 보어랑 죽이 잘 맞았다. 보어는 논점마다 일일이 상세하게 말하려고 애썼지만 디랙은 거의 말이 없었는데, 해답은 마치 유령처럼 늘 그의 이해력의 범위를 벗어나 있었다. 10월 어느 날 산책길에 보어는 디랙이 영국 고전문학에 관심이 있겠거니 싶어서 그를 『햄릿』의 무대인 크론보르 성으로 데려갔다. 덴마크와 스웨덴 사이의 바다를 내려다보고 있는 성이다. 시인(셰익스피어)은 둘이 주고받은 말을 들었다면 재미있어 했을 것이다. 어투도 서로 달랐고 과학을 포함해 다른 온갖 주제에 대한 접근법도 서로 정반대였으니 말이다. 철학은 보어의 교육에서 중요하고 필수적인 부분이어서, 그는 철학을 진지하게 여겼다. 보어가 말을 통한 이해를 추구한 반면에 디랙은 말은 기만적이라고 여겼고, 참된 명료성은 수학적 기호로만 얻을 수 있다고 믿었다. 오펜하이머가 훗날 종종 말했듯이, 보어는 '디랙이 말을 대하듯이 수학을 대했는데, 즉 자신을 다른 사람들에게 이해시키기 위한 수단이라고 간주했을 뿐입니다. 디랙에겐 그럴 필요가 거의 없지만요.'[13]

둘은 함께 연구할 가망이 전혀 없었다. 이는 디랙이 연구소에 온 초창기에 보어가 논문 작성을 도와달라고 디랙을 자기 연구실에 불렀을 때 명백하게 드러났다. 그건 보어의 평소 습관이었다. 즉, 후배 과학자를 자신의 필경사로 며칠 동안 부려먹는 것이었다. 보답이라고는 그런 부탁을 받는다는 것 그리고 보어와 함께 점심을 먹는다는 영예였다. 하지만 그런 일도 짜증이 나지 않을 리가 없었다. 한 문장을 입 밖에 내자마자 보어는 자신이 의도한 뜻에 더 가까운 듯한 (하지만 아닐 수도 있는) 다른 문장이 좋다면서 처음 문장을 수정하거나 삭제하거나 단서를 붙이라고 했다. 그런 식으로 힘겨운 받아쓰기가 계속되다 보니 일관된 결론에는 결코 다다르지 못했다. 디랙은 보어의 엉망인 문장들을 가다듬어서 깔끔한 산문으로 변화시키느라 허송세월할 만큼 한가한 사람이 아니었다. 디랙은 보어와의 첫 번째 받아쓰기가 시작된 직후에 이렇게 단언했다. '학교에서 저는 끝내는 법을 알기 전에는 문장을 시작하지 말라고 배웠습니다.' 덕분에 보어의 대필자 역할은 약 30분 만에 끝났다.[14]

저녁에 연구소의 젊은 물리학자들 대다수는 영화 관람을 하러 가거나 하숙집에서 핫도그나 맥주를 들이켜며 쉬었다. 하지만 디랙은 밤시간을 길고 고독한 산책을 하면서 보내길 더 좋아했다. 저녁을 먹은 후 숙소에서 나와서 전차를 타고 종점까지 간 다음에, 양자물리학의 문제들을 곰곰이 생각하면서 코펜하겐 거리를 걷다가 다시 숙소로 돌아왔다.[15] 아마도 그는 자신이 19세기 철학자 쇠렌 키르케고르가 밟았던 길을 따라 걷고 있다는 사실을 몰랐을 것이다. 키르케고르는 기독교 실존주의의 선구자이자 사상만큼이나 기행으로 덴마크인들한테 유명했던 철학자였다.[16] 키르케고르는 집안에서 몇 시간 동안 오가면서 그리고 고향 도시의 거리에서 매일 하는 '사람 목욕'을 하는 동안 생각을 곱씹었다. 1830년대 중반부터 20년 동안 코펜하겐 시민들은 등이 구부정한 귀족이 접힌 우산을 팔꿈치 사이에 끼우고 테 넓은 모자를 쓴 채 돌아다니는 모습을 보았다. '나는 황홀한 생각 속을 거닐었다'라고 그는 말했는데, 이 말은 훗날 노령의 디랙이 했던 말 그대로다.[17] 하지만 거리에서 지나치는 사람들을 대하는 둘의 태도는 달랐다. 디랙은 지나는 사람들한테 아무 말도 안 했지만, 키르케고르는 자기 마음속의 생각을 물어서 행인들을 깜짝 놀라게 하곤 했다. 소크라테스의 전통을 따른 행동이었는데, 그를 가리켜 키르케고르는 '우연한 만남의 대가'라고 불렀다.[18]

낮 동안 디랙은 대부분의 시간을 도서관에서 공부하면서 보냈는데, 가끔은 도서관 옆에 붙은 '정기간행물실'에서 최신 잡지를 읽거나 세미나에 참석했다. 연구소의 젊은 덴마크 물리학자인 크리스티안 묄레르Christian Møller가 보기에 디랙은 산만하고 고독했다.

종종 그는 도서관의 가장 안쪽 실에 가장 불편한 자세로 혼자 앉아 있었는데, 생각에 골몰하고 있었던지라 혹시 방해가 될까봐 우리는 근처에 다가갈 엄두가 나지 않았다. 똑같은 자리에서 종일 죽치고 앉아서 차근차근 논문을 썼는데, 아무하고도 접촉하지 않았다.[19]

도서관에서 디랙은 이후 자신의 가장 유명한 통찰로 인정받게 될 것을 만지작거리고 있었다. 하이젠베르크의 양자론 버전과 슈뢰딩거의 버전 사이의 관련성을 파헤치고 있었던 것이다. 두 이론이 동일한 결과를 내놓는다는 건 누구나 알았지만, 둘은 일본어와 영어만큼이나 달라 보였다. 디랙은 두 언어가 서로 번역될 수 있도록 해 주는 규칙을 찾아내서, 둘 사이의 관계를 밝혀냈고 슈뢰딩거 방정식을 새롭게 조명해냈다. 알고 보니 슈뢰딩거 파동은 겉보기만큼 대단히 불가사의하지는 않았고, 다만 한 양자(전자 또는 다른 임의의 입자)의 에너지 값에 관한 서술을 위치 값에 관한 서술로 변환해주는 수학적 양이었을 뿐이다. 또한 디랙의 이론은 슈뢰딩거 파동에 대한 보른의 해석을 수용함으로써, 양자를 발견할 확률을 계산하는 법을 내놓았다. 디랙이 알고 보니, 관찰자가 양자의 행동에 관해 얻을 수 있는 지식도 제한적이었다. 그는 이렇게 적었다. '둘 다에 대한 수치 값(양자의 초기 위치와 운동량 값)을 묻는 양자론의 질문에는 아무도 대답할 수 없다' 그리고 두 초기 값 중 오직 하나만 알려진 질문에만 답을 내놓을 수 있으리라는 아리송한 말을 했다. 그러니까 디랙은 양자역학의 가장 유명한 원리 코앞에 다가갔지만, 이 불확정성 원리는 곧 하이젠베르크가 낚아채 버리고 만다.

　자신의 이론을 개발하면서 디랙은 기존의 수학으로는 아무 의미가 없는 새로운 수학적 개념을 도입했다. 자신이 델타 함수라고 부른 이것은 바닥에서 수직으로 솟은 아주 뾰족한 바늘을 닮은 모습이다.[20] 바닥을 제외하고 델타 함수의 값은 영이지만, 이 함수의 높이는 바닥과 함수 그래프로 둘러싸인 면적이 정확히 단위 값(1)이 되게 만드는 값이다. 디랙 자신도 알고 있었지만, 순수수학자라면 그 함수를 모순이라고 여겼을 것이다. 왜냐하면 그 함수는 수학적 논리의 통상적인 규칙을 따르지 않았기 때문이다. 디랙은 결론내리길, 그 함수는 '진정한 의미의' 함수는 아니지만 '실질적으로 양자역학의 모든 경우에 틀린 결과를 내놓지 않고서 마치 진정한 함수인 것처럼' 사용할 수 있다고 태평하게 덧붙였다. 1940년대 후반이 되어서야 수학자들은 그 함수를 대단한 개념적 도구라고 감탄하며 순순히 받아들였다.

1963년의 한 인터뷰에서 한 디랙의 말을 들어보면, 그런 새로운 함수를 내놓게 된 까닭은 자신이 공학을 공부한 덕분이었다.

> 아마도 그런 공부를 한 덕분에 선뜻 델타 함수라는 아이디어를 떠올렸던 것 같습니다. 공학적 구조에서 부하를 다룰 때 어떤 때는 분산된 부하로 취급하기도 하고, 또 어떤 때는 한 점에 집중된 부하로 취급하기도 하니까요. 글쎄, 집중된 부하든 분산된 부하든 본질적으로 동일하지만, 두 경우에 사용하는 방정식은 조금 다릅니다. 본질적으로 델타 함수라는 개념을 사용하면 그 두 경우를 통합적으로 취급할 수 있습니다.[21]

하지만 디랙의 회상은 틀렸을지 모른다. 아마도 그는 처음에 헤비사이드 한테서 델타 함수에 관한 내용을 읽었던 것 같다. 디랙이 브리스틀의 공학생이었을 때, 읽었던 교재에 헤비사이드가 야심차게 그 함수를 소개했기 때문이다.[22] 오늘날 그 함수는 디랙의 이름이 붙어 있지만, 디랙이 최초 고안자는 아니었다. 아마도 1822년 헤비사이드가 가장 좋아했던 수학자인 프랑스인 조제프 푸리에가 최초 고안자인 듯한데, 하지만 다른 여러 명도 독립적으로 그 함수를 발견했다.[23]

보어는 수학적 엄밀성에는 관심이 없었기에, 디랙이 제출한 논문 초고에서 그 내용을 읽고서도 델타 함수 때문에 혼란스러워 하지 않았다. (연구소에서 나온 논문은 모조리 보어한테서 인정을 받아야 했다) 하지만 곧 보어와 디랙은 마치 시구의 의미를 놓고서 갑론을박하는 두 시인처럼 서로 뜻이 맞지 않았다. 보어는 단어를 일일이 신경 쓰면서 꼼꼼하게 고치라고 거듭 요구했다.[24] 디랙으로서는 단어는 자기 생각을 최대한 명확히 표현하는 수단일 뿐이었기에, 적절한 단어를 찾았다면 굳이 고칠 필요가 없었다. 디랙은 T. S. 엘리엇의 다음 말에 공감했을 것이다. '그건 문장 그대로의 의미이며, 만약 내가 다른 식으로 말하고 싶었다면 다르게 말했을 것이다.'

디랙은 보통 자신의 성공을 운으로 돌렸지만, 이번에는 달랐다. 자기 논문을 가리켜 '내 사랑my darling'이라고까지 부를 정도였다.[25] 나중에 말하기로, 그는 공략하기로 했던 문제를 풀어서 무척 기뻤다고 했다. 하이젠베르크의 이론과 슈뢰딩거의 이론 사이의 관계를 밝혀냈으니 말이다. 그걸 푸는데 필요했던 으뜸 자질은 전문적인 능력과 응용력이었는데, 디랙이 보기에 특별한 영감은 필요치 않았다. 디랙이 '내 사랑'을 아주 각별히 아꼈던 또 한 가지 이유는 고전역학에서 유추하여 양자역학을 개발해낸 자신의 방법론 때문이었다. 예전에 고전역학에 대한 해밀턴의 접근법을 읽었을 때, 그는 '변환 이론'이 동일한 현상의 상이한 서술을 어떻게 관련시키는지 터득했다. 이 개념을 이용하여 하이젠베르크의 이론과 슈뢰딩거의 이론 사이의 관계를 밝혀냄으로써 디랙은 두 이론을 함께 살려낸 셈이었다.

만약 디랙이 그 논문으로 해당 분야의 선구자로 홀로 우뚝 서길 바랐다면, 곧 실망하게 되었을 것이다. 그 해 늦가을에 논문의 교정쇄를 받기 전에 파스쿠알 요르단이 똑같은 문제를 풀었다는 소식을 들었다. 비록 디랙의 접근법과 서술 방식이 더 아름답고 사용하기 쉽긴 했지만, 두 논문은 실질적으로 똑같은 내용이었으며 결과도 동일했다. 그래서 비록 양자역학 분야에 또 한 가지 업적을 (그 해 자신의 두 번째 업적) 내놓게 되지만, 아직은 그 이론에 독보적으로 혁신을 불러일으키지는 못한 상태였다. 하지만 자신을 인정해주는 저명한 인물들을 얻은 것이 큰 성과였다. 비록 그들 대다수가 디랙이 보여준 논리와 직관의 독특한 조합을 이해하느라 무척 애를 먹긴 했지만 말이다. 그런 인물 중 한 명이 알베르트 아인슈타인Albert Einstein이었다. 아인슈타인은 한 친구에게 이렇게 말했다고 한다. '디랙 때문에 애먹고 있네. 천재성과 광기 사이에 있는 아찔한 길 위에서 이렇게 균형을 잡고 있다니, 정말 감탄스럽네.'[26]

***

크리스마스 직전의 어느 날 저녁 디랙의 하숙집에 전화기가 울렸다. 하숙집 주인은 수화기를 건네주면서 보어 교수라고 했다. 그는 전화기를 여태 써 본 적이 없어 처음 경험한 일이었다.[27] 디랙이 크리스마스 휴일을 혼자 보내는 걸 알고서, 보어는 자기 집에 와서 함께 크리스마스를 보내면 어떻겠냐고 물었다. 디랙은 좋다고 했는데, 자기 부모한테는 그 사실을 알리지 않았다. 디랙의 부모는 그해 가을의 때이른 추위에 떨고 있었고, 집에 전기 시설을 설치하느라 한동안 정신없는 날들을 보내다, 이제 막 한숨을 돌리는 상황이었다. 디랙의 어머니는 아들에게 일을 적게 하고, 먹기를 많이 하라는 아무 소용없는 말을 또 꺼냈고 ('네가 푹 쉬고 셰익스피어의 햄릿처럼 포동포동히면 좋겠구나'), 처음으로 자신은 불행하고, 다람쥐 쳇바퀴 도는 집안 생활에 질렸다고 털어놓았다. 어떻게든 자아실현을 해보겠다는 마음에, 아버지가 집에 없을 때면 어머니는 빈둥빈둥 놀고 있는 베티와 함께 집을 빠져나가 야간 프랑스어 교실을 다닌다고 했다.[28]

디랙 가족은 가장 슬픈 크리스마스를 준비하고 있었다. 작년에만 해도 크리스마스에 세 자녀가 집에 있었지만, 이제는 하나뿐이었기 때문이다. 12월 22일, 몸이 성치 않던 아버지가 아들에게 편지를 보냈다. 아버지한테서 온 편지 두 통 중 디랙이 보관한 단 한 통의 편지이자, 아마 성인이 되어 디랙이 아버지한테서 받은 유일한 편지였다.[29] 더이상 프랑스어를 쓰지 않고 아버지는 네 쪽짜리 편지를 전부 영어로만 썼는데, 검은색 테두리가 있는 편지지에는 펠릭스 때문에 괴로워하는 아버지의 심사가 고스란히 담겨 있었다.

폴에게

이번에는 네가 없으니 집안이 휑할 듯하구나. 네가 세상에 나온 후
처음 있는 일이네. 돌아보니 네가 태어난 것도 엊그제 같은데. 하나뿐인
아들한테 아비가 빌어줄 수 있는 최고의 행복을 네가 누리길 바란다.

　　잠시라도 짬이 나거든 그곳 생활은 어떤지 연구는 어떻게
되어가는지 알려줄 수 있으면 좋겠구나. 너를 다시 보는 일보다 더 큰
기쁨은 이 아비에겐 없단다. 몸 잘 보살피고 연구에 너무 몰두해서
건강을 해치지 않기를 바라며 이만 줄인다.[30]

이어서 아버지는 아들에게 크리스마스 선물을 사주고 싶다고 말하는데,
아마도 '체스 말 한 벌'인 듯하다. 그리고 아들을 도울 수 있는 일이면 '뭐든
지' 다 하겠다는 말을 보탰다. 서명에는 이렇게 적혀 있다. '아버지로부터 사
랑을 가득 담아서.' 이 편지는 아버지의 슬픔, 외로움 그리고 '하나뿐인' 무심
한 아들에게 더 가까이 다가가려는 간절한 마음을 보여주는 창이다.

크리스마스이브 자정에 아버지는 딸 베티와 함께 교회 예배에 참석했다.
펠릭스의 추도식이 처음 열렸던 곳이다. 다음 날 크리스마스에 디랙의 어머
니는 디랙에게 쓰다 만 편지를 썼다. 이 편지에는 그녀도 함께 사는 남자만
큼이나 외롭다는 것이 고스란히 담겨 있었다.

너도 알겠지만, 집에 손볼 일이 끝이 없구나 (…) 그이한테 (앞방에)
벽지를 새로 바르는 일도 좀 하시라고 조르고 있다. 지난 13년
동안 해오신 일인데 (…) 그이랑 베티는 밤 12시에 열리는 호필드
교회의 예배에 참석했어 (…) 이번 크리스마스는 처음으로 너 없이

보내는구나. 네가 없으니 쓸쓸하기 그지없단다.

이어서 그녀는 평소에 하지 않던 부탁을 했다.

> 다이아몬드 반지를 사게끔 몇 파운드만 보내줄 수 있니? 다이아몬드
> 반지를 무척 갖고 싶어서란다. 저녁마다 그걸 차고서 네가 얼마나
> 소중한지를 떠올려 볼 수도 있고. 종일 집안일을 하는 게 얼마나
> 따분한지 모른다. 정말 지긋지긋하구나.
>   그이는 연중 학생들을 가르치면서도, 내겐 일 년에 고작 8파운드로
> 옷도 사 입고 다른 데도 쓰라고 해. 하인도 나보다는 나을 거란다.[31]

편지를 주고받기 시작한 이후 처음으로 그녀는 디랙이 자신의 가장 아끼
는 아들이자 가장 가까운 친구이자 심지어 선물도 사주는 연인 같은 존재임
을 고백했다. 이후의 편지들에서도 드러났듯이 그녀는 절망적인 처지였다.
사회에선 대단히 존경받지만 아내한테는 무정하고 무신경한 남자와의 불만
가득한 결혼생활에서 벗어날 수 없는 여자가 되어 버린 것이다. 이후로도 그
녀의 삶은 헨리크 입센Henrik Ibsen의 비극(노르웨이의 극작가. 대표작으로『인
형의 집』이 있다)처럼 펼쳐지게 된다.

***

코펜하겐에 있을 때 디랙한테 또 하나의 아이디어가 불현듯 떠올랐다. 오
늘날 우주의 근본적인 구성요소들을 설명하는 데 바탕이 된 아이디어였다.
그것은 19세기의 '장場' 개념에 토대를 두었다. 이 개념은 자연의 기본 입자
들이 서로 아무리 멀리 떨어져 있더라도, 다른 입자들이 가하는 힘의 영향으

로 인해 운동한다는 뉴턴의 관점을 대체한 것이었다. 이제 물리학자들은 태양과 지구가 서로에게 중력을 가한다는 개념 대신에, 우주 내의 지구를 포함한 모든 물체가 집단적으로 중력장을 생성한다고 여기게 되었다. 중력장은 전 우주에 펼쳐져 있으며 어디에 위치하든, 모든 입자에 힘을 가한다.

맥스웰의 전자기 이론과 아인슈타인의 중력 이론은 고전적인 '장 이론'의 예인데, 두 이론 모두 개별 양자를 언급하지 않고 공간과 시간에 걸쳐 매끄럽게 변화하는 장을 다룬다. 그런 고전적 이론들은 우주를 매끄럽게 펼쳐진 천fabric의 관점에서 기술한다. 하지만 양자론에 따르면 우주는 근본적으로 알갱이의 속성을 갖는다. 즉, 우주는 전자나 광자 같은 극미의 입자들로 궁극적으로 이루어져 있다. 대략적으로 말해서 장의 구조는 고전적인 이론에 따르면 매끈한 액체와 비슷하지만, 양자론에 따르면 굉장히 많이 모인 낱개의 모래알들이다. 맥스웰의 고전적인 전자기 이론의 양자 버전을 찾는 일은 이론물리학자들한테 매우 벅찬 과제였는데, 디랙이 거둘 다음 혁신은 그 과제를 해결하는 것이었다.

어떤 계기로 해법을 찾아냈는지는 베일 속에 싸여 있다. 아마도 몇 달 전에 요르단이 밟았던 처음 몇 가지 단계를 알고는 있었지만, 디랙이 나중에 밝히기로 사연은 이랬다. 처음으로 그에게 아이디어가 떠오른 것은 수학적 장난감을 다루듯이 슈뢰딩거 방정식을 가지고 놀고 있을 때였다. 슈뢰딩거 방정식이 보통의 수가 아니라 비가환 양non-commuting quantities의 특성을 보인다면 어떻게 될까 궁금해하면서 말이다.[32] 그 궁금증 끝에 나온 답이 양자 세계를 기술하는 새로운 길을 열었다.

디랙은 광자의 생성과 소멸을 수학적으로 기술하는 방법을 찾아냈는데, 그 두 가지는 흔한 과정이다. 빛의 입자들은 별에서나 지구에서나 전 우주에 걸쳐 엄청난 개수로 계속 생성된다. 가령 전등이 켜질 때나 성냥이 켜질 때 양초에 불이 붙을 때 그렇다. 비슷하게 광자들은 계속 파괴, 즉 소멸한다. 가령 사람의 망막 속으로 사라질 때나 식물의 잎이 햇빛을 생명의 에너지로 변환시킬 때 그렇다. 이런 생성과 소멸 과정 둘 다 맥스웰의 고전적 이론으로는 이해할 수가 없었다. 그 이론은 불현듯 나타나거나 흔적도 없이 사라지는 현상을 결코 기술하지 못하기 때문이다. 기존의 양자역학은 방출이나 흡수 과정을 아직 자세히 설명해내지 못했다. 하지만 디랙은 광자의 생성과 소멸을 수학적으로 기술하는 새로운 유형의 이론으로 그런 난제를 설명할 수 있음을 보여 주었다. 그는 생성을 수학적 대상, 즉 생성 연산자와 결부시켰는데, 이것은 소멸과 결부되는 꽤 다른 수학적 대상인 소멸 연산자와 밀접하게 관련되어 있다.

현대 양자 장이론Quantum field theory의 핵심을 이루는 이런 구도에서 보면, 전자기장은 전 우주에 가득 차 있다. 각각의 광자의 출현은 다만 특정한 공간과 시간에서 이 장이 들뜸excitation일 뿐이며, 이는 생성 연산자의 작용에 의해 기술된다. 마찬가지로 광자의 소멸은 장의 가라앉음de-excitation일 뿐이며, 이는 소멸 연산자에 의해 기술된다.

디랙은 전기와 자기에 관한 맥스웰의 통합적인 장 이론의 양자 버전을 펼쳐나가기 시작했다. 그 이론은 커닝햄 교수의 강의에서 고작 3년 전에 배웠는데, 이제 디랙은 맥스웰의 어깨 위에 올라 서 있었다. 디랙의 이론은 빛에 관한 두 이론 사이의 명백한 충돌을 둘러싼 절망적인 상황을 끝냈다. 두 이론이란 빛의 전파를 설명해주는 파동 이론과 빛이 물질과 상호작용하는 과정을 설명해주는 입자 이론을 말한다. 디랙의 새 이론은 파동 이론과 입자 이론 중 하나를 선택해야 하는 곤혹스러운 상황을 피하고, 그 첨예하게 대조적인 두 관점을 단일한 통합 이론으로 대체했다. 스스로도 분명 기뻐했듯이 디랙은 두 관점이 드디어 '완벽한 조화'를 이루었다고 적었다. 하지만 그는 기쁜 소식을 부모와 함께 나누는 데에는 관심이 없었다. 부모가 매주 받아 보는 엽서에는 아들의 낯익은 글귀뿐이었다. '지금은 드릴 말씀이 별로 없어요.'[33]

논문에서 디랙은 자신의 이론을 적용하였고 자신이 얻은 결과를 10년 전인 1916년에 아인슈타인이 했던 성공적인 예측과 비교했다. 아인슈타인은 그 무렵의 양자 개념을 적용하여 원자가 빛을 방출하고 흡수하는 비율을 계산하여 그런 과정을 훌륭하게 기술해낸 공식을 도출했다. 디랙이 답해야 했던 질문은 이것이었다. 자신의 새 이론이 아인슈타인의 이론보다 더 나은가?

아인슈타인의 이론은 빛과 물질의 상호작용을 세 가지 근본적인 과정으로 설명했다. 그중 둘은 매우 익숙한 것이다. 원자가 광자를 방출하는 과정과 흡수하는 과정이다. 또한, 아인슈타인은 이전에는 알려지지 않았던 과정을 예측했다. 원자가 한 에너지 준위에서 낮은 에너지 준위로 도약하도록 '설득하게' 만드는 과정인데, 그렇게 하려면 두 에너지 준위의 차이에 해당하는 에너지를 갖는 광자로 원자를 자극해야 했다. 이러한 '자극을 받은 방출' 과정에는 두 광자가 관여한다. 원자에 처음 충돌하는 광자, 그리고 원자가 그 충돌로 인해 낮은 에너지 준위로 도약할 때 나오는 또 다른 광자가 그것이다. 이 과정은 널리 쓰이는 레이저에서도 발생하기에, 아인슈타인의 이론을 기술에 응용한 가장 대표적인 예다. 널리 쓰이는 레이저(CD와 DVD 재생기 그리고 모든 바코드 판독기 속에 들어 있는)도 이 과정을 이용한 것이다. 디랙의 이론은 아인슈타인과 똑같은 공식을 내놓았을 뿐만 아니라 다른 장점도 있었다. 더욱 일반적이고 수학적으로 더욱 일관된 이론이었던 것이다. 스스로도 아마 알아차렸듯이 디랙은 아인슈타인을 앞섰다.

1월 말 코펜하겐을 떠날 준비를 하면서 디랙은 자신의 논문을 왕립학회에 보냈다. 나중에 알고 보니, 생성과 소멸의 수학을 양자론에 도입한 사람은 그가 처음이었지만, 그 결과를 케임브리지에서 파울러와 함께 연구하던 존 슬레이터도 독립적으로 얻어냈다. 슬레이터가 보기에 디랙의 논문은 내용 면에서 감탄스러울 정도였지만 서술 방식은 굉장히 복잡했다. '그의 논문은 내가 대단히 의심스럽게 여기는 전형적인 유형이었다. 즉, 불필요한 수학

적 형식론이 굉장히 많은 논문이었기 때문이다.'[34]

***

코펜하겐 시절의 디랙은 더할 나위 없는 성공을 거두었다. 거기서 개발해 낸 두 이론은 그를 국제 과학 무대의 선구자로 우뚝 세웠다. 비록 여전히 전형적인 개인주의자였지만, 그는 자신의 연구 주제에 상이한 접근법을 취하고 자신의 견해를 상호검증하는 일의 가치를 이해하게 되었다. 보어를 제외하면 그가 가장 매력을 느낀 인물은 파울 에렌페스트였다. 그는 네덜란드 라이덴 대학교의 정신적 장애를 겪고 있는 진지한 성향의 이론물리학자였다. 에렌페스트는 자기 나이의 절반 정도인 디랙과 잘 어울렸는데, 둘은 (연구소의 구성원 중에서도 이례적으로) 서로 함께 있을 때 더할 나위 없이 편안했다. 둘 다 술과 담배를 싫어했기 때문이다. 에렌페스트가 흡연을 싫어했던 까닭은 냄새에 굉장히 민감했기 때문이기도 하다. 이로 인한 희생자는 쾌활한 성격의 덴마크인 대학원생 헨드릭 카시미르였다. 라이덴에 도착한 직후 카시미르는 이발을 한 다음에 에렌페스트와 면담을 했다. 에렌페스트는 이발사가 뿌린 향수 냄새를 킁킁 맡더니 노발대발하며 외쳤다. '여기서 향수는 용납할 수 없네. 나가게. 집에 가라고, 나가라고. 썩 꺼지게. 꺼지라고.' 며칠 후에야 카시미르는 이 상황에서 벗어났다.[35]

에렌페스트는 세미나에서 가장 돋보였다. 놀림을 받을까 신경 쓰지 않았고 그는 정중하고도 집요하게 발표자에게 질문을 던져 불분명한 내용마다 일일이 명확한 답변을 요구했다. 처음 디랙을 만났을 때 에렌페스트는 양자역학을 불편해했고, 가까운 친구인 아인슈타인과 마찬가지로 그 이론에 확률이 중심적인 역할을 하는 걸 못마땅하게 여겼다. 아인슈타인은 원자가 순간적으로 낮은 에너지로 도약할 때 방출되는 광자의 방향이나 정확한 방출

시간을 양자론이 예측해낼 수 없다는 걸 처음으로 간파해냈다. 이것은 통상적인 양자역학이든 디랙이 새로 개발해낸 양자 장이론이든 마찬가지였다. 아인슈타인은 만족스러운 이론이라면 단지 확률을 예측하는 것 이상이어야 한다고 확신했다. '신은 주사위 놀이를 하지 않는다'고 그는 막스 보른에게 보낸 편지에서 썼다.[36] 디랙이 보기에 자신의 영웅은 양자역학의 철학적인 문제에 너무 걱정이 많았다. 디랙(수학과 공학을 배운 사람답게)한테 중요한 것은 이론을 논리적으로 적용하여 실험 결과를 설명할 수 있느냐의 여부였다.

1927년 1월 말경 디랙은 괴팅겐으로 갈 준비를 하고 있었다. 곧 그는 닐스 보어의 곁을 떠날 참이었다. '원자 연구의 뉴턴'이자 '내가 만난 가장 심오한 사상가'라고 디랙은 보어를 우러러보았다.[37] 하지만 디랙이 가장 감명 깊었던 점은 보어의 따뜻함과 인간미였다. 크리스마스에 (아버지와 어머니 그리고 여동생이 가족 의식을 치르고 있을 때) 디랙은 보어의 애정 넘치는 집에 초대를 받아 가족 간의 화기애애함을 난생 처음 목격했다. 디랙은 위대한 물리학자이면서 가정에 헌신적인 사람이 된다는 게 가능함을, 그리고 어쩌면 (물론 짐작이지만) 인생에는 과학보다 더 소중한 무언가가 있을지 모른다는 것을 깨달았다.

보어가 보기에 디랙은 '오랜만에 세상에 등장한, 아마도 가장 돋보이는 과학자'이자 '완벽하게 논리적인 천재'였다.[38] 디랙의 성격에도 관심이 있던 보어는 한 가지 사건을 평생 잊지 못했다. 코펜하겐에 있는 한 미술관에 갔을 때 젊은 제자의 특이한 면이 여실히 드러난 사건이었다. 둘은 몇 개의 선으로 배를 그린, 프랑스 인상주의 화가의 그림을 보고 있었다. 디랙이 이렇게 말했다. '이 배는 만들다 만 것 같네요.' 다른 그림을 보고는 또 이렇게 말했다. '불확실성의 정도가 전부 똑같아서 마음에 드네요.'[39] 이런 일화는 과학계의 인기 소재가 되었으며, 물리학자들은 서로 경쟁적으로 디랙의 어휘의 간결성, 문자 그대로 말하는 성향, 수학적 정확성과 기이함을 알려주는 아주 재미있는 사례들을 이야기해 댔다. 그를 이해하려는 심리학적 고찰 없이, 그의 성격은 숱한 '디랙 이야기'를 통해 집단적인 흥밋거리가 되었다.

그중에서도 단연 보어가 그런 이야기를 즐겼는데, 그는 자기 연구실에서 찾아온 방문객들과 오후 담소 시간에 그런 이야기로 분위기를 살렸다. 세상을 떠나기 4년 전에 그가 한 동료에게 한 말에 의하면, 코펜하겐 연구소를 찾은 사람들 중에서 디랙이야말로 '가장 이상한 사람'이었다고 한다.[40]

(1923년 이후로 큰 인플레이션을 겪은 독일 젊은이들의 경우) 목표는 하루하루 살아나가는 것이었고, 공짜였던 모든 것들을 최대한 누리는 일이었다. 햇빛, 물, 우정, 자신들의 몸 같은 것들을.

−스티븐 스펜더, 『세계 속의 세계 *World Within World*』(1951)

누구와 사귀기가 쉽지 않은 성격인 디랙이지만, 괴팅겐에서 또 한 명의 벗을 만났다. 바로 오펜하이머였는데, 그는 케임브리지를 뛰쳐나와 막스 보른의 이론물리학과에서 승승장구하고 있었다. 비범한 재능과 자신감과 오만함을 지닌 박사과정 학생으로서 말이다. 다재다능한 지성인인 오펜하이머는 물리학보다 더 큰 세상을 바라보고 있었고, 이를 동료들이 알아보도록 행동했다. 다방면에 걸친 독서 목록에는 스콧 피츠제럴드의 단편소설집 『겨울 꿈 *Winter Dreams*』, 체호프의 희극 『이바노프 *Ivanov*』 그리고 독일의 서정시인 요한 횔덜린의 작품들이 포함되어 있었다. [1] 또한 시도 썼는데, 이 취미에 디랙은 어리둥절해 했다. 둘이 산책하던 중에 디랙은 이렇게 말했다. '어떻게 물리학을 연구하면서 동시에 시를 쓸 수 있는지 모르겠네. 과학을 할 때는 아무도 몰랐던 것을 누구나 이해하는 말로 표현해야 하잖아. 시를 쓸 때는 누구나 아는 내용을 아무도 이해하지 못하는 말로 표현할 수밖에 없는 거고.' 이후 수십 년 동안 오펜하이머는 술 한 잔 마실 때면 이 말을 심심찮게 꺼냈다. 디랙이 원래 말했던 문구를 오펜하이머가 잘 가다듬은 덕분에 그 말은 오스카 와일드가 즐겨 표현하던 역설의 느낌이 났다.[2]

디랙은 일과 시간을 지킨 반면에 오펜하이머는 야행성이었다. 그래서 둘은 서로 볼 시간이 많지 않았다.[3] 둘은 가이스마르란트슈트라세Giesmarlandstrasse에 있는 카리오 씨의 널찍한 화강암 저택에서 하숙을 했는데, 그곳은 도시 중심부에서 야외 지역으로 나가는 길목이었다.[4] 바깥에서 보면 그 집은 도시의 숱한 호화 주거지로만 보였지만, 안에는 고통과 빈곤이 도사리고 있었다. 바이마르 공화국의 불안정했던 처음 몇 년 동안 카리오 가족은 독일 화폐 가치 급락의 희생자가 되었다. 미화 1달러를 사는 데 드는 독일 마르크화는 1920년 1월에 64.8마르크였다가 1923년 11월에는 4.2조 마르크까지 치솟았다.[5] 설상가상으로 의사이자 그 집의 가장이 의료사고로 의사 자격을 박탈당했다. 바이마르 공화국이 안정되자 카리오 가족은 집을 게스트하우스로 만들어 생계를 꾸렸다. 꾸준히 들어오는 외국인들이 그곳에 머물렀는데, 다수는 유럽에서 가장 권위 있는 학술 기관인 게오르크 아우구스트 괴팅겐 대학교(줄여서 괴팅겐 대학교)에 온 미국 학생들이었다. 하숙생들과 함께 디랙은 매일 저녁에 함께 식사를 했다. 감자, 훈제 고기, 소시지, 양배추와 사과 등의 그 지역 음식들로 이루어진 식사였다.

디랙과 오펜하이머가 숙소에서 '두 번째 물리학 연구소Second Physics Institute'에 있는 보른의 연구실까지 걸어가는 데는 단 5분밖에 걸리지 않았다. 연구소는 프로이센 기병대 막사의 매력을 지니긴 했지만, 칙칙한 분위기의 붉은 벽돌 건물이었다. 보른은 수줍은 성격이었지만 다른 대다수 동료 교수보다 성품이 따뜻했다. 그리고 미남인데다 말끔하게 면도를 한 얼굴이어서 마흔네 살의 나이보다 젊어 보였다. 그는 경쟁적인 연구 분위기를 조성했지만, 대단히 총명한 학생들을 배려했으며 사소한 실수를 저질러도 넘어가 주었다. 보른은 도시 외곽의 한적한 지역인 플랑크슈트라세Planckstrasse에 있는 자기 집에 초대한 여러 학생들을 초대했는데, 디랙과 오펜하이머도 초대를 받았다. 그곳에 초대를 받아서 가면 늘 즐거웠다. 저녁식사에 이어서 흥겨운 대화가 오갔고, 그랜드 피아노 두 대가 놓인 큼직한 앞쪽 공간에서 연주회도 열렸다.[6] 그 집 가족과 매우 가까운 사이인 하이젠베르크도 기회가 있을 때마다 현란한 피아노 솜씨를 뽐내며 베토벤, 모차르트 그리고 하이든을 연주했다.[7]

디랙이 살던 곳은 괴팅겐의 역사적 명소와 지척이었다. 그 명소는 니더작센주에 있는 유서 깊은 중세 건물들이었다. 나무와 돌을 절반씩 섞어서 지은 집과 가게, 교회 그리고 자갈이 깔린 뒷골목 들이 수 세기 동안 거의 변하지 않고 내려온 곳이었다. 아직 자동차가 점령하지도 않았다. 대다수 사람들은 걷거나 자전거를 타고 다녔다. 자전거 타는 이들 다수는 화려한 모자를 썼는데, 자신이 속한 클럽과 친목 단체를 알리기 위해서였다.[8] 케임브리지와 마찬가지로 괴팅겐도 고즈넉한 교육 도시여서 학자와 학생들의 수요와 기분에 좌우되었다. 학계 원로이면서 시적으로 탁월한 사람이 거기서는 존중을 받았다. 도시에서 가장 존경을 받는 시민들은 저명한 교수 중에서도 더욱 뛰어난 인물들이었다. 가령 당시 예순 셋의 나이로 현존하는 가장 저명한 수학자인 걸걸한 성격의 다비트 힐베르트David Hilbert가 그런 인물이었다.

케임브리지에서처럼 괴팅겐의 학생들 (주로 남성) 다수는 대학교 안에서보다 후끈하고 어수선한 선술집과 카페에서 향락적인 몇 해를 보내면서 훨씬 더 나은 교육을 받았다.[9] 두말할 것도 없이 디랙을 자도록 내버려 두고서 오펜하이머는 친구들과 어울려 숱한 밤을 왁자지껄하게 보냈다. 블랙 베어 술집에서 생맥주 몇 잔을 들이켜거나, 400년 된 융커 홀Junker Hall에서 비너 슈니첼Wiener schnitzel을 먹고 난 다음에 계산서를 집어 들었다.[10] 술집 분위기는 흐르는 세월에도 거의 달라지지 않았다. 저녁이면 학생들은 왁자지껄 떠들어대다가 종종 술김에 목청껏 함께 노래를 불러댔으며, 힘이 남아도는 젊은이들답게 술집을 나와서 쇠사슬 갑옷을 입고서는 검을 휘두르며 이른바 '학문적 펜싱'을 했다. 한바탕 치르고 돌아온 전사들의 얼굴은 상처로 '장식되어' 있었는데, 각각의 상처는 피 튀기는 영예의 증표였다.[11]

주말에 오펜하이머와 다른 부잣집 학생들은 두 시간 반이 걸리는 베를린까지 종종 기차로 갔다. 당시 베를린은 베르톨트 브레히트, 아르놀트 쇤베르크 그리고 쿠르트 바일이 사는 도시였다. 하지만 디랙은 니더작센주의 소도시와 작은 마을을 벗어나 자신의 지평을 넓히는 데 아무 관심이 없었다. 눈에 고립되는 상황만 아니라면, 자기가 사는 곳 근처에서 긴 일요일 산책을 즐겼다. 숙소에서 20분 거리 내에서 그는 완만하게 경사진 시골길을 산책했다. 빠르게 흐르는 시냇물을 따라가다가 흩어진 비스마르크 기념물들 앞에서 잠깐 멈추기도 했다. 이른 봄이 걷기에는 최고였다. 눈도 거의 다 녹았고, 보리수나무와 관목과 꽃에서 나는 향기가 산책길 주변을 휘감았다. 그는 가끔 독일 소년단 단원들을 스쳤지만 그런 경우 외에는 사람을 거의 보지 못했다. 그런 편이 나았다. 디랙으로선 사람보다는 아무 말이 없는 자연에 더 공감이 갔다.

따라서 괴팅겐은 디랙이 원하는 게 다 갖추어진 도시였다. 세계 정상급 물리학과가 있는 명문 대학교뿐 아니라 사람들한테서 벗어나 산책할 수 있는 전원 지역에 가까운 편안한 숙소까지 있었으니까.

***

1927년 2월 초 괴팅겐에 도착한지 며칠 만에 디랙은 오펜하이머의 상상력에 불을 지폈다. 오펜하이머는 분자의 양자역학에 관한 박사학위 논문을 완성해 나가고 있던 무렵이었는데, 그도 디랙이 열었던 방향으로 놓인 듯한 미래를 내다보고 있었다. 말년에 오펜하이머는 자신의 과학자 인생을 돌아보면서 이렇게 말했다. '아마도 내 인생에서 가장 흥미진진했던 때는 디랙이 (괴팅겐에) 와서 복사의 양자론에 관한 자신의 논문을 건네주었을 때였다.' 다른 이들은 디랙의 장 이론이 아리송할 뿐이었지만, 오펜하이머가 보기에는 '굉장히 아름다웠다.'[12]

오펜하이머는 케임브리지와 하버드에서는 아웃사이더였지만, 괴팅겐에서는 마침내 소규모의 물리학자 커뮤니티에 즐거이 참여하면서 우울증에서도 차츰 회복되었다. 어울리던 사람 중에 파스쿠알 요르단이 있었는데, 그는 디랙보다 출생일이 몇 주 늦었기에 양자론 혁명을 이끈 이들 가운데 가장 젊었다. 진지하고 겁에 질린 듯 은밀한 그의 두 눈은 두꺼운 렌즈의 타원형 안경 속에서 바깥을 응시하고 있었다. 나중에 오펜하이머는 요르단이 괴상한 사람처럼 보여 그를 과소평가했노라고 밝혔다. '부자연스런 이상한 동작을 해대는 데다 (…) 얼핏 공격적인 면도 있는, 정말로 굉장히 이상한 성격이어서 사람들이 대단히 꺼려했습니다.'[13] 오펜하이머에 따르면 요르단은 말을 너무 심하게 더듬어서 '같이 지내기가 어려웠지만', 오펜하이머는 어느 정도 그를 존중했던 듯하다. 그래서 자신도 굉장히 다듬어서 말하는 일장연설 전에 일부러 더듬는 척하면서 '음 음 음' 소리를 냈다.[14]

요르단과 동료들은 오펜하이머의 속사포와 같은 지성을 존경하긴 했지만, (누군가는 그를 '인간 세계에 표류하게 된 올림푸스의 거주민'에 비유했다) 오만한 성격이 도저히 참을 수 없을 정도로 거슬렸다.[15] 어느 날 아침 보른의 책상 위에 여러 동료들이 보낸 편지 한 통이 놓여 있었다. 오펜하이머가 세미나에서 걸핏하면 딴지를 걸어서 방해하는 행동을 막지 않는다면 세미나를 보이콧하겠다는 협박 편지였다. 맞부딪히는 걸 싫어하는 성격 탓에 보른은 편지(큰 양피지에 장식적인 글자로 쓰인 편지)를 오펜하이머가 보게끔 책상 위에 놓아두었다. 작전이 성공했다. 보른과 오펜하이머의 사이는 표면적으로는 화기애애했지만, 오펜하이머는 보른을 '끔찍한 자기중심주의자'로 여겼다. 양자역학을 개척한 공로를 자기만 충분히 인정받지 못했다고 주야장천 불평이나 쏟아내는 사람이라고 여겼던 것이다.[16] 보른으로서는 자신이 무시당했다고 느낄만한 타당한 이유가 있었다. 양자역학의 창시자들 중 한 명으로서, 역학 실력을 발휘하여 하이젠베르크가 내놓은 개념을 자신도 독립적으로 발견했기 때문이다. 대다수 과학자들은 공을 하이젠베르크에게 돌렸지만, 보른은 그 개념의 잠재력을 제대로 이해하고 괴팅겐에서 그 개념을 발전시킨 사람은 본인이라고 자부했다.

디랙이 괴팅겐에 왔을 무렵 보른은 자신이 슈뢰딩거의 개념이 아니라 하이젠베르크의 개념을 이용하여 양자역학을 발전시킬 올바른 방법을 찾았다고 확신했다. 디랙의 명성도 익히 들었지만, 보른은 그 젊은 친구가 능숙하고 지식도 풍부하리라고 예상하지는 못했다. 미국 물리학자 레이먼드 세이어 버지Raymond Thayer Birge가 당시 괴팅겐에 있었는데, 그는 이렇게 말했다. '디랙은 상황을 완벽히 장악했는데 (…) 디랙이 말할 때 보른은 그냥 앉아서 입을 벌린 채 듣고만 있었네.'[17]

또 다른 독일의 이론물리학자인 발터 엘자서Walter Elsasser는 디랙을 만난 소감을 훗날 이렇게 밝혔다. '비쩍 마른 큰 키에 몸짓이 어색했고 지나치게 말이 적었다 (…) 한 분야에서 우뚝 서긴 했지만, 인생의 다른 분야에는 별로 관심도 능력도 없었다.' 엘자서는 디랙이 늘 공손하긴 했지만, 대화가 거의 없어 부자연스러웠다고 기억했다. '말이 되는 소리를 하는지 아무도 확신할 수가 없었다.'[18] 디랙의 또 다른 특성을 들자면, 자신의 관점과 일치하지 않는 경우 다른 사람의 관점을 이해하지 못했다. 동료들이 한 물리학 문제에 관한 자신들의 관점을 오랜 시간 동안 설명하는데도, 오직 디랙만은 무관심하거나 지겹다는 듯이 짧은 말 한마디를 던지고 나가버렸다. 오펜하이머는 꽤 달랐다. 세미나 때 동료가 몇 분 동안이나 요점을 못 짚고 중얼중얼하면, 줄곧 듣고 있다가 확 끼어들어서는 그가 아마도 하려고 했던 말을 멋지게 대신해버리곤 했다.

오펜하이머가 동료들과 스스럼없이 어울렸던 반면에 디랙은 도서관이나 빈 교실에서 대부분의 시간을 보냈다. 하지만 완전히 혼자는 아니었다. 코펜하겐에 있을 때는 다른 물리학자들과 함께 어울렸는데, 다만 그들이 말을 하라고 강요하지 않을 때만 그랬다. 아침이면 그는 카리오 집의 다른 하숙생들과 함께 출발해 수학 연구소까지 걸어왔다. 거기서 이들은 최신 실험 결과를 소개하는 강의를 들었다. 또한, 그는 짬을 내서 종종 경쟁적인 분위기가 조성되는 오후 세미나에도 갔다. 에렌페스트가 도시에 있을 때면 그는 명실공히 최고 심문관이었다. 토론자들의 자아를 줄여주고, 새로 나온 온갖 주장의 핵심을 드러내 주며, 불필요한 군더더기를 제거해주었다. 지난 6월에는 '하지만 신사 여러분, 그건 물리학이 아니랍니다'라고 조잘대는 스리랑카 실론섬의 앵무새를 한 마리 데려와서는, 그 새가 양자역학에 관한 앞으로의 세미나를 전부 주재하면 어떻겠냐고 제안했다.[19]

괴팅겐의 젊은 물리학자 막스 델브뤼크Max Delbruck는 아무런 과장 없이 그런 세미나에 참석한 경험을 훗날 이렇게 터놓았다. '정신병원에 들어가 있다고 상상하시면 된다.'[20]

***

디랙은 어려운 사람이고 그의 연구는 불가해하고 과대평가되었다는 말들이 베를린에 퍼졌다. 헝가리의 이론물리학자 예뇌Jenö(나중에 영어식으로 바뀌어, 유진) 폴 위그너는 1920년대 중반에 독일인 동료들이 '자신만의 언어로 (물리학 문제들을) 푸는 괴상한 젊은 영국인'을 미심쩍어했다고 훗날 밝혔다.[21] 많은 독일인들은 디랙의 행동 방식에 기겁했다. 영국인은 말이 적기로 유명했지만(존 스튜어트 밀의 말처럼 영국인은 다른 나라 사람들이란 적 아니면 수다쟁이라고 여겼다), 디랙의 냉담함은 유례가 없을 정도로 심했다.[22]

보른은 디랙을 따뜻하게 대한 몇 안 되는 독일인 중 한 명이었지만, 그조차도 디랙의 새로운 장 이론을 이해하기 어려웠고, 아마도 그걸 중요하지 않다고 여겼다. 보른의 식견 부족에 실망한 요르단은 직접 디랙의 것과 매우 비슷한 장 이론을 펼쳐나가기 시작했지만, 돌아오는 반응이라고는 무관심뿐이었다.[23] 디랙과 요르단이 양자 장이론에서 함께 무슨 업적을 이룰 수 있을지 내다보았다면 좋았겠지만, 디랙은 협동 연구에는 관심이 없었다. 그의 관심사는 장 이론을 이용하여 빛이 원자에 의해 산란될 때 무슨 일이 벌어지는지 이해하는 것이었다. 보통 이를 시각화하려면 농구 골대의 딱딱한 테두리에 농구공이 부딪쳐 튀어나가는 모습을 상상하면 된다. 하지만 새로운 장 이론에서는 상황이 그리 단순하지가 않았다. 디랙이 밝혀내기로, 산란하는 순간에 광자는 어떤 이상하고, 이제껏 관찰되지 않은 에너지 상태를 통과하는 듯 보였다. 이 중간 과정이 매우 이상한 까닭은 에너지 보존이라는 신성한 법칙을 무시하는 듯 보이기 때문이다. 이 아원자적 '가상 상태'는 직접 볼 수는 없었지만, 나중에 실험물리학자들은 그것이 기본 입자에 미치는 미묘한 영향을 탐지해낼 수 있었다.[24]

또한 디랙의 계산은 더 곤혹스러운 부산물도 남겼다. 자신의 새 이론이 희한한 예측을 계속 내놓았던 것이다. 가령, 광자가 어떤 특정한 시간 간격 이후에 방출될 확률을 계산했더니 답이 통상적인 수가 아니라 무한히 큰 수였다. 말이 안 되는 답이었다. 원자가 광자를 방출할 확률은 0(발생할 가능성 없음)과 1(절대적으로 확실히 발생함) 사이여여만 하므로, 무한대의 예측값은 틀렸음이 명백했다. 하지만 디랙은 실용적인 편에 서기로 했다. '이 곤란한 결과는 이론의 근본적인 결함 때문이 아니다'라고 그는 적었다. **대담한 확**

신이었다. 이 문제의 근본 원인은 이론을 적용할 때 세웠던 단순한 가정 때문이라고 그는 짐작했다. 실수를 찾아내서 이론을 조금 수정하면 문젯거리가 사라질 것이라고 보았다. 한편 그는 영리한 수학적 기교를 이용해 어려움을 피했는데, 덕분에 그 이론을 이용하여 합리적이고 유한한 예측 값을 내놓을 수 있었다. 하지만 얼마 지나지 않아 그의 낙관론이 잘못이었음을 깨달았다. 비유하자면, 양이 늑대의 꼬리를 처음으로 보게 된 셈이었다.

한편, 양자론의 해석을 둘러싼 논쟁은 잦아들지 않았다. 특히 코펜하겐에서 그랬는데, 거기서 하이젠베르크는 양자에 관해 알 수 있는 이론적 한계를 이해하려고 고군분투하고 있었다. 그 노력의 결과가 바로 **불확정성 원리**인데, 덕분에 하이젠베르크는 보통 사람들도 들어본 적은 있는 물리학자의 반열에 올랐다.

그 원리는 오랜 시간 동안 고민한 결과로 탄생했는데, 분명 1926년 10월에 파울리와 나눈 편지에서부터 시작되었다.[25] 하이젠베르크는 양자계를 다룰 올바른 방법은 입자의 관점이라고 믿었고, 좀 더 대중적인 파동 기반 개념들은 단지 유용한 보조 도구라고 여겼다. 어쨌든 하이젠베르크는 양자 입자의 측정을 확정적으로 서술할 방법을 찾고 싶었는데, 특히 실험물리학자가 그런 입자에 대해 알 수 있는 측정의 한계를 알고 싶었다. 하이젠베르크는 이에 관해 아인슈타인과도 논의했으며, 코펜하겐에서 변환 이론을 개발하고 있던 디랙과도 그 사안을 논의했다.[26]

하이젠베르크의 불확정성 원리의 핵심은 실험자가 양자의 위치에 관해 얻은 지식이 속도에 관해 알 수 있는 내용에 제약을 가한다는 것이다. 양자의 위치를 더 정확하게 알수록, 속도는 덜 정확하게 알 수밖에 없다는 말이다. 그러므로 가령 실험자가 전자의 위치를 완벽히 정밀하게 알아낸다면 어쩔 수 없이 그 순간에 전자의 속도에 관해서는 전혀 모르게 된다. 한편, 전자의 속도를 확실하게 알아낸다면, 위치는 아예 모르게 된다. 하이젠베르크의 주장대로 이를 피할 방법은 존재하지 않다. 측정 장치의 정확도나 실험자의 능력과 무관하게 이 원리는 지식에 관한 근본적인 한계를 설정한다. 반면에 보통의 물체의 경우, 위치에 관한 정확한 지식은 속도에 관한 지식을 무시해도 좋은 제약밖에 가하지 않음으로 (위치와 속력을 바꾸어도 마찬가지다), 일상생활에서는 이 원리가 중요하지 않다. 이 점을 들어 물리학자는 다음과 같은 농담을 만들어냈다. 한 운전자가 과속하지 않았다고 주장하면서 이런 이유를 대서 경찰을 속여 넘기려 한다는 내용이다. '저는 어디에 있었는지 정확히 알았기에, 얼마나 빨리 달리고 있는지는 전혀 몰랐습니다.' 이런 핑계 대기는 의식이 있는 전자가 했더라면 완벽하게 통할 수 있었을 것이다.

자신의 논문에서 하이젠베르크는 실험자가 전자의 행동을 측정해내기 위해 광자를 사용할 때 어떤 일이 벌어지는지 설명하면서, 측정 행위 자체가 전자를 방해한다는 것을 보여주었다. 이 사고실험을 분석한 끝에 하이젠베르크는 불확정성 원리를 담아낸 수식을 내놓았다. 또한, 이 수식을 수학적으로도 유도해냈는데, 이때 디랙의 혁신적 개념 두 가지를 이용했다. 바로 변환 이론 그리고 비가환 위치와 운동량 사이의 관계이다.[27]

봄이 오자 디랙은 아마도 늘 하던 산책을 하는 동안 그 원리를 생각해보았을 것이다. 나무가 양쪽으로 줄지어 늘어선 산책길은 한때 괴팅겐 대학교의 외벽을 따라 이어져 있었다.[28] 그는 하이젠베르크의 발견에 그다지 감명을 받지 않았으며, 훗날 이렇게 말했다. '사람들은 (불확정성 원리가) 양자역학의 주춧돌이라고 종종 여깁니다. 하지만 그렇지가 않은데, 왜냐하면 그건 정확한 방정식이 아니라 단지 불확정성에 관한 서술일 뿐이니까요.'[29] 마찬가지로 디랙은 몇 달 후에 보어가 분명 하이젠베르크의 원리와 관련이 있는 상보성 원리를 발표했을 때도 미지근한 반응을 보였다. 보어의 개념에 따르면 양자물리학자는 아원자 규모에서 벌어지는 사건은 양립 불가능한 듯 보이지만 실제로는 **서로 상보적인 두 측면이 늘 관여함**을 받아들여야 한다. 가령 파동의 관점과 입자의 관점에 따른 설명이 아원자 규모에서는 둘 다 필요하다. 보어의 견해에 의하면, 이 개념은 고대의 철학 전통의 일부였다. 즉, 진리는 한 가지 접근법만으로는 포착할 수 없고 상보적 개념들이 필요하다. 가령, 이성과 감성, 분석과 직관, 혁신과 전통의 결합 등이 함께 필요한 것이다.

이 원리는 보어의 사고에서 근본적이었는데, 1947년에 문장紋章을 도안할 때에도 이 원리를 바탕으로 삼았을 정도였다.[30] 그 도안에는 중국의 음양 기호가 들어 있었는데, 그 기호는 상반되지만 분리될 수 없는 자연의 두 요소를 나타낸다. 그리고 문장 아래의 라틴어 문구는 '정반대인 것들은 상보적이다'라는 뜻이었다. 많은 물리학자들은 보어가 위대한 진리를 발견했다고 여겼지만, 디랙은 이번에도 시큰둥했다. 그 원리는 '내가 보기엔 언제나 조금 애매했다'고 디랙은 훗날 말했다. '방정식으로 표현할 수 있는 게 아니었기 때문입니다'[31]

하이젠베르크의 불확정성 원리에 관한 디랙의 견해는 에딩턴을 포함한 대다수 과학자들이 공감하지 않았다. 1928년에 11월에 출간된 자신의 저명한 책『물질계의 본질 The Nature of the Physical World』에서 에딩턴은 '불확정성 원리'를 대단히 명쾌하게 설명했다. 그 원리를 가리켜 '중요성 면에서 상대성 원리에 필적하는 근본적이고 일반적인 원리'라고 치켜세웠다. 특유의 화려한 수사를 곁들여 에딩턴은 수만 명의 독자들에게 그 새로운 원리가 양자역학의 주춧돌 중 하나임을 알렸다.

에딩턴은 그 이론의 개요를 적으면서 다음과 같은 그럴듯한 비유를 들었다. '새로운 양자론의 문에다 "구조 변경 진행중 – 관계자 외 출입 금지"라는 알림판을 달아야 하며, 특히 염탐하는 철학자들을 내쫓도록 문지기한테 단단히 주의를 주는 편이 현명할 테다.'[32] 에딩턴의 설명으로 인해 영어를 사용하는 보통 독자들은 양자역학을 가장 명쾌하게 이해할 수 있었고, 덕분에 양자역학은 처음으로 대중에게 널리 알려지게 되었다. 그렇기는 해도 만약 보어나 다른 영향력 있는 인물이 에딩턴의 책에서 한 구절을 떼어내서 요령껏 불확정성 원리를 사전 지식이 있는 기자들에게 멋지게 설명했더라면, 양자역학은 그 창시자들과 더불어 훨씬 더 잘 알려졌을지 모른다.

향수에 젖은 듯한 어조로 에딩턴은 현대의 물리학자들이 제임스 클러크 맥스웰과 같은 빅토리아 시대 물리학자들과 달리 더 이상 우주를 거대한 기계로 여기지 않으며 자연의 근본적인 속성들을 수학의 언어로 고찰하고자 할 뿐이라고 지적했다. 톱니바퀴의 이미지는 이미 지난날의 관점이었지만, 에딩턴은 현대 물리학을 대하는 새로운 수학적인 방법에 어떤 위험이 도사리고 있다고 믿었다.

> 의심할 바 없이 수학자는 공학자보다 더 높은 존재이지만, 아마 수학자조차도 삼라만상을 흔쾌히 맡을 수는 없을 것이다. 우리는 물리학으로 기호의 세계를 다루기에, 기호 취급의 전문가인 수학자를 동원하지 않을 수 없다. 하지만 수학자도 자신이 맡은 바 임무에만 충실해야지 수학적 해석을 통해 기호에 대한 자신의 편견에 탐닉해서는 안 된다.[33]

에딩턴은 대다수 물리학자들에게 양자역학을 매우 어렵게 느껴지게 만든 핵심적인 개념적 과제에 도전했다. 대다수 물리학자들은 여전히 공학적인 관점을 취했고 디랙과 동료들의 기준으로 보자면 수학에 약했다. 따라서 대다수 물리학자들은 여전히 원자를 기계적 장치라고 여겨 시각화하려고 애쓰고 있었다.

뉴턴 시대부터 유행했던 자연을 거대한 시계 장치라고 보는 관점은 오랫동안 대다수의 목적에 잘 들어맞았다. 하지만 더는 아니었다. 양자역학은 근본적으로 수학적 추상에 바탕을 두었고 구체적인 이미지로 시각화할 수 없었다. 그런 까닭에 디랙은 양자역학을 일상적 용어로 논하기를 거부했다. 다만 세월이 많이 지나서는 그도 양자의 행동을 일상적인 물질의 행동 방식에 비유하기는 했다. 그런데 디랙은 종종 자신이 자연을 대수의 관점에서 생각하지 않고 시각적 이미지를 이용해서 생각했노라고 말했다. 어린아이였을 때부터 그는 미술과 제도 수업 시간에 시각적 상상력을 펼쳐보라는 권유를 받았는데, 이는 사영기하학 연구의 이상적인 바탕이 되었다. 양자역학의 다른 선구자들은 누구도 기하학적 시각화가 중요한 역할을 한다는 걸 배우지 못했다. 50년 후 양자역학에 관한 초창기 연구 업적을 돌아보면서, 디랙은 다른 대다수 물리학자 동료들한테는 낯설었던 사영기하학의 개념들을 자신이 이용했다고 밝혔다.

> (사영기하학은) 연구에 대단히 유용했지만, 내가 출간한 논문에서는 그걸 언급하지 않았다 (…) 왜냐하면 내가 보기에 그건 대다수 물리학자들에게 익숙하지 않았기 때문이다. 특정한 연구 결과를 얻으면 그걸 해석적인 형태로 변환했고 논증을 방정식으로 적었다.[34]

디랙은 사영기하학이 양자역학에 관한 자신의 초기 연구에 미친 영향을 설명할 완벽한 기회를 얻은 적이 있었는데 1972년 가을 보스턴 대학교에서 열린 한 세미나에서였다.[35] 그 대학교 철학과가 디랙을 초빙하여 그 영향을 명쾌하게 설명할 강연 기회를 준 것이다. 아울러 대학교는 디랙을 잘 알던 점잖고 저명한 수학자 겸 과학자 로저 펜로즈Roger Penrose도 데려와 세미나를 주재하게 맡겼다. 디랙한테 이야기를 끄집어내는 사람이 있다면 바로 펜로즈였다. 그 행사에서 디랙은 기본적인 사영기하학을 간명하게 소개했지만, 양자역학과의 관련성까지는 다루지 않았다. 디랙이 몇 가지 단순한 질문들에 답했을 때, 실망한 펜로즈는 살며시 디랙을 바라보며 그 기하학이 어떻게 그의 초기 양자론 연구에 영향을 미쳤는지를 단도직입적으로 물었다. 디랙은 머리를 세게 흔들며 입을 꾹 다물었다. 계속 요구해봤자 소용없다고 여긴 펜로즈는 다른 주제에 관한 짧은 이야기를 즉흥적으로 꺼내서 화제를 돌렸다. 디랙의 신비주의적 면모를 벗겨보고 싶었던 사람들한테 그의 침묵은 더할 나위 없이 아쉬움을 불러일으켰다.

10장

1927년 봄부터 1927년 10월까지

히틀러는 우리의 지도자, 재산을 취하지 않는다네

그건 유대인의 권좌에서 내려와 지도자의 발밑을 구르지

복수의 날이 다가오나니, 언젠가 우리는 자유로워지리 (…)

—초창기 나치의 행진곡, 1927년경

유대인인 막스 보른은 괴팅겐 대학교에서 퍼져나가는 반유대주의 정서에 충격과 두려움을 느낄 수밖에 없었다. 분위기는 '격렬하고 음울하고 (…) 불만족과 분노가 가득했고 훗날 거대한 재앙을 낳을 온갖 요소들이 들끓었다'고 오펜하이머는 죽기 몇 년 전에 회상했다.[1] 1922년 5월 나치는 초창기 지부들 중 한 곳을 그 도시에 세웠다. 3년 후 화학과 학생인 아킴 게르케Achim Gercke가 유대인 출신 교수들 명단을 작성하기 시작했는데, 목적은 '장래에 독일 제3제국이 유대인 및 모든 혼합 인종들을 독일 인구에서 모조리 배제시키고 그 나라에서 그들을 모두 쫓아내기' 위해서였다.[2]

그래도 괴팅겐 과학자들한테는 유리한 점이 있었다. 그들 다수는 자신들의 직업이 젊은이들을 위한 것이라는데 짐짓 기뻐했으며, 연구는 별로 안 하고 존경과 보수는 많이 받는 선배 교수들의 굳어버린 상상력을 조롱했다. 훗날 했던 말로 알 수 있듯이 디랙도 이런 배척하는 분위기에 공감했다. 괴팅겐 대학교에서 내려오는 믿기 어려운 속설에 의하면 그는 학생들이 보라고 이런 사행시를 지었다고 한다.

> 물론 나이는 열병에 동반된 오한이지
> 물리학자라면 누구나 두려워하는 것
> 사느니보다 죽는 편이 더 낫지
> 물리학자가 서른 살이 넘었다면[3]

괴팅겐 학생들은 유치한 노래나 미국 노래의 합창 버전을 좋아했는데, 추수감사제 때 그런 노래들을 특히 신나게 불러 제꼈다. 우주론자 하워드 퍼시 로버트슨은 우주의 시공간 곡률을 기술하는 방법을 디랙에게 알려준 사람인데, 괴팅겐의 술집들에 당시 가장 유행하던 최신곡 '오 내 사랑 클레멘타인'을 퍼뜨렸다.[4] 디랙은 아마도 이런 분위기에 휩쓸리지 않았지만, 물리학자들의 치열한 경쟁을 승화시키는데 좋은 유치한 놀이에 가담했다. 그런 놀이 중 하나가 '사과 물어 올리기'였다. 교수와 학생들은 (종종 맥주를 몇 잔 마시고 거나해진 상태에서) 물이나 맥주가 든 용기에 떠 있는 사과를 입에 물려고 애썼다. 또 한 가지 놀이로 작은 숟가락 위에 큼직한 감자를 올려놓고 균형을 잡은 채로 뛰는 달리기가 있었다. 한번은 보른의 집에서 이런 경주를 벌인 후, 한 학생이 보니까 디랙이 몰래 연습을 하고 있었다. 케임브리지에서도 동료들을 놀라게 했던 모습인데, 이런 모습을 본 신학자 존 보이스 스미스John Boys Smith는 디랙을 가리켜 '유치한 게 아니라 어린아이 같다'고 평했다.[5]

괴팅겐에서 지내는 생활은 1927년 6월 초에 끝났다. 세인트 존스 칼리지가 디랙한테 교수직에 신청하라고 꼬드기며 돌아오길 원했다. 충분히 도전해볼 만한 영예로운 자리였다. 만약 교수직을 얻는다면, 대학 내에 무료 숙박 혜택을 얻을 뿐 아니라 1928년에 만료될 예정인 1851 장학금(1851년 세계박람회 왕립위원회가 수여하는 장학금)을 보충해줄 얼마간의 수입도 생길 것이다.[6] 대학교의 수학과에 종신 교수직도 거의 확실히 뒤따를 테니, 그러면 나머지 연구 생활을 위한 탄탄한 준비가 되는 셈이었다. 디랙은 코펜하겐에 있을 때 썼던 편지보다 사생활을 훨씬 덜 드러내는 편지를 써 보냈다. 세인트 존스 칼리지의 직원인 제임스 워디에게 보낸 편지에서 디랙은 괴팅겐에서 자신이 한 활동에 관해 단 한 문장만 썼다. '대학교 주변의 시골 풍경이 매우 아름답습니다.'[7] 그는 보른의 비교적 차분한 수학과보다는 보어의 활기 넘치는 연구소를 더 좋아하긴 했지만, 어머니한테 자신은 괴팅겐이 더 좋았다고 말했다. 혼자 산책하기에 그만이라는 게 이유였다.[8]

연구 활동에서 디랙은 기력이 다해가고 있는 조짐을 보이는 듯했다. 1927년 5월 초에는 양자역학을 이용하여 빛이 원자에 의해 산란될 때 어떤 일이 벌어지는지 예측하려고 했다. 이 문제는 흥미로운 결과를 내놓지 못했다. 나중에 오펜하이머가 밝히기로, 그는 괴팅겐에서 디랙의 연구 결과에 실망했으며 양자 장이론 개발에 박차를 가하지 않은 까닭을 모르겠다고 했다. 오펜하이머에게 대답하기를, 디랙은 여름 동안 푹 쉬고 싶었으며, 그 다음에는 아직 미해결 과제인 **전자의 스핀**에 관심을 돌리려 했다고 말했다.

디랙은 영국에 돌아왔을 때 양자론 연구를 잠시 중단할 생각이었다. 네덜란드의 작은 대학 도시인 라이덴에서 에렌페스트를 만난 후의 일이었다. 디랙은 에렌페스트의 큼직한 러시아풍 저택의 꼭대기 층에 있는 공간에 머물렀는데, 그곳의 침실 벽에 자기 이름을 서명으로 남겼다. 벽에는 아인슈타인, 블랙킷, 카피차 그리고 수십 명의 다른 사람들의 서명도 이미 적혀 있었다. 그 집은 세계 정상급 물리학자들을 위한 아지트 역할을 했다. 그들은 러시아 수학자인 에렌페스트의 아내, 두 딸 그리고 다운증후군에 걸린 아들 한 명과 즐거운 대화를 하면서 이야기를 주고받았다.

오펜하이머는 라이덴에서 디랙과 합류할 계획이어서 네덜란드어를 배우기 시작했다. 집주인의 언어로 세미나를 열려는 생각에서였다. 하지만 우선 그는 저명한 실험물리학자인 제임스 프랑크James Franck와 막스 보른이 진행한 구두시험에서 박사학위 논문을 통과시켜야 했다.[9] 프랑크는 오펜하이머에게 질문하는 데 고작 20분만 썼는데 그래도 충분했다. 자리를 떠나면서 프랑크는 이렇게 한숨을 쉬었다. '끝나서 다행이네. 막 그 친구가 나한테 질문을 하려던 참이었으니까.' 보른은 명석하지만 골칫거리인 제자가 자기 손을 떠나게 돼서 마음이 놓였다. 에렌페스트에게 보내는 타자기로 친 편지 끝에 보른은 이런 추신을 달았다.

> 내가 (오펜하이머를) 어떻게 생각하는지 알려주고 싶네. 그 친구만큼 내가 속을 썩은 사람이 없음을 내가 인정한다고 해서 자네의 판단이 영향을 받지는 않을 거네. 그 친구는 분명 재능이 뛰어나지만, 정신적 훈육이 되어 있지 않네. 겉으로는 겸손하지만, 속으로는 매우 오만하다네 (…) 한 해의 4분의 3 동안 우리 모두를 꼼짝 못 하게 만들었고, 이제 그 친구가 떠나고 나니 다시 숨을 쉬고 연구에 몰두할 용기를 찾을 수 있을 듯하네.[10]

디랙은 그런 꼼짝 못 하는 사람들에 속하지 않았고, 그런 사실을 알아차리지도 못 한 듯했다. 오펜하이머는 디랙한테 감동을 받아서, 소수의 동료들에게만 보여준 소심한 자신의 모습도 기꺼이 보여 주었다. 괴팅겐에서 둘이 함께 보낸 날들은 이후 40년 우정의 씨앗이 되었다.

괴팅겐은 디랙의 가족이 찾아오기에는 너무 멀었다. '너는 삶에 만족하겠지'라고 어머니는 괴로운 듯 적었다.[11] 그녀는 자신이 얼마나 아들을 부러워하는지 노골적으로 드러냈다. '너는 운 좋게도 집에서 멀리 떨어져 있구나. (여기에는) 끝없이 해야 할 일이 있단다.'[12] 남편이 없을 때면 그녀는 새 반지 (백금 속에 7개의 다이아몬드가 박힌 반지)를 끼었다. 디랙이 보내준 10파운드의 돈으로 몰래 샀던 반지였다. 그 돈은 남편이 자기에게 일 년 간 쓰게 허락한 금액보다 상당히 많은 액수였다. 어쨌든 그 보석은 그녀가 가장 중요하게 여기는 관계를 상징적으로 나타내주는 물건이었다. 아들에게 보낸 편지에 이런 내용이 있었다. '아버지한테는 비밀이다 (…) 그이는 그 돈을 집안일에 쓰라고 하겠지만, 나로서는 그걸 보면서 네가 얼마나 사랑스러운지 생각하는 게 큰 즐거움이란다.'[13] 저녁이면 그녀는 아들 사진이 있는 앞방에 앉아서, 아들의 엽서를 다시 읽었고, 아들이 그날 시시각각 무엇을 했을지 상상해보았다.

부부의 열두 살 나이 차이가 이제 확연히 드러났다. 아내는 여전히 자세가 바르고 피부가 매끄럽고 흰머리도 거의 없었다. 반면에 남편은 등이 굽고 머리가 새고 주름이 쭈글쭈글했다. 사람들 앞에서 그녀는 헌신적이고 순종적인 아내인 척 행동했다. 사적으로는 아들한테 종종 편지로 알렸듯이 (자신이 봉급을 받지 않는 하인 신세임에 분통을 터뜨렸다. 1927년 초 놀랍게도 남편은 돈을 흥청망청 써냈는데, 아마도 자기 어머니의 유산에서 물려받은 돈 덕분이었다. 디랙은 종종 자기 집이 너저분하다고 불만이 많았다. 지난 13년 동안 손을 보지 않았던지라, 아버지가 나서서 도배를 전면적으로 새로 하고 방마다 가스난로를 새로 설치했던 듯하다. 줄리어스 로드 6번지를 아들한테 더 매력적으로 보이자는 목적이었다. 찰스 디랙이 자기 아내를 완전히 무시했던 것은 아니었다. 집안일에 도움이 되라고 신형 진공청소기를 사주기도 했으니까. '네 아버지는 그 사람들이 무료로 시연하느라 카펫을 청소하는 모습을 보고 좋아하셨단다.'[14]

여전히 건강이 나빴던 아버지는 약초상에게 상담 받은 결과, 채식생활을 하라는 조언을 받았다. 이로 인해 어머니는 남편의 영양 섭취를 줄곧 염려하지 않을 수 없었다. '아버지는 많은 학생들을 맡아 가르치느라 식사할 시간도 제대로 없단다. 머리를 너무 많이 쓰고 있는데 이제 채식까지 하게 되었으니, 영양가 없는 것들만 잔뜩 만들어 드려야 할 판이구나.'[15] 비열하고 배은망덕한 남편이라고 여겼지만, 그래도 그녀는 남편을 정성껏 돌보았다. 디랙에게 보낸 그녀의 편지들에는 상황이 감당하지 못할 정도라는 낌새가 전혀 없었다. 하지만 그녀의 인내는 차츰 바닥을 드러내고 있었다.

찰스 디랙의 직업윤리는 아들 중 한 명을 성공시켰고, 다른 한 명을 죽음으로 내몰았지만, 딸한테는 별로 영향을 끼치지 못했다. 베티는 학교를 마친 후로는 어머니 말에 따르면, '너무 내성적이거나 아마도 너무 게을러서 (…) 스스로 생계를 위해 돈을 벌려고도 하지 않았고 집안일마저 싫어했다.'[16] 직업 없이 베티는 강아지의 죽음을 안타까워하며 집에서 늘어져 있거나, 저녁이면 어머니와 함께 웅변과 프랑스어 수업을 들으러 갔다.[17] 7월 초가 되자 집안 수리가 마무리되어 집안의 모든 것이 말끔해졌다. 이곳저곳을 돌아다니던 아들의 귀환을 맞이할 준비가 끝났다. 가족은 아들과 지난 아홉 달 동안 만나서 이야기를 나누진 못했지만, 그동안 매주 가족의 소식을 편지로 알렸다. 그런 방식으로 애정을 바치고 아들의 소식을 듣고자 했다. 하지만 디랙이 부모에게 보낸 내용은 칠백 단어도 채 되지 않았다. 디랙은 단 한번도 엽서로 가족의 안부를 묻지 않았다. 디랙이 보낸 엽서는 딱 돌이 지닌 만큼의 온기만 지니고 있었다.

디랙이 줄리어스 로드 6번지의 문 앞에 도착한 때는 7월 13일 점심 무렵이었다. 답답하고 흐린 오후였다. 어머니와 여동생이 눈물을 쏟으며 기뻐 날뛰며 얼싸 안았지만 디랙은 무덤덤할 뿐이었다. 여느 때보다도 내심 기뻐했을 아버지도 아들의 손을 꼭 잡았지만, 내심을 드러내지는 않았다. 디랙은 곧 자기 하던 대로 가족들을 뿌리치고 자기 방에서 혼자 연구에 몰두했다. 아버지의 제자인 D. C. 윌리스Willis가 알려준 일화는 그해 여름 디랙 가족의 분위기가 어땠는지 고스란히 드러낸다. 찰스 디랙의 심부름으로 월리스는 '저녁 식사 시간에 그 집에 심부름을 하러 갔다 (…) 아들이 염려되었기 때문인데, 소문에 의하면 폴 디랙은 침실에서 일하면서 음식을 받아 오거나 화장실을 이용할 때 외에는 밖으로 나오지 않았다.'[18]

디랙은 자식으로서 부모와 함께 있을 의무가 있다는 걸 알았지만 함께 있 을라치면 불편한 마음이 솟아올랐다. '브리스틀의 집에 돌아가면 모든 의욕 이 사라졌다'며 그는 몇 년 후 어느 친구에게 보낸 편지에서 탄식했다.[19] 디랙 이 느낀 압박감은 부모 두 분 모두한테서 느껴졌다. 아버지는 고압적이었고, 어머니는 질식할 듯한 애정 공세를 폈다. 디랙은 어엿한 스물다섯이고 국제 적으로도 성공했지만, 여전히 아버지의 그늘에서 신음한다고 여겼다. 그리 고 아버지한테서 벗어날 가망도 아직은 요원했다.[20]

***

1927년 10월 디랙은 케임브리지로 돌아와서 세인트 존스 칼리지와 트리 니티 칼리지에 있는 친구들과 다시 어울렸다. 이제 그의 머리를 식혀줄 거리 는 훨씬 더 줄어 있었다. 왜냐하면 카피차가 얼마 전에 결혼을 했기 때문이 다. 카피차의 신부는 러시아 이민자인 화가 안나 크리로바였다. 카피차는 검 은 머리카락의 그 미녀를 무슨 이유에선지 '쥐'라고 불렀다. 이 별명은 케임 브리지에 있는 극장들의 관객을 오랫동안 당혹스럽게 만들었는데, 왜냐하 면 카피차의 아내가 극장 특별석 사이를 지나갈 때마다 카피차가 '쥐'라고 외 쳤기 때문이다. 카피차 부부는 다른 집들과 떨어져 있는 집 한 채를 짓고 있 었다. 도시 중심부 근처인 헌팅턴 로드에 지어지는 그 집은 널찍한 뒷마당이 있었고, 아내를 위해 다락에 작업실이 있었다.[21] 나중에 이 집은 브리스틀 집 에 이어 케임브리지에 있는 디랙의 두 번째 집이 된다.

1927년 초가을에 디랙은 양자론과 아인슈타인의 특수 상대성이론을 가장 단순한 사례에 대해 통합적으로 적용하기 위한 연구(오펜하이머에게 맨 처음 알렸던 연구)를 열심히 하고 있었다. 그 사례란 바로 고립된 단일 전자의 행동을 기술하는 일이었다. 하이젠베르크와 슈뢰딩거의 양자론은 특수 상대성이론을 따르지 않았기 때문에 그런 현상을 기술하기에 부족했다. 서로 다른 상대 속도로 운동하는 관찰자들은 양자론의 방정식에 맞지 않는 측정 결과를 얻었기 때문이다. 여기서 관건은 누가 맨 처음 이론을 찾아내는 특권을 누리는가였다. 즉, 과학상을 혼자 차지할 것인가, 아니면 다른 누군가와 나눌 것인가?

디랙은 이 문제로 학기의 첫 6주를 쏟았지만, 성공하지 못했다. 10월 하순에는 잠시 연구를 멈추고, 생애 최초로 브뤼셀에서 개최된 솔베이 국제 물리학회의 상석에 앉았다.[22] 벨기에 사업가 에르네스트 솔베이가 자금을 댔고, 초빙받은 이들만 참석한 이 회의의 목적은 몇 년마다 세계 정상급 물리학자들 약 스무 명을 모아서 양자론의 문제들을 궁리하기 위해서였다. 1911년 첫 솔베이 회의의 가장 젊은 스타는 아인슈타인이었다. 무명이었다가 급부상한 그 신예 물리학자는 보수적인 성향의 선배 물리학자들의 선입견을 꼬집었다. 1927년에는 중년의 나이에 접어든 아인슈타인은 이미 물리학의 왕으로 등극했고, 여전히 인기 있으면서 소탈한 모습이었지만, 벌써 양자역학에 대한 심술궂음과 환멸의 조짐을 보이고 있었다. 양자역학에는 회의적인 시각을 지닌 채로, 머리에 주름을 잔뜩 지으면서 중력과 전자기력의 통합 이론만 찾아 헤매고 있었다. 이제 융통성 없고 보수적인 쪽은 아인슈타인 자신이었다.

그 회의는 물리학의 이정표가 되었다. 그 자리에서 아인슈타인은 양자역학에 대한 자신의 불편한 심기를 처음으로 공식적으로 밝혔지만, 보어와 그의 젊은 동료 물리학자들의 확신에 흠집을 내지는 못했다. 회의가 열렸던 건물 바깥에서 찍은 유명한 사진에는 활기찬 회의 분위기를 엿보게 해주는 어떤 징후도 없었다. 스물아홉 명의 회의 참석자들은 마치 여권용 사진을 찍기 위해 포즈를 취하는 사람들처럼 죄다 무표정한 모습이었다. 아인슈타인은 앞줄 가운데에 앉아 있고, 디랙이 아인슈타인의 오른쪽 어깨 뒤에 서 있었다. 디랙은 이 사진을 무척 자랑스러워했는데, 한번은 허영심에 젖어서 브리스틀 대학교 물리학과에 그걸 액자에 넣어서 벽에 붙여두라고 재촉하기도 했다.[23] 어쨌든 이 음울한 분위기의 사진은 그 회의에서 남은 최고의 시각적 증거로 수십 년 동안 내려왔지만, 2005년에 회의의 분위기를 알려줄 더 많은 단서들이 드러났다. 회의 참석자들이 세미나 사이 쉬는 동안의 모습을 찍은 동영상이 나왔기 때문이다.[24] 2분짜리의 동영상에서 가장 놀라운 대목은 참석자들의 유쾌한 모습이다. 유일한 여성인 마리 퀴리Marie Curie는 멋지게 몸을 회전시켰고, 싱글벙글한 파울 에렌페스트는 카메라를 향해 익살스럽게 혀를 내밀었다. 최연소 참가자인 디랙은 막스 보른과 이야기를 나누는 모습이 편안하고 즐거워 보였다.

하이젠베르크가 나중에 회상하기로, 가장 치열한 토론은 회의 도중이 아니라 참석자들의 숙소인 근처 오늘날의 유럽 의회 장소 근처인 호텔 브리타니게(오늘날 유럽 의회 근처의 장소)에서 식사할 때 벌어졌다.[25] 양자론을 둘러싼 논쟁의 핵심은 하이젠베르크의 불확정성 원리를 놓고서 보어와 아인슈타인이 상반된 견해를 내놓았다는 것이었는데, 보어는 아인슈타인의 거듭된 공격을 훌륭하게 막아냈다. 다른 과학자들 대다수는 둘의 치열한 공방을 듣느라 여념이 없었지만, 디랙은 무관심한 방관자였다.

> 나는 둘의 논쟁을 듣기만 했지 끼어들진 않았다. 기본적으로 그다지 흥미가 없었으니까 (…) 내가 보기에 수리물리학자가 해야 할 근본적인 과제는 올바른 방정식을 세우는 것이고, 그 방정식을 어떻게 해석할지는 부차적인 문제일 뿐이다.[26]

디랙과 아인슈타인은 달라도 너무 달랐고, 서로 언어가 달라 편하게 대화를 나눌 수도 없었다. 디랙은 아인슈타인보다 스물세 살이나 어렸고, 존경하던 인물 앞인지라 평소보다도 훨씬 더 수줍어했다. 하지만 아마도 둘이 서로 어울리지 않은 가장 큰 이유는, 과학에 대한 둘의 접근법이 극명하게 달랐기 때문이었다. 가령 둘은 철학적 문제에 대해 서로 다르게 반응했다. 밀의 『논리학 체계』를 읽은 사람답게 둘 다 과학의 근본적인 역할이 **가급적 적은 개수의 이론으로, 가급적 더 많은 현상을 설명하는 일**이라는 데는 동의했다. 하지만 아인슈타인은 철학에 계속 관심이 있었던 반면에, 디랙에게 철학은 시간 낭비였다. 디랙이 밀의 책을 읽고서 처음 깨달았고, 이후 공학을 공부하면서 한층 더 공고해진 것은 과학에 대한 공리주의적 접근법이었다. 디랙에게 한 이론을 두고 물을 수 있는 가장 중요한 질문은 '그것이 세계의 작동 방식에 관한 내 믿음에 들어맞느냐?'가 아니라 '그것이 통하느냐?'였다.

회의에서 디랙은 물리학 이외의 주제(종교와 정치)에 관해 처음으로 공식적인 언급을 했다. 약 40년 후에 하이젠베르크가 회상한 바에 의하면, 그 일은 호텔의 담배 연기가 자욱한 라운지에서 어느 날 저녁에 벌어졌다. 라운지에는 몇몇 젊은 물리학자들이 의자와 소파에 널브러져 있었다. 디랙의 젊은이다운 거침없는 태도는 받아줄 필요가 있었다고, 노년의 하이젠베르크는 말했다. '디랙은 아주 젊었고 어떤 면에서 보자면 공산주의 사상에 관심이 있었는데, 물론 당시에는 그런 사상이 아무 문제될 게 없었지요.'[27] 하이젠베르크가 가장 생생하게 기억하는 것은 디랙이 종교와 관련해 고함을 지른 장면이었다. 물리학에 관한 토론 도중에 아인슈타인이 습관대로 신을 거론했을 때 벌어진 일이다. 1920년대 벌어진 여러 사건들을 하이젠베르크는 자세히 기억하는 편이었는데, 이 사건도 대단히 소상하게 기억했다. 하이젠베르크의 기억은 수백 단어 분량의 두 가지 발언으로 구성되는데, 마치 그때 들었던 단어들을 그대로 기억하고 있는 듯했다. 이는 실제로도 익히 알려진 디랙의 견해와 일치했다. 하이젠베르크에 따르면 디랙은 '종교란 단지 진실에 전혀 근거하지 않은 틀린 주장들의 집합이며, 신이라는 발상 자체가 인간의 상상력의 산물'이라고 생각했다. 디랙이 보기에, '전지전능한 신이라는 가정'은 쓸모없고 불필요하며, 오직 '일부 사람들이 하층계급을 조용하게 만들고 싶기 때문에' 가르치고 다니는 것이었다. 하이젠베르크는 종교에 관한 디랙의 판단에 반대한다고 적으면서, 이런 이유를 댔다. '이 세상의 대다수 것들은 남용될 수 있지. 심지어 네가 최근에 거론했던 공산주의 이데올로기조차도 말이야.' 디랙은 조금도 뜻을 굽히지 않았다. 그는 '원칙적으로 종교적 신화'를 싫어했으며, 무엇이 옳은지 결정할 방법은 '내가 처한 상황에서 오직 추론에 의해 도출하는 것이다. 가령, 나는 다른 사람들과 더불어 사회 속에 살고 있는데, 원칙상으로 나는 자신에게 요구하는 것과 똑같은 권리를 그들에게 허용해야만 한다. 공정한 균형을 맞추려고 해야 하는 것이다.'[28] 디랙의 이런 생각을 밀이라면 인정했을 것이다.

디랙이 종교를 공격하는 동안 파울리는 평소답지 않게 조용했다. 어떻게 생각하느냐고 누가 묻자 이렇게 대답했다. '글쎄요. 디랙 저 친구도 종교가 있는데 그 종교의 지도 원리는 이렇죠. **신은 없고 디랙이야말로 선지자다**' 오래된 농담인데, 디랙을 포함해 모두 웃음을 터뜨렸다.[29] 평소와 달리 거침없이 디랙이 표출한 의견들은 카피차의 견해와 전적으로 일치했고, 공산주의에 동조하는 지식인들이라면 누구도 반대하지 않았을 것이었다. 비록 디랙의 정치적 견해는 기록에 전혀 남지 않았지만, 어떤 노선에 공감했는지는 이후 수십 년 동안 그의 행동에서 명백히 드러났다.

***

솔베이 회의를 하는 동안 디랙은 빛에 관한 자신의 새로운 장 이론을 소개했다. 원래 원고에 새로운 문구를 주석으로 달고, 문단마다 수정했다. 평생 동안 했던 다른 세미나에서보다 훨씬 더 많은 수정을 했는데, 이는 디랙이 상당히 초조했다는 의미다.[30] 나중에 그의 개념은 채택되었고, 자신이 쉽게 예측할 수 있는 방식으로 확장되었다. 파스쿠알 요르단이 유진 위그너와 함께 연구하면서, 디랙의 광자이론을 보충해줄 전자의 장 이론을 내놓았다. 요르단과 위그너의 수학이 디랙의 것과 비슷하긴 했지만, 그들의 이론이 디랙에게는 좋게 보이지 않았다. 디랙은 그들이 사용한 기호들이 자연에서 벌어지는 현상에 어떻게 대응되는지 이해할 수가 없었다. 그들의 연구 결과는 디랙이 보기에 대수 연습문제 같았는데, 하지만 나중에 디랙은 자신이 틀렸음을 알아차렸다. 잘 못 이해한 까닭은 이론물리학에 대한 그의 접근법 때문이었다. 즉, 그의 접근법은 '대수적인 것이 아니라 본질적으로 기하학적인 것'이었다. 어떤 이론을 시각화할 수 없으면 그는 무시해버리는 편이었다.[31]

그것 말고도 디랙이 강의실에서 받은 또 다른 충격적인 소식이 있었다. 세미나 시작 직전에 보어는 디랙한테 무슨 연구를 하고 있는지 물었다. 전자에 관한 상대론적 양자론을 찾고 있다고 디랙은 대답했다. 보어는 당혹해하며 말했다. '하지만 클레인이 이미 그 문제를 풀었네.' 클레인이란 스웨덴의 이론물리학자 오스카르 클레인을 가리켰다.[32] 곧 세미나가 시작되는 바람에 디랙은 답을 할 수 없었고, 그 문제는 허공에 붕 떠 버렸다. 보어와 디랙은 회의가 끝나기 전에는 그 문제를 더 논의할 기회가 없었다. 이런저런 이유로 다시 세 달이 흐른 후에야 보어는 자신의 실수를 깨달았다. 디랙이 그 문제를 푼 해법을 발표했는데, 보어가 읽어보니 그야말로 경이로운 업적이었기 때문이었다.

11장
1927년 11월부터 1928년 봄까지

진리와 아름다움은 비슷하다. 진리는 지각의 가장 만족스러운 관계에 의해 충족되는 지성이 바라보는 것이고, 아름다움은 감각의 가장 만족스러운 관계에 의해 충족되는 상상력이 바라보는 것이다.

―제임스 조이스, 『젊은 예술가의 초상』(1915년) 5장

디랙은 근사한 대학교 저녁 만찬에서 늘 불편함을 느꼈다. 고급 음식, 빈티지 와인, 고루한 격식, 장황하게 주고받는 말들, 식후에 피어오르는 역한 담배 연기 등, 모든 것이 질색이었다. 그렇기에 아마도 디랙은 1927년 11월 9일 수요일 저녁을 기대하지 않았을 것이다. 그날 디랙은 세인트 존스 칼리지의 새 교수 취임을 축하하기 위한 저녁 식사의 주빈이 되었다. 이제 그는 명실상부 '최상급의 사람'이 되었으며, 평생 보장되는 대학교의 높은 자리에 앉았고, 1602년에 완공된 양초가 밝혀진 널찍한 사교실에서 동료들과 식사 후에 모일 자유도 얻었다. 영국 왕 헨리 7세의 어머니인 마거릿 보퍼트의 초상화 밑에서 디랙은 자신의 교수직 취임을 전통적인 방식으로 즉 여덟 가지 코스 요리를 먹어 치움으로써 축하했다. 굴, 콩소메, 닭고기 스프, 가자미 요

리, 송아지 에스칼로프(얇게 저민 살코기에 빵가루를 발라 튀긴 요리)와 시금치 요리, 다섯 가지 채소가 들어간 꿩 요리와 샐러드 그리고 세 가지 디저트를 몽땅 먹어 치웠다. 디랙으로서는 그 식사는 축하라기보다는 고문이었다.[1]

식사 후 디랙은 자기 방으로 걸어갔다. 그의 방은 탄식의 다리Bridge of Sighs 에서 가까웠다. 고딕 양식의 석조 구조물인 그 다리는 사공이 노를 저어 갈 정도 넓이의 잔물결이 이는 캠 강을 가로지르고 있다. 아마도 그는 곧장 침실로 갔을 것이다. 연구에 최고로 몰입이 잘되는 시간인 다음 날 아침을 위해 피로를 푸는 것이 습관이었으니 말이다. 그의 서재에는 장식이 없었고, 오로지 중고등 학생들이 썼던 중고 접이식 책상, 단순한 의자, 석탄난로 그리고 (한 손님의 표현대로) '아주 고풍스러운 긴 소파'만 있었다.[2] 그는 빈 강의실에서 마치 중고등학생처럼 작은 책상에 앉아서 연구에만 몰두했다. 연필로 종이에 무언가를 적다가 가끔씩 멈추고는 틀린 내용을 지우거나 교재들을 뒤졌다.[3] 이제 교수가 되었으니, 낮 시간 동안 남자 사환을 부릴 수 있었다. 이런 소박하면서도 안락한 환경에서 디랙은 과학사에 가장 유명한 업적을 남겼다. 세인트 존스 칼리지는 디랙이 상상할 수 있는 최상의 환경을 마련해주었다. 그는 잠시 틈을 내서 가벼운 강의 업무를 하고, 때때로 세미나를 열고 도서관을 찾으면서 거의 종일 연구에 몰두하였다.

당시 집중하는 과제는 단 한 가지였다. 전자를 기술하는 상대론적 방정식을 찾는 일이었다.[4] 디랙은 다른 이론물리학자들처럼 전자가 '점입자electron' 임을 확신했지만, 왜 두 가지 스핀 상태를 갖는지 이해할 수가 없었다. 다른 여러 물리학자들은 후보가 될 만한 방정식들(죄다 억지스럽고 볼품없는 방정식들)을 제시했지만, 디랙은 어느 하나에도 만족하지 못했다. 보어가 그 문제를 해결했다고 믿었던 클레인의 방정식도 마찬가지였다. 디랙은 클레인의 이론이 틀렸다고 확신했다. 왜냐하면 터무니없게도 그 이론은 매우 작은 시공간 영역에서 전자를 찾을 확률이 때로는 0보다 적다고 예측했기 때문이다.

디랙은 최초의 원리들로부터 방정식을 유도하기가 불가능하며 오직 운 좋은 추측을 통해서만 찾아낼 수 있음을 알아차렸다. 하지만 자신이 할 수 있는 일이라고는 선택사항들을 좁히는 것뿐이었다. 그 방정식이 틀림없이 지녔을 특성들과 꼭 지녀야 할 특성들을 살펴보면서 말이다. 기존의 방정식을 가다듬기보다 그는 하향식 접근법을 취해서, 자신이 구하려는 이론에 관한 가장 일반적인 원리들을 찾은 다음에 그걸 수학적으로 표현하려 했다. 첫 번째 요건은 방정식이 공간과 시간을 일체로 다루는 아인슈타인의 특수 상대성이론을 따라야 한다는 것이었다. 둘째, 방정식이 디랙 자신이 아끼는 변환 이론과 모순을 일으키지 않아야 한다. 마지막으로, 방정식으로 빛의 속력에 비해 느리게 움직이는 전자를 기술할 때, 그 예측치는 이미 가치가 입증된 통상적인 양자역학에 의한 예측치에 매우 가까워야 한다.

이런 제약사항에도 불구하고, 여전히 많은 여지가 있었다. 그런 조건들을 따라도 디랙이 내놓을 수 있는 전자에 대한 방정식은 무수히 많았기에, 직관을 발휘해 경우의 수를 좁혀야 했다. 상대론적 방정식이란 모름지기 매우 단순할 거라고 믿고서, 그는 그 방정식이 전자의 에너지와 운동량을 간단하게 드러낼 가능성이 매우 크다고 여겼다. 가령 에너지의 세곱근이나 운동량의 제곱과 같은 복잡한 형태가 아닐 것으로 짐작했다. 그리고 또 하나의 단서가 그와 파울리가 독립적으로 전자의 스핀을 기술하기 위해 찾아냈던 방식에서 얻어졌다. 2행 2열로 배열된 네 개의 수로 구성된 행렬을 이용하는 방법이었다. 이 행렬이 그가 찾고 있는 방정식에 등장하게 되지는 않을까?

디랙은 방정식을 하나씩 차례로 검사해 나가면서, 자신의 이론적 원리나 실험에서 얻은 사실에 맞지 않으면 즉시 버렸다. 그러다가 1927년 11월 후반 혹은 12월 초 유망한 방정식을 하나 건졌는데, 특수 상대성이론과 양자역학 둘 다에 일치하는 방정식이었다. 그 방정식은 이론물리학자들이 전에 본 적이 없던 형태였는데, 왜냐하면 전자를 슈뢰딩거 파동을 이용하지 않고 대신에 '4개'의 상호연결된 (전부 핵심적인) 부분들로 이루어진 새로운 종류의 파동을 이용하여 기술했기 때문이다.

매혹적인 아름다움을 지니긴 했지만, 그 방정식은 실제 전자를 설명하지 못하면 아무 의미가 없을 터였다. 가령 그 방정식은 전자의 스핀과 전자의 자기장을 어떻게 설명했을까? 만약 방정식이 실험자의 관측 사실과 어긋난다면, 디랙으로서는 그걸 버리고 전부 다시 시작할 수밖에 없었다. 하지만 그럴 필요가 없었다. 몇 페이지에 걸친 계산을 통해 디랙은 자신이 굉장한 것을 내놓았음을 입증했기 때문이다. 그의 방정식은 한 전자의 질량뿐만 아니라, 실험자들이 측정한 스핀과 자기장까지도 정확히 지닌 한 입자를 기술해냈기 때문이다. 그의 방정식은 실험자들에게 매우 익숙한 전자를 정말로 기술해냈다. 더군다나 그 방정식의 존재 자체만으로 전자의 스핀과 자기장을 양자론이 제공하는 전자에 대한 표준적 서술에 적용할 필요가 더 이상 없어졌다. 그 방정식이 입증한 바에 의하면, 설령 실험자가 전자의 스핀과 자기장을 미리 알아내지 못했더라도 그런 속성들은 **특수 상대성이론과 양자역학을 이용하여 예측해낼 수 있었다.**

분명 늘 그렇듯이 담담한 척했지만 디랙은 속으로는 의기양양했다. 펜으로 적은 단 몇 줄의 방정식을 통해 그는 우주에 존재하는 모든 전자의 행동을 기술해냈던 것이다. 그 방정식은 이론물리학자 프랭크 윌첵Frank Wilczek (미국의 수학자, 물리학자. 『뷰티풀 퀘스천』의 저자이자 2004년 노벨물리학상 수상자)이 나중에 말했듯이 '가슴 저미도록 아름다웠다'. 아인슈타인의 일반 상대성이론처럼 디랙의 방정식은 보편적이면서도 굉장히 단순했다. 그 속의 무엇 하나라도 바뀌면 위력이 사라질 수밖에 없었다.[5] 거의 70년 후 석공들은 디랙 방정식의 간결한 버전을 웨스트민스터 사원에 있는 그의 묘비에 새겼다.

$$i\gamma.\partial\psi = m\psi$$

디랙이 원래 내놓은 형태로 전부 펼쳐 놓으면 그 방정식은 많은 이론물리학자들조차도 무서워할 정도였다. 왜냐하면 매우 특이했기 때문이다. 하지만 디랙은 그런 형태에 전혀 개의치 않았다. 그에게 중요한 것은 **타당한 원리에 바탕을 둔 방정식이냐** 그리고 실제로 통하느냐 여부뿐이었다. 어쩌면 내심 디랙은 존 스튜어트 밀이 과학의 목표 중 하나라고 제시한 것을 자신이 이루었다고 생각했을지 모른다. **낱개의 이론들을 통합하여 최대한 광범위한 범위의 현상들을 설명하는 일을 해냈다고.**

디랙이 나이가 들었을 때, 젊은 물리학자들은 종종 그 방정식을 발견했을 때 어떤 느낌이었는지 그에게 물었다.[6] 디랙의 대답으로 보자면, 아마도 그는 황홀감과 두려움을 오간 듯하다. 문제를 아주 깔끔히 풀어서 우쭐하기도 했지만, 한편으로는 토머스 헉슬리가 1870년에 제시한 '과학의 위대한 비극'의 최후의 희생자가 될까 걱정이었다. '아름다운 이론이 추악한 사실에 의해 난도질당하는' 비극 말이다.[7] 디랙이 훗날 고백한 바에 의하면, 그런 결과가 나오지 않을까 하는 두려움이 너무도 컸던지라 그는 '너무 겁이 나서' 그걸 적용하여 수소 원자의 에너지 준위에 관한 자세한 예측을 시도해 보지도 못할 정도였다고 한다. 그것을 확인해 보면 방정식이 옳은지 확실해신다는 것을 알면서도 말이다.[8] 그는 근사적인 계산을 통해 자기 이론이 관측 결과와 일치함을 밝혀냈지만, 그렇다고 혹시 실패할지 모를 위험을 무릅쓰고 자신의 이론이 더 엄밀한 조사를 받게 하진 않았다.

11월과 12월 동안 그는 발견의 기쁨이나 가끔 찾아오는 두려움을 아무하고도 나누지 않았다. 이 두 달 동안 누구에게도 의미 있는 편지 한 통을 보내지 않았고, 대화를 나눈 기록도 전혀 없다. 침묵을 깬 것은 크리스마스 휴가를 맞아 브리스틀로 떠나기 직전 친구 찰스 다윈을 우연히 만났을 때였다. 위대한 생물학자의 손자인 그는 영국의 선구적인 이론물리학자였다. 크리스마스 다음 날 보어에게 보낸 긴 편지에서 다윈은 이렇게 썼다. '(디랙은) 스핀을 모든 상황에서 올바르게 기술하며 아마도 "그럴 듯한", 전자에 관한 방정식의 완전히 새로운 체계를 얻어냈습니다.'[9] 그제야 보어는 자신이 솔베이 회의에서 디랙에게 했던 말(전자에 관한 상대론적 방정식을 찾는 문제는 이미 해결되었다는 말)이 완전히 틀렸음을 깨달았다.

***

파울러는 디랙의 논문 「전자의 양자론」을 1928년 새해 첫날 왕립학회에 보내고, 한 달 후에는 몇 가지 세부사항을 정리한 두 번째 논문을 보냈다. 첫 번째 논문이 인쇄되고 있을 때 디랙은 괴팅겐에 있는 막스 보른에게 편지를 보냈는데, 열 줄짜리 추신 이외에는 자신이 발견한 새 방정식을 언급하지 않았다. 추신에서 그는 방정식을 낳게 된 추론 과정을 밝혔다. 보른이 그 내용을 동료들에게 보여주자, 다들 그 방정식을 '위대하기 이를 데 없는 업적'이라며 감탄했다.[10] 디랙이 푼 문제를 붙들고 있던 요르단과 위그너는 깜짝 놀랐다.[11] 요르단은 경쟁자가 상을 차지해버리자 좌절감에 빠지고 말았다.

2월 초에 그 방정식이 공식적으로 발표되자, 물리학계는 충격의 도가니에 빠졌다. 대다수 물리학자들은 수학적으로 복잡한 형식으로 표현된 그 방정식을 이해하려고 골머리를 앓으면서도, 이구동성으로 디랙이 대단한 업적을 내놓았으며 비유하자면 이론물리학자가 홀인원을 터뜨린 셈이라고 감탄했다.[12] 과학자로 활동한 지 처음으로 디랙은 자신이 당시의 가장 어려운 문제 하나를 공략하여 경쟁자들을 물리치고 해법을 손에 넣을 수 있는 실력이 있음을 당당히 보여주었다. 나중에 미국의 이론물리학자 존 반 블렉John Van Vleck은 전자의 스핀을 기술한, 디랙의 이론을 가리켜, '마술사가 비단 모자에서 토끼를 꺼내는 묘기와 같다'고 비유했다.[13] 곧 반 블렉과 하버드 대학교 동료 교수가 될 존 슬레이터는 훨씬 더 과장된 칭찬을 늘어놓았다. '다른 누구도 (그 방정식을) 상상조차 할 수 없었다. 그 방정식은 디랙이 당시에 어떠한 다른 과학자도 지니지 못한 **직감적인 천재성의 특이한 능력**을 지녔음을 보여 준다'[14]

하이젠베르크조차도 최근에 라이프치히 대학교에서 정교수에 임명된 후 더할 나위 없이 자신감이 충만해 있는 상태였는데, 디랙의 혁혁한 업적에 충격을 받았다. 훗날 한 물리학자가 전한 바에 따르면, 하이젠베르크는 영국의 한 물리학자(두말할 것도 없이, 디랙)가 너무 똑똑해서 감히 경쟁할 엄두가 나지 않노라고 말했다고 한다. 하지만 하이젠베르크는 그 방정식이 대단히 아름답긴 하지만 틀렸을지 모른다고 우려했다. 그 방정식에 관한 첫 번째 논문에서 디랙이 지적한 한 문제를 유심히 살펴본 사람이기에 하이젠베르크는 걱정하지 않을 수가 없었다. 왜냐하면 그 방정식은 전자가 취할 수 있는 에너지의 값에 관해 희한한 예측을 내놓았기 때문이다.

방정식에서 나오는 그 문제의 배경 상황은 시간과 마찬가지로 에너지도 절대적인 양이 아니라 상대적인 양이라는 것이다. 한 자유전자(가해지는 힘이 없는)의 운동에너지는 그 전자가 정지해 있을 때 0으로 정의할 수 있다. 전자가 속력을 얻으면 운동에너지는 언제나 양(+)이다. 디랙의 문제점은 그의 방정식이 지극히 타당한 양의 에너지 값과 더불어 자유전자가 **음의 에너지 값**도 가진다고 예측했던 것이다. 이런 문제가 생긴 까닭은 디랙의 이론이 아인슈타인의 특수 상대성이론을 따르는데, 그 이론은 한 입자의 에너지에 대한 가장 일반적인 방정식을 에너지의 제곱, 즉 E^2으로 규정하기 때문이다. 따라서 만약 E^2이 (어떤 선택된 에너지 단위를 사용할 경우) 가령 25라면, 에너지 E는 +5이거나 −5일 수 있다(둘 다 제곱하면 25가 된다). 따라서 자유전자의 에너지에 관한 디랙의 공식은 두 가지의 에너지 값(양의 값과 음의 값)이 존재함을 예측하는 것이다. 고전물리학에서 음의 에너지는 무의미하므로 배제되지만, 양자역학에서는 그럴 수가 없다. 왜냐하면 양자역학에서는 양의 에너지 전자가 언제나 음의 에너지로 도약할 수 있다고 예상되기 때문이다.

아무도 그런 도약을 실제로 관찰하지는 못했기에, 디랙 방정식은 심각한 곤경에 처하게 되었다. 하지만 이런 문제점에도 불구하고 물리학계의 전반적인 견해는 전자에 대한 디랙의 이론을 대단한 쾌거라고 보았다. 하지만 디랙은 이런 성공이 즐겁지 않은 듯했으며, 아인슈타인이 일반 상대성이론의 방정식을 발표한 후에 보여준 안도감과 의기양양함을 전혀 보이지 않았다. 디랙의 후배 과학자인 네빌 모트Nevill Mott가 훗날 전한 바에 따르면, 디랙은 케임브리지에 있는 동료 물리학자들과 거리를 멀찍이 두고 있었다고 한다. 참고로 모트는 다른 수백 명의 이론물리학자들처럼 양자역학 자체를 세워나가기보다는 그걸 적용하는 데 집중하는 쪽이었다.

모트에 따르면, 케임브리지 수학과에 있는 누구도 도서관에서 디랙의 논문을 읽기 전까지는 디랙의 방정식을 전혀 몰랐다. 모트가 말하기로, 디랙은 활기가 없고 불길한 느낌을 주는 사람이어서, 누구도 감히 쉽사리 상대하기 어려운 유형의 전문가였다. 디랙은 자신의 좁은 사교 범위에 개의치 않은 듯했다. (보어의 연구소에서처럼) 우호적인 동료 물리학자들과는 어울리기 좋아했지만, 자신의 연구를 그들에게 알리거나 심지어 (성 이외에) 자기 이름을 밝힐 필요성도 느끼지 않았다. 찰스 다윈은 그를 6년 동안 알고 지냈는데도, 엽서에서 그의 서명에 관해 이렇게 물었다. '도대체 P. A. M이 무엇의 약자인 거야?'[15]

코펜하겐과 괴팅겐에는 기라성 같은 양자물리학자들이 많지만 케임브리지에는 파울러와 다윈뿐인지라, 디랙은 양자역학의 기본에 관한 세미나를 자신이 열어야 한다고 여겼다.[16] 하지만 자기 학과에서 맡은 강의 업무가 끝날 때야 세미나를 열 수 있을 듯했다. 그래서 젊은 과학자로서는 놀랍게도 디랙은 양자역학에 관한 교재를 집필하기로 했다. 카피차와 파울러가 편집을 맡는 『국제 물리학 논문 시리즈International Series of Monographs on Physics』의 첫 번째 논문으로 발표될 예정이었다. 이 시리즈는 《맨체스터 가디언*Manchester Guardian*》의 과학 전문 기자인 짐 크로우더Jim Crowther가 기획했다. 그는 캐번디시 연구소의 비공식 상주 작가이자 디랙이 친구로 여긴 유일한 기자였다. 열정적인 마르크스주의자이기도 한 크로우더는 1923년에 공산당에 가입했고 버널과 러더퍼드(공산주의자의 적)와도 가깝게 지내면서 둘의 재능과 영향력을 한껏 이용했다.[17] 디랙을 포함하여 캐번디시의 가장 훌륭한 젊은 과학자들 전부와 교제하면서 크로우더는 케임브리지의 급진적인 신예 과학자 집단에서 영향력 있는 인물이 되었다. 그의 장점 중 하나는 예리한 상황 판단력이었다. 위대한 젊은 이론물리학자들과 친해지기 위해서 크로우더는 디랙이 집요한 기자들과 상대하기 꺼려하는 성향을 극복해야 함을 재빨리 간파했다. 그냥 편하게 뒤로 물러나 있고 싶어 했던 디랙을 자기 곁에 두고자 했던 것이다.

***

디랙의 방정식을 가족은 전혀 몰랐다. 아버지는 아들의 연구 성과를 늘 알고 싶었지만, 아들은 가혹하리만치 과학 관련 이야기를 가족과 나누려 하지 않았다. 1928년 4월에 양자물리학에 관한 《타임스》의 익명 기사를 읽었을 때 아버지는 기사의 마지막 내용에서 기운이 빠졌을지 모른다. '과학자가 보통 사람들에게 인간 대 인간으로서 말할 수 있던 때는 아득한 옛날 일이다 (…) 해협을 헤엄쳐 건널 수 있는 사람만이 따라갈 수 있는 깊은 물 속으로 과학이 들어가 버렸다는 건 세상의 큰 손실이 아닐 수 없다.'[18] 아버지가 아들한테 새로 연구하는 물리학을 설명해달라고 재촉했을 때 (분명 아버지는 그렇게 재촉했으리라), 디랙은 평소 습관대로 머리를 가로젓거나 새로운 양자론은 '언어로는 전혀 설명할 수 없는 물리학 개념들로 되어 있다'는 맥 빠지는 소리를 십중팔구했을 것이다.[19] 디랙은 양자역학을 생각할 때 시각적으로 상상하는 방법을 쓰긴 했지만, 양자 세계의 이미지를 설명해달라는 요청은 번번이 거절했다. 나중에 그는 이렇게 말하곤 했다. '양자 세계를 그려낸다는 것은 장님이 눈송이를 만지는 것과 같다. 일단 닿으면 사라져 버린다.'[20]

디랙이 어머니한테서 받은 편지들로 판단하자면, 어머니와 아버지와의 관계는 이제 어머니가 집 밖에서 더 많은 시간을 보내는 상황으로 굳어졌다. 어머니는 테니슨의 시 강의에 나갔고, 아버지는 딸과 함께 히포드롬 극장에 공연을 보러 갔고, 마지막 위대한 무성영화 중 하나인 〈벤허〉를 보러 간 것을 포함해 영화관에 드나들었다. 하지만 디랙 가족이 가장 좋아한 새로운 문물은 자동차였다. 대량생산된 신기술 혁명 중 가장 흥미진진한 것이 자동차 문화였다. 아버지의 개인교습 제자 중 한 명이 차를 갖고 있었기에, 디랙 가족을 태우고 시속 약 40킬로미터의 속도 제한을 유지하면서 해변과 야외 찻집으로 오후 드라이브를 시켜주었다. 이런 드라이브의 이미지(일상의 근심걱정에서 벗어나 여유 넘치는 가족의 모습)는 1920년대의 3/4분기의 영국의 번영을 상징했다. 대다수 사람들에게 삶이 그 이상 좋았던 적은 없었다.

하지만 디랙이 집에 없을 때 어머니의 삶은 공허했다. 아들을 만날 그럴듯한 핑계를 늘 찾던 어머니는 2월 중순 조정 경기를 본다면서 케임브리지에 가겠다고 했다. 그러면서 아들이 시간을 내줄 수 있는지 수줍게 물었다 ('나는 옷도 근사하게 차려입을 테고 아무 문제도 일으키지 않을 거란다.')[21] 그런 부탁은 종종 무시하던 디랙도 이번에는 좋다고 했다. 어머니는 안개 자욱한 날 점심 때 케임브리지에 도착해서 몇 시간동안 아들과 이야기꽃을 피웠다. 하지만 디랙은 자신이 인생의 가장 흥미진진한 시기를 지나고 있으며 일부 동료 과학자들이 자신을 뉴턴의 후계자라고 여기기 시작했다는 기색은 전혀 내비치지 않았다.

디랙은 여자와 로맨틱한 관계를 맺는 데 관심이 없다는 면에서도 뉴턴과 닮은 것 같았다. 많은 동료 과학자들은 디랙이 자기 나이 또래의 여자를 무서워한다는 인상을 받았고, 그가 결혼을 하리라고는 상상도 못 했다. 하지만 의외로 그는 한 여성과는 가깝게 지냈는데, 친구이자 옥스퍼드 대학교의 전도유망한 수학자 헨리 화이트헤드Henry Whitehead의 56살 어머니였다. 이사벨 화이트헤드Isabel Whitehead라는 큰 키에 체구가 튼튼한 이 여성은 라이트 레버렌드 헨리 화이트헤드Right Reverend Henry Whitehead의 아내였다. 아홉 살 연상의 남편은 인도 마드라스의 전직 주교였다. 부부는 거기서 거의 20년을 살다가 1923년에 영국으로 돌아왔다. 국외거주자 이웃들 사이에서 화이트헤드 부인은 악명이 높았다. 기독교 공동체의 믿을 만한 소식통에 따르면, 그녀는 '많은 영국 마님들의 전반적인 기준으로 보더라도' 너무 고압적이었다고 한다.[22]

화이트헤드 부부는 케임브리지에서 차로 약 세 시간 거리인 레딩Reading 근처의 핀센츠 힐Pincent's Hill에 있는 목조 반, 벽돌 반 단층집에 살았다. 늘 개들을 데리고 다니는 여유로운 생활을 했는데, 매일 한두 시간을 내서 작은 농장을 운영하면서, 혈통 좋은 건지Guernsey젖소(우유 생산량이 아주 많은 젖소)와 닭 몇 마리를 길렀다. 그들은 둘 다 옥스퍼드에서 공부한 수학자였지만, 화이트헤드 부인의 편지로 보건대 부부는 디랙과 과학 이야기보다는 다른 문제를 더 많이 이야기한 듯하다. 특히 남편의 크리켓에 대한 열정 그리고 인도 체험담이 화제였는데, 그중에는 자기 집에 간디를 초대해 일주일 동안 즐거운 시간을 보낸 이야기도 있었다. 이후로 오랜 세월 동안 화이트헤드 부인이 디랙과 주고받은 편지를 보면, 그녀는 디랙의 무신론에 줄기차게 이의를 제기했고, 디랙은 자기 가족에 관한 가장 사적인 생각을 그녀에게 털어놓았다. 핀센츠 힐은 디랙이 가장 좋아하는 주말 휴식처가 되었고, 화이트헤드 부인은 디랙의 두 번째 어머니가 되었다. 그녀는 디랙에게 지원과 애정을 아끼지 않았을 뿐만 아니라, 디랙의 친어머니가 줄 수 없는 것(지적인 자극)을 주었다.

***

　1928년 초봄 디랙은 다음 여정을 계획하고 있었다. 여섯 달 동안의 여정
은 4월에 시작해서 보어가 있는 코펜하겐으로, 그다음엔 에렌페스트가 있는
라이덴으로, 그다음엔 하이젠베르크가 있는 라이프치히로, 그다음엔 보른이
있는 괴팅겐으로 이어지고 마지막으로 스탈린 치하의 소련을 방문할 예정이
었다. 디랙은 그 나라를 소문으로만 계속 듣고 있었는데, 이제 직접 가서 스
스로 판단할 차례였다.

12장

1928년 4월부터 1929년 3월까지

보라, 이성의 거래이자 숭고한 직업인

물리학이 어떻게 모든 것들을 이제껏

질서정연하게 기록하고 정리해왔는지를.

−로버트 브리지스, 『아름다움의 유언 *Testament of Beauty*』(1929년)

파울 에렌페스트는 기분 변화가 심하고 까다로운 과학자였지만, 한
편으로는 매력적이고 너그러운 사람이었다. 1928년 4월 라이덴 기차역에 디
랙을 마중하러 나갈 수 없게 되자, 에렌페스트는 조수들 여러 명을 보내서
저녁 10시 직후에 기차가 도착할 때 맞춰 디랙을 마중하도록 시켰다. 문제는
그들 중 누구도 디랙이 어떻게 생겼는지 몰랐다는 사실이다. 에렌페스트가
내놓은 대책은 기차역을 향한 객차 칸 중에 「전자의 양자론」 논문을 흔드는
학생이 디랙이라고 알려준 것이다. 이 방법은 성공했다![1]

　환영단 중에 이고르 탐Igor Tamm이 있었다. 서른두 살의 소련 출신 이론물
리학자는 곧 디랙과 가장 가까운 사이가 된다. 탐은 가만히 있지 못하는 성
격으로 유명했다. 단체 사진을 보면 다른 이들은 초점이 잘 맞는 모습인데,

그만 유독 흐릿한 모습이다.[2] 대학교에 가기 전부터 마르크스주의자였던 탐은 1915년 사회민주노동자당에 입당했으며, 이후 여러 해 동안 모스크바, 키예프, 오데사 및 키로보그라드에서 지낼 때 과학을 공부하면서 동시에 볼셰비키를 위한 시간제 활동가를 겸했다. 그러다가 볼셰비키Bolsheviki가 광신으로 치닫는 모습에 질려 버렸고, 1918년 여름에 다른 모든 정당을 불법으로 선언하자 그때부터는 과학에만 집중했다. 그는 양자역학을 전문적으로 연구하는 최초의 소련 이론물리학자가 되었다.[3] 1927년 1월에는 라이덴에 왔고, 일 년 후에는 디랙 방정식에 감동을 받아서 그 방정식의 발견자를 만나기를 학수고대하고 있었다. 탐이 모스크바에 있는 아내에게 보낸 편지에서 그는 '(디랙한테서) 한마디를 듣는 것이 굉장한 수고를 치를 값어치가 있으며, 그가 오직 열 살 미만의 아이들하고만 대화를 나눈다'는 소문이 진실인지 알고 싶다고 했다.[4]

두 사람은 곧 서로에게 끌렸다. 디랙이 보기에 탐은 지성인이자 유쾌하고 외향적인 러시아인이었다. 탐이 보기에 디랙은 말하기를 강요당하지만 않으면, 굉장히 괜찮은 친구였다. 둘은 봄날 오후 시간을 함께 보냈다. 도시의 자갈 깔린 거리를 함께 어슬렁댔고, 운하에서 들어오고 나가는 배들을 바라보고, 가끔은 근처 튤립 꽃밭으로 산책을 다녔다.[5] 탐은 디랙에게 자전거 타는 법을 가르쳐주었고 디랙은 탐에게 물리학을 가르쳐주었다. 둘은 과학 이외의 주제들도 이야기했는데, 아마도 정치 그리고 탐이 가장 좋아하는 취미인 등산 이야기를 했을 것이다. 탐은 디랙의 박식함에 초라함을 느꼈다. 그래서 아내에게 이런 편지를 보냈다. '그의 옆에만 있으면 나는 어린애가 된 느낌이라오.'[6]

라이덴 대학교에 온 과학자가 으레 그렇듯이 디랙도 몇 차례 세미나를 했다. 이미 디랙은 사람들 앞에서 말하는 실력이 많이 늘었다. 칠판을 향해 걸어갈 때 그의 모습은 가엾은 외톨이 연구자에서 벗어나 양자역학의 위대한 설교자로 변신하는 듯했다. 가만히 선 채로 그는 청중들과 눈을 마주치면서 평이하면서도 또박또박 말했다. 양자역학의 최정상급 전문가다운 카리스마를 뽐냈으며, 말하는 중에 머뭇거리거나 우물쭈물하는 경우도 전혀 없었다. 말할 내용을 미리 적어놓고 읽지 않았는데도 본인이 하고 싶은 말을 정확하게 알았다. 세미나를 거듭할수록, 자기 생각을 표현할 가장 명확한 방법을 결정하고 나면 결코 샛길로 새지 않았다. 에렌페스트가 다시 설명을 부탁하자 디랙은 자기가 했던 말을 거의 단어 그대로 다시 반복했다.[7]

1928년 6월 중순 디랙은 탐과 함께 라이프치히로 가서, 디랙 방정식으로 고심하고 있던 하이젠베르크가 공동 주관한 회의에서 일주일을 보냈다. 다윈을 포함한 여러 과학자들이 밝혀내기로, 디랙 방정식은 수소 원자의 에너지 준위에 관한 이전의 성공적인 공식들을 완벽하게 재현해냈지만, 하이젠베르크만큼은 그걸 인정하지 않았다. 그는 방정식의 터무니없는 예측, 즉 자유전자가 음의 에너지를 가질 수 있다는 예측 때문에 곤혹스러워했다. 또한, 명백히 밝혀졌듯이, 방정식을 미묘하게 손질해보아도 그런 결과를 피할 수는 없었다. 디랙으로서는 그건 부차적인 문제였을 뿐이다. 하지만 하이젠베르크가 보기에는 방정식에 결함이 있다는 증거였다. 디랙이 라이프치히를 떠난 지 한 달 후 하이젠베르크는 보어에게 편지에서 이렇게 썼다. '현 상황이 꽤 터무니없는지라 좌절감에서 벗어날 겸 (자기장을 이해하기 위한) 다른 연구 주제를 택했습니다.'[8] 한 달 후 하이젠베르크는 더 우울해져서 파울리에게 이런 편지를 보냈다. '현대물리학의 가장 슬픈 장張은 디랙의 이론이야.'[9] 디랙은 하이젠베르크의 비판이 상당히 근거가 있으며, 자기가 해야 할 일은 그 이론이 아름답기만한 신기루 이상의 것임을 입증해야 함을 잘 알고 있었다.

라이프치히에서 디랙이 처음 만난 과학자들 중에 하이젠베르크의 제자인 루돌프 파이얼스가 있었다. 이제 갓 스물한 살이 된 청년이었다. 말랐지만 강단 있는 인상에 윗니가 돌출한 얼굴이며 안경을 낀 파이얼스는 활기와 야심이 넘쳐났다. 그의 교수들은 디랙을 데리고 오페라에 가보라고 했는데, 이는 디랙의 케임브리지 동료들이 들었다면 다들 불가능하다고 여겼을 도전과 제였다. 동료들로서는 디랙이 오페라 극장에 가 있는 모습은 상상하기 힘들었다. 음모가 판치는 내용, 어수선한 대사와 노래 가사 그리고 종종 난해한 이야기 구조가 디랙의 직설적인 성향과 맞지 않을 터였기 때문이다. 수십 년 후 파이얼스는 둘이 함께 본 공연에서 디랙의 반응도 기억해내진 못했지만, 디랙이 독일인의 습관대로 모자를 극장의 옷 보관함에 맡기려 하지 않고, 영국인의 습관대로 모자를 지니고 있어야 한다고 우겼다면서 창피해했다. 프로이센의 정통 교육을 받아서 예의가 몸에 뱄던 파이얼스가 보기에 디랙의 예의범절은 끔찍할 정도로 서툴렀다.[10] 디랙은 동료가 불편해하는 줄은 까맣게 모르고서 종종 그렇게 행동했다. 그는 영국식 예의범절의 추종자답게, 다른 나라 사람들은 왜 다르게 행동해야 하는지 몰랐다. 유연성은 그의 장기가 아니었다.

***

회의가 끝난 후 디랙은 탐과 함께 괴팅겐에 갔다. 그곳의 이론물리학과는 지도자인 막스 보른이 연구에 몰두하기 어려워지면서 빛을 잃어가고 있었다. 과로로 지친데다 젊은 신예들이 자기를 떠나갈까 우려하고 결혼생활의 문제와 나치의 '철저한' 반유대주의 때문에 좌절하여 그는 신경쇠약에 걸리고 말았다.[11] 그의 동료 요르단은 공공연한 보수적 민족주의자였지만, 사적으로《독일의 유산Deutsches Volkstrum》에 기고 할 때에는 가명으로 했다.[12]

어쨌거나 여전히 괴팅겐 대학교는 젊은 이론물리학자라면 누구나 가고 싶어 하는 곳이었다. 괴팅겐에 머무는 동안 디랙은 다른 두 방문자와 긴 우정을 시작했는데, 내성적인 사람과 외향적인 사람 둘 다 사귀는 디랙의 취향에 딱 맞는 인물들이었고, 이 둘 덕분에 디랙은 자기 또래의 여성들과 처음으로 친밀한 관계를 쌓게 되었다. 화려함의 극단에 속한 사람은 조지 가모프였다. 디랙보다 두 살 아래의 러시아 이론물리학자인 그는 양자역학의 궁정광대가 될 운명을 타고난 사람이었다. 조니Johny, 기기Gee-Gee 그리고 (보어가 붙인) 조Joe등 여러 별명으로 불린 그는 키가 190cm에 몸무게가 100kg의 거구로서, 디랙과는 정반대의 성격에 가까웠다. 말이 청산유수였고 골초에 애주가였고 쉴 새 없이 농담을 쏟아냈다.[13] 괴팅겐에 온 직후 그는 양자역학을 이용하여 여러 유형의 원자핵에서 알파 입자가 방출되는 방사능 붕괴(고전역학에서는 불가능한 현상)를 설명한 초기 인물 중 하나로 이름을 날렸다. 아마도 러더퍼드로서는 실망스럽게도 디랙은 핵물리학의 새로운 발견에 관한 캐번디시 세미나를 여러 차례 참석했으면서도, 그런 발견을 이해하는 데는 관심을 보이지 않았다.[14] 둘 다 이론물리학자이긴 하지만, 디랙은 가모프와 완전히 달랐다. 가모프는 근본적인 새로운 개념을 내놓으려고 하지 않고 다른 이들이 발견한 개념을 적용하기를 더 좋아했다. 하지만 둘 다 서로 잘 지냈고 종종 함께 식사도 했는데, 디랙은 새로 사귄 친구가 자기는 포격을 당하는 와중에 유클리드 기하학을 배웠다느니, 어쨌다느니 하는 이야기를 무표정하게 듣고 있었다. 사실인지 확실치 않고 본인이 하고 싶은 이야기들 뿐이었다.[15]

성격의 다른 쪽 극단에는 유진 위그너가 있었다. 원래는 공학을 배웠다가 물리학으로 바꾼 그는 베를린에서 아인슈타인과 함께 몇 년을 보낸 후, 최근에 괴팅겐에 도착했다. 부유한 유대인 집안의 자녀인 위그너와 두 누이는 다뉴브 강이 내려다보이는 부다페스트의 가장 특급 거주 구역에 있는 큰 아파트에서 한 가정교사의 손에서 자랐다. 그는 어린 시절의 집을 즐겨 회상했다. 격식 있는 식사 시간, 제복을 입지 않은 두 여자 하인이 종종걸음으로 걷던 모습, 막 꺾은 장미의 향기를.[16] 디랙과 달리 젊은 위그너는 정치에 경각심을 가졌고 자기 나라의 불안정한 상태를 뼈저리게 잘 알고 있었다. 1918년 오스트리아–헝가리 제국의 붕괴 이후 헝가리는 쿤 벨러Kun Béla가 이끈 잔혹한 볼셰비키 혁명을 겪었고, 민족주의자와 반유대주의 세력이 조직한 백색 테러를 당했다. 위그너는 당시 호르티Horthy 장군의 독재정권 하에 있는 국가의 장래가 암담하다고 여겼다.

온갖 정치적 격변에도 불구하고 위그너는 매우 훌륭한 수학 및 과학 학교 교육을 받았는데, 심지어 디랙보다 더 나은 교육을 받았다. 역사가들은 지금도 20세기 초에 부다페스트가 어째서 혁신적인 지성인들을 많이 배출했는지 논쟁하고 있다. 디랙이 훗날 세계 최고의 수학자라고 치켜세운 존 폰 노이만 John von Neumann, 위그너의 친구이자 최초의 핵무기 개발에 중요한 업적을 세운 레오 실라르드Leo Szilard와 에드워드 텔러Edward Teller가 그런 인물들이다.[17] 헝가리인들의 이러한 성공은 어느 정도 1차 세계대전 직후 부다페스트의 뛰어난 고등학교 교육 때문이었고 아울러 그 도시가 추구하던 서양 중심 문화의 활기와 야망 때문이었다.[18]

위그너는 양자물리학자들 중에서 가장 수줍음이 많고 비사교적인 인물이었지만, 디랙에 비하면 사람들과 잘 어울리는 편에 속했다. 따라서 둘이 함께한 저녁 식사 시간은 아마도 껄끄러웠을 것이다. 둘은 공통의 언어를 찾아야 했다. 디랙은 헝가리어를 몰랐고 프랑스어를 하기도 싫어해서 과장된 억양의 어설픈 독일어로 말했고, 위그너는 영어가 약해서 독일어나 프랑스어로 말하길 좋아했다. 결국 둘은 독일어를 쓰기로 합의했던 듯하다. 둘이 초기에 나눈 대화의 상세한 내용이 기록으로 남아 있진 않지만, 아마도 위그너는 정치 이야기 그리고 어렸을 때 경험한 반유대주의 이야기를 언급했을 가능성이 크다. 열여섯 살 이후로 그는 아버지를 따라 이념적으로 공산주의를 반대했는데, 이런 입장은 일 년 후에 쿤의 집권 동안 더 강해졌다. 이 기간에 그의 아버지는 가죽 공장의 공장장 자리에서 쫓겨났다.[19] 몇 달 동안 위그너 가족은 오스트리아에 피신해 있다가 공산주의자들이 권좌에서 쫓겨난 후 다시 돌아왔다.

디랙은 자기 이야기를 하고 싶은 만큼이나 위그너의 살아온 이야기를 듣는데 만족했을 것이다. 하지만 위그너가 물리학으로 대화 주제를 옮겼을 때, 그는 디랙이 자기 생각과 아이디어를 나눌 마음이 없음을 금세 알아차렸다. 위그너가 뭔가를 알아보려고 하는 순간, 디랙은 놀란 고슴도치처럼 자기 속으로 움츠려버렸다.[20] 이고르 탐은 이런 식의 방어 행동을 피하는 방법을 알고 있었다. 대화 내용을 가급적 실용적인 주제에 국한하고, 사적인 질문을 하지 않고 사소한 내용에 조금이라도 시간을 허비하지 않으면 됐다. 탐과 디랙의 사이가 좋았던 까닭에는 둘의 재능이 상호보완적이었던 이유가 있다. 지적인 리더십은 디랙한테서 나왔고, 사교적인 추진력은 탐에게서 나왔다. 디랙에게 등산을 알려준 사람이 바로 탐이었다. 등산은 젊은 시절 디랙 인생의 가장 큰 즐거움의 원천 가운데 하나였다. 한번은 동쪽으로 멀리 숲이 우거진 하르츠 산맥(저녁이면 반딧불이가 반짝이는 곳)으로 등산을 갔다. 거기서 만만치 않은 코스인 브록켄 산 정상(1,142m)까지 올랐다.[21] 디랙은 등산의 매력에 흠뻑 빠졌다. 방정식을 제외하고 산보다 더 그의 아름다움의 감각을 휘젓는 것은 없었다.[22]

***

1928년 7월 말경 디랙은 처음으로 러시아에 갈 준비를 하고 있었다. 강연 업무와 더불어 카피차와 보낼 즐거운 시간이, 두 달간의 체류 일정이었다. 디랙의 어머니는 걱정이 이만저만이 아니었다. '러시아에 가면 부디 몸조심하거라. 신문에 보니 공산주의자들이 여간 무서운 사람들이 아니더구나. 온통 무법천지인 것 같더라. 그래도 우리보다 네가 더 사정을 잘 알겠지. 네가 훨씬 더 가까이 있으니 말이야.'[23] 1918년 이후 영국 언론은 소비에트 정권이 자꾸만 억압적으로 치닫는 상황을 보도해왔는데, 그런 경향은 1926년에 스탈린이 절대 권력에 오르면서 더욱 뚜렷해졌다. 영국 정부는 소련을 공식적으로 인정하지 않았지만, 두 나라 사이의 교역이 양국 관계를 완화하고 있었다. 그 정점은 노동당 출신 수상 램지 맥도널드Ramsay MacDonald가 1929년에 양국의 전면적인 외교 관계를 회복한 것이었다.[24]

8월 5일에 레닌그라드(지금의 상트페테르부르크)에 도착한 후 디랙은 카피차가 대접하는 캐비어를 맛보았다. 그 음식은 디랙이 좋아했던 소수의 진미들 가운데 하나였다. 디랙은 러시아가 무척 마음에 들었다. 주위 풍경, 건축물, 박물관과 미술관 등이 모두 매력적이었다. 탐에게 보낸 장문의 수다스러운 편지에서 디랙은 이렇게 적었다.

> 레닌그라드에 와서 이틀 동안을 보른과 (그의 괴팅겐 동료) 폴Pohl과 함께 보냈어. 여러 명소들을 둘러보았고, 특히 에르미타주 박물관, 러시아 미술관, 러시아 자연사박물관 그리고 (물리학 연구를 위한) 뢴트겐 연구소에 갔어 (…) 레닌그라드는 매우 아름다운 곳이어서 여행 중에 다른 어느 도시보다도 그곳에서 더 감동을 받았어. 특히 증기선을 타고 강을 따라 올라가는데 도금한 지붕이 있는 교회들이 많이 보였는데, 내가 이제껏 본 교회와는 상당히 달랐어 (…)[25]

모스크바는 안나 카레니나의 도시(레닌그라드)와 비슷했다. 자그마한 목조 주택, 알록달록한 둥근 지붕, 푸른색 옷을 입은 하층민이 모는 마차들이 고불고불한 거리를 다니는 모습, 수염을 기른 장사꾼들이 슬로벤스키 바자(시장)Slovenski Bazaar에서 보드카와 오이를 먹고 있는 모습 등이 인상적이었다.[26] 디랙은 거기에 러시아 물리학자 회의에 참석하러 갔다. 비용은 그를 초대한 이가 댔다. 소련의 물리학자들은 양자역학의 중요성을 재빨리 깨닫고서 서유럽의 양자역학 선구자들한테서 배우길 원했다. 회의에 참석한 120명의 물리학자들 가운데 약 20명이 외국인이었다. 디랙은 그 행사의 스타였지만, 모스크바에 너무 늦게 도착하는 바람에 회의 개막 초기에 예정된 세미나를 열 수 없었다. 세미나를 할 수 있게 되었던 시점에는 도시 외곽의 왕궁 주변을 거닐고 있었다. 저녁에는 일본 극장에서 하는 공연을 보러 갔다. 이튿날에는 회의 참석자들과 크레믈린 궁전을 구경한 다음에 혼자 해 질 때까지 도시 이곳저곳을 걸어 다녔다.

두 번째 회의 장소는 볼가 강을 따라 스탈린그라드로 향하는 증기선이었다. 일주일이 걸린 선상 여행 동안 디랙은 전자에 관한 자신의 이론을 주제로 세미나를 열었고, 소련 물리학계를 주도하는 인물들을 만났다. 그중에는 디랙을 존경하던 스무 살의 대학원생 레프 란다우가 있었다. 곧 최연소로 가장 큰 업적을 이루어 소련의 가장 위대한 이론물리학자가 될 사람이었다. 초췌하고 비쩍 마른 체구에 키가 매우 컸기에, 함께 있는 사람들은 그의 기다란 얼굴이 불쑥 솟아 있는 모습이 눈에 들어왔고, 곱슬곱슬한 검은 머리카락은 머랭 쿠키의 뾰족 솟은 부분처럼 그의 머리 오른편에 얹혀 있었다. 날카로운 비판을 잘하는 공격적인 성격 때문에 파울리를 얌전한 사람으로 만들 정도였고, 사교성이 너무나 부족해서 디랙을 사근사근한 사람으로 만들 정도였다.

회의가 끝난 후 디랙은 카프카스 산맥으로 이틀간 기차여행을 떠났다. 카피차와 함께 지내면서, 관광객들 무리와 함께 6시간 동안 블라디카프카스 Vladikavkaz 근처의 빙하를 둘러보았다. 디랙은 탐에게 보낸 편지에서 이 여행을 언급했지만, 카피차와 함께 있는 동안 어떤 식으로든 자신의 성적 자각을 일깨운 사건을 겪었다는 이야기는 하지 않았다.[27] 45년 후에 디랙은 카프카스에서 벌거벗은 젊은 여자를 처음 보았다고 회상했다. '(그녀는) 사춘기 소녀였다. 그 소녀가 있는 수영장에 가게 되었는데, 그런 여자들이 수영복도

입지 않고 물놀이를 하고 있었다. 예쁜 여자애들이었던 것 같다.' 그때 디랙은 스물여섯 살이었다.

***

디랙은 브리스틀로 서둘러 돌아가지 않았기에, 돌아가기까지 거의 한 달이 걸렸다.[28] 여행의 즐거움과 가정생활의 지루함이 이때처럼 극명하게 대조를 보인 적은 없었다. 그는 많은 동료들과 어울렸고, 경제적으로도 독립을 이루었으며, 당시로선 값비싼 해외여행을 즐겼다. 한편 아버지와 어머니와 여동생은 일상에 갇혀 지냈고, 살던 도시를 벗어나는 일이 거의 없었다. 여동생은 새로 얻은 개를 돌보는 것 외에는 아무 일도 하지 않는 삶에 만족하고 있었다. 아버지는 과로로 지쳐 있었다. 어머니는 틈만 나면 집을 벗어나려고 혈안이었다. 웅변 수업에서 그녀는 연설문을 쓰고 연설하는 연습을 했다. 연설문 중에는 언젠가는 여자 수상이 나올지 모른다는 발상에 반대하는 내용도 있었다. 그 연설은 브리스틀 다운스에서 했는데, 과장된 동작을 곁들여 이렇게 시작했다. '여자 수상의 등장에 저는 결연히 반대합니다. 매우 확고하고 분명히 반대합니다.' 첫째, 그녀에 의하면, 여성은 그런 책임을 맡을 만큼 충분히 강한 기질을 갖고 있지 않았다. '체격 면에서 오늘날 여성은 훌륭합니다. 하지만 언제 기절할지 아무도 모릅니다! 언제 비명을 지를지 아무도 모릅니다! 중대한 순간에 갑자기 쓰러지거나 히스테리 발작을 일으킬지 모르는데 수상이 가당키나 합니까?'[29]

디랙은 어머니의 복종하는 태도의 바탕에는 금욕주의가 깔려 있음을 알고 있었다. 하지만 이런 기질은 이후 3년 동안 시험대에 오르게 된다.

1928년 10월에 케임브리지로 돌아오자, 디랙은 전자에 관한 자기 이론의 결점을 시급히 손봐야겠다고 절감했다. 어떤 식으로든 그는 디랙 방정식의 신뢰성을 떨어뜨리는 음의 에너지 상태를 합리적으로 설명해내야 했다. 일부 동료들은 그 방정식이 결국 틀렸을지 모른다며 미심쩍어하고 있었다.[30]

그해 가을 디랙은 평소와 달리 여러 프로젝트를 동시에 진행하고 있었다. 홀hole 이론 연구와 교과서 집필 그리고 가장 좋아하는 주제 가운데 하나(고전역학과 양자역학 사이의 관계)에 관한 짧은 논문 작성을 한꺼번에 하고 있었다. 그 논문은 폰 노이만의 대단히 엄밀한 연구에 바탕을 두었는데, 그는 디랙의 눈을 사로잡은 연구 결과를 내놓았다. 폰 노이만은 개별 행동이 알려지지 않더라도 상호작용하지 않은 굉장히 많은 개수의 양자 입자들의 전반적인 행동을 기술하는 방법을 찾아냈다. 알고 보니, 놀랍게도 양자역학에 의한 통계적 서술이 고전역학에 의한 서술만큼이나 단순했다. 두 역학 모두에서 개별 입자들의 행동은 평균적으로 매끄러운 전체적인 패턴을 띠었다. 모인 군중의 행동을 개개인을 고려하지 않고 전체적으로 다룰 수 있는 것과 마찬가지였다. 아기자기한 이 논문에서 디랙은 폰 노이만의 아이디어를 발전시켜, 방대한 개수의 입자들을 이해하는 고전역학적 방식과 양자역학적 방식 사이의 유사성을 정확하게 밝혀냈다. 이것은 휴가 기간 그의 골칫거리 교향곡을 수정해서 작곡한 일종의 디베르티멘토(교향곡보다 짧고 자유로운 무도곡)였다.

***

정치적으로 잠잠했던 그 무렵, 케임브리지에서 인기 있던 대화 주제는 시였다.[31] 85세의 계관시인 로버트 브리지스가 그해에 쓴 시집 『아름다움의 유언』은 아름다움의 본질을 5,600행의 시구에 담아내서 대단한 화제가 되었다. 요즘에는 잘 읽히지 않는 작품이지만, 당시에는 수만 명의 일반 독자들과 일부 문학비평가들의 심금을 울렸다. 《케임브리지 리뷰Cambridge Review》에 실린

한 기사는 그 작품을 가리켜 '키츠의 "아름다움이 진리이고, 진리가 아름다움이다"라는 모토를 철학적으로 설명한 최고의 작품'이라고 평했다.[32] 어느 정도 브리지스는 모더니즘 예술(가령, 아르놀트 쇤베르크의 무조 음악, 피카소의 큐비즘, 엘리엇의 파편화된 시)에 반발하고 있었다. 브리지스는 아름다움을 찾았는데, 그가 아름다움을 찾는 곳은 음악, 예술 및 자연뿐만 아니라 과학, 음식 및 심지어 축구 경기도 포함되었다. 디랙도 아름다움이 예술과 자연에 국한된 것이 아님을 잘 알고 있었다. 아인슈타인의 일반 상대성이론에서도 그는 아름다움을 보았다. 이제는 그 이론 못지않게 아름다움에 기여한 자기 자신의 이론도 갖고 있었다. 하지만 그러한 미학적 판단은 만약 이론이 실험과 일치하지 못하면 과학에서 아무런 의미도 없다. 누군가가 나서서 디랙 방정식의 음의 에너지 해의 의미를 설명할 수 없다면, 그 방정식은 단지 과학계의 일시 유행 개념으로 끝나고 말 것이다.

케임브리지의 몇몇 동료 과학자들은 운명의 여신이 디랙의 날개를 자른다면 마음의 평안을 찾을 것이다. 그의 명성이 올라가자 필연적으로 시샘하는 이들이 늘었다. 그 대학교의 실험물리학과 이론물리학의 두 선구자로서 이제는 더 이상 러더퍼드와 에딩턴이 거론되지 않았고, 대신에 러더퍼드와 디랙이 거론되었다. 에딩턴의 별은 빛이 바래고 있었고, 스스로도 그걸 알았다. 한편 케임브리지 물리학과의 늙은 수호자는 안타깝게도 최신 이론에 까막눈이었다. 자부심 강한 아일랜드인 조지프 라머Joseph Larmor 경의 이야기다. 케임브리지에서 가장 권위 있는 자리이자 한때 뉴턴이 올랐던 자리인 루커스 수학과 교수에 있던 그는 과거 속에 살고 있었고 상대성이론을 이해할 수 없었으며 양자역학을 경멸했다. 그는 친구인, J. J. 톰슨과 함께 어울리며 케임브리지의 거리들을 돌아다녔다. 둘 다 중산모를 썼고, 검은 삼단 정장과 새하얀 셔츠를 입었고, 등 뒤에 지팡이를 흔들어댔다. 트리니티 스트리트에 있는 상점 유리창을 들여다볼 때 이 두 노쇠한 교수는 한 쌍의 펭귄 같았다.

두 사람도 알고 있었듯이, 자신들의 견해는 한때 존경하던 제자들이자 이제는 물리학을 이끄는 물리학자들한테 전혀 중요하지 않았다. 하지만 신세대 물리학자의 급성장을 알린 대표적 인물인 디랙조차도 종신 직위를 갖고 있지 못했다. 그는 아서 콤프턴이 제안한 시카고 대학교의 교수직을 거절했으며, 맨체스터 대학교의 응용수학과 교수직도 거절했다. 이유는 이랬다. '나의 특수한 연구 분야 이외의 수학에 대한 내 지식과 관심은 (그런 자리를) 맡기에는 너무 협소합니다.'[33] 만약 맨체스터 대학교에 지원했다가 퇴짜를 맞은 수학자들이 디랙을 굉장히 겸손하다고 여겼다면, 디랙은 의아해했을 것이다. 왜냐하면, 그는 있는 그대로 말한 것뿐이기 때문이다. 모트는 이렇게 말했다. '그는 자신이 실제로 생각하지 않는 것을 생각하는 척 할 줄 모른다.'[34]

설령 디랙과 파울러가 자리에 없더라도, 케임브리지는 양자역학을 가르치려고 애썼다. 해럴드 제프리스Harold Jeffreys가 1929년 3월에 디랙한테 편지를 보내서 기말시험용으로 양자역학에 관한 문제를 내달라고 부탁한 것이 그 증거다. 제프리스를 포함해 '무지하고 교양 없는' 동료들은 '그 후보들이 우리보다 더 잘 안다는' 사실을 인정해야만 하는 곤혹스러운 처지였다.[35] 파울러는 디랙이 케임브리지에 남아 있도록 촉구하는 캠페인을 벌였는데, 곧 얼마간 성공을 거두었다. 1929년 6월 세인트 존스 칼리지가 디랙한테 특별 강사직을 맡긴 것인데, 하지만 3년 동안만 급료를 준다는 조건이었다.[36] 케임브리지에 대한 디랙의 충성심은 이후에도 거듭 시험을 받게 된다.

***

디랙 방정식의 문제점을 해결하는 최우선 과제에 전혀 진척이 없자 디랙은 다른 일에 몰두하기로 했다. 1929년 후반에는 책을 쓰는 데 집중했으며, 다른 연구 프로젝트인 무거운 원자에 관한 이론 개발에 착수했다. 이 연구는 그가 좋아하는 물리학 분야는 결코 아니었지만, 대다수 양자론 이론가들이 매달리던 주제였다. 그들은 양자론을 복잡한 원자와 분자에 적용하고 있었다. 하지만 디랙은 근본적인 수준에서의 양자역학이 문제 해결의 열쇠임을 확신했다.

> 물리학의 상당 부분 그리고 화학의 전부에 관한 수학적 이론에 필요한 기본적인 물리법칙들은 완전히 밝혀졌다. 어려운 점은 다만 그런 법칙들을 적용할 때 너무 복잡해서 해를 구하기 어려운 방정식이 나온다는 것뿐이다.

위의 말은 환원주의자의 핵심 신조 가운데 하나다. 환원주의자는 복잡한 현상을 원자 및 그 구성요소에까지 이르는 성분들로 설명할 수 있다고 믿는다. 이런 노선 중에 가장 극단적 환원주의에 따르면, 예를 들어 '개는 왜 짖는가?'라는 질문에 근본적인 수준의 대답을 내놓는 것도 바로 양자역학이다. 환원주의자가 보기에 그 질문에 대한 답을 찾으려면 개의 뇌 속에서 일어나는 화학 반응을 이해해야 하는데, 그런 반응은 궁극적으로 화학물질의 전자들의 상호작용에 의해 일어나며 이 상호작용은 궁극적으로 양자역학으로 기술된다. 많은 과학자들에게 인기 있는 사고방식이긴 하지만, 그런 접근법은 거시적 대상에 대한 설명과 미시적 대상에 대한 설명을 조화시키지 못하는 문제점을 안고 있다.

자신의 논문에서 디랙은 양자역학을 탄소 원자처럼 전자가 두 개 이상인 원자에 적용했다. 그런 원자는 수소 원자보다 기술하기에 훨씬 더 어렵다. 왜냐하면 복수 개의 전자를 지닌 원자에서는 모든 전자 사이의 복잡하고 다루기 어려운 상호작용을 고려해야 하기 때문이다. 디랙은 이런 상호작용을 근사적으로 기술하는 방법을 찾아냈고, 두 개의 전자가 서로 위치를 바꾸는지를 실험적으로 알아내는 것이 불가능하다는 사실이 어떤 결과를 낳는지 조사했다. 늘 그렇듯이 디랙은 그 이론의 결과를 실제로 알아내는 일은 다른 사람 손에 맡겼다. 미니애폴리스에 사는 미국의 이론물리학자 존 밴블렉이 디랙의 개념이 지닌 잠재력을 일찌감치 간파하고서, 자기장의 기원, 원자들이 결합하여 분자를 형성하는 여러 가지 방식 그리고 복수의 전자를 지닌 원자들이 방출하는 빛의 패턴을 설명하는 데 오랫동안 그 개념을 적용했다. 디랙이 원자물리학에 남긴 중요한 유산은 그게 전부였다. 이 분야에 관한 한 그 논문은 디랙의 최초이자 마지막 논문이 되었다.

학기가 끝나자 브리스틀의 집에 잠깐 들른 후, 마치 의례를 치르듯이 그는 다시 긴 여행을 떠났다. 3월 13일 매섭게 추운 수요일 아침 사우스햄프턴에서 그는 이사벨 화이트헤드의 아들 헨리와 함께 여객선 아퀴타니아호에 올랐다. 부두에 모인 사람들 중에 어머니가 있었다. 그 무렵 어머니는 하나뿐인 아들이 가급적이면 집에 덜 머물고자 한다는 소식을 들었다. 어머니의 우려대로 그는 케임브리지의 강의 일정이 허락하는 한 오랫동안 멀리 떠나게 된다. 처음으로 미국을 방문하게 되었기 때문이다. 바야흐로 디랙은 국제적인 명사가 되어가고 있었다.

13장
1929년 4월부터 1929년 12월까지

영국에는 기이함을 추종하는 문화가 있는데 (…) 우리(미국인)는 한 유럽인이 말한 것 이상으로 그 특성이 개인보다는 국가적으로 더 두드러진다.

−가드너 L. 하딩*Gardner L. Harding*, 《뉴욕 타임스》, 1929년 3월 17일

모든 과학 분야에서 이론가들은 주도권을 삽기 위해 실험사들과 경쟁한다. 하이젠베르크가 1925년 가을에 혁신적인 논문을 발표한 이후로 이론물리학자들이 물리학을 선도해왔다. 하지만 일부 새로운 이론적 개념들의 토대는 실험적으로 검증되지 않았다. 가령 슈뢰딩거의 양자론에 의하면, 모든 물질 입자마다 그것과 연관된 파동이 있지만, 어떠한 실험물리학자도 그 이론을 증명하지도 반박하지도 못했다. 따라서 1927년 초반에 미국의 실험물리학자 클린턴 데이비슨Clinton Davisson과 제자 레스터 저머Lester Germer가 전자가 정말로 파동처럼 행동할 수 있음을 밝혔을 때, 양자물리학자들은 안도의 한숨을 길게 내쉬었다. 디랙은 실험이 고상하고 느긋한 연구 방식이라고 종종 여겼는데 자신의 명성에 맞지 않게 맨해튼 남부의 웨스트 스트리트에 있는 데이

비슨의 실험실로 직접 찾아갔다. 그 실험실은 정육점 구역에서 몇 블록 떨어져 있으며, 디랙의 미국 여행에서 처음 들른 곳이다.[1]

부와 신기술로 급성장하던 뉴욕을 디랙이 처음으로 목격한 때였다. 재즈 시대는 (이 말을 처음 했던 F. 스콧 피츠제럴드에 따르면) '의기양양한 중년'을 이미 지났지만, 미국인들은 여전히 '역사상 가장 값비싼 향연'을 즐기고 있었다.[2] 미국 생활의 빠른 속도는 처음에 디랙의 취향에 맞지 않았다. 첫날 밤에 7번 가의 호텔에서 묵을 때, 옆 방의 흥청대는 사람들 때문에 새벽까지 잠을 못 이루었을 때 처럼 말이다.[3] 다음 날 오후 네 시 직전에 일어났더니, 이미 데이비슨과의 약속시간이 지나 있었다. 늦은 오후 시간을 허비하기는 뭣해서 그는 러시아워의 맨해튼 도심을 이리저리 돌아다녔다. 사각형의 검은 자동차들이 끝도 없이 지나다니며 마천루들 주위를 지나가고 있었다. 각각의 마천루는 미국의 번영을 알리는 위대한 상징이었다.

이튿날 데이비슨의 실험실에서 디랙은 전자의 파동 특성을 처음으로 밝혀낸 독창적인 실험 도구를 보았다. 데이비슨과 저머는 전자 빔을 니켈 결정에 쏘았더니, 상이한 여러 각도에서 검출되는 전자들의 개수가 교대로 마루와 골의 패턴을 띠었다. 이런 변이는 만약 전자가 단지 입자라면 이해할 수 없는 현상이었다. 설명할 수 있는 유일한 방법은 전자가 결정에 의해 휘어지는 ('굴절하는') 파동으로 행동한다고 해석하는 것이다. 연못 표면에서 두 파동이 겹칠 때 파동이 서로 겹치면 마루를 이루고, 서로 상쇄되면 골을 이루듯이 말이다. 물리학자들은 전자가 어떨 때는 입자로 또 어떨 때는 파동으로 (에딩턴이 처음으로 명명한 이른바 '파동입자'로) 행동한다고 결론 내리지 않을 수 없었다. 이는 양자론이 예측했던 그대로의 현상이었다.

이후 디랙은 북아메리카를 횡단하는 다섯 달 동안의 여정을 시작했는데, 주로 철도를 따라가는 여정이었다. 그는 자신의 여행 과정을 글이 아니라 숫자로 기록했다. 일기에는 여행 중 겪은 일을 글로 적어 놓지 않고 기차와 배에

서 보낸 밤의 횟수를 누적해서 기록해 놓았다.[4]

프린스턴과 시카고에 잠시 들른 후 디랙은 중서부 주인 위스콘신의 수도인 매디슨에 갔다. 괴팅겐처럼 매디슨은 그의 마음에 들었다. 훌륭한 대학교가 있었고 걷기에 최적인 환경을 제공하는 전원 지역으로 둘러싸여 있었다. 대학교수에 새로 임명된 존 밴블렉이 자신을 찾은 최초의 외국인인 디랙을 맞아주었다. 디랙보다 조금 연상인 밴블렉은 양자물리학을 적용하는 데 일가견이 있었으나, 그것의 수학적 토대에는 관심이 없었다. 두 사람은 도시 주위의 네 호수 중 하나인 맨도타 호수를 내다보는 드넓은 들판을 몇 시간씩 산책했다. 디랙이 보기에 밴블렉은 같이 산책하기에 그만이었다. 몸이 탄탄하고 잡담에 관심이 없고 몇 시간 동안 아무 말을 안 해도 그만인 사람이었기 때문이다. 아마도 밴블렉은 자기가 철도를 무척 좋아하며 유럽과 미국 전체의 승객 철도 시간표를 몽땅 외운다고 자랑했을 것이다.[5] 디랙처럼 밴블렉은 기술, 수 그리고 질서에 매료되었다.

디랙을 맞아준 주인들은 그가 기이한 성격으로 유명함을 잘 알고 있었다. 실제로 겪어보니 과연 그랬고, 그의 차분한 면모는 영국인치고도 극단적일 정도였다. 디랙이 그들에게 들려준 이야기가 여럿 있는데, 그중에는 닐스 보어가 흥미를 돋우려고 주변에 처음으로 퍼뜨렸던 대표적인 이야기가 있다.[6] 이 이야기는 디랙의 세미나 때 있었던 일이다. 그가 발표를 마치자 사회자가 청중을 향해 질문 있는 사람은 하라고 했다. 한 청중이 이렇게 말했다. '칠판의 오른쪽 위에 있는 방정식이 이해가 안 됩니다.' 디랙은 아무 말도 하지 않았다. 청중은 안달이 났지만, 디랙은 아무 관심이 없다는 듯 묵묵부답이었다. 사회자가 침묵을 깨야 할 것 같아서 답변을 부탁했다. 그제야 디랙은 말했다. '그건 질문이 아니라, 선언이잖아요.'

매디슨에서 디랙은 가장 널리 인용되는 인터뷰를 기자 조지프 F. 코글린과 많이 남겼다. 이 기자는 대단한 허리둘레 덕분에 라운디Roundy라고 모두에게 알려져 있던 인물이다.[7] 도시의 유명인사였던 그는 위스콘신의 가장 유명한 칼럼니스트 가운데 한 명이어서 스포츠를 포함해 여러 주제에 관한 소박한 지혜를 정기적으로 독자들에게 선사했다. 문법에 맞지 않는 말을 왕왕 쓰긴 했지만, 늘 엉뚱한 유머로 분위기를 돋구었다. 디랙은 타자기로 다시 옮겨 놓은 네 쪽짜리 기사를 소장해 놓았다. 이 기사에는 라운디가 인터뷰에 응한 사람한테 한 번에 한 음절보다 더 많이 말하게 하려고 시도했던 노력이 고스란히 드러난다.[8]

> **라운디** : 교수님, 성 앞에 꽤 글자가 많네요. 그게 특별한 뜻이 있나요?
>
> **디랙** : 아뇨.
>
> **라운디** : 그러면 제가 임의로 풀이해도 된다는 말인가요?
>
> **디랙** : 네.
>
> **라운디** : P. A. M이 푸앵카레 알로이시우스 무솔리니Poincaré Aloysius Mussolini를 뜻한다고 볼 수도 있나요?
>
> **디랙** : 네.
>
> **라운디** : 좋네요! 인터뷰가 정말 잘 진행되고 있네요! 그럼 박사님의 연구 업적의 핵심을 몇 단어로 알려주실래요?
>
> **디랙** : 아뇨.
>
> **라운디** : 좋아요. 제가 이런 식으로 정리해도 될까요? '디랙 교수는 수리물리학의 모든 문제를 풀었지만, 베이브 루스의 평균 타율을 알아낼 더 나은 방법은 찾아내지 못하고 있다.'
>
> **디랙** : 네.

대화는 다음 페이지에서 계속된다. 기사를 타이핑해 놓은 문서에 의하면, 라운디의 인터뷰는 《위스콘신 저널Wisconsin Journal》의 4월 31일 호의 'P. A. M

사안'이라는 제목으로 발표되었다. 하지만 신문의 기록에 보면 그런 호는 발간된 적이 없는데, 따라서 아마도 이 기사는 패러디인 듯하다.[9] 한 가지 가능성은 타자기로 쳐서 옮겨 놓은 문서는 대학교 클럽에서의 송별식에서 매디슨의 동료들이 디랙에게 전해 준 패러디 문구였을 것이다. 그 클럽에서 (밴블렉이 나중에 썼듯이) 동료들은 디랙의 이니셜인 P. A. M을 갖고서 디랙을 놀리려고 교묘한 장난을 하러 했던 듯하다.[10] 진실이 무엇이든 간에, 라운디 인터뷰는 어쨌든 진실일 수밖에 없는 디랙의 성격을 정확히 포착한 출처 불명의 대표적인 이야기다.

***

디랙은 1,800달러 어치의 수표를 들고 매디슨을 떠났다. 나머지 여행 경비를 대고도 남을 돈이었다.[11] 6월에는 일과 놀이를 겸하여 아이오와 및 미시간에서 양자역학에 관한 일련의 세미나를 열고, 또한 그랜드 캐니언에 오르고 요세미티 국립공원과 로키산맥의 캐나다 지역에도 갔다. 이렇게 북아메리카의 웅장한 자연경관에 처음 발을 디딘 후로 그는 이후 수십 년 동안 여러 차례의 여정에서 발로 걸어서 그곳들을 탐험했다.[12] 다시 그는 캘리포니아공과대학교Caltech에 머무는 동안, 패서디나 근처에 있는 윌슨 산 천문대를 찾아서 최신 관측 도구들에 관심을 보였다. 세계 최대인 그곳 망원경은 그때까지 우주에 관한 새로운 정보를 가장 많이 캐냈다.

몇 달 전, 하이젠베르크가 디랙에게 '미국의 급박하게 돌아가는 세태에 유럽의 삶을 심어 넣기' 위해 함께 여행을 하자고 제안했다.[13] 둘이 8월 초에 올드 페이스풀Old Faithful 간헐온천 근처의 호텔에서 만났을 때, 하이젠베르크는 디랙이 최대한 많은 간헐온천이 분출하는 장면을 볼 수 있도록 디랙이 여행 경로를 정해 놓은 것을 알고 깜짝 놀랐다.[14] 심지어 디랙이 정한 경로는 수학적 분석을 바탕으로 한 것이었다. 다음 여정으로 하이젠베르크는 둘이 증기선 시뇨 마루 호를 타고 떠나는 일본 여행을 계획했고, 바다가 보이는 널찍한 일등칸을 함께 쓰고자 했다.[15] 두 명의 정상급 이론물리학자가 이제 곧 몇 달을 함께 지내면서, 온갖 이야기도 함께 나누고 어쩌면 디랙 방정식의 음의 에너지 해라는 골치 아픈 문제를 해결할 수도 있을 터였다. 어울리기 좋아하는 하이젠베르크로서는 협동 연구를 바랐겠지만 디랙은 아니었다. 비록 하이젠베르크를 존경하고 친구라고 여겼지만, 디랙은 물리학에 관한 자기 생각을 함께 나누어야 한다고 여기지 않았다. 그의 모토는 이랬다. '자기 문제는 자기가 알아서 해결해야 한다.'[16]

8월 중순 둘 다 버클리에 있는 캘리포니아 대학교 물리학과에서 일련의 세미나를 연 후, 둘은 샌프란시스코를 떠나서 2주간의 일본행 여행에 올랐다.[17] 배에서 하이젠베르크는 전통적인 향락주의 여행객이었다. 탁구 실력을 기르고 신여성들과 춤을 추었다.[18] 디랙은 아마도 어리벙벙한 표정을 짓고 있었을 것이다. 십중팔구 디랙은 저녁 무도회에서 테이블에 앉아 하이젠베르크가 댄스 플로어에서 자이브를 추고 있는 모습을 재미있다는 듯이 보고 있었을 것이다. 하이젠베르크는 디랙에게 이런 질문을 받은 것을 오랫동안 기억했다. '춤은 왜 추는 건가?' 하이젠베르크는 꽤 타당한 이유를 댄 후에 '매력적인 여자들과 같이 춤을 추면 즐겁지'라고 대답하자, 디랙은 생각에 잠긴 듯했다. 5분쯤 침묵의 시간이 지난 후 디랙은 이렇게 말했다. '하이젠베르크, 여자가 매력적인지 어떻게 **미리** 알 수 있지?'[19]

증기선이 요코하마에 도착했을 때 한 기자가 유명한 두 이론물리학자와 인터뷰를 청했다. 디랙의 외모는 몰랐지만, 하이젠베르크는 잘 알았던 기자는 하이젠베르크에게 말했다. '디랙을 찾으려고 배 안을 샅샅이 뒤졌지만 찾을 수가 없었습니다.' 하이젠베르크는 어떻게 대처해야 하는지 알았다. 기자에게 싹싹한 말로 분명 그가 솔깃할 만한 이야기를 던져 주면서도, 디랙이 자기 옆

에서 다른 쪽 방향을 바라보며 서 있다는 사실은 입도 뻥긋하지 않았다.[20]

일본에서 두 물리학자는 영웅으로 대접받았다. 일본의 정상급 과학자들은 자신들의 과학이 유럽과 미국보다 훨씬 뒤쳐져 있다는 걸 알고 있었기에, 양자역학의 젊은 창시자 둘의 모습을 보고 말을 들으려고 전국에서 물리학자들이 몰려왔다. 디랙과 하이젠베르크는 하루 종일 귀빈대접을 받았는데, 덕분에 자신들이 국제적인 명사임을 둘은 처음으로 실감했다. 공식 사진을 보면 하이젠베르크는 외국 순방길에 오른 고위직의 풍모를 풍겼다. 찌는 듯한 열기에 시원하라고 입은 가벼운 여름 정장 차림으로 카메라 앞에 선 모습이 여유로워 보였다. 친구보다는 덜 편안한 모습인 디랙은 자기 옷에 변화를 주지 않았다. 케임브리지의 겨울에 입었던 삼단 정장과 부츠를 그대로 입고 있었다.

그 나라로 짧은 여행을 떠나는 학자들이 흔히 따르는 여행 과정이 뒤따랐다. 천년고도인 교토를 구경한 후 도쿄에 머무르면서 강연을 하는 일정이었다. 빽빽이 모여든 청중은 양복 차림에 야코Jako 향수를 뿌리고 제라늄 향기를 강당에 퍼뜨리고 있었다.[21] 강연의 내용은 재빨리 일본어로 번역되어 양자역학에 관한 동양 최초의 권위 있는 책에 실렸다. 그 책은 일본의 차세대 물리학자들의 바이블이 되어 큰 영향을 미치게 된다. 디랙과 하이젠베르크, 둘 다 약관 스물일곱인 젊은 나이에 이미 후배 학자들을 길러내고 있던 셈이다.

일본 체류가 끝나자 디랙과 하이젠베르크는 서로 헤어졌다. 디랙은 가장 빠른 길로 돌아가길 원했다. 시베리아 횡단 철도로 러시아를 가로지르기로 했다. 시베리아의 5,785마일 철도 시공은 극단적으로 끔찍한 기후, 가용할 수 있는 지역 노동력의 부족 그리고 처참할 정도로 빈약한 물자 공급으로 인해, 심지어 영국의 유명한 토목 기사인 브루넬Brunel마저도 힘겹게 만든 토목 사업이었다. 완공하는 데 꼬박 25년이 걸렸다. 디랙은 동부 해안의 블라디보스톡에서 9월 24일 기차에 올랐고, 9일 후에 모스크바에 도착했다. 그는 탐을 만났고, 둘은 함께 걸어 다니며 도시의 명소들을 구경했다. 명소 중에는

16세기에 지어진 성 바실리 대성당도 있었는데, 이 건물은 나중에 소련의 여러 반종교 박물관 중 하나로 개조되었다.[22] 이어서 디랙은 영국으로 돌아왔는데, 이 귀향길에는 레닌그라드에서 베를린까지 디랙의 첫 비행기 탑승이 포함되어 있었다. 아마 이때의 경험은 그다지 좋지 않았던 듯하다. 이후 몇 십 년 동안 디랙은 항공 기술을 지상에서의 안전 관점과 비교해서 판단하길 좋아했다.

***

떠나 있는 동안 그의 가족은, 어머니의 표현에 의하면, '늘 그렇듯이 꾸역꾸역 살아나갔다.'[23] 그해의 전국적 관심사는 6월에 있는 총선이었다. 어머니가 보기에 신기술 덕분에 정치가 아주 재미없어졌다. '선거는 주로 "무선"으로 치러지고 있다'고 그녀는 디랙에게 썼다. '그래서 모임에 재미를 느끼지를 못하겠구나.'[24] 어머니와 아버지는 로이드 조지Lloyd George의 자유당을 지지했다. 자유당은 브리스틀에서 노동당에 완패를 당했고, 전국적으로도 노동당은 승기를 잡아서 램지 맥도널드 노동당 총수가 집권에 성공했다.

디랙의 아버지는 몇 년 전보다 건강은 좋아졌고, 아내와는 더더욱 멀어졌지만 딸과는 더 가까워졌다. 아버지와 딸이 마당에서 개와 함께 놀고 있을 때 어머니는 집안에 남아서, 수천 마일 떨어져 있는 **자기가 가장 좋아하는 아들**을 그리워하고 있었다. 그녀는 아들이 할리우드 스튜디오를 구경하고, 당나귀를 타고 파나마 모자를 쓴 채 그랜드캐니언을 돌아다니는 모습을 상상했지만, 정작 아들이 전혀 그러지 않았다는 이야기를 듣고는 실망했다. 어머니와 아버지는 반년 동안 아들을 보지 못했던지라, 학기 시작 전에 아들을 보고 싶어서 집에 아들이 와서 잘 지낼 수 있도록 준비를 해두었다. 하지만 10월 초, 디랙은 케임브리지로 돌아왔다는 소식을 사무적으로 전하면서도

브리스틀에 갈 계획은 전혀 언급하지 않았다.[25]

디랙을 포함하여 다른 이론물리학자들도 음의 에너지 전하 문제에 사실상 전혀 진척을 거두지 못했다. 대다수 물리학자들은 그런 전하를 배제하고 싶었지만, 스웨덴 물리학자 이바르 발러Ivar Waller는 몇 달 전에 그것이 이론에 필수불가결함을 밝혀냈다. 발러는 광자가 정지해 있는 전자에 의해 산란될 때 무슨 일이 벌어지는지 분석했더니 희한한 결과를 알아냈다. 즉, 디랙의 이론은 오직 전자가 음의 에너지 상태에 접근할 때에만 낮은 에너지에 대한 고전역학의 예측을 재현해낼 수 있었던 것이다. 디랙에게 유리한 결론은 딱 한 가지였다. 누군가가 이 음의 에너지 전자를 설명해내야지만 그의 방정식이 살아남을 것이라는 결론이었다.

새 학기에 접어들면서, 디랙은 비판의 목소리가 휘파람 소리에서 아우성으로 커지고 있음을 알아차렸다. 가장 목소리가 컸던 파울리에 따르면, 그 방정식의 약점은 치료 불가이며 실험 결과와 일치한 것은 요행일 뿐이었다.[26] 이제 거의 반년간의 휴가를 마치고 돌아온 디랙이 방정식을 구출할 책임을 져야 했다. 그래서 디랙은 다시 그 문제에 착수했다.

10월 말에 뉴욕으로부터 소식이 하나 날아왔다. 1920년대 후반의 평온함을 종식하고 전 세계에 걸친 경제 붕괴로 향하는 내리막의 시작을 알리는 소식이었다. 다우존스 지수가 한 달 전에 역대 최고치에 이르렀다. 그랬다가 거품이 터지면서 공포가 세계 경제를 집어 삼켰다. 10월 25일 금요일에 세인트 존스 칼리지의 휴게실에 있는 모든 신문들이 위기의 규모를 한눈에 알수 있게 해주는 기사들로 도배되었다. 가령 《맨체스터 가디언》, '기록적인 13,000만주의 대량 매도'. 《타임스》, '오늘 미국 주식시장에 나이아가라 폭포급 매도 발생.' 나흘 후, '검은 화요일'에 월스트리트는 거의 붕괴 직전이었고, F. 스콧 피츠제럴드가 나중에 언급했듯이 전무후무했던 번영의 10년은 '어마어마한 몰락의 길로 뛰어들었다 (…) 마치 침대에서 시름시름 죽어가는 것을

거부하겠다는 듯이.'[27]

　영국은 이 충격파를 이겨내고자 단단히 대비했다. 디랙도 관련 소식을 계속 주시했지만, 음의 에너지 전자의 불가사의를 푸는 일에 주로 집중하고 있었다. 양의 에너지 전자가 음의 에너지 전자로 도약하는 그런 현상이 왜 관찰되지 않은 것일까? 몇 주 후 그는 답을 하나 내놓았다. 그는 우주의 모든 전자들이 차츰차츰 에너지 상태들을 채워나가는 것을 상상했다. 이때 음의 에너지가 가장 낮은 에너지 상태이기 때문에 제일 먼저 채워질 것이다. 그런 상태가 다 채워진 후에야 양의 에너지 상태를 전자들이 차지할 것이다. 이제 음의 에너지 상태가 다 찼기 때문에, 이 양의 에너지 전자들은 도약해서 들어갈 빈자리가 없게 된다. 역설적이게도 그 이론의 바탕이 되는 핵심 개념은 가장 혹독한 디랙 비판자인 파울리가 제공했다. 즉, **파울리의 배타 원리에 따르면 모든 음의 에너지 상태 각각은 오직 하나의 전자에 의해서만 채워질 수 있다.** 이 원리는 각각의 음의 에너지 상태가 무한히 많은 전자들로 채워지지 못하게 막는다.

　그 이론의 기이한 점은 전 우주에 무한히 많은 음의 에너지 전자들이 가득하다는 것이다. 그런 전자들의 '바다'라고 보아도 좋을 것이다. 디랙의 주장에 의하면, 이 바다는 어디에나 밀도가 일정하므로 실험물리학자들은 이 완벽한 균일성에서 벗어나는 현상만 관찰할 수 있다. 만약 이 견해가 옳다면, 실험물리학자들은 평생 한 가지 음정의 불변하는 배경음만 들어온 부족민과 똑같은 처지에 있는 셈이다. 이게 고통일 것 같지는 않은데, 왜냐하면 사람들은 오직 배경음의 **변화**만을 알아차릴 수 있기 때문이다.

　디랙의 바다에는 오직 교란(가령, 거품 터지기)만이 관측될 수 있을 것이다. 그는 음의 에너지 전자들의 바다에 빈 상태들이 생겨 원래 완벽하게 균일하던 상태에서 미세하게 벗어날 때 그런 현상을 관측할 수 있다고 보았다. 디랙은 이 채워지지 않은 상태를 '홀'이라고 불렀다. 그가 추론하기에, 그런 홀은 오직 통상적인 전자들이 그 자리를 채울 때만 관측될 것이다. 그때 에너지 상태의 전이가 일어나 복사선이 방출되기 때문이다. 그러므로 통상적인 양의 에너지 전자들이 홀의 상태로 도약할 때에만 바다에서 홀을 검출할 수 있다. 하지만 홀은 어떤 특성을 갖는가? 홀은 음의 에너지 전자의 **부재**를 나타낸다. '전자 바다'의 일반적 구도 내에서, 음의 에너지의 **부재**는 양의 에너지의 '존재'에 해당한다. (음이 두 번이면 양이 된다. 가령, 빛이 5파운드 줄어들면, 재산이 똑같은 액수만큼 늘어난다.) 게다가 음의 에너지 전자는 음으로 대전되어 있기에, **그것의 부재는 양의 전하의 존재와 등가이다.**

따라서 각각의 홀은 양의 에너지와 양 전하를 가진다. 그것은 당시에 알려진 아원자 입자 중에서 오직 양성자만 갖고 있던 성질이다. 따라서 디랙은 가장 단순한 가정을 내려서, 홀이 양성자라고 주장했다. 하지만 왜 양성자가 질량이 전자보다 거의 2,000배인지는 설명할 수 없었다. 그 이론의 '심각한 결점'이 바로 그 문제라고 디랙은 결론 내렸다.

홀 이론의 기원은 명확하지 않다. 수학자 헤르만 바일 등의 학자들은 양성자가 어떤 식으로든 음의 에너지 전자와 관련이 있다고 보았지만, 그들의 생각은 디랙이 보기에 너무 애매했다. 나중에 디랙은 이렇게 말했다. '(홀 이론이라는) 아이디어를 떠올리기는 사실 그다지 어렵지 않았다.' 왜냐하면 단지 원자의 X선(고에너지 빛)방출 이론과 유사성을 읽어냈을 뿐이기 때문이다.[28] 그 이론에 의하면, 원자핵에 가까운 전자는 원자에서 떨어져 나올 수 있는데, 이때 생긴 빈자리로 또 다른 전자가 떨어지면서 X선을 방출한다. 또한, 디랙은 15개월 전에 볼가 강에서 배를 타고 가다가 이 아이디어의 싹을 얻었을 수도 있다. 러시아 회의에서 그는 소련의 이론물리학자 야코프 프렌켈Yakov Frenkel을 만났다. 둘이 정장을 입고 정기선 갑판에 누워 있는 사진이 기록으로 남아 있기도 하다. 1926년 프렌켈은 결정의 규칙적 격자 구조 안의 '빈 공간'이 입자처럼 행동한다는 결정 이론을 내놓았는데, 이 역시 디랙의 홀 이론과 매우 유사하다. 프렌켈이 이 이론을 디랙에게 언급했지만, 디랙은 듣고도 잊어버렸다가 나중에 무의식에서 끄집어 냈을지도 모른다. 하지만 그런 내용을 들은 기억이 없다고 했다.[29]

이론의 기원이 무엇이든지 간에, 디랙이 그 개념을 적용한 것은 두말 할 것 없이 대담한 일이었다. 논문의 어디에서도 그는 이론의 신뢰성에 관해 아무런 언급도 하지 않고 있다. 그에게 중요한 점은 **매력적인 방정식과 굳건한 원리들을 바탕으로 물질에 관한 타당한 이론의 초석을 마련했다는 것**이었다. 누가 보이지 않는 음의 에너지 전자들이 우주에 가득 차 있어서 음전하의 무한한 바다가 펼쳐져 있음을 받아들일까? 하지만 이 짧은 논문 「전자와 양성자의 이론」에서 디랙은 자신의 아이디어가 의심을 불러일으킬 것이라고 예상하는 징후는 어디에도 없다. 그의 논문은 깔끔했고, 평소보다 적은 개수의 방정식들로 이루어졌으며, 우주를 바라보는 새로운 방식을 제시한 최초의 이론에서 있음직한 허세가 없었다.

홀 이론이 어떤 평가를 받을지 신경이 쓰였다고 결코 시인하지는 않았지만, 디랙은 종종 자신이 과학적 도전의 선봉에 선 사람으로서의 불안감을 종종 토로했다.[30] 아마도 자기 이론에 굴욕적인 결점이 있지 않을까 두려워했던 듯하다. 그것은 소문으로 홀 개념을 들은 보어에게서 11월 하순에 편지를 받고 시작된 걱정이었다. 보어가 보기에 전자에 관한 디랙 이론에서 음의 에너지 준위가 존재한다는 것은 에너지에 관한 전체 개념을 뒤흔드는 문제였다. 또한 이 문제는 왜 어떤 유형의 원자핵들은 때때로 고에너지 전자를 순식간에 방출하는지(방사선 베타 붕괴라고 알려진 과정)를 설명하는 데서도 등장했다. 아마도 에너지는 이 과정에서 보존되지 않았는데, 붕괴 전의 에너지가 붕괴 후의 에너지보다 더 적었다. 따라서 에너지가 어디선가 유입되는 것 같았다. 심각한 문제가 아닐 수 없었다. 보어는 양자역학 그리고 나아가 에너지 보존 법칙에도 의구심이 들고 있었다. 디랙은 자신의 은사가 과민 반응을 한다고 여겼으며, 에두르는 표현으로 마음을 놓으라고 권유했다. 이전에도 보어에게 말했듯이, 디랙은 에너지 보존의 법칙은 어떠한 일이 있어도 지켜져야 한다고 믿었으며, 그러기 위해서 자신은 물질이 낱개의 원자와 전자들로 구성된다는 개념을 버릴 준비가 되어 있었다. 그리고 디랙은 양자역학을 비관적으로 바라보기는 성급한 처사라고 여겼다. 탄생한지 고작 4년밖에 안 된 이론이었기 때문이다.

> 솔직히 말씀드리기로 저로서는 박사님 견해에 전적으로 동의할 수 없습니다. 양자역학이 한계가 있고 언젠가는 더 나은 이론으로 대체된다고 저도 믿지만(이건 모든 물리학 이론에 적용되는 말입니다만), 양자역학이 이미 발전의 한계점에 도달했다고 볼 이유는 어디에도 없습니다. 앞으로 그것을 적용하는 방법 면에서 여러 번의 사소한 변화를 겪기야 하겠지만, 그렇게 함으로써 지금 우리가 직면하고 있는 어려운 점들 대다수는 결국 사라질 것입니다.[31]

디랙은 마지막으로 자신의 홀 이론을 믿는 이유들도 (거의 위의 말 그대로) 반복했다. 고집스러운 변호라고 볼 수도 있지만, 그는 자신의 이론이 언젠가 대체될 수도 있음을 명확히 밝혔다. 어쨌든 당면 과제는 가능한 한 현재의 이론을 발전시키는 일이었다. 보어의 비판에 디랙은 조금도 흔들리지 않은 듯했다. 이후 몰려오는 의심과 조롱의 시기 동안 그런 불굴의 자세가 꼭 필요할 터였다.

보어에게 위의 편지를 보낸 일주일 후, 디랙은 홀 이론을 처음으로 청중에 공개적으로 발표했다. 파리에 있는 앙리 푸앵카레 연구소에서였다. 하지만 세미나를 여는 게 그다지 즐겁지는 않았을 터였다. 왜냐하면 어쩔 수 없이 프랑스어를 사용하기로 합의했기 때문에 아버지와 함께 식사했던 끔찍한 기억이 되살아났기 때문이다. 크리스마스 휴가를 맞아 브리스틀로 돌아왔을 때 그는 다시 프랑스어를 쓸 수밖에 없었다. 아홉 달 만에 만나는 자리인지라, 가족은 한껏 들떠서 최신 유행 제품(축음기)을 보여주었다.[32] 하지만 늘 그랬듯이 디랙은 자신을 맥 빠지게 만드는 브리스틀의 일상으로 돌아간다는 생각만으로도 낙담했다. 어머니는 아들의 관심을 끌려고 끊임없이 호들갑을 떨고, 아버지는 여전히 존재 자체만으로도 압박감을 주었다. 물리학자 친구들한테는 누구에게도 터놓지 않았지만, 그는 가정생활이 어렸을 때 자신을 망쳤으며, 지금도 여전히 자신을 짓누른다고 느꼈다. 몇 년 후에야 학계 사람이 아닌 한 친구에게 자신의 고민을 처음으로 터놓게 된다. 편지에서 그는 이렇게 적었다. '부모님을 만나면 나는 크게 달라질 거야. 안타깝지만 나는 다시 어린애가 된 기분일 테고 어떠한 것도 스스로 할 수 없겠지.'[33] 하지만 아직은 그의 다른 모든 감정들과 마찬가지로 부모와 관련한 고민은 마음속에만 꼭꼭 숨어 있었다.

14장

1930년 1월부터 1930년 12월까지

오, 우리 전자들이 하는 가엾은 부탁을 들어주세요
딱 질색인 양자론의 지배로부터 우리를 해방시켜주세요
우린 끔찍한 불확정성에 내팽개쳐져 있으니까요
우리의 영웅인 당신이 아니면 안 되어요. 기도하나니 우리에게 자유를 주세요!
한때는 즐거운 질서 속에서 우리는 매끄럽게 흐르는 시간을 살았어요
고전 방정식이 가라고 시키는 대로 우리는 갔답니다
우리가 원자 속에서 진동하면 빛의 줄기가 달아났어요.
그리고 우리는 아무런 구조가 없어요. 오직 질량과 전하와 속력 뿐.
이제 우리는 입자인지 아니면 젤리 같은 파이인지 아니면 파동인지
또는 우리가 실재하기는 하는지, 어디에 있는지 왜 존재하는지도 모르겠어요
양성자(디랙에 의하면 에테르 속의 구멍)에게

-작자미상[1]

이 작자미상의 구절들은 전자에게 바치는 시에서 나왔다. 이 시는 1930
년경 캐번디시 연구소의 알림판에 붙어 있었다. 냉정하기 그지없는 이론물
리학자가 아니라면, 시인의 안타까운 마음에 충분히 공감할 수 있을 것이다.
10년 전만 해도 원자물리학은 상식의 문제였다. 전자는 단지 아주 작은 입
자였을 뿐이기에, 우주에 있는 다른 모든 것을 기술하는 것과 똑같은 자연의
단순한 법칙에 따라 예측 가능한 방식으로 행동했다. 이제 그런 생각은 얼마
나 옛스러운가. 지난 1,000년의 사분의 일(250년) 동안 권세를 누렸던 고전
법칙들은 이제 아원자 세계에서는 무용지물이 되었다. 디랙이 즐겨 지적했
듯이 조너선 스위프트가 『걸리버 여행기』에서 탐구했던 개념(자연에서 발생
하는 일들은 모두가 똑같은 비율로 커지거나 작아지더라도 아무도 알아차리

지 못한다는 생각)은 틀렸다.[2] 일상적 세계의 법칙들은 아원자 세계로 그대로 축소될 수 없다. 거기서는 다른 법칙이 작동한다. 이론물리학자들은 이제 전자가 무의미해서 기만적이라고 그리는 모든 시도를 거부할 수 있다. 그 입자는 심지어 예측 가능한 방식으로 행동하지도 않았다. 물리학자들은 자연의 도박판에서 아무도 실재라고 믿지 않는 파동을 이용해서 딜러처럼 승산을 계산하고 있다. 설상가상으로 디랙은 관찰될 수도 없는 음의 에너지 전자들이 양의 에너지를 지닌 평범한 전자들보다 더 많이 존재한다고 배짱 좋게 주장하기에 이르렀다.

홀 이론을 미심쩍게 여긴 많은 캐번디시 소속 실험물리학자들 중 한 명이 작자미상의 시를 아마도 썼을 것이다. 탐과 오펜하이머를 포함한 소수의 이론물리학자들만이 그 이론을 진지하게 여겼는데, 그들조차도 이론이 뭔가 부족함을 곧 알아차렸다. 1930년 2월, 오펜하이머는 디랙의 홀 이론에 따르면 한 원자의 평균 수명이 1초의 10억 분의 1쯤임을 밝혀냈다. 왜냐하면 원자 내의 전자가 금세 음의 에너지 바다에서 죽음의 상태로 떨어지기 때문이다. 얼마 지나지 않아서 탐과 디랙도 독립적으로 똑같은 결론에 이르렀다. 파울리는 자신의 두 번째 원리라고 알려진 것을 제안했다. 즉, 한 물리학자가 새로운 이론을 내놓을 때면 언제나 그것을 자기 몸의 원자들에 적용해야 한다는 것이었다.[3] 디랙은 그 첫 번째 희생자가 될 터였다.

파울리의 익살은 가모프한테 솔깃하게 다가왔다. 그는 1930년의 첫 학기에 케임브리지에서 지내고 있었는데, 주로 러더퍼드 및 그의 동료들과 함께 연구하기 위해서였다. 디랙은 가모프의 쉴 새 없는 유머와 재미있는 것을 찾아내는 감각에 매력을 느꼈다. 디랙이 어렸을 때 잃어버렸던 것을 가모프보다 더 많이 디랙에게 보여준 사람은 없었다. 가모프는 디랙에게 오토바이 타는 법을 가르쳐줬고(타는 모습을 사진으로도 찍었다), 코난 도일의 탐정 소설에 재미를 들이게 해주었고, 분명 미키 마우스에게 열광하게도 만들었다.

미키 마우스는 2년 전에 애니메이션 〈증기선 윌리*Steamboat Willie*〉에 처음 등장했다.[4] 디랙은 어렸을 때 싸구려 주간지에서 보았던 만화의 애니메이션 버전인 미키 마우스 영화를 무척 좋아했다. 몇 년 후에 그는 보스턴의 하루짜리 영화 축제에도 참석했을 정도였지만, 자신의 순진무구한 즐거움을 고상한 케임브리지 동료들한테 비밀로 했다.[5] 스스로도 잘 알고 있었듯이, 세인트 존스 칼리지의 휴게실에서 자신의 지위는 만약 페그-레그 피트Peg-Leg Pete나 호러스 홀스칼라Horace Horsecollar 같은 만화 캐릭터에 너무 탐닉하면 높아지지 않을 터였다.

사람들의 인정을 받기에는 디랙이 즐겼던 수학 게임과 퍼즐이 더 나았다. 그냥 재미로 하는 것일 뿐, 아무 목적도 없는 놀이였다. 한번은 1929년에 괴팅겐에 처음 소개된 어떤 수학 게임에서 무시무시한 능력을 보여주었다. 그 게임은 임의의 자연수를 숫자 2를 딱 네 번 사용하여, 그리고 잘 알려진 수학 기호만을 사용하여 표현하는 문제였다. 처음 4개의 수는 쉽다.

$$1 = (2 + 2)/(2 + 2)$$
$$2 = (2/2) + (2/2)$$
$$3 = (2 \times 2) - (2/2)$$
$$4 = 2 + 2 + 2 - 2$$

이후부터는 괴팅겐의 최고급 수학자들한테도 아주 어려운 문제가 되고 만다. 그들은 수백 시간을 들여 점점 더 큰 수로 이 게임을 하고 있었는데, 그것도 디랙이 나서기 전의 일이었다. 디랙이 임의의 수라도 2를 네 번 사용하여 규칙에 완전히 맞게 표현하는 단순하면서도 일반적인 공식을 찾아버린 것이다![6] 디랙 때문에 그 게임은 아무 의미가 없어져 버렸다.

***

1930년 2월 20일 디랙은 평소처럼 아무 소식도 없는 주간 엽서를 부모에게 보냈다. 엽서에는 케임브리지의 날씨를 달랑 열 단어로 적어 놓았다.[7] 엽서를 받은 다음 날 어머니는 도서관에 갔다가 신문을 보고 깜짝 놀랐다. 아들이 영국 과학계의 최고 영예인 왕립학회의 회원으로 선출되었다는 소식이었다. 아들이 자랑스러워 잔뜩 흥분한 채로 그녀는 우체국으로 달려가서 축하 전보를 아들에게 보냈다. 아들이 엽서에서 그 소식을 알리지 않아서 자신이 언짢아 한다는 것을 억누르면서 말이다.[8] 이틀 후에 그녀가 보낸 편지에서 디랙은 '버릇없는 아이'가 되었다. 편지에서 그녀는 왕립학회에서 취임식 축하 행사를 하지 않는지 물었다. 그리고 못내 섭섭한 마음에 단어마다 힘을 주면서 '꼭 내게 알려다오'라고 적었다.[9]

디랙은 이제 자기 이름 뒤에 FRS라는 이니셜을 붙일 수 있게 되었다. 왕립학회 회원임을 뜻하는 이 글자는 다른 모든 학문적 명칭을 쓸데없는 것으로 만들어 버린다. 당시 447명의 회원을 지닌 그 협회는 보통 4~50대 과학자에게 여러 번 지명되었다가 통과된 후에야 그 영예를 주었다. 따라서 약관 스물일곱의 나이에 디랙이 후보에 오른 첫 번째 기회에 선출된 것은 이례적이었다. 그 소식이 케임브리지의 만찬 주빈석과 휴게실에 퍼지자, 교수들은 어느 동료보다도 더 나이가 어린 디랙이 회원으로 선출되었음을 모를 수가 없게 되었다.[10]

이 소식으로 인해 디랙의 부모는 아들의 명성이 얼마나 급격하게 올라갔는지 실감하게 된 듯하다. '그처럼 나무 꼭대기까지 오르느라 얼마나 고생을 했겠니'라고 어머니는 편지에 썼다. '조정 경기에 아무 관심이 없었던 것도 당연한 일이지.'[11] 그 소식은 자존감이 낮은 어머니에게 자극제가 되었다. 남편도 막 은퇴를 앞두고 있던 무렵이라 그녀의 앞날은 암울했다. 고작 쉰 둘의 나이에 그녀가 기대할 수 있는 것이라고는 은퇴한 남편과 한집에서 죽치고 있는 일상뿐이었다. 아내에게 고마움이라고는 없는 고압적인 남자인데다, 아내인 자신을 도우미나 하인 취급하는 병약한 남자와 말이다. 학교에서 남편은 동료들로부터 줄줄이 축하를 받았고, 훌륭한 아들을 길렀다고 축하를 표하는 편지를 여러 통 받았다. 디랙의 공학 선생이었던 앤드루 로버트슨은 브리스틀 졸업생 중에서 디랙이 최초로 FRS가 될 줄 진즉 알아보았노라고 밝혔다. 디랙한테 이론물리학의 길을 가도록 처음 권했던 인물인 로널드 하세도 디랙이 9월에 브리스틀에서 하는 첫 번째 대중 강연을 얼마나 고대하고 있는지 밝혔다. 브리스틀은 과학발전을 위한 영국협회British Association for the Advancement of Science의 연례 회의를 주관하는데, 거기서 과학자들과 일반 대중들이 함께 모여서 최신 과학 소식을 한 주 동안 듣는 자리가 마련된다.[12] 코탐 로드 스쿨(이전의 머천트 벤처러스 스쿨)에서는 그 행사를 기념하여 하루 학교 문을 닫았다. 아버지는 다음 칭찬을 언제 받을지 알 수가 없었다. 한번은 수업 중에 전혀 모르는 사람 둘이 교실 문을 두드리고는 들어와서, 아드님이 대단한 업적을 달성했다면서 칭찬을 늘어 놓더니 가버렸다.[13]

아마도 최근의 성공을 기념하는 뜻에서 디랙은 어머니의 조언에 따라 생애 첫 차에 거의 200파운드를 질렀다. 당시로써는 놀랍게도 시속 180km를 낼 수 있는 모리스 옥스퍼드 투어러가 그의 첫차가 되었다.[14] 주행 시험은 없었다. 거래를 끝낸 후 차고 주인은 디랙에게 케임브리지 주위를 달리는 짧은 시연을 한 다음에 열쇠를 건넸다. 이후로 그는 도로에서 마음껏 자신의 운을 시험했다. 속도 제한이 고작 시속 70km 남짓인 시절이라, 고속도로에서는 훨씬 더 위험했다. 특히 디랙이 운전대를 잡을 때가 더 그랬다. 디랙의 한 동료는 이렇게 말하며 웃었다. '디랙의 차는 기어가 두 개입니다. 후진 기어와 최고속 기어.'[15] 모트가 남겨 놓은 기록에 의하면, 디랙은 3월의 어느 추운 날 런던으로 자동차를 몰고 갔다가 '한 대형 트럭의 꽁무니에 (아주 살짝) 부딪쳐 헤드램프가 박살이 났다.'[16] 카피차와 마찬가지로 디랙은 거친 운전자였는데, 아마도 차를 다루는 실력이 부족했기 때문이기도 하고 (디랙은 기계를 이해하는 능력이 기계를 사용하는 능력을 언제나 앞섰다) 당시로서는 고속도로 운전법규가 거의 없었기 때문이기도 했다. 디랙은 규칙이란 언제나 합리적이고 공공의 선에 명백히 이롭다고 철저하게 믿고 있던 사람이었기에, 그런 규칙이 없는 상황에서는 마음껏 하고 싶은 대로 운전했다.

드디어 디랙은 삶의 여유를 즐기는 모습을 보이기 시작했다. 이제 여가 활동을 일요일 하루만을 위해서 아껴두지 않았다. 점심 무렵이면 하루 일의 대부분을 마친 다음에 그는 자동차를 몰고 케임브리지를 벗어나서 고그마고그힐스Gog Magog Hills로 가서 큰 나무 근처에 차를 주차한 다음에 그 나무를 타고 올랐는데, 이때 삼단 정장을 여전히 입은 채로였다.[17] 그 옷은 날씨가 어떻든 상황이 어떻든 늘 입었고 벗을 때는 캠 강 근처이자 도시 북동부의 늪지대에 갈 때뿐이었다. 거기서 디랙은 125년 전에 바이런 경Lord Byron이 그랬듯이 목욕을 즐겼다. 그 후에 대학교나 자기 책상 앞에 돌아오면 가장 가벼운 일만 했다. 가령 G. H. 하디의 책에서 낱장을 떼어내는 것처럼 말이다. 하디는 수학자가 생산적으로 진지한 연구를 할 수 있는 최장의 시간이 네 시간이라고 믿었던 사람이다.[18]

***

케임브리지의 연중 학문 활동 중에서 6월이 제일 한가했다. 시험이 끝나면 학생들은 대학교를 떠날 시간이었지만, 그래도 여름 무도회의 카타르시스를 느낀 후에야 떠났다. 음악과 춤의 자극적인 결합, 펄펄 쏟아지는 샴페인 줄기, 화려한 드레스와 깔끔한 야회복은 시험을 완전히 망친 학생들의 기분마저 북돋웠다. 교수들은 여름 정장을 입고 느긋하게 '긴 방학'을 즐길 수 있었다. 이 기간 동안 교수들은 행정 업무 없이, 흔들의자에 앉아 있거나 크리켓 경기를 구경하는 것 말고는 아무것도 하지 않고, 길고 나른한 오후를 여유롭게 보냈다. 디랙은 스물두 명이 몇 시간(가끔씩은 며칠)에 걸쳐 경기를 펼치는데도 종종 무승부로 끝나는 스포츠에 구경꾼들이 재미있다며 난리법석을 떠는 상황이 도대체 이해가 되지 않았다. 그 경기의 가장 열렬한 추종자는 G. H. 하디였는데, 그가 보기에는 순수수학과 비슷한 활동이었다. 유용한 목적이 없기에 훨씬 더 아름답다는 것이다. 몇 년 후 그는 서재의 가장 눈에 띄는 자리에 호주의 타자 도널드 브래드먼Donald Bradman의 사진을 놓았다. 브래드먼은 하디가 가장 좋아하는 위대한 영웅들 중 한 명이었다(나머지 둘은 아인슈타인과 레닌이었다).[19] 하디는 아마도 브래드먼이 영국 무대에 시범 등장하기를 고대하고 있었겠지만, 그런 전망에 디랙은 아무런 영향도 받지 않았다. 디랙은 친구들과 함께 떠나는 여름 등산과 하이킹을 준비하느라 바빴다. 홀 이론의 문제점을 해결하여 비아냥대는 파울리와 은밀한 조소를 보내는 보어를 포함한 비판자들에게 답을 내리려면 휴식과 신선한 영감이 필요했다. 디랙의 동료 여러 명은 여름이 끝날 무렵 브리스틀에서 열린 디랙의 공개 강의에 참석하려고 대기하게 된다. 디랙이 음의 에너지 전자라는 문제를 해결했는지 알아내기 위해서였다.

　두 번째 소련 여행을 준비하는 중에 디랙은 영국 신문을 통해 스탈린이 자신의 장악력을 강화시키고, 협동농장 프로그램을 강제로 추진하며, 산업화 프로그램의 실패를 만회하려고 농부들을 쥐어짜며, 정적들 및 종교적 소수자들을 박해한다는 소식을 접했다. 일부 신문들은 스탈린의 악의를 조금도 의심하지 않았다 (《데일리 텔레그래프》는 정기적으로 '피의 통치'와 '종교에 대한 전쟁 선포' 등의 기사를 쏟아냈다). 하지만 《맨체스터 가디언》을 포함한 다른 신문들은 그런 의심이 든다는 정도의 논조만 피력했다.[20] 《뉴 스테이츠먼New Statesman》(영국 좌파 지식인들의 애독 잡지이자 카피차가 트리니티 칼리지의 휴게실에서 가장 즐겨 읽던 잡지)는 스탈린에게 공정한 설명의 기회를 주어야 한다고 주장했다. 디랙도 같은 입장이었다. 좀체 관련 대화를 하지 않던 그도 자신이 소련에 부당하게 적대적인 태도를 취했음을 깨달았다고 밝혔다. 루돌프 파이얼스는 나중에 이렇게 회상했다. '러시아에 관한 내용이면 뭐든 배척당하는 시기에 그는 왜 각각의 특정 사건이 그릇된 것이라고 여겨지는지 의문을 표시하면서 종종 이맛살을 찌푸렸다.'[21] 직접 가서 현장을 목격하고 싶어서 디랙은 어머니의 우려를 다시 무시했다. '저는 진심으로 러시아가 안전하기를 희망합니다. 여기서는 끔찍한 이야기만 떠돌고 있어요.'[22]

러시아 여행길에서 디랙은 소련군의 위협을 몸으로 느꼈다. 하리코프로 가는 도중에, 탐이 마련해준 비자에 적히지 않은 곳에서 소련 국경을 넘으려고 시도했을 때, 국경 경비원은 사흘 동안 그를 억류했다가 풀어 주었다.[23] 7월 초에는 소련에 한 달 이상 체류한 외국인들은 소련 돈이든 외국 돈이든 갖고 나가지 못하게 하는 법이 통과되었다는 소식을 들었다. 그래서 입국한 지 한 달도 안 된 7월 하순에 소련을 떠났다. 카프카스에서 등산을 하려는 계획도 취소했다. 이렇듯 휴가 기간이 축소되는 바람에 곧 디랙은 영국으로 돌아왔다. 이후로 과학자들의 삶이 언론의 집중 조명을 받는 시기가 펼쳐지게 된다.

9월에 하디는 애시즈Ashes(영국과 호주 사이의 크리켓 경기 −옮긴이)에서 브래드먼이 보인 굉장한 실력을 칭찬하고 있었고, 브리스틀은 과학발전을 위한 영국협회 모임을 준비하고 있었다. (조지 버나드 쇼를 포함하여) 거의 3,000명이 참석했는데, 각 참석자는 특별 대접을 받는 데 일 파운드를 지불했다.[24] 짐 크로우더가 《맨체스터 가디언》의 독자들에게 알린 바에 의하면, 참석자들은 젊었고 격식 없는 복장을 착용했는데, 여성들 다수는 소매가 없고 꽃이 장식된 투명한 복장을 입었으며 남성들은 알파카 외투와 회색 플란넬 옷을 입었다. 입장권 가격은 회의가 시작된 100년 전의 가격과 똑같았다. 처음 회의를 시작할 때 협회 지도자들은 참석자들을 가리키는 가장 적합한 단어를 고르고 있었다. 그들은 '학자savant', '자연을 엿보는 사람nature peeper' 그리고 '자연을 캐묻는 사람nature poker'을 고려하다가 결국 '과학자scientist'로 최종 결정을 했다. 이 단어는 존 스튜어트 밀의 철학에 반대했던 사람인 윌리엄 휴얼William Whewell이 1834년에 만든 신조어였다. 많은 이들이 이 새 단어를 싫어했지만 (가령 마이클 패러데이는 치찰음[영어 발음에서 [s]와 [z] 같은 음 −옮긴이]이 세 번 나오는 '물리학자physicist' 만큼이나 그 단어를 싫어했다), 디랙이 중학교에 갈 무렵에는 그 단어가 널리 유행하고 있었다.[25]

주최 측은 디랙이 사람들이 흥미를 못 느낄 전문적인 강연을 할까 염려하여, 대학교의 새 물리학 연구소들 중 한 곳에 있는 평범한 공간에서 말하도록 준비를 했다. 여담이지만 그 연구소는 담배 회사 사장인 H. H. 윌스Wills의 자금 지원을 받는 곳이었다. 9월 8일 월요일 오전 11시에 디랙은 팡파르 없이 비좁은 실내의 청중들에게 '양성자'라는 주제로 강연을 하기 위해 섰다.[26] 대중들 앞에서 하는 강연은 언제나 자신이 없었지만, 이번에는 특히 더 불안했을지 모른다. 일반 청중을 대상으로 한 첫 번째 강연일 뿐 아니라 자신이 발전해 온 과정을 보아 온 여러 교사들을 상대로 여는 첫 번째 강연이기 때문이었다. 만약 아버지가 왔다면, 아들이 대중을 상대로 한 강연은 처음이니 아버지는 당연히 매우 기뻤을 것이다. 또한 강연을 하면 폴 디랙이 이제는 자신의 과학을 아버지에게 알려줘야 했기 때문이니까 말이다.

디랙은 영국 협회의 회원다운 근엄한 분위기를 지었다. 경쾌한 브리스틀 억양으로 평소처럼 직설적으로 말하면서 거의 일상적인 대화를 나누듯이 자신의 연구 업적을 이야기했다. 비록 에딩턴과 같은 말재주는 없지만 말이다. 과학 교육을 받지 않은 사람들한테도 알아듣기 쉽게 말하려고 그는 '물질은 원자로 이루어져 있습니다'는 말로 강연을 시작했다. 이어서 곧 수위를 높여서 양성자가 전자들의 음의 에너지 바다에 있는 홀이라는 자신의 생각을 펼쳤다. 따라서 우주에는 오직 하나의 기본 입자인 전자가 존재할 뿐이라고 말한 뒤, 자연의 그런 경제성이야말로 '철학자들의 꿈'이라고 덧붙였다. 많은 청중들에게 그 말은 흥미진진한 계시였겠지만, 강연실의 뒤에서 목제 가로 의자에 앉아 있던 가모프와 란다우한테는 그렇지 않았다. 그 둘은 가모프의 오토바이를 타고 (란다우는 가모프 뒤에 있는 짐을 싣는 자리에 앉아서) 굉음을 일으키며 브리스틀로 왔다. 둘이 모임에 온 까닭은 보어가 보낸 비공식 특사 자격 때문이기도 했는데, 특히 디랙이 자신의 이론에 관해 새로운 내용을 말하는지 알아내기 위해서였다. 강연 도중 가모프와 란다우는 목을 앞으로 빼서 강연자가 하는 말을 빠짐없이 들었다. 늘 그렇듯이 란다우는 비판을 억제할 수가 없었다.[27] 이미 논문으로 발표한 내용을 종종 문장 표현까지 똑같이 인용하며 20분 동안 되풀이한 후, 디랙은 강연을 마쳤다. 둘은 새로운 내용은 전혀 없었다는 걸 알아차렸다. 브리스틀까지 왔건만 완전히 헛걸음이었다.

그렇지만 음의 에너지 전자에 관한 디랙의 이론은 기자들의 상상력을 사로잡았다. 영국 신문들은 유례없이 디랙을 집중 조명했다. 강연이 끝나자 미국 과학 뉴스 서비스American Science News Service에서 온 대표자가 워싱턴에 이렇게 전보를 날렸다. '이 새로운 이론은 아인슈타인의 이론들만큼이나 대중들에게 중요하고 흥미로운 것으로 밝혀질지 모른다.'[28] 《뉴욕 타임스》도 가세하여 디랙의 '칭찬 받는' 이론이 '공간과 물질에 관한 현재의 모든 개념을 뒤엎을' 것이라고 보도하면서, '이 물리학자가 콜럼버스보다 더 흥미로운 삶을 살고 있다'고 덧붙였다.[29] 하지만 디랙의 동료들은 시큰둥했다. 케임브리지로 돌아가는 길에 란다우와 가모프는 한 우체국에 들렀다. 란다우는 보어에게 전보를 보냈는데, 내용은 딱 한 단어였다. '헛소리Crap'[30]

이 전보가 보어에게 도착하기 직전에 보어는 디랙이 쓴 교재 『양자역학의 원리*The Principles of Quantum Mechanics*』한 권을 디랙한테서 받았다. 저자의 이름이 책 표지에 적혀 있진 않았지만, 누가 썼는지는 슬쩍 훑어만 봐도 보어는 확실히 알 수 있었다. 꾸민 문장이 없는 설명, 첫 번째 원리로부터 주제를 논리적으로 구성하는 방식 그리고 역사적 관점과 철학적 세부사항 및 예시를 위한 계산이 아예 없는 것이 누가 봐도 디랙이었다. 이것은 수학적인 성향의 물리학자의 관점이지 공학자의 관점이 아니었다. 디랙의 동료들은 책의 아름다움과 독자 스스로 깜빡 속게 만드는 평이한 언어에 감탄했다. 그 언어는 마치 위대한 시처럼 각각의 구절에서 새로운 통찰을 안겨주는 듯했다. 다수의 학생들(특히 실력이 떨어지는 학생들)은 어리둥절하며 불만이었고 때로는 낙담하기까지 했다.[31] 책은 독자들의 지적인 수준을 전혀 고려하지 않고, 조금도 감정의 기미가 없이, 단 한 줄의 은유나 비유도 없이 쓰였다. 디랙으로서는 양자 세계는 사람들이 경험하는 어떠한 것과도 비슷하지 않기에 일상적인 행동과 비교했다가는 오해를 불러일으킨다고 보았다. 실증적 관찰은 거의 언급하지 않았지만, 그래도 서두에서는 아원자 규모에서 고전 이론이 물질을 설명하는 데 실패했음을, 따라서 양자역학의 필요성을 증명하는 관찰 사실을 기술했다. 357쪽 분량의『양자역학의 원리』는 단 하나의 도해도, 색인도, 참고문헌 목록도, 추가로 읽을 도서에 관한 제안도 없었다. 무엇보다도 이 페이지는 양자역학에 관한 디랙의 사적인 견해로써, 왜 디랙이 (평소에 인칭대명사를 아예 쓰지 않던 사람이) 언제나 그 책을 '나의 책'이라고 불렀는지를 알게 해 준다.

물리학자들은 즉시 그 책을 고전이라고 찬양했다. 《네이처》는 익명의 저자(세련미와 예리한 구절로 판단하건대 에딩턴일 가능성이 높은 인물)가 쓴 거창한 논평을 발표했다. 저자는 그 책이 양자역학에 관한 평범한 설명이 아님을 확실하게 밝혔다.

(디랙은) 현상의 본질에 관한 기존의 개념들을 우리가 집어던지게 그리고 시각화가 불가능한 기층基層의 존재를 인정하도록 만든다. 이것은 '순수 사고'를 물리학에 적용한 예라고 볼 수 있으며, 바로 이것 때문에 디랙의 방법은 다른 어떠한 물리학자보다 더 심오해진다.[32]

그 책은 비슷한 시기에 쓰인 양자역학에 관한 다른 모든 교재들(가령, 보른의 책과 요르단의 책)을 전부 가려버렸고, 1930년대 그 주제에 관한 정본正本텍스트가 되었다. 파울리까지 위대한 책이라고 치켜세웠다. 하지만 너무 추상적인 내용이라서 양자론을 실험과 동떨어지게 만들까 하는 우려는 빠트리지 않았지만, 그래도 그 책을 '없어서는 안 될 표준적인 저서'라고 칭찬했다.[33] 아인슈타인도 칭찬 대열에 가세했는데, 그 책이야말로 '양자론에 관한 가장 논리적으로 완벽한 설명'이라고까지 언급했다.[34] 『양자역학의 원리』는 나중에 아인슈타인이 늘 끼고 다니는 책이 되었다. 종종 휴가를 떠날 때도 재미로 읽기 위해 들고 갔을 정도였다. 아인슈타인은 어려운 양자역학 문제와 마주치면 혼자 이렇게 중얼거렸다고 한다. '나의 디랙이 어디 있지?'[35]

하지만 디랙의 대학원생 제자들 중 일부는 그 책이 디랙의 강의 내용을 대체로 옮겨 놓은 것을 알고는 별로 기뻐하지 않았다. '이 학생들은 왜 굳이 더 이상 수업을 들으러 가야하지?' 라는 의문이 들었다. 하지만 디랙의 강의가 특이하게 재미있다고 여긴 학생들도 있었다.[36] 디랙은 정확히 시간에 맞춰 강의실에 들어왔으며, 교수로서 완벽한 복장을 갖추고 있었다. 전통적인 교수 예복과 사각모를 착용했다. 그것 외에는 디랙한테 극적인 면은 전혀 없었다. 목을 가다듬은 다음에 잠깐의 침묵 후에 강의를 시작했다. 강의 시간 내내 그는 거의 움직임 없이 똑바로 서서 단어를 하나씩 똑똑히 발음했고, (한 학생의 판단에 의하면) '보이지 않는 자기만의 세계'를 설명했다.[37] 칠판 위에서 그는 화가였다. 차분하고 명확하게 판서를 했는데, 왼편 위쪽 구석에서부터 시작해 방법론적으로 아래로 내려왔다. 그러면서 모든 문자와 기호를 강의실의 뒤쪽에 있는 누구라도 잘 볼 수 있도록 썼다. 학생들은 보통 잠잠했다. 만약 한 학생이 질문을 하면, 마치 위대한 타자가 공을 쳐내듯 해치우고 다시 진도를 나갔다. 마치 아무것도 강의 진행을 방해하지 않은 것처럼 말이다. 정확히 55분이 지나면 설명을 끝내고, 곧바로 강의 자료들을 모아서 교실 밖으로 나갔다.

1930년 가을에 디랙의 강의에서 감명을 받은 새 학생들 중에 **수브라마니안 찬드라세카르**가 있었다. 나중에 위대한 천체물리학자가 될 인물이었지만 그 무렵에는 뭄바이에서 막 케임브리지에 온 눈이 큰 학생이었을 뿐이다. 찬드라세카르에게 디랙의 강의는 '계속해서 끊임없이 듣고 싶은 음악과 같았다.'[38] 케임브리지에서 공부하는 동안 그 수업을 처음부터 끝까지 무려 네 번이나 들었다.

***

디랙은 영국 협회 회의에서 새로운 내용이 없자 동료들이 실망했으리라는 것을 아마도 알았다. 이제 그는 제2차 솔베이 회의에 갈 예정이었다. 물론 전자와 양성자에 관한 자신의 통합 이론을 진지하게 여길 물리학자가 거의 없음을 잘 알면서도 말이다. 양성자가 음의 에너지 바다에 있는 홀이라는 그의 제안은 터무니없어 보였을 뿐만 아니라 도저히 지지해줄 수 없는 것으로 차츰 여겨지고 있었다. 브리스틀 회의 직후 매서운 공격이 찾아왔다. 탐의 편지에 의하면, 파울리가 홀이 전자와 질량이 같음을 증명했다고 한다. 실험물리학자들이 아직 그런 입자를 찾아내지는 못했기에, 아마도 탐은 다음과 같이 동정하는 말을 덧붙였다. '파울리가 틀렸다면 정말 좋겠네.'[39]

후대의 기억에 의하면, 2차 솔베이 회의는 이론물리학계의 주도권이 아인슈타인에서 보어에게로 넘어갔음을 알려주는 자리였다. 양자역학과 그 의미에 관한 논쟁에서 보어에게 패배하는 바람에, 아인슈타인은 끊어진 연처럼 풀이 죽었다. 아인슈타인에게 양자역학은 근본적으로 불만스러웠다. 객관적인 물리적 진리를 찾으려고 하지 않고, 관찰하는 실험자의 관심이 향하는 특정한 물리 현상의 발생 확률이나 찾으려 하는 이론이라고 여겼기 때문이다. 그런 이론은 실험 결과를 설명하기엔 좋을지 모르지만, 결코 완벽하지 않다고 아인슈타인은 주장했다.[40] 동료 과학자들의 반응에 환멸과 실망을 느낀 아인슈타인은 새로 사귄 친구인 벨기에 여왕과 저녁식사 후 바이올린 이중주를 연주하며 마음을 달랬다.

1927년의 첫 번째 솔베이 회의와 달리, 이번 회의의 분위기는 물리학 바깥의 조짐들이 무겁게 배어 있었다. 불경기가 산업화된 국가들을 초토화시키고 정치적 극단주의자들에게 비옥한 토양을 마련해주는 시기였다. 회의 한 달 전에 히틀러의 국가 사회주의 독일 노동자당(나치)이 공산당을 따돌리고 독일 총선에서 2등을 차지했다. 괴팅겐은 이제 나치 깃발로 뒤덮였고, 상점마다 나치 표시(卍자 모양)가 박힌 장신구들이 내걸렸다. 아인슈타인은 베를린의 반유대주의가 역겨웠고 독일의 떠오르는 지도자를 경멸했다. '만약 독일의 위장이 비어 있지 않다면, 히틀러는 지금의 자리에 있지 않을 것이다.'[41]

디랙이 정치 이야기를 하지 않았기에, 케임브리지의 동료들은 그가 정치에 전혀 관심이 없다고, 사영기하학의 직선들처럼 일차원적이라고 오해했다. 개인적으로 그는 히틀러의 급부상에 경각심을 느꼈고 소련에서 스탈린의 활동을 폭넓게 지지했다. 특히 스탈린이 추진한 문맹 철폐를 포함한 전반적인 교육 정책을 지지했다. 디랙의 관심사를 잘 알았던 탐은 '부대 교육'이라는 급진적 실험을 알려주었다. 학생들이 혼자 또는 여럿이서 집중적으로 공부하는 프로그램인데, 여기에선 강의는 없고 대신에 학생들이 질문을 하면 대기하고 있던 교수가 질문을 들어주는 방식이었다.

> 많은 학생들이 지금 우리 학생들이 하듯 열심히 공부하기는 불가능하리라고, 나는 생각했어. 우리(부대들, 각 부대는 다섯 명이 함께 일하고 공부하는 모임)는 10일 중 9일을 오전 9시부터 오후 9시까지 2시간의 식사 시간을 빼고서(연구 활동을 포함하는데, 이것은 물론 각각의 학생들 개인적으로 실시되며) (…) 어제 한 부대와 이야기해보니, 그 학생들은 지난달 270시간의 공부 시간 중에 6시간을 '마땅한 이유도 없이 일하지 못해서' 고민이더라고![42]

디랙이 소련의 실험에 관심이 있긴 했지만, 이론물리학에 비하면 부차적인 관심사였을 뿐이다. 늦가을 무렵에는 홀 이론이 아무 진척이 없자 불만이 가득했다. 오펜하이머와 바일도 파울리와 똑같은 결론에 도달했다. 디랙이 말한 홀이 양성자라고 믿을 아무런 이론적 근거가 없다는 것이다. 다시 말해, 디랙의 방정식은 틀렸으며, 무언가가 빠져 있었다. 하지만 디랙은 방정식이 옳다고 확신했다. 필요한 것은 방정식의 수학적 의미를 올바르게 해석하는 일이었다. 나중에 미국 이론물리학자 에드윈 켐블Edwin Kemble도 디랙과 비슷한 입장을 내비쳤다. '(디랙은) 내가 보기엔 늘 상당히 신비주의자 같았는데 (…) 제대로만 이해한다면 모든 공식이 의미가 있다고 그는 생각했습니다.'[43]

학기가 끝나가고 있을 때, 디랙은 대다수의 크리스마스 파티 초대를 거절하는 연중행사를 치르고 있었다. 그래도 가끔씩 캐번디시 물리협회 회의 송년회 자리에는 참석했다. 왁자지껄하게 먹고 마시고 노래 부르는 자리였다.[44] 카피차가 1921년 12월에 그 모임에 처음 참석한 후 그는 어머니에게 솔직히 털어놓았다. 적당한 정도의 알코올만 들어가도 얼마나 빨리 영국인 동료들의 고삐가 풀어져서 그들의 얼굴이 '굳은 표정을 거두고 생기가 넘쳐나는지' 모른다고 말이다.[45] 식사가 끝날 무렵, 치즈 모듬과 포트와인이 건네진 후면 공기는 담배 연기로 자욱했고 다들 소음을 뚫고 고함을 쳐댔다. 아직 의식이 끝난 게 아니었다. 그 다음 단계로 일련의 익살맞은 건배하기가 남아 있었다 (가령, '전자를 위해 : 그것이 누구한테든 아무 소용이 없기를 바라며'[46]). 이런 건배는 〈래시를 사랑해 *I Love Lassie*〉와 같은 유행가를 음정에 맞지 않게 부른 것도 있었다. 지난해에 연구소에서 재미삼아 그 노래의 원래 가사를 바꾼 것을 이용했다.[47] 기분이 최고조에 이르면, 뚱뚱한 러더퍼드, 톰슨 그리고 다른 모든 이들이 의자 위에 올라가서 팔을 어깨동무로 해서 서로 연결된 채 〈올드랭 사인〉을 불렀고, 마지막으로 영국 국가인 〈신이시여 왕을 구하소서 *God Save the King*〉를 불러 제꼈다. 보통 자정을 훌쩍 넘겨서 술잔치가 끝나고 나면, 술에 취해 뻗은 동료들을 집으로 데려가는 것은 깨어 있는 사람들의 몫이었다.

1930년에 디랙은 그 자리에 가지 않았지만 아마도 카피차가 그날 밤에 주목의 대상이었음을 나중에 들었을 것이다. 당시 왕립학회 회장이었던 러더퍼드는 아끼는 후배 동료가 교수직을 얻도록 해주었고, 그 동료가 이끌어갈 연구소를 세우기 위해 자금지원을 통해 새 건물까지 지었다. 일곱 가지 코스 요리가 나오는 저녁식사가 끝날 무렵 아직 60명의 손님들이 민스 파이(영국에서 전통적으로 크리스마스 때 먹는 파이 -옮긴이)를 씹고 있을 때, 다윈은 카피차의 연구소에 들어가서 겪은 일을 손님들에게 알려주었다. '벨을 울리면 "아첨꾼"이 문을 열어주는데, 그러면 셔츠 소매 차림의 사람들이 아니라, 카피차 교수가 떡 하니 책상에 앉아 있지요. 교수는 마치 탐정소설에 나오는 중요한 범죄자처럼 거대한 실험을 하기 위해 단추를 누르기만 하고 있고요.'[48]

제임스 본드 영화의 악당의 원조 격인 이런 카피차의 모습을 보면 누구라도 웃음을 터뜨렸을 것이다. 그리고 아마도 동료들은 자기들도 아는 이야기라는 눈짓을 서로에게 보냈을 텐데, 왜냐하면 다수가 카피차와 러더퍼드와의 관계를 부러워하고 있었기 때문이다. 블랙킷은 그 자리에 없었다. 러더퍼드는 사소한 시샘이나 해댈 시간이 없었지만, 그렇다고 최근에 은퇴한 동료 교수인 제임스 진스 경Sir James Jeans에게 음험하게 위장된 공격을 가하지 않을 정도로 고매한 사람은 아니었다. 그 무렵 제임스 진스의 『불가사의한 우주 *The Mysterious Universe*』가 한 달 전에 처음 출간되어 베스트셀러가 되어 있었다. 러더퍼드는 건실한 만큼이나 과학계의 어느 누구보다도 속물적이었다. 그날 식사자리에 대한 기록에 이런 내용이 나온다. 어니스트 러더퍼드 경은 '한때 진지한 과학자였던 이들이 불가사의한 현상에 대한 대중의 관심을 만족시키려고 대중 과학책을 쓰는 세태를 한탄했다.'[49] 케임브리지의 전반적인 견해도 마찬가지였다. 몇 달 후 러더퍼드의 추종자인 C. P. 스노Snow(곧 작가로 변신하게 될 과학자)도 가세하여, 과학의 대중화에 나선 이들이 너무 쉬운 일을 한다고 조롱하며 이렇게 말했다. '과학적 논의도 매력도 없이, 다만 숭배자와 숭배받는 자만 있다.' 스노의 선언에 의하면 그 결과는 '거대한 악'이었다.[50] 3년도 지나지 않아 스노는 반자전적 소설 『탐색*The Search*』을 내놓았다. 이 소설은 많은 독자들에게 러더퍼드 연구소의 분위기와 더불어 폴 디랙을 알렸다.[51]

크리스마스 일주일 후, 러더퍼드는 50년 과학자 인생의 끝에서 왕립학회 회장에 선출되었다. 하지만 이 영예로 얻은 기쁨은 가정사의 비극 때문에 가려졌다. 외동딸(파울러의 아내)이 크리스마스 이틀 전에 출산을 하다가 세상을 떠났기 때문이다. 환갑이 가깝던 러더퍼드는 이제 영광의 세월은 끝이라고 여겼음이 틀림없다. 과학 연구도 더 이상 스스로 하지 않고 있었기에, 혁신적인 발견을 더 많이 하고 싶다는 바람은 이제 자기 '제자들'의 손에 달리게 되었다.

***

디랙은 자기 분야에서 최고의 신예 과학자가 보일 법한 자신감 넘치는 모습을 전혀 보이지 않았다. 찬드라세카르는 아버지에게 보낸 편지에서 디랙이 의기양양하지 못해서 실망이라고 말했다. '(디랙 교수는) 가냘프고 얌전하고 수줍은 젊은 "교수"(FRS)여서, 길거리를 걸을 때도 은밀히 다닙니다. (마치 도둑처럼) 벽에 바짝 붙어 다니며, 전혀 건강하지 않습니다. 파울러 교수와 달리 (…) 디랙 교수는 창백하고 여위고 끔찍하게 과로하는 사람처럼 보입니다.'[52]

물리학 연구만이 디랙의 관심사는 아니었다. 어머니의 편지를 읽고서 그는 긴장되고 불안정한 부모와의 관계가 폭발 직전에 이르렀음을 알아차렸다. 은퇴를 우려하던 아버지는 브리스틀 교육 당국에 정년을 연장해달라고 부탁하고 있었지만 당국은 긍정적인 답을 하지 않고 있었다. 여동생은 이제 자기 차가 생겨서 하루에 세 번 차로 아버지를 학교에 데려다주고 데려오는 것 말고는 아무 일도 하지 않고 있었다. 디랙이 보기에 여동생은 아버지의 하인이나 다름없었다.

한편 어머니는 이제 앞으로 몇 달만 지나면 집에서 종일 남편과 함께 지내야 한다는 사실을 잘 알고 있었다. 그래서 아들한테 이런 편지를 보냈다. '생각만 해도 참을 수가 없구나.'[53]

15장
1931년 봄부터 1932년 3월까지

러시아 정치는 아편과 같아서, 그걸 연구하는 사람들한테 아주 대단하다는 환상과 상상을 어김없이 불러일으키는 것 같다.

—E. A. 워커*Walker*, 모스크바 주재 영국 대사, 1931년.

1931년 봄 케임브리지에서 디랙은 새로운 아이디어들이 많이 떠올랐는데, 이 풍부한 발상들이 한데 모여 그는 과학에서 가장 유명한 업적을 남기게 된다. 이 프로젝트가 한창일 때 어머니한테서 한 통의 편지는 다음과 같이 시작했다.

사랑하는 아들에게

어제 너희 아버지와 한바탕 말씨름을 했는데, 싸구려 우표에다 와인을 좀 엎질렀다고 그 난리였지 뭐냐. 아버지는 몇 분 동안 불같이 화를 내더니 나한테 질렸다면서, 한번만 더 자기 속을 뒤집으면 집을 나가겠다고 하시는구나.

평소처럼 아주 공손하게 사과했지만, 생각하면 할수록 아버지는
진심으로 하신 말 같아.

1931년 4월 27일

사무적인 문장의 세 쪽짜리 편지에서 어머니는 디랙에게 (아마도 처음으로) 결혼 생활의 숨은 진실을 터놓았다. 디랙이 아기였을 때 어떤 젊은 여자가 집에 찾아왔다고 했다. 저녁까지 먹고 난 뒤 아버지는 베드민스터에 있는 집까지 그녀를 바래다주었다. 어머니는 그 여자에게 '다시는 집에 찾아오지 말라고 했으며, 그걸로 모든 게 끝인 줄 알았다'라고 편지를 썼다. 하지만 어머니는 스스로를 속였을 뿐이다. 왜냐하면 남편이 비숍 로드 스쿨에서 연 에스페란토 관련 전시회에 갔더니, 거북 껍질 모양의 큰 테 안경을 쓴 여자가 아버지 곁에 있었는데, 바로 30년 전에 집을 찾아왔던 그 젊은 여자였던 것이다. '둘이 29년 동안 알고 지냈다는 걸 한번 상상해보렴'이라고 어머니는 썼다. 이렇듯 디랙의 아버지는 오랜 세월 자기를 돌봐준 그 여자에 관해 아내를 속여 왔던 것이다. 디랙 어머니의 결론은 이랬다. '그 여자는 그이를 즐겁게 해주는 것만 하면 되겠지. 하지만 나는 집을 청소하고, 그이에게 옷을 입히고 목욕을 시켜 주고, 가장 최악은 먹을 것을 갖다 바쳐야 한다는 거야.'[1]

평소처럼 디랙은 그 이야기를 아무한테도 심지어 가까운 친구들한테도 말하지 않은 듯하다. 1931년 초반 동료 이론물리학자들이 잠잠하던 시기에, 디랙은 여러 해 동안 구상해 왔던 가장 전도유망한 새 이론을 연구하고 있었다.[2] 자기장에 관한 혁신적인 연구였다. 몇백 년 동안 자극은 북극 아니면 남극으로 오직 쌍으로만 존재한다는 것이 상식이었다. 그래서 만약 한 극이 발견되면 반대 극은 근처에 존재하기 마련이다. 하지만 디랙은 양자론에 따르면 **단일 자극이 존재할 수 있음**을 알아차렸다. 카피차 클럽의 한 세미나에서 디랙은 그것을 마그논magnon이라는 신조어로 불렀지만, 그 이름은 이런 맥락

에 맞지 않았다. 결국 그 입자는 이후 **자기단극**magnetic monopole이라고 불리게 되었다.[3]

나중에 밝힌 바에 의하면, 그 아이디어는 우연히 떠올랐다. 원래는 자기 대신에 전하를 이해하려고 이런저런 방정식을 갖고 놀다가 떠오른 발상이었다.[4] 미국 실험물리학자 로버트 밀리컨이 입증하기로, 전하를 띤 어떤 물체의 전하량은 이산적인 양으로만 존재하며 보통 e로 표시하는 전자 전하의 정수배로 나타난다. 따라서 어떤 물질의 전하량은, 가령 전자 전하의 5배($5e$) 또는 전자 전하의 -6배($-6e$)일 수는 있어도, 전자 전하의 2와 1/2($2.5e$)일 수는 없다. 디랙이 궁금했던 질문은 이것이었다. 전하는 이산적인 양으로만 존재하는가?

우선 디랙은 양자역학과 맥스웰의 전자기 방정식을 이용하여 전통적인 방식으로 연구했다. 그러다가 두 멜로디를 뒤섞어 연주하는 재즈 뮤지션처럼 자기단극의 개념이 나오게 되는 악절을 시작했다. 디랙은 한 양자 입자에서 끝나는 자력선을 상상했다. 막대자석의 자극에서 끝나는 자력선과 흡사한 것인데, 보통 이런 자력선은 막대자석이 띠는 자력선과 나란한 방향의 쇳가루의 패턴으로 표시된다. 그는 이렇게 물었다. 만약 양자역학과 맥스웰의 전자기 방정식이 옳다면, 한 양자 입자가 띠는 자기장은 어떤 모습일까? 이 질문에 답하고자 그는 기하학적 사고(공간과 시간 속에서 가능한 파동들을 상상해보는 일)를 위력적인 대수적 추론과 혁신적으로 결합시켰다. 그는 양자론의 핵심 토대를 전혀 변경하지 않고 모든 규칙을 그대로 유지하면서도, 기존 구조에서 이 문제의 답을 찾는 방법을 알아냈다. 만약 양자론을 한 벌의 카드(카드 종류의 비율이 가시히 맞는)에 비유하자면, 디랙은 몇 개의 카드를 더 집어넣어서 카드 종류의 비율을 그대로 유지하면서도 카드의 전체 개수를 확대한 것과 마찬가지였다. 그 이론은 전기와 자력에 관한 새로운 관련성을 알려주었다. 최소 단위의 전하와 가장 약한 자하磁荷, magnetic charge 사이의 관계를 나타내는 방정식을 내놓았기 때문이다.

이 방정식 덕분에 디랙은 몇 가지 놀라운 결론을 도출해냈다. 첫째, 자기단극의 자기장 세기는 양자화된다. 즉, 어떤 특정한 허용된 값만을 갖는데, 최소량의 정수배인 그 값을 디랙은 쉽게 계산해낼 수 있었다. 알고 보니 반대 부호의 두 자기단극은 분리하기가 어려웠다. 그 둘을 결합시키는 힘이 전자와 양성자 사이의 인력의 거의 1,000배에 달했기 때문이다.[5] 디랙의 제안에 의하면, 그런 이유로 인해 반대 부호의 자극들은 결코 분리되지가 않고 쌍으로만 나타났던 것이다.

두 번째 결론은 훨씬 더 놀라웠다. 만약 우주 어디엔가 단 하나의 자기단극이라도 관찰된다면 왜 전하가 양자화되어 있는지가 밝혀진다는 것이었다. 디랙이 원래부터 알고 싶었던 것이었다. 최종 계산 결과를 확인하여 오류가 없음을 알고 나서 그는 대담한 결론을 내놓았다. 즉, 만약 실험자가 우주 어디에선가 자기단극을 찾아낸다면, 자신의 새 이론은 왜 전하가 오직 이산적인 양으로만 나타나는지를 설명해낼 것이라고 말이다.

디랙의 이론은 자기단극의 존재를 보장해주진 않았지만, 만약 그것이 우주에서 발견된다면 양자역학이 그런 입자를 기술할 수 있음을 보여주었다. 몇백 년 전에도 자기단극의 존재를 추측한 과학자들은 있었지만, 그들의 생각은 논리적 근거 없이 그냥 예감이었을 뿐이다.[6] 왜 그런 입자가 관찰될 가능성이 있는지 명확한 이유를 댄 사람은 디랙이 처음이었다. 너무 아름다운 아이디어여서 스스로 틀릴 리가 없다고 여기면서도 그는 관례에 따라 자신의 결론을 절제된 표현으로 소개했다. '자연이 그걸 이용하지 않는다면 다들 의아해할 것이다.' 그리고 디랙은 적당히 물러나서 자기단극이 자신의 이론에서 예측된 결과라고 의기양양하게 선언하지 않았다. 당시의 모든 물리학자들처럼 그는 실험물리학자들이 탐구해야 할 것은 오직 두 가지 기본 입자(전자와 양성자)이며 새로운 기본 입자를 제안하여 문제를 복잡하게 만드는 것은 이론물리학자의 소임이 아님을 인정하고 있었다. 역설적이게도 이런 사조에 처음 반발한 물리학자는 실험물리학자 러더퍼드였다. 1920년에 그는 원자핵에 이전에는 관찰되지 않았던, 양성자와 질량이 비슷한 입자가 들어 있을지 모른다고 제안했던 것이다. 그는 이 새 입자를 '중성자'라고 불렀다.

하지만 자기단극에 관한 논문에서 처음으로 디랙은 이제 더 이상 두 가지 기본 입자만 존재한다고 믿지 않는다는 뜻을 내비쳤다. 서문에서 그는 예전에 자신이 양성자가 전자들의 음의 에너지 바다에 있는 홀이지 않겠냐고 제안했던 사실을 언급했다. 그런데 오펜하이머와 바일이 설득력 있게 밝힌 바에 의하면 홀은 전자와 질량이 똑같아야 했다(하지만 디랙은 똑같은 결론에 이르렀던 파울리는 언급하지 않았다). 따라서 디랙은 셜록 홈스의 다음 논리를 따랐다. '불가능한 것을 전부 제하고도 남은 것은 아무리 아닌 듯 보여도 틀림없이 진리이다.'[7] 이제 디랙의 새로운 결론은 이랬다. 즉, 각각의 홀은 전자와 질량이 동일하며 이제껏 발견되지 않았던 어떤 새로운 입자에 해당한다.

> 홀은 만약 존재한다면, 실험물리학에 아직 알려지지 않았으며 전자와 질량은 동일하고 전하는 반대인 새로운 종류의 입자일 것이다. 우리는 그런 전자를 반전자라고 불러도 좋을 테다. 그런 입자는 전자와의 재결합 속도가 매우 빠를 것이기에, 자연에서 찾기 어렵겠지만, 고도의 진공 상태에서 실험적으로 만들어질 수 있다면 꽤 안정적이고 간편하게 관찰할 수 있을 것이다.

비록 새 입자의 속성을 설명하고 이름까지 붙이면서도 그 입자가 존재할 필연성을 강조하기보다는 검출의 어려움을 호소했지만 이번에도 디랙은 놀랍도록 신중했다. 만약 디랙이 확신이 있었더라면, '홀 이론에 따르면, 반전자는 반드시 검출될 수 있다'라는 식의 평이한 문장을 포함시켰겠지만, 그는 자제했다. 역설적이게도 그는 양성자에 관한 급진적으로 새로운 해석을 강조했다. 즉, 양성자는 전자와 무관하게 그 자신의 음의 에너지 상태, 즉 '채워지지 않은 상태의 반양성자'를 갖는다고 제안했다. 스무 줄의 문장에서 그는 반전자와 반양성자의 존재를 예견했던 것이다.

새 입자를 예측하는 데 조심스러워하긴 했지만, 디랙은 이론물리학 연구의 새로운 방법을 도입하는 면에서는 조금도 어설픈 모습을 보이지 않았다. 방정식은 전혀 없는 350개의 단어로 이루어진 두 문단에서 그는 이렇게 주장했다. 발전을 위한 최상의 방법은 근본적인 이론에 대한 더욱 강력한 수학적 토대를 찾는 것이지, 기존의 이론을 만지작거리거나 영감을 위해 실험에 기대는 것이 아니라고. 그는 물리학의 미래를 끊임없는 혁명의 연속이라고 내다보았다. 그 혁명은 실험물리학자들이 내놓은 최신 소식에 기회주의적으로 반응해서가 아니라 수학적 상상력이 이끄는 혁명이었다. 과학 탐구의 새로운 방법론을 제시한 셈이었다. (데카르트, 존 스튜어트 밀 등이 추천했던) 더욱 포괄적인 일반성을 지닌 법칙들을 찾자는 말인데, 이때 이런 법칙들을 찾으려면 주로 관찰에서 단서를 취하기보다는 수학적 영감에 기대야 한다고 디랙은 역설했다.

우선 그의 지적에 의하면, 아인슈타인이 일반 상대성이론의 바탕으로 비유클리드 기하학을 사용하기 전과, 하이젠베르크가 양자역학에 비가환 대수를 사용하기 전에, 이런 수학 분야들은 '논리적 사상가들이 재미로 연구하는 순전히 허구의 개념'이라고 여겨졌다. 물리학의 가장 어려운 문제를 해결하려면, 디랙은 '우리의 근본적인 개념을 이전에 없었던 방식으로 가장 극적이게 수정해야 할 것이다'라고 추론했다. 그는 능력의 최고점에 이른 젊은 과학자의 불타는 확신에서 다음과 같이 선언했다.

필시 (우리의 근본적인 개념들에 대한) 이러한 변화는 너무나 심대해서, 실험 데이터를 수학적으로 구성하는 직접적인 시도를 위해 필요한 새 아이디어를 얻는 것은 인간의 정신 능력을 훌쩍 뛰어넘을 것이다. 그러므로 이론물리학자는 더욱 직접적인 방법을 펼쳐나가야 할 것이다. 발전을 이루는 데 가장 위력적인 방법으로써 현재 제안할 수 있는 것은 순수수학의 모든 자원을 동원하여 이론물리학의 기존의 기반을 이루는 수학적 형식론을 완벽하게 만들고, 일반화시키려고 시도하는 것이며, 아울러 이런 방향의 노력에서 각 단계별로 성공하고 나면 새로운 수학적 특징들을 물리적 실체의 관점에서 해석하려고 시도하는 것인데 …

그가 전한 메시지는 명확했다. 이론물리학자는 수학적 토대에 훨씬 더 집중해야 하고 실험실에서 나온 최신 관찰 결과에는 별로 관심을 두지 않아야 한다는 것이었다. 수 세기 동안의 전통을 폐기해야 한다는 주장이었다. 두말 할 것도 없이 디랙은 '이론물리학자 중의 이론물리학자'로 통했다.[8]

***

1931년 5월 초 디랙이 논문을 쓰고 있을 때, 탐이 몇 달 동안 세인트 존스 칼리지에서 지내려고 케임브리지에 왔다. 아내와 아이들은 모스크바에 남겨둔 채였다.[9] 그는 어렵지 않게 영국에서 일할 허가를 얻었다. 왜냐하면 디랙이 소련에서 공식적으로 환영을 받은 과학자였고, 석 달 전에 소련 과학아카데미의 연락 담당 회원으로 선출되었기 때문이다.

이번만큼은 디랙이 자기 이론을 기꺼이 나누기로 해서 자기단극 이론을 탐에게 설명했다. 아울러 탐에게 그 이론을 사용하여, 자기단극 근처에 있는 전자를 기술하는 에너지 값과 양자 파동을 계산해보라고 제안했다. 잠자는 시간만 빼고 탐은 꼬박 사흘 반을 계산에 몰두하여 그 결과(디랙의 예상보다는 덜 흥미로운 결과)를 디랙이 논문에 넣을 수 있도록 시간 안에 계산을 끝냈다. 세인트 존스 칼리지에서 탐은 디랙의 비사교적인 성격에 개의치 않고 디랙과 친구가 된 몇몇 교수들을 포함하여 여러 교수들과 친하게 지냈다. 이런 교수들 중에 수학자 맥스 뉴먼Max Newman과 캐번디시 연구소의 실험물리학자 존 콕크로프트도 있었는데, 둘 다 디랙보다 다섯 살 연상이었다.[10] 요크셔 출신의 콕크로프트는 공학을 먼저 배웠으며 타고난 관리자형 인물이었다. 굉장히 과묵한 성격의 콕크로프트는 카피차를 포함해 다른 동료들이 전문적인 문제들을 푸는 데 도움을 주는 일에 능했다. 크로우더에 의하면, 그는 '천재들의 궂은일을 도맡아 하는 과학계의 해결사'였다.[11]

탐이 도착한 지 딱 나흘 후에 디랙은 자기 숙소에서 탐 그리고 고전학자 마틴 찰스워스Martin CharlesWorth와 함께 러시아 이야기도 할 겸 아침식사 모임을 가졌다. 디랙의 하인이 음식을 가져왔는데, 아마도 베이컨, 계란, 구운 빵, 마멀레이드에 차 한 잔을 내왔을 것이다. 세 명은 네 시간 반 동안 이야기를 나눴다.[12] 디랙은 소비에트 경제가 어떤지 알고 싶었다. 하지만 탐이 자신의 마르크스주의 견해를 공개적으로 드러내는 것을 준비하고 있다는 말을 듣고 심란해졌다. 탐이 '소련의 고등교육'이라는 주제로 런던에서 공개 강연을 해달라는 초청을 받았다고 말해 주었기 때문이다. 강연 주제가 정치가 아니라 교육이었으면 좋겠다고 디랙은 탐에게 단단히 주의를 주었다.[13]

모스크바에 있는 아내한테 보낸 편지의 분위기로 볼 때, 탐은 아주 많은 케임브리지의 교수들이 소련의 실험에 관심이 있다는 데 놀랐다. 18년 전 영국에 살던 때에 케임브리지는 보수성으로 유명한 대학교였는데, 이제 탐이 다시 온 그 무렵에는 마르크스주의자 버널과 동료들이 좌익 사상의 핵심 세력이 되어 학계에서 활동하고 있었다.[14] 디랙도 곧 듣게 되겠지만, 소련의 성공을 찬양하고 실패는 덮어 주며, 실업과 제국주의 전쟁과 경제적 낭비가 적절하게 계획된 협력으로 방지될 수 있다고 관심을 돌리는 것은 마르크스주의자의 표준적인 태도였다.[15] 탐이 편지에서 쓴 말을 보면, 디랙은 당시에 단지 마르크스주의 전향자들을 흥미롭게 지켜볼 뿐이었다. 짬을 내서 다른 관심사에도 마음을 쏟긴 했지만 그의 열정은 물리학에 있었다. 점심을 먹고 나면 디랙은 종종 탐을 데리고 야외로 드라이브를 나갔다. 때로 도로변의 나무 옆에 차를 대고 있으면, 탐이 디랙에게 등산 요령과 더불어 고소공포증을 극복하는 법을 알려주었다. 그러면 디랙이 탐에게 자동차 운전법을 알려주었다. 심지어 디랙은 탐이 최근에 도입된 운전면허 시험에 합격할 수 있도록 돕기까지 했다.

6월 하순 탐의 체류가 끝나갈 때쯤 그와 디랙은 스코틀랜드의 험난한 지형을 향해 북쪽으로 향했다. 그곳 스카이 섬의 산에서 둘은 일주일을 세계적인 등반가인 제임스 벨James Bell과 함께 보냈다. 센 스코틀랜드 억양으로 말하는 까칠한 공업화학자이기도 한 벨은 에든버러에서 함께 공부할 때부터 탐과 친구 사이였으며 소련의 사회 실험을 비판적으로 지지하는 인물이기도 했다. 그래서 소련의 선동과 영국 언론의 반소련 성향의 기사를 중재하려고 애썼다.[16] 스카이 산의 멋진 풍경 속에서 디랙은 친구들과 아름다운 시간을 보냈고, 휴가를 핑계로 브리스틀 집에 갈 일정을 늦출 수 있었다.

***

그해 케임브리지의 여름날들은 평소처럼 나른하지 않았다. 정치적인 돌발 사태로 인해 방해를 받은 탓인데, 그 출처는 뜻밖에도 런던 과학 박물관이었다. 그곳은 과학과 기술의 역사에 관한 제 2차 국제회의가 열린 장소이기도 했다.[17] 1931년 7월 초의 며칠 동안 적색기가 사우스 켄싱턴에 휘날렸다. 그런 모임은 보통의 경우엔 관심을 끌지 못했지만, 이번에는 특별했다. 고

위급 소련 대표단이 참석했기 때문이다. 대표단에는 니콜라이 부하린Nikolai Bukharin(이전에 레닌의 핵심 측근 중 한 명이었고 지금은 스탈린의 동료)을 포함해 보리스 헤센Boris Hessen 등 소련 과학계의 여러 지도자들이 있었다. 몇 주 전에 스탈린은 소련 국가와 지식인들 사이에 벌어진 거의 18개월 동안의 정치 투쟁이 끝났음을 알렸다. 따라서 이 회의는 과학과 기술에 관한 소련의 전망을 야심차게 내놓을 좋은 기회였다. 부하린은 소련 공산당의 총애를 받아왔지만 1929년에 맹비난을 당했다. 강제 집단농장 프로젝트와 벼락치기식의 경제 산업화에 반대한 탓이었다. 1년 후 그는 소련공산당 기관지 《프라우다Pravda》의 편집자 자리에서 쫓겨났지만, 그래도 스탈린에 충성을 바쳐 런던 과학 박물관에 모인 청중들에게 마르크스주의 과학관을 목청껏 설파했다. 부하린은 과학의 역사적 맥락 그리고 과학 발전에 사회적 및 경제적 조건들이 미치는 영향을 강조했으며, 뉴턴과 다윈 등 특출한 개인들의 업적을 강조하는 전통적인 견해를 배척했다. 소련인들은 진보를 위한 올바른 길을 알아냈노라고 부하린은 결론 내렸다. 사회 전체를 위한 통합된 계획의 일부로서 과학을 발전시키는 것이 진보의 핵심이었다.

> 소련에서 과학의 육성은 과학적 '초구조superstructure'의 의식적 건설을 통해 진행되고 있습니다. 과학 프로젝트의 계획은 우선 기술적이고 경제적인 청사진, 기술적 및 경제적 발전의 관점에서 결정됩니다. 그러므로 우리는 **과학의 종합**만이 아니라 과학과 실천의 **사회적 종합**에 도달하고 있는 것입니다.[18]

부하린의 강연이 끝나자 잠시 침묵이 뒤따랐고 이어서 기침소리와 발을 끄는 소리가 들렸다. 하지만 강연은 성공적이었다. 여러 영국 신문과 잡지에서 보도되었으며 많은 참석자들에게 잊을 수 없는 인상을 남겼다. 존 데스먼드 버널John Desmond Bernal은 그 모임을 가리켜 '(볼셰비키) 혁명 이래로 (…) 사상에 관한 가장 중요한 회의'라고 불렀다.[19] 디랙은 그 모임에 참석하지 않았지만, 소련 공산당원들과 함께 하이게이트 공동묘지에 있는 마르크스의 무덤을 찾았던 탐에게 전해 들었을 것이다. 또한 트리니티 칼리지에서 공산당원들을 위해 점심 만찬을 준비했던 카피차에게도 들었을 것이다.[20]

영국보안부(MI5)가 부하린이 영국을 방문하는 동안 그의 활동을 면밀히 감시하고 있다는 사실에 카피차는 놀라지 않았을 테지만, 다음 사실에는 필시 깜짝 놀랐을 것이다. 1월 이후로 특수팀이 모스크바와 베를린에서 그에게 보내오는 우편물을 열어보고 검사하고 때로는 복사까지 했다는 사실을 말이다. 애매하게 그를 스파이로 몰고 가는 보고들이 가득한 서류철(모두 과학적으로 부정확했으며 가끔씩은 제대로 읽을 수도 없는 문서들)을 확보한 영국보안부는 그가 민감한 군사 정보에 접근했을까 우려했으며 '(그런 정보를) 해외로 빼돌릴지 모른다고' 여겼다.[21] 그런 감시로도 아무것도 드러나지 않자, 그의 우편물을 가로채도 좋다는 정부의 허락은 6월 3일 중단되었다. 그런데도 영국보안부는 감시를 계속했다.

***

얼마 후 디랙은 하이킹도 즐기고 프린스턴에서 안식년도 보낼 겸 미국으로 갈 예정이었는데, 우선은 의무감에서 브리스틀에 먼저 갔다. 가족과 만나는 상황을 싫어했던 그였기에, 줄리어스 로드 6번지에서 일주일을 보내려고 준비했던 7월 하순에 분명 마음 다짐을 단단히 했을 것이다.[22] 막상 갔더니, 어머니의 편지를 통해 짐작은 하고 있었지만, 모두들 지난번에 보았을 때보다 훨씬 더 불행했다. 여동생은 차를 굴릴 여력이 되지 않아 헐값에 팔아 버린 상태였고, 강제로 은퇴를 당해야 할 처지인 아버지는 비참한 신세를 달랠 겸 매일 저녁 포티스헤드에 있는 친구 피셔의 집에 가서 피셔 내외와 시간을 보내고 있었다. 어머니는 피셔 부인이 남편의 정부라고 의심하여, 남편이 그녀나 아니면 에스페란토 모임의 애인과 나가서 살림을 차리길 바라고 있었다. '나도 어쩔 수가 없구나. 그이는 나한테 질려서 어린 여자를 좋아한단다.'[23]

디랙은 가족을 부끄럽다고 여겼다. 그의 가족은 황폐한 날들을 보내고 있었다. 아버지는 집의 유지관리 일을 내팽개쳤고 어머니는 해가 갈수록 집안일을 싫어했다.[24] 어머니에 따르면 집안 분위기는 분노로 가득 차서 질식할 지경이었다. 어머니는 아버지를 경멸했으며, 게다가 둘의 결혼생활의 문제를 이용하여 아버지와 아들의 감정의 골을 더 깊게 만들었다. 디랙으로서는 형식적으로 가족을 대하고 나서 고개를 푹 숙인 채 떠나는 것 이외의 다른 행동을 했다면 평소 그의 성격에 맞지 않았을 것이다. 그는 딱 그렇게만 했고, 며칠 세미나를 하러 케임브리지로 돌아왔다. 하지만 쉽게 가족의 문제에서 벗어날 수는 없었다. 세미나 바로 전날 또 한 통의 끔찍한 편지가 어머니한테서 날아왔다.

사랑하는 아들에게

네가 놀라지 않을까 싶다만, 네 아버지랑 나는 헤어질까 해(네 아버지의 부모가 그랬듯이 말이다).

네 아버지의 생각이시다. 30년 동안 내가 싫었다고 하시더라. 네 아버질 기쁘게 해드리진 못했지만 그래도 그 정도로 상황이 나쁜지는 나도 몰랐다.

나한테 일주일에 1파운드 이상을 주겠다는데(당연히 그 이상이어야 하고 말고), 나는 이제 그만 정리하련다.

그이가 날 싫어했어도 이제 난 상관 안 한다. 네가 막 태어났을 때 그이의 여자 지인들 중 하나를 집에서 내보낸 적이 있다. 그 여자는 밤마다 집에 찾아왔고, 그이가 베드민스터에 있는 여자 집까지 바래다주고 거의 자정이 되어서야 돌아오셨다. 이후로도 줄곧 연락하고 지내는 사이였는데, 그이는 그 여자랑 결혼했더라면 좋았을 텐데 이러시더구나. 지금 그 여자는 간호사인데, 집에 와서 그이를 돌볼 것 같다.

그 일 말고도 그이는 포티스헤드에 있는 제트랜드 로드의 응접실에서 피셔 부인과 시간을 보내는데, 그 여자도 집에 자주 오고 그이도 늘 나가 계신다. 베티는 아버지랑 함께 지내겠다는데, 피셔 부인과 베티 둘 다 아버지 돈을 바라고 그러는 거다.

(내 오빠가) 아는 변호사를 내일 아침에 만날 참인데, 그이가 금요일에 학교를 그만두기 전에 절차를 마쳤으면 한다. 아니면 그이가 알아서 처리하시겠지.

네 사는 곳 근처의 어디 바다 가까운 데 자그만 집 한 채 아니? 완전히 새로운 삶이 될 텐데, 나는 바다를 좋아하잖니. 루이나 넬도 가끔씩 찾아와 줄 텐데, 하지만 내가 아는 다른 사람들은 만나지 않을 테다.

어디에라도 조그만 장소를 찾아만 준다면 정말 고맙겠구나. 너한테 조금도 방해가 되진 않을 생각이지만, 언제든 시간이 나면 차를 몰고 와서 나를 만나다오.

우리는 이 일로 조금도 옥신각신하진 않을 거란다. (자랑스러운 일도 아니니까 말이다.) 그러니 네가 가까운 시일에 집에 오고 싶다면 불편해하지 않아도 된다. 그이가 교회에 있는 동안 이 편지를 부칠 거란다.

사랑을 담아 어미가[25]

이제야 디랙은 어렸을 때부터 줄곧 악몽처럼 떠오르던 장면이 이해되었다. 자기랑 형이랑 여동생은 마당에 쫓겨나 있는 상황에서 왜 부모님이 부엌에서 서로 고함을 쳐대고 있었는지 알 수 있었다. '30년 동안 내가 싫었다고 하시더라'라는 말이 아마도 늘 숫자들을 처리하느라 몰두하던 디랙한테 각별하게 느껴졌으리라. 그때 고작 스물아홉 살이었으니, 사실상 어머니의 말은 디랙은 사랑을 받으며 자라는 건 고사하고 처음부터 사랑하는 사이에서 잉태되지 않았다는 뜻이었다.

어머니는 아들의 조언을 기다리지 않았다. 곧장 변호사한테 갔더니, 남편은 그녀가 다른 남자랑 얽히지 않는 한 법적으로 그녀를 쫓아낼 수 없다고 알려주었다. 그랬다가는 연금을 뺏길 테니 말이다. 혼자 있게 되자 그녀는 디랙에게 이렇게 썼다. '(그이와 나는) 말을 안 하고 지내는데, 별로 말을 하고 지낸 적도 없단다. 할 말은 베티에게 하는 게 낫겠다. 우리 둘이 그이를 상대해야겠다.'[26]

***

어머니의 가장 최근 편지를 받은 지 열흘 후인 1931년 7월 31일 디랙은 리버풀에서 북아메리카로 향하는 배에 올랐다. 미국은 당시 경제 불황으로 신음하고 있었다. 여행 초반에 어머니를 데리고 다녔는데, 분명 가정사의 고통에서 벗어날 짧은 휴식을 주고 싶어서였다(금세 그녀는 집으로 돌아갔던 듯하다).[27] 글레이셔 국립공원Glacier National Park에서 밴블렉과 긴 하이킹을 즐긴 후 디랙은 프린스턴(뉴욕과 필라델피아에서 자동차로 한 시간 조금 더 걸리는 곳)에 도착했다. 프린스턴은 여름 방학의 긴 나른함에서 막 깨어나고 있었다.[28] 같은 시기에 그곳에 도착했던 수학자 말콤 로버트슨Malcolm Robertson은 황혼녘에 시내를 자동차로 지날 때의 압도당한 느낌을 이렇게 회상했다.

매력적인 대학교를 처음 보았을 때의 인상이 내 인생에 대단히 큰 역할을 차지했다. 정말로 즐겁고 기쁜 경험이었다. 그 첫 만남을 결코 잊지 못한다. 오래된 나무들 사이에 지어진 멋지고 가지런한 집들, 새로운 석조 건물과 오래된 석조 건물이 함께 어울려 있는 굉장한 대학교 캠퍼스, 잘 관리된 드넓은 잔디밭 그리고 호수와 평화로운 골프장을 보았을 때의 흥분과 감동을 잊을 수 없다.[29]

8월 말에 프린스턴에 도착한 직후, 디랙은 그 대학교의 수학과 건물이자 캠퍼스에서 가장 새 건물인 파인 홀Fine Hall에 말끔한 연구실을 배정받았다. 파인 홀 건설은 프린스턴의 수학자로서 트위드 정장 차림으로 유명한 오즈월드 베블런이 추진한 사업이었다. 그는 건물의 방대한 설계 세부사항들을 전기 콘센트의 위치까지 일일이 감독했다.[30] 내부 장식을 위한 예산의 거의 삼분의 일이 솔기 없는 스코틀랜드산 셔닐실로 짠 카펫에 할당되었다. 새 건물 곳곳에는 괴팅겐의 분위기도 조금 풍겼고, 특히 그의 영국 취향의 증거들이 가득했다. 홀의 위조 옥스브리지(옥스퍼드와 케임브리지를 합친 말 −옮긴이) 구조와 가구, 말끔하게 니스칠을 한 통나무 널빤지 벽, 심지어 오후의 차 마시는 의식까지 영국 풍이었다. 특별한 경우에 쓰는 용도인 휴게실에 베블런은 아인슈타인의 경구를 거대한 석벽난로의 테두리에 독일어로 새겼다. **Raffiniert ist der Herr Gott, aber boshaft ist Er nicht**(신은 영악하지만 악의는 없다).[31]

10월 1일 수요일 아침에 디랙은 도시 중심 근처의 숙소에서 파인 홀까지 걸어갔다. 발아래 부스럭대는 마른 단풍낙엽을 헤치면서. 몇 시간 후 과학자 인생 최초로 그는 세미나를 공동으로 발표할 참이었다. 전혀 함께 할 것 같지 않은 동료인 볼프강 파울리와 함께 말이다. 연결 통로를 거쳐 홀을 향해 가는 프린스턴 대학교 물리학자들 그리고 늦은 오후의 쌀쌀한 공기를 뚫고 캠퍼스를 가로지르는 다른 학과의 교수들이 보기에 이 세미나는 새 학기의 시작을 알리는 흥미로운 소식이었다. 물리학의 두 거물이 참신한 개념을 논하는 장면을 볼 수 있는 기회였다. 파울리가 루돌프 파이얼스에게 한 말에 의하면 그 세미나는 '처음으로 전국적으로 주목을 받은 행사'였다.[32]

각 발표자는 새 입자의 예측에 관한 내용을 말할 참이었다. 디랙은 자기단극을 발표했고, 파울리는 또 다른 가상의 입자로서 나중에 중성미자neutrino라고 알려질 입자를 발표했다. 그 행사는 물리학의 새로운 문화의 여명을 알렸는데, 거기서 이론은 실험을 배제하고 제시될 수 있었다. 두 발표자의 모습과 행동은 우스울 정도로 서로 달랐다. 디랙은 갈대처럼 여위었고 냉정하고 차분했으며 젊은 남자의 매끄럽고 흠 없는 피부를 가졌지만, 그것과 어울리지 않게 등이 굽었다. 과체중인 파울리는 디랙보다 두 살 연상이었지만 허리둘레가 굵어 훨씬 더 나이 들어 보였다. 앉았을 때 그는 깊은 생각에 잠긴 판사 같은 모습이었다. 배에다 양팔을 두르고 큼직한 상반신을 앞뒤로 리드미컬하게 흔들었다. 세미나에서 그는 아마도 통증 때문에 힘들어 보이는 듯했다. 몇 달 전에 계단에서 넘어져 왼쪽 어깨가 부러졌는데, 술을 마셔서 더 악화된 탓이다.[33]

청중들 다수는 디랙의 예측을 이미 들었을 테지만 파울리의 예측은 학술지에 실리지 않았다. 하지만 《뉴욕 타임스》를 유심히 읽은 독자라면 몇 달 전에 나온 기사에서 파울리의 예측을 읽어 보았을 것이다.[34] 처음에 파울리는 새로운 입자의 존재 가능성을 방사능 전문가들의 모임에 보내는 사적인 편지에서 제시했다.[35] 거기서 파울리는 그 입자의 존재를 가정하면 보어가 방사성 원자핵이 전자를 방출할 때 에너지 보존과 관련해서 꺼낸 문제를 설명할 수 있으리라고 잠정적으로 제안했다. 그 문제의 핵심은 이 원자핵에서 방출된 전자들이 전부 동일한 에너지를 갖지 않는다는 것이었다. 대신에 전자들의 에너지는 연속적인 에너지 스펙트럼을 띠었다. 파울리는 이 에너지 스펙트럼을 설명할 '필사적인' 이유 하나를 내놓았다. 각각의 방사능 붕괴 과정에서 전자가 또 다른 입자(아직 발견되지 않은 입자)와 함께 방출되며, 이 두 입자는 붕괴 시마다 달라지는 비율로 전체 에너지를 나누어 갖는다는 것이다. 파울리의 이론에 따르면, 새 입자는 전하를 띠지 않아야 하며 전자와 스핀은 동일하지만 질량은 매우 적어야 한다. 파울리의 동료 중에 이 아이디어를 좋아한 사람은 거의 없었다. 위그너는 '미친' 생각이라고 했고, 보어는 터무니없다고 여겼으며, 디랙은 그냥 틀렸다고 보았다.[36] 나중에 파울리는 중성미자를 가리켜 '내 인생의 위기가 낳은 바보 같은 자식'이라고 한탄하면서, 정신적으로 힘든 시기여서 그런 걸 내놓았다고 했다. 그의 정신적 문제들은 그해 초에 시작되었는데, 이미 그전에 일련의 비극이 전조가 되었다. 3년 전에 어머니가 자살했고, 아버지는 파울리가 끔찍하게 싫어한 여자랑 재혼했고, 짧은 첫 번째 결혼은 파국을 맞았다. 아내는 그가 과학자로서 별 볼 일 없다며, ('그렇고 그런 화학자'라며) 다짜고짜 떠나버렸다.[37]

세미나 다음 날 파울리는 프린스턴을 떠나 유럽으로 돌아갔지만, 디랙은 양자역학에 관한 여섯 번의 강의를 하기 위해 머물렀다. 그 강의의 마지막에 디랙은 홀 이론을 발표했다. 강의를 마무리하는 몇 분 동안 그는 어느 때보다 확신에 찬 어조로 반전자가 틀림없이 검출될 수 있다고 말했다.

> (반전자는) 수학적 허구로 여겨서는 안 되기에, 실험적 수단으로 검출할 수 있습니다.[38]

디랙은 고에너지 양성자 쌍을 충돌시켜 그 가설을 실험적으로 검증할 수 있다고 거듭 제안했다. 만약 그 이론이 옳다면, 그런 충돌 실험들 중 일부의 경우 양성자들이 사라지고, 전자가 반전자와 함께 생겨날 터였다. 하지만 디랙 자신도 비관적이었다. 그가 보기에도 실험물리학자들이 그 가설을 앞으로 몇 년 안에 검증한다는 건 비현실적일 듯했다.

그는 문제의 해답이 《뉴욕 타임스》의 칼럼에 있을 줄은 미처 몰랐다. 그 신문을 정기적으로 읽었으니 틀림없이 밀리컨이 실시했던 우주선cosmic ray에 관한 연구를 다룬 기사를 읽었을 것이다. 우주선이라는 눈에 쏙 들어오는 이름은 밀리컨이 1925년에 붙인 것이었다. 우주선은 1912년에 처음 발견되었지만, 여전히 불가사의로 남아 있었다. 확실하게 알려진 것이라고는 극단적인 고에너지 상태뿐이었는데, 지구에 있는 원자핵에서 방출되는 입자들보다 보통 수천 배 높은 에너지였다.[39] 밀리컨은 종교에 바탕을 둔 우주선의 이론을 개발했는데, 1928년에는 '거의 확정적'으로 우주선이 '우주에 가득 찬 방송신호로써 (…) 아기 원자가 태어날 때 내는 울음소리'라고 주장했다. 밀리컨이 보기에 우주선은 신성한 축복의 명백한 증거였다.[40]

디랙은 만약 고에너지 우주선이 지상의 다른 입자와 충돌한다면 반전자를 생성할 수 있음을 틀림없이 알았을 것이다. 하지만 아마도 그 입자에 그다지 관심이 없었을 텐데, 우주선을 연구하는 이가 없었던 1920년대 중반의 캐번디시 연구소에서 유행했던 견해에 영향을 받아서 그랬던 듯하다. 캐번디시 연구소의 부소장인 제임스 채드윅은 우주선에 관한 밀리컨의 연구 내용을 실은 기사를 접하고서 이렇게 한숨 지었다. '이번에도 꼬꼬댁하는 소리군. 도대체 알이 있기는 한가?'[41] 하지만 그건 6년 전의 일이었고, 1931년 가을에는 캐번디시에서 우주선에 관한 태도가 바뀌고 있었다. 우주선의 중요성을 간파한 최초의 과학자들 중에 블랙킷이 있었다. 당시 과학자 인생의 갈림길에 있던 그는 새로운 연구 주제를 이리저리 찾고 있었다.[42] 이 주제는 독립적인 성향의 블랙킷한테 특히 매력 있게 느껴졌다. 왜냐하면 자만심에 젖어 기고만장하고 있던 러더퍼드한테서 거리를 둘 수 있는 주제였기 때문이었다.

블랙킷은 11월 23일 월요일 캐번디시의 특별 세미나에서 청중 속에 있었다. 그날 밀리컨이 칼텍에서 찍은 최신 우주선 사진을 소개했다. 사진사는 칼 앤더슨Carl Anderson이었는데, 최근까지 밀리컨 밑에 있던 박사과정 학생인 그는 고작 스물여섯 살인데도, 미국에서 가장 총명한 실험물리학자들 중 한 명으로 손꼽히고 있었다. 삼 주 전에 그는 지도교수한테 새로 찍은 사진이 '전자와 양positive의 입자의 매우 잦은 동시 방출'을 보여준다고 귀띔했다.[43] 앤더슨은 안개상자Cloud Chamber를 이용하여 우주선이 방출하는 대전 입자의 영상을 찍으려고 시도하고 있었다. 안개상자는 대전된 입자가 수증기를 지나갈 때 그 경로를 사진으로 찍을 수 있는 장치였다. 앤더슨은 안개상자를 직접 제작하였고, 밀리컨의 제안에 따라 전체 안개상자를 강하고 균일한 자기장으로 감쌌다. 대전 입자가 안개상자를 지나갈 때 자기장의 영향으로 휘어지게 만들기 위해서였다. 각각의 경로는 중요한 정보가 담겨 있었다. 각각의 경로 상의 수증기 방울의 밀도로부터 앤더슨은 입자의 전하를 결정할 수 있었고, 자기장으로 인한 굴절의 정도를 측정하여 입자의 운동량을 계산해낼 수 있었다.[44]

앤더슨이 우주선 사진을 찍는 데는 대단한 재주가 필요했다. 그가 찍은 사진들 중 대다수는 텅 비어 있었지만, 11월 초에는 '극적이고 완전히 뜻밖의' 영상들을 얻었는데, 그걸 앤더슨은 유럽에 있는 밀리컨에게 보냈다.[45] 사진들은 둘이 사용하는 이론의 관점에서 보면 말이 되지 않았다. 밀리컨에게 보낸 당혹감이 묻어나는 편지에서 앤더슨은 사진들 다수가 음으로 대전된 전자와 양으로 대전된 입자가 함께 있는 경로를 보여주었다. 두 입자는 동시에 출현했는데, 아마도 우주선이 안개상자 속의 원자핵과 충돌했을 때 생긴 듯했다.

밀리컨이 앤더슨의 불가해한 아원자 영상을 캐번디시의 세미나에서 소개했을 때, 블랙킷은 영상에 매료되었다. 널리 알려졌지만 아직은 뜻을 실현하지 못한 대단한 재능의 안개상자 전문가가 있었다. 어수선한 여러 분야 중에 새로운 연구 분야가 있었다. 그리고 자신이 유명해질 수 있는 완벽한 기회가 있었다.

***

캐번디시에서 밀리컨이 연 세미나의 청중 속에 디랙은 없었다. 그는 여전히 프린스턴에 있었다. 세인트 존스 칼리지에 있는 마틴 찰스워스를 포함한 디랙의 여러 동료들은 보수가 더 높은 미국 대학교에 그를 뺏길까봐 걱정이었다. 찰스워스는 디랙에게 보낸 편지에서, 그의 '친절한 역설'이 얼마나 그리운지 모르겠다고 말한 다음에 이렇게 애원했다. '미국에 남으라는 꼬임에 넘어가지 말기를. 여기가 네 고향이니까.'[46] 찰스워스의 우려는 그럴 만했다. 왜냐하면 베블런이 디랙을 열정적으로 꼬드기고 있었기 때문이다. 목수들과 실내장식 일꾼들이 파인 홀에 마지막 손질을 하기도 전에, 베블런은 교육자 에이브러햄 플렉스너Abraham Flexner와 손잡고 세계 정상급 사상가들이 아무런 방해도 받지 않고 평화롭게 연구에 몰두할 수 있는 연구소 설립을 추진하고 있었다. 아인슈타인이 둘의 초빙 희망 목록 중 맨 위에 있었지만, 둘은 칼텍에 있는 약삭빠른 밀리컨을 포함해 다른 이들과도 경쟁하고 있었다.[47]

찰스워스는 또한 디랙이 고국으로 돌아오고 싶어 하지 않을지 모른다 걱정했을 것이다. 신문과 라디오 보도를 통해 디랙은 고국이 어려운 시기로 빠져들고 있음을 알고 있었다. 그해 9월 21일 영국 정부는 금본위제金本位制를 폐지함으로써, 금융시장 딜러들이 파운드 화를 시장 상황에 따라 지불하려는 임의의 가격에 맞추는 것을 허용했다(영국이 금본위제를 시행 중일 때는 파운드화의 가치가 금에 고정되어 있었는데, 1차 세계 대전 후부터 영국 금 보유량의 지속적인 축소로 인해 파운드화를 금에 고정시킬 수 없게 되어 결국 금본위제를 폐지함으로써 파운드화는 고정적이고 안정된 가치를 잃게 되었다 -옮긴이). 국가적 수치가 아닐 수 없었다. 경제는 위기 속으로 더 깊게 추락했다. 실업률이 계속 증가했고, 이내 파운드가 30% 평가절하되는 바람에, 한 학기에 미국에서 디랙이 받는 5,000달러는 훨씬 더 후한 보수가 되었다. 그해 총선의 결과로 정국 안정을 위한 연립정부가 다시 세워졌지만, 경제적 궁핍은 계속되었다. 그해, 영국 산업노동자 두 명중 한 명 꼴로 4개월 이상 실직 상태였다.

하지만 불황은 미국에서 훨씬 더 심각했으며, 심지어 부유한 프린스턴 대학교도 타격을 입었다. 프린스턴 대학교의 많은 학생들은 수업료를 내려고 안간힘을 썼다. 도시 주위에 젊은 부랑자들이 구걸을 하며 돌아다녔는데, 전국적으로는 약 2,000명의 젊은이들이 일자리를 찾아 떠돌아다녔다. 미국 전체 인구의 4분의 1인 약 3,000만 명이 수입이 전혀 없었다. 부유한 사람들 다수는 돈을 잃을까 두려워 돈을 매트리스 아래 숨기거나 마당에 파묻기까지 했다. 심지어 후버 대통령 (오랫동안 불경기의 심각성을 부정했던) 조차도 보통 사람들이 미국의 생활방식에 대한 믿음을 잃어가고 있음을 절감했다.[48]

디랙이 들은 바에 의하면, 소련에서는 실업률이 제로였다고 한다. 언론계에서 스탈린의 5개년 계획을 찬양한 이들은 《뉴욕 타임스》의 모스크바 특파원 월터 듀런티의 말을 그대로 믿었다. 이 기자는 그 계획이 '천재의 위업'이라고 불렀으며 그런 보도 덕분에 다음해에 퓰리처상까지 받았다.[49] 하지만 소련에 있는 디랙의 친구들은 스탈린이 과학 정책을 바꾸는 바람에 끔찍한 고통을 겪고 있었다. 과학자의 자율적인 연구 분위기가 자본주의와 싸우기 위한 무기로 변해버린 탓이었다. 탐과 카피차는 새로운 소련의 노선을 적어도 공개적으로는 지지했지만, 디랙은 가모프한테서 이야기의 다른 측면을 들었다. 가모프는 1931년 봄에 러시아로 돌아갔다가 정부의 태도 변화에 격분했다. 공산당 아카데미는 하이젠베르크의 양자역학을 반유물론적이라고 선언했다. 소련 국가의 점점 더 엄격해지는 마르크스주의 철학과 양립할 수 없는 이론이라는 말이었다. 대학교에서 불확정성 원리에 관한 대중 강연을 하는 도중에 가모프는 국가 검열의 무서운 힘을 몸소 겪었다. 도덕적 기준을 감독하는 정치위원이 도중에 끼어들어 청중들을 해산시켰던 것이다. 일주일

후 가모프는 그 원리를 대중에게 다시 말하는 것이 금지되었다.[50]

1920년대 중반부터 **가모프**와 **란다우**는 젊은 소련 이론물리학자들의 비공식 단체의 두 지도자였다. 이 단체는 '재즈 밴드'라는 별명으로도 불렸다.[51] 이 단체의 세미나에서는 새로운 물리학, 볼쇼이 발레, 키플링의 시, 프로이트 심리학 등 그 단체에서 매력적이라고 여긴 여러 주제를 토론했다. 재즈 밴드는 이들의 교수들('들소들')보다 훨씬 더 빠르게 새로운 양자물리학을 습득하고 있었다. 이 단체 회원들은 예의를 지키는 범위 내에서 그런 교수들을 무자비하게 조롱했다. 하지만 재즈 밴드는 1931년에 선을 넘고 말았다. 공산당의 견해와 일치하도록 편집된 일반 상대성이론에 관한 새 백과사전 내용을 조롱했던 것이다. 재즈 밴드를 곤경에 빠트린 자는 모스크바 물리연구소의 소장인 보리스 헤센이었다. 이전에 그는 물리학의 정통 이론들이 '변증법적 유물론' 원리와 일치하게 만들려는 정부의 여러 차례 시도를 막아냈던 인물이었다. 참고로 그 원리는 추상적인 문제보다 구체적인 문제를 훨씬 더 우선시하는 스탈린 마르크스주의의 철학적 기반이기도 하다. 헤센은 양자역학과 일반 상대성이론에 대한 지식이 빈약했던 탓에, 스탈린의 관리들이 이데올로기적으로 간섭을 가하는 행태를 막아낼 자질이 부족했다.[52] 이런 무지로 인해 그는 『소련 대백과사전』에 에테르에 관한 어처구니없는 내용을 실었다. 에테르가 '다른 물체들과 마찬가지로 객관적인 실재'라고 선언했던 것인데, 이는 아인슈타인의 가르침과 정반대였다. 가모프, 란다우 및 다른 세 동료들이 헤센 동무에게 조롱의 글을 보냈다가 소련 과학을 방해하는 자라는 죄목으로 재판에 회부되었다. 란다우는 모스크바 폴리테크닉에서 가르치는 일이 일시 금지되었고, 범법자 전부에 대해서 소련의 가장 큰 다섯 도시에서 사는 것이 금지되었다. 하지만 그런 금지가 실제로 실행되지는 않았다. 가모프에 따르면 이 물리학자들을 유죄로 판단한 이들은 기계 공장 노동자들로 이루어진 배심원단이었다고 한다.

심지어 디랙도 자기 책의 러시아어 번역본이 편집되고 있을 때 검열의 악취를 느꼈다. 출판사에서 그의 양자역학이 변증법적 유물론에 어긋난다고 반대했던 것이다. 결국 책은 출판사와 편집자 사이의 불편한 타협을 거쳐 서점에 나올 수 있었다. 이 타협을 얻어낸 편집자 드미트리 '디무스' 이바넨코 Dmitry 'Dimus' Ivanenko는 재즈 밴드의 지도자이자, 디랙이 아는 열정적인 러시아 친구들 중 한 명이었다. 책의 어설픈 서두에는 그 타협의 미묘한 상황이 고스란히 드러난다. 이바넨코가 붙인 서문은 관례에 따라 칭찬 일색이지만, 제일 앞부분에 '출판사'에서 낸 사과의 글이 놓여 있다. 그 글은 비록 그 책의 내용이 이데올로기적으로는 건전하지 않지만, 소련 과학자들은 그 책에 소개된 방법들을 이용하여 변증법적 유물론을 발전시킬 필요가 있노라고 조심스럽게 주장한다.[53] 이데올로기적으로 올바른 과학의 '반격'이 이후에 뒤따를 것이라고, 출판사는 희망했다.[54] 히죽거리는 어조의 결론에서 이바넨코는 디랙이 '소련 과학의 진실한 친구'라며 감사를 표했다.

검열관들은 또한 불황이 경제적 대혼란을 심화시키고 있던 독일에서도 과학자들을 조사하고 있었다. 지저분한 거리악사, 성냥팔이 그리고 신발끈 행상 들이 빵을 살 몇 푼을 벌려고 거리를 돌아다니고 있었다. 수만 명의 실업자들이 나치 소속 건물들 밖에서 줄을 지어 돌격대원들이 따뜻한 스프 한 접시를 퍼주기를 기다리고 있었다. 보른이 학과장이던 시절의 평온했던 괴팅겐 대학교는 이제 정치적 긴장으로 들끓고 있었다. 물리학과 도서관에는 공산당의 소책자들이 눈에 띄었고, 바깥에서는 나치 당원들이 발뒤꿈치를 착 붙이고 '하일 히틀러' 인사를 요란스레 하였다.[55] 지방 정부와 학생 의회의 다수당이던 나치는 아인슈타인의 '유대인 물리학'은 틀렸으며 해롭다고 줄기차게 매도하고 있었다. 보른은 망명을 하는 수밖에 없다는 생각이 차츰 들었다.

***

디랙을 만났던 사람들 대다수에게 그는 기계(가령, 로봇)만큼이나 세계정세에 관심이 없는 듯 보였다. 가까운 친구가 아니라면 누군가와 생각을 나눌 필요를 느끼지 못했기에, 그는 남의 운명에 무관심하다는 인상을 주었다. 또한, 다른 사람의 호의 같은 건 아예 필요하지 않은 사람인 것처럼 보였다.

새로 지은 파인 홀 건물에 있는 자기 사무실에서 근무하면서 디랙은 그해 초에 설파했던 철학을 실천하고 있었다. 이론물리학에 적용할 목적으로 순수수학의 고급 내용을 배우는 것이었다.[56] 또한 4년 전에 공동으로 발견했던 주제인 장 이론도 다시 살펴보았다. 그 이론은 통상의 수가 아니라 무한히 큰 값을 예측치로 내놓을 수밖에 없는 운명인 듯했다. 디랙은 자기 이론에 사로잡혀 있었던 반면에, 하이젠베르크와 파울리는 특수 상대성이론과 일치하는 전자와 광자가 상호작용하는 방식에 관한 완성 단계의 이론, 즉 입자들의 동시 생성과 소멸을 설명할 이론을 개발하고 있었다. 하이젠베르크와 파울리의 이론은 또한 양자론의 실험 결과와도 일치했지만, 깔끔하지 못하고 너저분했다. 오펜하이머는 훗날 그것을 가리켜 '끔찍한 대실수'라고 불렀다.[57] 그것이 근본적인 수준에서 자연을 설명할 올바른 방법인지 긴가민가했던 디랙은 더 나은 이론을 찾았다. 논리적으로 타당하고 무한대라는 골칫거리가 없는 이론이 필요했다. 하이젠베르크-파울리 이론을 살펴보면 볼수록, 디랙은 마음에 들지가 않았다. 디랙이 보기에 그것은 특수 상대성이론에도 일치하지 않았는데, 왜냐하면 공간에서 진행되는 과정들을 단 하나의 관찰자가 측정한 시간을 이용하여 기술하기 때문이었다. 반면에 아인슈타인은 특수 상대성이론에서 모든 관찰자들에게 동일한 시간은 존재하지 않는다고 가르쳤다. 그는 오랜 시간 동안 파인 홀에서 하이젠베르크-파울리 이론을 조사했고, 아울러 장 이론의 약점을 고치는 문제에 몰두했다. 이 도전과제는 평생 그를 사로잡게 된다.

디랙의 안식년도 끝나가고 있던 늦가을 무렵, 산업화된 세계는 확실히 최악의 경제 위기 속으로 휩쓸려 들고 있었다. 동시에 독일, 일본, 이탈리아 그리고 대다수의 중동부 유럽에서는 불안감을 조성하는 군국주의가 활개치고 있었다. 영국에서는 다들 또 한번의 전쟁 가능성을 이야기하고 있었다. 그 시대의 정신은 자유분방하고 생을 긍정하는 거슈윈의 〈랩소디 인 블루〉의 예술적 기교 속에서 포착되지 않고, 대신에 바그너의 〈발퀴레〉의 저돌적이고 음울한 전주곡에 포착되었다.

브리스틀의 줄리어스 로드 6번지도 침울한 가을이었다. 편지에서 디랙의 어머니는 아버지와 절정으로 치닫던 불화를 극복하고 일상생활로 되돌아갔다고 알렸다. 어머니는 아버지를 거의 종일 상대했는데, 채식주의 식사를 대접했고 옷을 빨았고 몇 시간을 들여 옷을 입혀 주었다. 또한 일요일마다 류머티즘에 좋다는 '32도' 목욕을 (아무 말 없이) 시켜주었다. 그런 목욕을 하다가 한번은 심장마비에 걸렸다. 주치의는 나중에 아들에게 말하길, 아버지는 '고집이 세서 충고를 듣지 않는 사람이며 (…) 20년을 더 살 수도 갑자기 죽을 수도 있습니다'[58] 라고 말했다.

9월에 가족은 경제 위기의 압박을 느끼고 있었다. 아버지는 개인교습 수업료를 할인했고, 더 이상 차를 굴릴 형편이 안 된다고 우겼다. 베티가 가족의 은행 관리인에게 그 사실을 알렸더니 그 사람이 웃더라고, 어머니는 아들에게 말해 주었다. 어머니 생각에 아버지는 상당액의 돈을 숨겨 놓고 거의 쓰지 않고 있었다. 이전에 어머니가 펠릭스가 6년 전에 맡겨 놓은 소액의 돈을 찾으려고 했을 때, 당국은 어머니한테 서류를 보냈다. 그 서류는 남편이 서명을 하도록 되어 있었는데, 법에서 그 돈은 사망자의 아버지한테 지급되도록 명시되어 있다고 했다. 어머니는 디랙에게 이렇게 말했다. '그래서 서류를 찢어버렸단다.'[59]

디랙은 크리스마스에 맞춰서 집으로 돌아가지 않았다. 크리스마스 휴일 사흘 전에 어머니는 아들에게 이런 편지를 보냈다. '네가 우리의 좁고 하찮은

생활에서 벗어난 걸 나는 늘 감사하게 여긴단다.'[60]

***

디랙은 이후 몇 년 동안 인생에서 가장 즐거운 해를 보내게 된다. 물리학
계에서는 채드윅이 캐번디시 연구소에서 중요한 무언가를 연구 중이라는 소
문이 돌았다.[61] 채드윅(가냘프고 진지한 인물)은 보통 자기 동료들의 연구를
감독하느라 바빴고, 실험 장비를 위한 시시한 예산을 분배하고 있었다. 하
지만 잠시 그는 행정 일을 제쳐 놓았다. 크리스마스 휴가 직후 채드윅은 러
더퍼드가 존재를 예언했던 입자인 중성자의 발견으로 이어질지 모른다고 여
긴 논문을 읽었다.[62] 그 논문의 저자인 두 실험물리학자(장 프레데릭 졸리오
퀴리Jean Frédéric Joliot-Curie와 이렌 졸리오퀴리Irène Joliot-Curie)는 자신들의 파리
연구소에서 다음 사실을 발견했다. 베릴륨(Be)이라는 화학 원소로 만든 목표
물에 헬륨 원자핵을 발사했더니, 전하가 없는 입자가 방출되었다는 것이다.
둘은 이 입자가 광자라고 주장했지만, 채드윅은 그렇지 않고 그 입자가 러더
퍼드가 예언한 미지의 중성자라고 믿었다. 러더퍼드도 같은 생각이었다. 막
마흔을 넘긴 채드윅은 이번이야말로 고압적인 소장의 그늘에서 벗어나 이름
을 드날릴 기회임을 직감했을지 모른다. 그래서 허겁지겁 그 기회를 붙들었
다. 밤낮으로 혼자 연구에 몰두했다. 연구실을 샅샅이 뒤져 동료들한테서 측
정 장비와 방사능 시료를 빌렸고, 새로운 장치를 만들었고, 공책에 데이터와
계산 과정을 적었다. 살을 에는 케임브리지의 한겨울 날씨도 잊은 채, 동료
들도 목격했듯이 그는 자기만의 세계 속에 있었다. 집중적인 3주 간의 연구
끝에 마침내 중성자를 찾아냈다. 마침내 자신이 얻은 결과는 **전하가 없고 양
성자와 질량이 거의 같은 입자가 자신이 관찰한 핵 충돌에서 방출되어야만 타
당함을 증명해냈다.** 스스로는 물론이고 러더퍼드도 만족할만한 발견이었다.

하지만 그는 연구 결과에 관한 보고서를 《네이처》에 보낼 때, 조심스럽게 제목을 「중성자의 존재 가능성」이라고만 적었다.

2월 17일 채드윅이 논문을 《네이처》에 보냈더니, 《네이처》는 서둘러 논문을 인쇄했다. 엿새 후 카피차와 트리니티 칼리지에서 근사한 저녁식사를 마치고 나서 채드윅은 카피차 클럽에서 동료들에게 그 결과를 발표했다. 와인을 몇 잔 걸쳐 느긋하면서도 대담해진 채드윅은 실험 결과를 자신만만하게 설명하여 동료들에게 상당한 신뢰감을 주었고, 마지막으로 중성자의 존재를 강력하게 주장했다. 채드윅뿐 아니라 캐번디시 연구소로서도 대단한 위업이었다. 러더퍼드가 오랫동안 찾았던 경천동지할 결과를 마침내 내놓았기 때문이다. 자연을 새롭게 조명하고 물질의 본질을 규명해낸 업적이 그 연구소에서 나왔던 것이다. 동료 청중들은 마음에서 우러나는 박수로 대단한 찬사를 보냈다. 발표 후 그는 '클로르포름으로 마취를 해서 2주 동안 푹 자라'는 동료들의 권유를 받았다.[63]

이 발견은 실제로 탐지하기 전에도 새로운 종류의 아원자 입자subatomic particle를 예측해낼 수 있다는 인식을 새롭게 불러일으켰다. 자연의 비밀창고에서 미지의 입자를 예측하는 능력은 심지어 가장 위대한 과학자한테도 벅찬 과제였다. 아인슈타인도 결과적으로는 광자의 존재를 예측해냈지만 실제로 증명되기 전에는 자기 이론을 가끔씩 의심하곤 했다. 반면에 러더퍼드(실험물리학자 중의 실험물리학자)는 초지일관 흔들림 없이 중성자의 존재를 믿었다. 어쩌면 디랙의 반전자와 파울리의 중성미자도 어쨌거나 진지하게 여길 가치가 있지 않을까?

16장
1932년 4월부터 1932년 12월까지

이론에 의해 확인되지 않는 관찰 결과를 우리는 인정할 수 없다는 말에 실험물리학자들이 너무 큰 충격을 받지 않으면 좋겠습니다.

—아서 에딩턴 경, 1933년 9월 11일[1]

폴 디랙이라는 등장인물이 독일 문학의 『햄릿』 격인 『파우스트』의 특별 버전의 무대에 처음으로 등장했다. 괴테의 이 연극은 디랙이 저녁마다 미친 듯이 읽었던 애거사 크리스티의 수수한 소설들과는 정반대 분위기였다. 디랙은 서사극에 관심이 없었지만, 그래도 이 『파우스트』에는 흠뻑 빠지게 된다. 물리학자들의 오락거리로 스물한 시간짜리 연극을 41분짜리의 음악 풍자극으로 바꾼 『파우스트』였다.[2]

작가도 배우도 관객도 모두 1932년 4월 보어의 봄맞이 모임에 참여한 물리학자들이었다. 디랙도 참석했다. 평화로운 연구소에서 물리학은 여러 해 동안 그 어느 때보다도 흥미진진했다. 참담한 바깥 세계와는 극명한 대조를 이루었다. 채드윅의 발견은 원자핵에 대한 관심을 되살렸다. 원자핵의 자세한 구조는 늘 이론물리학자들에게는 불가사의였기 때문이다. 이론물리학자들은 풀어야 할 다른 문제도 많았는데, 가령 양자 장이론의 상황이라든지 반전자, 자기단극 및 중성미자의 존재 가능성 등이다. 그런 입자 각각은 여전히 논쟁의 대상일 뿐 아직 발견되지 않았다. 보어가 즐겨 지적했듯이, 종종 과학은 문제와 모순에 직면할 때 가장 빠르게 번창한다. 한 술 더 떠서 프린스턴 물리학자 존 휠러는 한때 프린스턴 고등과학연구소의 핵심 모토를 '역설이 없으면 발전도 없다'라고까지 밝혔다.[3]

코펜하겐 연구소에서 공연된 『파우스트』는 크리스마스 파티의 전통을 따랐다. 세상이 다 아는 풍자극 그리고 좋은 취향의 경계에 가깝긴 하지만 짐짓 그 선을 넘지는 않는 사적인 농담을 즐기는 전통을 따랐던 것이다. 기자 짐 크로우더는 스무명 가량의 회의 참석자들로 이루어진 관객 중 한 명으로서, 연극의 분위기에 흠뻑 빠져들어 예술적 취향보다는 여러 범죄가 난무하는 그 작품을 기쁘게 감상했다.[4] 연극 속에서 전지전능한 신으로 그려진 보어는 관객석의 제일 앞줄 중간에 앉아 있다가, 동료 중 한 명이 그의 독특한 어투를 흉내 내자 웃음을 터뜨렸다.

괴테의 원래 희곡에서는 신랄한 메피스토펠레스가 지혜의 부족을 불평하고 있던 파우스트를 유혹하여 위험한 거래를 한다. 영혼을 파는 조건으로, 삼라만상을 아는 지혜와 더불어 참한 처녀 그레첸의 사랑을 얻게 해주겠다고 꼬드긴다. 코펜하겐 버전 『파우스트』의 주제는 중성미자의 이야기로서, 파울리가 에렌페스트에게 이 입자의 존재를 설득하려고 시도하는 내용이다. 메피스토펠레스 대신으로 (모임에 참석하지 않은) 파울리가, 파우스트 대신에 에렌페스트가 그리고 그레첸 대신에 중성미자가 등장했는데, 그레첸이 부르는 노래는 하이젠베르크가 피아노 반주를 맡았다. 연극의 원래 버전은 세 명의 대천사의 말로 시작하는데, 코펜하겐 버전도 마찬가지로 시작하지만 예외라면 트리오가 영국 천체물리학자 에딩턴, 제임스 진스James Jeans 및 에드워드 밀른Edward Milne이라는 점뿐이다. 이 셋은 엄청나게 넓은 책상 앞에 서서 우주에 관한 최신 이론들을 소재로 한 우스꽝스러운 노래를 열창한다.

연극 속에서 에렌페스트는 무자비하게 조롱을 당한다. 그는 허름한 바지 차림으로 소파에 누워서 과학과 인생의 덧없음을 고뇌하는 인물로 그려진 다. 디랙을 포함해서 일부 청중들은 이런 장면에 적잖이 놀랐을 것이다. 현 실에 너무 가까웠기 때문이다. 에렌페스트는 시무룩했고 물리학의 상황에 심 히 불편해했으며 흥미를 잃어가고 있었다. 회의에서 다윈이 다가가서 무언가 를 묻자 손사래를 치면서 이렇게 말했을 뿐이다. '이제 물리학이 지겹네.'[5]

연극의 후반부에서는 디랙이 조명을 받는다. 디랙의 자기단극은 노래하는 배우가 맡았는데, 다른 배우들은 자기단극을 호기심과 존경심을 품고서 대 했다. 이와 대조적으로 디랙의 홀 이론은 전혀 진지하지 않고 희한한 것으로 그려졌다. 이런 점이 잘 드러나는 몇 줄의 가사에서, 디랙 역의 배우는 자신 의 연구 분야의 상황을 이렇게 묘사한다.

> 이상한 새가 깍깍거린다. 뭘 깍깍거릴까? 불운을!
> 우리의 이론들과 신사들은 미쳐 날뛰었어.
> 1926년으로 우리는 되돌아 가야하리.
> 그때 이후로 우리의 연구는 불타버리는 게 마땅해.

위의 말은 디랙이 느끼는 양자 장이론의 실망스러운 상황을 정확하게 포 착해냈다. 그는 하이젠베르크와 파울리가 내놓은 양자 장이론의 상대론적 버전을 향상시킨 버전으로 내놓으려고 시도했지만, 이번 회의에 참가해서 알아보니 자신의 이론은 전혀 나아진 것이 없었다. 두 버전의 장 이론 모두 무한대 문제에 가로막혀 있었다. 문제의 뿌리는 '특이점'에 놓여 있는 것 같 았다. 수학이 제대로 정의되지 않거나 이해불가능하게 되는 이론 내의 특별한 지점이 특이점이다. 막스 델브뤽Max Delbrück이 주도한 코펜하겐 버전『파우스트』의 작가들은 재치 있게도 특이점을 연기하는 배우가 디랙을 무대에서 쫓아내도록 상황 설정을 했다.

홀 이론에 대한 조롱은 오락에만 국한되지 않았다. 회의 내내 디랙은 보어의 적대적인 질문 공세와 다른 동료들의 비아냥을 견뎌내야 했다. 디랙은 전부 묵묵히 받아내기로 한 것 같았다. 한 동료의 말에 의하면, 그 주에 열린 회의 동안 디랙은 한 마디도 하지 않았다.[6] 회의의 마지막 회기에 보어는 참을성을 잃고 디랙에게 다그쳤다. '말해 보게, 디랙, 정말로 그런 걸 믿나?' 그 실내는 조용했으며, 디랙은 우두커니 서서 다음과 같이 짧게 대답했다. '누구도 결정적인 반론을 내놓지는 못한 것 같습니다만.' 겉으로는 홀 이론에 관한 자신의 해석 그리고 반전자의 존재 가능성이 옳다고 공언했지만, 그 입자가 발견되지 않아서 사기가 꺾이고 있었다. 곧 그 자신도 홀 이론이 미심쩍었고, 나중에 하이젠베르크에게도 그런 속내를 터놓았다.[7]

***

코펜하겐 회의가 끝나고 채 삼 주도 안 되어서 또 하나의 충격적인 소식이 캐번디시에서 나왔다. 원자가 쪼개졌다는 소식이었다. 존 콕크로프트와 부스스한 아일랜드인이자 공학 장치 전문가인 어니스트 월턴Ernest Walton의 합작품이었다. 이 둘은 함께 캐번디시에서 이제껏 제작된 가장 큰 기계를 만들었다. 양성자를 125,000볼트로 가속시켜 금속 목표물에 충돌시킬 수 있는 기계였다.[8] 양자역학의 예측에 의하면, 가속된 양성자는 리튬 원자의 중심에 있는 원자핵을 쪼개기에 충분한 에너지를 갖지만, 이를 실제로 증명하는 것이 과제였다. 콕크로프트와 월턴은 리튬 원자를 쪼갤 수 있을 만큼 높아질 때까지 빔의 강도를 올렸다. 8개월의 노력 끝에 빔이 초당 800조 개의 양성자를 발사하게 되었을 때, 콕크로프트와 월턴의 컴컴한 실험실에 있는 검출기의 선명한 불빛이 마침내 리튬 원자핵이 두 개의 다른 원자핵, 즉 헬륨 핵으로 쪼개졌음을 알렸다. 이 쾌거를 통해, 원자핵의 규모에서 한 원소를 다른 원소로 변환시킴으로써 콕크로프트와 월턴은 연금술사의 꿈을 실현했다. 세 달 후 두 번째로 러더퍼드가 한 위대한 실험에 관한 발표를 감독하고 있었다. 크로우더가 어처구니없게도 그 이야기를 언론에 흘리는 바람에 대중적인 일요 신문인 《레이놀즈 일러스트레이티드 뉴스*Reynolds's Illustrated News*》에 실리게 되었다. 그 신문은 최근 캐번디시 연구소의 실험 내용을 '과학의 가장 위대한 발견'이라고 대문짝만하게 알렸다.[9] 다른 신문들도 곧 가세했는데, 신경이 곤두선 《데일리 미러*Daily Mirror*》는 이렇게 보도했다. '쪼개지게 하라. 단 폭발하지만 않는다면.'[10]

이 발견이 보도되었을 때 아인슈타인은 마침 케임브리지에 강의를 하러 와 있었다. 원자핵 분열 실험에 관한 대중의 관심이 최고조였던 5월 4일, 흥미를 느낀 아인슈타인은 자기 눈으로 확인하고자 몸소 캐번디시 연구소를 찾아갔다.[11] 아마 그는 콕크로프트와 월턴의 실험 결과가 자신의 유명한 방정식과 일치함을 알고서 대단히 기뻤음이 틀림없다. 핵반응에 관여하는 입자들의 총 에너지는 질량과 에너지가 $E = mc^2$로 관련될 때에만 보존됨을 확인한 것이다. 콕크로프트와 월턴은 이 방정식을 검증한 최초의 인물이 되었다.

에딩턴(늘 그렇듯이 구체적인 비유로 무장한 사람)은 콕크로프트와 월턴의 핵분열을 사회의 분열과 관련시켰다. 이전에는 나눌 수 없었던 원자를 쪼개는 일이 1932년 이래로 물리학자의 일상적인 업무가 되었는데, 이는 당대의 사회적 불안이 원자에게까지 확장된 것이라고 에딩턴은 꼬집었다.[12] 1932년 케임브리지 대학교의 정치적 무게 중심은 왼쪽으로 급격하게 기울었다. 6년 전에만 해도 대다수 학생들은 총파업을 저지하는데 가담했지만, 1932년 5월에는 케임브리지 유니언Cambridge Union(케임브리지의 학생 토론회)은 디트로이트에서보다는 모스크바에서 더 희망을 본 운동을 지지했다.[13] 학생들은 다시 전쟁이 터질까 두려워했고, 로카르노 조약의 정신이 온갖 사태에 의해 조롱 받는 것에 분개했다. 또 한번의 전쟁이 피할 수 없는 운명처럼 다가오고 있었다.

***

캐번디시의 승리는 케임브리지의 실험물리학자들을 이끄는 러더퍼드의 진가를 입증했다. 이와 달리 그 대학교의 이론물리학자들은 굉장히 비생산적이었다. 명목상의 지도자는 루커스 석좌교수인 조지프 라머 경Sir Joseph Larmor이었는데, 그는 당시 일흔다섯 살로 은퇴 직전이었다. 대학 당국은 7월에 다음 후계자는 디랙이라고 발표했다. 채 서른이 안 되었고, 1669년 뉴턴이 그 자리에 올랐을 때의 나이보다 고작 몇 달 더 많은 디랙을 말이다. 대학 당국의 발표가 난 직후 디랙은 당분간 케임브리지를 떠났다. 열화와 같은 축하 인사가 부담스러워 피한 것이다.[14]

디랙은 석좌교수직이 영예로운 자리인 것만이 아님을 잘 알고 있었다. 대학교에서 보내는 존경의 표시임과 아울러 하나의 도전과제였다. 그에게 쏟아지는 기대는 지도자로 계속 활동하고, 자신의 분야에서 첨단을 달리도록 이끌고, 수백 년 동안 과학자들이 입에 올릴 유산을 남겨달라는 것이었기 때문이다. 당연히 루커스 석좌교수에 오른 모두가 그런 기대를 실현하지는 못했다. 윌리엄 휘스턴William Whiston, 존 콜슨John Colson 및 아이작 밀너Isaac Milner는 위대한 수학자나 과학자의 명단에 결코 들지 못했다. 디랙한테는 증명할 것이 더 많았다. 양자역학에 관한 초기 연구는 든든하다는 확신이 있었지만, 나중에 한 연구들(장 이론, 홀 이론, 자기단극)은 언젠가 영예로운 실패로 끝나고 말지 모른다고 우려했다. 충분히 그럴만한 상황이었다. 더군다나 독창적인 이론적 개념들을 내놓기에는 너무 나이가 들어가고 있다고도 걱정했다. 그해 초 하이젠베르크의 30세 생일 직후 디랙은 그에게 이렇게 말했다. '서른이 넘었으니, 더 이상 물리학자라고 할 수 없어.'[15]

러더퍼드는 디랙에게 축하의 편지를 보냈다. 디랙이 '앞으로도 계속 캐번디시에 자주 들러주기를' 바라는 내용이었다. 아마 러더퍼드는 캐번디시에 거의 발걸음을 하지 않는 라머를 염두에 두고 그런 말을 했던 듯하다. 디랙의 동료 중 한 명이 당시 분위기를 정리하며, 새 석좌교수한테 다음과 같이 말했다. '최근에 있었던 교수직 선출 중에서 이번만큼 이목이 집중된 적은 없었던 것 같아.'[16] 오직 라머만이 후임자의 임명에 콧방귀를 끼었고, 나중에는 심술궂게도 그는 디랙이 '독일 학파의 장신구인데 (…) 그리 중요한 점은 아니지만'이라며 깎아내렸다.[17]

디랙은 저명한 케임브리지 교수의 모습과는 거리가 멀었다. 쥐처럼 수줍은 성격인 그는 강의실 밖에선 별로 진지한 느낌이 없어서 케임브리지 시내의 거리에서는 그냥 풋내기 대학원생으로 비쳤다. 또한 또래 여성과 어울리길 꺼려해서, 많은 동료들은 그가 게이이며 평생 독신으로 살다 죽을 것이고 아이를 낳는 데도 관심이 없을 것이라고 여겼다. 하지만 카피차는 디랙을 제대로 알고 있었다. 늘 자유분방한 분위기가 가득했던 시끄러운 소굴인 자기 집에서 둘이 느긋하게 나눈 대화를 통해 디랙을 잘 알게 되었기 때문이다. 디랙은 거기에만 가면 마음이 편해져서, 러시아식 음식을 들면서 카피차 내외랑 대화를 즐기고 체스를 두고 활기 넘치는 두 아들과 장난을 치며 놀았다. 줄리어스 로드 6번지의 참담한 집안 분위기와 카피차의 집의 행복한 분위기의 극명한 대조가 이때보다 더 심할 수는 없었다. 아마도 디랙은 카피차와 보어가 보여준 생기 넘치는 가정을 일찌감치 염원하고 있었던 듯하다. 불편함과 불친절함이 당연시되지 않고 아주 드문 그런 가정 분위기를 갈망하고 있었던 것이다.

영국 학자들을 기준으로 볼 때 디랙은 부유했다. 루커스 석좌교수직에 올랐을 때 연봉이 150파운드에서 1,200파운드로 급등했고 추가로 300파운드의 '덤'도 받았다. 1932년 말에 받은 이 급여를 현대 기준으로 환산하면 256,000파운드(한화 약 4억원)다. 궁핍은 사라졌지만, 검소함은 디랙의 몸에 밴 생활 습관이었다.[18] 자기 자신만 보면, 정장 한 벌과 넥타이 하나가 필요한 전부였는데, 남들이 전부 쓰레기통에 집어 넣어야 한다고 윽박지르기 전까지 실내에서나 실외에서나 비가 오나 화창하나 늘 그 옷만 입었다. 아들이 말쑥한 차림을 하라고 늘 성화였던 어머니는 이번에야말로 새 옷을 사 입을 절호의 기회라고 보고서 아들에게 옷 값을 치러달라고 했다. '가을에 수입이 꽤 많다면 어미에게 겨울 코트 한 벌 해 줄 수 있을지 모르겠구나.'[19]

그의 부모는 유명한 과학자 아들을 둔 덕분에 브리스틀의 유명인사가 되었지만, 둘 사이의 오랜 말다툼은 여전했다. 남편이 딸을 수녀로 만들지 않을까 걱정한 디랙의 어머니는 딸이 대학교의 프랑스어 학과에 다닐 비용을 디랙이 지불해줄 수 없겠냐고 물었다. 아버지가 돈을 댈 가능성은 적었는데, 왜냐하면 고등교육은 남자의 전유물이라고 믿었던 사람이기 때문이다. 베티도 그걸 간파하고서 오빠에게 이런 편지를 썼다. '경제적 지원을 해달라고 아빠한테 실제로 부탁해보진 않았지만, 아무 관심이 없으시니까 도와주실리가 없을 것 같아요.'[20] 하지만 베티는 앙심을 품진 않았다. 아버지의 성향이 그런데다 대다수 남자들도 그렇게 생각하던 시대였으니 말이다.

이 무렵에 보낸 편지를 보면, 베티는 오빠에게 다정한 듯 보인다. 하지만 둘의 사이를 알 수 있는 다른 중요한 정보는 없다. 어쨌거나 디랙이 여동생을 좋게 여겼다고 결론 내리는게 안전할 듯하다. 왜냐하면 1932년 7월에 여동생의 4년간 학비와 다른 비용을 너그럽게 대주었기 때문이다.[21] 첫 번째 관문으로 라틴어 시험을 통과하느라 꽤 고생을 하긴 했지만, 그녀는 학교생활에 만족해했다. 오빠에게 보낸 감동적인 편지에서 그녀는 결연히 이렇게 말했다. '오빠의 도움이 헛되지 않도록 최선을 다하겠어요. 정말 살면서 처음으로 열심히 공부하고 있는 걸요.'[22] 자기 도움 없이 딸이 학업을 이어가자 아버지는 낙심했던 듯하다. 자기는 이제 아무 쓸모없는 존재가 되고 말았으니까. 아버지가 가족에 대한 장악력을 서서히 잃어가고 있다고 어머니는 아들에게 알렸다. 자동차 사용을 놓고서도 늘 옥신각신하다가 아내와 딸한테 지고 마는데, 그것도 한 시간 동안이나 뿌루퉁하게 고민하고 나서 그런다고 했다. 기념할만한 사건이었다고 했다. 서른 두 해 동안의 결혼생활 중에 남편이 뒤로 물러난 경우가 이번이 처음이었다고.[23] 아버지는 왜 자기 인생이 그런 꼴이 났는지 의아했을지 모른다. 아마도 그는 1930년대 도시 교외생활을 소재로 한 조지 오웰의 풍자 소설 『숨쉬러 올라오기 Coming Up for Air』의 화자인 패티 보울링과 같은 심정이었을 것이다. 디랙의 아버지와 마찬가지로 보울링은 배은망덕한 가족에게 인질 신세였고, 관습과 경제적 동기 때문에 자신이 경멸하는 천박한 여자한테서 벗어나지 못했다. 하지만 보울링과 달리 디랙의 아버지는 친구들과 일에서 기쁨을 얻었다. 언어 과외교습을 배우러 오는 학생들이 여전히 줄리어스 로드 6번지로 찾아왔고 아직도 지역의 에스페란토 협회에서 활동하고 있었다.

8월 초쯤 아버지는 제네바에 있는 자기 부모님 집에 들를 계획이었다. 여느 때처럼 아내에게 그 계획을 알리지 않고, 거의 전부 프랑스어로 쓰인 (마지막 줄만 영어인) 편지에서 아들에게 알렸다. 조심스레 밝힌 내용은 이랬다.

폴에게

너는 매우 바쁠 테니 짧게 시간을 내서, 네가 거둔 위대한 성공으로 내가 얼마나 기쁘고 자랑스러워하는지 알리고 싶구나. 모든 신문에 자세히 나와 있더구나. 여러 친구와 지인 들도 네게 축하를 전해 달라고 내게 부탁하더구나.

새로운 지위를 얻었으니 러시아로 가려던 계획이 달라지는 것이냐? 날짜를 정했다면 내게 알려주었으면 좋겠다. 왜냐하면 체력이 회복된다면 스위스로 가서 집안일을 좀 정리해야 하는데, 네가 브리스틀에 올 때 길을 떠나고 싶지는 않구나.

혹시나 나랑 함께 갈 수 있다면 훨씬 좋겠고.

항상 잘 지내기를 그리고 하나님이 너를 키워주시길 바라며

1932년 8월 7일 아버지가.[24]

하지만 아버지는 실망하게 된다. 아들은 소련에서 또 한 번의 휴가를 보낼 계획이었기 때문이다. 크림반도에 있는 산과 해변이 어우러진 휴양지인 가스프라Gaspra에서 카피차와 함께 지낼 예정이었다. 스탈린 집권기에 그곳은 과학 엘리트가 휴식을 즐기던 장소였다. 농부들의 강제 이주, 식량 부족, 배급제 등을 포함한 5개년 계획과 집단주의의 모든 재앙에서 벗어난 곳이었다.

디랙은 레닌그라드의 회의 참석으로 여행을 시작했다. 거기서 전자와 광자에 관한 자신의 장 이론을 소개했다. 보리스 포돌스키Boris Podolsky(러시아-유대 혈통의 미국인)와 블라디미르 포크Vladimir Fock가 동일한 문제를 연구 중이라고 밝히자, 디랙은 함께 연구하자고 했다. 카르코프Kharkov에서 머무는 동안 디랙은 러시아 동료들과 함께 연구했는데, 전문적인 서신 교환을 오래 한 결과 그 동료들은 디랙의 장 이론이 하이젠베르크와 파울리의 장 이론과 등가이며 더욱 뚜렷하게 특수 상대성이론과 일치함을 놀랍도록 단순하게 증명해냈다.[25] 이 프로젝트는 디랙이 더 이상 편협하지 않다는 증거였다. 그해 초에는 러더퍼드의 제자 중 한 명과 원자물리학에 관한 별로 대단치 않은 논문을 한 편 쓴 적이 있었는데, 이번에는 다시 소련 이론물리학자들과 함께 양자장Quantum fields을 연구하고 있었다. 하지만 디랙은 아직도 협동 연구에는 조심스러워했다. 이전에 몰랐던 이론물리학자가 찾아오면, 디랙은 데면데면

해 하면서 자기 생각을 조금도 함께 나누려고 하지 않았다.[26] 가령, 레오폴트 인펠트Leopold Infeld라는 젊은 폴란드 물리학자가 찾아왔을 때는 다정히 미소를 지어주긴 했지만, 대놓고 질문하지 않는 이상 무슨 말에든 대답하길 꺼렸다. 그냥 '아뇨'라는 대답을 두 번 듣고 난 후, 인펠트는 간신히 전문적인 질문을 건넸고 디랙에게 다섯 단어로 이루어진 대답을 얻었다. 이 대답을 이해하는 데 인펠트는 이틀이 꼬박 걸렸다.[27]

***

크림반도의 해변에서 쉬고 있을 때, 디랙은 반전자 관련 논의가 예상보다 훨씬 더 빠르게 결론에 다다르고 있는 줄은 까맣게 몰랐다. 이 이상한 대단원에 등장하는 (디랙을 포함한) 여러 등장인물들은 지금으로서는 좀체 이해할 수 없는 방식으로 행동했다. 설령 1932년에만 해도 거의 대다수 물리학자들이 디랙의 홀 이론을 진지하게 다루지 않았고 디랙이 반전자를 예언했다는 사실을 어렴풋이나마 알고 있는 이들도 극소수였음을 감안하더라도 말이다.

이야기의 결말은 디랙의 휴가 직후인 1932년 7월 말 패서디나에서 시작되었다. 로스앤젤레스 올림픽이 막 시작되고 있던 할리우드 볼Hollywood Bowl에서 그리 멀지 않은 곳이었다. 올림픽은 그 도시 시민들을 포함해 수백만 명의 라디오 청취자들에게 숨을 돌릴 기회였는데, 경제적으로 암울한 상황이 지속되고 미국 대선을 앞두고 정치적 격변이 있던 시기였기 때문이다.[28] 칼텍에서도 많은 과학자들이 휴가 중이었다. 하지만 항공학 연구소의 3층에 있는 편안하고 따뜻한 실내에서는 칼 앤더슨이 안개상자 내의 우주선의 영향을 열심히 연구하고 있었다. 8월 첫날 월요일이 끝날 무렵 그가 최근의 실험에서 보여준 것이라고는 텅 빈 사진뿐이었지만, 다음 날 엄청난 행운이 벌어졌다.[29]

앤더슨은 고작 5센티미터 길이의 한 가닥 경로를 사진에 담는 데 성공했다. 머리카락처럼 보이는 경로였다. 경로 주위의 거품들의 밀도로 볼 때, 그 것은 전자가 남긴 듯 했지만, 경로의 휘어진 정도는 다른 말을 하고 있었다. 양으로 대전된 입자가 남긴 흔적이라는 것, 따라서 전자일 리가 없었다. 자기 눈을 의심하던 앤더슨은 한두 시간을 들여 자석의 극이 올바른지 그리고 장난꾸러기가 극을 바꿔 놓지는 않았는지 확인했다.[30] 장난의 희생자가 아님을 확신한 그는 한껏 의기양양해졌다가, 이내 행복감이 잦아들고 두려운 마음이 문득 들었다. 굉장한 발견일까 아니면 어처구니없는 실수일까?[31] 양전자의 존재를 확정 지으려면 증거가 더 많이 필요했지만, 그달이 끝나도록 특이한 경로는 두 건밖에 얻지 못했고, 둘 다 처음처럼 선명하지도 않았다. 밀리컨은 그 결과를 미심쩍게 여겼다.

올림픽 행사도 끝나고 칼텍 직원도 여름휴가를 마치고 돌아왔을 때, 앤더슨은 학술지 《사이언스》에 실험을 짧게 설명한 글을 실었다. 채드윅이 중성자의 발견을 소개했을 때처럼 앤더슨의 발표는 조심스러웠다. 그는 경로가 새로운 입자가 아닐지 모르는 예상 가능한 이유를 모조리 설명했다. 채드윅보다 훨씬 더 에둘러서 앤더슨은 자신의 발견이 담긴 논문의 제목을 「쉽게 찾아낼 수 있는 양의positive 입자의 존재 가능성」이라고 달았다. 눈을 사로잡을 제목은 결코 아니었다. 논문의 끝 부분에 다다른 독자들은 과학을 대하는 신중한 태도가 흘러넘치는 문장을 선물로 받았다. '전자의 질량과 비슷한 질량을 가진 양으로 대전된 입자를 불러내는 것이 필요할 듯하다.' 한 보도에 따르면 앤더슨은 경로의 좋은 사례를 더 많이 찾지 못했던 것이 걱정되어서 《사이언스》에 기고한 논문을 철회할까도 생각했다고 한다. 하지만 이미 늦었다. 논문은 벌써 인쇄 중이었다.[32]

앤더슨의 발견 내용은 디랙의 반전자(질량은 전자와 같지만 전하는 반대인 입자)가 존재한다는 확실한 증거였다. 이전에 앤더슨은 디랙의 홀 이론에 관한 오펜하이머의 강의를 일주일 내내 밤마다 열심히 들었다. 그래서 홀 이론 속의 반전자의 역할을 알고 있었음이 거의 확실했다.[33] 하지만 그는 연관성을 알아차리지 못했는데, 아마도 자기 상관이 연구하고 있던 우주선 이론에만 관심을 쏟았기 때문이었던 듯하다.[34]

앤더슨이 9월 1일에 보낸 논문은 약 8일 후 미국의 여러 물리학과 도서관에 깔렸다. 무관심과 의심의 눈길이 논문을 맞았다. 칼텍의 친구 중 한 명은 발견 내용이 '헛소리'라고 그에게 일렀다. 밀리컨도 여전히 앤더슨의 실험은 무언가 잘못된 것이라고 여겼기에, 널리 알리기 위한 어떠한 행동도 거의 하지 않았다. 앤더슨은 8월 초에 처음 검출한 것과 같은 경로를 다시 발견하지 못했는지라 스스로도 반신반의하고 있었다.[35] 그 논문을 읽은 수천 명의 물리학자들 가운데에는 오펜하이머도 있었는데, 그는 곧장 자기 동생에게 편지를 써서 '앤더슨의 양의 전자 (…) 에 관해 고심하고 있다고' 알렸다.[36] 하지만 오펜하이머는 자신이 아는 내용으로부터 올바른 추론을 이끌어내는 데 실패했다. 아마도 그는 음의 에너지 전자들로 이루어진 디랙의 바다를 좁게 해석하는 바람에 제대로 판단을 하지 못했던 듯하다. 언제나 디랙은 이 바다에 홀이 얼마쯤 있다고 믿었던 반면에, 오펜하이머는 전자의 바다가 언제나 가득 차 있기에 홀의 개념은 들어설 자리가 없다고 가정했나. 오펜하이머가 디랙의 이론과 앤더슨의 실험 사이의 관련성을 디랙이나 앤더슨 또는 다른 어느 누군가에게도 알리지 않았다는 것은 믿기 어렵지만 어쨌든 결과적으로는 그렇게 된 듯하다.

하지만 앤더슨의 실험 결과를 디랙의 동료 중 한 명이 진지하게 들여다보았다. 루돌프 랭거Rudolph Langer(재능이 많았지만 주목 받지는 못했던 하버드 출신 수학자)가 반전자에 관한 디랙의 논문을 읽고서, 앤더슨 및 디랙과 우주선 사진에 관해 이야기를 나눴다. 《사이언스》에 앤더슨의 논문이 발표된 다음 날 랭거는 짧은 논문을 그 잡지에 보냈는데, 반전자에 관한 새로운 관찰 내용과 디랙의 이론 사이의 관련성을 담은 내용이었다. 조심스러워하는 앤더슨과 달리 랭거는 앤더슨이 디랙의 반전자를 관찰했다고 결론 내렸다. 한술 더 떠서 그는 물질에 관한 창의적인 새로운 구도를 펼치면서, 광자는 보통의 전자와 음의 에너지 전자의 조합이며, 자기단극은 양의 자기단극과 음의 자기단극으로부터 만들어지며, 양성자는 '당연히' 중성자와 양의 전자로 구성된다고 제안했다. 오늘날 그 논문은 대단히 독창적으로 보이지만, 1932년에는 아무런 영향력이 없었다. 아마도 랭거가 주목을 끌기에는 충분히 인지도가 높지 않았던 데다 그렇게 마구잡이로 남발하는 듯한 추측은 통하지 않았기 때문이었던 듯하다. 그의 통찰력은 앤더슨의 기억에 전혀 흔적을 남기지 못했고 곧 잊혔다.

***

가을로 접어들어도 앤더슨의 '쉽게 굴절하는 양의 입자'는 대다수 칼텍 물리학자들이 보기에 사소한 문제였던 듯하다. 그래도 반박하기엔 까다롭고 풀려고 하면 제대로 풀리지 않는 성가신 문제였다. 케임브리지에서는 아무도 앤더슨의 실험이나 랭거의 논문을 알지 못했던 것 같다. 《사이언스》가 11월 초에 케임브리지 도서관에 도착했지만, 디랙도 다른 어느 동료도 그걸 읽지 않았던 듯하다. 하지만 그 무렵 블랙킷이 앤더슨의 실험 결과에 가까이 다가가고 있었다.

러더퍼드는 블랙킷이 우주선에 관한 새로운 연구 프로젝트를 시작할 수 있도록 허락했다. 하지만 상관의 고압적인 지도 방식에 넌더리가 난 블랙킷은 러더퍼드의 연구실에 갔다가 돌아온 후 분노로 상기된 얼굴을 하고 한 대학원생에게 말했다고 한다. '물리학 연구소가 독재적으로 운영되어야 한다면 (…) 내가 독재자가 되겠다.'[37] 블랙킷은 캐번디시 연구소에 틈새를 개척하여 이탈리아 방문자와 함께 연구했다. 주세페 오키알리니Giuseppe Occhialini라는 명랑하고 자유분방한 이 사람은 '베포Beppo'라는 별명으로 흔히 불렸다.[38] 블랙킷보다 열 살이나 어렸지만 오키알리니는 뛰어난 실험물리학자였다. 직관을 따르는 성향의 이 실험물리학자는 좀처럼 방정식을 끄적이진 않았고 대신에 추론의 단계들을 과장된 몸짓을 곁들여 상세히 설명하기를 좋아했다. 그 전해인 1931년 7월에 케임브리지에 도착했을 때 이미 오키알리니는 우주선을 검출하는 실험에 관여한 적이 있었기에, 가이거 계수기를 다루는 오랜 노하우를 캐번디시에 전해주었다. 케임브리지에서는 그 장치가 이제 막 도입된 직후였다. 가이거 계수기는 다루기 까다롭고 신뢰도가 떨어졌다고 블랙킷은 나중에 회상했다. '그게 작동하도록 만들려면 사순절 중 어느 금요일 저녁에 전선에 침을 뱉어야 한다.'[39] 오키알리니가 보기에 블랙킷은 연구소에서 뭐든 척척 해내는 사람이었다.

> 내가 기억하는 그의 손은 안개상자를 능숙하게 설계하고, 아무런 실수도 없이 각 부품을 자세히 그리고, 남학생인 자기 아이의 선반 위에서 미묘한 부품들을 멋지게 만들어냈다. 장인과 예술가의 섬세하면서도 힘 있는 손이었고, 그가 만든 것은 아름다웠다. 나는 애써봤자, 그가 '아주 끔찍한 부분들'이라고 부른 것밖에 만들지 못했다.[40]

오키알리니는 종종 저녁에 블랙킷의 집에 들렀다. 둘은 거실에 쉬면서 레모네이드 한 잔이랑 비스킷 한 접시를 먹으며 낮에 했던 일을 다시 검토했는데, 그러는 내내 블랙킷은 양치기 개의 귀를 쓰다듬었다. 집과 연구소에서 나눈 대화를 통해 둘은 우주선의 사진을 찍은 영리한 방법을 고안해냈다. 가이거 계수기 하나는 안개상자 위에 두고 다른 가이거 계수기는 아래에 두어서, 우주선이 위쪽과 아래쪽 계수기에 둘 다 들어올 때 안개상자가 작동되도록 한다는 전략이었다. 1932년 가을, 블랙킷과 오키알리니는 이 기법을 이용하여 우주선 사진 촬영을 종래의 운 좋으면 얻어걸리는 식에서 새로운 자동화의 시대로 변모시켰다. 곧 캐번디시 연구소 복도에는 영국인-이탈리아인 2인조한테서 어떤 특별한 일이 벌어지고 있다는 소문이 돌기 시작했다. 심지어 상류층 영국인의 전형인 내향적인 블랙킷조차 한껏 들떠 있었다.

곧 블랙킷과 오키알리니는 지금껏 찍힌 선명한 우주선 사진들을 동료들에게 선보일 준비가 끝났다. 둘이 연 세미나에 디랙은 청중석에 앉아 있었다. 분명 이 날은 디랙의 날이었다. 블랙킷과 오키알리니가 반전자를 발견했으며, 따라서 자신의 홀 이론을 증명해냈다고 디랙은 꽤 타당하게 주장할 수 있는 상황이었다. 하지만 그는 침묵을 지켰다. 양전자의 존재 가능성이 언급되자 카피차는 앞줄에 앉아 있던 새로운 루커스 석좌교수를 향해 이렇게 외쳤다. '이제 저 내용을 디랙 교수의 이론에 적용해 보세요. 양전자, 에! 양전자!' 이전에 카피차는 디랙과 오랜 시간 이야기를 나누었지만 반전자에 관해서는 분명 들어본 적이 없었다. 디랙은 대답했다. '아, 하지만 양전자는 아주 오랫동안 제 이론에 들어있긴 했지요.'[41] 캐번디시 지하실에서 방출되고 있는 것이 전자가 아니라면, 반전자가 자기 모습을 드러내고 있는 듯했다. 하지만 디랙의 동료들은 그의 이론을 철저히 외면했기에 어느 누구도 그 이론이 새로운 입자를 예측해낼 수 있다고 믿을 준비가 되어 있지 않았다. 심지어 디랙도 동료들을 설득하려고 애쓰지 않았는데, 스스로도 두 동료의 사진 속에 나오는 양의 전자들이 어떤 식으로든 신기루일 가능성이 있다고 여겼기 때문이다. 이번에 그의 과묵함은 고집스러울 정도로 깊어졌다.

당시 디랙은 홀 이론에 집중하지 않고 대신에 가장 좋아하던 한 주제에 몰두하고 있었다. 바로 양자역학이 어떻게 고전역학과의 유사성을 통해 발전될 수 있는가 하는 주제였다. 1932년 가을 그는 한 가지 방법을 알아냈다. 바로 고전물리학의 속성들을 일반화시켜 임의의 물체의 경로를, 그것에 가해지는 힘의 속성과 무관하게, 계산할 수 있게 만드는 방법이었다. 뉴턴의 법칙들도 이런 일을 할 수 있으며 동일한 해답을 내놓지만, 이 기법(프랑스-이탈리아 수학자 조지프 루이 라그랑주의 이름을 따서 명칭이 붙은 기법)은 적용하기가 훨씬 더 간편했다. 디랙은 대학원생일 때 파울러가 한 강의에서 이 기법을 처음 들었다. 하지만 이해하는 데는 약 6년이 걸렸다.[42]

그 기법은 대체로 사용하기는 쉬웠지만, 복잡해 보였다. 그 기법의 핵심은 두 가지 양이다. 하나는 라그랑지언Lagrangian이라는 양으로서, 한 물체의 운동에너지와 위치에너지(그 물체가 위치 덕분에 갖는 에너지)의 차이다. 다른 하나는 그 물체의 경로와 연관된 이른바 '작용'으로서, 그 경로의 시작부터 끝까지 라그랑지언 값들을 더하여 계산한다. 고전물리학에서 임의의 물체가 임의의 특정한 시간 간격에서 취하는 경로는, 알고 보니 물체에 작용하는 힘과 무관하게 '작용'의 최솟값에 대응하는 것이었다. 달리 말해서, 자연은 최소 작용의 경로를 취한다. 이 기법 덕분에 물리학자들은 임의의 물체(가령, 공원을 가로질러 날아가는 축구공, 토성 주위를 도는 위성, 굴뚝 위로 피어오르는 먼지 입자)가 취하는 경로를 계산할 수 있게 되었다. 그리고 모든 경우에 그 결과는 뉴턴 법칙들이 예측한 결과와 정확히 일치했다.

디랙은 '작용'의 개념이 거시 세계에서만큼이나 전자와 원자핵의 양자 세계에서도 중요할지 모른다고 생각했다. 이 개념을 양자역학에 일반화시켰더니, 양자 입자는 단 하나의 경로만이 아니라 무한개의 경로를 가진다는 것이 드러났다. 게다가 이 경로들은 (대략 말해서) 고전역학에서 예측한 경로 주위에 집중되어 있었다. 또한 그는 해당 입자가 가질 수 있는 모든 경로를 고려하여 입자가 한 장소에서 다른 장소로 이동할 확률을 계산해낼 방법을 찾아냈다. 디랙이 알아내기로, 이 접근법은 양자역학의 상대론적 버전에도 유용했다. 왜냐하면 그 접근법은 상대성이론이 요구하는 대로 공간과 시간을 동일한 토대에서 취급하기 때문이다. 또한 그 개념을 장 이론에 적용하는 문제도 간략히 다루긴 했지만, 디랙은 늘 그렇듯이 구체적인 사례는 제시하지 않았다. 그의 관심사는 **원리**였지 계산이 아니었기 때문이다.

보통 그는 이러한 논문을 《왕립학회회보》와 같은 영국 학술지에 제출하는 편이지만, 이번만큼은 소련 물리학계의 지지를 확인해보고자, 디랙의 장 이론에 관한 협동 논문을 발간할 예정이었던 소련의 새 학술지에 논문을 보냈다. 디랙은 이 '작은 논문'을 꽤 흡족하게 여겨 11월 초에 러시아에 있는 동료 중 한 명에게 이런 편지를 보냈다. '이 고전적인 (⋯) 취급에 나오는 모든 중요한 내용들이 조금은 변형된 형태로 양자론에도 적용될 수 있다.'[43]

크로우더는 이 개념을 알리고 싶었지만, 디랙의 논문을 《맨체스터 가디언》을 통해 발표하기가 어려움을 알아차렸다. 너무 전문적이고 너무 추상적이었기 때문이다. 그 '작은 논문'은 심지어 대다수 물리학자들한테도 너무 난해해서 수년 동안 도서관 서가에 거의 아무도 찾아 읽지 않는 고문서처럼 놓여 있었다. 거의 10년이 지나서야 다음 세대의 소수의 젊은 이론물리학자들이 논문의 중요성을 간파하고서 그 속에 디랙이 **통찰한 자연의 위대한 본질**이 들어있음을 깨달았다.

***

1932년이 끝나가는 몇 달 동안 히틀러가 임박한 선거에서 총리로 선출될 가능성이 높다는 소식이 독일에서 들려왔다. 나중에 그 지도자를 놓고서 했던 말로 볼 때 디랙은 그런 전망에 불편해했을 듯하다. 아인슈타인은 일찌감치 독일의 정치 상황과 폭력적인 반유대주의에 신물이 나서 미국으로 망명하여, 에이브러햄 플렉스너의 프린스턴 고등과학연구소에 합류하는 데 동의했다. 반면에 보른은 나치가 가장 큰 단일 정당으로 있는 괴팅겐에 남았다. 유권자의 절반이 나치를 지지하고 있었다.[44] 소련에서는 스탈린이 학문적 자유를 사상 유례가 없을 정도로 탄압하고 있었다. 미국은 프랭클린 루즈벨트가 압도적인 득표로 대통령에 선출되었지만, 참담한 경제적 궁핍은 계속되고 있었다. 영국에서는 실업률이 전무후무한 정도로 치솟았고, 전국적으로 실업 혜택을 주장하는 집단시위가 발발했다.

평소에는 평온한 브리스틀의 중심지인 머천트 벤처러스 칼리지 근처 지역에서도 수백 명의 시위자들이 경찰에게 몽둥이 세례를 당했다.[45] 2킬로미터 남짓 떨어진 디랙의 집도 전쟁터를 방불케 했다. 베티는 종일 대학교에 가 있었고, 디랙의 부모는 어그러진 결혼생활의 온갖 틈새를 탐험하고 있었다. 어머니가 디랙에게 한 말에 의하면, 점점 더 공격적으로 변해가는 아버지는 틈만 나면 자기 아내를 집에서 내쫓으려고 하고 있었다. 아버지는 아내가 과외교습 학생에게 수업료를 잘못 알려준 것에 격분해서 뜨거운 코코아 잔을 아내에게 던졌다고 한다. 하지만 아버지를 아는 대다수 사람들에게 아버지는 만족스러운 여생을 즐기는 은퇴자처럼 보였다. 코탐 스쿨의 수상식에서 교장이 잘난 아들을 둔 디랙의 아버지를 칭찬했다. 그리고 둘은 차와 케이크를 들면서 디랙이 최근에 떠난 러시아 여행을 이야기했다. 어머니는 아들에게 이런 편지를 보냈다. '정말이지 네 아버지는 집 밖에선 유명인사다만 집에만 오면 날 들들 볶는구나.'[46]

디랙 가족은 힘들어질 게 뻔한 크리스마스를 맞아 함께 모였다. 하지만 아버지와 어머니는 이번엔 서로 앙심을 거두었는데, 그래서 가족은 어머니의 표현에 따르면 '오랜만에 가장 좋았던 크리스마스'를 함께 보냈다.[47] 그럴 수 있었던 이유 중에는 디랙이 기분이 좋았기 때문인 것도 있었다. 왜냐하면 1년 반 동안 고대하고 있던 소식이 방금 도착했기 때문이었다.

17장
1933년 1월부터 1933년 11월까지

아인슈타인은 디랙이 (고등과학) 연구소의 교수직에 가장 걸맞다고 여깁니다. 우리가 설령 디랙을 데려올 가능성이 아주 희박하더라도 시도는 하는 모습을 아인슈타인은 보고 싶어합니다. 아인슈타인의 평가에 의하면 디랙은 자기 연구 분야에서 어느 누구보다 앞서 있습니다. 아인슈타인이 보기에, 취리히의 파울리는 분명 디랙 다음입니다.

　　　　　　　　　　－오즈월드 베블런이 에이브러햄 플렉스너에게 보낸 편지. 1933년 3월 17일[1]

아마도 1932년 12월 중순까지는 디랙도 반전자가 존재한다고 확신하지는 않았던 듯하다. 나중에는 기억이 너무 흐릿해져서 날짜를 특정할 수가 없었다. 디랙의 기억에 의하면, 그는 '아마도' 그 소식을 블랙킷한테서 들었을 텐데, 하지만 블랙킷은 새 입자가 존재한다고 확신했어도 결코 공개적으로 알린 적이 없었다. 아마도 블랙킷은 앤더슨과 독립적으로 새 입자를 발견했지만 미국인 경쟁자가 관찰 결과를 활자로 인쇄한 최초의 인물이라고 인정하는 데 언제나 인색했다. 블랙킷과 오키알리니는 아마도 앤더슨의 사진을 가을에 소문으로 들었을 것인데, 하지만 '쉽게 찾아낼 수 있는 양의 입자'에 관한 논문을 읽은 때는 발간된 지 세 달 후인 다음 해 1월이었다. 그때는 둘이 우주선 사진을 매일 수십 장씩 찍던 시기였다.[2] 매섭게 추운 케임브리지의 겨울 동안 블랙킷과 오키알리니는 아침마다 눈 진창과 얼음을 헤치고 캐번 디시의 정문까지 터벅터벅 걸어가야 했다. 연구소 안에는 새로운 우주선 사진들이 일으키는 전율이 휘감고 있었다. 아마도 또 한 번의 성공이 다가와 있는 듯했지만 문제가 하나 있었다. 누구도 그 영상이 무엇을 가리키는지 정확히 확신하지 못했던 것이다.

사진들에는 우주선의 '소나기'가 나타나 있었다. 단일한 위치에서 방출되어 왼쪽으로 휘어진 경로들과 오른쪽으로 휘어진 경로들이 함께 보였다. 여러 사진에서 명백히 드러났듯이, 블랙킷과 오키알리니는 질량이 거의 동일한, 양으로 대전된 입자들과 음으로 대전된 입자들이 안개상자를 뚫고 지나가는 모습을 관찰했다. 이 입자들은 전자들과 반전자들인 듯했다. 블랙킷은 디랙에게 데이터를 해석해달라고 부탁했는데, 그러자 디랙은 곧장 연구실에 와서 홀 이론을 이용해 자세하게 계산을 했다. 그들이 내린 결론에 의하면, 가장 타당한 설명은 유입되는 우주선이 원자핵을 분열시키고, 이런 분열의 근처에서 양전자와 음전자 쌍이 생성된다는 것이었다. 이때 아인슈타인의 방정식 $E = mc^2$에 따라 충돌 에너지는 입자들의 질량으로 변환되었다. 디랙의 계산 결과 덕분에 매우 조심스러워하던 블랙킷도 그 사진이 디랙 방정식의 예측대로 행동하는 반전자의 강력한 증거임을 확신했다.

블랙킷과 오키알리니가 실험 결과를 발표하려고 준비하고 있을 때 디랙은 베를린의 사태를 신문에서 읽고 있었다. 11월 선거에서 나치는 200만 표 이상을 잃었고 제국의회에서 나치 의원들이 탈락했지만, 1월 30일 히틀러와 그 지지자들의 집요한 속임수 활동의 결과 히틀러는 결국 총리로 선출되었다. 다음 날 밤 괴팅겐의 거리는 제복 차림의 나치 당원들의 횃불로 환하게 빛났다. 나치 당원들은 목청껏 애국적인 노래들을 불렀고 나치 문양의 깃발을 휘저었으며 반유대주의 농담들을 지껄였다. 히틀러는 집권에 관한 정책들을 온건하게 펼쳐갈 것이라는 세간의 순진한 희망을 걷어차고 신속하게 독재체제를 구축했다. 5월 6일 나치는 대학교에서 비非아리아인계 학자들을 축출한다고 선언했다. 나흘 후 괴팅겐과 베를린을 포함한 독일 전역에서 책을 태우는 행사가 열렸다. 히틀러가 권력에 오르기 전에 이미 아인슈타인은 독일을 떠났다. 곧 아인슈타인은 결코 독일에 돌아가지 않겠다고 다짐했다.

수백 명의 다른 유대인 과학자들도 필사적으로 탈출했다. 그중 수십 명을 프레데릭 린더만Frederick Lindermann이 구해주었다. 옥스퍼드 대학교의 러더퍼드 격인 이 사람은 까칠하고 빈정대는 속물로서 한때 기사가 모는 롤스로이스를 타고서 독일 대학교들을 유람했던 적이 있다. 어쨌거나 이 사람이 나치의 위협을 받던 학자들에게 자기 연구소의 안전한 피난처를 제공했다. 케임브리지 대학교는 공개적으로 잠재적 피난민들을 모집하지는 않았지만 교수직에 신청할 수 있도록 허용했다. 과학자들로부터 대학 당국은 매일 30건의 지원 신청을 받았다.[3] 신청자 중에는 막스 보른도 있었다. 그는 (어느 정도 디랙의 지원 덕분에) 세인트 존스 칼리지에 영예로운 단기 교수직을 얻었다. 11월에 그의 동료인 파스쿠알 요르단은 300만 명의 나치 돌격대원 중 한 명이 되어 자랑스레 갈색 제복과 장화와 나치 문양 완장을 착용했다.[4]

하이젠베르크는 나치당에 가입하지는 않았지만 독일에 남아서, 만약 보어의 벨기에 출신 제자인 레온 로젠펠트의 말이 사실이라면, 히틀러가 권력에 오른 것을 기뻐했다. 히틀러가 총리가 된 직후 보어는 로젠펠트에게 '공산주의자들'이 초래한 상황은 '지지할 수 없다'고 주장하며, 독일의 사태가 평화와 고요를 가져다줄지도 모른다고 말했다. 로젠펠트가 이유를 재촉해 묻자 보어는 이렇게 답했다. '방금 전 하이젠베르크를 만났는데, 얼마나 기뻐하는지 자네도 봤어야 하네. 이제 적어도 질서가 잡혔고, 불안이 종식되었으며, 독일을 지배하는 강력한 세력이 생겼으니 유럽의 안녕을 가져다 줄 것이네.'[5]

디랙은 개인적으로 히틀러의 총리 선출에 깜짝 놀랐지만, 겉으로는 신중한 태도를 취했기에 하이젠베르크를 포함한 몇몇 동료들 외에는 알아차리지 못했다. 디랙은 다시는 독일어로 말하지 않겠다고 맹세했다.[6] 디랙은 두 가지 외국어를 배웠지만 이제 그 어떤 외국어도 말하고 싶지 않았다.

***

세계정세만이 디랙의 마음을 딴 데로 돌리게 한 것은 아니었다. 그는 도덕철학에도 관심을 기울였는데, 아마도 엄청난 상대인 이사벨 화이트헤드와 나눈 대화 때문인 듯하다. '철학자들을 너무 얕잡아 보지마세요'라고 그녀는 디랙을 만난 자리에서 조언했다. '철학자들이 하는 말이 대체로 쓸데없을지 모르지만, 그래도 철학자들은 중요한 무언가를 탐구하고 있으니까요.'[7] 디랙이 공개적으로 업신여기는 유일한 학문을 비난하는 장광설을 받아주는 상대방이 바로 화이트헤드였다. 디랙이 진저리치게 싫어한 사람은 국제적으로 존경 받은 트리니트 칼리지의 철학자 루트비히 비트겐슈타인이었다. 케임브리지에서도 가장 총명한 학자들 중 한 명으로 많은 이들이 인정하던 철학자였다. 수십 년 후 디랙은 비트겐슈타인에 대해 이렇게 터놓았다. '끔찍한 친구였습니다. 한시도 말을 멈추지 않았죠.'[8]

철학자에 대한 디랙의 환멸은 적대감으로까지 심화되었다. 여러 철학자들이 양자역학을 놓고서 무식한 소리를 해댔기 때문이다. 한 책의 논평에서 이미 디랙은 하이젠베르크의 불확정성 원리 덕분에 멍청한 철학자들이 양자역학의 혁명적인 함의를 깨닫게 되었노라고 썼다.[9] 디랙을 포함한 이론물리학자들을 조금도 언짢게 만들지 않은 철학자들은 논리실증주의자들이었다. 이들은 어떠한 진술이든 관찰에 의해 검증될 수 있어야만 의미를 갖는다고 주장했다.[10] 1933년 1월 중순에 디랙이 손으로 쓴 메모의 세 번째 페이지에 이런 철학의 흔적이 엿보인다. 그 메모는 종교, 믿음 및 신앙에 관한 생각을 면밀히 살펴서 명확하게 밝히고 싶었던 한 젊은이의 소박하고 가식 없는 비망록이었다.[11] 그 즈음 디랙은 이사벨 화이트헤드에게 '닐스 보어한테 주로 철학적인 안내를 받고 있다'고 말했지만, 그 메모를 보면 주류 철학자들이 의외로 디랙에게 더 많은 영향을 끼쳤음을 알 수 있다.[12]

디랙은 믿음을 고찰하는 일부터 시작한다. 그에 의하면, 한 사람이 어떤 것을 믿는 것은 증거에 바탕을 둔 것이 아니라 단지 행복, 마음의 평온 내지 도덕적인 삶을 촉진하기 때문이다. 이를 뒷받침하기 위해 내놓은 유일한 예로서 그는 자살을 고찰한다. 대다수 사람들이 믿기에 자살은 '좋은 것이 아니지만, 자살을 반대할 아무런 논리적 이유는 없다'. 그는 여전히 친형의 죽음에 시달렸으며, 그에 대한 슬픔을 논리적으로 제대로 이해할 수 없었다.

인생의 덧없음을 궁리한 끝에 그는 한 가지 중요한 도덕적 결론에 다다랐다. '한 사람의 인생의 종결은 이타심을 지지할 논리적 이유를 제공해준다는 면에서 필요하다 (…) 삶에 끝이 있다는 사실로 인해 우리는 죽은 후에도 계속 남게 되는 어떤 것에 관심을 가지기 마련이다.'

그의 말에 의하면 이것은 정통 종교가 설교하는 이타심과는 상당히 다르다. 디랙이 보기에 종교에서 가르치는 이타심은 내세의 이익을 위해 현세에서의 이익을 희생하라는 가르침이다. 비록 그런 희생을 삐뚤어진 생각이라고 여기면서도, (평소와 달리 상당히 양보하여) 그는 많은 제국주의 선교사들의 다음과 같은 주장을 인정한다. '정통 종교는 진정한 이타심을 배울 수 있을 만큼 충분히 성숙하지 못한 원시 공동체에 매우 적절할 것이다.'

종교적 믿음은 거부했지만 디랙은 그걸 대체할 다른 **믿음, 즉 인생, 노력 및 인내를 가치있게 만들어줄 무언가가 필요하다**는 점은 인정했다. 그래서 아래와 같은 신조를 갖게 되었다. 훗날 우주론에 관한 디랙의 사고에도 영향을 미치게 된 신조다.

나로서는 이런 믿음이 있다. 즉, 인류는 영원히 계속 살아갈 것이며 무한히 발전해나가고 진보할 것이라는 믿음이다. 이것은 내 마음의 평온을 위해 꼭 필요한 가정이다. 삶은 이 무한한 발전의 사슬에 조금이나마 기여할 수 있어야지만 가치가 있다.

이 메모의 끝에서 디랙은 신에 대한 믿음으로 관심을 돌린다. 그에 의하면, 이 개념은 너무 모호하고 제대로 정의되어 있지 않아서 엄밀하게 논의하기 어렵다. 먼저 그는 1927년 솔베이 회의에서 이 주제에 관해 비판한 자신의 견해들을 다시 꺼내는데, 이번에도 결코 덜 혹독하지 않다. '이 믿음의 목적은 기분을 북돋우고 용기를 주어서 불운이나 재앙이 닥쳐도 미래에 대처할 수 있도록 해주는 것이다. 그렇게 되려면, 이 믿음의 소유자들은 재앙이 사람들의 궁극적인 선을 위해 필요하다고 여긴다.'

어쩌면 형의 죽음 이후 아버지가 어릴 적 믿었던 기독교를 다시 발견한 것을 디랙은 적어도 부분적으로는 염두에 둔 듯하다. 디랙 자신은 그런 위안의 대상이 없었기에 그 비극을 영적인 어떤 것에 전혀 기대지 않고서 대처해야 했다. 자애로운 신이 자연재해를 용납할 수 있다는 종교적 섭리의 관점(자연재해는 신의 계획의 일부로서, 인류의 안녕에 궁극적으로 기여한다는 입장)을 도저히 이해할 수 없던 디랙은 종교가 현대인의 생활에 들어설 자리가 없다고 일축하며 이렇게 결론 내린다. '신에 대한 믿음을 암시하는 추가적인 가정은 어떠한 것이든 현대과학의 관점에서 허용될 수 없으며 잘 조직화된 사회에서 결코 필요하지 않다.'

메모의 전반적인 내용으로 볼 때, 도덕과 종교에 관한 디랙의 생각은 다음 두 가지 중요한 질문과 결부되어 있다. 어떻게 그런 유형의 지식이 과학적 관찰과 일치하는가? 어떻게 그런 지식이 삶을 이끄는 데 유용하게 쓰일 수 있는가? 이는 존 스튜어트 밀의 접근법과 일맥상통한다. 밀이라면 디랙의 다음 주장에 찬사를 보냈을 것이다. 즉, 영원한 삶이라는 터무니없는 믿음 대신에 개인에게 보람을 주는 믿음이 때로는 필요하며, 누구든 영원성을 경험하고자 한다면 어떠한 식으로든 인류의 진보에 이바지해야 한다는 주장 말이다. 디랙의 일부 문구들(특히 '잘 조직화된 사회'에 대한 언급)은 밀의 프랑스인 동료이자 친구로 실증주의 철학의 창시자 오귀스트 콩트의 영향 때문이었을지 모른다.[13] 그보다 더 가능성이 높은 것을 꼽자면, 디랙은 종교는 '인민의 아편'이라는 마르크스주의자의 노선을 따랐던 셈이다.

***

2월 16일 목요일 수십 명의 과학자들이 늦은 오후에 차츰 어두워지는 햇빛 속에서 런던의 안개를 헤치며 걸어가고 있었다. 목적지는 피커딜리 거리 벌링턴 하우스의 이스트윙에 있는 왕립학회의 웅장한 저택이었다. 오늘날 영국왕립미술원Royal Academy of Arts 자리였다. 영국 과학의 본부인 그곳은 도시의 가장 멋진 상점들과 식당들이 지척에 있었고, 웨스트 엔드 극장들과도 걸어서 몇 분 거리였다.[14] 콕크로프트와 월턴을 비롯한 청중들은 아마도 다섯 번의 강연 중 첫 번째가 제목보다 더 흥미롭기를 바랐다. 제목은 '관통하는 복사선의 경로 사진의 몇 가지 결과들'이였다. 보통 이런 공식적인 발표의 경우, 청중에는 기자들(두말 할 것도 없이 크로우더가 알려서 데려온 기자들)이 떼로 섞여 있었는데, 대다수 기자들은 시간 낭비나 하는 게 아닐지 미심쩍어 했다. 만약 대단한 내용이 정말로 있는 자리라면, 왜 마감시간이 촉박해서 알렸단 말인가? 그리고 필시 신문기자들은 발표장 앞줄의 미남 발표자가 겉보기보다 훨씬 더 흥분해 있기를 바랐을 것이다. 네 시 삼십 분이 지나자 곧 블랙킷이 등장했다.

강연 내용은 충격적이었다.[15] 블랙킷은 자신의 실험 결과를 설명한 다음에 생생한 사진들을 보여주었다. 대전된 입자들의 소나기가 지구에 끊임없이 쏟아져 내리는 모습이었는데, 이 실험 전에는 한번도 영상으로 기록된 적이 없는 것들이었다. 블랙킷은 극적인 연출을 거의 하지 않았는데도, 우주선 소나기 사진들(우주공간에서 지구로 쏟아져 내리는 이제껏 몰랐던 입자들의 소나기가 담긴 사진들)을 보여주자 청중들은 놀라서 입이 떡 벌어졌다. 양의 입자와 음의 입자의 쌍이 무슨 의미인지 해석하는 데 주의를 기울이면서도 블랙킷은 그 입자들이 디랙의 홀 이론과 '굉장히 잘 들어맞는다'고 말했다. 청중들 앞에 명백한 증거가 나와 있었다. 입자들이 무에서 출현하기도 하고 그 반대 과정으로서 전자와 반전자들이 만나는 즉시 서로 소멸하기도 하는 현상을 보여주는 증거였다. 이를 두고서 블랙킷은 그 입자들의 '사망 충돌Death Compact'이라고 불렀다.

강연 후 박수 소리가 잦아들었을 때 블랙킷은 기자들과 인터뷰 시간을 갖기로 했다. 늘 완벽한 신사였던 그는 **양전자의 최초 발견자는 칼 앤더슨이며 사진을 이론적으로 가장 잘 해석한 사람은 디랙이었다고** 강조했다. 그렇다면 디랙은 어디에 있었을까? 그는 벌링턴 하우스의 다른 곳에서 세미나를 하고 있었다. 그러니 아무 말도 못 할 수 밖에.[16]

신문 보도에는 브리핑의 흥분이 고스란히 드러났다. 런던의 모든 신문 중에서도 특히 《데일리 헤럴드Daily Herald》가 이야기를 가장 대문짝만하게 소개했다. '젊은 과학자가 뒤흔든 과학'과 '이번 세기의 가장 위대한 원자 관련 발명'이라는 표제 다음에 실험 내용이 숨 쉴 틈 없이 이어졌다. 하지만 디랙의 이론은 언급하지 않았다. 익명의 저자는 이야기에서 오키알리니를 거론하지 않았는데, 《맨체스터 가디언》의 그날 아침 신문을 보면 크로우더도 익명의 저자와 마찬가지였다. 크로우더는 디랙의 이론을 이용하여 그 발견을 해석했고 아울러 '우주선'이라는 밀리컨의 화려한 용어를 사용했다. 《뉴욕 타임스》도 금요일 아침에 그 이야기를 다루었는데, 여기서 러더퍼드가 했던 조심스러운 말을 포함시켰다. '전자에 대응하는 가벼운 양의 입자가 존재한다는 강력한 증거가 있는 듯하다. 하지만 전체 현상은 매우 복잡하여 상당한 연구가 더 실시되어야 할 것이다.' 기자로서는 블랙킷의 발표에 참석하지 않은 러더퍼드의 말을 싣는 것이 현명한 행동이었다. 러더퍼드는 자기가 헛소리라고 믿은 디랙의 이론에 따라 블랙킷과 오키알리니가 실험 결과를 해석한 것이 못 미덥다고 명백하게 밝힌 터였다. 13년 전에 에딩턴이 일식을 관찰해 아인슈타인의 일반 상대성이론을 증명해낸 이후로, 왕립학회에서의 발표 내용이 이번처럼 세계적으로 언론의 조명을 받은 적은 없었다. 에딩턴은 언론을 잘 다룬 덕분에 아인슈타인을 세계적인 스타로 만들었지만, 이번 블랙킷의 발표가 디랙을 아인슈타인처럼 만들지는 못했다. 디랙도 유명인사가 될 마음이 전혀 없었다. 그런 생각만 해도 움찔하는 성향이 있었다. 게다가 러더퍼드가 조심스러운 발언을 한 덕분에 기자들도 디랙을 화려한 무대로 불러낼 생각이 거의 없었다.

언론이 블랙킷의 발표를 보도하고 나자 앤더슨도 신경이 곤두섰다. 대다수 물리학자들은 '쉽게 찾아낼 수 있는 양의 입자'에 관한 앤더슨의 논문을 읽거나 심지어 들어본 적이 없었다. 게다가 앤더슨은 자기가 찍은 사진을 전문 학술지를 통해 아직 발표하지도 않았다. 그리고 새 입자에 이름을 붙이지도 않았다. 여러 달 동안 그와 칼텍 동료 과학자들은 '양의 전자positive electron'라는 용어를 줄여서 '양전자positron'로 부르고 동시에 보통의 음으로 대전된 전자를 음전자negatron라고 부르면 어떠냐고 제안했다. 다른 이름들도 제시되었다. 천체물리학자인 런던의 허버트 딩글Herbert Dingle은 그리스 신화에 나오는 엘렉트라Electra한테 오레스테스Orestes라는 남동생이 있는 걸 떠올리고서, 양의 전자를 오레스톤oreston이라고 부르자고 제안했다. 자신의 발견에 관한 긴 논문을 서둘러 완성한 앤더슨은 마음에 쏙 드는 이름을 선택했다. 바로 양전자positron였다.[17]

양전자에 관한 논쟁이 여러 달 동안 치열하게 이어졌다. 보어는 그 입자가 실제로 존재하는 게 아니라 안개상자 안의 '공기 중의 기류' 때문일지 모른다고 여겼다. 하이젠베르크와 동료들이 보어와 함께 바이에른으로 스키 여행을 가서 앤더슨의 안개상자 사진 한 장을 보여주고 나서야 보어는 양전자가 존재한다고 믿기 시작했다. 캘리포니아에서 앤더슨은 마음이 오락가락하고 있었다. 밀리컨도 전자와 양전자가 쌍으로 생성된다는 걸 믿으려 하지 않았다. 우주선에 관한 자신의 이론과 일치하지 않는다고 여겼기 때문이다. 심지어 케임브리지에서도 그 문제는 여러 달 동안 논쟁거리였다. 러더퍼드는 추상적 이론이 새로운 입자를 예측할 수 있다는 발상이 못마땅했다. 정반대 방향으로 이루어진 자신의 물리학을 치켜세우며 그는 이렇게 말했다. '나로서는 실험을 통해 사실이 먼저 확립된 후에 이론이 나왔다면 나왔을 겁니다.'[18]

디랙의 홀 이론을 인정한 이론물리학자들은 거의 없었지만, 많은 이들은 양전자의 발견을 또 한 번의 개인적인 승리라고 해석했다. 어떤 이들은 다시금 디랙과는 어깨를 나란히 할 수 없다고 낙담했다.[19] 탐은 모스크바에서 디랙에게 보낸 편지에서 아낌없는 찬사를 보냈고, 아울러 디랙이 자신의 예측이 증명될 것이라는 희망을 포기하고 있었음을 넌지시 꼬집었다. '(양전자의) 존재를 네가 예측한 것은 (…) 너무나 굉장하고 완전히 새로운 것이었던지라 너는 붙잡을 엄두를 못 내고서 그 이론을 외면해버렸어.'[20] 디랙은 자신이 내놓은 논쟁적 이론이 실험물리학자들에 의해 증명되었다는 사실에 속으로는 기뻐하면서도 감정을 내보이진 않았다. 30년 후 올림푸스 신들을 능가하는 초연함으로 그는 이렇게 말했다. 가장 기뻤던 까닭은 양전자의 발견 때문이 아니라 나의 원래 방정식이 옳아서였기 때문이라고.[21] 디랙이 너무 들뜨지 않도록 파울리는 그에게 현실을 자각시킬 만반의 준비가 되어 있었다. '설령 반전자가 증명되더라도 나는 "홀" 개념을 믿진 않아.'[22]

1933년 말이 되어서야 양자물리학자들 대다수는 양전자가 존재함을, 그리고 발견 전에 디랙의 홀 이론에서 양전자가 중요한 역할을 했던 진공에서 전자-양전자 쌍이 생성될 수 있음을 인정했다. 거의 유일하게 우주선의 '미숙한 초기' 이론을 지지했던 밀리컨만이 쌍생성 개념을 반대했다.[23] 하지만 1934년 초가 되자 새 입자를 지지하는 증거는 더 이상 논쟁의 여지가 없었다. 매년 발견되는 양전자의 개수가 증가했는데, 주로 블랙킷과 오키알리니의 기법 덕분이었다. 전해에는 약 네 건이었지만, 그해가 되자 총 3만 건이 새로 발견되었다.[24] 더 중요한 점을 말하자면, 캐번디시를 포함한 여러 연구소의 실험물리학자들이 지구로 떨어지는 우주선의 소나기의 결과로서만이 아니라 실험실에 있는 방사능 물질을 이용하여 마음껏 양전자를 생성할 수 있음을 밝혀냈다.[25] 이번에도 디랙은 실험물리학자들의 결과가 자기 이론의 예측과 일치하는지 살펴보았다.

지나고 나서 보면, 물리학자들이 디랙의 홀 이론을 진지하게 여겼더라면 분명 양전자는 훨씬 일찍 발견되었을 것이다. 앤더슨이 나중에 한 말에 의하면, 디랙의 이론을 진지하게 여기고 장비가 좋은 실험실에서 연구한 실험물리학자라면 누구든 방사능 물질을 이용하여 '하룻 저녁에 양전자를 발견할 수 있었다'.[26] 블랙킷도 같은 생각이었다.[27] 나중에 스스로 깨달았듯이 이 모든 책임의 대부분은 분명 디랙에게 있었다. 왜냐하면 그는 실험물리학자들이 반전자를 찾아내야 한다고 강하게 권고하거나 어떻게 실험물리학자들이 쉽게 이용할 수 있는 장치를 이용해 반전자를 찾아낼 수 있는지 그 방법을 제안하지 않았기 때문이다. 30년 후 왜 반전자에 관한 예측을 드러내놓고 말하지 않았냐는 질문을 받자 디랙은 이렇게 답했다. '대단히 소심했던지라.'[28]

디랙이 양전자를 예측했고 1933년부터는 줄곧 공개적으로 양전자를 언급하긴 했지만, 일부 논자들은 '예측'은 너무 강한 단어라며 난색을 표했다.[29] 심지어 블랙킷도 1969년에 '디랙이 양전자를 콕 집어 예측하지는 않았다'고 썼다. 이 글을 디랙이 살아서 읽었다면 아마도 뜨끔했을 것이다.[30] 하지만 오늘날 과학자들이 이구동성으로 말하듯이, **양전자의 존재를 예견하는 데 디**

랙이 했던 역할은 과학사의 가장 위대한 업적에 속한다. 2002년, 디랙의 탄생 100주년 직후에 이론물리학자 커트 고트프리드Kurt Gottfried는 한술 더 떴다. '물리학은 실험으로 추후에 확인된 여러 믿기 어려운 예측들을 내놓았습니다. 하지만 디랙의 반전자 예측이야말로 데이터로부터 어떤 힌트도 얻지 않고 순전히 이론에 대한 믿음을 통해서 이루어진 것인데도, 자연의 심오하고 보편적인 속성을 드러내줍니다.'[31]

***

지난 7년 동안 이론물리학자들이 물리학의 발전을 대부분 이끌어왔지만, 이제 실험물리학자들이 운전석에 앉아 있다는 명백한 징후들(특히 캐번디시와 칼텍의 발견)이 나타났다. 양자 장이론에 환멸을 느끼고 아울러 2년 동안이나 위력적인 새 아이디어를 내놓지 못하자 디랙은 카피차의 연구소에 합류했다. 가능하지 않을 듯한 조합이 또 한번 이루어진 것이다. 내향적이고 이지적인 이론물리학자가 외향적이고 실용적 성향의 실험물리학자와 함께 손을 잡았으니 말이다. 하지만 둘은 놀이를 하는 형제 같았다.

둘은 몬드 연구소Mond Laboratory의 최첨단 장비를 가장 일찍 사용한 축에 속했다. 러더퍼드가 카피차를 위해 지어준 이 연구소는 캐번디시 연구소의 마당 부지에 있었으며 왕립학회의 자금지원을 받았다. 1933년 2월 초 있었던 이 연구소의 개소식은 성대한 행사였다. 챙이 좁은 중절모를 쓴 기자들 수십 명은 식이 진행될 때 공책에 열심히 기사를 끄적이고 있었고, 칙칙한 한겨울 오후의 대기 속에 색색의 플래시 불빛을 더했다. 디랙도 참석했다. 진홍 학사복 차림으로 디랙은 대학 총장이자 추밀원 의장인 스탠리 볼드윈이 주관하는 행사 진행을 지켜보고 있었다. 행사의 한 일환으로 카피차는 연구소 정문의 벽돌에 조각된 악어를 가리켰다. 모더니스트 조각가이자 활자 디자이너typographer인 에릭 그릴Eric Grill의 작품이었다. 연구소의 로비에는 그릴의 또 다른 작품이 있었는데 바로 러더퍼드의 돌을새김 조각이었다. 코를 과장한 이 조각 때문에 러더퍼드는 아인슈타인의 형제처럼 보였다. 케임브리지의 보수적 예술관을 지닌 몇몇 당국자들은 에릭 그릴의 발언, 즉 당국자들이 그 작품을 철거하려고 세 달 동안이나 기회를 노렸다는 말에 매우 분개해했다. 이들의 분노는 보어가 그 작품이 '가장 뛰어나고 동시에 사려 깊고 압도적이다'라고 선언하고 나서야 누그러졌다.[32] 그 소동이 벌어지는 내내 러더퍼드는 무관심한 태도로 일관했고, 자신은 '예술에는 문외한'이라고 선을 그었다.[33]

디랙과 카피차는 어떻게 전자와 빛이 서로 상호작용하는지를 살펴볼 위력적인 실험을 새로 고안해냈다. 디랙이 데이비슨의 맨해튼 연구실에서 직접 보았듯이, 한 결정에 전자 빔을 쏘자 전자들의 경로가 휘어졌는데, 이는 전자들이 파동으로 행동할 수 있음을 보여준다. 그러므로 전자와 빛은 둘 다 때로는 파동으로 때로는 입자로 행동한다는 점에서 닮았다. 디랙과 카피차는 결정 대신에 빛을 써보자는 아이디어를 떠올렸다. 둘의 아이디어는 빛을 두 거울 사이에서 오가도록 반사시켜서 자연수 개수의 반파장 빛만이 거울 사이에서 존재하게 만들자는 것이었다. 이는 한쪽 끝은 묶여 있고 다른 쪽 끝을 흔들어서 밧줄 위에 생기는 자연수 개수의 반파장 파동과 비슷하다. 결정이 원자들의 규칙적인 3차원 배열로 이루어져 있듯이 반사된 빛은 허용된 파동들의 규칙적인 패턴을 띠므로, 둘 다 전자 빔의 경로를 휘게 만들 수 있다. 그런 실험은 전자와 빛의 파동이자 입자인 속성을 고유하게 찾아낼 수 있다. 디랙의 계산에 의하면 그 실험은 전자의 빔이 휘는 것을 탐지해낼 수 있긴 하지만 굴절된 빛이 매우 밝아야만, 구체적으로는 가장 밝은 전등보다 더 밝아야만 가능했다. 따라서 당시 조명 기술의 한계로 인해 디랙과 카피차가 함께 실험하려는 첫 번째 계획은 좌절되었다. 하지만 얼마 지나지 않아 둘은 다시 연구실로 돌아왔다.

1933년 봄, 케임브리지 대학교의 소식을 진지하게 다루는 잡지인《케임브리지 리뷰Cambridge Review》에 실린 한 익명의 기사는 이렇게 지적했다. '요즘 젊은이들은 아주 예전에 그랬던 것보다 (정치에) 관심이 많다.'[34] 1920년대 후반의 향락적 분위기는 거의 사라졌고, 대신에 국가의 경제 침체와 전쟁 위협에 대한 경각심이 고조되었다. 히틀러, 무솔리니 및 스탈린의 집권으로 깜짝 놀란 영국인들은 정치적 무관심에서 차츰 벗어나고 있었다. 그래도 여전히 정치적 황무지 상태의 국가에서 윈스턴 처칠은 거듭 재무장의 필요성을 역설했지만, 무시되었다.

2월 후반 케임브리지 유니언에서 파시스트 오즈월드 모슬리 경Sir Oswald Moseley의 활기 넘치는 활약에도 불구하고, '이 집은 금욕주의보다 파시즘을 더 좋아한다'는 운동은 철저히 패배했다. 이는 케임브리지 학생들이 히틀러보다는 스탈린을 더 좋아한다는 신호였다.[35] 교수들도 좌익으로 향하고 있었는데, 그들 다수는 사회적 사안들에 정치인들이 비과학적인 접근법을 취하는데 불만이 많았고 실업에 대처하는 냉혹한 방식을 역겨워했다. 몇몇 정치 지도자들이 학계에 등장했는데, 이를 부추긴 짐 크로우더는 정치 과잉 현상을 우려한 많은 과학자들의 심기를 거스르지 않으면서도 마르크스주의 견해를 영리하게 전파했다. 사회주의 지도자로 등장한 이들은 전부 일에 중독된 남성이었고, 크게 성공한 학계 경력을 정치에 대한 열정적인 헌신 그리고 때에 따라서는 효과적인 대중선동과 잘 버무려냈다. 그들 중에서 가장 조용한 편인 블랙킷은 공산주의자가 아니라 노동당의 굳건한 지지자였다. 그는 '자유주의와 자유무역의 전체 구조가 전세계적으로 무너지고 있는' 모습에 충격을 받았고, '엄청난 풍요의 한가운데서도 수많은 사람들이 굶어 죽어가는 역설적 상황에' 충격을 받았다. 블랙킷이 보기에 과학자와 공학자들이 '그런 상황을 초래한 기술 혁명을 낳았고' 따라서 '반드시 당대의 위대한 정치적 투쟁에 직접적으로 관심을 가져야 했다.'[36]

가장 영향력이 큰 인물은 버널이었다. 한 동료가 나중에 묘사했듯이 그는 '과학계 및 30년대 사회 운동의 사도 바울'이었다.[37] 훗날 버널은 자신이 소련의 실험에 어떻게 감동을 받게 되었는지 이렇게 회상했다.

> 시련의 날들 동안 소련의 목적의식과 성취는 명확했다. 암울했지만 위대했다. 영국은 고난이 덜 했다. 그들의 고난은 더 나은 미래를 펼쳐나간다는 확신 속에서 의도적으로 진행되었다. 그들의 고난은 합리적인 희망에 의해 보상을 받았다.[38]

디랙도 카피차 및 블랙킷과 정치를 이야기하긴 했다. 하지만 사회주의자 및 공산주의 과학자들과 함께 여행하는 정도였지 선봉에 서진 않았다. 정치적 활동가들은 과학계 바깥의 사람들에게 새로운 지식을 나누는 데 무관심했던 디랙을 점점 더 견뎌내기 어려웠다. 《케임브리지 리뷰》에 실린 짧은 논고 〈양자역학과 볼셰비즘〉에서 익명의 저자는 '디랙이 하는 연구의 완벽히 비정치적 속성, 당대의 문제와 질문들에서 벗어난 초연한 어조'에 소련이 불만을 표한다고 알렸다.[39] 여름에 버널은 자신의 지적인 '범죄자' 목록에 디랙을 포함시켰다. 제임스 조이스, 피카소 및 T. S. 엘리엇이 함께 포함된 이들은 '개인적인 꿈의 세계에 집착하고' 자신들의 활동이 대중에게 미치는 영향에는 무관심했다.[40] 디랙은 고발당한 대로 유죄임을 인정했을 것이다. 그는 연구를 대중에게 알리는 일이 아니라 기본 입자에 관한 더 나은 이론을 찾는 것이 자신의 일이라고 여겼으니 말이다. 1933년 9월 과학 발전을 위한 영국 협회의 연례 회의에 참석하진 않았지만, 그는 회의의 결론에는 동의했다. 과학자들은 공개토론에 이바지해야 하며, 국가를 정상화시키는 데 과학과 기술이 중요한 역할을 한다는 것을 알려야 할 의무가 있다는 것이 회의의 결론이었다.[41] 과학계는 디랙을 포함한 외골수 성향의 과학자들이 목소리를 내달라고 몰아 붙이고 있었다.

***

디랙은 굳이 양전자를 발견한 업적을 부모에게 알리지 않은 듯했다. 그해에 부모에게 생긴 기쁜 일은 봄에 파리를 방문한 것이었다. 파리는 베티가 학위를 얻으려고 공부하고 있던 곳이었다. 베티는 어머니가 아니라 아버지에게 정기적으로 편지를 보냈다. 아버지는 딸이 제네바로 갈지 모른다는 말을 듣고 너무나 설레서 만사를 제쳐 놓고 딸과 함께 가기로 했던 것이다. 베티의 편지가 도착한 다음 날 오전 5시가 막 지나서, 부부는 트램을 타고 기차역으로 향했는데, 아내는 짐이 잔뜩 든 남편의 옷가방을 들고 배웅을 나섰을 뿐이었다.[42] 그녀가 집에 돌아와 보니 디랙한테서 편지가 와 있었다. 케임브리지에 와서 같이 하루를 보내자는 내용이었는데, 나중에 막상 디랙은 어머니한테 지중해를 여행하는 열흘짜리 유람선 여행의 비용을 대주었다. 선실에서 그녀는 마치 무단결석생처럼 아들에게 이런 편지를 보냈다. '다시 집에 돌아갔을 때 네 아버지가 아무것도 모르면 재미있지 않겠니?'[43] 그런데 도리어 남편과 딸은 9월 중순이 되어서야 줄리어스 로드 6번지로 돌아왔다. 미리 전보를 보내긴 했지만, 떠난 지 두 달 만에 보낸 소식이었다. 이처럼 어머니가 내팽개친 것에 디랙은 분개했다. 적어도 8년 동안에는 집에 엽서를 보낼 때 수신인을 부모님 둘 다의 이름으로 했지만, 그때부터는 오직 어머니 앞으로만 편지를 보냈다.[44]

디랙은 케임브리지에서 여름을 보내면서, 광자와 전자에 관한 자신의 장 이론의 골칫거리인 무한대를 이해하려고 고심했고 아울러 지난해에 했던 연구를 다시 심사숙고했다. 그는 자신의 이론이 하이젠베르크와 파울리의 이론과 등가임을 증명해냈으며, 양자역학에서 작용 원리를 발견해냈고, 양전자 예측이 입증되는 것을 보았고, 카피차와도 전도유망한 실험 프로젝트도 시작했다. 이는 현대의 기준으로 보면 정말로 굉장한 몇 년 간의 연구 업적이 아닐 수 없었다. 하지만 디랙은 만족스럽지 않았다. 탐에게 보낸 편지에서 디랙은 자신이 슬럼프에 빠지고 있다고 불평했다. '나도 너처럼 지난해의 연구 성과가 영 불만인데, 그렇다고 너랑 달리 그럴만한 마땅한 이유도 없어.'[45] 그에게는 휴식이 필요했다.

노르웨이에서 하이킹과 등산을 한 후 디랙은 보어의 연구소에서 열린 회의에 참석했고, 이어서 핵물리학에 관한 첫 소련 회의에 참석하러 레닌그라드로 갈 예정이었다. 거기서 분명 디랙은 스타로 대접받게 된다. 하지만 나중에 드러나게 되듯이 디랙은 그런 박수갈채를 즐길 기분이 아니게 된다.

***

1933년에 있었던 보어의 연례 회의의 분위기는 긴장되고 불편했다. 유대인인 동료 과학자들이 독일에서 핍박으로 쫓겨나고 있던 탓에, 양전자에 관한 활기찬 토론을 하기도, 신나는 탁구 경기를 즐기기도 어려운 분위기였다. 하지만 이제 대다수 물리학자들이 양전자의 존재를 확신하고 있었던지라, 디랙은 홀 이론을 굳건히 밀고 나간 것이 스스로도 정말 보람찼다. 파울리는 참석하고 싶지가 않아서 회의를 건너뛰고 프랑스 남부로 휴가를 떠났다.[46]

보어는 늘 하던 일주일 동안의 프로그램을 구성했는데, 이는 연구소에서의 토론과 자택에서의 모임으로 이루어졌다. 그의 자택은 코펜하겐 남서쪽에 있던 19세기 중반의 대저택으로서, 지역 칼스버그 양조장의 구역 내에 있었다.[47] 눈부시게 아름다운 드넓은 정원 속에 지어진 그 저택은 정부가 하사한 선물이었다. 덴마크 정부는 그 저택이 비게 되면 언제든 당대의 가장 훌륭하고 존경받는 덴마크인이 살도록 저택을 내주었다.

회의에 참석한 물리학자들은 들뜬 분위기였지만 에렌페스트만은 풀이 죽어 있었다. 펑퍼짐한 얼굴에다 체중도 잔뜩 불은 그는 물리학에 관심을 잃어가고 있었다. 자신이 내놓은 일련의 연구 보고서는 세부사항들을 끌어모은 한심한 기록물이었다. 자신의 연구가 무가치함을 뼈저리게 느낀 그는 학계에서 덜 두드러진 새로운 자리, 차분히 자신에게 집중할 수 있는 길을 찾고 있었다.[48] 그렇다고 완전히 포기한 것은 아니었다. 토론 중에 그는 여전히 남의 눈을 신경 쓰지 않는 예리한 질문을 통해서 발표자가 더욱 명확한 내용을 내놓도록, 부적절한 내용으로 빠지지 않고 새 개념의 중요한 점에만 집중할 수 있도록 도움을 주었다. 특히 이 회의에서 디랙과 가까이 어울렸는데, 둘은 오랜 시간 함께 이야기를 나누었는데, 둘 다 흡연자들의 담배연기에서 벗어나 함께 숨을 고를 수 있어서 좋았다.[49]

　　보어의 집에서 마무리 발언을 마친 후 물리학자들은 현관에 짐을 모아 놓고 작별인사를 나누었다.[50] 흔히 있는 시원섭섭한 이별의 자리였지만 한 명만은 유독 마음이 착잡했다. 대기 중이던 택시를 타기 직전의 에렌페스트가 허둥거리고 우울해 보였다. 디랙이 이번 회의에서 수고가 많으셨다며 고마워했는데도, 그는 말이 없었고 대답을 피하려는 듯 급히 보어에게 몸을 돌려 작별인사를 했다. 다시 디랙 쪽으로 몸을 돌렸을 때 그는 고개를 숙이고 흐느끼면서 이렇게 말했다. '자네가 한 말, 자네처럼 젊은이가 한 말은 내게 의미가 각별하네. 왜냐하면 어쩌면 나 같은 사람은 살아나갈 힘이 없거든.' 에렌페스트를 집에 혼자 돌아가게 보내선 안 되겠다고 디랙은 생각했다가 마음을 바꾸었다. 사람은 말하는 그대로가 진심이라고 여기는 평소의 가정을 버리고 디랙은 이렇게 결론 내렸다. 에렌페스트가 말한 '어쩌면'이 내심으로는 '때로는'이라는 뜻이라고, 즉 **때로는** 살 가치가 없다고 그가 느낀다고 디랙은 여겼다. 적절한 말을 찾으려고 애쓰면서 디랙은 거듭 자기가 한 칭찬은 진심이라고 밝혔다. 여전히 훌쩍이면서 에렌페스트는 디랙의 팔을 붙잡고서 무슨 말인가를 하려고 했다. 하지만 아무 말도 입에서 나오지 않았다. 에렌 페스트가 택시를 탔다. 택시는 저택 앞에 있는 잔디 깔린 작은 로터리를 재빠르게 돌아나갔다. 이내 정원을 지나 칼스버그 건물의 아치 아래를 통과하더니 기차역으로 나아갔다.

며칠 후 디랙은 배로 헬싱키로 향하고 있었다. 갑판에서 게임도 하고 일광욕도 하면서 헬싱키를 거쳐 소련에 가는 길이었다. 히틀러의 집권 이후로 외국에서 오는 과학자들에 대한 소련의 태도가 달라졌다. 스탈린은 자국의 과학자들이 외국인 동료들과 어울리길 더 이상 권하지 않았다. 그런 연락은 범죄로 취급 되었는데, 다만 디랙을 포함해 소련에 우호적인 소수의 과학자들은 예외였다. 디랙은 이런 분위기를 가볍게 여겼다. 그래서 한 달 전에 보어에게 쓴 연락 편지에서 '러시아 과학자들에게 따뜻한 환대'를 받을 테니 걱정 마시라고, 아울러 소련 경제가 침체되지 않았다고도 언급했다. '그곳의 경제 상황은 다른 모든 곳과 완전히 다릅니다.'[51] 귀가 얇은 다른 손님들처럼 디랙은 5개년 계획 및 집단 농장 프로젝트가 시작된 이후로 소련의 굶주림과 경제적 고난이 어느 정도인지 거의 몰랐다. 사람들은 혹시나 배급 행렬을 만날까 싶어서 주머니 속에 망태기를 넣고서 이리저리 돌아다녔다.[52] 1933년에 궁핍은 절정에 달했다. 소련인의 식사에는 소량의 우유와 과일 그리고 30년 전에 먹던 양의 1/5 정도의 고기와 물고기가 들어 있었다. 잘 먹는 거의 유일한 사람들은 국가의 관리들 그리고 디랙과 같은 방문 귀빈들이었다. 디랙은 집단 프로젝트의 대가가 얼마나 큰지 까맣게 모르고 있었다. 지난 4년 동안 약 1,450만 명이 죽었는데, 1차 세계대전의 사망자 수보다 더 많았다.[53] 힘든 시기이며 심지어 기본적인 의복마저 상점에 없다는 것을 디랙도 알았다. 탐이 다가올 혹독한 겨울에 대비해 두꺼운 외투를 살 형편이 안 된다고 하자, 디랙은 자기 코트를 벗어서 주는 바람에 영국에 돌아왔을 때 겨울 내내 코트 없이 지냈다.[54]

소련에서 열린 회의는 디랙의 경력에서 빛나는 한 순간이 되어가고 있었다. 암스테르담에서 깜짝 놀랄 소식이 들려오기 전까지는 말이다. 9월의 마지막 월요일 그 도시의 본델파크Vondelpark의 점심 무렵은 초가을 평일의 여느 때와 다름이 없었다. 아이들이 엄마한테서 오리에게 모이 주는 법을 배우고 있었고, 자전거 탄 사람들이 행인들 곁을 휙휙 지나갔고, 몇몇은 화사한 오후의 햇살 아래서 소풍을 즐기고 있었다. 하지만 이 평온은 갑작스런 총성과 함께 깨졌다. 몇몇 구경꾼들이 끔찍한 폭력의 장면 주위로 몰려들었다. 다운증후군에 걸린 소년이 치명상을 입었지만 여전히 숨을 헐떡이고 있었고, 그 옆에는 50대 남자가 머리의 일부가 날아가고 없는 채로 죽어 있었다. 그 남자는 파울 에렌페스트였다. 방금 전에 그는 아들 와시크를 쏘긴 했지만 숨을 끊어놓을 정도로 의지가 굳진 않았다. 아이는 두 시간 후에 죽었다.[55]

새로운 양자 개념들을 둘러싸고 벌어진 숱한 혼란스러운 세미나에서 에렌페스트는 진흙에서 다이아몬드를 골라내는 데 어느 누구보다도 큰 역할을 했다. 그랬던 사람이 이제는 자신이 다른 이들과 함께 일으켰던 파도에 휩쓸려 익사하고 말았다. 디랙은 자기 생각과 감정을 정리해야겠다 싶어서 보어에게 네 쪽 짜리 편지를 썼다. 에렌페스트와 함께 했던 마지막 순간들이 담긴 편지였다.[56] 지금까지 남아 있는 디랙의 편지들 중에서 이 편지는 가장 길고 가장 직접적으로 감정이 표현되어 있다. 소설가의 필력으로 그는 에렌페스트와 마지막으로 만났을 때를 세세하게 회상했는데, 대다수 동료들의 예상과 달리 정서적인 뉘앙스에 매우 민감한 글이었다. 그는 보어 부인에게 애도를 표하면서, 자신이 에렌페스트의 마지막 말을 더 문자 그대로 이해했어야 한다고 (어느 누구도 디랙이 그럴 수 있으리라고 여기지 않았지만) 아울러 그녀의 남편에게 에렌페스트를 코펜하겐에 계속 머물게 하라고 자신이 조언했어야 한다고 말했다. 디랙은 마지막으로 '이번 일에 자신을 책망하지 않을 수 없다'고 탄식했다. 보어 여사는 답장에서 위로의 말을 전하며 디랙에게 이렇게 감사를 표했다. '에렌페스트의 마지막 날들을 그의 울적한 기분이 허락하는 한 행복하게 만들어주어서 고마워요.' 그리고 이렇게 덧붙였다. '그분은 당신을 무척 좋아했어요.'[57]

에렌페스트는 코펜하겐 회의 한 달 전에 자살 노트를 적었다. 보어와 아인슈타인 그리고 몇몇 다른 친한 동료들에게 쓴 것인데, 하지만 디랙은 들어 있지 않았다. 자기 삶이 '참을 수 없게' 되었다고 밝힌 다음 마지막으로 그는 이렇게 썼다.

> 몇 해 전부터 (물리학의) 발전을 이해하면서 따라가기가 나로서는 훨씬 더 어려워졌네. 애를 써보아도 더 맥빠지고 지칠 뿐이어서 마침내 나는 **절망** 속에서 포기하고 말았지 (…) 그래서 나는 완전히 '활기를 잃고' 말았고 (…) '어쩔 수 없이 계속 살아야 하는' 이유는 주로 아이들을 경제적으로 보살펴야 하기 때문인데 (…) 그래서 나는 자살의 세부 계획에 더더욱 신경을 쓰게 되었네 (…) 와시크를 먼저 죽인 다음에 내가 자살하는 것 말고는 다른 '현실적인' 가능성이 없네. 용서를 해주게.[58]

에렌페스트는 이 끔찍한 쪽지를 보내지 않았다. 안타깝게도 그는 몇 주 후에 열린 솔베이 회의에서 자신의 존재 가치를 인정받을 때까지 살지 못했다. 그 회의는 물질을 가장 근본적인 수준에서 연구한 약 10년 간의 성과가 집대성된 자리였다. 원래는 양자역학을 화학에 적용하기가 회의 주제로 예정되었지만, 주최자들은 1932년 7월에 (그해에 캐번디시에서 이루어진 발견이 계기가 되어) 주제를 원자핵으로 바꾸기로 결정했다. 처음에는 러더퍼드가 그 회의에서 혼자 우쭐대는 사람이 될 거라고들 예상했지만, 1933년이 되자 핵물리학은 새로운 발견, 새로운 개념, 새로운 기법으로 활활 불타올랐다. 결코 세간의 관심을 피하는 사람이 아니었던 러더퍼드는 아마도 관심의 대상이 다른 이들한테로 옮겨간 것을 알고 소외감을 느꼈을지 모른다. 가령 미국에서 가장 활기찬 젊은 실험물리학자 어니스트 로렌스와 그가 발명한 고에너지 입자 가속기에 이목이 쏠렸다. 그 가속기는 아주 작아서 책상 위에 올려놓을 수 있을 정도였다. 또한 엔리코 페르미에게도 눈길이 쏠렸다. 느린 중성자를 이용하여 어떤 원자핵이 방사능 붕괴를 인위적으로 일으키게 만들 수 있다는 사실을 페르미가 발견했기 때문이다. 아울러 하이젠베르크도 주목을 받았다. 원자핵을 양성자와 중성자의 조합으로서 파악하는 새로운 구도를 내놓았기 때문이다.

디랙의 직관은 이 아원자 영역에 확고한 발판을 내리지 않았다. 그는 원자핵에 관한 하이젠베르크의 관점(곧 교과서에 실리게 될 내용)에 동의하지 않았고, 마찬가지로 파울리의 중성미자의 존재도 믿지 않았다. 디랙은 양자역학의 의미를 알아내려고 애쓸 때가 가장 마음이 편했다. 이 회의에서도 그렇게 하긴 했지만, 다만 그건 파울리의 요청으로 주최 측에서 디랙에게 한 말씀을 해달라고 했을 때의 일이었다.[59]

그것은 또 한번의 디랙의 기념비적인 강연이었다. 먼저 그는 양전자의 발견으로 인해 음의 에너지 전자들로 이루어진 바다의 존재가 새롭게 주목받게 되었다고 지적했다. 이어서, 이런 배경 입자들의 존재가 인정된 이상 물리학자들은 진공 그리고 전하의 개념을 다시 생각할 수밖에 없게 되었노라고 주장했다. 오펜하이머 및 그의 제자들 중 한 명이 독립적으로 제안했듯이, 진공은 완전히 비어 있지 않고 활동으로 가득 차 있다. 엄청나게 많은 입자-반입자 쌍이 무에서 생성되었다가 10억 분의 몇 초 후에 서로 소멸하는 활동이 끊임없이 일어나고 있는 것이다. 이런 생성과 소멸 과정은 너무 순식간에 일어나기에 직접 탐지해낼 가망은 없지만, 이런 과정이 존재함으로써 필연적으로 원자핵 내 전자들의 에너지에 측정 가능한 변화가 생기기 마련이다. 마찬가지로 디랙에 의하면 보통의 양의 에너지 전자의 변화는 음의 에너지 전자 바다의 존재에 의해 영향을 받기 마련이다. 즉, 보통의 전자의 전하는 그런 배경 전자들이 존재하지 않는다고 할 때 갖는 값보다 조금 작을 수밖에 없다는 것이다.

그렇다고 해도 그 이론은 여전히 무한대 문제를 안고 있다. 디랙은 검증 가능한 예측을 하기 위한 특별한 수학적 기법을 사용하여 이에 대처할 방법을 제시했다. 청중이 보기에, 과하다 싶을 정도로 너무나 교묘한 방법이었다. 파울리는 그 이론이 영 마뜩잖았고 ('너무 인위적인'), 하이젠베르크가 보기엔 '교묘한 쓰레기'였다.[60]

아마 디랙도 내심으로는 파울리와 하이젠베르크와 같은 생각이었을 것이다. 왜냐하면 다른 이들과 마찬가지로 스스로 보기에도 자신의 기법은 결과에 굶주린 공학자라면 흔쾌히 사용하겠지만 자존심 높은 수학자라면 혀를 내두를 절차들을 담고 있었기 때문이다. 가치 있는 근본적인 이론이라면 수학적으로 완벽하게 타당해야 한다고 굳게 믿었기에 그는 양자 장이론에 심각한 회의를 느끼고 있었다. 어쨌든 이 솔베이 강연은 그가 원자의 내부 작동을 알아내기 위해 마지막으로 그 이론을 사용한 것이었고 이후로는 과학에 다른 근본적인 기여를 하게 된다. 어쨌거나 이번 회의에서의 발표는 지난 8년 동안 이어진 디랙의 창조적인 황금시대의 끝을 알리는 일이었다.

***

케임브리지 가을 학기의 중간쯤인 11월 9일 목요일 디랙은 최정상급 물리학자라면 내심 기다리고 있을 전화를 받았다. 스톡홀름에서 걸려온 전화는 디랙이 슈뢰딩거와 함께 1933년 노벨물리학상을 받게 된다고 알렸다. '원자 이론의 새롭고 생산적인 형태를 발견한' 공로로 받는 상이었다. 연기해서 시상된 1932년 노벨물리학상은 하이젠베르크에게 돌아갔다. 디랙은 자기가 수상하게 된 것에는 놀랐지만, 다른 두 명의 수상에는 놀라지 않았다. 특히 하이젠베르크가 수상한 것은 당연한 일이었다. 디랙이 보기에 하이젠베르크야말로 양자역학의 으뜸가는 발견자이기 때문이었다.[61] 언론의 주목이 신경 쓰여서 디랙은 상을 거부할까 고민했지만 곧 러더퍼드의 조언을 받아들였다. '거절하면 자네는 더 유명해질 거라네.'[62] 디랙 가족은 수상자 공식 발표 당일 밤 열 시 직후에 그 소식을 처음 알았다. 아버지의 친구인 피셔 부인이 우편함에 슬쩍 밀어 넣은 쪽지 덕분이었다.

노벨물리학상은 1901년부터 시작되었는데, 그해에 독일 실험물리학자 빌헬름 뢴트겐이 X선 발견의 공로로 수상했다. 노벨물리학상(그리고 화학상, 문학상 및 생리학상)은 스웨덴 발명가 알프레드 노벨의 아이디어였는데, 그의 유산이 노벨상의 자금을 영원히 대주었다. 첫해 이후로 노벨상의 위상은 차츰 높아져서 1933년이 되자 수상자의 연례 발표 소식은 전 세계의 모든 신문에 실렸다. 일부 보도에서 언급했듯이 디랙은 특별한 수상자였다. 서른한 살로서 노벨물리학상을 수상한 최연소 이론물리학자였기 때문이다.[63]

영국 신문들 대다수가 발표 다음 날 디랙의 수상 소식을 전했다.[64] 《데일리 메일》은 '떨어진 나치에 히틀러가 바치는 충성'이라는 제목의 긴 기사 옆에 '조용한 유명인사'의 수상 소식을 짧게 보도했다. 《타임스》의 독자들도 독일에 관한 보도(히틀러의 부관인 루돌프 헤스Rudolf Hess는 선거가 '위엄 있는 방식으로 실시되도록' 만들 규정들을 발표했다는 소식)와 함께 디랙의 수상 소식을 읽었다. 급하게 준비된 기사들은 양전자의 발견이나 디랙의 성격에 관한 내용은 전혀 없었다. 그달 후반에 가서야 『선데이 디스패치Sunday Dispatch』가 영국의 그해 노벨상 수상자를 과열되었지만 통찰력 있는 논조로 다루었다. 익명의 저자는 이렇게 적었다. '알려진 것보다 더욱 (디랙은) 여성을 두려워한다. 여성한테는 아무 관심이 없으며, 설령 소개를 받았더라도 예쁜지 안

예쁜지도 기억해내지 못한다.' 디랙은 '영양처럼 수줍고 빅토리아 시대의 하녀처럼 얌전한' 인물로 소개되었다.[65]

디랙의 우편함에 도달한 첫 축하 글은 보어가 보낸 전보였다. 디랙은 절절한 마음을 담아 답장을 보냈다.

> 내가 떠올린 가장 심오한 개념들은 어느 누구보다도 보어 박사님과 나눈 대화에서 지대한 영향을 받았던 것 같습니다. 그런 영향이 내 저작에 명확하게 드러나지는 않았지만, 내 연구의 방향 잡기는 전부 그 영향에 의한 것입니다.[66]

캐번디시에서 노벨물리학상 수상 발표에 다들 환호했지만, 막스 보른은 자기 대신에 디랙이 뽑혔다고 씁쓸해했다.[67] 케임브리지의 다른 이들은 여러 해 동안 그 도시에서 벌어지던 가장 극적인 사건에 정신이 팔려 있었다. 디랙이 스톡홀름에서 소식을 들은 지 사흘 후인 종전 기념일에 그 대학교의 사회주의자 협회Socialist Society의 주관으로 수백 명의 학생들이 케임브리지 중심부를 지나가는 행진을 벌였다. '충돌을 유발하고 소요를 일으키며 (⋯) 정치를 대학 내의 논의 주제에 올리며, 사람들을 선동하고 놀라게 하고 충격을 주어 정치에 관심을 갖도록' 만들기 위해서였다.[68] 통상적인 종전 기념일 행진에서는 수백 명의 학부생들이 도시 중심부를 지나면서 핏빛 붉은 종이 양귀비를 행인들에게 팔았는데, 1차 세계대전의 생존자들을 지원할 기금을 모으고 전쟁에서 산화한 군인들의 넋을 기리기 위해서였다. 이번 행진에서는 그런 비장한 측면이 소란스러운 분위기로 인해 종종 사라졌는데, 이런 분위기는 곧 행사를 파괴적인 방향으로 이끌고 만다. 그 우중충한 일요일 오후에 케임브리지의 도보에는 군중들이 줄지어 서 있었는데, 군중들은 행진자들이 지날 때 야유를 퍼부었다. 행진자들 일부는 사회주의자 협회의 플래카드를 들고 있었고 일부는 화관을 몸에 달고 있었다. 화관에는 이런 문구가 적혀 있었다. '1차 세계대전의 희생자들에게, 비슷한 제국주의 범죄들을 막고자 결연히 일어선 사람들로부터.' 두 번째 문구를 놓고서, 경찰 호위대는 폭력 사태를 유발할지 모른다며 빼야 한다고 주장했다. 아무튼 행진자들이 피터하우스 칼리지Peterhouse College 정문에 이르렀을 때 상황은 걷잡을 수 없게 되었다. 구경꾼들이 밀가루와 흰 깃털을 학생들에게 던졌고 썩은 계란, 토마토 및 생선을 퍼부었다. 행진자들은 자신들을 공격하는 이들을 밀어내는 도구로 자동차를 이용하여 반격을 가했다.

대학 당국은 충격에 휩싸였다. 공개적으로 알리지 않고서 학생들과 교수들은 대학교의 벽난로 주위에 모여 앉아 토론을 벌였다. 행진자들이 기념일을 훼손했는지 아니면 감상적인 축제로 변질된 행사의 진지함을 회복시켰는지를 두고 갑론을박했다. 그 행사는 케임브리지에서 폭력적인 학생 사회주의 운동의 시작을 알렸다.

세인트 존스 칼리지의 연구실에서 루커스 교수는 아마도 그 사건을 주의 깊게 바라보고서 자신의 느낌을 어떻게 표현할 수 있을지 심사숙고했을 것이다.

18장
1933년 12월

아이에게 너무 애정이 심한 어머니보다 더 나쁜 결과를 초래하는 불운은 거의 없다.

– 서머싯 몸, 『작가 노트 *A Writer's Notebook*』(1896년)

흔히들 하는 말로, 디랙은 아버지를 너무 미워해서 노벨상 수상식에 아버지를 초대하지 않았다고 알려져 있다.[1] 충분히 일리가 있는 듯하지만, 아마도 사실은 그렇지 않은 듯하다. 노벨 재단은 각 수상자에게 한 명의 손님만 데리고 오도록 초대를 하지만, 수상자가 손님의 여행 및 숙박 경비를 댄다면 여러 명을 데려가도 괜찮긴 하다.[2] 하이젠베르크는 어머니를 데려갔고, 슈뢰딩거는 임신한 정부(조수의 아내)를 남겨 놓고 자기 아내를 데려갔다. 따라서 디랙이 어머니만 데려간 것도 이상하지 않다. 어머니는 출발 며칠 전까지도 수상식 참가 계획을 알리지 않고서 일정량의 복용약만 남편에게 전해 주고는 떠났다. 뜻깊은 시간을 한껏 혼자 즐길 생각이었다. 스스로도 잘 알고 있었듯이, 이레만 지나면 다시 줄리어스 로드 6번지의 부엌 신데렐라 신세로

돌아갈 처지였으니까.[3]

1933년 12월 8일 금요일 초저녁 디랙과 어머니는 스웨덴의 말뫼Malmö 항에 있었다. 다음날 아침식사 때까지 스톡홀름으로 데려다줄 야간 기차를 기다리고 있었다. 몇몇 기자들이 한참 동안이나 말뫼 전역을 뒤져서 마침내 역 카페에 있는 둘을 찾아냈다. 기자회견을 하기에는 어울리지 않은 장소이긴 했지만 말이다. 집요하게 찾은 덕분에 기자들은 특이한 두 사람, '아주 수줍고 소심한 아이'와 '활기차고 수다스러운 숙녀'의 소식거리가 될 만한 인터뷰를 할 수 있었다.[4]

'노벨상 수상자란 말을 듣고 놀라셨나요?' 한 기자가 물었다. '아, 아뇨, 그다지.' 디랙의 어머니가 끼어들었다. 이어서 덧붙이길 '디랙이 연구에 몰두하는 것만큼이나 열심히 저는 얘가 노벨상을 받기를 기다리고 있었어요.' 그녀는 스웨덴에 대한 호기심이 아주 컸던지라, 기자는 자기 질문을 하기보다는 그녀의 질문에 연신 답을 하고 있었다. 그녀는 언론의 주목을 한껏 즐기고 있었다. 디랙도 이번에는 과묵하지 않고 평소와 달리 적극적으로 인터뷰에 임했다. 덕분에, 어떻게 양자역학이 일상생활에 적용되는지 물은 《스벤스카 다그블라뎃Svenska Dagbladet》의 기자는 자신의 뻔뻔스러운 속물성에 보탬이 될 한 줄기 통찰을 보상으로 받았다.

디랙 : 제 연구는 현실적인 중요성이 없습니다.

기자 : 혹시나 있다면요?

디랙 : 저는 모르겠습니다. 그럴 것 같지도 않고요. 어쨌거나 8년 동안 제 이론을 연구해왔고 이제 양전자를 다룰 이론을 개발하기 시작했습니다. 저는 문학에는 관심이 없고, 극장에도 가지 않고 음악도 듣지 않습니다. 원자 이론에만 몰두하고 있습니다.

기자 : 지난 8년 동안 세운 과학 업적이 일상생활을 바라보는 방식에

영향을 미쳤나요?

디랙 : 저는 그 정도로 미치지는 않았습니다. 만약 그랬다면 (영향을 미쳤다면) 미쳤을 겁니다. 쉬고 있을 때 (당연히 잘 때라든가 산책할 때 또는 여행 중일 때) 저는 연구와 실험에서 완전히 손을 뗍니다. 여기가 폭발하지 않으려면 그래야 합니다. (디랙은 자기 머리를 손가락으로 가리켰다.)

인터뷰 내용은 다음 날 아침 8시 직전 디랙이 도착했을 때 스톡홀름 역의 신문 가판대에 올라 있었다. 15분 후 하이젠베르크와 슈뢰딩거 그리고 함께 따라온 손님들이 기차에서 내려 여러 고관들을 만났다. 그들 모두는 디랙과 어머니가 어디에도 보이지 않는다고 우려했다. 하지만 사진사들이 수상자와 손님들에게 자세를 취해 달라고 했을 때 디랙과 어머니는 기다리고 있던 사진기의 플래시 속으로 걸어 들어갔다. 깜짝 놀란 환영 위원회는 너무 놀라는 바람에 무슨 사정이 있었는지 묻지도 못했고, 다만 한참 지나서야 무슨 일이 있었는지 들었다. 사정은 이랬다. 디랙의 어머니가 깜빡 조는 바람에 기차가 역에 도착했을 때 잠에서 깨지 못했다. 이후 차장은 그녀를 강제로 기차에서 내리게 했고 옷과 머리빗은 차창 밖으로 내다 던졌다.[5] 이 소동 후에 디랙과 어머니는 따뜻한 대기실로 가서 역의 직원들과 떨어져 앉아 있다가, 직원들이 역을 떠날 때 한 쌍의 오리처럼 아무 말도 없이 그들을 따라 나왔던 것이다.

하이젠베르크와 슈뢰딩거는 흔쾌히 인터뷰에 응했지만, 디랙은 예의가 허락하는 한 최대한 빨리 호텔로 달아나고 싶었다.[6] 그와 어머니는 노벨 재단의 담당관인 톨스토이 백작의 안내에 따라 운전기사가 모는 차를 타고 호텔로 갔다. 담당관은 소설가 톨스토이의 손자이자 세련미 넘치는 외교관이었다. 그의 첫 임무는 항구가 내려다보이는 500개 객실의 그랜드 호텔에 디랙의 숙소를 마련하는 일이었다. 직원은 특별히 챙겨서 신혼부부용 스위트룸을 디랙 일행에게 배정했는데, 어머니는 싫다면서 자기에게 따로 방을 잡아 달라고 했다. 오늘날로 치자면 거의 20만 파운드(한화 약 3억원)의 상금을 받을 예정인 디랙이 어쩔 수 없이 비용을 댔다.

하이젠베르크와 슈뢰딩거가 욕조에서 쉬고 있을 때 디랙은 어머니와 함께 몰래 호텔을 벗어나 시끌벅적한 기자들을 피했다. 둘은 쌀쌀한 도시를 누구에게도 들키지 않고 마음껏 돌아다녔다. 스톡홀름은 그 도시의 고유한 행사인 노벨상 수상식을 맞아 한껏 분위기가 무르익어 있었다. 어둠이 내리자 도시는 동화의 나라 같았다. 전나무와 크리스마스트리에 색색의 전등 불빛이 켜졌고, 군중들의 흥얼거리는 노랫소리에 라운지 피아니스트의 뚱땅거리는 연주와 머리 위 갈매기의 울음소리가 뒤섞였다.

어머니는 곧 언론의 조명을 다시 받게 되었다. 디랙이 쉬고 있을 때 그녀는 기자 넷과 접촉해 한 명씩 자신의 스위트룸으로 초대해서 아들에 관한 이야기를 나누었다. 그 자리에서 아들이 사준 드레스며 모피 옷이며 보석도 보여주었다. 기자들은 이미 그녀가 나서기 좋아하는 성격임은 알고 있었지만, 봇물처럼 터지는 어머니로서의 열정에는 준비가 되어 있지 않았다. 그녀의 입에서 쏟아지는 말들은 《스벤스카 다그블라뎃》의 표현에 의하면 '고막을 찢을 듯 이어지는 쾌활함'이었다. 인터뷰에서 그녀는 눈알을 이리저리 굴리며 앞뒤가 안 맞는 의식의 흐름식 서술을 쏟아냈다. 마치 2분 안에 자기 아들이 슈퍼맨임을 기자들에게 설득시켜야 한다고 여기는 것 같았다. 그녀의 목표물 중 하나는 노벨 당국자들이었다. 자기 아들이 '세계 최정상의 교수!'인데도 치욕스럽게도 고작 '디랙 박사'라고 그들이 불렀기 때문이다.

가정생활을 묻자 디랙의 아버지를 맹공격했다. '가정의 독재자'인 남편은 시간낭비를 싫어해서 인생의 모토가 '일하고 일하고 또 일하기'라고 밝혔다. 펠릭스 이야기는 빼고서, 남편이 과도하게 그리고 불필요하게 어린 디랙한테 공부만 강요하고 다른 아이들과 놀지는 못하게 했다고 떠벌렸다. '아이가 다른 소질을 조금이라도 보였다면 억눌렀을 거예요. 하지만 그렇게 억누를 필요가 없었어요. 아이는 다른 어떠한 것에도 관심이 없었거든요.'

결과적으로 그녀의 말은 디랙이 제대로 유년시절을 보내지 못했다는 의미였다. 하지만 어느 기자도 그녀가 책임감을 느끼는지 묻지는 않았던 것 같다. 전부 남편의 잘못이라고 그녀는 생각했다. 한 기자가 디랙의 아버지는 아들의 성공에 기뻐하냐고 묻자, 그녀는 앙큼하게 이렇게 대답했다. '아닌 것 같아요. 아버지는 아들한테 밀렸다며 탐탁지 않아 해요.' 이성에 대한 아들의 관심은? '젊은 여자한테 관심이 없어요 (…) 영국에서 가장 아름다운 여자들이 케임브리지에 있는데도 말이에요.' 그가 좋아하는 여자라곤 어머니, 여동생 그리고 '머리카락이 흰 여인들'뿐이라고 했다(어머니는 이사벨 화이트헤드를 가리켰을지 모른다).[7] 10년 전에 펠릭스의 애인이 찾아오는 걸 반대했던 이후로, 어머니는 젊은 여성이 디랙한테 끌릴까봐 두려워한다는 사실을 그리고 어머니의 그런 태도는 줄곧 바뀌지 않았음을 디랙도 잘 알고 있었다.

이튿날 스톡홀름 신문가판대에서는 이런 제목의 신문 기사를 내놓았다. 〈서른한 살의 디랙 교수, 여자는 거들떠보지도 않다〉

***

일요일 오후, 두건을 쓴 신사숙녀들 수백 명이 스톡홀름 콘서트홀의 갤러리에 꽉 들어찼다. 노벨상 수상식에서 왕의 연설을 보기 위해서였다. 오후 5시에 날카롭고 격정적인 트럼펫 합주가 청중들의 웅성거림을 잠재웠고, 이어서 수상식이 진행될 식장으로 이어지는 두 개의 큼직한 문이 열렸다. 각각의 수상자는 스웨덴인 주빈의 에스코트를 받아 단상 옆에 있는 각자의 안락의자로 걸어갔다. 단상은 붉은 벨벳이 덮여 있었고 수북한 분홍 시클라멘꽃, 공작고사리 및 종려나무로 장식되어 있었다. 새 수상자의 국기들이 스웨덴 국기 옆에 매달려 있었다. 수상자들은 관례대로 풀 먹인 흰 셔츠와 나비 넥타이 차림이었고, 디랙을 빼고는 전부 야회복을 입었다. 디랙은 끔찍하게 구식인 정장을 입어서 최악의 패션 감각을 뽐냈다. 그는 왕에게 정중히 인사한 다음에 메달과 증서를 받았고, 이어서 박수갈채를 보내는 청중에게 여러 번 고개 숙여 인사했다. 하이젠베르크와 비교해 디랙은 창백하고 핼쑥했다. '너무 여위고 구부정해' 보여서, 한 기자는 걱정이 되어선지 이렇게 말했다. '모성애가 있는 모든 여성들은 그가 잘 먹고 시간을 내서 운동하고 조금이라도 인생을 즐기기를 진심으로 바랐다.'[8]

식이 끝나자 수상자들은 그랜드 호텔로 돌아가서 로열 살롱의 겨울 정원에서 열리는 노벨 뱅큇Nobel Banquet이라는 만찬 행사에 참여했다. 케임브리지의 기준에서 보더라도 이 만찬은 굉장하게 차려졌다. 은촛대에 꽂힌 수백 개의 밝은 붉은 빛 양초들이 켜진 식탁들이 실내 한가운데의 분수 주위에 말발굽 형태로 배열되어 있었다. 300명의 손님들이 있었는데, 여성들은 저마다 한껏 화려한 드레스를 입었고 남성들은 디랙을 빼고는 전부 턱시도를 입었다.[9] 주빈석에서는 남성과 여성이 교대로 의자에 앉아 있었다.[10] 위쪽의 발코니에서는 정복을 입은 음악가들이 음악을 연주했다. 이에 질세라 유리 지붕 근처 우리 속의 카나리아들도 아름답게 지저귀고 있었다.

개회사, 알프레드 노벨에 대한 묵념 그리고 스웨덴 국가 제창이 끝난 후 웨이터들이 줄줄이 다니면서 첫 번째 코스 메뉴를 날랐다. 엽조류 콩소메, 조개와 새우가 든 가자미 순살 요리 그리고 채소를 채운 아티초크를 곁들인 튀긴 닭 요리가 나왔다. 클라이맥스는 요리사의 '최고 진미pièce de résistance' 디저트였는데, 술에 빠트린 뒤 불을 붙이면 어둠 속에서 환하게 빛나는 아이스크림 폭탄이었다.[11] 얼마 후 각 수상자는 짧은 수상 소감 발표를 해야 했는데, 통상 몇 마디의 진심 어린 감사와 회고 그리고 자신을 살짝 망가뜨리는 재치 있는 유머를 곁들였다. 노벨문학상 수상자인 이반 부닌Ivan Bunin의 첫 번째 발표가 끝난 후 디랙이 자리에서 일어나 연단으로 걸어갔다. 아니나 다를까 디랙은 거기서 수줍은 모습을 한껏 드러냈다. 주빈들에게 찬사를 보낸 후 그는 물리학 이야기는 하지 않고 대신에 이론물리학자가 현시대의 경제 문제들에 어떻게 접근하는지를 알려드리고 싶다고 했다. 버널과 그의 동료들이 디랙한테 줄곧 하라고 재촉했던 유형의 응용적 사고였는데, 그들은 디랙이 사회 및 경제 문제들에 관해 처음으로 대중에게 알리는 자리로는 다른 곳을 선택하리라고 예상했다. 긴장된 시선들이 넓은 실내에서 서로 교환되었다. 디랙은 연단 앞으로 몸을 조금 숙인 채로, 산업화된 세계의 모든 경제적 난관들은 한 가지 근본적인 오류에서 비롯된다고 주장했다.

> 우리의 경제 체제는 두 가지 것 사이에 가치의 평등을 유지하려고 하는데, 이 둘은 애초부터 불평등한 가치라고 여기는 편이 더 나을 겁니다. 이 두 가지란, 어떤 단일 지불(가령 100크라운)의 수령과 고정수입(가령 1년마다 3크라운씩)의 수령입니다. 요즘의 세계정세를 볼 때, 이들 중 두 번째 것이 첫 번째 것보다 더 가치가 있음이 드러나고 있습니다. 세상이 겪고 있는 구매자가 부족한 이유는 사람들이 재화를 소유하기를 원하지 않기 때문이 아니라, 그런 재화와 교환하여 정기수입을 벌게 해줄 무언가를 내놓기를 꺼리기 때문입니다. 만약 애초부터 고정수입이 수학적 의미에서 단일 지불보다 비교할 수 없을 정도로 더, 사실은 무한히 더 가치가 있다고 가정한다면, 모든 애매한 점들이 어떻게 명확해질 수 있는지를 여러분 스스로 찾아보라고 부탁드려도 괜찮겠습니까?

자신의 설명을 검증할 방법을 굳이 제시하지 않고서 그는 과학 선동가들을 몰아세우는 러더퍼드의 말솜씨로 수상식 참가자들에게 마지막으로 이렇게 알렸다. 일단 그 숙제를 하고 나면 '물리학에 관한 대중서적을 읽어서 얻는 것보다 훨씬 더 물리 이론이 어떻게 세상의 사실들과 들어 맞는지 더 나은 통찰'을 얻게 될 것이라고.[12] 경청해주어서 감사하다고 청중에게 감사를 표한 다음 그는 자리로 되돌아갔다. 몇몇 청중부터 시작한 박수소리는 차츰 우렁찬 갈채로 바뀌어갔지만, 많은 이들은 어색하게 웃으면서 디랙의 말을 어떻게 이해해야 할지 의아해했다. 하이젠베르크와 슈뢰딩거는 경제와 정치 이야기로 분위기를 이어가지 않았다. 대신 그들은 정치적으로 논쟁적인 내용은 전혀 없는 관례적인 이야기를 독일어로 말했다.

디랙의 논리에 슈뢰딩거 내외도 당혹해했는데, 특히 아내인 애니는 디랙의 말을 '공산주의 선동의 장광설'이라고 치부했다.[13] 하지만 디랙의 수상 소감을 적어 놓은 기록이 정확하다면, 그녀의 평가는 부당했다. 디랙은 정치를 초월한 이론경제학의 한 주제를 언급했을 뿐이다. 어쨌든 디랙의 말은 어폐가 있었다. 그의 이론은 금리가 언제나 낮을 때에만 근사적으로 옳을 뿐이고, 그는 만약 금리가 높게 유지된다면 목돈을 한꺼번에 받는 게 합리적임을 간과했다.[14] 디랙이 케임브리지의 동료 교수인 존 메이너드 케인스 같은 전문 교수한테 조언을 받았더라면, 자기 분야 바깥의 주제에 관한 첫 공개적 발언에서 헛소리를 했다는 후대의 평가는 받지 않았을 것이다. 하지만 그는 노벨상 수상식이라는 이목이 집중되는 자리에서 그런 짓을 하고 말았다.

디랙의 실수는 식사 후의 느긋한 분위기 속에서 다들 모르고 넘어갔거나 적어도 언급되지는 않았다. 디랙의 어머니는 다른 손님들과 웃으며 농담을 하는 하이젠베르크와 슈뢰딩거를 쳐다보았고, 디랙은 대화를 나누기가 껄끄러웠던지 가끔씩 자리를 떴는데, 마치 허공 속으로 사라진 듯했다. 디랙 어머니는 슈뢰딩거를 계속 예리하게 주시했는데, 그의 허풍은 그다지 신경 쓰지 않았다. 노벨물리학상 수상자 셋 중 최연장자였던 그는 자기가 리더임을 계속 주장하려고 했지만, 하이젠베르크와 디랙은 그럴 마음이 없었다. 또한 디랙 어머니가 보니까, 슈뢰딩거와 아내는 노벨상을 자기 아들과 나누어 가져야 하는 것에 '대단히 분개하고' 있었다. 그녀가 마음에 들어 했던 쪽은 하이젠베르크 및 드레스덴 양치기 차림인 그의 모친이었다. 디랙 어머니는 '겉멋 부리기가 전혀 없다며' 하이젠베르크를 높이 평가했다. 아울러 어머니는 그도 자기 아들처럼 '여자 꼬시기에 젬병'이라고 여겼고, 둘은 선망의 눈빛 가득한 여자들 속을 헤집고 다녔지만 결국 지쳐서 각자의 가엾은 어머니한테 돌아왔노라고 투덜댔다.[15] 그녀는 디랙이 젊은 여자들과 함께 있는 모습을 본 적이 없었기에, 그런 장면을 좋아하지 않았다. 그녀가 알았든 몰랐든 디랙은 어머니한테 거리를 두고 있었다.

아낌없는 환대는 나흘 동안이나 줄어들지 않고 계속되었다. 디랙이 의무적으로 한 일은 화요일 오후에 있었던 노벨상 강연뿐이었다. 전통적으로 노벨상 수상자들이 연구 업적을 다른 학자들에게 알리는 기회였다. 디랙은 20분 동안 '전자와 양전자에 관한 이론'을 발표하면서 어떻게 양자역학과 상대성이론이 '양전자의 예측'을 가능하게 했는지 설명했다. 양전자에 관한 자신의 추측을 예측이라고 언급한 것은 이번이 처음이었다. 그는 또 다른 추측한 가지도 설명했는데, 평소보다 더 확신에 찬 어조로 이렇게 말했다. '음의 양성자가 존재하는 것도 가능합니다.' 마지막으로 양전하와 음전하 사이의 대칭성을 지적한 다음 그는 우주는 동일한 양의 물질과 반물질로 이루어져 있을지 모른다고 암시했다.

> 지구(그리고 어쩌면 태양계 전부)가 음의 전자와 양의 양성자를 갖고 있다는 사실을 우리는 우연이라고 간주해야 합니다. 어떤 별들에는 반대일 가능성이 높은데, 이 별들은 주로 양전자와 음의 양성자로 되어 있을 겁니다. 사실 별들은 절반이 한 유형이고 나머지 절반이 다른 유형일지 모릅니다.[16]

그가 힐끔 내다본 우주는 동일한 양의 물질과 반물질로 이루어져 있지만, 어떤 미지의 이유로 인간의 경험은 거의 전적으로 물질에만 국한되어 있었다. 하지만 이는 추측이었을까 아니면 예측이었을까? 청중들로서는 도무지 알 수가 없었다.

디랙은 자신이 물질과 반물질로 만들어진 우주를 최초로 상상한 사람이 아님을 몰랐던 듯하다. 1898년 한여름 J. J. 톰슨이 전자를 발견한 직후 맨체스터 대학교 물리학자 아서 슈스터가 비슷한 아이디어를 맨 처음 떠올렸다. 《네이처》 여름 호의 가벼운 논조의 논문에서 그는 동일한 양의 '물질과 반물질'로 구성된 우주를 구상했는데, 이는 원자가 반원자의 싱크 속으로 흘러 들어가는 보이지 않는 유체 물질의 원천이라는 기이한 발상에 바탕을 두고 있었다.[17] 하지만 슈스터의 기발한 아이디어는 논리에 의해서든 관찰에 의해서든 실제적인 근거가 부족해서, 그가 명명한대로 '휴가 중의 몽상'으로 남았다. 그리하여 10년 만에 잊히고 말았다.

***

노벨상 수상식 후 대다수 수상자들은 집으로 돌아갔다. 하지만 디랙, 하이젠베르크 그리고 둘의 어머니는 코펜하겐에서 열린 더 많은 축하연에 참석했다. 보어도 그런 행사를 원했기에 저택에서 토요일 저녁에 둘의 업적을 기념하여 성대한 파티를 열었다. 슈뢰딩거는 보어의 이너서클의 구성원이 아니었기에 초대를 거절하고 옥스퍼드로 돌아갔다. 그는 몇 달 전에 원래 살던 독일에서 달아나 그곳에서 살고 있었다. 영국의 동료들은 그의 사생활(아내 및 정부와 함께 사는 생활)을 못마땅하게 여겼고, 이에 발끈하여 그는 영국 대학들이 '동성애의 전당'이라며 경멸했다.[18]

디랙의 어머니는 보어의 대저택에서 멋진 삶에 관한 이야기를 많이 들었는데, 대체로 솔깃한 이야기들이었다. 보어 내외는 '위엄 있는' 모습이었는데, 특히 보어의 아내 마르그레테Margrethe가 매력적으로 보였다. 마르그레테의 학자 같은 분위기는 대담한 복장 때문에 한결 누그러져 보였는데, 표범 가죽과 노란 구슬 목걸이로 장식된 초록색 드레스 차림이었다.[19] 보어의 저택은 화려했다. 겨울 꽃과 양치식물들로 만든 장식, 조각상들, 그랜드 피아노 위에 걸린 입체파 그림들, 드넓은 정원과 숲이 훤히 보이는 큰 창들이 어우러져 있었다. 디랙 어머니가 보기에, 이런 화려함은 가정에 전혀 부정적으로 작용하지 않았기에, 보어의 다섯 아이 모두 쾌활하고 행실이 발랐다.

초대받아서 온 손님들이 저녁 시간을 보내는 동안 보어는 출타 중이었는데, 돌아와 보니 디랙은 제일 먼저 침실로 돌아가고 없었다. 귀중한 시간을 놓치기 싫어서 보어는 디랙의 방으로 올라가 그를 아래층으로 데리고 와서 한두 시간 대화를 나누었다. 이때 디랙의 어머니는 왜 디랙이 보어를 좋아하는지 알 수 있었다. 보어는 연장자답게 권위 있었지만 독재적이지 않았고, 위엄이 있었지만 강압적이지 않았고, 누구한테서든 가장 좋은 면을 이끌어 낼 수 있었다. 보어가 자기 아들에게 완벽한 아버지 역할을 하게 될 거라는 생각이 디랙 어머니한테 들었을지 모른다.

보어 집에서 열린 파티는 노벨 재단의 만찬에 뒤지지 않을 정도였다. 저택의 메인 홀에서 삼백 명의 손님들이 거대한 유리 지붕 아래 식탁에 앉아서, 끊임없이 제공되는 샴페인, 맥주와 와인을 마셨고 다양한 뷔페 음식을 들었다. 모두 한껏 먹고 나자 보어가 홀의 가운데 자리에서 일어나 영어로 소감을 전했다. 자신의 '젊은 제자들'이 거둔 업적에 그가 이바지했음을 누가 들어도 알 수 있었다. 하이젠베르크는 독일어로 화답했지만, 디랙은 아무 말도 하지 않았다. 보어가 말하는 내내 디랙은 기둥 뒤에 가만히 서 있었다. 축사를 끝낸 후 보어는 손님들을 이끌고 공연이 열릴 응접실로 갔다. 분홍 드레스 차림의 한 미국인 가수와 네덜란드의 거장 게르트루데 스토크만Gertrude

Stockman이 함께 노래를 불렀고, 이런 자리라면 빠질 수 없는 하이젠베르크가 피아노 반주를 맡았다.

디랙은 아마 그런 성대한 자리가 성가셨을 것이며, 다음날에는 자기가 아는 소수의 사람들과 시간을 보내서 마음이 놓였을 것이다. 디랙을 재미라고는 모르는 그림자 인간으로만 여겼던 케임브리지 사람들 다수는 디랙이 보어의 둥지에서 느긋하게 지내면서, 실내 분수에서 어머니와 마르그레테에게 장난스럽게 물을 끼얹는 모습에 놀랐을 것이다. 둘은 날아오는 물을 피하려고 이리저리 몸을 돌리면서도 마냥 즐거운 듯 깔깔거렸다. 케임브리지의 동료들은 또한 디랙이 보어, 보어의 아들들 그리고 하이젠베르크와 즐겁게 어울리고 배드민턴을 치고 코펜하겐 근처의 언덕에서 썰매를 타면서 하루를 보내리라고는 예상치 못했을 것이다. 저녁이면 디랙은 평소대로 쌀쌀맞아졌다. 아무한테도 밤 인사를 건네지 않고 일찍 자러 가버렸다. 하지만 보어는 디랙이 전문적인 이야기를 해주길 원해서 다시 아래층으로 끌고 내려오곤 했다.

월요일 늦게 브리스틀로 돌아가는 길에 디랙 어머니는 기차역에서 딸 베티를 만났다. 집으로 들어가는 내내 베티는 어머니가 들려주는 '대단하고 멋진 모험' 이야기를 들어야 했다. 남편은 어디에도 보이지 않았다.

***

이후로 평생 디랙은 자기가 어떻게 하이젠베르크 및 슈뢰딩거와 함께 노벨상을 탈 수 있었는지 궁금해했다. 언제나 신중함을 중시하는 노벨 재단은 어느 해의 노벨상 관련 문서를 자물쇠와 열쇠로 꽁꽁 봉했다가 50년이 지나서야 비밀을 해제했다. 디랙은 양자역학에 주어진 첫 노벨상에 얽힌 정치적 음모는 끝내 알지 못했다. 그가 알게 된 것이라고는 영국인 결정학자 윌리엄 브래그가 디랙을 추천했으며, 아인슈타인은 그러지 않았다는 것뿐이었다.[20] 디랙이 죽은 후에야 그가 아주 젊은 나이에 노벨상을 탄 것이 행운이었음이 밝혀졌다.

시행 이후 30년 동안 노벨물리학상 선정 위원회는 이론물리학의 업적을 그다지 인정하지 않았다. 아마도 알프레드 노벨의 유지대로 노벨상은 실용적 발명과 발견에 주어져야 한다고 여겼기 때문인 듯하다. 이론물리학에 늘 정통해 있지는 않았던지라 위원회는 1929년에 이런 입장을 공식적으로 내놓았다. 하이젠베르크와 슈뢰딩거의 이론들은 '자연의 더욱 근본적인 본질을 발견해내지 못했다'고.[21] 하지만 스톡홀름의 장막 뒤에서는 양자역학에 대한 상을 언제 줄 것인지 누가 상을 받을지를 놓고서 오랫동안 치열한 논의가 벌어지고 있었다. 노벨 재단은 이 문제를 여전히 고심하고 있다가 1932년이 되자 하이젠베르크와 슈뢰딩거를 지명하는 목소리가 달이 갈수록 늘어갔다. 1933년 초 양자역학에 상을 수여하라는 압박이 압도적으로 커졌지만, 상을 어떻게 나눌지에 관해서는 여전히 의견이 엇갈렸다. 디랙의 이름은 위원회에서 그다지 관심 갖지 않았다.[22]

1933년 9월 위원회가 소집되었을 무렵, 양전자가 발견되었다는 소식이 널리 인정되자 디랙의 이름은 훨씬 더 주목을 받게 되었다. 위원회에서 가장 영향력이 컸던 회원인 스웨덴 물리학자 칼 오신Carl Oseen이 제자인 이바르 벌러Ivar Waller한테서 디랙의 업적이 얼마나 위대한지 알게 되었다. 더 중요한 것을 꼽자면, 양전자 발견은 '실제 사실'로서, 즉 디랙의 이론이 지닌 유용성을 잘 보여주는 관찰 결과로서 인식되었다. 회의를 끝내고 만장일치로 위원회는 하이젠베르크, 슈뢰딩거 및 디랙이 파울리와 보른 등의 다른 후보들보다 뛰어나며, 아울러 하이젠베르크는 양자역학을 처음으로 정식화한 사람으로 특별한 존중을 받아야 한다는 결정이 내려졌다.

오늘날의 기준으로 보자면 위원회의 판단은 변덕스러웠던 듯하다. 아마도

1932년과 1933년에 각각 하이젠베르크와 슈뢰딩거에게 따로 노벨상을 주는 편이 더 공평했을 것이다. 그리고 디랙도 다음해에 따로 노벨상을 주어야 마땅했다. 그래야 디랙도 공정하다고 여겼을 것이다. 하지만 그다지 중요한 문제는 아니다. 오늘날, 1933년 12월 스톡홀름에서 상을 받은 세 물리학자가 노벨상을 받을 자격이 충분했다는 것은 누구도 부인하지 않는다. 디랙, 하이젠베르크 그리고 슈뢰딩거는 현재 모든 노벨상에 특별한 광택을 더하는 가장 영예로운 수상자로 인식되고 있다.

19장

1934년 1월부터 1935년 봄까지

금욕하고 공부하고 여자를 거들떠보지 않기, 이는

청춘의 빛나는 상태를 거스르는 명백한 반역 행위.

−윌리엄 셰익스피어, 『사랑의 헛수고 *Love's Labour's Lost*』 4막 장면 3

32살의 나이에 디랙은 모든 꿈을 성취한 듯 보였다. 아주 건강했고, 전 세계에서 가장 뛰어난 이론물리학자 중 한 명으로 인정받았고, 돈도 많았고, 직장도 둘째가라면 서러울 정도였다. 가족과의 문제만 빼면, 유일한 고민거리라고는 친구들이 모조리 남자라는 것뿐이었다. 대다수 지인들은 앞으로 평생 디랙이 남자만 우글대는 세인트 존스 칼리지에 죽치고 있다가 독신자로 죽는 것을 당연하게 여겼던 듯하다. 하지만 이후로 3년 동안 디랙은 주변 사람들 모두를 깜짝 놀라게 만들고 만다.

여러 이론물리학자들이 짐작하고 있었듯이 그들의 학문 분야는 황금시대의 끝을 향해 가고 있었다. 양자역학이라는 도구는 원자와 핵을 연구하는 과학자들이 마주치는 거의 모든 실제 문제들을 푸는 데 이용되고 있었다. 하지만 연구의 최첨단에 서 있는 디랙 등의 과학자들이 보기에 그 학문은 완성과는 거리가 멀었다. 가장 시급한 과제는 무한대 문제에서 자유로운 전자, 양전자 및 광자에 관한 장 이론(이른바 양자전기역학 이론)을 개발하는 일이었다.

캘리포니아에 살고 있던 오펜하이머가 그 분야의 세계적인 권위자였다. 『바가바드 기타』라든가 다른 수십 권의 책에 빠져 있지 않을 때 오펜하이머가 연구한 것이 바로 그 이론이었다. 1934년 초 오펜하이머와 그의 제자 한 명이 디랙의 홀 이론에 심대한 타격을 가했다. 음의 에너지 바다가 존재한다고 가정하지 않고서도 양자 장이론이 반전자의 존재를 수용함을 증명해냈던 것이다. 오펜하이머가 자기 논문 한 부를 디랙에게 보냈지만 답장은 받지 못했다. 유럽에서는 파울리와 그의 젊은 제자 빅터 바이스코프Victor Weisskopf가 스핀이 없는 입자들 또한 반입자를 가짐을 증명했는데, 이는 명백히 디랙의 이론과 충돌했다. 디랙의 이론에 의하면, 스핀이 없는 입자는 파울리의 배타 원리를 따르지 않기 때문에 반입자를 가질 수 없었다. 파울리는 자신이 명명한 '반-디랙 논문'을 자랑스러워했고 자신이 '오랜 적(스핀을 가진 전자에 관한 이론)에게 일격을 다시 가할 수 있어서' 기뻐했다.[1] 파울리와 바이스코프는 음의 에너지 바다라는 개념을 쓸데없는 것으로 만들었다. 그리고 각각의 양전자가 전자만큼이나 실재한다는 인식이 물리학자들한테 널리 퍼지자 디랙의 그런 개념은 점점 더 쓸모없어졌다. 양전자를 무언가의 부재로 취급할 필요가 없었던 것이다. 하지만 디랙은 이를 받아들이지 않았다. 그가 보기에 스핀이 없는 근본 입자는 존재하지 않으므로 파울리와 바이스코프의 주장은 탁상공론일 뿐이었다. 따라서 디랙은 계속 홀 이론을 사용했다. 그래도 음의 에너지 바다를 인정하지 않는 이론들과 똑같은 결과가 나왔다. 디랙의 권위에 이끌려 다른 많은 물리학자들도 그를 따랐기에 홀 이론은 실용적인 도구로서 계속 사용되었다.[2]

어느 버전의 양자전기역학을 물리학자들이 사용하든 간에, 그 이론이 곧

경에 처했음은 명백했다. 디랙과 동료 물리학자들이 아무리 애를 써도 그 이론 속의 무한대 값을 제거하여 엄밀한 계산이 가능하게 만들 방법을 찾지 못했다. 이론물리학은 '최악의 상태'라고 오펜하이머는 투덜댔지만, 그래도 그는 파울리나 디랙이 다음 여름까지 그 이론을 구해낼 방법을 찾아낼 것이라고 낙관했다. 그렇지 못한다면 그 둘도 양자전기역학이 구제불능이라는 많은 물리학자들의 견해에 동의하게 될 터였다.[3]

하이젠베르크와 위그너 등이 케임브리지에 와보니, 디랙은 양자 장이론을 연구하는 게 아니라 카피차의 새 연구소에서 카피차와 함께 실험을 하고 있었다. 디랙은 몇몇 캐번디시 동료들을 위해 현실적인 문제 하나를 해결하려고 애쓰고 있었다. 동료들은 화학 원소의 순수한 시료가 필요했다. 원소마다 각각의 원자에는 원자핵 속에 들어 있는 전자와 양성자의 수는 전부 동일하지만, 중성자의 개수는 동일하지 않을 수 있다. 어떤 원소가 있을 경우, 전자와 양성자의 수는 그 원소와 동일하지만 중성자의 개수가 다른 원소를 그 원소의 동위원소라고 한다. 가령, 수소에는 세 가지 동위원소가 있다. 대다수 수소의 원자핵에는 중성자가 들어있지 않지만, 중성자가 한 개 들어 있는 수소 원자핵 그리고 중성자가 두 개 들어 있는 수소 원자핵이 있는 것이다. 러더퍼드의 동료들은 실험용으로 쓸 어떤 동위원소들의 순수한 시료가 필요했지만, 얻기가 어려웠다. 왜냐하면 자연에서 얻는 원소들의 시료는 동위원소들의 혼합체인데, 화학 반응에서 거의 동일하게 행동하는 까닭에 분리해내기가 지극히 어려웠기 때문이다. 디랙은 움직이는 부분이 없는 장치를 이용하여 한 기체 속의 두 동위원소 혼합물을 분리해내는 깔끔한 방법을 생각해냈다. 기체를 고압 상태로 분출시켜 나선형 경로를 따라 이동하도록 만드는 방법이었다. 무거운 기체일수록 나선형으로 회전하는 가스 혼합체의 바깥쪽에 모이는 반면에, 가벼운 기체일수록 안쪽 트랙에 모이는 경향이 있다. 디랙은 이 '제트 스트림 동위원소 구별법'에 쓰일 장치를 설계한 다음에, 카피차의 창고에서 컴프레서 한 대를 빌린 후 팔을 걷어 붙이고 직접 제작까지 했다. 왕년의 공학도의 실력을 다시 뽐낸 셈이었다.

결과에 그 자신도 놀랐다. 그 장치는 동위원소를 효과적으로 구별해내지는 못했지만, '마술 트릭 같은 어떤 것'을 내놓았다.[4] 기체를 대기압의 6배로 압축하여 작은 구리 파이프 속에 넣자, 기체는 나선 운동을 한 후에 온도가 매우 다른 두 줄기의 흐름으로 분리되었다. 두 줄기의 온도 차이는 섭씨 약 100도였다. 1934년 5월에 케임브리지에 와 있던 위그너가 그 장치를 보고서 디랙에게 뭐냐고 질문을 했다. 디랙이 건성으로 짧게 대답하자, 예의를 중시하는 위그너는 쾌씸해했다. 위그너가 이해하기로, 디랙은 자신이 장치에 대해 확실히 알기 전까지는 떠벌리고 싶지 않으며, 아울러 공손한 답변을 통해 자신의 무지를 살짝 에두르는 관례를 모르는 듯 했다. 디랙은 온도 차가 발생하는 원인이 두 기체의 흐름에 대한 저항 차이 때문이라고 여겼다. 하지만 회전 운동이 속력이 빠른 기체 분자와 느린 분자를 분리해내는 경향 때문이었을 가능성이 더 높다. 디랙이 카피차와 공동 연구를 하고 있을 때 러더퍼드가 감독자 역할을 했는데, 그는 루커스 석좌교수가 실험실에서 장치를 만지는 것이 이론물리학자한테 뜻깊은 일이라고 여겼다.[5]

디랙과 카피차는 트리니티 칼리지 귀빈석에 있는 친구들 그리고 이들의 다종다양한 대화주제에 관해 심도 있게 대화를 나누었다. 그런데 카피차가 몰랐던 사실 하나는 1934년 3월부터 자기와 아내가 집에 종종 초대하곤 했던 한 지인이 MI5 정보원이었다는 것이었다. 암호명 'VSO'인 그 동료는 '영국에 있는 소련인이 소련을 들락날락한다는 것은 소련 당국자들에게 가치 있는 존재가 아니라면 불가능하다'고 확신했다. 카피차의 과학적 명성에 관한 시샘이 가득한 VSO의 보고서에는 그가 스파이라는 증거는 없지만 정보부서에 우려를 안겨줄 만한 정황증거는 충분했다. 카피차는 소련 여권을 갖고 있다는 사실을 왜 심지어 친구한테도 밝히길 꺼렸는가? 크림반도에 있는 과학자들의 휴식 장소는 공산당원한테만 개방되었는데, 왜 카피차는 자신이 공산당원이 아니라고 주장했으면서도 거기서 머물 수 있었는가?[6] 가장 미심쩍은 것은 카피차가 런던의 새 소련 대사인 이반 마이스키Ivan Maysky와 은밀히 만났다는 사실이었다.[7] MI5가 보기로는 카피차는 가장 의심스러운 용의자에 속했다.

하지만 디랙은 전혀 의심을 받지 않은 듯했다. 아마도 대다수 사람들한테 그는 비정치적인 몽상가 교수의 완벽한 현현처럼 보였던 것 같다. 만약 VSO가 의심을 잘하는 것만큼이나 부지런하기도 했더라면 디랙이 왜 크림반도의 외딴 휴식처에서 카피차와 함께 지냈는지 궁금했을 법도 했다. 하지만 디랙은 MI5의 관심에서 완전히 벗어나 있었던 듯하다. 설령 디랙에 관한 정보를 모았더라도, 공식적인 기록은 현재 남아 있지 않다.

***

히틀러 정권의 잔혹성은 언론 보도에서 명확히 드러났다. 하지만 아마도 하이젠베르크는 그런 보도를 가볍게 여기고서는, 1934년 봄에 케임브리지를 찾아가 디랙을 양자전기역학의 주요 인물로 끌어들이려고 헛된 시도를 했다. 하이젠베르크는 보른의 집에 머물면서 고국으로 돌아가자고 설득하려 했다.[8] 집주인과 함께 마당에서 오후 산책을 하면서 하이젠베르크는 나치 정부가 보른이 강의 말고, 연구를 계속하게 독일에 돌아올 수 있도록 허락했다고 말했다. 다만 가족을 데리고 가는 것은 허용되지 않았다. 보른은 가까운 친구가 그런 소식을 전할 생각을 할 수 있다는 사실 자체만으로도 발끈해서 화를 내면서 대화를 중단했다. 한참 지나서야 보른은 나치의 폭정 하에서도 올바른 시민 역할을 하려고 애쓰는 하이젠베르크의 말을 인내하며 들을 수 있었다.

스탈린의 노선에 발맞추길 꺼리는 소련의 과학자들도 상황이 나쁘기는 마찬가지였다. 조지 가모프는 정통 양자역학을 지지했다가는 시베리아 강제수용소로 끌려가게 될까 두려워, 1933년 솔베이 회의 초대장을 망명의 수단으로 이용했다. 소련 수상 뱌체슬라프 몰로토프Vyacheslav Molotov를 설득해 자신과 아내(로Rho)에게 출국 비자를 발급받은 후 망명하여 소련 당국자들을 격분하게 만들었다. 가모프 내외는 1934년 초에 케임브리지에 도착했으며 곧 인기 있는 부부가 되었다. 찾아오는 모든 손님을 따뜻하게 반겨줘서 즐겁게 만들었기 때문이다. 로는 대단히 매력적인, 흑갈색 머리카락의 백인 여성이었다. 그녀는 여배우 같은 분위기로 지루하기 짝이 없는 교수들의 모임에 빛을 던져주었다. 깜찍한 액세서리를 곁들인 맵시 있는 옷차림과 화사한 색채의 립스틱 화장까지 그녀는 때로는 마치 《보그》 속의 사진 속에서 걸어 나온 사람처럼 보였다.[9] 담배를 연거푸 피워댔지만 그렇다고 디랙을 기분 나쁘게 만들지 않았다. 오히려 디랙은 그녀를 숭배했다. 둘은 서로를 대하는 느낌이 비슷해서, 이내 함께 곧잘 어울렸다. 그녀는 그에게 러시아어를 가르쳤고 답례로 그는 그녀에게 운전하는 법을 가르쳤다. 디랙은 차근차근 네 번째 언어를 배워나갔는데, 이는 로가 여러 달 동안 기록한 그의 '오류 지수' 그래프가 차츰 하강하는 모양에서 확인할 수 있었다. 그런 지수는 명확하게 정의되지 않는 개념이긴 했지만, 어쨌거나 디랙이 주목하지 않을 수 없었다.[10] 케임브리지에서 단 몇 주만 머물다가 가모프 내외는 코펜하겐으로 떠나는 바람에, 디랙은 상심에 빠지고 말았다.

디랙이 몇 년 후에 사적으로 한 말에 따르면, 그는 로와 사랑에 빠진 것은 아니었다.[11] 그렇기는 해도 둘의 애정 어린 쪽지들은 여러 달 동안 열정적으로 북해를 오갔다. '혼자서 내 편지를 읽어주세요'라고 그녀는 부탁했다. 디랙이 러시아어로 쓴 편지들을 되돌려주면서, 그녀는 각각의 편지에 점수를 매겼고 실수를 빨간 잉크로 말끔하게 수정해주었다. 자신이 흡연을 줄이는 것에 찬성해달라고 하면서, 은근슬쩍 그녀는 자기가 그를 하루에 몇 번 생각했으면 좋겠냐고 물었다. 디랙은 그녀가 자기를 자꾸 생각하면 그녀에게 약간 해롭지 않을까 걱정했다. 둘은 서로 속으로 좋아하는 십대들처럼, 상대방에게 속내를 애써 터놓지 않고 끊임없이 용서를 구했다. 로가 자기가 버릇없이 굴었다면 미안하다고 사과했을 때 디랙은 조금도 화가 나지 않았으며, 어떤 경우에든 '러시아 여자는 영국 여자처럼 지겹지 않다고' 안심시켰다.[12] 서로 다시 보고 싶어 안달이 났기에, 둘의 바람이 충족되기까지는 그리 많은 시간이 걸리지 않았다.

그 사이, 디랙은 한 여교사한테서 러시아어를 계속 배웠다. 케임브리지에서 토요일 아침마다 한 시간짜리 수업을 여교사한테서 들은 것이다. 그녀의 이름은 리디아 잭슨이다. 세인트 존스 칼리지의 교수인 메레디스 잭슨Meredith Jackson과의 불행한 결혼 전에는 엘리자베타 펜Elisabeta Fen이라는 필명을 썼던 러시아 망명 시인이었다. 낭만적이고 독립적인 성향인 그녀는 케임브리지가 못마땅했다. 적극적인 성향의 여성에게는 어울리지 않은 곳이라고 여겼기 때문이다. 그녀는 자기 모국의 언어를 가르치면서 생계를 유지했다. 런던의 한 문학 모임 자리에서 그녀는 조지 오웰(아마도 그녀의 애인들 중 한 명)을 한 여성에게 소개해주었는데, 오웰의 첫 번째 아내가 될 여성이었다.[13] 잭슨은 디랙과 소련에 관해 즐겨 이야기했는데, 말을 대단히 애매하게 하는 걸로 봐서 그녀는 스탈린 정권에 대해 디랙보다 훨씬 부정적인 시각이었던 듯하다.[14] 디랙은 과학은 좀체 이야기하지 않았고 딱 한 번 수학에 대해 몇 마디 이야기를 나누긴 했다. 그녀는 수학이 인간의 발명품이라고 생각했는데 반해 디랙은 수학이란 '언제나 존재했으며' 다만 인간에 의해 '발견'되었을 뿐이라고 주장했다. '신이 창조했다는 뜻 아닌가요?'라고 그녀는 물었다. 디랙은 빙긋 웃으며 인정했다. '아마 동물은 수학을 잘 모를 거예요.'[15]

그녀가 디랙과 친한 사이였음은 그에게 보낸 편지를 보면 명백하다. 한 편지에서 그녀는 디랙이 가장 찬사를 받는 다른 자질이 아니라, 진솔한 면을 칭찬하면서 이렇게 말했다. '교수님은 다른 교수들이나 수학자들처럼 괜히 고상한 척 하지 않아요. 확실히 엔지니어 기질이 다분한 분이에요.' 햄스테드 히스Hampstead Heath의 한 연못에서 했던 진흙 나체 목욕 장소를 장난스럽게 이야기하면서, 그녀는 디랙이 프린스턴에서 곧 맞이할 안식년에 요긴한 조언을 해주었다.

> 그런데 천박한 미국에 가더라도 교수님의 러시아 친구들을 모두 잊지 않으시겠죠. 부디 틈틈이 안부를 주고받도록 해요 (…) 그리고 미국 여자와 결혼하면 안 된다고 했던 제 말을 기억해주세요. 그건 중대한 실수일 거예요! 차분하면서도 재치 있는 영국 여자가 교수님한테 제일 잘 맞아요. 러시아 여자라면 기껏해야 마땅한 후보가 소수인데 (…)[16]

아무도 디랙이 자신에게 보낸 편지를 못 읽게 하려고 그녀는 일상적으로 편지들을 태워 없앴다. 둘의 사이가 육체적으로 친밀했는지 여부를 알려줄 증거와 더불어 소련에 관해 둘이 나눈 이야기는 아마도 그 불꽃들 속에서 사라져버렸다.[17]

***

디랙은 9월 말에 프린스턴에 도착했다. 그 전에 존 밴블렉과 다시 한번 하이킹 여행을 떠났는데, 이번에는 콜로라도 주의 산으로 갔다.[18] 다시 한번 디랙은 친구에게 자신의 특이한 면이 가득한 이야기를 많이 남겨주었다. 일례로 두랑고에서 그는 점잖게 말해서 실용적 의복이라고 할 수 있는 것을 입고서

밤중에 도시를 돌아다니다가 부랑자로 오해를 받았다. 루커스 석좌교수가 거리의 떠돌이라고 미국인들한테 오해를 받은 일은 그게 마지막이 아니었다.

프린스턴에서 디랙은 고등과학연구소에서 일하고 있었다. 당시 그 연구소는 파인 홀 안에 있었다. 그와 파인 홀의 동료들은 나소 거리의 한 수수한 식당에서 즐겨 식사를 했는데, 식당은 대학교 건물들의 반대편 쪽 거리에 있었다. 교수들이 즐겨 찾는 곳은 볼티모어 데어리 런치Baltimore Dairy Lunch였다. 그 지역에서 볼트Balt라고 불린 그곳은 싼 가격에 괜찮은 음식을 제공했지만 오직 백인 고객만을 상대했다.

디랙이 같이 식사하길 좋아했던 동행은 새로운 동료 유진 위그너였다. 그 정중한 헝가리인은 현대 양자역학을 프린스턴에 소개하는 사명을 수행하고 있었다. 대단한 짠돌이였던 그는 방 두 개짜리 집에 찾아온 손님들한테 가구를 마련하는데 25달러도 안 들었다고 떠벌렸다.[19] 디랙이 프린스턴에 도착하던 그날, 위그너도 파인 홀의 다른 어느 동료도 점심을 먹을 여유가 없었기에, 디랙은 혼자 5분 동안 걸어서 도심으로 갔다. 그런데 막상 식당, 아마도 볼트에 들어갔더니 위그너가 한 여성과 함께 앉아 있었다.[20] 말끔하게 단장하고 위그너보다 조금 어려 보이며 깔깔 잘 웃던 그녀는 위그너와 조금 비슷해 보였다. 얼굴이 위그너처럼 길고 각이 진 모습이었다. 위그너와 마찬가지의 센 억양으로 어눌한 영어를 구사했지만, 위그너처럼 수줍은 면은 전혀 없었다. 그리고 긴 검정색 파이프를 이용해서 담배를 피웠다.

그 여자는 위그너의 여동생 마르깃Margit인데, 친구들과 가족은 맨시Manci라고 불렀다. 그녀는 식당으로 들어오는 여위고 허약해 보이는 젊은 남자의 모습에 흠칫 놀랐다. 그녀가 나중에 기억한 바에 의하면, 그 남자는 슬프고 당황해하는 길 잃은 사람 같았다고 한다. '저 사람 누구에요?' 그녀가 오빠에게 물었다. 위그너의 대답인즉, 저 사람이 바로 그 마을에서 제일 유명한 인물에 속하며 지난해 노벨상 수상자라고 했다. 덧붙여서 디랙은 혼자 먹기를 좋아하지 않는다고 하자 그녀는 물었다. '그러면 합석하자고 물어보지 그래요?' 그렇게 해서 시작된 점심 식사가 디랙의 삶을 바꾸었다. 그녀의 성격은 디랙과 달라도 너무 달랐다. 그가 과묵하고 침착하고 객관적이고 냉철한 정도만큼 그녀는 수다스럽고 충동적이고 주관적이고 열정적이었다. 디랙이 좋아하는 외향적인 유형의 여자였다. 둘은 가끔 저녁도 먹었지만 공식적으로 데이트를 하지는 않았다. 아마도 프린스턴에 머물고 있던 로 가모프 때문에 신경이 쓰여서 그랬던 듯하다. 그녀는 아내를 철석같이 믿었던 남편이 디랙을 보살피라면서 남겨두고 떠나서, 혼자 있던 상태였다.[21] 하지만 그 문제는 부차적이었다. 그는 파인 홀에 있는 연구실 그리고 나소 스트리트 근처의 가로수 우거진 거리에 있는 큰 저택의 셋방에서 대부분의 시간을 연구에 몰두했다.[22] 동료들이 아는 한, 비록 여성에게 관심을 보였다 하더라도 그는 고자일 가능성이 높았다.

***

파인 홀에서 디랙의 연구실은 아인슈타인과 같은 복도에 있었다. 둘의 연구실 사이에는 위그너의 연구실 하나밖에 없었다. 아인슈타인은 마을에서 가장 유명한 명사였다. 그와 아내는 1933년 10월에 그곳에 도착해서 한 공동주택에 살다가 아담한 독채 주택에 정착했는데, 그 집은 도심에서 걸어서 5분 거리인 머서 스트리트Mercer Street에 있었다. 아인슈타인은 그 동네를 가리켜 '죽마를 탄 자그마한 반신반인들이 사는 진기하고 예스러운 마을'이라고 불렀다.[23] 안식처에서 지내게 되어 감사하면서도 '다른 곳의 모든 이들이 힘겹게 사는 데 반해 자신은 그런 평온 속에서 사는 것이 부끄럽기도' 했지만, 새로운 터전에는 인종차별이 없지 않았다. 그는 이 문제를 프린스턴의 가장 유명한 아들인 폴 로브슨Paul Robeson(프린스턴 출신의 성악가수이자 영화배우

—옮긴이)과의 만남에서 상의했을지 모른다.[24]

당시 마흔넷이던 아인슈타인은 나이보다 늙어 보였다. 그는 수수한 레인 코트와 양털 모자 차림으로 마을을 어기적대며 다녔는데, 보행자들과 눈을 마주치지 않으려고 애썼다. 특히 자신을 알아보는 사람들을 더욱 피했다.[25] 그가 파인 홀에 처음 도착하던 날 신문기자들과 수백 명의 군중들이 도서관 창을 통해 그를 보겠다고 몰려들었다. 대학 당국은 뒷문을 통해 그를 몰래 들여보냈다가 내보내야 했다.[26]

베블런과 동료들은 아인슈타인과 디랙이 함께 연구한다는 생각에 잔뜩 흥분해 있었지만, 곧 명백해졌듯이 그건 헛된 꿈일 뿐이었다. 둘은 서로를 존중했지만 특별한 온기가 둘 사이에는 없어서, 공동연구의 불길을 일으킬 스파크가 없었다. 둘은 같은 주제를 연구하더라도 접근법이 꽤 달랐다. 디랙은 양자론을 발전시키면서도 그 이론에 깃들어 있을지 모른다는 철학적 약점에는 귀를 닫았다. 아인슈타인은 양자론의 성공을 축하하면서도 그것을 불신했다(1935년 봄에 그는 젊은 조수 보리스 포돌스키 및 네이선 로젠과 함께 양자론의 종래 해석에 심각한 의문을 던지는 논문을 완성했다).[27] 아인슈타인이 보수적 과학자였던 반면에, 디랙은 기존에 확립된 이론이라도 언제든 내다버릴 준비가 되어 있었다. 심지어 자기가 개발에 협조했던 이론이라도 마찬가지였다. 언어가 또 하나의 장벽이었다. 영어가 서툴렀던 아인슈타인은 자신의 모국어로 말하길 좋아했는데, 디랙은 독일어 구사가 힘들었다(히틀러 정권의 독일에서 탈출한 사람들과 함께 있을 때 디랙은 독일어 사용 금지 규칙을 완화했다). 그리고 디랙은 흡연자를 꺼리는 편이었다. 하지만 아인슈타인도 11월 후반에 몇 주 동안 흡연을 포기해서 그런 장벽을 일시적으로 허물기는 했다. 흡연에 반대하던 아내한테 자신의 의지를 보여주려고 한 행동이었다. 한 이웃에게 아인슈타인은 이렇게 불평했다. '저기요, 저는 담배의 노예가 아니라 저 여자의 노예라니까요!'[28]

디랙은 안식년의 많은 시간을 『양자역학의 원리』의 제 2판을 저술하는데 썼다. 수학적으로 어려운 부분을 줄이기 위해서였다. 이렇게 해서 완성된 책은 1판의 구조를 유지하면서도 더 읽기 쉬웠다. 그럼에도 불구하고 가장 재능 있는 학생들 외에는 감히 엄두도 못내는 책이었다. 양자역학을 이용하여 실제 계산을 하고 싶었던 대다수 학생들은 훨씬 더 실용적인 관점에서 쓰인 그 책을 탐독했다. 학생들로서는 양자역학의 근본적인 아름다움이 그 책보다 더 명확히 드러난 책이 없었기에, 때때로 '현대물리학의 바이블'이라는 평가를 받기도 했다.[29]

수학이 자연의 근본적인 작동 방식에 관한 진리에 이르는 왕도라고 여전히 믿었기에, 디랙은 프린스턴에서 많은 날들을 바쳐서 수학을 더 깊게 연구했다. 덕분에 전자에 관한 자신의 방정식을 작성하는 새로운 방법을 찾아냈다. 전자의 행동을 표준적인 유클리드 기하구조(여기서는 삼각형의 세 각의 합이 180도이다)가 아니라 네덜란드 수학자 빌럼 더 시터르Willem de Sitter가 개발한 더 희한한 기하구조의 시공간 속에서 기술하는 방법이었다. 어쩌면 그렇게 하면 전자의 양자론이 일반 상대성이론과 조화를 이루게 되지 않을까? 그 결과 호화찬란한 수학 작품이 탄생하긴 했지만, 자연에 대한 새로운 통찰을 안겨주지는 못했다. 디랙은 자신의 생각(물리학은 수학을 통해 결실을 맺을 수 있다는 발상)이 생산적임을 아직 보여주지 못했다. 다른 선구적인 이론물리학자들은 그런 점에 별로 주목하지 않았다. 그들은 실용적인 입장을 취해서, 실험으로부터 단서를 얻고 기존의 최상의 이론들이 지닌 약점과 허술한 빈틈에서 무언가를 얻어내려고 했다.

이론물리학자들한테 가장 흥미로운 주제 가운데 하나는 방사성 베타 붕괴였는데, 이는 불안정한 원자핵이 저절로 고에너지 전자를 방출하는 현상이다. 1934년 초 페르미는 다시 한번 이론물리학자로서의 재능을 뽐냈다. 베타 붕괴의 양자 장이론을 처음으로 해명했고 아울러 중성미자의 역할을 더 명확하게 파악했던 것이다. 그는 원자핵이 베타 붕괴를 일으키는 과정을 수학적으로 명확히 기술해냈다. 그가 밝혀낸 바에 의하면, 중성자들 중 하나가 양성자로 변환되면서 이 양성자는 원자핵 내에 남지만, 다른 두 입자(전자 그리고 질량이 없는 중성미자)가 저절로 생성되어 방출된다. 베타 붕괴를 일으키는 원인은 약력이다. 이전에는 알려지지 않았던 이 힘은 중력이나 전자기력과 같은 낯익은 힘들과 달리 극단적으로 짧은 거리에서만 작용한다. 디랙은 페르미의 이론을 존중하긴 했지만, 그의 복잡한 원자핵 설명 방식을 따르지는 않았다. 디랙의 군건한 믿음에 의하면, 발전을 이룰 최상의 방법은 자연의 가장 단순한 입자에 집중하여 가장 아름다운 수학으로부터 영감을 얻는 것이었다. 시간이 지나면 그런 순수주의가 현명한지 판가름 날 터였다.

***

파인 홀에 있는 디랙의 동료들이 보기에, 디랙의 미친 듯 몰두하던 연구의 기세는 차츰 약해지고 있었다. 그는 오후 시간 대부분을 휴게실 두 군데서 게임을 하면서 보냈다. 각 휴게실은 옥스퍼드 대학교 최고의 휴게실 양식으로 꾸며져 있었다. 창문마다 플러시 천 소재의 커튼이 드리워졌고, 바닥에는 두툼한 카펫이 깔려 있었고, 널찍한 가죽 안락의자와 고풍스러운 탁자들이 놓여 있었다.[30] 오후의 차 마시기 시간 동안 그는 체스에서 헛되이 왕이 상대편의 졸 여덟 명을 지나갈 방법을 찾거나, 아니면 가장 좋아하는 게임인 바둑에서 동료들한테 완패를 당했다. 사실 바둑은 몇 년 전에 디랙이 맨 처음으로 파인 홀에 소개한 게임이었다.[31] 이제 그는 지적인 에너지를 가장 난해한 과학 문제로부터 오직 개인적인 즐거움이 목적인 놀이로 돌릴 만큼 느슨해져 있었다. 양자전기역학에서 막히는 바람에 사기가 꺾인 듯했다. 어쩌면 소문으로 전해지는 '노벨 병'의 희생자가 되지나 않았나 우려했을지 모른다. 노벨상 수상자가 스톡홀름에서 돌아온 이후로는 최상의 연구 업적을 더 이상 내지 못하게 만든다는 병이었다.

아이스크림소다와 랍스터가 나오는 식사를 하면서 디랙과 맨시의 우정은 깊어만 갔다.[32] 그녀는 활기찼고 마음이 너그러웠으며 말을 잘했다. 그리고 비록 영어로 적당한 단어를 찾느라 종종 애를 먹긴 했지만, 디랙을 편안하게 만들어주는 드문 능력의 소유자였다. 긴 (하지만 차츰 짧아진) 침묵 사이사이에 그는 어렸을 때의 고민, 형의 자살, 자기를 방어적으로 말이 없게 만든 독재적인 아버지 이야기를 했다. 맨시도 함께 나눌 개인적인 불행이 많았던지라, 자기는 원치 않는 아이였으며, 언니보다 덜 예쁘고, 오빠보다 지적으로 떨어진다고 토로했다. 무작정 부모 집에서 벗어나려고 그녀는 고작 열아홉 나이에 결혼을 했다. 헝가리인 남편 벌라주 리처드Balázs Richard는 알고 보니 난봉꾼이자 바람둥이였다. 결혼 생활은 8년간의 재앙이었고, 위안이라고는 아들 가브리엘과 딸 주디를 낳은 것뿐이었다. 그녀는 과감하게 이혼 절차에 들어가서, 프린스턴으로 오기 2년 전에 마침내 결혼생활의 굴레에서 벗어났다.[33] 벌라주 이후로 다른 남자들도 있었지만 누구와도 오래 가지 못해, 외롭고 충족되지 않은 삶을 이어가고 있었다.[34] 그 무렵 기분전환으로 오빠와 함께 지내고 있었는데, 아이들(부다페스트에서 여자 가정교사와 함께 있었다)한테는 크리스마스에 집으로 돌아가기로 약속해 두었다. 서른 살의 그녀는 평생 처음으로 프린스턴에서 더할 나위 없이 자유롭다고 느꼈다.

자칭 '과알못(과학을 잘 알지 못하는 사람)'인 맨시는 윤리, 도덕 및 정치에 관심이 많았다. 때로는 전문가들 앞에서도 지식을 뽐내긴 했지만, 객관성이 상당히 부족한 지식이어서 그들을 당황스럽게 만들기도 했다. 일단 결정을 내리고 나면, 그녀는 사실만으로는 좀체 마음을 바꾸지 않았다. 그녀는 머리만이 아니라 가슴으로도 생각하는 듯했다. 종교가 특히 그녀한테 고민을 안겨주었다. 열일곱 살이던 1915년까지 그녀의 가족은 성의 없이 유대교를 믿어서 1년에 두 번 유대교회에 다녔지만, 이후로 루터교로 개종했다.[35] 디랙을 만났을 무렵에는 더 이상 독실한 신도는 아니었지만 어쨌든 어떤 종류의 신을 믿기를 갈망했고, 종교를 비하하는 말을 듣기를 좋아하지 않는 편이었다. 자신의 종교는 '세상이 더 나아져야 한다'는 것뿐이라고 한 디랙의 입장이 그녀에게는 그리 달갑지 않았을 것이다.[36]

맨시는 예술의 열렬한 추종자여서, 디랙한테 음악, 소설 및 발레에 관심을 갖도록 부추겼다. 저녁이면 대공황 시기의 많은 사람들처럼, 둘은 몇 시간 동안의 무해한 현실도피를 위해 긴 줄을 서서 25센트를 기꺼이 지불했다. 둘이 본 할리우드 영화에는 신예 스타 캐리 그랜트의 작품도 아마 있었을 것이다. 당시 떠오르던 다재다능한 배우인 그는 코미디 연기와 (영국 브리스틀 억양을 철저히 숨기고) 매력적인 미국식 신사 역할을 둘 다 잘하는 재능이 있었다.

***

1934년 크리스마스 열흘 전쯤, 뉴욕 지하철을 타고 가던 중에 디랙은 뜻밖의 소름 돋는 소식을 들었다.[37] 그 도시에 간 까닭은 외투를 사기 위해서였다. 15개월 전에 탐한테 주었던 외투 대신으로 입을 옷이었다. 맨해튼의 크리스마스 군중과 소란스럽고 난폭한 교통 상황이 걱정이었던 그는 맨시가 따라가겠다고 했을 때 조금도 주저하지 않았다. 둘은 파인 홀에서 만나 프린스턴역으로 가서 뉴욕시의 펜 스테이션Penn Station행 기차를 타기로 약속했다. 파인 홀에 먼저 도착한 그녀는 잠시 디랙의 우편함을 살펴보니 국제 우편이 와 있었다. 그걸 급하게 핸드백에 넣고 나서, 미국의 쇼핑 수도에 처음 간다는 설렘 때문에 잊고 말았다. 덜컹덜컹 삐걱삐걱 도심의 상점들로 향하는 뉴욕 지하철 객차에서 디랙 옆에 앉아 있을 때, 그녀는 손수건을 꺼내려고 핸드백을 열었다가 봉투를 보고 디랙에게 건넸다. 케임브리지에 있는 안나 카피차가 보낸 것인데, 그냥 안부 편지가 아니었다. 타자기로 친 편지는 한 쪽 분량이 약간 넘었다. 디랙이 그녀를 돌아보며 놀라운 소식을 알렸는데, 소련 정부가 모스크바에 있던 표트르 카피차를 억류했다는 내용이었다.

안나는 필사적이었다. 편지에서 그녀는 남편의 억류는 '끔찍한 타격이며, 평생 겪은 일 중 아마도 가장 심각한 사태'라고 하면서, 디랙에게 도움을 청했다.

> 그이와 러시아의 친구인 교수님께 저는 이 편지를 쓰고 있어요. 교수님은 절망적인 이 상황을 잘 아실테니까요 (…) 사람들이 이런저런 조언을 하는데, 내가 가장 바라는 일은 언론에서 이 일을 다루는 거예요 (…) 워싱턴에 있는 러시아 대사한테 편지를 한 통 보내 주실 수 있지 않을까 하는데, 그게 유일한 해결책인 것 같아요 (…)[38]

이전에 카피차는 자기야말로 러시아 국경을 아무런 제지 없이 통과할 수 있는 유일한 소련 국민이라고 자랑했다.[39] 여름 방학 때마다 소련으로 돌아가다가는 화를 자초할 거라고 동료들이 경고를 주어도 그는 비웃었다. 가모프를 포함한 다른 소련 과학자들의 망명에 발끈한 스탈린 당국은 자국의 최고급 두뇌들이 미래를 건설하는 데 일조하도록 만들겠다고 결정했다. 9월 하순 아내 및 아이들과 함께 소련에 가 있을 때 레닌그라드의 관리들이 카피차는 앞으로 일정 기간 동안 소련 내에 머물러야 하며 가족은 케임브리지로 돌아가도 좋다고 알렸다. 격분하여 카피차는 영국에 있는 케임브리지 동료들과의 끈을 놓칠 수 없다고 설득해 보았으나 허사였다. 결국 그는 모스크바로 보내져서 메트로폴 호텔의 간소한 방에서 지냈는데, 책을 읽거나 안나에게 절박한 편지를 쓰거나 산책하는 것 외에는 딱히 할 일이 없었다. 산책할 때는 늘 비밀경찰한테 감시를 당했다.[40] 러더퍼드와 외교부는 그 사건을 비밀에 부치고서, 억류가 외교적으로 해결될 수 있기를 원했다.[41] 정보부의 누구도 분명 어느 누구도 그런 일이 벌어질지 예상하지 못했다. 아무리 조사해도 MI5로서는 그가 스파이라는 확증을 찾지 못했으니 말이다.

디랙은 뉴욕 5번가의 고급 상점인 로드 앤 테일러Lord and Taylor에서 외투를 입어 보는 와중에도 계속 그 문제를 생각하고 있었다. 맨시는 의복 구입에 문외한인 디랙한테 외투 구입을 신중하게 결정하라고 무진 애를 쓰고 있었다. 아니나 다를까 판매원은 디랙한테 머리부터 발끝까지 새로 옷을 입히게 만들 기회라고 여겼다. 그래서 조심스레 맨시에게 신사분이 새 정장도 필요하지 않겠냐고 물었는데, 그녀는 미소를 띤 채 고개를 가로저었다. 필요한 것보다 더 많이 사라고 몰아세워 본들 디랙한테는 소용이 없을 것이다. 거기서 산 외투는 알고 보니 훌륭한 투자였다. 죽을 때까지 입었던 그 옷은 그가 곤경에 처한 카피차의 소식을 듣고서 평생 처음으로 정치적 행동을 하기로 작정했던 날의 기념품이 되었다. 훌륭한 외교관이 되는 데 필요한 사교술과 재치가 전혀 없다는 걸 스스로도 잘 알았지만, 카피차의 석방을 위한 미국의 캠페인에서 실질적인 조정자 역할을 맡았다.

이튿날 프린스턴에서 디랙은 인맥이 넓은 에이브러햄 플렉스너 및 아인슈타인한테서 급히 조언을 구했다. 둘은 즉시 도와주겠다고 나섰다. 디랙은 이만하면 되겠다고 확신해서 케임브리지의 안나에게 일이 '결국 잘 될 것이라고' 안심을 시켜주었다.[42] 크리스마스 휴가가 끝난 후부터 디랙은 카피차의 석방을 위한 캠페인을 시작하게 되는데, 하지만 먼저 플로리다에서 휴가를 즐기고 싶었다. 디랙은 혼자 갈 계획이었지만, 맨시는 생각이 달랐다. 새로 사귄 친구와 둘만 시간을 함께 보낼 기회라고 여긴 그녀는 헝가리에 돌아가려는 일정을 크리스마스 이후로 미루었다. 그리하여 아이들한테 한 약속을 깨고 말았다.

디랙과 맨시는 1월 초에 꽁꽁 얼어붙은 프린스턴에서 차를 몰아 플로리다의 북동 해안에 있는 따뜻한 리조트인 세인트 어거스틴St. Augustine에 도착했다. 둘이 함께 있는 지는 아무도 (아마 위그너를 제외하고) 몰랐다. 그 여행에서 둘의 관계는 플라토닉했던 것 같다. 여행 전후의 편지들을 보아도 둘은 아직 확실히 가깝지는 않았고, 서로 상대에 대한 생각이 달랐다. 그는 그녀를 좋은 동행이라고만 여겼지만, 그녀는 그를 장래의 남편감으로 보았다. 둘은 여행에서 폭풍우를 만나 피하기도 하고 지역의 여러 관광명소에도 갔다. 그중에는 농장도 있었는데, 거기서 디랙은 새끼 악어를 몇 달러에 사서 워싱턴 디시에 있는 가모프 내외한테 익명으로 부쳤다.[43] 가모프의 아내가 호텔 방에서 소포를 열자 악어가 뛰어나와 그녀의 손을 물었다. 남편이 재미도 없는 장난을 했거니 그녀는 여겼다. 가모프는 자기는 그런 장난을 절대 안 한다고 펄쩍 뛰었다. 그의 짐작에, 악어는 자기가 좋아하는 실험물리학자의 상징인데 (당시 물리학자들은 러더퍼드를 가리켜 '악어'라고 불렀다고 한다 ─옮긴이), 대단히 장난기가 심한 누군가가 보낸 것 같았다. 한 달 후 디랙이 실토를 했을 때 가엾은 악어는 시름시름 앓기 시작했고, 몇 달 후 가모프의 욕조 속에서 죽었다.

***

1935년 봄이 와도 카피차 석방 캠페인은 진척이 없었다. 케임브리지에 있는 안나의 눈에는 남의 불행을 이용해 먹는 자들이 보였다. 남편의 동료 여러 명은 카피차가 악어(러더퍼드)한테 도도하게 이맛살을 찌푸리고 다녔으니 벌을 톡톡히 받는 모습을 보기를 은근 원했다. 카피차는 엔지니어일 뿐이며, 그의 실험은 아무 성과도 없었고, 소련에 스파이 짓을 하는 대가로 경제적인 보상을 받는다는 등의 소문이 돌았다. 안나가 그 소식을 전하자 디랙은 평소답지 않게 단호한 조언을 해주었다. '그런 말 같지도 않은 허튼소리에는 조금도 신경 쓰지 마세요.'[44]

카피차의 마르크스주의 친구들은 수수방관하고 있었던 반면, 러더퍼드는 그를 석방하기 위한 캠페인을 신중히 이끌었다. 유럽 전역의 동료들한테서 조언을 구했고, 소련 관리들 및 영국 외교부 관리들과도 긴밀히 협력하면서 러더퍼드는 체면을 세우기 위한 해법을 원했다. 그는 카피차가 좋아하는 곳에서 일할 선택지를 주고 싶었지만, 그러면서도 보어에게 보낸 편지에서 카피차가 케임브리지로 돌아오고 싶으리라고 자신은 확신한다고 터놓았다. 그러면서 소련 당국이 특히 부정직하다고 불만을 표했다.[45] 카피차를 처음으로 찾아간 케임브리지 과학자는 버널이었다. 애인 마가렛 가디너Margaret Gardiner도 이때 동행했는데, 둘은 긴 오후 시간 동안 팬케이크와 캐비어 그리고 시큼한 크림을 먹으면서 카피차를 위로했고, 와인을 들이켰다.[46] '사랑해서 마음을 내주었더니 강간을 당하고 만 여자가 된 느낌이야'라고 카피차는 샐쭉했다. 그 표현은 여러 번 반복되었다.[47]

가디너는 모스크바에 관한 소감이 복합적이었다. 도시 어디에나 내걸린 거대한 스탈린 포스터와 새로운 물품이 들어오는 즉시 상점 바깥에 늘어서는 엄청나게 긴 사람들의 줄이 대비를 이루었다. 모스크바 호텔들은 익히 들었던 대로 형편없었다. 방은 열대의 무더위로 펄펄 끓었고 허름한 차림의 웨이터들이 급히 서두르는 척만 하고 있었는데, 다수는 불법적인 팁을 달라고 졸랐다. 모스크바 사람들은 솜을 채운 외투와 모피 코트로 몸을 둘러싸고 습관적으로 신는 갈로시(고무로 만든 러시아의 장화 덧신 —옮긴이)를 신고서 회색의 차디 찬 도시를 거닐었다. 가디너는 영국 좌파들의 희망사항처럼 그 나라의 희망은 대중교육에 있다고 믿었다. 수십 년이 지난 후 그녀의 회상에 의하면, 젊은 병사들의 한 소대가 겨드랑이에 공책을 끼고서 사관학교를 향해 행진하고 있었다고 한다. 여행 안내인은 이렇게 설명했다고 한다. '병사들은 문맹을 청산하고 있는 중입니다.'[48]

***

맨시가 1935년 1월 중순에 떠난 후에도 디랙이 프린스턴에서 보낸 일상은 달라지지 않았다. 매일 아침 나소 스트리트 근처의 숙소에서 나와 눈길을 걸어 파인 홀의 연구실로 가서 아침 내내 혼자 연구에 몰두한 다음, 위그너 및 프린스턴에 찾아온 특별한 손님인 벨기에 이론물리학자 아베 조르주 르메트르Abbé Georges Lemaître와 함께 늉린의 식당에서 점심을 먹었다. 그는 희곡 작가 몰리에르를 연구하는 아마추어 연구자이자, 쇼팽의 저명한 해석자이자 (가톨릭 신부가 입는) 흰색 칼라를 입는 유일한 물리학자였다. 1923년 10월에 디랙은 처음 그를 보긴 했지만, 아마 통성명을 하진 못했던 듯하다. 그때 디랙은 케임브리지에서 학업을 시작했고 르메트르는 에딩턴의 대학원생 제자 가운데 한 명이었다. 4년 후 르메트르는 우주가 아주 작은 알에서 시작했다는 개념을 과학계에 처음 도입했다. '원시 원자'가 갑자기 폭발하여 우주를 창조해냈다는 발상이었다.[49] 이와 상당히 독립적으로 러시아 수학자 알렉산더 프리드만이 아인슈타인의 일반 상대성이론을 우주 전체에 적용하고서 방정식의 수학적 해가 팽창하는 우주에 대응함을 밝혀냈다. 하지만 그의 연구 결과는 러시아어로만 발표되어 처음에는 주목받지 못했다.

우주의 탄생에 관한 프리드만-르메트르 이론은 창세기의 창조 이야기와는 어긋난 듯 보였지만, 르메트르는 개의치 않았다. 그는 성경이 과학이 아니라 구원에 이르는 길을 가르친다고 믿었기 때문이다. 과학과 종교의 대립은 '과학자한테는 무의미'하다고 말하면서 이렇게 덧붙였다. '과학자들은 사실을 중시하는 무리다.'[50] 디랙이 보기에 르메트르는 '즐겁게 대화를 나눌 수 있는 사람이며, (성직자라는 뜻의) 아베라는 이름에서 짐작되는 바와 달리 엄격하게 종교적이지는 않았다.[51] 아마도 프린스턴의 식당에서 함께 나눈 대화 덕분에 르메트르는 우주론에 대한 디랙의 관심을 다시 일깨웠다. 우주론은 전체 우주와 그 작동 방식을 연구하는 학문으로써, 곧 디랙의 주된 관심사 중 하나가 된다.[52] 당시에 디랙은 여전히 수학 및 양자물리학에 집중했는데, 낮에는 그걸 연구했고 저녁부터는 쉬웠다. 저녁 식사 후에는 맨시가 추천한 책들(가령, 『곰돌이 푸』)을 읽거나 외출을 했는데, 아마도 폰 노이만 내외와 함께 영화를 보러 나갔을 것이다.[53] 아마 맨시의 권유 덕분에 그는 음악에 훨씬 더 관심을 갖게 되었다. 그로서는 학기 중의 하이라이트는 대학 콘서트였는데, 거기서 오스트리아 거장 피아니스트 아르투르 슈나벨이 연주하는 베토벤의 마지막 피아노 소나타를 들었다. 그도 역시 히틀러 집권 하의 독일에서 탈출한 유대인이었다.[54]

맨시는 부다페스트에서 아이들과 함께 있었다. 일주일에 한 번쯤 그녀는 가늘고 긴 손가락으로 여러 페이지에 걸친 소식 및 잡담이 담긴 편지를 디랙에게 써보내, 친밀한 관계를 유지하려고 노력했다. 따뜻하고 애정 어린 편지를 받는 것에 익숙치 않았던 디랙은 끝내 이런 답장을 보냈다. '이런 훌륭한 편지를 나는 못 쓸 것만 같아요. 아마도 제 감정은 너무 빈약하고, 제가 사실에만 밝지 감정에는 어두우니까요.'[55]

맨시는 그런 말에 '크게 당황해서', 디랙에게서 연애 감정을 불러일으키려면 그녀가 더욱 과감하게 관계를 주도해야겠다고 마음먹었다.[56] 늘 감정을 숨기지 않고 드러내면서 그녀는 자기 가족 이야기를 편지에 담았고, 프린스턴에서 그의 생활을 상세하게 묻는 질문들을 왕창 던졌다. 하지만 디랙이 보내온 답장은 싸늘했다. '제 생각은 조금 덜 하시고 자신의 삶과 주변 사람들한테 더 관심을 가지세요. 저는 혼자 지내고 사람들을 별로 만나지 않는 생활에 금방 익숙해져 버리네요.'[57]

디랙은 그녀가 쓴 영어 문장의 틀린 곳 목록과 더불어 그녀의 질문 목록에 대해 건성으로 짧게 대답했다. 다시 그녀가 자기 사진을 보내자, 디랙은 고맙다고 하면서도 비판적이었다. '이 사진 별로 마음에 안 드네요. 눈이 아주 슬퍼 보여서 웃는 입과 어울리질 않아서요.'[58] 그녀가 자기가 보낸 모든 질문에 답을 하지 않았다고 투덜대자, 그는 편지들을 다시 읽고서 편지마다 번호를 매긴 다음, 자기가 무시했던 질문마다 답변을 도표로 만들어서 보냈다. 아래는 그 일부다.

편지번호	질문	답
5	왜 저(맨시)는 매우 슬플까요?	관심 갖는 일이 많지 않아서요.
5	또 누구를 제가 사랑할 수 있을까요?	제게 이 질문에 답하길 기대하진 마세요. 제가 답한다면 저더러 잔인하다고 말할 거예요.
5	제가 무척 그리워한다는 거 아시죠?	네. 하지만 어쩔 수 없네요.
6	제 심정이 어떤지 아세요?	잘 모르겠네요. 감정변화가 심하시니까.
6	저한테 무슨 감정이라도 있긴 했나요?	네. 조금.[59]

이 목록을 받은 맨시는 디랙이 자기를 조롱한다고 여겼지만, 결국에는 '꽤 재미있는' 것이라고 생각하기로 마음먹었다. 디랙은 수사적인 질문을 이해하지 못한다는 것을 차츰 알아차리자 그녀는 속이 부글부글 끓었다. '대다수 질문은 꼭 정확한 답을 해달라는 뜻이 아니었어요.'[60] 좌절감에 머리카락을 쥐어뜯었을 그녀의 모습이 선하다. 하지만 디랙의 답을 보고서 그녀는 자신의 감정을 계속 드러낼 기회라고 여겼고, 결코 뒤로 물러나지 않았다. 감정변화가 심하다는 답에 그녀는 디랙에게 답하기를, '잔인하기 분야에서 두 번째 노벨상을' 타셔야 겠다고 말했다. 강한 여자긴 하지만, 자신이 연약하고 민감한 측면이 있다는 걸 디랙이 알아주길 바랐다. '저는 한심하고 나약한 여자일 뿐이에요.'[61] 편지마다 그녀는 더 대담하게 들이댔지만 디랙은 계속 반응이 없다가, 마침내 자기가 유혹의 대상임을 확실히 깨닫자 이렇게 내뱉었다. '분명히 밝히는데, 저는 마음이 없어요. 제가 마음이 있는 척하는 건 아니지 싶어요. 이제껏 누군가를 사랑해본 적도 없어서, 좋은 감정이 뭔지도 모르겠네요.'[62]

그렇다고 뜻을 굽힐 맨시가 아니었다. 예정된 러시아 여행 동안 디랙과 동행하고 싶다고 거듭 말하는 걸 디랙이 뿌리쳤는데도, 그녀는 여름이 끝나기 전에 그를 만나기로 마음먹었다.

＊＊

카피차의 억류 소식은 소문으로 떠돌다가 1935년 4월 24일 《브리티시 뉴스 크로니클*British News Chronicle*》이라는 언론에 처음 등장했다. 곧 카피차 사건은 영국 언론에 널리 퍼졌고, 신문들은 카피차가 케임브리지에서 했던 실험들을 소개하는 긴 기사를 올렸다.[63] 기자와의 인터뷰에서 안나 카피차는 제정신이 아니었다. '이번 일로 제 남편이나 저나 정신적 고통이 너무 컸어요'라고 그녀는 탄식한 후, 극도로 예민해진 남편한테 무슨 큰일이 벌어질지 모르겠다며 걱정했다. '현재 심리 상태로 그이는 진지한 연구를 할 처지가 아니에요.'[64] 하지만 그녀의 말은 다음과 같은 카피차의 실제 고통에 비하면 약한 표현이었다. '가끔씩 나는 분노가 치밀어 올라서, 머리카락을 쥐어뜯고 고함을 지르고 싶네요.'[65] 그곳에서 카피차의 삶은 암울하기 그지없었다. 왜냐하면 모스크바 과학계의 이전 친구들 대다수는 스탈린 당국이 그를 '인민의 적'인지 여부를 공식적으로 판단해줄 때까지 그를 피하고 있었기 때문이다. 안나에게 보낸 편지에 따르면, 자신이 이룬 과학적 업적, 그리고 고분고분하게 살아온 것에 대해 조국이 해 준 보상이라고는, 그를 '개의 배설물'로 취급한 것뿐이었다. '그것도, 자기들 마음대로 형태를 찍어내는 개의 배설물로.'[66] 경찰이 편지를 가로채서 읽으리란 걸 알았기 때문에, 그는 자기를 가둬 놓는 실무자들을 비난했을 뿐 그들을 고용한 소련 체제를 비난하지는 않았다.

> 나는 진심으로 조국에 충성할 뿐 아니라 (소련의) 새로운 건설(을 위한 계획)의 성공을 철석 같이 믿어요 (…) 하지만 설령 악담을

퍼붓더라도 나는 조국이 이 모든 난관을 보란 듯이 헤쳐나갈 것이라고 믿어요. 또한, 사회주의 경제는 가장 합리적인 체제일 뿐 아니라 전 세계의 정신적이고 윤리적인 요구에 부응하는 체제라는 사실이 입증되리라고 나는 믿어요. 하지만 지금처럼 시작하는 시기의 혼란 가운데 과학자로서 내 자리를 찾기가 어렵군요.[67]

하지만 소련 정부는 카피차가 연구에 매진하게 해 주고 원하는 모든 물질적인 도움을 해 줄 계획을 세워 놓았다. 정부는 물리학 문제 연구소를 새로 지어 그를 소장으로 임명하기로 결정해놓았다. 아울러 대다수 학자들이 부러워할 정도의 급여뿐 아니라 다른 너그러운 특전도 줄 작정이었다. 가령 모스크바에 아파트를 한 채 주고 가족을 위해 크림반도에 여름 별장 한 채 그리고 신형 뷰익 자동차까지 줄 계획이었다.[68] 하지만 호텔 방의 소파에서 보자면, 카피차의 앞날은 암울하기 그지없었기에 자살까지도 고려했다. 우울함이 걷힐 때라고는 연극과 오페라를 보러 가는 것 그리고 휑한 벽에 꽂힌 아끼는 현대 미술의 컬러 복제품을 볼 때뿐이었다. 하지만 세잔, 고골Nikolai Gogol(러시아 극작가) 및 쇼스타코비치도 잠시 위안을 안겨줄 뿐이었다. 카피차는 몬드 연구소로 돌아가 다시 실험 할 수 있기를 갈망했으며, 가족 및 친구들과 함께 트리니티 칼리지에 있기를 간절히 바랐다.

카피차의 억류 소식이 영국에서 보도되던 그날 디랙은 워싱턴 디시에서 가모프 내외와 여유로운 시간을 보내고 있었다.[69] 따뜻한 봄날 셋은 비행선을 타고 45분 동안 도시 상공에 떠 있으면서 만개한 벚꽃들 그리고 루즈벨트 대통령이 논란 많던 뉴딜 정책을 밀어붙이고 있던 미국 의회 건물을 내려다보았다. 곧 디랙은 자기답지 않게 로비스트가 되어 수도의 거리를 걷게 될 것이다. 안나의 부탁을 받아들여 미국 주재 첫 소련 대사이자 스탈린의 친구인 알렉산더 트로야노프스키Alexandr Troyanovsky한테 접근할 참이었기 때문이다.

공식적으로는 워싱턴 방문 이유는 세 번 연속으로 참여할 회의 때문이었다. 거기서 디랙은 대부분의 시간을 카피차의 어려움을 호소하고 석방을 위한 청원서에 서명을 모으는 데 썼다. 디랙이 부탁한 모든 참석자들이 서명에 동참했는데, 그중에 헝가리 출신 물리학자 실라르드 레오Szilárd Leó는 잠수함으로 카피차를 러시아에서 몰래 빼내오자는 터무니없는 계획을 내놓기도 했다.[70]

디랙이 청원서를 제출하기 전에, 사전작업이 필요했다. 그는 칼 콤프턴한테 소련 대사에게 편지를 한 통 써 보내 달라고 부탁했다. 이 사람은 유명한 실험물리학자의 형제이자 MIT 총장이었다. 콤프턴은 카피차가 케임브리지에 없는 것은 '물리학자들한테는 대재앙이라고 널리 여겨지기에' 그가 돌아오면 '과학계에서 널리 환호할 것이라고' 밝혔다.[71] 편지는 통했다. 트로야노프스키는 디랙과 밀리컨을 만나겠다고 금세 동의했다. 나중에 디랙이 안나 카피차에게 설명하기로, 그가 밀리컨과 동행한 이유는 이랬다. '(그는) 소련에 조금 대립각을 세우는 사람으로 알려져 있는데, 그래야 제가 소련에 조금 우호적인 성향과 균형을 맞출 것이기 때문이에요.'[72]

***

그리하여 1935년 4월 마지막 금요일 오후 디랙은 (10여 년 동안 비사교적인 부적응자이자 세계정세에 초연한 사람이라고 알려진 사람답지 않게) 미국의 저명한 과학자-외교관과 함께 소련 대사관을 향해 걸어가고 있었다. 백악관 정북 쪽에 있던 대사관은 으리으리해 보였다. 내부 인테리어를 위해 모스크바의 미술관들이 기부해준 고풍스러운 가구, 그림 및 깔개들이 가득했다.[73] 레닌 조각상이 돋보이는 응접실에서 디랙과 밀리컨은 뾰족한 턱의 트로야노프스키와 악수했다. 그는 매력적이고 예의 발라서 워싱턴 사교계에서 인기가 많은 인물이었다. 반 시간 동안의 만남은 화기애애하고 편했다. 차 한 잔을 마시며 대사는 콤프턴의 편지를 읽고 나서야 카피차 사건을 알게 되었다고 시인했다. 하지만 자국의 가장 저명한 일부 국민이 해외로 나갔다가 다시 돌아오지 않는 일이 심심찮게 벌어져 소련이 얼마나 피해를 입는지도 알려주었다. 밀리컨이 먼저 입을 열어, 카피차의 건강이 악화되고 있으니 소련이 자국의 여론뿐만 아니라 다른 나라의 여론도 헤아려야 한다고 요청했다. 카피차의 억류가 길어지면 소련 과학자와 미국 과학자 사이의 관계도 심각한 타격을 입을 것이라는 말도 마지막으로 보탰다. 만남이 끝나갈 때쯤 디랙이 나서서 카피차의 석방을 요청했다. 다음 날 안나 카피차에게 보낸 편지에 보면 디랙은 그 자리에서 이렇게 말했다. '아주 오랫동안 만나 와서 카피차를 잘 아는데, 그 친구는 정말로 믿을 만하고 정직합니다. 소련에 돌아오겠다고 약속하고서 억류를 풀어준다면, 반드시 약속을 지킬 사람입니다.'[74] 마지막으로 대사는 소련 정부에 관심을 촉구하겠다고 다짐을 해주었다. 그래서 안나한테 한 말에 의하면, 디랙은 만남이 희망적이라고 여기고서 대사관을 나왔다.

하지만 그걸로 끝이 아니었다. 이 만남 후에도 밀리컨은 다시 대사에게 편지를 보내 자신과 디랙이 말했던 내용을 다시 전하며, 외교적 압박을 계속했다. 디랙은 마지막 청원서에 60명의 서명을 모았는데, 여기에는 아인슈타인을 포함해 미국에 있는 거의 모든 정상급 물리학자들이 망라되어 있었다. 한편 플렉스너도 모스크바 소재 미국 대사 앞으로 청원을 넣기로 했다. 미국 대사를 통해 소련 정부에 청원서를 전달하겠다는 것이다. 디랙은 안나에게 보낸 편지의 말미에 이렇게 썼다. '전 세계에서 반대 감정이 퍼져 있다는 걸 알면 소련 정부도 뭔가 조치를 취할 겁니다. 만약 그렇지 않으면, 제가 러시아에 직접 가서 무슨 수를 써서라도 카피차를 빼내 오겠습니다.'[75]

며칠 후 6월 초에 디랙은 프린스턴을 떠났다. 코펜하겐과 괴팅겐에서 보낸 결실이 풍부했던 시간들에 비하면, 이번 안식년 기간은 과학적으론 대체로 실패였다. 하지만 그럴만한 충분한 이유가 있었다. 맨시와의 관계에 시간을 꽤 투자했기 때문이기도 하지만, 이것은 카피차의 석방을 위해 애쓴 시간에 비하면 적었다. 설령 연구에 지장을 받더라도 디랙은 의형제를 몰라라 하지 않았다.

20장
1935년 봄부터 1936년 12월까지

스탈린 : 웰스 씨, 당신은 모든 인간이 선하다는 가정부터 확실히 믿는군요. 하지만 저는 사악한 인간들이 많다는 걸 잊지 않습니다.

−'스탈린과 H. G. 웰스의 대화'

《뉴 스테이츠먼*New Statesman*》, 1934년 9월 27일.

모스크바가 다시 손짓하고 있었다. 이후 넉달 동안 디랙의 일기는 비어 있었는데, 그는 대부분의 시간을 카피차와 함께 보내기로 마음먹었다. 디랙은 안나한테 보낼 편지를 비밀경찰이 읽는다는 것을, 그리고 모스크바에 있는 동안 미행을 당할 것을 알고 있었다. 그녀에게 이렇게 말했다. '모스크바에서 나를 미행하는 사람은 아마 꽤 오래 걸을 겁니다.'[1]

디랙과 탐은 원래 그해 여름을 카프카스 산맥에서 하이킹과 등산을 하면서 보낼 작정이었다. 특히 디랙은 그 부근에서 생산성이 높은 공장 한 곳과 소련 공학 기술의 가장 자랑스러운 성취인 드네프르 강 수력발전소를 보고 싶었다. 하지만 안나가 그 여행을 취소하고 남편을 보살펴달라고 부탁하자, 디랙은 계획을 밀쳐놓고 그녀와 남편을 돕겠다고 나섰다. '뭐든 할 준비가 되어 있어요.'[2] 그는 모스크바에 가기 전에 일단 버클리에 들렀다. 거기에 있던 오펜하이머가 보기에 디랙은 어느 때보다도 물리학 이야기를 꺼내지 않았다. 오펜하이머가 두 학생에게 이 영국 손님이 그의 연구를 바탕으로 정립된 양자 장이론에 관해 학생들의 생각을 들어보고 싶다고 알리자 둘은 한껏 의기양양해졌다. 45분간 진행된 발표 동안 디랙은 한마디도 하지 않았다. 세미나가 끝난 후 둘은 디랙의 예리한 발언 때문에 긴장하기도 했지만, 곧 긴 침묵이 흐르고만 있었다. 마침내 디랙은 침묵을 깨면서 이렇게 물었다. '우체국이 어디 있죠?' 둘은 우체국까지 바래다준 다음에 세미나 내용을 어떻게 생각하는지 한 말씀을 해달라고 했다. 디랙은 이렇게 말했다. '저는 한번에 두 가지 일은 못합니다.'[3]

1935년 6월 3일 오후 디랙은 오펜하이머한테 작별인사를 고하고 일본 배 MS 아수마 부라Asuma Bura에 올랐다.[4] 개인 선실에 들어박혀, 안개를 뚫고 (절반쯤 지어진 금문교를 바라보면서) 샌프란시스코를 거쳐 일본과 중국까지 간 다음 소련으로 갈 작정이었다. 한편 맨시는 부다페스트에 죽치고 있으면서, 자신의 첫차가 오기를 기다리고 있었다. 육기통짜리 메르세데스 벤츠로, 아버지가 사준 것이었다.[5] 그녀는 디랙한테 여행의 마지막 코스로 부다페스트에 자기를 만나러 와달라고 했다. 또한 자기가 낸 질문에 답하지 않았다고 불평했더니 디랙은 또다시 도표로 답을 보내왔다.

예쁜 여자랑 탁구를 친 적이 있나요?	딱 한 명 있어요. 승객들 대다수는 일본인인데, 일본 여자는 탁구를 안 합니다.
추파를 던졌나요?	아뇨. 그녀는 너무 어렸거든요(15살). 하지만 제가 그랬더라도 신경 쓰지 마세요. 당신한테 배운 것을 마음껏 실천하면 안 되나요?
왜 그렇게 비아냥거리세요?	미안해요. 하지만 어쩔 수 없네요.[6]

미국에서 배에 오른 지 6개월 후 디랙은 모스크바 기차역에 도착했다. 주변 분위기에 간디처럼 무관심한 디랙조차도 분명 두 도시의 뚜렷한 대조에 몹시 놀랐을 것이다. 프린스턴은 초여름 공기가 상쾌했지만, 소련의 수도에는 계란이 썩는 듯한 냄새가 진동했던 것이다. 그 도시는 사년 전에 보았던 도시가 더 이상 아니고 역한 냄새가 진동하는 혼잡한 대도시였을 뿐이다. 극작가 유진 라이언스Eugene Lyons는 이렇게 묘사했다. '끈적끈적 흘러나오는 (모스크바의) 똥색 사람들은 흉측하지는 않지만 굉장히 꾀죄죄하고 허름하고 칙칙하다. 찌든 가난, 더러운 짐 꾸러미, 퀴퀴한 의복의 냄새와 색깔.'[7] 디랙은 거기에서 잠깐만 머물렀다. 그 도시에서 남쪽으로 50여km 떨어진 볼셰보Bolshevo 마을에 있는 근사한 카피차의 다차Dacha(여름별장)에서 대부분의 시간을 보냈다. 카피차는 영국인 친구를 만나기를 고대하고 있었지만, 아내에게 보낸 그의 편지를 보면 디랙의 애정의 강도를 충분히 느끼지 못하는 듯했다. 하지만 디랙이 도착한 다음 날 카피차는 마음을 바꾼 것 같았다. 아내에게 보낸 편지는 이랬다.

> (우리는) 여기에 탐과 함께 와서 산책도 하고 보트도 타고난 다음, 줄곧 이야기를 나눴어요. 이전까지는 누구와도 즐거운 시간을 갖지 못한 채 지냈어요. 디랙이 정말 잘 해줘서 정말 훌륭하고 진실한 친구라는 걸 느낄 수 있었지요. 온갖 이야기를 다 했는데, 덕분에 아주 기분이 좋아졌고요. (…) 디랙이 와주었기에 내가 케임브리지에서 누렸던 평판과 대접이 다시 새록새록 기억났는데 (…)[8]

두 친구는 거의 3주 동안 함께 쉬었다. 하지만 카피차의 울적한 기분은 나아지지 않았다. 소련 당국이 무슨 이유에선지 물리학자 드미트리 이바넨코를 유배 보냈다는 소식을 들었기 때문이다.[9] 흔히 벌어지는 사태였지만, 아무도 감히 스탈린의 정책을 공개적으로 문제 삼지 못했다. 카피차는 물리학을 포기하고 연구 분야를 생리학으로 바꿀까 생각 중이었다. 러시아의 가장 원로 과학자로서, 노년이었지만 활발히 활동하는 이반 파블로프와 함께 연구할 수 있다는 기대 때문이었다. 자신의 수수한 언어 능력의 범위 내에서 디랙은 카피차의 기분을 북돋우려고 애썼고, 보답으로 카피차는 (디랙과 맨시와의 관계를 까맣게 모르고서) 둘이 만난 적 있는 젊은 여자한테 디랙이 관심을 갖게 만들려고 애썼다. 예쁘고 영어를 잘 구사하는 여학생이었지만 디랙은 관심을 보이지 않았다.

소련에 머무는 동안 디랙은 트리니티 칼리지의 생리학자 에드거 에이드리언Edgar Adrian과 다른 영국인 동료들을 만났다. 러더퍼드의 부탁을 받고서 카피차의 상황과 건강 상태를 알아보러 온 사람들이었다. 이 방문을 소련 당국이 허락한 까닭은 아마도 자신들이 유연함을 보여주기 위해서였던 듯하다. 하지만 에이드리언과 동료들이 카피차를 만나고 있을 때, 주사위는 던져졌다. 카피차가 케임브리지로 돌아가는 것이 최종적으로 금지되었으며, 그에게 남은 최상의 선택지는 자신을 위해 마련된 새 연구소에서 일하는 것뿐이었다. 9월 초에 모스크바를 떠날 때 디랙은 첫 번째 외교전에서 패배했음을 절감했다. 앞으로 가장 친한 친구 없이 케임브리지에 사는 것에 익숙해져야 했다.

여행의 마지막 단계가 그러한 실망감을 날려줄 해독제가 되었다. 부다페스트에 가서 맨시를 만났던 것이다. 그녀는 한 아파트에서 아이들과 지내고 있었다. 그 집은 한때 프리드리히 대공의 집이었으며, 버치야니 공원 맞은편에 있는 부모의 화려한 저택에서 지척이었다. 이곳은 풍요의 세계였다. 근사한 음식, 진귀한 의복, 성실한 하인들과 응접실에서 열리는 가정 콘서트가 있었다. 디랙의 수수한 성장 배경과는 전혀 다른 세상이었다. 맨시는 물질적인 편리함을 당연히 여기긴 했지만, 불행함을 느꼈고 부모에게서 벗어나길 갈망했다. 부모는 손님으로 온 영국인이 추레한데다 헝가리어는 한 마디도 못하는 것을 보고서 깜짝 놀랐다. 디랙에 관해 전혀 몰랐고, 게다가 야단스럽고 외향적인 딸이 그런 소심한 남자를 고르리라고는 예상치 못했다. 하지만 이내 디랙을 좋아하게 되었다. 맨시와 디랙은 9일 동안 함께 오붓이 지내면서 그녀의 새 차로 드라이브도 다니고 관광도 하고 유명한 실내 대중목욕탕에 몸을 담그기도 했다.[10] 디랙은 케임브리지에 돌아와서 맨시에게 편지를 보냈다. '헤어질 때 정말 슬펐어요. 지금도 그리움에 마음이 사무치고요. 왜 이런지 모르겠네요. 보통 나는 누군가와 있다가 헤어져도 그립거나 한 적이 없는데 말이에요. 우리가 함께 지낼 때 당신이 나를 이렇게 망쳐 놓은 것 같네요.'[11]

맨시는 상황이 잘 풀리고 있다고 느꼈다. 하지만 3주 후 그녀의 마음은 다시 무너져 내렸다. 미답변 질문에 대한 디랙의 마지막 답변 도표의 최종 항목을 읽고 나서였다. 그녀의 질문 '제가 조금은 그립나요?'에 디랙은 이렇게 대답했다. '가끔은요.'[12]

***

1935년 초가을에 영국으로 돌아왔을 때, 그 나라는 여전히 실업으로 망가져 있었고 히틀러의 과감한 재무장, 동아프리카에서 무솔리니의 무력시위 그리고 일본의 만주 점령 등의 사태로 두려움이 팽배했다. '나라도 나서서 중부 유럽의 정치인들을 죽이고 싶어요.'라고 맨시는 씩씩댔다.[13] 곧 디랙은 다시 케임브리지의 일상으로 돌아갔지만, 설렘은 사라지고 없었다. 양자전기역학을 포기하진 않았지만, 아무런 성과가 없었다. 디랙은 혁신이 필요하다고 생각했지만, 이제 서른셋인 자신은 그 선구자가 되기에는 너무 늦지 않았는지 자문했다.

러더퍼드는 카피차의 모든 실험 장비를 물리 문제 연구소에 보내는 문제를 소련 당국과 협상했다. 카피차가 그곳에서 모든 실험을 새로 시작할 수 있도록 해주기 위해서였다. 안나는 디랙을 카피차의 아들들의 후견인으로 삼았고, 디랙은 이 책무를 진지하게 여겼다. 주말마다 낡아빠진 차로 아이들에게 드라이브를 시켜주었고 11월 5일에는 아이들을 위해 첫 불꽃놀이 쇼를 펼쳐보였다.[14] 이때는 디랙에게 좋은 시절이었지만, 더 깊어질 외로움에 마음의 준비를 하고 있었다. 블랙킷 내외는 런던으로 떠났고 채드윅은 리버풀로 월턴은 더블린으로 떠났는데, 이제 카피차마저 영원히 보지 못하게 되었다. 디랙은 많은 사람들이 여겼듯 자족적인 은둔자가 아니었다. 스스로도 알았듯이, 누군가가 곁에 있어야 했다. 맨시는 적극적으로 다가왔지만, 디랙은 그녀의 그런 적극성이 조심스러웠다. 11월의 어느 늦은 밤 디랙이 잠자리를 준비하는데 그녀가 전화를 걸어왔을 때 디랙의 마음이 분명히 드러났다.[15] 그녀는 뜻밖의 전화를 받으면 디랙이 좋아할 줄 알았지만, 그는 화를 냈고 겁을 먹었다. 대학교 전화 시스템은 교환수가 둘의 어색한 대화를 들을 수 있게 되어 있다고 디랙은 그녀에게 퉁명스레 말했다. 이후 보낸 편지에서 그는 세금징수원의 어조로 의사소통은 편지로 하면 충분하다고 밝혔다. 그녀는 즉각 답장을 보내 디랙의 은밀한 태도를 자신이 어떻게 여기는지 밝혔다. '어처구니없는 짓'이라고.[16]

이런 일을 겪으며 디랙은 안절부절 못하게 되었다. 프라이버시가 간절히 필요한 자신을 공감해주지 않는 사람과 디랙이 함께 살 수 있을까? 부모처럼 불행이 가득한 결혼의 한 당사자가 되고 싶지는 않았을 것이다. 두 달 전비가 줄곧 내리던 브리스틀의 부모 집에 갔다가, 목격한 불쾌함이 디랙의 마음을 짓누르고 있었다.[17] 아버지와 어머니는 말다툼과 상호비방의 승자 없는 막바지 싸움을 지겹게 이어가고 있었다. 이혼은 모태 가톨릭 신자인 아버지로서는 아예 선택지가 아니었지만, 조지 버나드 쇼의 『결혼하기』를 읽고 나서 저자의 다음 권고에 공감했을 가능성이 높다. '이혼을 결혼만큼 쉽고 저렴하고 사적인 것으로 여겨라.'[18] 아버지가 만약 이혼하자고 했으면 어머니는 환영했을 테지만, 그녀로서도 매우 수치스러운 일이었을 것이다. 그래서 둘은 서로가 족쇄인 불행한 삶에 묶인 채, 더 많은 말다툼 외에는 아무런 희망도 없이 살고 있었다. 어머니가 아들에게 들려준 말에 의하면, 그녀의 즐거움은 오로지 긴 산책, 공원에 혼자 앉아 있기 그리고 새로 생긴 브리스틀 선박애호자 협회의 모임에 나가는 것뿐이었다. '내 삶은 어쨌든 엉망진창이구나.'라고 그녀는 썼다. 이어서 자신을 탓하며 이렇게 덧붙였다. '뿌린 대로 거두는 법이지.'[19]

어머니는 아들의 연구에 일시적인 흥미밖에 갖지 않았던 반면에, 아버지는 그걸 이해하려고 애썼다. 아버지는 도서관에서 정기간행물을 뒤져서 양자론을 다룬 읽기 쉬운 글들을 찾았다. 어려운 전문적인 글을 그대로 옮겨 적으면서 내용을 조금이나마 흡수하기를 바랐다. 그런 식으로 찾은 내용을 작은 빨간색 공책에 적어 두었는데, 공책의 앞쪽 표지에는 5센티미터 높이의 문자 P가 적혀 있었다.[20] 종잡을 수 없는 참고문헌들과 이론들이 나오는 공책의 기록은 관심은 많지만 어리둥절해하는 아마추어의 가슴이 미어지는 기록이다. 그는 간절히 이해하고 싶은 학문 분야를 전혀 이해할 수가 없었다. 류머티즘에 걸린 손으로 아버지는 아들에 관한 최대의 칭찬 글을 적어 두었는데, 아들에 대한 가장 너그러운 마음이 표현된 글이었다. '**디랙은 독창성 덕분에 이 분야에서 동시대인들 가운데서 가장 독보적이다.**' '새로운 입자들'에 관한 크로우더의 기사 요약을 제외하면 아버지는 에딩턴이 쓴 양자역학에 관한 재미있고 읽기 쉬운 설명이나 다른 저명한 대중과학 작가의 글은 전혀 다루지 않았다. 아마도 아들은 아버지한테 조금도 도움이 되지 않은 듯하다.

브리스틀은 평생교육의 전통이 깊었기에, 시민들이 새로운 과학의 내용을 접하기가 쉬웠다. 디랙에게 양자론을 처음 소개했던 아놀드 틴돌Arnold Tyndall이 브리스틀 대학교가 마련한 야간 과학 강좌의 인기 강사였다. 한 강의에서 어떤 남성 학생이 상냥한 틴돌의 눈에 들어왔다. 다른 학생들보다 훨씬 나이가 많은 그 사람은 늘 앞줄에 앉아서 꼼꼼히 필기를 했다. 마지막 강의가 끝났을 때 그는 틴돌한테 다가와 고마움을 전했다. '정말 좋은 강의였습니다. 제 아들도 물리학을 하지만 저한테는 아무것도 알려주질 않았거든요.' 그 학생이 바로 디랙의 아버지였다.[21]

1935년 이른 여름에 베티는 프랑스어 교육과정을 마쳤는데 성적은 학급에서 바닥권이었다. 그래서 죽은 오빠 펠릭스와 마찬가지로 3등급 학위를 받았다.[22] 그녀는 비서가 되어서 최대한 빨리 브리스틀을 벗어나고 싶었다. 이제 아버지는, 어머니가 아들한테 알리기로, 피셔 부인과 드러내놓고 만나고 다녔다. '그이가 그 여자한테 가서 살면 좋겠다. 사람들은 둘이 아주 붙어 다닌다며 나한테 알려주는구나 (…) 신혼 때부터도 늘 여자가 있던 양반이란다. 베티 말로는 그게 프랑스식이라는구나.'[23]

또 한 번의 홀로 지중해 여행을 준비 중이던 어머니는 딸이 독립해나갈 것을 눈치챘다. 몇 주 후 딸은 잠시 런던으로 거처를 옮겼는데, 어머니에게 연락할 주소를 남기지 않았다. 하지만 먼저 베티는 여름 방학 동안 아버지와 함께 사전답사를 갔다 왔고 어머니한테는 비밀로 했다. 둘은 한 무리의 가톨릭 성직자들과 함께 프랑스 피레네 산맥에 있는 루르드Lourdes로 순례를 떠났다. 질병을 치료하려고 기적의 물이 난다는 그곳에서 목욕을 하러 갔던 것이다. 딸은 자기를 위해 기도해주겠지만 아내와 아들은 기껏해야 자신의 운명에 무관심할 것을 찰스 디랙은 잘 알고 있었다.

***

디랙은 아마 아인슈타인처럼 대학원생의 지도교수를 맡지 않았더라면 가장 행복했을 것이다. 1935~36년 학기까지는 그렇지 않았다. 그때 디랙은 처음으로 공식적인 연구 지도교수가 되었다. 보른이 교수직을 제안받고 에든 버러로 가면서 남긴 두 학생을 맡게된 것이다.[24] 디랙은 파울러한테 있었던 능력이 거의 전무했다. 제자의 수준에 맞게 문제를 설정하고, 연구 초기 단계부터 연구 의욕을 북돋우고 지지해주는 능력이 없었다. 디랙은 자기 임무라고는 제자들에게 흥미로운 이론적 개념을 짚어주고 제자들이 내놓은 연구 결과를 검토해주는 것이라고 믿었다. 거의 모든 주도권을 학생한테 맡기자는 생각이었다. 케임브리지 당국이 알기로, 가장 총명하고 가장 독립적인 성향의 학생들만이 그런 시스템에서 성공할 수 있었다. 디랙도 그걸 알았기에 제자를 모으는 일에 관심이 없었다. 하지만 매우 총명한 여러 젊은 인재들이 디랙의 안내를 원했다. 가령 인도인 수학자 해리시 찬드라Harish Chandra와 파키스탄인 이론물리학자 압두스 살람Abdus Salam이 대표적이다. 두 사람처럼 디랙의 훌륭한 제자들 중 대다수는 외국인이었다.

디랙은 제자들이 이론물리학의 최신 발표 내용을 따라가면서 실험물리학자의 최근 발견 내용도 주목하라고도 권했다. 새로운 실험 결과의 진실성에 대한 그의 믿음은 1935년 가을에 시작된 한 사건 때문에 크게 흔들렸다. 디랙이 듣기에, 시카고의 실험물리학자 로버트 센클랜드Robert Shankland가 에너지 보존 법칙이 위반될 때가 가끔 있다는 증거를 찾았다고 한다. 과학의 가장 근본적인 원리가 깨진다는 것이다. 광자가 다른 입자들에 의해 산란될 때, 입자들의 총 에너지가 충돌 전과 후에 달라지는 현상을 발견했다고 그는 주장했다. 실험보다는 수학에 이끌리는 성향에도 불구하고, 디랙은 임박한 혁명의 냄새를 맡고서 12월에 탐에게 보낸 편지에서 센클랜드의 발견이 지닌 중요성을 설파했다.[25] 첫째, 중성미자가 더 이상 필요하지 않게 된다. 왜냐하면 파울리는 그 입자의 존재 이유를 전적으로 에너지 보존 법칙에 두었기 때문이다. 둘째, 더 중요한 이유를 대자면, 센클랜드의 실험은 빛에 관한 것이므로 그의 결과는 입자들이 광속에 가까운 속력으로 충돌할 때면 언제나 에너지가 보존되지 않음을 알려주는 것일지 몰랐다. 만약 그렇다면, 비교적 느리게 운동하는 입자들에 적용되는 양자역학의 기본적 이론은 유지하고, 양자전기역학처럼 양자역학의 상대론적 확정 버전은 버려야 할 터였다. 며칠 후 카피차 클럽에서 (창시자가 없는데도 여전히 열렸던 모임에서) 디랙은 센클랜드의 결과가 지닌 의미에 대해 세미나를 열었다. 대다수 물리학자에게 그 실험은 미심쩍어 보였기에, 후속 실험들에 의해 그 결과가 검증될 때까지 기다리는 편이 현명해 보였다.[26] 하지만 디랙은 기다릴 수 없었다. 1936년 1월, 그는 센클랜드 실험의 의미를 방정식이 없는 짧은 논문에 담아 《네이처》에 발표했다. 전체 과학계에 그 결과에 관한 자신의 견해를 밝힌 것이다. 만약 센클랜드가 옳다면, 양자전기역학은 폐기되어야 할 것이며 아울러 디랙은 '대다수 물리학자들은 그것의 종말에 아주 흡족해할 것이다'[27]라고 덧붙였다. 상대론적 양자역학 및 장 이론의 발견자 중 한 명한테서 나온 이 말은 충격적이었다. 하이젠베르크는 디랙의 생각을 '헛소리'로 치부했다.[28] 아인슈타인은 기쁨을 감추지 못했다. '진정한 전문가가 나서서 끔찍한 양자전기역학의 폐기를 주장하니 나는 아주 기쁘다네.'[29] 슈뢰딩거는 양자론에 관한 종래의 해석에 환멸을 느끼고 있던 터라 디랙이 불평분자 대열에 합류한 것을 반겼다.[30] 보어는 이미 1924년에 에너지가 모든 원자핵 과정에서 보존되지 않을지 모른다고 처음 제안했던 사람이었는지라 공식적으로는 덜 비판적이었지만, 그래도 센클랜드의 실험 결과를 곧이곧대로 믿지는 않았다.[31]

런던의 블랙킷을 포함해 실험물리학자들이 다른 일은 제쳐두고 계획을 변경하여 센클랜드의 주장을 조사할 실험 프로젝트에 착수했다. 몇 달이 지나자 센클랜드가 틀렸으며 에너지는 늘 그랬듯이 보존된다는 것이 확실해졌다. 틀린 발표를 믿었던 디랙은 큰 충격을 받았다. 1년 후 그는 블랙킷에게 이런 후회의 편지를 보냈다. '센클랜드 이후로 뜻밖의 실험 결과는 전부 미심쩍게 느껴져. 다짜고짜 믿기 전에 추가 실험을 통해 해당 결과가 뒤집어지지 않는지 1~2년쯤 기다려야 할 것 같아.[32] 새로 발표된 흥미로운 관찰 결과를 믿는 디랙의 성향은 이후로 완전히 바뀌었다.

***

디랙이 맨시와 그녀의 아이들과 함께 오스트리아와 헝가리에서 비밀 크리스마스 휴가를 한 번 더 보내고 나자, 결혼은 이제 코앞에 다가왔다.[33] 하지만 디랙은 확정을 내리지 못하고 있었다. 아무도 그의 마음속 고통을 몰랐다. 다들 디랙이라는 사람은 사색형이고, 금욕주의의 왕자이며 묵묵히 자기 연구만 한다고만 여겼다. 하지만 그는 겉보기처럼 차갑고 초연하지 않았다. 그의 벽난로 선반 위에는 수영복을 입은 맨시의 사진이 놓여 있었지만, 아무도 그걸 몰랐다. 연구실 문에 누군가 노크하면 그는 사진을 내려서 서랍에 숨겼다. 디랙이 일하고 있으리라고 많은 동료들이 여길 때 그는 슬쩍 빠져나가 미키마우스 영화를 보고 있거나, 자신의 새 차로 카피차의 아이들을 드라이브 시켜주거나 T. E. 로렌스의 『지혜의 일곱 기둥Seven Pillars of Wisdom』을 읽고 있었다. 디랙이 자신을 더 잘 알게 만들려고 맨시는 올더스 헉슬리의 『연애 대위법Point Counterpoint』을 읽어보라고 권했다. 소설의 등장인물인 필립 퀼스 Philip Quarles가 디랙을 닮았다고 여겼기 때문이다. 그 인물은 똑똑하고 고독하고 정서적으로 '이방인'이며 '침착하고 초연하며 냉랭한 침묵 속에 잠긴' 사람으로 묘사되어 있다.[34] 유사점을 찾지 못한 디랙은 맨시에게 이렇게 썼다. '내가 정말로 필립 퀼스랑 비슷한지 잘 모르겠네요. 왜냐하면 부모가 나랑 다른 사람이니까요.' 아마도 무의식적으로 부모가 자신의 정체성에 미친 중요성을 드러낸 말이다.

디랙은 잠들기 전, 그러니까 '당신을 생각하기에 가장 좋은 시간에' 맨시에게 편지를 썼다. 일 이야기는 하지 않았고 그녀도 묻지 않았다. 동료들도 거의 언급하지 않았는데, 런던에서 보어 내외를 만나기 직전이었던 2월에는 예외였다.[35] 곧 맨시는 디랙이 편지마다 그 나이 든 친구한테 갖다 바치는 찬사에 신물이 났다. '보어, 보어, 보어'라고 그녀는 지루해 했다. 디랙은 이런 볼멘소리에 대단히 민감해서 자기가 존경하는 동료들에 대한 칭찬의 목소리를 낮추어야지만, 그녀의 발끈하는 시샘을 가라앉힐 수 있겠다고 말했다.[36] 그가 눈치 있는 사람인지 여부는 맨시가 그를 보고 싶어한 부활절 휴가 직전에 다시 한번 시험대에 올랐다. 디랙은 이렇게 둘러댔다. 여러 달 동안 못 뵌 부모를 만나러 가야 한다는 의무감을 느낀다고. 문제는 그가 브리스틀에 갔다 온 후에는 그녀를 만나러 갈 알맞은 심리 상태가 아니라는 것이었다.

> 친가에 들르고 나면 제 상태가 확 달라집니다. 내가 즐겁자고 뭔가를 하기가 어려워져요. 당신 생각을 하는 것도 아마 어려워질 텐데 (…) 나는 원할 때면 언제든 당신을 떠올릴 수 있어요. 저처럼 똑같이 당신도 그렇게 하면 되지 않을까요? 상상력을 이용해서요 (…) 그리고 하루 이틀 만나서는 소용이 없을 거예요. 알다시피 만나서 하루 이틀째는 제가 당신에게 친절하지 못하니까요.[37]

디랙은 그녀에게 이해해달라고 했다. 줄리어스 로드 6번지에 들어설 때마다 자기를 엄습하는 마비 증세를. '이걸 이해 못하면 저를 결코 이해하지 못할 거예요.'[38] 하지만 맨시는 전혀 공감하지 않았다. 이기적이라고 그녀는 쏘아붙였다. 그녀는 상상력을 키울 마음이 없었다. 그녀는 하늘의 별을 따달라는 게 아니었다. 다만 육체를 지닌 자신의 남자를 보고 싶었을 뿐이다.

> 자기 관점에서만 생각하시네요. 우리는 많이 달라요. 당신은 다행스러운 상황에 있으면서도 사람들을 돕거나 행복하게 만들 생각은

하지 않잖아요. 어려운 일도 아닌데 … 정이 조금 떨어지려 그래요.[39]

그녀의 작전이 통했다. 부활절 직전 디랙은 며칠 동안 브리스틀에 갔다가, 며칠 동안 회복의 시간을 가진 후 부다페스트에 맨시를 만나러 갔다. '우리가 함께 있는 것보다 더 행복한 순간을 상상할 수는 없어요'라고 그녀는 썼다. 여행이 매우 즐거웠던지, 그는 여행을 갔다오고 나니 '여자들이 있는 데는 아무런 관심이 없어졌노라고' 그녀를 안심시켰다.[40]

부활절이 끝난 후 세인트 존스 칼리지의 동료들은 까맣게 탄 디랙의 얼굴을 보고 깜짝 놀랐다. 어디 있었느냐고 묻자 그는 '유고슬라비아'라고 대답했다.[41] 디랙의 비밀연애의 첫 번째 희생자는 진실만을 말하던 그의 양심이었다.[42]

***

1936년 6월 첫째 주에 디랙은 배낭, 침낭, 얼음 깨는 도끼, 밧줄 및 아이젠을 챙겼다. 탐과 함께 소련에서 할 산악등반을 준비하고 있었다.[43] 카피차를 만나러 가는 것뿐 아니라 6월 19일에 카프카스 산맥에서 생애 최초로 일식을 보고 싶었다. 떠나기 전에 맨시에게 편지를 써서 자신에게 편지를 보내지 말아 달라고 부탁했다. 왜냐하면 탐과 카피차가 '우리가 서로에게 편지를 너무 자주 한다는 걸 알아버리면 금세 전 세계 물리학계에 소문이 퍼져서 가십거리가 될 것이기' 때문이었다.[44]

카피차는 상태가 나아져 있었다. 구독 잡지 《뉴 스테이츠먼》도 읽고 새 연구소 건설도 감독하고 있었다. 연구소의 많은 방들은 몬드 연구소의 방들을 빼다 박았다. 하지만 가피차는 자신이 맡을 소장의 방은 차지하는 공간이 훨씬 더 커서 매우 널찍하도록 만들었다. 이전 연구실의 모든 장비를 옮겨 달라고 요청하자 러더퍼드는 카피차는 몬드 연구실 벽의 페인트까지 다 벗겨

내지 않으면 만족하지 않을 거라고 투덜댔다.[45] 소련은 여전히 케임브리지 대학교 휴게실의 토론 주제였으며, 《케임브리지 리뷰》는 소련에 관한 기사들이 가득했다. 가령, 크로우더의 〈소비에트 과학〉이라는 비평적 논평이 있었는데, 이것은 스탈린 국가의 과학에 대한 간섭이 미미하다고 진실을 은폐하고 있었다고 말했다. 또한 트리니티 칼리지의 학자인 앤서니 블런트Anthony Blunt는 나중에 저명한 예술역사가가 된 사람인데, 비록 침실의 벌레가 나타나는 경우가 있을 수 있지만 어떻게 러시아 여행을 만끽할 수 있는지(샴페인과 캐비어)에 관한 기사를 썼다.[46] 동료들 몰래 블런트는 최근에 소련의 스파이가 되어 있었다.

러시아로 출발하기 직전에 디랙은 어머니로부터 아버지가 늑막염에 걸려 많이 아프다는 소식을 들었다. 숨 쉴 때마다 고통스러운데다 횡경막이 칼에 찔리는 듯한 통증이 수반된다는 것이다. 어머니의 편지에 의하면 주치의가 아버지한테 열흘 동안 안정을 취하라고 했으며, 자기한테는 '너무 걱정하지는 마시라. 이분은 의사를 바쁘게 만들 정도로 상황을 악화시킬 사람이 아니라고'[47] 말했다고 한다. 어머니의 편지의 어조를 보고서 디랙은 아버지가 위중하지는 않다고 여겼다. 여동생도 비서가 되려고 런던으로 떠날 예정이지만 아직 브리스틀에 있으니 부모를 돌볼 수 있었다.[48] 그래서 휴가를 가기로 했고 토요일에 모스크바에 도착했다. 하지만 도착하고 몇 시간도 안 돼서 어머니한테서 전보가 왔는데, 아버지가 위독하다고 했다.[49] 그래서 집으로 돌아가기로 했다. 아마도 아버지와 화해를 위한 마지막 노력을 하고 싶었을 것이다. 형 펠릭스와는 하지 못했던 화해를 말이다. 등산 장비를 탐에게 맡긴 후 그는 모스크바발 오전 7시 비행기를 탔다. 그는 22시간 동안 적절한 이별의 말을 찾았다.

찰스 디랙은 아내가 제대로 돌봐주지 않으니 집에서 침대에 묶여 있고 싶지 않다고 투덜댔다. 그래서 주치의는 간호사가 줄리어스 로드 6번지에 상주하면서 낮에 간호를 맡도록 했다. 하지만 그걸로 충분하지 않았다. 며칠 후 찰스 디랙은 세인트 앤드루스 파크St Andrew's Park 가장자리에 있는 요양원으로 보내달라고 했다. 그곳의 편안한 병실에서는 창밖으로 초여름 꽃들이 만발한 화단이 내려다보였다.[50] 직원은 곧 까다로운 손님이 들어왔음을 깨달았다. 수간호사가 디랙의 어머니에게 한 말에 의하면, 찰스 디랙은 '잠시도 가만있지 않고 안절부절 못하며 꼼지락대는 사람'이어서 간호사들은 그를 혼자 놔두고 30분마다 방안을 살피라는 지시를 받았다고 한다. 늑막염에 시달리고 폐렴까지 더해진 상태에서 그는 갑자기 집에 가고 싶다고 했지만, 의사가 허락하지 않았다. 아내도 더 이상 찾아가지 않아서 그는 극심한 가슴 통증을 겪으며 혼자 있었다. 간호사들과 자주 다투면서도 틈틈이 지난 69년의 세월을 되돌아보았다. 가장 후회스러운 일은 분명 아들과 멀어진 일이었다. 세 달 전《데일리 미러》가 '제2의 아인슈타인'이라고 칭송했던 아들 말이다. 그가 분명 읽었을 그 알랑거리는 기사는 마무리 글에서 독자들에게 후손들은 언젠가 노엘 코워드Noël Coward(영국 극작가), 헨리 포드 및 찰리 채플린은 잊더라도 디랙에 관해서는 이야기할 것이라고 했다. 기사의 한 문장은 그를 놀라게 했을 것이다. 익명의 저자는 폴 디랙이 행복을 느끼는 순간은 강의실에 있을 때, 스포츠카를 운전할 때 그리고 '브리스틀의 집에서 아버지와 이야기를 나눌 때'라고 썼다.[51]

결국 찰스 디랙의 집안에서 그의 곁을 지킬 사람은 딸이 유일했지만, 그녀도 곧 런던으로 떠나 아버지를 절망시키고 만다. 딸이 일을 시작하기로 되어 있던 날인 6월 15일 화요일 그는 세상을 떠났다. 마지막 순간이 오기 몇 시간 전에 아들이 브리스틀에 도착했다. 하지만 마지막 침상에서 부자가 화해할 가능성은 이미 사라진 뒤였다.

이틀 후, 덥고 흐린 여름 오후 디랙은 장례식의 조문객들 속에 있었다. 집에서 가까운 이거튼 로드Egerton Road의 끝에 있는 멋진 가톨릭교회인 성 보나

벤투라St. Bonaventure 교회에서 열린 장례식이었다. 몇 시간 전인 아침 8시에, 제단 근처에 놓인 아버지의 열린 관을 향해 합창단이 노래를 불렀다. 장례식은 오후 3시에 시작될 예정이었다. 시작 직전에 수십 명의 조문객이 비숍스턴 거리를 지나 교회로 왔다. 에스페란토 협회, 머천트 벤처러스 테크니컬 칼리지, 프랑스어 서클 및 코탐 로드 스쿨에서 온 사람들이었는데, 여러 명의 학생들도 포함되어 있었다. 또한 디랙한테 리만 기하학을 처음 알려준 노년의 아서 피커링도 있었다. 그는 자기가 만난 가장 조숙한 학생(디랙)에게 맞는 과제를 얼마나 애써 찾았는지를 이야기해주었다.

추도문이 낭송되고 조문객들이 울음을 터뜨리고 신성한 음악이 울려 퍼진 후 찰스 디랙의 관이 무덤에 묻혔다. 이 모든 과정들이 디랙의 마음을 흔들어 아버지가 해주었던 좋은 일들을 떠올려 보았을지 모른다. 아버지는 둘째 아들이 훌륭한 교육을 받도록 최선을 다했고 수학을 배우도록 권했다. 그리고 디랙이 케임브리지에서 공부를 시작하는 데 절실히 필요했던 돈을 대준 사람도 아버지였다.

장례식 직후 디랙은 맨시에게 보낸 한 쪽짜리 편지에서 자신의 감정을 터놓았다. 평생 쓴 것 중에서 가장 속내를 많이 드러낸 이 글에서 디랙은 어머니와 일주일을 보낸 후 모스크바로 돌아가겠다고 했다. 그리고 이렇게 덧붙였다. '러시아에 가면 가장 마음이 놓일 것 같아요.' 맨시를 다시 보고 싶다고도 하면서도, 자기에게 먼저 연락하지는 말라고 당부했다. '제가 브리스틀에 있는 동안 전보를 보내지 않았으면 좋겠어요. 아마 어머니가 보실지 모르거든요.' 디랙은 안도감이 묻어나는 짧은 말을 마지막으로 썼다. '지금 훨씬 더 홀가분해요. 스스로 자기 삶의 주인이 된 느낌이에요.'[52]

찰스 디랙은 유언을 남기지 않았다. 아마 아내에게 많은 재산을 물려주길 원치 않았을 것이고 또 어쩌면 자기를 가정적인 사람이라고 존경했던 모든 사람들에게 자신의 진심이 알려지는 상황을 직면할 수 없었을 것이다. 어머니는

디랙가족, 1907년 9월 3일.

폴 디랙, 1907년 8월 17일.

(왼쪽에서 오른쪽으로) 펠릭스, 베티 그리고 폴
디랙. 1909년경 프랑스어 문법책이 폴의 무릎
위에 놓여 있다.

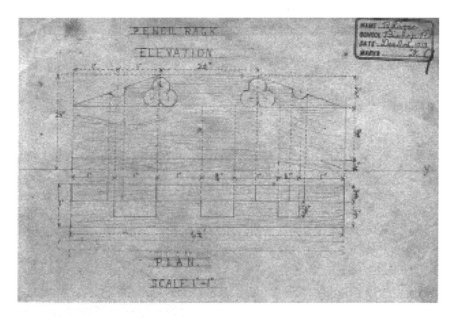

브리스틀의 비숍 로드 스쿨에서 폴 디랙이 그린 제도 그림, 1923년 12월 9일.

브리스틀 대학 공학 협회가 1919년 3월 11일 킹스우드에 있는 더글러스 사의 공장을 견학했을 때 찍은 사진. 디랙은 앞 줄 오른쪽 네 번째에 있다.

찰스 디랙, 1933년경.

펠릭스 디랙, 1921년.

줄리어스 로드 6번지, 여기서 디랙은 1913년부터 케임브리지를 떠나던 해인 1923년까지 가족과 함께 살았다. 그는 정기적으로 집에 돌아와 자기 침실에서 양자역학에 관한 연구를 시작했다.

(한가운데 앉은) 막스 보른 주위에 여러 후배 과학자들이 있는 사진, 1926년 봄, 괴팅겐에 있는 막스 보른의 자택에서 촬영, 디랙은 평소처럼 한눈을 팔고 있다. 뒷 줄 왼쪽에서 네 번째가 오펜하이머.

1925년경 케임브리지 트리니티 칼리지의 피터 카피차의 연구실에서 모임을 가진 후 카피차 클럽의 일부 회원들. 카피차는 이젤 위에 놓인 악어 그림 바로 밑에 있다.

패트릭 블랙킷과 파울 에렌페스트,
1925년경.

이자벨 화이트헤드가 그녀의 남편 헨리 및 아들 헨리와 함께 있는 모습, 1922년.

1928년 10월 12일 러시아 카잔의 한 회의에서 (출입구에 가까이 서 있는) 디랙.

(왼쪽에서 오른쪽으로) 하이젠베르크의 어머니, 슈뢰딩거의 아내, 플로렌스 디랙, 디랙, 하이젠베르크 그리고 슈뢰딩거. 그들은 1933년 12월 9일 노벨상 수상 환영 행사를 위해 스톡홀름 기차역에 막 도착했다.

Dear Maria,

Thanks for your 8th letter, which I received yesterday. It was a nice cheerful letter. You say I do not answer all your questions. I have read again your more recent letters and I give here the answers to the questions that I had not answered before.

Letter number	question	answer
5	Have you seen Marietta's baby?	No.
5	What makes me (Maria) so sad?	You have not enough interests
5	Whom else could I love?	You should not expect me to answer this question. You would say I was cruel if I died.
5	Isn't Gabor a dear little fellow?	Yes certainly, I expect so.
5	You know that I would like to see you myself	Yes, but I cannot help it.
6	Are you "Dear Dirac"?	Sometimes.
6	Do you know how I feel like?	Not very well. You change so quickly.
6	Were there any feelings for me?	Yes, some.
6	Why should I miss your letters?	Because I have been writing so (too!) often

디랙이 친구 사이였던 맨시 벌라주에게 보낸 편지의 발췌문, 1935년 5월 9일.

디랙과 맨시가 1937년 1월 브라이튼으로 떠난 신혼여행에서.

케임브리지의 자택의 정원에 함께 모인 디랙 가족, 1946년경. (왼쪽부터 오른쪽으로) 디랙, 모니카, 맨시, 가브리엘, 매리 그리고 주디.

SS 아메리카America호로 대서양 횡단 여행을 할 때 열린 파티에서 디랙과 맨시
(가장 왼쪽).

상대성이론에 관한 회의에서 디랙과
리처드 파인만, 1962년 7월 바르샤바.

프린스턴 고등과학연구소에서 디랙,
1958년경.

탤러해시의 디랙 자택, 채플 드라이브 223번지.

린다우에 있는 호텔 바트 샤헨Hotel Bad Schachen에서 카피차와 디랙, 1982년 여름.

디랙을 찍은 마지막 사진들 중 하나, 1983년경 탤러해시.

남편이 돈을 몰래 빼돌리고 있었다고 오랫동안 의심했지만, 그가 모아놓은 금액에 깜짝 놀랐다. 자산의 순 가치가 7,590파운드 9실링 6페니였는데, 은퇴 전에 받은 연봉의 약 15배였다. 유산의 절반은 폴과 베티가 나누어 가졌고 나머지 절반은 어머니한테로 갔다. 그녀는 곧바로 심신을 추스를 겸 채널 제도Channel Islands로 여행을 떠났다. 거기서 아들에게 이렇게 썼다. '자유를 얻었으니 그걸 지켜야겠어.'[53] 베티는 어머니의 안도를 꼴사납게 여겼던지 런던으로 떠난 뒤로는 다시는 브리스틀로 돌아오지 않았고 가끔씩 어머니에게 편지 연락은 했다. 베티는 아버지가 남긴 편지나 공책 등의 대부분을 어머니가 뒷마당에서 모닥불로 소각해버렸다는 사실을 알고서 발끈했다. 소각하지 않고 남은 것을 어머니는 아들에게 주었다. 이런 기록을 통해서 어쨌든 부모의 애정이 담긴 편지들이 살아남았다.

브리스틀로 돌아온 어머니는 남편의 무덤을 캔트퍼드 공동묘지에 안치하면서 폴이 써준 문구를 비명에 새겼다.

사랑스러운 아들
레지널드 찰스 펠릭스 디랙, B.Sc.
추모하며
★ 1900년 부활절 일요일
† 1925년 3월 5일
그 아버지인
사랑하는 남편
찰스 에이드리언 레디슬라스 디랙, B.ès.L를
추모하며
★ 1866년 7월 31일
† 1936년 6월 15일

(B.Sc는 과학 학사학위를, B.ès.L은 프랑스의 문과대학교 입학시험 유자격자를 뜻한다 −옮긴이)

디랙은 분명 아버지에 관한 가족의 추모 분위기는 진심보다는 예의가 더 크게 작용했다고 여겼다. 어머니는 아들에게 이렇게 썼다. '몇 달 지나면 아무도 신경 안 쓴단다.'[54]

***

러시아를 다시 찾았을 때 디랙은 옐브루스 산의 등반을 시도했다. 카프카스 산맥의 최고봉인 해발 5,640m에 달하는 산으로써, 초목이 자라지 않는 곳이었다.[55] 탐과 소수의 러시아인 동료들과 함께 디랙은 숲을 헤치고 올라가서 베이스캠프에 도착한 다음 산의 동쪽 측면을 탔다. 부상을 당할까 두려웠고, 낮의 햇살에 탄 얼굴과 등에는 땀이 줄줄 흘렀으며, 밤에는 텐트 속에서 추위에 떨었다. 수백 명의 패배한 산악인들이 증명하듯이 옐브루스 산은 마지못해 가끔 정상을 허락했다. 일부 산악인들은 죽음을 맞았다. 여러 날의 시도 끝에 디랙과 동료 산악인들은 러시아의 가장 장엄한 빙하 풍경을 보았다. 온갖 고통을 이겨낸 후에 맛보는 달콤한 장면이었다. 디랙도 해냈다. 정상에 오른 후 그는 탈진하는 바람에, 다시 베이스캠프로 되돌아가려면 하루를 꼬빡 쉬어야 했다.[56] 그런 벅찬 등반을 다시는 시도하지 않을 터였다.

몸을 추스른 후 디랙은 카피차를 찾았다. 카피차는 다시 활기찬 삶을 살고 있었다. 연구소 짓는 일은 잘 진행되고 있었고, 캐번디시에 있던 장비의 최초 발송 분이 곧 도착할 예정이었다. 소련 당국이 여러모로 그를 챙겨주고 있었다. 대다수 소련인들이 식량 부족에 시달리는데도, 러더퍼드가 카피차에게 듣기로 그는 굴과 캐비어, 그리고 으뜸 품질의 철갑상어를 먹고 있었다. 트리니티 칼리지의 '귀빈석에 앉는 미식가들도 침을 질질 흘릴' 정도로 고급 음식이었다.[57] 어쨌든 3년도 안 돼서 소련 당국은 그를 자기편으로 만들었다.

***

디랙의 '인생을 즐겨보자' 여행의 다음 단계에서 그는 가장 만나고 싶었던 두 사람을 만났다. 맨시와 보어였다. 몇 주 동안 아버지와의 사별에 관해 깊이 생각한 후, 부다페스트에서 맨시를 만났을 때 디랙은 자신과 아버지가 매우 비슷하다는 고민을 털어놓았다. 둘 다 일에 빠져 살고, 둘 다 지나치게 꼼꼼하고, 둘 다 공감 능력이 부족하다고. 아마도 처음으로 그는 자기 아버지가 얼마나 가족을 심하게 대했는지 자세히 말했다. 디랙이 부다페스트를 떠난 후 그녀는 그에게 이제 그만 분노를 내려놓으라고 했다. '이해하고 용서하려고 해야겠지요.'[58] 한적한 저택에서 보어 내외와 함께 지내던 9월 말에도 디랙은 맨시의 충고를 곱씹고 있었을 것이다. 보어 내외도 슬픔에서 회복 중이었다. 디랙의 사정보다 덜 복잡했지만 아마도 고통은 더 컸을 것이다. 장남 크리스티안이 2년 전에 끔찍한 요트 사고로 열일곱의 나이에 죽었기 때문이다. 보어는 아들과 함께 갑판에 있었지만 속수무책으로 아들은 물에 빠져 죽고 말았다.[59]

보어의 권유로 디랙은 원래 예정했던 것보다 더 오래 덴마크에 머물렀다. 잘 모르는 과학 분야에 대해 보어 연구소에서 열리는 특별 회의에 참석하기 위해서였다. 바로 유전학이었다. 디랙이 맨시에게 보낸 편지에 의하면, 그는 이것이야말로 '생물학의 가장 근본적인 분야'이며 부모로부터 성격을 물려받는 방식을 결정하는 법칙들이 존재함을 디랙은 알게 되었다. 아버지의 유전적 자질에서 벗어날 방법은 없었다. 그것은 디랙의 핏속에 있었으니까.[60]

케임브리지로 돌아와서도 디랙의 모험 정신은 한결같았다. 그래서 연구 주제를 양자물리학에서 우주론으로 바꾸었다. 1센티미터의 수십억 분의 일의 규모에서 수천 광년의 규모로 상상력의 초점을 옮긴 것이다. 아인슈타인의 일반 상대성이론이 현대 우주론의 굳건한 이론적 기초를 마련해주었지만, 그 이론은 신뢰할만한 데이터의 부족 때문에 제약이 따랐다. 그 결과, 우주론자들은 다른 여지가 많았고 직관에 과도하게 기대는 편이었다.

두말할것도 없이 가장 훌륭한 관측 천문학자는 전직 변호사였던 에드윈 허블이었다. 40대 중반의 이 영국계 미국인은 오펜하이머와 비슷한 특이한 영국식 억양으로 여러 과학 회의에서 열변을 토하고 있었다. 허블이 대중에게 센세이션을 일으킨 때는 1929년이었다. (별을 포함한 천체들의 집합인) 은하가 서로에 대해 정지해 있지 않고 언제나 멀어지고 있음을 밝혀냈기 때문이다. 이른바 허블의 법칙에서 그는 차트와 도표의 데이터를 이용하여, 지구에서 멀리 있는 은하일수록 지구로부터 더 빠르게 멀어짐을 보여주었다. 이처럼 서로 멀어지는 은하라는 구도는 르메트르의 우주의 기원에 관한 '원시 원자' 이론, 즉 빅뱅 이론의 전조와 일치했다.

이 주제에 관한 디랙의 관점은 몇 달 동안의 심사숙고 후에 생겨났다. 마침 그 기간에 디랙은 일생일대의 결정을 고민하고 있었다. 맨시와 결혼해야 할 것인가? 그녀는 따뜻하고 배려심있고, 교양이 있었으며 디랙이 좋아하는 외향적인 성격이었다. 게다가 디랙에게 인간미를 끌어낼 수 있는 참을성을 지닌 몇 안 되는 사람이었다. 또 한편으로 그녀는 충동적이고 다혈질이며 고압적이었다. 아버지처럼 누군가를 지배하려는 성격의 여자와 행복하게 살 수 있을까? 어머니에게 물어봤자 소용이 없을 터였다. 어머니는 아들의 애정을 놓고 경쟁할 상대를 원치 않았기 때문이다. 위그너의 조언을 구하는 것도 현명치 않은데, 왜냐하면 그는 둘의 결합이 좋기도 하고 싫기도 할 테니까. 게다가 위그너는 개인적인 문제도 있었다. 프린스턴에서 인정을 못 받는다고 여겨 위스콘신 주의 매디슨 대학교로 옮겼으며, 동료이자 몇 안 되는 여성 양자물리학자 아멜리아 프랭크Amelia Frank와의 결혼을 심사숙고하고 있기도 했다. 위그너가 맨시에게 한번 들러서 자기 여자친구를 평가해달라고 하자, 맨시는 영국 사우샘프턴에서 퀸 메리 호를 타고 여행을 떠날 절호의 기회라며 기뻐 날뛰었다. 불과 다섯 달 전에 첫 항해를 했던 세계에서 가장 호화로운 여객선을 탈 기회였던 것이다.[61] 배를 타기 전에 케임브리지에서 만날 수 있을지 디랙에게 묻자, 그는 슬쩍 얼버무렸다가 곧 마음을 고쳐먹었다.[62] 둘의 관계에 여전히 확신이 없던 그는 맨시를 데리고 이사벨 화이트헤드를 만나러 갔다. 맨시가 보기에는 비공식적인 질문 공세나 다름 아닌 만남이었다. 케임브리지로 돌아온 후 디랙은 화이트헤드 부인의 견해를 맨시한테 전해야겠다고 여겼다. 그녀를 화나게 만들었을 내용을 간추려 보면 이렇다.

> 화이트헤드 부인은 당신이 좋다고 했어요. 아주 독특하고 어린이처럼 단순한 사람이라면서요. 당신이 매력적이라는 뜻으로 한 말 같아요. (⋯) 내가 마음을 빨리 결정해야 한다고도 말했고, 우리 둘은 함께 잘 지내기가 매우 어려울 거라고도 말했습니다. 우리가 너무 다르다면서요.[63]

하지만 화이트헤드 부인은 또 한 가지 걱정이 있었다. 자기가 보기에 반드시 필요한 영적인 헌신 없이 디랙이 결혼을 고려하고 있다는 우려였다. 그래서 디랙에게 거침없이 자기 생각을 길게 쏟아낸 고뇌에 찬 편지를 썼다.

> 영적인 면에 관해 에딩턴 교수를 만나 이야기해보면 도움이 되지 않을까요? 안타깝게도 당신은 하나님을 믿지 않는 것 같은(?) 문제가 있어요. 당신한테 도움이 절실할 때 저는 도움을 늘 못 드린 것 같네요.[64]

화이트헤드 부인은 '기분에 젖어서' 결정을 내리지 말라고 간청했다. 디랙이 지난번에 만났을 때 썼던 표현이다. 그때 디랙은 자신의 마음 상태를 평소답지 않게 솔직히 터놓았던 것이다. 12월 6일 맨시가 뉴욕에서 배로 출발하려고 준비하고 있을 때, 디랙은 화이트헤드 부인에게 이런 답장을 보냈다. 자신의 결정이 신을 믿는지 여부에 좌우된다고 여기지 않는다고, 또한 그가 내린 결정이 자신의 마음 상태에 휩쓸렸기 때문이라고 그녀가 오해했다고.

> ('기분에 젖어서'란) 그냥 제가 마음의 결정을 내린 후 확정적인 단계로 들어가기 위해 용기를 내야 한다는 뜻으로 한 말입니다. 저는 지나칠 정도로 이성의 안내를 받고 감정에는 별로 의존하지 않는데, 그러다 보니 과학 연구에서처럼 명확한 이성적 추론으로 해결할 수 없는 문제가 닥치면 속수무책입니다 (…) 저는 여러 달째 (맨시에게) 강하게 끌렸는데, 시간이 가면 갈수록 이전의 상태로 돌아가기는 어렵게 되었습니다.[65]

하지만 화이트헤드 부인은 뜻을 굽히지 않았다. 디랙에게 보낸 답장에서 '결혼 후의 사랑은 하나님을 알고 사랑하는 사람들한테서 가장 위대한 완전성에 이른다'고 우겼다.[66] 하지만 디랙한테는 소용없는 말이었다. 그에게 하나님의 개념은 정확한 의미가 없었다.

사우섬프턴의 부두에 몰린 군중 속에서 맨시가 도착하기를 기다리고 있을 때 그는 결정을 내렸다. 스포티한 컨버터블 쿠페 자동차인 트라이엄프Triumph를 몰고 런던으로 가는 도중에 도로 가장자리에 차를 대고는 맨시에게 물었다. '저랑 결혼해 줄래요?'[67] 그녀는 곧바로 좋다고 했다. 어머니한테 이 소식을 알렸더니 그녀는 짐작대로 충격을 받았다. 하지만 마음을 추슬러 아들과 맨시한테 축하를 건네고는, 장래의 며느리를 만나보러 크리스마스이브 전날에 런던에 오겠다고 했다. 디랙이 좋다고 했는데, 아마도 아들이 독신으로 지내라고 설득할 마지막 기회를 그만 어머니한테 주고 말았다.

맨시는 러셀 광장Russel Square이 내려다보이는 블룸스베리의 산뜻한 임페리얼 호텔에 묵고 있었다. 몇 시간을 함께 지내는 중에 어머니와 맨시는 둘만 이야기할 몇 번의 순간이 있었고, 이때 맨시는 당혹감을 느끼지 않을 수 없었다.[68] 다시 집으로 돌아가자마자 어머니는 둘의 대화를 자세히 담은 편지를 디랙에게 보냈다.

> **어머니** : 곧 트윈 베드 침실이 생기겠구나.
> **맨시** : 아, 아뇨. 저는 독방을 써야 해요. 제 침실에 그이가 오지 못하게 하겠어요.
> **어머니** : 그럼 결혼은 왜 하는 거니?
> **맨시** : 그이를 아주 좋아하고 가정을 갖고 싶으니까요.

어머니는 머리를 써서, 대놓고 비난을 하지는 않았다. '맨시는 정말 좋은 아이더라'고 그녀는 썼지만, 어쩔 수 없이 이런 단서를 달았다. '걔가 단지 "정략결혼"을 한다는 걸 너도 알아야 해.'[69] 어머니는 아들의 마음을 불안하게 만드는 방법을 알았다. 하지만 디랙이 이성과 감정을 종합해 내렸던 결론을 다시 고민한 기간은 일주일로 끝이 났다.

21장
1936년 1월부터 1939년 여름까지

피타고라스는 수가 만물의 기원이라고 말한다. 분명 수의 법칙은 우주의 비밀을 푸는
열쇠이다.

－폴 카루스Paul Carus 『마방진에 대한 고찰*Reflections on Magic Squares*』(1906년)

1937년 1월 2일 토요일 아침 디랙은 런던 중심부의 홀본Holborn 등기소에서 맨시와 결혼했다. 자신의 반입자, 즉 기질과 성향 면에서 거의 정반대인 여자와 결혼했던 것이다. 아버지가 38년 전에 그랬듯이 말이다. 아버지의 결혼생활이 파국으로 밝혀졌고, 결국 상호 멸망과 비슷한 상태를 초래했기에, 그 역사가 되풀이 될까봐 (적어도 마음속으론) 디랙은 두려웠을지 모른다.

그날은 흐렸다. 런던의 군중들은 크리스마스 휴가 이후 매서운 겨울에 단단히 대비한 채 각자 볼일을 보러 다녔다. 결혼식은 소박한 행사여서 하객은 몇 명밖에 없었다. 디랙의 어머니와 여동생, 블랙킷 내외, 이사벨 화이트헤드와 남편도 참석했다.[1] 근처의 식당에서 점심을 먹은 후 부부는 호텔로 돌아간 뒤에 해변도시 브라이튼Brighton으로 차를 몰았다. 신혼여행지로 그보다

더 좋은 데를 고르기 어려웠다. 수십 년 동안 그곳은 영국에서 낭만적인 밀회를 하기엔 가장 인기 있는 해변이었다. 특별한 매력이 있는 도시였는데, 바다 쪽으로 도도하게 뻗어 있는 빅토리아풍의 두 잔교棧橋, 동양풍 공연장의 담녹색 둥근 지붕들, 미래를 알려주는 로봇과 여러 잡다한 구경거리로 유명하다.

아마도 결혼식 사진은 찍지 않았던 것 같지만, 신혼여행 동안에는 사진을 찍었다. 그중 가장 잘 나온 사진들에는 조약돌 해변에서 활짝 웃는 신혼부부가 수줍어하면서도 서로 사랑에 빠진 모습이 역력하다. 디랙은 잘 안 어울리는 삼단 정장을 입은 채 편안히 해변에 누워 있는 모습이다. 외투 주머니에서 연필이 삐져나와 있다. 어떤 사진을 보면, 누군가의 도움 없이 둘의 모습을 사진에 담을 수 있도록 그가 고안한 끈으로 작동하는 장치를 볼 수 있다.

신혼여행에서 돌아온 후 맨시는 베티와 함께 부다페스트에 있는 동안, 디랙은 루커스 석좌교수의 임무를 내팽개치고 케임브리지 주변에서 신혼집을 찾았다. 맨시가 떠난 지 3주 후에, 세인트 존스 칼리지의 연구실 창문을 때리는 빗소리에 그는 너무나 외로워졌다. 창밖에는 겨울비가 하염없이 내리고 있었다. 그는 아내에게 편지를 썼다. '평생 처음 써보는 연애편지인데 (…) 시작하기엔 조금 늦었나요?' 두 통의 열정적인 편지에서 그는 거의 바이런에 버금가는 표현력을 뽐냈다.

시간이 가면 갈수록 당신이야말로 나에게 딱 맞는 여자라는 걸 알겠어요. 결혼하기 전에만 해도 결혼이 반작용을 일으킬 거라고 걱정했는데, 이제 당신을 더더욱 사랑하게 될 것 같아요. 당신을 더 잘 알게 되면서 얼마나 사랑스럽고 어여쁜지 깨달았으니까요. 저에 대한 사랑이 더더욱 깊어지는 것 같나요? 아니면 더 이상 깊어질 사랑이 없는 상태인가요?[2]

마침내 디랙은 사랑에 빠졌다. 밤마다 그는 버나드 쇼의 『결혼하기』(아버지의 서재에서 꺼내온 책) 그리고 존 골즈워디John Galsworthy의 인기 작품 『포사이트 가 이야기Forsyte Saga』 등 맨시가 추천한 책들을 읽었다.[3] 하지만 디랙은 대부분의 시간을 맨시를 그리워하며 보냈다. 그녀가 돌아올 날을 하염없이 기다리며, 초승달 아래 침대 속에서 그녀를 껴안을 날을 꿈꾸면서.[4] 다른 사람들이 어떻게 여길지에 대해서 이제 맨시가 민감하게 반응할 차례가 되었다. 헝가리의 검열관들이 편지를 가로챌지 모른다는 그녀의 우려를 디랙은 귀담아듣지 않았고 거침없이 말했다. '여보, 당신은 몸매가 너무 아름다워요. 성숙하고 매력적이에요. 그런 당신이 온전히 나의 여자라는 걸 생각하니 … 내 사랑이 너무 육체적이라고 생각하나요?'[5] 내면의 열정에 어울리는 표현을 찾느라 혼신의 노력을 다하면서 이렇게 계속했다.

> 사랑하는 여보, 당신은 너무나 사랑스러워요. 내 삶을 송두리째 바꾸고 말았어요. 당신이 나를 온전한 인간으로 만들어주었어요. 설령 내 연구에 더 이상의 성공이 없더라도 당신과 함께라면 나는 행복하게 살 수 있어요. (…) 만사를 제쳐 놓고 당신을 행복하게만 만들어 줄 수 있다면 내 삶은 살 가치가 있을 것 같아요.[6]

맨시도 남편의 애정 공세에 한껏 도취되었다. '전쟁이 나든 무슨 일로든 당신을 다시 볼 수 없게 된다면, 나는 다른 어느 누구도 사랑하지 않을 거예요.'[7] 그녀와 베티는 부다페스트의 물랭루즈(댄스홀)에서 잘 어울렸다. 아이스링크에서 스케이트도 같이 탔고 샴페인을 몇 잔 걸치고 나면 댄스 플로어에서 (1920년대에 한창 유행했던) 찰스턴 춤도 추었다.[8]

'저는 아주 행복하고 인생을 마음껏 즐기고 있어요'라고 베티는 디랙에게 썼다.[9] 하지만 그러면서도 아버지 생각에 우울해졌다. '아빠는 제가 알기로 가장 좋은 사람이었어요.'라고 그녀는 흐느꼈다.[10] 베티가 보기에 그녀의 부모는 둘 다 불행한 결혼의 희생자였다. 베티는 부모가 서로를 싫어한 이유를 맨시에게 알려주었다. 하지만 맨시가 남편한테 보낸 편지에 그 이야기를 드러내놓고 말하기에는 너무 조심스러웠다.[11]

맨시는 자기가 나서서 베티에게 배필을 찾아주기로 마음먹었다. '결점이 약간 있고, 조금 단정치 못한 면과 시간을 잘 안 지키긴 하지만, 제가 나서서 (…) 아가씨를 더 낫게 만들면 아가씨는 훌륭한 아내가 될 거예요.'[12] 며칠 만에 맨시는 헝가리 친구 테슬레르 조에Teszler Joe가 시누이에 딱 맞는 남자라고 결정했다. 친절하고 신사적이었으며 (베티한테 필수 조건으로서) 로마 가톨릭 신자였다. 이 일은 맨시가 벌인 인연 맺기 작업 중에서 가장 성공적인 사례였다. 약간의 구애 기간 후에 베티는 6살 연상인 조에와 1937년 4월 1일 런던에서 결혼했다. 브리스틀에서 이제 어머니는 완전히 혼자가 되었다.

***

'내가 느닷없이 결혼했다고들 하네요.' 디랙이 아내에게 쓴 편지 내용이다.[13] 디랙의 결혼에 놀랐던 교수들 중 한 명이 러더퍼드였는데, 그는 카피차에게 이렇게 썼다. '가장 최근 소식은 디랙이 애가 둘 딸린 헝가리 과부의 매력에 굴복했다는 것이네.' 이어서 퉁명스레 덧붙였다. '디랙을 챙기려면 능숙한 과부의 능력이 필요할테지.'[14] 며칠 후 디랙이 직접 카피차에게 그 소식을 알렸다. '이번 연초에 내가 결혼했다는 소식 들었니 (…)?'[15] 카피차는 아마도 놀랐을 것이다. 디랙을 잘 안다고 생각했건만 여자를 만난다는 사실조차 몰랐으니까. 안나 카피차가 재빨리 맨시에게 편지를 썼다. 둘은 서로 만난 적도 없는데 말이다.

친애하는 디랙 부인 (너무 공식적인 호칭 같긴 한데, 디랙 교수가 부인의 이름을 알려주지를 않아서요!)

그 이상한 남자랑 행복하게 잘 살길 바라요. 하지만 알고 보면 디랙 교수는 멋진 사람이에요. 우리 모두 그를 무척 아끼죠. 여름에 한 번 놀러오세요.

그럼 안녕히 계세요. 안나 카피차[16]

브라이튼에서 두 번째 밀월여행(첫 번째 후 고작 한 달만에 떠난 여행)을 즐기고 나서 디랙은 맨시와 함께 케임브리지로 돌아왔다. 맨시는 아이들을 부다페스트에 남겨 놓았다. 1937년 4월 하순에도 둘은 여전히 거처를 찾고 있었다. 카피차의 집이 있던 곳에서 가까운 헌팅턴 로드에서 임시로 셋집을 얻어 살면서 말이다. 대학교 동료들한테 아내를 소개할 때 디랙이 어떤 호칭을 썼는지는 기록이 남아 있지 않지만, 아마도 '내 아내'가 아니라 그가 좋아한 호칭인 '위그너의 누이'라고 불렀을 가능성이 높다 (디랙으로서는 놀라운 어휘 선택이었다. 지나칠 정도로 정확한 용어를 쓰는 것이 디랙의 평소 습관이었으니 말이다. 정확히 말해 맨시는 '위그너의 어린 누이[여동생]'이었다).[17] 그녀는 대학교에서 가장 화려한 여성 중 한 명으로 인정받았다. 프린스턴에서 살면서 들은 흥미진진한 이야기들로 교수들한테서 톡톡히 인기를 끌었다. 디랙은 흐뭇한 눈길로 지켜만 보았다.

활달한 성격임에도 맨시는 스스로 칭하기를 '매우 구식의 빅토리아식 결혼' 생활에 행복해했다.[18] 자신의 임무는 남편의 식사를 제때 차리는 것, 남편이 입었던 옷을 매일 밤 세탁 바구니에 넣는 것, 그 전에 다음 날 입을 옷을 깔끔하게 다려 놓는 것이라고 여겼다.[19] 부부 사이의 몇 가지 기본 규칙을 정하자는 디랙의 제안에 그녀는 동의했다. 가령 집에서 프랑스어를 결코 일상 대화에서 쓰지 말자는 규칙을 받아들였다. 디랙은 아버지의 언어 정책에 관한 모든 추억을 잊고 싶었다. 또한 놀랍게도 그녀는 가정의 일상이 디랙의 일에 방해를 가하지 않아야 한다는 규정에도 동의했다. 그 규정은 둘만 있을 때는 아무 문제를 일으키지 않았을 테지만, 신혼 때는 적어도 한 번은 언짢은 말다툼을 초래했다. 오후 다과회를 위해 아내랑 친구들 집에 찾아가는 데 디랙은 동의했는데도, 생각할 게 끝나지 않았다며 서재에서 나오지 않은 날이었다. 맨시는 혼자 가서, 남편에게 일이 생겼다고 둘러댔다. 주인이 불쾌해할 때 그녀는 무덤덤한 척 참아야 했다.[20]

영국인 이웃들이 조금씩 반겨주어 마음이 누그러졌지만, 궂은 날씨 때문에 맨시는 다시 울적해졌다. 1937년의 처음 몇 달은 케임브리지에서 가장 습기 찬 기간이었다. 그녀는 케임브리지에서 환영받지 못한다는 느낌을 받았다. 그곳은 남자들을 위한 장소인 것 같았다. 배우자는 보기 좋은 장식품을 뜻했다. 장식용이었을 뿐 두드러진 역할이 없었다. 대학교의 교수들은 특별한 경우가 아니면 아내를 케임브리지의 저녁 식사에 참석하지 못하게 했다. 그래서 맨시는 디랙이 일주일에 최소 한 번 대학교 식당에서 저녁 식사를 할 때 소설과 잡지를 읽으며 혼자 있어야 했다. 일부 동료들은 디랙이 장가든 후 성격이 부드러워졌다고 여겼지만, 그는 여전히 비사교적이었다. 고고학자 글린 대니얼Glyn Daniel은 세인트 존스 칼리지의 저녁 식사에서 그의 옆에 앉았을 때를 이렇게 회상했다.

스프가 나오자 조용해졌다. 솔 베로니크Sole Véronique라는 요리를 반쯤 먹었을 때 나는 뭐라도 해야겠다고 마음먹었다. 침묵을 깨야만 했다. 하지만 어떻게? 날씨 이야기, 정치 이야기, '내 이름은 대니얼입니다. 거석 기념물을 연구합니다. 스톤헨지 어떻게 생각하세요?' 같은 단순한 내용은 아니다 싶었다. 그래서 솔 베로니크 속의 포도를 살피고 있던 디랙에게 고개를 돌려 순진하게 물었다. '이번 주에 극장이나 영화관에 간 적 있나요?' 그는 잠시 멈추더니 내게 고개를 돌려 살며시 웃는 듯한 표정으로 되물었다. '그게 왜 궁금하시죠?' 이후 우리는 침묵 속에서 음식만 먹었다.[21]

9월 초에 디랙은 큼직한 새 집으로 이사했다. 캐번디시 애비뉴 7번지였는데, 도시 남쪽의 다른 집들과 떨어진 빨간 벽돌집으로서 지어진 지 6년 된 곳이었다. 그곳은 조용한 구역이었다. 교회 종소리 때문에 방해를 받지 않을 곳을 디랙이 꼼꼼히 확인한 덕분이었다. 세인트 존스 칼리지에서 자전거로 20분 걸리는 곳이었으며 아주 넓고 '아름다운 정원'이 있었다.[22] 5월에 디랙은 1,902파운드 10실링의 수표를 끊어, 단 한 번의 거래로 이 부동산에 대한 값을 치렀다. 대다수의 다른 신혼부부와 달리 대출 없이 집을 장만했던 것이다. 집의 내부 장식은 1920년대의 헝가리 취향을 반영했다. 맨시는 부다페스트의 집에서 많은 가구를 옮겨 왔다. 묵직하고 어두운 색의 나무 찬장과 캐비닛, 널찍한 거실용 의자, 화려한 보조 탁자 등이었다. 호화로운 가구를 가져오는 것에 디랙이 반대를 하긴 했지만 말이다. 무늬가 새겨진 두꺼운 카펫과 전통적인 풍경화 그림들을 곁들여 그나마 차분한 분위기가 조성되었다.

맨시의 아이들도 케임브리지로 데려왔다. 아이들은 지역 학교에 다니기 시작했다. 헝가리어 억양이 두드러진 어설픈 영어를 썼던 아이들은 다른 학생들과 섞이기 위해 열심히 공부해야 했다. 디랙은 주디와 가브리엘을 법적으로 자기 자녀로 받아들이지는 않았지만, 마치 자기 아이처럼 길렀고 의붓자식으로 칭하지도 않았다. 하지만 자기 피를 물려받은 아이도 갖고 싶어 했다.[23]

***

신혼여행에서 돌아온 지 며칠 후 디랙은 우주론 분야의 첫 번째 연구 결과를 완성했다. 이 분야를 연구한다는 사실을 다른 물리학자들이 알았더라면, 아마도 그가 우주의 구조를 밝힐 놀라운 새 이론이라든가 아인슈타인의 중력 이론에 관한 신선한 관점을 내놓으리라고 짐작했을 것이다. 하지만 디랙은 그러지 못했다. 《네이처》에 보낸 650단어짜리 편지에는 수학적인 내용이 거의 없었고, 가장 큰 규모의 우주를 기술하는 수들에 관한 단순한 아이디어를 담았을 뿐이다. 보어가 그 편지를 처음 읽고 나서 코펜하겐 연구소에 있는 가모프의 방에 들어가서 이렇게 말했다. '사람들이 결혼하고 나면 어떻게 되는지 한번 보게나.'[24]

디랙의 우주론 아이디어는 완벽하게 독창적인 것이 아니었다. 에딩턴한테서 강한 영향을 받은 흔적들이 역력했기 때문이다. 당시 많은 동료 과학자들한테서 자신만만한 괴짜로 통했던 에딩턴은 전통적인 우주론 연구를 대체로 내팽개치고서, 체계적인 추론이 아니라 순수한 사고의 힘으로 과학에서 가장 중요한 몇 가지 수를 도출해내려고 애쓰고 있었다. 가령 우주에 있는 전자의 총 개수 같은 것을 알아내려고 했다. 아인슈타인을 포함한 이론가들 대다수는 그런 발상을 터무니없다고 여겼다. 이론물리학은 일반적인 원리를 찾는 일이지, 연구에 등장하는 수를 설명하는 일이 아니라고 여겼다. 러더퍼드의 까칠한 표현대로 에딩턴은 '종교적인 신비주의자와 비슷한데 (…) 그것도 제정신이 아닌 신비주의자'였다.[25]

《네이처》에 실린 논문에서 디랙은 우주는 단순한 방식으로 서로 연관된 여러 가지 수들을 통해 파악할 수 있다고 주장했다. 특히 세 가지 수를 강조했는데, 다음과 같은 수들이다.

1. 관찰 가능한 우주 내의 양성자의 수. 실험에 의하면 이 수는 대략 10^{78}(즉, 10을 그 자신과 77번 곱한 값)이다.

2. 전자와 양성자 사이의 전기력의 세기를 두 입자 사이의 중력의 세기로 나눈 값. 이것은 대략 10^{39}이다.

3. 관찰 가능한 우주의 거리를 전자의 너비로 나눈 값(전자에 관한 단순한 고전적 구도에 따를 경우). 그 값은 근사적으로 10^{39}이다.

이 수들에 관해 우선 알 수 있는 놀라운 점은 과학의 다른 분야에서 등장하는 어떠한 수보다도 엄청나게 크다는 것이다. 가령 10^{39}은 인체 내의 원자의 개수를 1,000억 배 이상 능가한다. 두 번째로 놀라운 점은 셋 중 가장 큰 값인 10^{78}이 더 적은 값의 제곱이라는 사실이다. 디랙은 이것이 우연이 아닐지 모른다고 여겨, 이 수들이 아래와 같은 지극히 단순한 식에 의해 관련되어 있을지 모른다고 주장했다.

관찰 가능한 우주의 거리를 전자의 너비로 나눈 값 = 연관시키는 수linking number × (전자와 양성자의 전기력의 세기를 두 입자 사이의 중력의 세기로 나눈 값)

그리고

관찰 가능한 우주 내의 양성자의 수 = 또 다른 연관시키는 수 × (관찰 가능한 우주의 거리를 전자의 너비로 나눈 값)^2

두 경우 모두 연관시키는 수가 1과 관련이 있음을 언급한 후 디랙은 일반화를 시도했다. 즉, 언제나 자연에서 등장하는 **임의의** 두 큰 수는 매우 단순한 관계식 및 1과 가까운 연관시키는 수에 의해 연관되어 있다는 것이다. 이

것이 디랙의 큰 수 가설인데, 우주의 근본적인 작동에 관한 법칙은 단순해야 한다는 그의 믿음의 소산이었다.

이런 주장은 흥미로운 결과를 내포하고 있다. 관찰 가능한 우주의 크기는 우주가 팽창하면서 계속 커지기 때문에, 우주의 크기와 전자 지름의 비는 현재 값인 10^{39}를 계속 유지할 수 없고 시간이 흐를수록 계속 커지게 된다. 만약 이 수가 전자와 양전자 사이의 전기력과 중력의 비와 연관되어 있다는 디랙의 주장이 옳다면, 이 두 힘의 상대적인 세기도 시간이 진행될수록 변해야 한다. 몇 년 전에 밀른도 그렇게 주장한 적이 있다. 디랙이 주장하기를, 그러면 결과적으로 우주는 나이가 들어가는 것에 비례하여 중력의 세기가 약해질 것이다. 나이가 두 배가 되면 중력의 세기가 절반이 된다는 말이다.

그 아이디어를 매우 짧은 논문에 담기로 결정한 것으로 볼 때, 디랙은 중요한 새 원리를 찾아냈고 누구보다도 먼저 발표하고 싶었던 듯하다. 만약 이전의 대다수 논문들이 받았던 반응을 기대했더라면 그는 실망했을 것이다. 이번에는 반응이 싸늘했다. 하지만 누구도 의아해할 뿐 공개적인 비판을 하진 않았다. 한가지 두드러진 예외라면 괴짜 철학자 겸 천체물리학자 허버트 딩글Herbert Dingle이 있었다. 그가 보기에 이론물리학자의 임무는 디랙이 양자역학 분야에서 그랬듯이 실험 자료를 바탕으로 법칙을 찾아내는 일이었다. 딩글은 《네이처》에 '조잡한 우주 신화의 사이비 과학'을 비판하는 기사를 실었을 때, 여러 멍청한 동료를 가리켜서 한 말이었는데, 디랙이 '위대한 우주 미치광이의 희생자' 중 가장 최근 사례가 된 것이 못내 안타까웠다.[26] 급하게 내놓은 답변에서 디랙은 앞서 했던 추론을 그대로 되풀이했는데, 우주의 본질에 관해 누구도 따질 수 없는 내용을 제일 앞에 놓았다. '과학이 성공적으로 발전하려면 관찰로부터 구축해 나가는 방법과 추측성 가정으로부터 순수한 추론을 이끌어내는 방법 사이의 적절한 균형이 필요하다.'[27]

디랙의 위의 내용이 실린 《네이처》에 딩글은 공격을 재개하면서 디랙을 개인적으로 공격하는 것이 아니라고 강조하며 이렇게 밝혔다. '나는 디랙 교수의 편지를 감염원이 아니라, 오염된 대기에서 번성할 수 있는 박테리아의 표본이라고 여긴다. 깨끗한 환경에서라면 그것은 생겨날 수 없을 것이다. 그래도 우리에겐 타의 추종을 불허하는 원숙한 디랙이 있다.'[28]

디랙은 굴하지 않았다. 하지만 자신의 가설의 의미를 담은 긴 논문(1937년 크리스마스 직후에 완성된 논문) 한 편 쓰고 난 이후로 양자역학으로 되돌아갔고 35년 동안 그 가설을 다시 다루지 않았다. 비록 1930년대 후반에 천문학자들에게는 디랙의 아이디어가 영향을 미치긴 했지만, 디랙의 동료들 다수는 일종의 일탈로 여겼다. 동료들은 보어의 생각처럼, 디랙이 에딩턴과 밀른의 유사-신비주의 우주론으로 잘못 빠졌다고 여겼다. 하지만 디랙의 위상이 큰 타격을 받지는 않았다. 10월에 프린스턴 고등과학연구소는 전 세계 최고 수준의 이론물리학자를 모집하면서, 초빙 희망 과학자의 목록에 디랙을 제일 윗줄에 올렸다. 파울리보다 더 위였다.[29]

***

브리스틀에서는 디랙의 죽은 아버지가 남겨진 가족에게 충격을 선사했다. 법무관들이 아버지의 계좌를 여러 달 동안 조사한 후 그가 여러 번에 걸친 세금 탈루자임을 알아냈던 것이다.[30] 당국은 아버지의 기만 행위를 전혀 몰랐다는 선서를 시키고 나서 어머니에게 징수할 수 있는 최대한도인 6년간의 탈루 세금을 갚으라고 했다. '그렇게나 많은 항목에 대해 소득세를 그이가 어떻게 탈루할 수 있었는지 아무도 모르더구나.'라고 그녀는 아들에게 썼다. 아버지는 베티의 대학교 학비에서 연간 50파운드를 환급해 받아갔는데, 그건 디랙이 낸 돈이었다.[31] 그 정도는 약과였다. 디랙에게 한 가장 고약한 짓은 케임브리지에서 그가 학업을 시작할 수 있게 해 준 돈이 아버지가 대 준 것이 아니라 지역 교육 당국한테서 나왔다는 것이다. 아버지 자신이 낸 척했던 돈이었다. 이 사소하지만 불쾌한 기만행위가 디랙에게는 결정타였다. 아들이 잘 되라고 아버지가 했던 모든 일은 무의미해졌고, 아버지의 본색이 드러나고 말았다. 그런 까닭에 폴 디랙은 커트 호퍼를 포함한 절친들에게 자기는 아버지한테 '눈곱만큼도 은혜를 입은 것이' 없다고 했던 것이다.[32] 가혹하긴 하지만 디랙의 심정도 이해가 간다.

결혼 후 베티는 영국을 떠나 남편 조에와 함께 살았다. 그는 암스테르담에 번창하는 사진기 가게를 운영하고 있었다. 1년 만에 둘은 아들을 얻었지만, 둘의 행복은 베를린에서 날아온 소식으로 인해 어두운 그늘이 드리우고 말았다. 히틀러가 독일 밖으로 '살아 있는 공간'을 찾고 있으며, 유대인의 피에 굶주려 있다는 소식이었다. 머지않아 베티의 남편은 히틀러의 무서움을 전면적으로 느끼게 될 터였다.

세인트 존스 칼리지의 주빈석에서는 너나할 것 없이 독일 총통과 곧 무지막지하게 닥쳐올 전 세계적인 충돌을 이야기하고 있었다. 당시로서는 공식적으로 전쟁을 하고 있는 나라는 스페인뿐이었고, 여기에 히틀러는 프랑코의 파시스트 군대를 지원하고 있었다. 영국 정부는 편들기를 거부하여 사회주의자들의 분노를 샀다. 특히 케임브리지의 좌파 지식인들 중에 많은 이상주의자들이 프랑코의 반대편을 돕겠다고 스페인까지 달려갔다. 디랙의 눈은 여느 때와 마찬가지로 소련에 쏠려 있었다. 그 나라가 무지막지한 피의 숙청을 겪고 있음은 영국의 신문 구독자들에게 명확했지만, 아마도 디랙은 (다수의 좌파 지식인들과 마찬가지로) 보도가 과장되었다고 여겼던 듯하다. 모스크바에서 카피차는 스탈린의 피비린내 나는 광란이 어느 정도인지 모르고 있었다. 그렇기는 해도 동료들 여럿이 괴롭힘을 당하고 있으며, 만약 그가 불평을 했다가는 강제 노동수용소에 끌려갈 위험이 있음은 알았다. 물론 검열관들이 겁나서 카피차가 그런 불만을 편지에 쓰지도 못하겠지만 말이다.[33]

1937년 초여름 디랙 내외는 맨시의 가족을 보러 부다페스트에 갔다. 여기서 맨시는 오즈월드 베블런 내외에게 편지를 썼다. '그이가 러시아에 무척 가고 싶어하는데, 다들 못 가게 말려요.'[34] 디랙은 꼭 가겠다고 우기면서 가족도 함께 데려가고 싶어했지만, 헝가리의 규정상 맨시만 데리고 갈 수 있었다. 카피차가 전보를 보내 이 방문을 (소련 당국에서 승인이 났음을) 확인해주었다. 이 전보는 그가 케임브리지에 보내는 우편을 항상 검열하던 MI5가 가로챘다.[35]

7월 말 이글이글 타는 여름에 디랙 내외는 카피차의 여름 별장에 도착했다. 스탈린이 인민들의 의심스러운 적에 대한 고문을 공식적으로 지시하기 며칠 전이었다. 그리 멀지 않은 곳에서 스탈린의 심복들이 희생자들의 눈을 도려내고 고환을 발로 가격하고 강제로 똥을 먹게 시켰다. 볼셰보 주위의 도로에서는 '고기'와 '채소'라고 적힌 트럭들 몇 대가 죄수들을 도로상에서 가린 채 사살하여 도시 북쪽의 숲속에 묻었다. 디랙이 한때 쌍안경으로 감탄해서 바라봤던 지역이었다.[36] 이후로 오랫동안 소련 국민들은 '1937년'을 암울하게 기억하게 된다. 대숙청의 정점이던 해, 스탈린의 무자비하고 광란적인 대중 위협과 투옥과 살육의 해로.[37] 그해 말에 숙청으로 인한 사망자는 약 400만 명에 달했다. 카피차도 알고 있었듯이, 희생자 중에는 보리스 헤센이 있었다. 6년 전에 런던과 트리니티 칼리지에 왔던 회의 참석자 중 한 명이었다. 함께 온 방문자들 중 다섯 명도 곧 처형을 당하게 된다. 한편, 스탈린의 지시로 소련에 갇힌 채로 카피차는 캐번디시 연구소에서 온 모든 장비를 수령했고 다시 연구를 시작했다.

디랙 부부는 볼셰보에 있는 카피차 부부의 아담한 여름 별장에서 3주 동안 자연을 만끽했다. 별장은 소나무 숲 한가운데에 있었는데, 따먹기 좋은 산딸기들과 근처에 물살이 빠른 강이 흘렀다. 그들은 덮개가 있는 베란다에서 상스러운 농담이나 하면서 날마다 한가로운 시간을 보냈다. 디랙 부부는 악어

(러더퍼드)와 그의 '떠나가는' 아이들(러더퍼드의 고압적인 성격에 못 이겨 그만두는 캐번디시 연구소의 과학자들을 가리킨다 −옮긴이)에 관한 최근 소식을 전했고, 카피차는 스탈린 치하에서의 삶을 이야기했다. 두 남자는 시원한 아침 시간을 이용해서 육체노동(나무 베기와 집 근처의 관목 제거)을 했고 아이들과 어울려 놀았다. 맨시는 늘 공작부인처럼 우아한 사람답게 몸을 쓰는 일을 하기 싫어했고, 요리도 계란 삶기보다 복잡한 것은 하지 않으려 했다. 집에 화장지 등의 생활편의용품이 제대로 없는 것도 당혹스러웠는데, 하물며 태어나서 처음으로 집밖에서 텐트에 자야 한다는 사실을 도저히 믿을 수가 없어 했다. 하지만 예의 바른 사람이어서 불만을 드러내진 않았다. 그녀는 말을 잘해서 카피차를 능가했다. 이제야 카피차는 그녀가 디랙의 마음을 어떻게 열었는지 알게 되었다. 그는 러더퍼드한테 이렇게 썼다. '디랙이 결혼을 하니까 아주 좋은데요. 결혼 덕분에 훨씬 더 인간적으로 되었어요.'[38]

카피차는 십중팔구 자신을 위해서 짓고 있는 새 연구소에 대해 열변을 토했을 것이다. 당국자들을 능숙하게 다루고 있었는데, 불평을 쏟아내면서도 언제나 마찰을 피했고 권력 실세들의 뜻에 잘 따랐다. 덕분에 원하는 직원들을 고용하고 행정 쪽에는 비용을 최소화하고, 알맞은 곳에 비용을 할당하는 뜻밖의 이득을 얻었다.[39] 다음 해에는 레프 란다우를 연구소의 상주 이론물리학자로 고용할 수 있었다. 그 전에 란다우는 생명의 위협을 느끼고서 카르코프를 탈출했다가 모스크바에서 붙잡혀 있던 처지였다.[40] 카피차는 몬드 연구소에서 시작했던 실험을 재개했으며 지난 2월에 헬륨을 액화시키는 데 성공했다. 흥미로운 새 결과들도 잇따랐다.

카피차의 설득으로 디랙은 러시아의 사회 실험을 지지한다는 걸 증명하는 차원에서 다음 논문을 소련과학아카데미 회보에 실었다. 볼셰비키 혁명 20년을 기념하는 회보였다. 그 논문에서 디랙은 물질에 관한 고전적 기술과 양자적 기술의 바탕이 되는 대칭들을 조사했다. 이는 처남인 위그너가 먼저 시작한 연구의 후속 작업이었다. 멋진 연구이긴 했지만, 유용한 결과가 나오지는 않았다. 디랙은 이제 한물 가고 있는 듯했다.

디랙 부부와 카피차 부부는 시대의 불확실성을 알긴 했지만, 앞으로 29년이 더 지나야만 그들이 다시 저녁 식탁에 둘러앉게 되리라고는 짐작조차 하지 못했다.

＊＊＊

1937년 10월 25일 정오, 디랙은 웨스트민스터의 2,000명에 달하는 조문객들 속에 서 있었다. 아마 그는 기도와 찬송 대열에 합류할지 아니면 가만히 있을지 판단이 서질 않았을 것이다. 러더퍼드의 추도식 자리였다. 아흐레 전 가을 학기를 시작한 2주 후에 러더퍼드는 배꼽탈장 수술을 받고 합병증이 생겨 세상을 떠났다. 케임브리지는 수술에 과실이 있었다는 소문으로 들끓었다. 사망 며칠 만에 정부 관리들은 러더퍼드를 웨스터민스터 사원의 '과학 코너'에 안장할 자격이 있다는 결정을 내렸다. 뉴턴, 다윈 및 패러데이 곁에 러더퍼드를 묻기로 한 것이다. 국장으로 치러진 장례식에는 왕이 보낸 대표자, 각료의 구성원들, 전직 수상 램지 맥도널드, 80명의 케임브리지 과학자들 그리고 여러 명의 외국 귀빈들이 참석했다.[41] 보어도 디랙과 함께 참석했고 러더퍼드 가족들의 모임에도 함께 했다. 장례식은 한 관리가 위대한 실험물리학자의 재가 든 작은 항아리를 뉴턴의 무덤 바로 곁에 놓으면서 끝이 났다.

장례식 이틀 후 디랙은 카피차에게 위로의 글을 보냈고, 아울러 최근에 세상을 떠난 카피차의 어머니의 명복도 빌었다. 답장에서 카피차는 자기가 가장 흥미진진한 발견을 했던 바로 그때 악어가 죽었다는 사실은 언급하지 않았다. 충분히 낮은 온도에서 액체 헬륨이 아무런 저항 없이 흐를 수 있다는 발견이었다. 그런 '초유동체' 헬륨은 용기의 벽을 순식간에 타고 넘어 다른 여러 가지 희한한 방식으로 행동했다. 고전역학으로는 설명이 불가능했고, 나중에 유체의 구성물질에 양자역학을 적용해야지만 그런 운동을 설명할 수 있었다. 《네이처》가 카피차의 결과를 12월호에 실어 발표했는데, 아울러 몬드 연구소의 실험물리학자 두 명이 쓴 논문 한 편도 같이 실었다. 그들 또한 초유동체를 발견했던 것이다. 실험 장비 없이 2년을 보낸 카피차가 그 분야의 선구자들을 이미 따라잡았던 것이다. 그를 폄하하던 사람들도 스스로 잘난체 하는 보잘것없는 과학자라고 비웃기가 이제는 어려워졌다.

캐번디시의 미래가 위험하다고 여긴 카피차는 디랙한테 편지를 보내, 그 연구소의 미래를 책임지는 데 적극적으로 나서 달라고 요청했다. '지금 케임브리지 물리학계를 선도하는 위치에 있는 네가 캐번디시 연구소의 위대한 전통을 이어나가는 데 진지한 관심을 가져줘야 할 것 같아. 온 세상을 위해 매우 중요한 일이고 말고.'[42]

하지만 그런 역할은 디랙의 능력 밖이었고, 더군다나 그는 관심이 없었다. 캐번디시 연구소장 자리는 결정학자 로렌스 브래그Lawrence Bragg한테로 넘어갔다. 그는 물질의 가장 내부의 구조에 대한 탐구를 연구 주제에서 제외시켰는데, 아마도 그 연구는 미국과의 경쟁에서 가망이 없다고 보았기 때문인 듯하다. 러더퍼드의 서거와 함께 캐번디시 연구소는 실험물리학자들이 최상의 탐구 기법을 통해 원자를 연구하던 영광스러운 날들을 마감했다. 그렇기는 해도 브래그는 연구소의 의제를 생산적인 영역으로 재설정했는데, 그 정점이 바로 1953년에 왓슨과 크릭의 DNA 이중나선 구조의 발견이었다.

1937년 말이 되자 디랙은 물리학에 자신과 같은 관심을 지닌 실험물리학자들이 더 이상 없다고 생각했으며, 케임브리지에서 그가 가장 높이 사던 동료들 일부도 처지가 나빠졌다. 뇌졸중으로 쓰러진 후부터 파울러의 건강이 나빠져 1939년 초반 그가 에딩턴에게 밝혔듯이, '무대 밖으로 사라졌다.'[43] 수학과에서 진행되는, 가끔씩은 설전이 오가는 세미나에서 에딩턴은 소심해졌고 젊은 동료 교수들의 조롱에 속수무책이었다. 디랙은 그저 지켜볼 뿐이었다. 자신의 연구에도 아무 흥미와 만족을 느끼지 못한 채로. 양자 장이론은 거의 제자리걸음이었고, 최상의 인재들조차도 진척이 없었다. 디랙은 고작 10년 전에 양자역학이 막 발견되었을 때의 대조적인 상황을 종종 반추하며 이렇게 말했다. '그때는 2급 물리학자도 1급 연구를 하기가 매우 쉬웠다.'[44] 이론물리학자 프레드 호일도 공감했다. 요크셔 출신의 독립적인 기질의 그는 디랙의 학부생 대상 강의에도 참석한 적이 있었고, 1930년대 후반에 그는 발전 가능성이 높은 연구 분야를 찾으려고 고군분투했다. 호일의 물리학에 대한 하향식 접근법은 디랙의 방식과 정반대였지만, 둘은 잘 지냈다. 비결은 (호일의 말에 의하면) 디랙이 자기에게 하는 질문보다 더 적게 디랙한테 질문을 하는 것이었다.[45] 호일은 디랙의 특이한 대화 습관을 재미있어 했지만, 그조차도 아연실색한 적이 있었다. 뭐냐면, 디랙한테 전화를 걸어서 단순하고 사무적인 질문을 했을 뿐인데도, 디랙은 이렇게 대답했다고 한다. '잠시 전화기를 내려놓고 생각을 해 본 다음 다시 말하겠네.'[46] 몇 달 후 호일은 지도교수를 찾아야 한다는 말을 들었는데, 디랙이 그의 지도교수를 맡아주었다. 아마도 제자를 원하지 않는 지도교수와 지도교수를 원하지 않는 제자가 만나는 상황이 재미있다고 여겼기 때문인 듯하다.[47]

***

양자물리학의 새로운 여러 개념들에 비하면 전자의 에너지는 단순한 개념처럼 보인다. 하지만 결코 쉽게 이해할 수 있는 것이 아니다. 왜냐하면 전자가 순전히 자신의 존재 덕분에 갖는 에너지(자체에너지)가 무한대인 것으로 드러났기 때문이다. 고전물리학에 의하면, 이런 당혹스러운 결과의 근원은 전자의 전기장이다(어떤 면에서, 행성의 중력장과 비슷하다). 입자의 크기가 작을수록 근처에 미치는 장의 세기가 크고 에너지가 더 높다. 따라서 전자가 일반적으로 가정하는 대로 무한히 작은 점이라면, 자체에너지가 무한대여야 한다. 터무니없는 소리다. 어떻게 그런 자연의 양이 엄청나게 큰 값을 가질 수 있단 말인가?

홀 이론에 바탕을 둔 양자전기역학의 이론도 똑같은 취약점이 있었다. 전자의 자체에너지가 무한히 컸던 것이다. 이런 난감한 상황이 벌어진 가장 그럴듯한 이유는, 디랙이 믿기에 자신의 양자론이 기반을 두고 있는 고전적 이론에 결점이 있기 때문이었다. 즉, 전자기장에 관한 맥스웰의 고전적 이론에 결점이 있다고 본 것이다. 디랙은 고전 이론의 오류를 제거할 수 있기를 바랐다. 그래야 무한대 자체에너지라는 오점이 없는 전자에 관한 양자론을 도출해낼 수 있을 터였다. 하지만 이는 인기 없는 견해였다. 동료 과학자들 대다수는 고전 이론은 아무 오류가 없고 관건은 양자론의 문제를 해결하는 것이라고 보았다. 하지만 디랙은 늘 그렇듯이 인기 있는 견해에 휩쓸리지 않았고, 1937년 후반에서 1938년 초반까지 여러 달에 걸쳐 새로운 고전적 이론을 연구했고, 지극히 작지만 0의 크기가 아닌 전자를 기술할 방정식들을 찾아냈다. 이론상으로는 완전무결했지만 첫 번째 장애물에서 걸려 넘어지고 말았다. 디랙이 그 이론을 이용하여 무한대 값이 없는 양자론을 찾아내려고 했지만 결과는 실패였다.[48]

예전의 능력이 무뎌진 게 아닌가 하고 자문했을지 모른다. 일뿐만 아니라, 가정의 일원으로 다른 우선순위들이 있었다. 아내, 서로 다투는 두 명의 아이, 고용한 요리사 한 명 그리고 집안일을 보는 여러 일꾼들이 있었다. 게다가 환갑이 넘은 독립심이 약한 어머니가 전화기도 없이 멀리 떨어져 혼자 살았다. 하지만 어머니는 잘 지냈다. 집에서 빈둥빈둥 지내고, 침대에서 시를 쓰고, 가끔씩은 옷가방을 챙겨 지중해 여행을 떠났다. 이제 두둑해진 은행잔고 덕분이었다.[49]

맨시는 여전히 안착을 못해서 캐번디시 애비뉴 7번지에서 전혀 편안함을 느끼지 못했다. 그 집은 축축하고, 한여름에도 늘 추운 것 같았다. 프린스턴 대학교에서 두둑한 봉급과 함께 제안한 교수직을 디랙이 거절한 것에 실망하여, 그녀는 케임브리지는 학문적 위상 말고는 내세울 게 없다고 여겼고 평생을 거기서 지내면 어쩌나 점점 암담해졌다.[50] 또한 케임브리지 학자들의 속물성에 분개했다. 자신이 학위가 없다는 걸 알고 나자 그녀를 가르치려 들었기 때문이다. 그녀의 마음에 드는 사람은 카피차 내외뿐이었다. 존경할만하고, 꾸밈없이 말하고, 활기로 가득 찬 사람들이었으니까. 하지만 2,000km도 더 먼 곳에 있었고 만날 수 있는 것도 어쩌다 가끔 있었다. 사려 깊고 후한 사람답게 맨시는 그들이 물자 부족에 시달리지 않게 많은 물품들을 보내주었다. 눈치 빠른 안나 카피차는 그녀에게 영어책, 커피콩 그리고 남편이 쓸 고급 파이프 담배만 보내달라고 부탁했다. 안나는 또한 맨시한테 케임브리지를 좋게 여기라고 권했다. '화사한 부다페스트가 아니라고 지금도 외로워하고 있나요? 그러면 나쁘고 계속 그렇게 느끼면 안 돼요. 그랬다가는 당신을 좋아하는 함께 사는 사람을 걱정하게 만드니까요(물론 폴 디랙 말이에요)!'[51]

BBC 뉴스에 히틀러가 점점 더 본색을 드러낸다는 암울한 소식이 쏟아지자 맨시의 기분은 나아질 수가 없었다. 1938년 봄에 히틀러는 오스트리아를 합병했다. 독일군이 무릎을 편 채 다리를 쭉 뻗으며 행진해올 때 오스트리아 국민들은 꽃과 나치 문양을 들고 나와 환영했다. 5월 하순 디랙은 《네이처》의 기사 한 편을 읽고서 마음이 상했을지 모른다. 슈뢰딩거가 오스트리아에 있으며 그가 히틀러 편을 드는 것 같다는 내용이었다. 그 보도에 의하면, 슈뢰딩거는 1938년 3월에 한 지역 신문에 새 정권에 대한 충성심을 '기꺼이, 그리고 기쁘게' 표하며, '최근까지 조국의 진정한 의지와 참된 운명을 오판했다'고 밝혔다.[52]

디랙은 소련으로 여름 휴가를 떠나고 싶었다. 하지만 이번에 런던의 소련 대사관이 디랙의 입국 신청을 포함해 다른 모든 신청을 거절했다. 영국 정부가 소련인들한테 영국 입국 비자를 거부한 데 따른 조치였다. 따라서 디랙은 더 소박한 계획을 세웠다. 1938년 8월 그는 영국 북서부에 있는 레이크 디스트릭트로 여행을 떠났다. 거기서 친구인 제임스 벨James Bell 및 위그너와 함께 걷기도 하고 등산도 했다. 위그너는 1년 전에 결혼한 지 8개월도 되지 않은 아내를 갑자기 저세상으로 보냈던지라 여전히 마음을 추스르는 중이었다.[53] 서신 내용으로 볼 때, 벨은 위그너의 다음과 같은 의견에 동의한 듯하다. 즉, 최근에 소련이 겪고 있는 시련은 날조이며, 설령 진실이더라도 영국인들이 식민지 인도에서 벌인 짓보다는 덜 나쁘다고.[54] 한편, 맨시는 자기 아이들과 디랙의 어머니를 부다페스트로 데려갔다. 하지만 그곳에서는 반유대주의가 극성을 부려 맨시의 부모님의 삶이 위태로웠다. 그들은 헝가리에 미래가 없음을 차츰 알아차리고 있었다.

곧 디랙의 집은 나치를 피해 망명한 물리학자들과 그들의 가족을 위한 인기 있는 장소가 되었다. 처음으로 도착한 망명자 중에 슈뢰딩거 가족이 있었다. 그들은 나중에 슈뢰딩거가 새로 설립된 고등연구소의 직책을 수락하면서 더블린에 정착했다.[55] 디랙의 집에 머무는 동안 슈뢰딩거는 이전에 나치를 지지한 이유를 밝히게 된다. 나치를 공개적으로 지지한 것은 강압에 의해서였고, 그것도 최대한 모호하게 했다고 슈뢰딩거는 둘러댔다.[56] 디랙은 이 해명을 받아들였고, 슈뢰딩거의 진정성이 잠시라도 흔들렸는지는 묻지 않았던 듯하다.

손님 중에서 맨시가 가장 예의 바르다고 여긴 사람은 볼프강 파울리였다. 그는 프린스턴의 고등과학연구소로 가는 길에 들렀는데, 거기서 전쟁 기간 대부분을 보냈다. 디랙은 카피차에게 이렇게 말했다. '(파울리는) 재혼한 뒤로 사람이 훨씬 부드러워졌다니까요.'[57]

디랙은 좌파들의 견해에 동의했다. 그들은 히틀러의 군대가 1936년 3월에

라인 지역을 침략한 이후 히틀러를 저지하는 데 영국 정부가 무능하고 태만했다고 여겼다. 하지만 좌파들은 재무장과 국방비 지출에도 반대했다. 나중에 후회하게 될 정책이었다. 1937년에 영국 수상이 된 네빌 체임벌린은 히틀러를 달래려고 시도했을 뿐, 그가 경멸하던 동료 정치가 윈스턴 처칠이 평의원석에서 하는 경고를 귀담아듣지 않았다. 처칠은 독일 총통의 야심은 무력으로 상대해야 한다고 역설했다. 케임브리지의 분위기는 전쟁을 막을 수 있으리라는 희망과 충돌은 불가피하다는 절망 사이에서 오락가락했다.[58] 체임벌린은 이런 오락가락 분위기 중에서 가장 유명한 역사를 1938년 9월 30일에 썼다. 뮌헨에서 히틀러, 무솔리니 및 프랑스 수상 에두아르 달라디에Édouard Daladier와의 회담을 통해 '우리 시대의 평화'를 선언했던 것이다. 히틀러의 군대가 마음껏 체코슬로바키아에 들어가는 것을 허락해주고 얻은 결과였다. 군중들은 목이 쉴 때까지 체임벌린을 환호했다. 전국민은 나중에 체코슬로바키아가 배신을 당했음이 명확해진 이후에도 계속 헛된 희망을 품고 있었다. 하지만 처칠은 그 협정이 기만이라고 여겼다. '(독일) 독재자는 식탁에서 음식을 한꺼번에 꿀꺽하는 대신에 하나씩 하나씩 대접 받는 것에 만족했다.'[59]

처칠이 그런 말을 하고 있을 때, 두 독일 화학자 오토 한Otto Hahn과 프리츠 슈트라스만Fritz Strassmann이 인류 역사를 바꿀 발견을 하고 있었다. 둘이 했던 실험은 처음에는 별로 중요치 않아 보였다. 중성자를 우라늄 화합물에 쏘았더니, 이때 생겨난 새 화학 원소가 원래 물질보다 훨씬 더 가벼웠다. 몇 주가 지난 1939년 1월 초가 되자 상황이 명백해졌다. 한과 슈트라스만의 관찰 결과, 개별 우라늄 원자핵이 두 개의 원자핵으로 분열되었는데, 각각의 원자핵은 원래 원자핵의 질량의 대략 절반이었다. 마치 돌 하나가 거의 같은 크기의 두 부분으로 쪼개지듯이 말이다. 생물학에서의 세포분열과 비슷했기에 이 과정은 '핵분열'이라고 불리게 되었다. 핵심은 한 원자핵이 분열할 때 방출되는 에너지의 양이 기체, 석탄 및 다른 화석 연료들을 태울 때 원자들이

짝을 바꿀 때 내는 에너지를 수백만 배 능가한다는 사실이었다. 어마어마한 규모의 에너지 방출이 일어났던 것이다.

에딩턴은 핵에너지를 이용할 가능성을 오래전부터 내다보았고 1930년에는 '막대한 연료'를 발전소에 투입할 필요가 없고 '석탄이나 석유 같은 별미들로 엔진의 식성을 만족시켜주는 대신에 아원자 에너지라는 평범한 식사로 엔진이 작동하는' 순간을 고대했다.[60] 그 후 3년이 막 지난 1933년 영국협회의 연례 회의에서 러더퍼드는 동료 과학자의 전망을 '헛소리'라고 비웃었다. 그 다음날, 실라르드 레오가 《타임스》에서 그런 전망에 관한 기사를 읽은 후 블룸스베리에서 횡단보도를 건널 때, 러더퍼드가 상상했던 것보다 훨씬 쉽게 핵에너지를 뽑아낼 수 있겠다는 생각이 떠올랐다. '어떤 원소가 중성자로 쪼개지며, 중성자 하나를 흡수하면 중성자 두 개를 방출한다고 하자. 만약 그런 원소를 찾아내어 그런 원소를 충분히 큰 질량으로 농축한다면, 핵 연쇄반응을 일으킬 수 있다.'[61]

핵분열의 발견 소식을 들었을 때 실라르드는 자신이 염두에 둔 화학 원소가 우라늄일지 모른다는 걸 깨달았다. 만약 우라늄 핵이 분열할 때 중성자가 두 개 이상 방출된다면, 그 중성자들은 계속하여 다른 우라늄 원자핵을 분열시켜 다시 더 많은 중성자들을 방출시킬 수 있고, 이런 과정은 계속될 것이다. 나중에 실라르드는 이렇게 회상했다. 'H. G. 웰스가 예측했던 모든 일이 갑자기 나에게 현실로 다가온 듯했다.'[62]

파국적인 전쟁이 발발하기 직전에 핵분열의 발견 소식은 인류 역사의 가장 비극적인 우연의 일치가 아닐 수 없었다. 핵무기가 만들어질 수 있다는 전망은 그 발견의 의미를 이해하는 디랙 등의 과학자들한테 실로 우려스러운 일이었다. 그 발견이 히틀러가 거느린 제국의 수도인 베를린에서 일어났기 때문이다.

***

물리학자와 화학자들은 곧 연구실의 평온한 분위기에서 벗어나 전쟁과 첩보와 무력 정치의 세계로 끌려 나오게 될 운명이었다. 이보다 더 위태로운 시기는 없었고, 새로 맡을 일들이 그들의 양심에 그때보다 더 큰 부담을 준 적은 없었다. 평소에 발견 내용을 공개하는 것이 의무라고 여겼던 과학자들도 이번만큼은 그 사실을 공개하기에는 너무 민감하다며 우려했다.[63] 실라르드는 만약 우라늄이 원리적으로 핵 연쇄반응을 일으킬 수 있다면 이 사실은 하이젠베르크와 요르단 등 히틀러의 과학자들한테는 비밀에 부쳐져야 했다.

우라늄의 핵분열 성질을 비밀에 부쳐야 할지를 놓고서, 보어, 블랙킷, 페르미, 졸리오 퀴리, 실라르드, 텔러 및 위그너 등은 갑론을박을 벌였는데, 가끔씩 격한 감정이 분출되기도 했다. 1939년 초여름 이 사실을 비밀로 하자는 운동은 결국 실패했다. 이제 우라늄이 핵 연쇄반응을 일으킬 수 있다는 것은 공공연한 사실이 되었고, 핵무기 제작은 실현 가능한 과제가 되었다.

디랙은 이 논란 한가운데에 뛰어들지는 않았다. 위그너의 부탁에 따라, 민감한 결과를 비밀에 부치는 운동을 하고 있던 블랙킷을 지지했을 뿐이다.[64] 케임브리지에서 체임벌린의 뮌헨 협정으로 인한 행복감은 1939년 봄이 되자 절망으로 변했다. 뻔뻔스럽게도 히틀러가 이전에 점령하지 않았던 체코슬로바키아의 일부를 나치 피보호국 겸 의존국으로 강제 편입시켰기 때문이다. 이제 전쟁은 불가피했다. 1939년의 이 침울한 여러 주 동안 디랙은 자칭, 철학에 아무런 관심이 없다고 공언한 과학철학자로서 첫 강의를 준비했다. 그가 가장 존경한 당시 살아 있던 두 과학자(아인슈타인과 보어)는 폭넓은 청중들에게 과학을 이야기하는 데 탁월했지만, 디랙은 두 선배의 모범을 따르는 데 아무 관심이 없었다. 그러다가 에든버러 왕립학회로부터 스콧 상을 받은 데다, 과학을 잘 모르거나 아예 모르는 사람들도 많이 포함된 청중들에게 과학철학의 흥미로운 주제에 관해 강연을 해달라는 부탁을 받으면서 디랙의 마음이 달라졌다.[65] 이후 1939년 2월 초 어느 월요일 오후에 그는 '자신이 만든 규칙 안에서 놀이를 즐기는' 수학자와 '자연이 마련해준 규칙 안에서 놀이를 즐기는' 물리학자 사이의 관계에 대해 한 시간 동안 강연을 했다.

디랙의 주제는 자연의 통일성과 아름다움이었다. 그는 현대물리학의 세 가지 혁명(상대성이론, 양자역학 및 우주론)을 거론하면서 언젠간 이 셋이 하나의 통합된 체계 속에서 이해될 것이라고 내다봤다. 존 스튜어트 밀을 언급하지는 않았지만, 디랙은 『논리학 체계』에서 제기된 다음 질문에 답을 내놓으려고 했다. '자연에 존재하는 모든 일관성을 연역해낼 수 있는 가장 적은 일반적 명제들은 무엇인가?'[66] 밀은 아름다움을 어떤 이론의 성공 기준으로 삼지 않았지만, 미학적 가치를 이해하느냐 여부는 디랙의 교육에서 중요한 요소였다. 이제 그는 과감하게 수학적 아름다움의 원리를 옹호하고 나섰다. 그 원리에 의하면, 수학적 형태를 띤 자연의 근본적인 법칙들을 찾으려는 과학자라면 무엇보다도 수학적 아름다움을 추구해야 한다. 미학의 본질에 관한 수세기 동안의 철학적 분석을 무시하고서 그는 수학적 아름다움은 수학자들에게 개인적인 문제라고 선언했다. '그것은 예술을 정의할 수 없는 것 보다 더 정의할 수 없는 "자질" 이지만, 수학을 연구하는 사람들은 그것을 감상하는 데 대체로 아무런 어려움이 없습니다.'[67]

상대성이론과 양자역학의 성공이야말로 수학적 아름다움의 원리가 지닌 가치를 입증해 준다고 디랙은 말했다. 두 이론 모두, 이론에 담긴 수학은 해당 이론이 대체시킨 이전 이론의 수학보다 더 아름답다. 심지어 그는 수학과 물리학이 결국에는 하나가 될 거라고도 짐작했다. '순수수학의 모든 분야는 물리학에 적용됩니다. 그리고 수학에 갖는 관심과 비례하여 수학은 물리학에 중요한 역할을 합니다.' 따라서 그는 이론물리학자들이 아름다움을 으뜸 지도 원리로 삼기를 촉구했다. 비록 새 이론을 내놓는 그러한 방식이 '아직 성공적으로 적용된 적이 없다고' 하더라도 말이다.

에든버러의 청중들 속에 있던 물리학자들이 그 자리에서 직접 들었듯이,

디랙은 우주가 팽창하고 있다는 발견을 열정적으로 지지했다. 그는 이렇게 말했다. '아마도 상대성이론이나 양자론보다 철학적으로 훨씬 더 혁명적인 발견으로 평가될 것입니다.' 우주가 태초의 상태로부터 어떻게 발전해 왔는 지를 강조하면서, 그는 고전역학은 우주의 현재 상태를 결코 설명할 수 없으리라고 말했다. 이유인즉, 태초의 조건은 현재 우리가 관찰하는 복잡성을 낳기에는 너무 단순했을 것이기 때문이다. 그는 양자역학이 답을 내놓을지 모른다고 여겼다. 초기 우주의 예측할 수 없는 양자도약이 복잡성, 그리고 '자연현상의 계산 불가능한 현재 형태'의 기원일지 모른다고 여겼다. 우주론자들이 40년 후에 재발견하게 되는 이 개념은 우주의 양자 기원의 토대들 중 하나가 되었다. 온 세상이 전쟁의 수렁 속으로 빠져들고 있을 그 무렵 디랙의 시선은 머나먼 별들에게 향해 있었다.

***

케임브리지에서 학생들은 예상되는 전쟁의 결과들을 직시할 수 없었다. 4월에 학생들의 저가 잡지 《그란타 *Granta*》는 다가올 여름을 고대하는 기사들을 실었다. 잔디밭에서 크로켓, 오이 샌드위치, 파프리카 샐러드 및 차가운 볼랭저 샴페인을 흘려 넣은 크렘브릴레(녹인 설탕을 위에 얹은 크림으로 디저트의 일종 −옮긴이)를 즐기는 여름을 말이다. 시험이 끝난 후 한숨 돌리고 싶은 학생들을 위해서 모차르트의 오페라 〈이도메네오〉 공연과 더불어 디즈니의 〈백설공주와 일곱 난장이〉를 볼 기회가 많이 있었다.[68] 대학교 크리켓 팀 주장은 파티가 곧 끝날 것임을 알았지만, 그래도 히틀러가 크리켓 시즌이 끝나기 전에는 전쟁을 시작하지 않기를 하나님께 빌었다. 하지만 그는 실망하고 말았다. 히틀러의 폴란드 침공 후 체임벌린은 마지막 크리켓 경기가 열리기 전인 9월 3일에 선전포고를 했다.

열흘 전에 디랙은 (프렌치 리비에라French Riviera에서 가족과 휴가를 즐기면서) 스탈린이 히틀러와 불가침 협정을 맺었다는 소식을 들었다. 조지 오웰이 '세기의 한밤중'이라고 부른 순간이었다. 스탈린의 기회주의를 디랙은 이해할 수가 없었다. 그는 아직도 정치인들이 수학자의 일관성에 따라 행동하기를 기대하는 편이었는데, 그해 여름에 정치와 정치인에게 디랙이 환멸을 느낀 것은 어쩌면 당연한 일이었다. 이후로 그는 세상사에는 잠시 등을 돌린 채 가족에 집중했다. 그의 가족은 곧 늘어날 참이었다. 맨시가 임신을 했기 때문이다.

22장

1939년 가을부터 1941년 12월까지

내가 글을 쓸 때, 아주 교양 있는 인간들이 머리 위를 날아다니며 나를 죽이려고 한다.

그들은 개인적으로 내게 아무런 원한이 없고 나도 그들에게 마찬가지다. 그들은 다만

'자신들의 의무를 수행하고' 있을 뿐 ⋯

– 조지 오웰, 『사자와 유니콘*The Lion and the Unicorn*』(1941년)

항공 기술의 발달로 인해 영국에 대한 공습은 피할 수 없는 현실이 되었다. 하지만 케임브리지의 일부 시민들은 독일이 그런 아름다운 소도시를 폭격하리라고는 믿지 않았다.[1] 핵무기도 신문과 인기 잡지들에서 논의되고 있었지만, 국가 지도자들 대다수는 아직 진지하게 고려하지 않는 듯했다. 핵분열의 잠재력을 알고 있던 디랙은 앞으로 무슨 일이 벌어질지 예감했다. 다른 많은 과학자들과 마찬가지로 그도 곧 자기 연구를 그만두고 역사상 유례가 없던 대규모의 군사 프로젝트에 참여해야 할지 여부를 곧 결정해야 할 것이다.

조만간 전쟁은 디랙의 늘어난 가족을 두 대륙에 흩어지게 만들 터였다. 그는 네덜란드에 있는 베티의 소식을 매일 기다렸다. 맨시는 유대인 친지들이 걱정이었는데, 특히 그녀의 부모와 자매가 위태로웠다. 다행히 그들은 부다

페스트를 떠나 뉴욕 주에 정착했고, 이들을 오빠 위그너와 새 올케 매리가 도왔다. 전쟁 당사국인 영국을 열렬히 지지했는데도 맨시는 이방인으로 취급되는 고통을 겪었다. 그리고 억센 억양이 드러나는 순간 처음 만나는 이가 보내는 미묘한 거부의 신호에 움찔했다. 많은 이들이 그녀의 억양을 듣고서 독일인이라고 여겼던 것이다. 시집 온 나라에서 그녀는 '완전한 이방인' 신세였다.[2]

디랙 가족이 1940년 1월 살을 에는 밤에 케임브리지의 중심부에 갔더니, 도시 대부분이 뉴턴 시대의 모습과 다름없었다. 달빛 아래 도시의 건축물들(대학교 건물, 킹스 퍼레이드King's Parade 거리, 평의원회관)은 더할 나위 없이 숭고했다.[3] 하지만 도시의 분위기는 매우 암울했다. 수천 명이 공격을 대비해 바짝 긴장하고 있었다. 새로 생긴 공습 대피소로 달아날 만반의 준비를 한 채로. 디랙과 그의 가족은 실내에서 머물며 '등화관제'를 철저히 따랐다. 창에 검은 종이를 덮어서 한 줄기의 빛도 바깥으로 빠져나가지 못하게 했다. 매일 밤 6시만 되면 도시는 일요일 아침의 시골마을처럼 조용했다. 10시면 거의 버려진 도시가 되었다.[4] 교회 종은 침묵을 지켰고 가로등은 꺼져 있었다.

전쟁 초기에 그 도시의 인구는 거의 10퍼센트쯤 늘어나 약 8만 명에 이르렀다. 1939년 9월 초에, 독일 폭격기의 목표물로 예상되는 런던 및 다른 도시들에서 여러 객차 분량의 아이들이 몰려왔다. 이 난민들 다수는 집 주소가 적힌 수하물 표를 목에 맨 채로 도착해서 그 지역의 가정들에 임시로 보내졌다. 거기서 아이들은 알려진 것보다 못한 대접을 받았다.[5] 디랙 가족은 이런 아이들을 전혀 들이지 않았지만, 이후 몇 달이 지나자 그런 난민들이 도시에 흘러넘쳤다.[6]

교수들도 포함해서 모두가 냄새나는 고무 방독면을 지니고 다녔다. 한동안은 잘난 학자들도 특별한 지위를 잃었고, 전쟁을 준비하고 있던 수천 명의 자원봉사자들과 시간제 노동자들보다 더 중요하지 않았다. 일상의 대화 분위기도 달라졌다. 사람들은 다음과 같은 선전 문구를 큰 목소리로 시도 때도 없이 떠들어댔다. '나는 내 몫을 하고 있다'라든가 '전시 상황인 걸 모르냐?' 도시 어디에나 '부주의한 말이 목숨을 앗아간다'라고 경고하는 포스터가 나붙었다. 조금 웃기는 경고였는데, 왜냐하면 임박한 충돌의 징후는 아직 없었기 때문이다. 1940년 3월에도 폴란드의 함락 이후로 별다른 큰일은 벌어지지 않았다. 참을성 없는 대중들은 그것을 '가짜 전쟁'이라거나 때로는 '지루한 전쟁'이라고 불렀다. 피난 온 아이들 대다수는 원래 살던 집으로 돌아갔다.

대학교는 문을 열고는 있었지만 교수들은 적었다. 많은 교수들이 정부나 군대 그리고 전시의 연구 기관으로 자리를 옮겼기 때문이다.[7] 학생들도 적었지만, 강의의 기본 틀은 그대로 유지되었다. 디랙은 평소처럼 양자역학 강의를 했다. 정상적으로 출근을 했던 그는 대학교의 분위기가 얼마나 달라졌는지 실감했다. 대학교는 직원과 학생뿐만 아니라 육군, 해군 및 공군의 제복을 입은 구성원들도 데리고 있었다. 그들은 전쟁 발발 직후에 완공된 새 건물에서 일했다. 대학교는 공군의 거점 중 한 곳이었으며, 수백 명의 간부 후보생들이 거기서 훈련을 받았다. 이들과 불편하게 섞여 있던 학부생들은 다른 급식 시설을 이용했다. 대학교 구성원들의 메뉴는 이제 훨씬 더 소박해졌다. 주빈석에서 대부분의 교수들이 기대할 수 있는 음식이라고는 한 국자 분량의 양고기 스튜와 대학교 텃밭에서 기른 채소뿐이었다. 정원사들은 잔디를 들어내고 양파와 감자를 길렀다.

집에서 디랙 가족은 다른 대다수 영국인들처럼 살았다. 배급표와 식량 쿠폰을 받기 위해 길게 줄을 섰으며, 녹여서 무기로 바꾸기 위해 냄비와 프라이팬을 지역 수거 장소에 가져갔다.[8] 디랙은 땔감으로 쓰려고 정원의 나무를 쓰러뜨렸고, 텃밭에서 감자와 당근을 길렀으며, 지하실에서 큰 버섯을 키웠다. 하지만 맨시는 한창 만삭의 몸이라 누가 곁에서 돌봐주기를 원했다. 그녀는 하인들 없이 지내려 하지 않았고, 한 명이라도 하인을 잃을까봐 조바심을 냈다. 브리스틀에 있는 디랙의 어머니는 두 번째 손주가 태어날 날을 세고 있었다. 아울러 손주가 아들이길 그리고 그 애의 부모가 이름을 폴이라고 붙여주길 바랐다.[9] 하지만 그녀는 실망하고 만다. 아이는 딸이었고, 런던의 그레이트 오먼드 스트리트Great Ormond Street 병원에서 1940년 2월에 태어났으며, 이름은 매리였다.[10] 맨시가 공책에 적었듯이 매리는 파파걸이었고, 이후로도 계속 그랬다. 디랙은 딸바보였다. 겸연쩍어하면서도 아이를 무릎 위에 올려놓고 얼렀고, 대모인 슈뢰딩거의 아내 아니가 보내 준 새 인형을 갖고 놀도록 권해주었다.

첫 번째 손녀를 보고 싶은 간절한 마음에 디랙 어머니는 아기와 며느리를 보러 날아왔다. 시어머니가 아기를 대하는 태도가 마음에 들지 않았던 맨시는 이튿날 디랙에게 볼멘소리를 늘어 놓았다.

> 당신은 내 부모를 안 좋게 말한 적이 없는데, 제가 이런 말을 해서 안타깝긴 해요. 하지만 어머니는 따뜻한 마음도 감정도 없다고 제가 느낀 적은 없지만 (…) 아기처럼 연약한 존재를 다루는 법을 전혀 모르고 아기를 확 들어 올렸어요. 저로서는 끔찍한 일이네요.[11]

디랙은 이것이 자신과 가장 가까운 두 여인 사이의 마지막 충돌이 아니란 걸 눈치챘을지 모른다. 각각 한 남자를 두고 서로를 시샘하는 사이였으니까. 하지만 그런 문제가 부모가 된 처음 몇 달을 망치지는 않은 듯하다. 엄연히 디랙은 오랫동안 갈망했던 가정의 모습을 갖추었다. 그러나 곧 이런 행복은 그가 피하고 싶었던 임무를 맡으라는 긴급한 요청 때문에 주춤하고 만다. 과학자의 전쟁 지원 활동에 동참하라는 요청이었다.

루돌프 파이얼스는 당시 버밍엄에 있었다. 낮에는 물리학 교수였고 밤에는 자원봉사 소방관이었다. 소방관 제복과 헬멧과 도끼까지 갖춘 엄연한 소방관으로 활약했다. 파이얼스는 1933년에 러시아인 아내 제니아Genia(소련

물리학자들로 구성된 재즈밴드의 전직 멤버)와 함께 나치 독일에서 도망친 후 영국에 정착했다. 히틀러 치하에서 살았던 대다수 과학자들처럼 파이얼스는 히틀러의 패망을 원했는데도, 영국 당국은 그가 돕겠다는 제안을 받아들이는 데 머뭇거렸다. 1940년 2월 초 파이얼스와 아내는 공식적으로 '적국민敵國民'으로 분류되었다.[12] 부부의 귀화 서류가 그달 후반에 통과되어 그는 비밀 프로젝트를 맡을 자격이 되었다. 그런데도 당국은 여전히 의심의 눈초리를 거두지 않았고 새 레이더 기술을 연구하게 해달라는 그의 요청을 거절했다.

1940년 2월 초 디랙이 갓 태어난 딸을 품에 고이 안고 있을 때, 파이얼스는 핵무기에 대해 생각하고 있었다. 논쟁에 뛰어들었던 대다수 과학자들처럼 그도 그런 무기가 결국에는 실현 불가능하리라고 믿었다. 아마도 닐스 보어와 존 휠러가 결정적 근거를 제시한 듯 보였다. 즉, 둘은 느린 중성자에 의한 우라늄의 핵분열은 전적으로 (총 235개의 핵입자가 들어 있는) 희귀한 우라늄 동위원소 ^{235}U 때문이지, (총 238개의 핵입자가 들어 있는) 훨씬 더 흔한 우라늄 동위원소 ^{238}U 때문이 아니었다. (핵입자란 원자핵 속에 들어 있는 두 종류의 입자인 양성자와 중성자를 뜻한다 -옮긴이) ^{235}U는 자연 상태 우라늄의 일반적인 시료의 1%보다 조금 적고, 나머지는 거의 전적으로 ^{238}U이다. 따라서 만약 자연 상태의 우라늄을 이용해 핵폭탄을 만들면 매우 적은 핵들이 분열을 일으킬 테니, 일단 시작된 연쇄반응도 곧 흐지부지해질 것이다. 하지만 파이얼스의 버밍엄 동료인 오토 프리슈가 해결책을 알아냈다. 오토 프리슈는 핵분열이라는 명칭을 지은 과학자이자, 리제 마이트너(오토 프리슈는 마이트너의 조카 -옮긴이)와 함께 그 현상을 처음으로 설명해냈다. 루돌프 파이얼스의 집에는 독신자들이 줄기차게 찾아와서 하숙을 했는데, 프리슈도 그중 한 명이었다. 프리슈는 집안일도 도왔는데, 빨래도 하고 등화관제 때 아이들과 놀아주기도 했다.

프리슈가 물었던 핵심 질문은 이것이었다. '누군가로부터 일정량의 순수한 우라늄 235를 얻었다고 하자. 그러면 어떻게 될까?' 프리슈와 파이얼스가 계산해 본 결과, 필요한 ^{235}U의 양은 1파운드로서 골프공 정도의 크기였다. 이 귀한 동위원소를 그만큼 생산하기는 어렵고 비싸긴 했지만, 전쟁을 치르는 비용에 비하면 필요한 금액은 푼돈일 터였다. 나중에 프리슈가 회상하기로, 그와 파이얼스가 정제 과정이 원리적으로 몇 주 만에 끝났을 수 있음을 알아냈을 때, '우리는 서로를 바라보며 원자폭탄이 결국 실현 가능할지 모른다는 것을 깨달았다.'[13] 더 무서운 것은 독일인들이 이미 계산을 끝냈고 히틀러가 가장 먼저 원자폭탄을 만들 가능성이었다.

프리슈와 파이얼스는 은밀히 '초강력 폭탄'의 속성 그리고 그런 폭탄의 제작이 갖는 의미를 담은 메모를 작성했다. 총 6장짜리의 커다란 용지에 둘의 결론을 담아서, 복사한 한 부를 남기고서 영국 정부에 보냈다.[14] 당국은 감사를 전하면서도 둘에게 양해해달라고 했다. 파이얼스는 나중에 이렇게 회상했다. '앞으로 그 일은 다른 이들이 맡을 것이라고 했다. 현재 또는 이전의 "적국민"으로서 우리는 더 이상 관련 소식을 당국으로부터 듣지 못했다.'[15] 정부의 지도하에 핵무기를 만들고 싶으면, 과학자들은 ^{238}U와 ^{235}U가 섞여 있는 우라늄 광석으로부터 순수한 ^{235}U를 정제하는 방법을 찾아야 했다. 여러 연구팀이 영국에서 조직되어 우라늄 동위원소를 분리하는 방법을 조사했는데, 그중에는 리버풀과 옥스퍼드 대학교의 연구팀도 있었다. 이 연구팀의 과학자들은 디랙이 그 방법을 고안했음을 알고 있었다. 동위원소 분리의 원심 제트 스트림 기법이 그것인데, 1934년 봄에 디랙은 그걸 알아냈지만, 함께 연구하던 카피차가 1934년 봄에 소련에서 억류되면서 내팽개쳤다. 1940년 늦가을에 디랙은 오래 밀쳐놓은 그 실험이 어쨌거나 핵폭탄을 만드는 재료를 얻는 데 중요하게 쓰일지 모른다는 소식을 들었다.[16] 곧 디랙은 그 기법을 다시 연구하라는 압박을 받게 된다.

미국에서는 실라르드 레오(맨시의 오빠 유진 위그너의 가까운 친구)가 독일보다 앞서 핵폭탄을 개발하라고 정부를 강하게 설득하고 있었다. 그는 동료 망명자인 엔리코 페르미와 함께 뉴욕의 컬럼비아 대학교에서 일하고 있었다. 페르미는 실험에도 능해서 실현 가능하다면 핵무기를 만드는 데 최고의 자질을 갖춘 물리학자였다. 발전은 느렸고 자금은 부족했는데, 실라르드의 경고를 진지하게 여기는 정부 관리가 매우 적은 것도 한 이유였다. 1939년 여름에 위그너, 실라르드 및 텔러의 설득으로 아인슈타인이 루즈벨트 대통령한테 편지를 썼다. 대통령이 핵무기의 가능성 그리고 독일이 제일 먼저 만들지 모를 위험성에 주목하도록 만들기 위해서였다.[17] 한참 미적거리고 나서 루즈벨트는 아인슈타인을 정부 자문위원회에 참여해달라고 부탁했다. 하지만 아인슈타인은 무뚝뚝하게 거절해버리고 프린스턴 고등과학연구소에서 전쟁이 끝날 때까지 죽치고 있었다. 프린스턴에서도 나치가 정말로 핵폭탄을 개발 중이라는 소문이 퍼져 있었다. 1940년 봄, 디랙의 친구들인 오즈월드 베블런과 존 폰 노이만이 프린스턴 고등과학연구소 소장인 프랭크 아이델로트Frank Aydelotte한테 편지를 보냈다. 연쇄반응 연구에 대한 자금 지원을 긴급히 요청하는 내용이었다. 이 편지에서 두 사람은 네덜란드 출신 물리화학자 피터 디바이Peter Debye와 최근에 나눈 대화를 언급했다. 디바이는 베를린의 가장 큰 연구소들 중 한 곳을 이끌고 있었는데, 독일 당국이 그의 연구소를 비밀 전쟁 임무에 쓰게 되면서 외국으로 쫓겨났다고 한다.

> (그는) 이 일이 본질적으로 우라늄의 분열에 관한 연구라는 사실을 숨기지 않았습니다. 원자핵의 폭발 과정은 이론적으로 동일한 무게의 기존에 알려진 연료니 폭발물보다 1~2만 배나 더 큰 에너지를 생성할 수 있답니다 (…) 분명 나치 당국은 끔찍한 폭발물이나 매우 간소하고 효율적인 전력원을 만들고 싶어 한다고 합니다. 디바이의 말에 의하면, 나치 당국은 이 연구를 위해 하이젠베르크를

포함해 독일의 가장 뛰어난 핵 관련 이론물리학자들을 그 연구소에 모았습니다. 그렇기는 해도 독일에서 핵 관련 이론물리학 전반 그리고 특히 하이젠베르크는 아직 의심의 눈길을 받고 있긴 합니다. 핵물리학이 '유대인 물리학'으로 통하고 하이젠베르크는 '백인 유대인'이라고 알려져 있으니까요.[18]

이론물리학자들 사이에서는 이른 시일에 실용적인 결과에 도달할 가능성을 놓고서 의견 차이가 있습니다. 하지만 이는 모든 위대한 발명의 지난 역사에서 늘 있던 일입니다. 설령 부분적으로만 성공하더라도 원자 에너지 이용의 엄청난 중요성을 감안할 때, 그 문제는 유럽 강도들의 손에만 맡겨서는 안 됩니다. 특히 현재와 같은 세계사의 갈림길에서는 더더욱 그렇습니다.

편지를 읽고서 아이델로트는 실라르드가 자금 지원을 얻도록 도와주웠다. 하지만 아이델로트와 베블런의 가장 중요한 책무는 프린스턴 고등과학연구소였으며, 둘은 보어, 파울리, 슈뢰딩거, 디랙 및 심지어 하이젠베르크 등 가장 저명한 양자물리학자들을 위한 전시의 안식처를 세우기를 염원했다.[19] 하지만 전쟁의 열기가 거세어지자, 그들 대다수가 전쟁 이외의 다른 일에 집중하기란 불가능한 상황이 되었다. 물리학의 근본적인 법칙들에 대한 탐구는 내팽개쳐졌다.

***

1940년 4월 나치가 노르웨이와 덴마크를 휩쓸어 버리더니, 몇 주 후에는 벨기에, 룩셈부르크 및 네덜란드를 급습했다. 가짜 전쟁은 끝났다. 디랙의 여동생 베티와 그녀의 가족은 그때 한 점령국에서 살고 있었다. 베티의 남편은 다른 모든 유대인들과 마찬가지로 자유를 많이 빼앗겼다. 통금을 지켜야 했고, 전차나 자동차에 타는 것도 금지되었고 집 밖에 외출할 때는 노란 별 마크를 착용해야 했다. 한 달 전에 독일군이 덴마크를 무저항 상태로 정복했고 노르웨이에도 침입했는데, 이때 독일군을 물리치려는 영국 정부의 해상 작전을 격퇴했다. 체임벌린은 어쩔 수 없이 권좌에서 내려왔고 처칠이 그 자리를 맡았다. 많은 국민들이 용맹한 전사로 여겼던 처칠은 곧 조국의 구원자이자 불독 정신의 화신 그리고 국가적 영웅이 된다.[20] 디랙 가족은 라디오 주위에 모여 앉아 처칠의 연설과 이에 대한 방송 보도를 들었다. 수상 취임 사흘 후 처칠은 하원의원들에게 수상으로서의 첫 연설을 했다. 목표는 '승리, 어떠한 희생을 치르더라도 승리, 모든 두려움에도 불구하고 승리라고. 아무리 그 길이 멀고 험하더라도 승리라고. 승리가 없으면 생존도 없다고.' 맨시는 처칠에게 완전히 반했다. 그녀는 '신의 가호가 있기를'이라는 짧은 내용의 쪽지를 그에게 보냈다. 독일 폭격기가 1940년 6월 18일 케임브리지에 첫 번째 폭탄을 투하한 지 며칠 후에 처칠이 한 방송을 듣고 나서였다.[21]

첫 공습이 있던 그날 밤 11시 30분, 공습 사이렌이 울리기 시작했고, 디랙 가족은 지하 대피소로 급히 내려갔다. 자정 직전에 그들은 하인켈 폭격기가 저공비행을 하는 소리를 들었다. 곧 귀를 찢는 쉬이익 소리에 이어 2km 남짓 떨어진 곳에서 그 비행기가 두 대의 강력한 폭탄을 투하했을 때, 어마어마한 폭발 소리가 들려왔다. 열 명이 죽었고 십여 명이 부상을 입었으며 빅토리아식 주택들이 줄줄이 잿더미로 변했다.[22] 다음날 밤에는 폭격기들이 브리스틀에 대한 첫 공습을 감행했다. 목표물은 필턴에 있는 영국 항공사의 공장이었다. 디랙의 어머니는 필사적으로 아들과 통화하려고 했지만, 전화기가 없었던지라 편지로 상황을 알리는 게 최선이었다.

무시무시한 폭격기들이 밤마다 한밤중에 나타났단다. 월요일의 첫 공습은 정말 무서웠다. 나는 잠옷 바람으로 내려와서는, 소파에서 녹색 쿠션을 몽땅 챙겨서 내 몸을 따뜻하게 덮었고 주방 문에 기대어 안정을 취했는데 (…) 놀랍게도 나는 평온한 밤을 뒤흔든 그놈들의 뻔뻔함과 무례함에 그리고 내 조국을 감히 그런 식으로 찾아온 그놈들에게 대단히 화가 났단다.[23]

지하실에서 이웃들과 위스키도 마시고 포커 게임도 하기보다는 디랙 어머니는 그런 밤들 대부분을 혼자 보냈다. 귀를 탈지면으로 막고 계단 아래의 찬장 안에서 웅크린 채 '불꽃놀이의' 시간들 동안 잠을 자려고 애썼다.[24] 새벽 5시, 사이렌 소리와 부두의 증기선들이 '공습경보 해제'를 우렁차게 외칠 때 그녀는 베티의 방에 올라가 겨우 잠이 들었다. 어머니는 외로웠고 류머티즘과 통풍 때문에 아팠고 가족이 걱정되었고 아들이 연락을 아주 뜸하게 해주어서 실망스러웠다. '그럴 마음만 있다면, 분명 5분쯤 시간을 내서 몇 줄은 적을 수 있을 텐데.'[25]

***

1940년 8월이 되자 '영국 본토 항공전Battle of Britain'이 진행되고 있었다. 독일 폭격기들이 런던을 강타했고 영국 상공에서 영국 공군과 싸웠다. 영국 공군은 새로운 레이더 기술 덕분에 가능했던 조기경보 시스템의 도움을 받았다. 나치가 곧 쳐들어올지 모른다는 두려움이 팽배했지만, 영국의 일상생활은 정상적으로 지속되었다. 음식과 일상생활 물자들이 상점에 있었고, 기차와 버스 들이 운행되고 있었고, 〈바람과 함께 사라지다〉를 상영하는 영화관 밖에는 사람들이 줄지어 있었다.[26] 그해 여름은 거의 연일 날씨가 무척 좋았기에, 디랙 등 형편이 좋은 영국인들은 해마다 떠나는 휴가를 거를 필요성을 느끼지 못했다. 디랙과 가브리엘은 레이크 디스트릭트에서 4주 동안 휴식을 취했다. 그곳에 있는 울스워터Ullswater에 오두막을 하나 빌려서 막스 보른의 가족(보른의 아내, 열아홉 살 난 아들 구스타프, 딸 그리틀리 그리고 딸의 새신랑이자 리버풀 대학교의 이론물리학자인 모리스 프라이스Maurice Pryce)과 함께 지냈다.[27] 야외생활, 원시적인 거처 및 집단적인 요리/식사를 어렵게 여긴 맨시는 주디와 매리 및 매리의 유모와 함께 케임브리지에 남았다. 케임브리지에 대한 공습의 위험은 과장된 것이라는 남편의 말을 듣고서였다('공습에 대한 경고 때문에 걱정하지 않아도 되요, 여보').[28]

가브리엘은 책에 고개를 파묻고 오두막 안에 있었지만, 일찌감치 산을 향해 출발했다. 뜨거운 차가 든 진공 보온병과 점심 도시락을 들고서 프라이스 및 구스타프 보른과 함께 디랙은 영국에서 제일 높은 정상인 스카펠파이크Scafell Pike에 올랐고, 호수에서 노를 저었고, 여러 암벽을 등반했으며, 근처의 그래스미어Grasmere 호숫가에 살았던 워즈워스가 걸었던 길들을 걸었다.[29] 밤이면 사람들은 연못처럼 잔잔한 호수가 내다보이는 발코니에 모여 저녁을 먹었다. 라디오를 틀어 런던에서 들려오는 소식을 듣기 전까지는, 이 사람들은 생존을 걸고 싸우는 나라에 살고 있다고 보기 어려웠다.[30]

디랙의 여름 휴가가 시작된 지 채 나흘도 안 돼서 맨시는 매리 및 주디와 함께 지하실에 있었다. 여러 날에 걸친 공습의 첫날이 시작되었기 때문이다. '공습 동안 집을 떠나 있어서 정말 미안해요.' 디랙은 아내에게 편지를 썼지만, 집에 바로 돌아가야 할 정도라고 우려하지는 않았다.[31] 버림받고 외면받았다고 느낀 맨시는 평소의 다정한 어조를 버리고 이런 편지를 썼다.

> 저도 잘 알듯이 당신은 사람들이 원하는 것을 하지도 한 적도 없지요. 그래서 아무것도 바라지 않아요. 하지만 이건 그냥 질문이에요. 내가 여기 없다면 케임브리지에 돌아올 건가요? 그러고 싶지 않으면 부디 돌아오지 마세요.[32]

평소처럼 그녀의 분노는 곧 가라앉았다. 디랙은 그녀의 감정폭발에 익숙해 있었고 그냥 입을 다물어 위기를 넘겼다. 대다수 사람들이라면 견딜 수 없는 특이한 결혼생활이었지만, 어쨌든 디랙 부부는 결과적으로 잘 지냈다.

***

디랙의 등반 동행자인 모리스 프라이스(이전에 케임브리지에서 디랙과 보른의 동료)는 리버풀 연구팀에서 동위원소 분리를 연구하고 있었는데, 최근에 디랙에게 원심 제트 방법에 관해 조언을 구했다.[33] 하지만 아마도 디랙은 여러 달이 더 지나기 전까지는 그 방법을 개발해야겠다고 진지하게 생각하지 않은 듯하다. 이런 머뭇거림은 의외였는데, 왜냐하면 많은 동료들은 나치보다 먼저 핵무기를 개발해야 한다고 조바심이 나 있었기 때문이다. 꾸물댄 이유 중 하나는 그의 의붓아들한테 마음을 빼앗겼기 때문인 듯한데 쉴 새 없이 투덜대서 감당할 수 없을 정도로 신경을 써야 했기 때문이다.[34] 당시 열다섯 살이던 가브리엘은 재능 있는 수학자로 커가고 있었다. 맨시의 칭찬 덕분에 그는 의붓아버지를 영웅으로 존경했고, 늘 조언을 구했으며 글씨체까지, 가령 대문자 D의 휘어진 모양을 자세히 따라했다. 가브리엘보다 두 살 아래인 주디는 매력적인 소녀로 자라고 있었으며 오빠와는 사뭇 달랐다. 그녀는 게을렀고, 고집불통이었으며 어머니한테 눈도 끔쩍하지 않고 대들었다. 맨시의 위압적인 성격이 디랙으로서는 때때로 우려스러웠다. 그래서 디랙은 은밀히 가브리엘에게 어머니의 짜증을 너무 마음에 담아두지 말라고 다독여주었다.[35]

디랙은 적의 전선 너머에 있는 여동생과 그녀의 가족 때문에 걱정이 태산이었다. 여동생은 7월 3일 적십자 우편을 통해 암스테르담에서 자기는 무사하다고 알리는 편지를 오빠에게 보냈다. 편지가 도착하는 데는 석 달이 걸렸다. 편지를 읽은 직후 디랙은 네덜란드 시민은 영국 라디오를 청취하다가 붙잡히면 15,000파운드의 벌금을 내야 한다는 소식을 들었다. 어머니도 걱정이었다. 디랙의 어머니는 가끔씩 케임브리지에 들르긴 했지만, 대부분의 시간을 줄리어스 로드 6번지에서 홀로 보냈다. 가끔씩 외출해서 상점과 영화관에 갔고 전시 급식 봉사활동을 했다. 브리스틀은 영국에서 (런던, 리버풀 및 버밍엄에 이어) 네 번째로 심한 공습을 당한 도시였다. 거의 매일 밤 비행기들이 도시를 공격했다. 줄리어스 로드는 가장 심한 피해를 입은 목표 지역에서 3km 이상 떨어져 있었는데도 어머니는 생명의 위협을 느꼈다. 일찍 잠자리에 들었으며 7시간 동안의 집중 공습 내내 자려고 애썼다. 그러다보면 '공습경보 해제'를 알리는 사이렌 소리가 새벽하늘에 울려 퍼졌다.[36]

이때가 전쟁에서 가장 암울한 시기였다. 버밍엄에 있던 파이얼스는, 14년 후의 회상에 의하면, 히틀러와의 싸움이 '가망이 없다'고 여긴 많은 사람들 중 한 명이었다.[37] 비록 독일이 영국 본토 항공전에서 실패하긴 했지만, 전쟁은 히틀러의 뜻대로 착착 진행되고 있었다. 그는 1940년 10월 동맹인 무솔리니에게 전쟁은 이긴 것이나 마찬가지라고 말했다.

12월 중순 디랙 어머니는 뇌진탕에 걸려 요양원에 들어갔다. 길을 걷던 중 떨어진 돌에 맞았기 때문이다. 디랙은 브리스틀로 급히 달려갔는데, 줄리어스 로드로 가는 길에 폭격을 맞은 도시의 중심부 주위를 지나갔다. 머천트 벤처러스 칼리지에 가보니, 어렸을 때부터 알고 있던 많은 건물들이 완전히 파괴되어 검게 그을린 돌무더기들이 산더미처럼 쌓여 있었다. 가는 길에 본 여러 채의 집들도 폭격을 당해서, 한때는 개인적이었을 실내 공간들이 누구나 볼 수 있게 민낯을 드러내고 있었다. '브리스틀 중심부는 끔찍하게 파괴되었어요 (…) 가장 번창하던 상가 구역들 대부분이 폐허가 되었고 (…) 아름다운 교회들도 많이 무너졌어요'라고 그는 맨시에게 썼다.[38] 그녀는 홀로 남겨져 화가 단단히 나 있는 상태였기에 남편의 말이 그다지 와닿지 않았다.

아시다시피 저는 시샘을 하는 게 아니라, 당신이 거기로 떠나야 했고 거기서 지내야 한다는 게 조금 마뜩지 않네요. 어쨌거나 60년은 친구를 만들기에 분명 충분한 시간이니까요 (…) 어머니는 이야기를 나눌 사람들만 주변에 있다면 괜찮으세요.[39]

아내의 말에 개의치 않고서 디랙은 어머니가 집으로 돌아갈 수 있도록 도왔고 일상을 다시 시작할 수 있을 때까지 함께 지냈다. 그러다가 한해의 마지막 날 직전에 케임브리지로 돌아왔다. 국가가 풍전등화의 상태였으므로 영국 전역에서 새해 축하 행사를 자제했다.

***

영국의 대다수 과학자들은 국가에 봉사하는 일에 종사했지만, 디랙은 평소처럼 무리와 함께 헤엄치지 않았다. 평화로울때에 그는 주류 물리학의 일부였지만 언제나 한 걸음 떨어져 있었는데, 그 덕분에 자신의 독자성이 제약을 받지 않았다. 지금도 그는 군대를 위해 일하는 과학자들과 마찬가지의 관계를 맺고 있었다. 즉, 군대를 돕긴 했지만 일상생활이나 자신의 지적인 독립성이 희생되지 않을 정도까지만 도왔다. 전쟁 관련 연구에 참여하라는 초대를 처음 받은 것은 의외로 수학자 G. H. 하디한테서였다. 의외일 수밖에 없는 까닭이 하디는 전시 연구와 관련된 응용수학을 '올바른 개인적인 포부를 지닌 훌륭한 사람'한테는 무가치하다며 경멸했던 사람이었기 때문이다.[40] 그는 1940년 5월에 디랙에게 편지를 보내서, 만약 나치가 침입할 경우, 12명의 수학자 팀과 함께 세인트 레지스St Regist 호텔에 있는 민방위 사무실에서 메시지의 암호 및 해독 일을 해달라고 부탁했다.[41] 디랙은 거절했던 듯하다. 아마도 케임브리지를 떠날 생각이 없었던 데다가, 집단 연구는 질색이었기 때문이었을 것이다.

하지만 짐 크로우더 기자는 이 내성적인 친구를 공적인 문제에 관여시키는 일을 멈추지 않았다. 1940년 11월 중순 크로우더는 토츠 앤 쿼츠Tots and Quots 다이닝 클럽의 모임에 참여하라고 디랙을 설득했다. 전문지식을 사회에 유용하게 활용할 방법을 찾는 데 관심 있는 학자들의 비공식 모임이었다(클럽의 명칭은 라틴어 quot homines, tot sententiae에서 따왔다. '사람이 아주 많으면 의견도 아주 많다'는 뜻이다). 1940년 기준으로 스물세 명인 회원들 (버널, 콕크로프트 및 크로우더 등) 뿐 아니라 프레데릭 린더만, H. G. 웰스, 철학자 A. J. 에이어Ayer 및 미술사학자 케네스 클라크 경Sir Kenneth Clark 등의 초대 손님들도 종종 참석했다.[42] 상당히 왼쪽으로 쏠려 있는 클럽의 정치적 무게중심의 위치는 회원들의 토론 결과에 잘 드러나며, 그런 토론들 대다수는 몇 병의 와인과 런던 소호 지역의 평범한 식사를 곁들이며 벌어졌다. 크로우더가 디랙더러 참석해보라고 한 1940년 11월 23일 토요일의 모임은 영국과 미국의 과학 협력을 논의할 예정이었고 케임브리지의 크라이스츠 칼리지Christ's College에서 벌어질 참이었다. 크로우더는 디랙을 참석시키도록 권유할 최상의 방법을 알았다. '내키지 않으면 꼭 토론에 끼어들지 않아도 됩니다.'[43] 크로우더의 말이 먹혔고, 디랙은 자정 직후까지 미국 과학자들과의 과학 협력을 촉진할 광범위한 논의에 귀를 기울였다. 버널은 영국의 연구 프로젝트들을 미국으로 옮기면 어떻겠냐는 제안에 반대하면서, 영국 과학자와 미국 과학자 사이의 개인적 연락을 촉진하는 게 상책이라고 주장했다. 그가 강조한 바에 따르면, 영국 과학의 독립성 유지를 너무 쉽게 포기하지 않는 것이 중요했다.[44]

이 특별한 토츠 앤 쿼츠 모임의 기록에는 디랙이 이바지한 내용이 전혀 나오지 않는다. 또한 여러 기록으로 볼 때, 그는 전쟁 동안 다른 과학자들의 사교모임에는 참석하지 않았다.

모임이 있던 그 무렵에 디랙은 동위원소들의 혼합물을 분리하는 방법을 생각하기 시작했다.[45] 7년 전에 자신이 그 효과를 입증했던 방법이었다. 이제는 그 과정의 이론적 분석에 관심을 돌려서, 엔지니어들이 ^{235}U와 ^{238}U을 분리하는 방법을 찾는 일을 돕고자 했다. 그의 원래 아이디어는 동위원소 혼합물의 기체화된 제트 스트림을 큰 각도로 휘게 만들 때, 무거운 (그러므로 느리게 이동하는) 동위원소가 가벼운 동위원소보다 덜 휘는 성질을 이용해 둘을 분리해내자는 것이었다. 그는 동위원소 혼합물을 이런 식으로 분리해낼 모든 과정에 대한 일반적인 이론을 찾으려고 했다. 혼합물을 가장 효과적으로 분리해낼 조건들을 알아내는 것이 목표였다. 이 문제 해결에 그는 모든 재능을 다 쏟아야 했다. 수학자의 분석 능력, 이론물리학자의 일반화에 대한 감각 그리고 유용한 결과를 내놓는 엔지니어의 끈기가 다 필요했다.

그가 자신의 이론을 처음으로 설명한 것은 세 쪽짜리의 비밀 메모였다. 아마도 1941년 초에 파이얼스와 그의 동료들을 위해서 썼는데, 끊임없는 공습 사이사이에 자기 집에서 타자기로 작성했다. 평소처럼 군더더기 없는 간략한 스타일로 쓴 문서였지만, 복잡한 수학에 알레르기를 보이는 엔지니어들조차 확실히 이해할 수 있도록 가장 중요한 결론을 강조하려고 신경 썼다. 메모는 디랙 자신의 제트 분리 방법에 초점을 맞추지 않고, 동위원소의 농도에 변화를 줌으로써 액체 또는 기체 상태의 동위원소 혼합물을 분리하는 모든 가능한 방법을 다룬다. 가령, 혼합물에 원심력을 가하거나, 용기 내에서 위치에 따라 온도가 적절히 달라지도록 조절하는 방법으로 동위원소를 분리하는 방법 등이 있다. 계산을 쉽게 하기 위해서, 액체 혼합물에 두 가지 동위원소(각각 단순한 원자들로 구성된 동위원소)만 들어 있으며 가벼운 동위원소의 농도가 무거운 동위원소의 농도에 비해 작다는 합리적인 가정을 세웠다. 짧은 계산을 통해 그는 이른바 장치의 '분리 능력'에 관한 공식을 도출했는데, 이 능력이란 가벼운 동위원소의 일정량을 뽑아내는 데 필요한 최소한의 노력 값이다. 그가 알아내기로, 그런 장치의 모든 부분은 어떠한 식으로 제작되었든지 간에 저마다 고유한 최대 분리 능력이 있다. 디랙은 이를 계산하는 방법도 내놓았다.

디랙은 종종 옥스퍼드에 가서, 독일에서 망명한 물리학자인 프랜시스 사이먼Francis Simon 아래서 동위원소 분리법을 개발하고 있던 실험물리학자들과 논의했다. 디랙은 그들의 회의에 열정적으로 참여하고 장치 설계에 관해 실용적인 제안을 하여 많은 실험물리학자들을 놀라게 만들었다. 이런 논의 도중에 다른 여러 가지 동위원소 분리 방법을 구상해냈는데, 전부 원래의 원심 분리 제트 스트림 방법에 토대를 둔 기법들이었다.

옥스퍼드 연구팀은 디랙이 고안한 장치들 중 하나를 제작했더니, 작동했다. 하지만 디랙의 방법은 경쟁하던 기체 확산 기법보다 덜 효율적이었다. 이 기법은 평형상태에 있고 에너지가 동일한 두 동위원소는 평균 속력이 다르다는 속성을 이용한다. 즉, 가벼워서 더 빠른 동위원소가 무거운 동위원소보다 막을 통과하여 확산할 가능성이 높기에 혼합물이 분리된다. 따라서 핵에너지 개발의 이 단계에서 연구 자원은 기체 확산 기법으로 쏠렸고 디랙의 방법은 설 자리를 잃었다.

***

1941년 5월 9일 늦은 밤, 폭탄 하나가 디랙 집 맞은편에 떨어져, 가옥 두 채가 손상되고 작은 불이 났는데, 주디도 나서서 소방관의 진화를 도왔다.[46] 케임브리지 공습 중에서 디랙 가족한테는 가장 무서웠던 순간이었다. 사는 곳이 전략 목표물인 기차역에서 가까웠기에 무자비한 공습이 벌어졌던 것이다. 하지만 디랙 가족의 일상생활은 전쟁 전과 별반 차이가 없었다. 손님들을 반갑게 맞이하는 것도 일상 중 하나였다. 디랙은 개인 교습 받는 학생 외에는 다른 손님들을 거의 집에 들이지 않던 아버지의 전례를 단호히 거부했다. 캐번디시 애비뉴 7번지에 가장 자주 들른 손님은 짐 크로우더, '신문기자'였다.[47] 좌파 과학자들의 활동에 관한 정보원 역할을 했던 그는 맨시한테 인기가 많았다. 맨시는 그와 아내 프랜시스카를 배급이 허락하는 한 후하게 대접했다. 차 한두 잔은 충분히 대접할 여력이 있었지만, 비스킷과 케이크는 사치품이었다. 한 번 모임 후 크로우더는 서머싯 몸의 『인간의 굴레에서On Human Bandage』를 빌려서 맨시가 영어 실력을 키우고 영국인의 특이한 습성을 이해하는 데 도움을 주었다. 케임브리지 사람들이 자기를 이방인으로 여기는 것을 걱정하던 그녀는 심지어 자기가 적의 첩자일지 모른다는 사람들의 의심의 눈초리를 알아차렸다. 1941년 봄 선량해 보이는 시드니 스트리트의 한 네덜란드인 중고책방 주인이 첩자였음이 드러나자 외국인에 대한 의심은 한층 커졌다. 군 정보부가 자기를 노린다는 걸 알자 그 남자는 지저스 그린Jejus Green에 있는 방공 대피소에 들어가서 총으로 자살했다.[48]

디랙 내외가 크로우더 내외와 대화할 때, 디랙은 과학자들의 전시 활동에 관한 크로우더의 여러 정보들을 들었다. 미묘한 정치적 뉘앙스를 곁들여 알려준 이야기들이긴 하지만, 국가에 더욱 헌신적인 동료들을 대할 때 크로우더가 보여주었던 정치적인 진지함은 거의 없었다. 크로우더가 보기에, 이번엔 시간을 즐겁게 보낼 때였다. 디랙은 좌파를 위해 헌신할 사람이 아니었을 뿐더러 다른 영국 물리학자들이 디랙과 같은 지적인 위치에 오른 이가 없었기에, 곁에 두면 좋을 동무였을 뿐이다.

대다수의 시간을 전시 연구에 보내긴 했지만, 디랙은 여전히 양자역학을 생각하고 있었다. 한 프로젝트에서 그는 파이얼스 및 프라이스와 함께 에딩턴이 제기한 비판을 반박했다. 비판의 내용인즉, 디랙을 포함한 상대론적 양자역학의 전문가들이 특수 상대성이론을 줄기차게 오용하고 있다는 것이었다. 이 불화는 오랜 세월 지속되고 있었다. 1939년 여름 조지프 라머 경이 들은 말에 의하면, '에딩턴은 근래에 디랙과 옥신각신했다'고 한다.[49] 디랙, 프라이스 및 파이얼스는 에딩턴이 사리분별을 제대로 하게 만들려고 했지만, 1941년 초여름이 되자 셋의 인내가 바닥나고 말았다. 그래서 프라이스가 명명한 '반에딩턴 원고'라는 것을 준비했다.[50] 그 논문이 1년 후에 발표되자, 에딩턴의 논거들은 무참히 짓밟혔다. 모두 이 결과에 만족했지만, 정작 에딩턴만은 끝까지 패배를 인정하지 않았다.

왕립학회가 연례 베이커 강연Baker Lecture을 할 영예를 디랙에게 수여하자, 그는 양자물리학에 관한 최신 개념들을 소개할 기회를 얻었다. 1941년 6월 19일 이른 오후, 디랙이 벌링턴 하우스Burlington House에 도착했더니, 놀랍게도 런던 중심부가 공습을 받고도 크게 손상을 입지 않은 모습이었다. 대부분의 피해는 시티오브런던City of London과 이스트엔드East End 구역이 입었다. 강연 행사는 그 시기의 정신에 부합했다. 런던 시민들은 평소처럼 지냈기에, 실용적으로 중요하지 않은 문제에 관한 강연에도 참석했다.

디랙이 오후 4시 30분에 연단에 올라서는, 자기가 왜 양자역학의 현재 상태에 아주 불만인지 터놓기 시작했다. 첫 번째 버전(하이젠베르크와 슈뢰딩거가 내놓은 양자역학)은 매우 아름다웠건만, 왜 상대론적 버전은 단단히 병이 들었냐고 자문했다.[51] 그가 밝혀내기로, 상대성이론의 병증 중 하나(음의 에너지 광자)는 나중에 '부정 계량Indefinite Metric'이라고 불리게 된 기술적 장치를 이용하면 제거될 수 있을지 몰랐다. 만병통치약은 아니지만 그 기법은 양자물리학자들로 이루어진 상비군에게 디랙이 여전히 그들의 사령관임을 입증해주었다. 심지어 파울리도 감동을 받아, 자기도 디랙의 제안을 인정한다는 편지를 디랙에게 보냈다.[52]

강연에서 디랙의 결론은 '현재의 수학적 방법들이 최종은 아니라는 것' 그리고 '매우 극적인' 발전이 필요하다는 것이었다. 하지만 스스로도 알았듯이, 그런 발전은 최상의 과학 두뇌들 대다수가 군대를 위한 최고 우선순위

프로젝트에 몰두하고 있는 시기에는 불가능한 일이었다. 서로 적국의 국민인 과학자들은 거의 교류하지 않았다. 그런 교류가 한 번 1941년 9월 하순에 있었다. 하이젠베르크가 나치 점령 하의 덴마크에 와서 (핵폭탄 제작을 위한 영국-미국 프로젝트를 전혀 몰랐던) 보어를 만났던 것이다. 이 우려스러운 만남을 두 사람은 전혀 다르게 기억했고 해석했다.[53] 극작가 마이클 프레인Michael Frayn은 이 만남을 극화하여 60년 후 〈코펜하겐〉을 썼다. 이 작품은 불확정성 원리에 대한 은유였다. 즉, 모임에서 참석자들의 의도를 더 자세히 알아내려 할수록, 의도는 더더욱 흐릿해져 보인다는 것이다. (하이젠베르크의 불확정성 원리는 한 쌍의 두 성질 사이의 불확정성, 가령 물체의 속도와 운동량 사이의 문제이지, 어느 하나의 성질에 관한 것이 아니다. 속도[운동량]를 더 정확하게 측정할수록 운동량[속도]은 더 부정확하게 측정된다는 것이 불확정성 원리이다. 따라서 희극 속에 나오는 이 내용은 원 희곡작가가 불확정성원리를 잘못 이해했거나 이 디랙 전기의 작가가 잘못 이해했기 때문인 듯하다 —옮긴이) 두 사람이 정확히 무슨 말을 했는지는 알 수 없지만, 둘의 만남이 초래한 결과는 명백했다. 둘의 우정이 회복될 수 없을 정도로 깨졌다는 것이다.

보어나 하이젠베르크와 연락이 없었던 디랙은 그 모임을 전혀 몰랐다. 둘이 만났을 때 디랙은 케임브리지에 있으면서 새학기를 준비하고 있었고, 나치의 소련 침공 소식을 암담한 심정으로 읽고 있었다. 침공은 석 달 전에 스탈린과 맺었던 협정을 히틀러가 일방적으로 깨면서 시작되었다. 이제 카피차는 히틀러의 위협 안에 놓여 있었다. 협정이 깨지고 스탈린이 연합군에 참여한 지 며칠 후인 7월 3일, 카피차는 디랙에게 전보를 보냈다. 전쟁 중에 디랙이 받았던 몇 안 되는 연락 중 하나였다.

우리 두 나라가 공동의 적과 싸우고 있는 이 시련의 시간에, 너한테 따뜻한 말을 전해주고 싶어. 과학계의 모든 사람들이 단결하면, 독일에서 자유를 말살하고 과학적 사고의 자유를 짓밟았으며 지금은 전 세계를 대상으로 똑같은 짓을 하고 있는 비열한 적을 누르고 승리를 가져오는 데 도움이 될 거야. 우리 두 나라가 진정으로 소중히 여기는 모든 인민의 자유를 위해 과학적 사고의 자유를 위해 승리를 완수하려고 똘똘 뭉쳐 싸우는 모든 친구들에게 안부를 전해줘.[54]

이후 디랙은 카피차에게 보낸 드문 편지에서 비슷한 훌륭한 글귀를 써 보냈다. 두 번째 스탈린 상을 받은 카피차에게 '진심어린 축하'를 보낸 다음, 디랙은 이런 소망을 내비쳤다. '지금 이 세계를 캄캄하게 뒤덮고 있는 크나큰 히틀러의 위협도 곧 없어질 거야.'[55]

디랙 어머니도 카피차와 그의 동포들을 생각하고 있었다. '결연한 러시아인들이 저런 대단한 투지를 보여주는구나!'라고 그녀는 아들에게 보낸 편지에서 썼다. 1941년 여름 브리스틀은 최악의 공습을 당하고 있었다. 약 1,200명이 목숨을 잃었다.[56] 그녀는 혼자 지내기가 어려워지자 필사적으로 캐번디시 애비뉴 7번지에 가고 싶었다. 그 집에서 맨시는 가정부와 요리사가 떠난 후 집안을 꾸려 나가려고 애쓰고 있었다. 10월 초 디랙 어머니는 짐 가방과 모자 상자를 들고서 거기로 찾아와서 집안일을 돕고 싶다고 했다. 하지만 의사는 디랙에게 은밀히 편지를 보내 이렇게 알렸다. '어머니가 힘든 일을 해서는 안 된다는 걸 알려 드리고 싶군요.' 왜냐하면 '심장이 지나치게 긴장된 상태인데다가 어머니가 기력이 상당히 떨어졌기 때문'이었다.[57] 어머니는 계획했던 달보다 더 오래 머물면서, 맨시의 지시에 따라 주방 하녀겸 집 청소부 역할을 했다. 그리고 하인들과 매리의 유모를 도와주었다. 1941년 12월 7일 진주만 습격을 당하고 나서 미국이 전쟁에 뛰어든 직후, 어머니는 이웃들 중 한 명에게 이런 편지를 썼다. '내 아들 말로 일본을 무찌르는 데 2년이 걸린다네요.' 하지만 그녀는 향수병에 걸렸고 며느리의 파출부 역할도 지겨워졌다. '계속 여기 있다가는 큰 병이라도 날까 정말 걱정이네요. 며느리가 일을 너무 시켜요.'[58]

디랙 어머니는 그 편지를 보내지 못했다. 크리스마스를 나흘 앞두고 뇌졸중으로 쓰러져 세상을 떠났기 때문이다. 디랙은 어머니의 죽음을 평소의 거의 비인간적이라고 할 수 있는 초연한 심정으로 받아들였다. 그의 얇디 얇은 감정 어휘집에는 통상적인 슬픔의 표현들이 들어있지 않았다. 맨시도 눈물을 흘리지 않았다. 하지만 디랙은 어머니의 충족되지 못한 삶의 비극을 어느 누구보다 더 잘 알고 있었다. 큰아들의 자살, 허울뿐인 결혼 기간 동안에 노예와도 같았던 삶 그리고 곰에게 길들여진 토끼처럼 살았던 노년의 시간들. 디랙은 어머니도 결점이 있다는 걸 알고 있었다. 정신이 산만했고 어수선했으며, 둘째 아들의 마음을 독차지하려고 이기적으로 행동했다. 하지만 디랙은 어머니의 삶이 팍팍했다는 것, 그리고 자기를 가장 사랑하는 사람이 어머니였음을 잘 알았다.

장례는 크리스마스 이틀 후에 치렀다.[59] 디랙은 어머니의 소지품을 거의 대부분 버렸지만, 맨시에 대한 느낌을 적어 보내준 크리스마스 카드는 버리지 않고 문서 사이에 넣어 두었다.

23장
1942년 1월부터 1946년 8월까지

지금은 호사가, 약골, 책임 회피자 또는 게으름뱅이한테 관심 가질 때가 아닙니다. 탄광, 공장, 조선소, 염전, 경작지, 가정, 병원, 과학자의 연구실, 설교자의 연단 등 가장 높은 직무에서부터 가장 낮은 직무까지 모두가 똑같이 소중합니다. 모든 자리가 나름의 역할이 있습니다.

－윈스턴 처칠, 캐나다 의회 연설. 1941년 12월 30일, 나중에 BBC에서 방송됨.

이웃들이 보기에 디랙은 전쟁에 별로 영향을 받지 않는 것 같았다. 교수로서 조용히 자기 일을 했고, 시민으로서의 의무는 캐번디시 연구소의 방화 감시탑에서 가끔 야간 감시 일을 하는 것밖에 없었으니 말이다.[1] 하지만 이웃들은 아무도 몰랐다. 디랙이 1942년과 1943년의 시간 대부분을 핵무기 연구에 바쳤다는 사실을. 심지어 맨시도 남편이 하는 일을 어렴풋이 짐작했을 뿐이다. 케임브리지의 지인들한테 그녀는 남편이 하는 일이 '암호해독'이라고 말했다.[2]

선도적인 과학자들 대다수는 디랙보다 더 적극적으로 군을 도왔다. 패트릭 블랙킷은 디랙의 여러 친구들 중에서도 특히 정부의 과학 고문으로서 중요한 역할을 수행했으며, 쉴 새 없이 이어지던 수십 번의 정책 회의에 참석했다. 또한 전직 캐번디시 동료인 콕크로프트 및 채드윅과 함께 한 특별 위원회에 참석했다. 핵폭탄을 만드는 데 필요한 소량의 우라늄을 프리슈와 파이얼스가 예측한 것이 어떤 의미일지를 논의하기 위해 마련된 위원회였다.[3] 그들은 디랙에게 의견을 구했지만, 그는 프로젝트의 일원이 되기를 바라지 않았다.[4]

1941년 8월, 처칠은 핵무기의 제작을 승인했다. 위원회의 권고를 들었고 아울러 친구이자 수석 과학고문인 프레데릭 린더만의 조언을 수용했던 것이다.[5] 영국 정부는 과학자들이 핵폭탄을 만들기 위해 요청했던 자원을 할당했고 '튜브 앨로이스Tube Alloys'(튜브 형 합금이라는 뜻의 암호명 ─옮긴이) 프로젝트에 착수했다. 염탐하는 눈과 귀를 피하기 위해 일부러 평이하게 고른 이름이었다. 위원회에서 반대 목소리를 냈던 한 명인 블랙킷은 영국이 자력으로 핵폭탄을 만들 수 없으리라고 여겼다. 그가 보기에, 프로젝트가 성공하려면 미국과 공동으로 추진해야만 했다. 곧 그의 생각이 옳았음이 밝혀졌다. 블랙킷은 정부와 했던 어떠한 일보다도 이번 일이 성사된 것이 즐거웠다. 그는 과학을 사용하여 전쟁 수행에 관한 결정에 정보를 제공하는 면에서라면 단연 선구자였다. 전쟁 수행에 관한 결정이란, 가령, 여러 상이한 군사 전략의 위험도와 이득을 저울질하는 것을 말한다.[6] '작전 연구'라는 이 새 원리를 냉정하게 적용하는 바람에 블랙킷 및 버널 등 그의 동료들은 군과 정치인들과 불화를 겪었다. 이 두 집단은 머리뿐만 아니라 가슴으로도 결정을 내리길 선호했기 때문이다. 블랙킷은 처칠의 적국민 공습 정책(군과 국민들이 지지했던 정책)이 비효율적이며 적의 핵심 산업 및 군사 목표물에 대한 선별 공격을 방해한다고 주장했다. 적의 U보트 함대를 폭격하는 게 낫다고 그는 끄떡도 하지 않는 린더만에게 말했다. 처칠은 그 정책을 고수했고 과학 위원회들을 멀리했다. 그로서는 '과학자는 맨 위top가 아니라 꼭지tap에 있어야 했다'.[7]

많은 수학자들과 마찬가지로 디랙은 블레츨리 파크에 있는 정부의 연구

시설에서 일해 달라는 부탁을 받았다. 1942년 5월에 고대사학자 프랭크 애드콕Frank Adcock이 디랙에게 연락했는데, 그는 최상의 케임브리지 두뇌들을 모집하는 일을 담당하고 있었다. 애드콕은 디랙에게 이런 편지를 보냈다. '그 자체로도 중요하고 제가 보기에 귀하에게도 중요하지 않은가 싶은 전쟁 관련 연구가 있습니다. 어떤 연구인지는 아직은 밝힐 수는 없습니다.'[8] 디랙이 더 자세히 알고 싶다고 하자, 외교부 관리가 편지를 보내서 이렇게 말했다. '그 연구는 전업 활동(명목상으로는 하루에 9시간)이기에 귀하는 케임브리지를 떠나야 합니다.'[9] 맨시가 임신 4개월이었기에, 그 제안은 디랙이 생각하고 말고 할 것도 없었다. 그는 블레츨리 파크의 오두막에서 맥스 뉴먼Max Newman과 뉴먼의 제자 앨런 튜링과 함께 연구하지 않았다.[10] 그랬더라면 전시의 가장 흥미로운 합동 연구가 되었을 것이다.

케임브리지에서 디랙은 대학원생들의 지도교수를 맡았고, 화요일, 목요일 및 토요일 아침에 약 15명의 학생들에게 양자역학 강의를 했다. 1942년 그의 수업을 듣는 학생 중에 프리먼 다이슨이 있었다. 당시 19살이던 대단히 재능 있는 학생이었다.[11] 다이슨은 실망했다. 그가 보기에 강의는 역사적 관점에 대한 인식이 부실했고 학생들이 실용적인 계산을 하는 데 도움을 주려는 시도가 없었다. 입 꾹 다물고 참는 성격이 아니었던 다이슨은 디랙에게 질문을 퍼부어 동급 학생들을 즐겁게 해주었다. 때로는 디랙이 좀 풀어지도록 유도했고, 한번은 디랙이 적절한 답변을 준비할 수 있게 수업을 일찍 마치도록 만들기도 했다.[12] 거의 20년 전 젊은 디랙도 교실에서 에버니저 커닝햄 교수를 몰아 붙인 적이 있었다. 이제 디랙이 젊은이가 꺼낸 칼날을 상대해야 할 차례였다.

1942년 초반에 디랙은 양자역학보다 기술을 더 많이 생각하고 있었다. 그는 튜브 앨로이스 프로젝트에 자문역을 맡아서 루돌프 파이얼스와 함께 긴밀히 일했다. 디랙이 그에게 보낸 초기 보고서는 동위원소 혼합물을 분리하는 또 다른 방법을 다루었다. 긴 축 주위로 빠르게 회전하는 속이 빈 실린더의 밑바닥으로 혼합물을 주입하는 단순한 방법이었다. 회전으로 인해 생긴 원심력 때문에 무거운 동위원소는 바깥 테두리 쪽으로 이동하고 가벼운 동위원소는 중심축에 가깝게 집적시켜 동위원소를 분리하자는 발상이었다. 보고서를 1942년 5월에 보내면서 디랙은 '(자신의) 예전의 연구'를 적었다고 밝혔지만, 그 기원을 언급하지는 않았다.[13] 보고서에서 명확히 드러나듯이 디랙은 튜브 안의 기체의 운동을 조사하여, 주입된 기체가 회전하는 실린더의 위쪽으로 어디까지 달할지를 알아내고 싶었다. 고전역학을 이용하여 그 장치가 안정적으로 동위원소를 분리해 낼 것임을 알아냈다. 또한 계산 결과에 의하면 만약 실린더가 반지름이 1센티미터이고 1초에 5,000번 남짓 회전한다면 실린더 길이는 약 80센티미터여야 했다. 1946년에 기밀 해제된 이 기밀 보고서는 알고 보니, 원심 분리기 설계자들에게 획기적인 연구 결과였다. 또한 디랙의 계산은 3년 전 미국 과학자 해럴드 유리Harold Urey가 발명한 역류countercurren원심분리기의 이론적 토대를 마련해주었다. (다른 방법들이 공학적으로 부담이 덜했기 때문에) 그 기법은 최초의 핵폭탄 제작에는 사용되지 않았지만, 나중에 원자력 공학자들이 선호하는 방법이 되었다. 특히 우라늄 동위원소를 효율적으로 분리할 수 있었기 때문이다.

버밍엄의 파이얼스와 그의 연구팀을 위한 디랙의 다른 연구는 만약 핵 연쇄반응이 내부에서 발생했을 때 ^{235}U 덩어리의 행동을 이론적으로 조사한 것이었다. 이 연구를 통해 디랙은 그런 물질 덩어리 내부에서 벌어지는 에너지 변화를 자세히 탐구했으며 만약 우라늄이 용기 내에 갇혀 있다면 중성자들의 증가가 달라지는지 여부도 조사했다. 디랙은 자신의 연구 결과를 오펜하이머를 포함해 핵폭탄을 연구하고 있던 미국 과학자들과 나눌 수 있어서 기뻤다. 오펜하이머는 1942년 말에 맨해튼 프로젝트의 과학 담당 책임자로 임명되었다. 오펜하이머는 버클리의 젊은 이론물리학자들을 기르는 데 탁월하긴 했지만, 그의 동료들 대다수는 레슬리 그로브스Leslie Groves(루즈벨트 대통령이 임명한 맨해튼 프로젝트 총책임자)가 핵폭탄 제조 임무를 그에게 맡긴 것이 대단히 놀라웠다. 오펜하이머의 버클리 동료들 중 한 명은 이렇게 깔깔거렸다. '그 사람은 햄버거 가판대도 운영할 수 없다고.'[14] 마찬가지로 놀라운 점은 공산당과 친분이 많았던 사람(비록 똑똑한 과학자 겸 교사이긴 했지만)을 당국이 책임자로 임명했다는 사실이었다.

***

디랙은 주로 집의 서재에서 일했다. 디랙 자신만이 열쇠를 갖고 있었던 캐번디시 애비뉴 7번지의 그 방은 청소부도 문서를 일체 옮기지 않는다는 조건 하에서만 들어올 수 있었다. 만약 책상이 흐트러진 모습이 조금이라도 보일라치면 그는 무언의 격분을 터뜨렸다.

아이들은 차츰 다루기가 어려워졌다. 디랙과 맨시가 깜짝 놀라게도, 가브리엘은 케임브리지 수학과에서 공부를 시작한 직후에 공산당에 가입했다. 비록 당원으로 지낸 기간이 고작 6개월뿐이긴 했지만 말이다.[15] 주디는 공부는 별로였고 반항에 소질이 있었다. 1943년 16살인 그녀를 맨시는 노발대발하며 집밖으로 쫓아냈고 옷가지를 그녀의 침실 창문 밖으로 내던졌다.[16] 며칠 후에 집에 다시 들이긴 했지만, 부모와의 사이는 나아지지 않았다. 늘 엄한 규율을 실시하던 맨시는 디랙한테 별로 지지를 받지 못해서 섭섭해했다. 아이와 옥신각신하는 자기를 편들어줘야 할 남편은 소심하게 내빼거나 마당으로 나가버렸다. 그는 몇 시간 동안 만병초와 치지나무를 돌보고 사과나무에 가지치기를 하고 씨앗을 뿌리고, 아스파라거스와 당근과 토마토를 캐서 식량 저장고에 채웠다. 여름에는 차츰 밋밋해져가고 있는 머리를 덮으려고 네 모서리에 매듭을 지은 손수건을 썼다.[17] 친구들이 보니 디랙은 이론물리학에 썼던 것과 똑같은 하향식 방법들을 이용해 농사를 짓고 있었다. 모든 결정을 몇 가지 근본적인 원리를 바탕으로 내렸기 때문이다.[18] 그는 사과가 잘 익게 하는 최선의 방법은 사과나무를 일직선으로 두며, 각각의 나무를 이웃 나무와 정확히 똑같은 거리만큼 떨어뜨려 놓아야 함을 강조했다. 한 프로젝트에서는 배 씨앗을 기름방울에 적신 다음 붉은색 산화납 분말에 넣고 굴렸다. 새들이 새로 난 싹을 먹지 못하게 만들려고 그랬는데, 오늘날 건강과 안전을 중시하는 똑똑한 사람들이 들었다면 충격에 빠트릴 짓이었다.

디랙의 마음은 여전히 양자역학에 가 있었다. 1942년 7월 그는 전시 연구 일에 잠시 손을 떼고 가정을 떠났다. 에딩턴과 함께 길을 떠난 그는 슈뢰딩거가 주관한 더블린의 회의에 참석했다. 슈뢰딩거는 디랙한테 자기랑 함께 일해보지 않겠냐고 꼬드겼다. '여기는 음식이 풍부해요. 햄, 버터, 계란, 케이크 등 없는 게 없지요.'라고 그는 맨시에게 애정 어린 편지를 보냈다.[19] 아일랜드 수상 에이먼 데 벌레라Éamon de Valera는 수학 전공자로서 슈뢰딩거를 아일랜드에 데려오는 데 도움을 주었다. 수상은 더블린의 회의에서 두 손님을 만났고, 근처 시골 지역을 드라이브시켜 주었다. 디랙은 한 나라의 수상이 그런 회의에 참석하고 강연을 듣고 필기까지 꼼꼼히 하는 모습에 놀랐다.[20]

9월 29일, (여전히 나치 폭격기들한테서 공습을 당하고 있던) 케임브리지로 돌아온 지 6주가 지나서 맨시는 딸 플로렌스를 낳았다. 디랙 어머니의 이름을 따서 지은 이름이었다. 하지만 딸은 늘 가운데 이름인 모니카로 불렸다. 딸이 태어난 지 이틀 후 디랙은 파이얼스의 정중한 요청이 담긴 편지를 받았다. 프로젝트 위원회의 부탁을 받고서 그는 디랙이 케임브리지를 떠나 전업으로 전시 연구를 해줄 수 있겠냐고 물었다.[21] 예상대로 디랙은 거절했다.

디랙의 식구는 이제 다 찼다. 그에게는 자기가 낳은 아들이 없었는데, 맨시는 나중에 그게 남편의 삶에서 가장 슬픈 일에 속한다고 아쉬워했다.[22]

케임브리지에서 디랙은 미국이 전쟁에서 맡고 있는 두드러진 역할을 실감했다. 매일 수백 명의 제복 입은 미국 군인들이 (근처의 공군기지에서 휴가 나와) 케임브리지의 거리를 다니면서 돈을 쏠쏠히 썼다. 그들은 야구 경기도 조직했으며, 1942년 11월에는 루즈벨트 대통령의 영부인이 찾아오기도 했다.[23] 집에서 디랙은 미국에서 하는 핵폭탄 제조 실험의 정보 보고서를 받았는데, 연말이 다가올 즈음에는 핵심적인 실험 하나가 완료되었다는 소식을 들었다. 시카고의 버려진 스쿼시 코트에 지어진 급조 실험실에서 엔리코 페르미와 그의 연구팀이 핵 반응로를 제작했고, 1942년 12월 2일 오후 경에 핵 반응로를 처음으로 작동시켰다. 그들은 자동으로 지속되는 핵 연쇄반응을 일으켜 1/2와트의 비율로 에너지를 방출시켰다.[24] 위그너는 페르미에게 키안티 와인 한 병을 선물로 주었고, 이걸 페르미는 연구팀과 차분한 분위기에서 나누어 마셨다. 축하해도 될 법했지만 초조하기도 했다. 그들이 알기로는 히틀러의 과학자들이 앞서 있었다. 페르미 연구팀의 한 명인 앨버트 워튼버그Albert Wattenberg는 나중에 이렇게 회상했다. '나치가 우리보다 먼저 핵폭탄을 만들지 모른다는 건 생각만 해도 너무 끔찍한 일이었다.'[25]

　그 직전에 파이얼스는 디랙에게 한 무더기의 전문적인 문서들을 살펴보라고 부탁했다. 오펜하이머와 그의 맨해튼 동료들이 쓴 문서인데, 핵분열을 겪는 우라늄 시료의 폭발 과정을 기술하는 내용이었다. 1월 초 디랙은 문서들 속의 앞뒤가 맞지 않는 점들을 지적하면서 핵폭탄 제작 방법을 논의했다. 합쳐서 핵폭탄 제작을 촉진할 두 덩어리의 우라늄의 최적 형태도 논의에 들어 있었다. 1943년의 그다음 두 달 동안 디랙은 핵분열 중인 우라늄 덩어리 내에서 중성자들의 흐름을 이론적으로 연구하여 결과를 두 건의 보고서로 제출했다. 그 하나는 파이얼스 및 그의 젊은 버밍엄 동료 둘과 협력해서 내놓은 보고서였다. 두 동료 중 한 명은 파이얼스의 집에서 하숙을 하는 클라우스 푹스Klaus Fuchs였다. 나치 독일에서 망명한 브리스틀 대학교 출신의 푹스는 아직 서투르지만 예의 바른 20대 초반의 사람이었다. 그와 파이얼스가 캐번디시 애비뉴 7번지를 찾아와 그 비밀 연구에 관해 디랙과 논의했다. 이때 그들은 근처에 있는 모든 이의 귀에서 멀어지려고 뒷마당에 있는 잔디밭 한 가운데에 가 있었다.[26] 맨시는 디랙에게 집 안에 남으라는 말을 듣고서, 자기가 엿들을지 모르는 사람으로 취급되는 것 같아 분통을 터뜨렸다. 야외에서 이런 논의를 진행하던 중에 디랙과 파이얼스는 푹스가 가끔씩 이상하게 행동하는 것을 알아차렸다. 몸이 안 좋다며 한참이나 자리를 떠났다가 다시 돌아오곤 했던 것이다.[27] 7년의 세월이 지난 후에야 디랙과 파이얼스는 그때 푹스의 행동을 이해하게 된다. (푹스는 소련의 핵무기 개발을 위해 잠입한 스파이였다.)

미국과 영국에서 핵폭탄을 개발하던 과학자들 사이의 협동 연구는 서로 신경이 곤두서는 벅찬 일이었지만, 둘 사이의 문제는 루즈벨트와 처칠의 평화를 위한 회담을 한 후 1943년 늦여름에 대체로 해결되었다. 영국 과학자들 대다수가 보기에 명백히 그들은 맨해튼 프로젝트에 참여해야 옳았고, (파이얼스, 채드윅, 프리슈 및 콕크로프트를 포함해) 약 스무 명 이상이 뉴멕시코 사막에 있는 로스앨러모스 본부에 있는 오펜하이머 휘하의 연구팀에 합류했다.[28] 채드윅을 통해 오펜하이머는 디랙한테 맨해튼 팀에 합류해달라고 부탁했지만, 디랙은 거절했다.[29] 1년 후쯤 그는 핵폭탄 개발 연구를 중단했지만, 이유는 명확히 밝히지 않았다. 나중에 파이얼스가 한 다음 말이 아마 제대로 짚은 듯하다. '내가 보기에 이유는 원자폭탄이 자기가 관여하고 싶은 문제가 아니라고 느끼기 시작했기 때문인 듯한데, 누가 디랙을 탓할 수 있겠습니까?'[30]

디랙은 나치가 핵무기 없이도 패배할 수 있다고 믿게 되었을지 모른다. 어쩌면 디랙에게 블랙킷의 말이 영향을 주었을지 모른다. 그는 맨해튼 프로젝트를 맡은 미국 과학자들은 미국 동료들이 한 모든 연구에 접근할 수 있지만, 그 반대로는 되지 않는다고 항변했다. 예외라면 전면적인 비밀 사용 허가가 있는 영국인인 채드윅이 유일했다. 블랙킷은 그런 느낌이 무척 컸던지라,

맨해튼 프로젝트에 참여하지 말라고 영국인 동료들을 설득하려고 했다.[31]

1943년 11월 5일 밤, 독일 폭격기들이 케임브리지에 폭탄을 떨어뜨렸는데, 나중에 알고 보니 마지막 폭격이었다. 전쟁이 터진 후로 공습경보 사이렌이 총 424번 울렸고, 모두 30명이 목숨을 잃었으며 51채의 가옥이 파괴되었다.[32] 차츰 밤의 길이가 짧아지면서 디랙 가족은 등화관제가 곧 끝나길 바랐지만, 당국은 다음해 9월까지 등화관제를 해제하지 않았다.[33] 그 무렵 디랙은 여동생 베티와 그녀의 가족을 줄곧 걱정하고 있었다. 디랙의 요청에 따라 하이젠베르크가 나서서 나치 당국에 그녀가 유대인이 아님을 증언해주었지만, 남편 조에와 아들이 여전히 큰 위험에 처해 있었다.[34] 디랙이 1943년 9월 초에 마지막 소식을 들었을 때, 여동생과 그녀의 가족은 암스테르담의 집 (안네 프랑크의 은신 오두막집에서 전차로 가까운 거리)을 떠나 있었다. 나치가 조에에게 고자가 되거나 아니면 폴란드의 강제수용소로 갈 수 있다고 말한 후였다. 아마 그는 강제수용소가 사형선고에 해당함을 알았기에, 여동생 가족은 부다페스트로 향했을 것이다. 그곳이라면 연합군에 의해 빨리 해방될 수 있겠다 싶어서였다.[35]

디랙은 베티를 도울 수 없어 속수무책으로 전쟁 끝까지 집에서 죽치고 있었다. 이 무렵에 찍은 여러 장의 가족사진을 보면 그는 뒷마당에서 접의자에 앉아 매리에게 『오즈의 마법사』를 읽어주고 있는 모습이 나온다. 매리의 아주 어린 기억 중 하나는 아버지가 도로시 (D-o-r-o-t-h-y) 라고 단어의 철자를 읽어준 것이었다.[36] 매리와 모니카는 영국 가정생활의 모토인 '아이는 보일 뿐 들려서는 안 된다'에 따라 엄격하게 자랐지만, 종교적인 분위기는 조금도 접하지 않았다.[37] 하지만 디랙은 어느 정도는 종교를 존중했던 듯하다. 두 딸을 기독교의 관례에 따라 세례를 받게 했으니 말이다.[38] 아마도 아내의 영향으로 인해 강성 무신론자의 노선이 조금 부드러워진 것 같다.

대학교에서 양자물리학에 집중하려고 애썼지만, 계속 군대가 얼쩡거리는 현실 때문에 디랙은 설령 승리가 목전에 보인다고 하더라도 결코 승리를 장담할 수는 없다고 여겼다. 영국 공군 장교들이 여전히 대학교의 많은 공간을 차지했고, 비밀 유지 목적으로 휴게실을 장악하고 있었다.[39] 한참 나중에야 세인트 존스 칼리지 교수들은 연합군이 1944년 6월 6일에 상륙했던 노르망디 해변 지역을 표현한 거대한 석고 모형이 휴게실에 설치되어 있었다는 사실을 알았다. 처칠 휘하의 몽고메리 장군은 전쟁의 끝이 다가왔으며 독일이 그리 오래 버티지 못하리라고 여겼다. 하지만 여전히 디랙은 탄식의 다리를 편안히 건널 수가 없었다. '누가 저기에 가 있습니까?'고 물은 보초는 딱 한 마디 대답에 만족해야 했다. '친구요.' 디랙은 적의 위협이 엄연히 남아 있다는 것을 뼛속 깊이 알고 있었다. 승리가 확실시되던 1944년 6월부터도 디랙은 하이젠베르크를 포함한 독일 과학자들이 이미 핵무기를 개발했을지 모른다고 우려했다. 1년 전쯤 디랙이 피난 온 노르웨이 화학자 빅토르 골트슈미트Victor Goldschmidt에게서 들은 바로는, 하이젠베르크가 연합군의 튜브 앨로이스 프로젝트에 해당하는 독일 쪽 프로젝트를 진행하고 있었다. 디랙은 수많은 잠재적 희생자들의 운명이 가장 친한 친구인 그 독일 과학자의 손에 달려 있다는 걸 알았다.[40]

전쟁이 끝나길 기다리면서 디랙은 이전에 냈던 책의 개정판을 집필하기 시작했다. 이번에 가장 크게 바뀐 점은 전쟁이 발발하기 직전에 그가 처음 고안했던 새 표기법을 도입한 것이었다. 이 기호 체계 덕분에 양자역학의 공식들을 특별히 깔끔하고 간결하게 적을 수 있게 되었다. 디랙이 베이커의 다과회에서 그 진가를 인정했던 유형의 기호 체계였다.

표기의 핵심은 q라는 양자 상태를 기호 $\langle$q 그리고 이것과 상보적인 표현인 q$\rangle$으로 적는 것이다. 둘을 함께 적으면, $\langle$q|q$\rangle$처럼 괄호bracket로 묶인 수학적 구성을 얻을 수 있다. 직선적 논리를 구사하여 디랙은 '괄호'에서 |의 앞부분과 뒷부분을 bracket의 앞 음절과 뒷 음절을 따라서 bra(브라)와 ket(켓)으

로 명명했다. 사전에 오르는 데 오랜 세월이 걸린 이 신조어들을 보고서, 수천 명의 비영어권 물리학자들은 왜 양자역학의 수학 기호가 속옷 이름을 땄는지 의아해했다. 당혹스러운 것은 그런 용어만이 아니었다. 10년이 지나 세인트 존스 칼리지의 저녁 식사 후 교수들이 신조어 만들기의 즐거움에 관해 논하고 있었다. 대화가 잠시 끊겼을 때 디랙은 짧은 말을 불쑥 던졌다. '제가 브라를 만들었지요.' 얼굴에는 장난스러운 기미가 전혀 없었다. 여기저기서 새어 나오는 낄낄거리는 소리들이 멋쩍었는지 교수들은 일부러 진지한 표정들로 서로 쳐다보았다. 한 교수가 자세한 설명을 디랙에게 부탁했다. 하지만 디랙은 고개를 가로젓고는 다시 평소처럼 입을 닫아, 동료들을 어리둥절하게 만들었다.[41]

***

유럽의 전쟁은 1945년 5월 8일 흐지부지 끝났다. 영국의 모든 국민이 안도의 한숨을 내쉬었다. 케임브리지 도심에서는 수천 명이 오후의 뜨거운 열기 속에서 마켓 스퀘어Market Square에 모였고, 수십 기의 유니언잭이 바람에 펄럭였다. 시장의 연설이 끝나자 두 악단이 따로따로 도시 주위를 돌며 행진했다. 각 악단 뒤로 수백 명의 사람들이 따라다녔다. 거리에서 수십 쌍의 남녀가 뺨을 맞대고 춤을 추었다. 세인트 존스 칼리지 당국자들은 그날의 모든 공식 일정을 취소했다. 휴게실에는 교수들뿐만 아니라 평소에는 들어오지 못했던 학부생 수십 명까지 모여 새로 맞은 평화를 기념하여 잔을 들었다.[42] 디랙 가족도 이웃들과 함께 어느 거리에서 열린 즉석 다과회에서 종전을 기념했다. 버팀목 위에 판자를 얹은 식탁에 놓인 스콘과 스팸 샌드위치를 곁들이면서.[43]

만약 디랙이 과학계가 금세 정상 상태로 돌아가겠지 여겼다면, 잘못 짚었다. 1945년 봄 그와 일곱 동료들(예를 들어 블랙킷과 버널)은 6월에 열릴 예정인 소련 과학아카데미의 220주년 기념식에 가슦 위해 비자를 신청했다. 디랙으로서는 그 여행을 통해 카피차와 다른 러시아 친구들을 다시 만날 기회였다. 하지만 처칠은 비자 발행을 거절했는데, 나중에 밝혀진 이유에 의하면, 디랙과 그의 동료들이 스탈린의 과학자들과 전쟁 중에 소련이 비밀로 부쳤던 핵무기 관련 정보를 나눌지 모른다고 우려했기 때문이다.[44] 런던의 해군성에서 그 문제를 논의하는 도중에 블랙킷은 격분하여 건물을 박차고 나왔다. 정부가 자신의 애국심을 의심했다고 분개했던 것이다.[45] 디랙도 화가 나긴 했지만, 입을 꾹 다문 채 물러 나와 한참 동안 혼자 걸어 다니는 것으로 감정을 표현했을 뿐이다.[46]

유럽에서 전쟁이 끝난 후 여러 주 동안, 나치의 강제수용소에 관한 소식들이 흘러나오고 있었다. 맨시는 독일인들뿐 아니라 '이 더러운 폴란드인들'한테도 분통을 터뜨렸다. 그녀가 보기에 분명 그들은 잔혹 행위에 동참했다. 그녀는 크로우더에게 편지를 써서 밝히기를, 이번만큼은 남편과 마음이 안 맞는다고 했다. 아마도 비양심적인 잔혹 행위에 대한 디랙의 반응이 그녀가 보기엔 너무 절제되어 있었기 때문이다.[47] 디랙 부부가 알고 있었듯이, 아마도 맨시의 친척들 여럿은 수용소에서 살해되었으며 베티의 남편 조에도 죽었을지 몰랐다. 그의 생사를 알리는 전보가 7월 초 디랙 가정에 날아왔다. 더블린에 있는 슈뢰딩거 내외를 만나러 갈 준비를 하고 있던 때였다.[48] 조에는 살아 있었다. 부다페스트에 있던 그는 나치에 의해 오스트리아의 마우트하우젠-구젠Mauthausen-Gusen 수용소로 보내졌다. 그곳에서 수천 명의 수용자들과 함께 빈의 그라벤 채석장에서 강제노동을 했다. 곡괭이로 화강석을 캐서 돌무더기를 180개의 계단 위에 있는 곳까지 옮겼다.[49] 많은 동료 수용자들이 혹독한 추위와 과로로 사망했다. 일부는 부상을 당하거나 지쳐서 탈진한 후에 SS감시병들에 의해 집단으로 총살을 당했다. 1945년 여름에 수용소가 해방된 후 그의 모습은 빈사 상태였다. 굶주렸고 손목이 부러졌고 신장에 심한 염증이 나 있었으며 손가락 하나도 없었다.[50] 프랑스에 있는 미군의 숙소에서 회복하면서 그는 필사적으로 베티와 아들 로저의 소식을 수소문했는데, 맨시에게도 편지를 보내서 카피차가 나서서 아내를 찾아줄 수 없는지 물었다. 러시아가 헝가리를 점령하고 있었기 때문이다. 오래 걸리지 않아서 그는 최종적인 답변을 들었다. 9월 초에 맨시한테서 베티와 로저가 무사하다는 소식을 들었던 것이다.

8월 6일 디랙은 두려워하고 있던 소식을 들었다. 영국 정부의 암묵적인 동의하에 미국이 히로시마에 핵폭탄을 투하해 약 40,000명의 일본 민간인들을 죽였다. 그날 밤 아홉 시에 디랙은 집에서 라디오 뉴스를 들었다. '소식을 전해드립니다. 연합군 과학자들의 눈부신 업적으로 원자폭탄을 만들었습니다. 하나는 이미 일본군 기지에 투하되었습니다. 그 한 발의 폭발력이 TNT 약 20,000톤의 위력을 자랑했습니다.'[51]

처칠과 트루먼 대통령한테서 나온 발표를 포함해 여러 가지 공식 발표를 읽은 다음에, BBC 아나운서는 생뚱맞게 이렇게 뉴스를 맺었다. '국내에서는 햇살과 천둥이 함께 있었던 휴일이었습니다. 로즈 경기장에 기록적으로 많이 몰려온 관중들은 호주가 다섯 개의 위켓에서 273점을 얻는 장면을 구경했습니다.'[52] 모든 것이 되살아났다. 크리켓 경기도 다시 열렸다. 전국의 언론은 콕크로프트와 다윈 등 핵폭탄 개발에 일조한 선도적인 영국 과학자들의 업적을 앞다투어 칭찬했다. 누구도 디랙을 언급하진 않았는데, 아마 디랙으로서는 안심이 되었을 것이다. '원자폭탄'의 파괴력에 충격을 받지 않은 몇 안 되는 시민 중 한 명으로 79세의 H. G. 웰스가 있었다. 그는 1914년에 그 단어를 처음으로 만든 사람이기도 했다. 8월 9일 트루먼 대통령이 두 번째 핵폭탄을 나가사키에 투하하라고 명령한 바로 그날 《데일리 익스프레스》는 웰스가 내다보았던 암울한 개인적 견해를 전했다.[53] 1년 후 그는 죽었다.

8월 14일 일본의 항복 소식이 영국에 닿았을 때 사람들의 행복감은 다시 치솟았고, 케임브리지의 마켓 힐Markt Hill은 유럽 전승 기념일의 분위기가 되살아났다.[54] 미국에서는 언론이 오펜하이머에게 찬사를 퍼부었고 그를 제우스에 비유했다. 그는 물리학의 승리를 상징하는 인물이 되었다.[55]

디랙은 몰랐지만, 케임브리지에서 고작 20킬로미터쯤 팜 홀Farm Hall에서 하이젠베르크가 다른 9명의 독일 과학자들과 함께 영국 정보부에 의해 감금되어 있었다. 그곳은 갓맨체스터Godmanchester 마을 외곽에 있는 조지 왕조풍의 붉은 벽돌 건물이었다.[56] 그들은 좋은 대접을 받았다. 집안을 마음껏 이용했고 일간신문을 제공 받았으며 마당에서 자유롭게 산책했다. 하지만 탈출을 시도했다가는 자유를 줄이겠다고 경고를 받았다. 도착한 지 며칠 후 하이젠베르크는 당국이 자신과 동료들을 감금하면서도 그 사실을 공표하지 않은 까닭이 궁금했다. '아마도 영국 정부는 디랙 등의 공산주의자 교수들이 두려웠던 것 같다. '디랙이나 블래킷에게 그들이 어디에 있는지 알려주면, 곧장 두 사람은 카피차 같은 러시아 친구들에게 그 사실을 알릴 것이다'라고들 말한다.'[57]

BBC 라디오 방송에서 뉴스가 나간 직후 하이젠베르크와 동료들이 첫 번째 핵폭탄 투하 소식을 들었을 때, 그들은 믿을 수 없다며 당혹해했다. 감금자인 오토 한은 비통하게 말했다. '만약 미국인들이 우라늄 폭탄을 갖고 있다면, 당신들은 모두 아류요. 하이젠베르크 박사도 한물갔고 말고.'[58] 대화 내용을 영국인들이 녹음하는 줄 모르고서 (하이젠베르크는 말도 안 되는 소리라고 낄낄댔다) 독일 과학자들은 심정을 자유롭게 이야기했다. 영국 당국은 1992년에야 대화 내용을 기밀 해제했다. 이후 역사가들은 기록을 자세히 살폈고 다양한 결론에 이르렀다. 어떤 전문가들은 하이젠베르크가 핵폭탄 제조법을 결코 알아내지 못했다고 믿는다. 또 어떤 이들은 그가 만들 수 있는데도 나치의 수중에 들어가지 못하도록 일부러 늑장을 부렸다고 믿는다. 하지만 논란의 여지가 없는 점은 팜 홀에서 대화를 나누는 동안, 하이젠베르크도 다른 어느 누구도 나치 정권에 부역할 수밖에 없어서 힘들었노라고 토로하지 않았다.

***

1945년 10월, 케임브리지에서 디랙은 예전의 생활로 거의 돌아왔다. 몇 주 전에는 자신의 양자역학 강의를 들으려고 수많은 학생들이 몰려왔고, 그중 여럿은 여전히 제복 차림이라는 사실에 깜짝 놀라기도 했다. 첫 강의를 시작하면서 그는 학생들에게 알렸다. '이건 양자역학 수업입니다'라고. 분명 많은 학생들이 강의실을 잘못 찾아왔다고 여겼기 때문에 한 말이다. 아무도 일어나서 떠나지 않자 그는 다시 한번 말했다. 이번에는 더 큰 목소리로. 여전히 아무도 떠나지 않았다.[59]

몇 주 전에 베티와 로저는 (둘 다 굶주리고 트라우마에 시달리고 불안한 채로) 조에와 재회하기 전에 캐번디시 애비뉴 7번지로 와서 머물렀다. 베티와 아들은 부다페스트에서 거의 굶어 죽기 직전이었는데, 알고 보니 해방은 많은 기자들이 보도한 것만큼 기쁜 일이 아니었다. 그 도시를 해방시킨 러시아 군대가 그들이 쫓아낸 나치보다 훨씬 더 악랄했다고 한다. 한참 세월이 흘렀을 때, 그녀에게 남은 고통의 기억은 누구와 나누기에는 너무나 고통스러운 것이었다. 그래도 종종 자기 가족이 살아남은 것은 기적이었다고 말하곤 했다. '그 후의 삶은 보너스에요.'[60] 하지만 고진감래라고 딸 크리스틴이 태어났는데, 베티와 조에가 재회한지 딱 10달째였다.

케임브리지의 오빠네 집에 머무는 동안 눈치껏 베티는 자기가 알던 헝가리 지인들 대다수가 딱 질색이었다고 입 밖에 내지 않았다. 겉과 속이 다르고 다정스럽지 않은 부다페스트 시민들에 대한 기억 때문에 베티는 맨시와 껄끄러워졌다. 디랙은 당혹스러워만 할 뿐 둘을 중재할 재주는 없었다.[61]

케임브리지 대학교와 세인트 존스 칼리지도 규칙적인 일상으로 되돌아가고 있었다. 디랙은 어수선할 게 없는 이런 생활방식이 좋았다. 하지만 맡아야 할 몇 가지 임무가 있었다. 전쟁 중에 크로우더가 디랙더러 나치 전선 너머에 있는 프랑스 동료 과학자들을 도와주라고 설득했다. 영국–프랑스 과학협회의 영국 대표직이라는 힘들지 않은 직책을 맡기만 하면 된다면서 말이다. 그 협회는 블랙킷, 콕크로프트 및 버널 등의 위원들이 참여하는 한 비공식 위원회와 함께 일했다.[62] 전후 크로우더는 그 협회를 재출범하면서, 전쟁 동안의 과학 발전에 관한 권위 있는 연속 강연을 열고자 했다. 그래서 디랙한테 '원자 이론의 발전'을 주제로 첫 번째 발표를 해달라고 설득했다.[63] (프랑스 과학계의 기념할만한 날인) 그 행사의 장소는 발견의 궁전Palais de la Découverte이었다. 파리 제8구의 한 어두운 샛길에 고대 그리스 사원처럼 서 있는 대중 과학 센터였다. 12월 6일 화요일 일몰 후, 그 도시의 선구적인 과학자 수백 명이 발견의 궁전에 가서 디랙의 강연을 들었다. 또한 원자폭탄의 비밀을 알고 싶었던 수천 명의 시민들이 몰려와 강연장에 들어가게 해달라고 떠들어댔다.[64]

디랙이 강연을 시작한 지 몇 분쯤 지나자 청중들은 원자 기술에 관한 최신 내용이 아니라 양자역학의 현 상황에 관한 내용이란 걸 알아차렸다. 수십 명이 나가려고 했지만, 빠져나갈 수가 없었다. 출구에 군중 수백 명이 빽빽이 모여서 스피커를 통해 강연을 듣고 있었기 때문이다. 관심 있는 물리학자들한테는 특별 선물이 준비되어 있었다. 그들은 디랙이 만들어낸 가장 유명한 전문용어 두 가지를 들었다. 바로 '페르미온'과 '보손'이었다. 전자는 디랙과 페르미가 1926년에 내놓은 법칙을 따르는 유형의 양자 입자들이었고, 후자는 아인슈타인 및 인도 이론물리학자 사티엔드라 보스가 내놓은 법칙을 따르는 유형의 양자 입자들이었다. 이 소식을 들었다고 해서 청중들 대다수는 허비한 저녁 시간이 덜 아깝진 않았다. 문을 확 열어젖히고 나가버린 청중들도 여럿 있었다.

  이후의 저녁 만찬에서도 분명 당혹스러운 분위기가 퍼져 있었지만, 디랙은 아마도 그걸 몰랐던 듯하다. 양자물리학보다는 공학에 더 치중했던 암울한 지난 6년의 시간이 지나고 이제 그는 삶이 정상으로 되돌아오고 있다는데 안도했다. 하지만 그는 서른을 훌쩍 넘었다. 이론물리학자의 생산적인 경력에 종지부가 찍히는 나이라고 스스로 떠벌리고 다녔던 나이였다. 혁신적인 새 이론을 내놓기에는 너무 늦은 것이었을까?

24장
1946년 9월부터 1950년까지

미국의 젊은이들은 미숙함의 온갖 혜택을 자기들보다 나이 많은 이들에게 나눠줄 준비가
되어 있다.

–오스카 와일드, 「미국 침공」(1887년)

1946년 9월 디랙은 다음 세대의 발톱들에게 다시 한번 긁혔다. 프린스턴 대학교의 메인 캠퍼스에서 약 1km쯤 떨어진 대학원 기숙사에서 열린 '핵 과학의 미래'에 관한 회의에서 벌어진 일이다. 푸른 언덕 위의 나무들 속에 자리 잡은 그 건물은 고딕 수도원처럼 보이는데, 장엄한 탑이 주변 전원 풍경을 압도한다. 영국의 목가적 이상향의 모습이다. 많은 방문자들은 그 건물이 수 세기 동안 프린스턴의 랜드마크였으리라고 짐작하지만, 사실은 당시 지어진 지 고작 33년밖에 안 됐다.

회의는 대학교의 설립 200주년의 일련의 국제적 행사들 (여러 달에 걸친 환영식, 풍성한 저녁 만찬 그리고 화려한 퍼레이드) 중 첫 번째였다.[1] 회의 주최자 유진 위그너는 맨해튼 프로젝트를 갓 마무리한 후에 인상적인 초대 손님 목

록을 작성했다. 블랙킷, 페르미, 오펜하이머, 밴블렉 및 졸리오 퀴리 등의 손님들은 전쟁의 상흔을 뒤로 하고 물리학의 다음 장을 열 준비가 되어 있었다.

오전 9시 30분, 회의 둘째 날이 시작되었을 때 디랙은 미국에서 가장 흥미로운 과학계의 인재 중 한 명인 딕 파인만을 소개 받았다(그는 자신을 본래 이름인 리처드가 아니라 딕Dick이라고 불렀다). 뉴욕 외곽의 파록커웨이Far Rockaway에서 자란 그는 28살의 말쑥한 남자로서 아이디어가 넘쳤고 어설픈 유머를 잘 구사하는 걸로 유명했다. 하지만 15개월 전에 첫 아내를 폐렴으로 떠나보낸 슬픔에서 아직 헤어나지 못했다. 이미 폐인이 되어버린 건 아닌가 두려워했다고 나중에 그는 시인했다. 디랙을 처음 만날 때 파인만은 자기 의심에는 벗어나 있었지만, '미국 대통령을 처음 만나는 선거 운동원 같은' 느낌이었다.[2] 파인만은 특별한 기대를 하고 있지 않았다. 몇 주 전에 그는 한때 영웅이었던 디랙이 손으로 쓴 글을 읽고 실망했기 때문이다. 파인만이 보기에 그 글은 퇴행적이고 고루하며 '중요하지 않았다'.

디랙은 자기가 좋아하는 수학적 개념인 해밀토니안을 이용하여 어떻게 기본 입자들을 기술할 수 있는지 논의했다. 그로서는 이론을 전개할 유일한 방법이었기에, 전문적 세부사항들을 (다수가 그 개념의 비전문가들인) 청중들에게 아끼지 않고 말했다. 파인만이 우려한 대로 강연은 전혀 호응을 얻지 못했다. 더군다나 디랙한테는 새로운 발상도 없었다.[3] 박수갈채가 있은 후 파인만은 청중들 중 일반인들에게 디랙이 한 말이 어떤 의미인지 알려주었는데, 이때 실망감을 숨기지 않았고 아울러 디랙이 '잘못된 방향으로 가고 있다'고 대놓고 말했다. 파인만이 평소보다 훨씬 더 많이 농담을 늘어 놓자, 결국 보어가 일어나서 회의에 좀 진지하게 임하라고 주의를 부탁했다.

몇 시간 후 파인만이 강의실 창문 밖을 내다보았더니 디랙이 회의 자리에서 빠져나와서 '누구에게도 주목하지 않고' 있었다. 잔디밭에 누워 팔꿈치를 괴고는 초가을 하늘을 지긋이 바라보고 있었다. 파인만이 지난 4년 동안 흥미를 느껴왔던 문제에 관해 디랙과 사적으로 이야기를 나눌 기회였다. 대학원생이었을 때 파인만은 어떻게 고전물리학의 최소작용 원리가 양자역학에 적용될 수 있는지에 관한 디랙의 '소논문'을 철저히 파고들었다. 덕분에 그 원리를 이용하여 하이젠베르크 및 슈뢰딩거 버전의 양자역학과 다르면서도 동일한 결과를 내놓는 또 다른 버전을 만들 수 있음을 증명했다.[4] 소논문에서 디랙은 한 중요한 양자량이 그것에 대응하는 고전적인 양과 '유사하다'고 언급했지만, 파인만은 올바른 표현은 '비례한다'라고 믿었다(즉, 만약 양자량이 변하면, 고전적인 양이 늘 비례하여 변한다고 믿었다). 그러던 차에 마침내 디랙이 무슨 뜻으로 한 말인지 알아낼 기회가 온 것이다.

파인만은 이 문제를 디랙한테 설명한 다음 결정적인 질문을 던졌다.

> **파인만** : 그것들이 비례한다는 걸 아세요?
> **디랙** : 그런가요?
> **파인만** : 네 그래요.
> **디랙** : 흥미롭군요.[5]

디랙은 일어나 걸어가 버렸다. 파인만은 이후 자신이 내놓은 양자역학의 새 버전으로 유명해졌지만 자신은 자격이 없다고 여겼다. '소논문'을 자세히 들여다볼수록 자기는 새로 한 일이 없다는 걸 더더욱 깨달았다. 나중에 그는 거듭 이렇게 말했다. '도대체 왜 그렇게들 난리법석인지 모르겠네요. 디랙이 저보다 먼저 다 했던 것이라니까요.'[6]

파인만은 위대한 물리학자 반열에 올라서려면 할 일이 무척 많다는 걸 알았다. 회의 단체 사진을 찍었을 때 그는 디랙 바로 뒤에 서서 자신의 야심을 슬며시 드러낸 것처럼 보인다. 디랙이 1927년 솔베이 회의 사진에서 아인슈타인 바로 뒤에 섰을 때와 판박이였다. 분석력과 직관력을 겸비한 파인만은,

많은 이들이 보기에 그 후 몇 년 만에 미국의 1급 이론물리학자로 우뚝 섰다. 위그너는 그런 평가에 동의했다. '파인만은 제2의 디랙인데, 게다가 인간적이기까지 하다.'[7]

***

회의 이후 5년 동안에 전자와 광자에 관한 새 이론이 등장했는데, 어떤 면에서 보자면 지난 50년의 이론물리학의 클라이맥스였다. 이는 대체로 미국의 성공이었다. 전쟁 동안 핵무기, 레이더 및 다른 프로젝트를 맡느라고 학문적 연구를 미뤄두었던 의욕 넘치는 젊은 미국 과학자들의 업적이었다.[8] 그간 물리학자들은 넉넉한 자금 지원을 받는 목표지향적인 국제적인 연구팀에서 일했다. 유럽 학계의 엘리트 전통을 배격하고 미국의 덜 공식적이고 진취적인 환경에서 함께 협력해왔다. 이제 수익을 낼 때였다.

미국 의회에서 물리학자들은 호기심이 이끄는 연구를 계속하기 위해 정부의 자금 지원을 받을 자격이 있다고 주장했다. 물리학자들의 주장은 윌리 로먼Willy Loman (아서 밀러의 희곡 『세일즈맨의 죽음』의 주인공 이름 -옮긴이) 등 먹고 살려고 발버둥치는 미국 중산층들이 들었다면 발끈할 내용이었지만, 설득당한 정치인들은 기초 물리학 연구와 교육에 전례 없던 수준의 연방 차원의 지원을 해주었다. 미국 정부와 더불어 민간 기관들도 이론물리학에 자금을 지원했다. 미국 정부는 실험물리학자들에게 물질의 구조를 훨씬 더 자세하게 조사할 수 있는 기계들을 두둑하게 지원해주었다. 진공 속 빛의 속력에 가깝게 가속되는 아원자 입자들의 빔을 이용하는 기계들이었다. '고에너지 물리학'의 탐구는 유럽에서도 비슷한 방식으로 번성했었지만, 두말할 것 없이 이 분야의 (그리고 다른 여러 분야의) 과학은 미국이 세계를 이끌었다.

전후 1947년 6월 초 미국에서 열린 선구적인 아원자 물리학자들의 첫 번째 회의가 이후 30년 동안 그 학문 분야의 의제를 설정했다.[9] 23명의 엄선된 과학자들이 셸터 아일랜드Shelter Island의 한 숙소에 모였다. 롱 아일랜드Long Island의 동쪽 끄트머리에 가까운 작고 외딴 장소였다. 그 모임의 시작은 유례 없을 정도로 엄청났다. 처음 두 발표에서 실험물리학자들은 디랙 방정식이 내놓은 예측이 새로운 실험 결과와 맞지 않는다고 선언했다. 첫 번째 발표자인 윌리스 램Willis Lamb은 물리 실험실에 흘러들어온 카우보이 분위기를 풍겼다. 하지만 외모로 사람을 평가했다가는 큰코다친다. 그는 생각이 깊었고, 최상의 이론물리학자들과 함께 있어도 자신의 존재감을 빛낼 수 있는 뛰어난 실험물리학자였다. 과연 디랙 이론의 심각한 결점 하나를 짚어내면서 청중들의 이목을 집중시켰다. 그 이론에 따르면 동일한 값이어야 할 수소 원자의 두 에너지 준위가 알고 보니 조금 다르다고 했다. 수소 원자가 두 에너지 준위 사이에서 도약할 때 방출하는 광자들은 컬럼비아 대학교 방사선 연구소의 램과 그의 제자 로버트 레더퍼드Robert Retherford에 의해 검출되었다. 전쟁 중에 개발된 마이크로파 기술을 이용한 훌륭한 실험을 통해 둘은 이 광자들을 연구하여 각각의 광자가 가시광선의 양자 에너지의 고작 약 100만 분의 1의 에너지를 갖고 있음을 밝혀냈다.

　다음 발표는 뉴욕의 컬럼비아 대학교에 있는 이지도어 라비Isiodor Rabi라는 실험물리학자가 했다. 이번에 청중들은 더욱 뜻밖의 소식을 들었다. 전자의 자기장의 세기가 디랙 이론이 예측했던 값보다 더 약한 것 같다는 내용이었다. 청중들은 기분이 들떴다. 오랫동안 군림했던 디랙의 아름다운 이론에 종말을 알리고, 그 후속 이론들이 올바른지 결정적으로 시험할 관찰 결과가 나왔으니 말이다. 회의를 주관한 오펜하이머는 발표자들의 말을 상호 조사했고 발표 사이 사이에 좀 잘난 체 하긴 하지만 멋들어진 논평들을 끼워 넣었다. 회의가 끝나자 핵심 관건은 램의 결과를 설명하는 일임이 분명해졌다. 하지만 디랙은 아무것도 몰랐다. 회의에 참석해달라는 초대도 거절했었고,

게다가 프린스턴의 어느 가을날 일요일에 자신의 이론이 채찍질을 당하고 있다는《뉴욕 타임스》의 1면 기사 내용도 읽지 않았기 때문이다.[10]

셸터 아일랜드 회의로부터 2년 만에 램과 레더퍼드의 결과는 청중 속에 있던 두 젊은 이론물리학자가 완전히 설명해냈다. 한 명은 파인만이었고 다른 한 명은 동료 뉴요커인 줄리언 슈윙거였다. 슈윙거는 주로 혼자 지내는 성격이었으며, 왕자의 예의범절과 권투선수의 자신감을 겸한 사람이었다. 둘은 동갑이었고 조숙한 10대 시절에 디랙의 책을 읽었으며, 둘 다 자신들의 이론을 디랙의 '소논문'을 바탕으로 세웠다. 하지만 두 버전은 꽤 달라 보였다. 슈윙거의 수학적 접근법은 이해하기가 어려웠던 반면에, 파인만의 접근법은 직관적이었고 과학적 내용을 (적어도 표면적으로는) 쉽게 시각화할 수 있는 특별한 도해(파인만도형)를 이용했다. 하지만 두 방법은 동일한 결과를 내놓았고, 슈윙거를 제외하고는 누가 보아도 파인만의 방법이 더 빠르고 쉬웠다.

알고 보니, 동일한 결과를 여러 해 전에 일본 이론물리학자 도모나가 신이치로가 내놓았다. 그는 디랙의 양자 장이론을 토대로 그런 결과를 얻었다. 학생이었을 때 도모나가는 디랙의 책에 흠뻑 빠져 있었고, 디랙과 하이젠베르크가 1929년 일본 여행 도중 도쿄에서 강연을 했을 때 청중 속에 있었다. 이 선구적인 연구는 도쿄에서 완성되었는데, 거기서 도모나가를 포함하여 수많은 굶주린 시민들은 미국 폭격기가 종전 직전에 초토화시켰던 도시를 재건하려고 애쓰고 있었다.[11]

따라서 총 세 버전의 양자전기역학이 나온 셈인데, 이들은 꽤 달라 보였지만 내놓는 결과는 똑같았다. 전쟁 중의 강의에서 디랙에게 일격을 가했던 학생인 프리먼 다이슨이 처음으로 그 세 이론은 동일한 이론의 세 가지 버전임을 밝혀냈다. 마침내 물리학자들은 광자와 전자의 상호작용을 수만 분의 몇의 오차범위 내에서 (대략 문의 너비 대비 머리카락 한 올의 너비의 오차) 관찰 결과와 일치하는 이론을 통해 이해할 수 있게 되었다. 수십 년 후 훨씬 더 정확한 측정 결과가 그 이론과 훌륭하게 맞아떨어지자 파인만은 '물리학의 보석'과 같은 이론이라고 치켜세웠다.[12] 종종 스스로 강조했듯이 그 이론의 근본적인 개념은 1929년에 디랙의 이론에서 나왔다. 파인만, 슈윙거, 도모나가 및 다이슨은 본질적으로 디랙의 이론을 실용적으로 만들고 곤혹스러운 무한대 값을 제거할 방법을 담고 있는 한 묶음의 창의적인 수학적 기교들과 기법들을 도입했을 뿐이다.

성공을 거둔 후 '복수심을 품은 거물'이 되었다고 자평한 다이슨은 새 이론에 관한 디랙의 의견을 듣고 싶었다. 한때 은사였던 디랙한테서 몇 마디 축하의 말을 기대했던 것이다. 하지만 답변은 실망스러웠다.

> **다이슨** : 교수님, 양자전기역학의 이 새로운 발전을 어떻게 생각하시나요?
>
> **디랙** : 그렇게 흉하지만 않았더라면 새 이론들이 옳다고 생각했을지도 모르겠네.[13]

디랙이 가장 싫어했던 새 이론의 성질은 재규격화 기법이었다.[14] 이 이론에 따르면, 한 전자의 관찰된 에너지는 자체에너지(전자와 그 자신의 장 사이의 상호작용에서 생기는 에너지)와 벌거벗은 에너지bare energy(전자가 주위의 전자기장과 완전히 떨어져 있을 때 가지게 될 전자의 에너지)의 합이다. 하지만 벌거벗은 에너지는 무의미한 개념인데, 왜냐하면 전자와 주변 장 사이의 상호작용을 배제한다는 것이 실제로 불가능하기 때문이다. 오직 관찰된 에너지만을 측정할 수 있을 뿐이다.

재규격화의 미덕은 벌거벗은 에너지를 배제하고, 오로지 관찰된 에너지에만 의존하는 양으로 대체시킬 수 있다는 것이다. 이 기법으로 이론물리학자들은 양자전기역학을 이용하여 실험물리학자들이 측정하고자 하는 임의의 양의 값을 (임의의 정확도로) 계산할 수 있다. 이 기법이 성공적이긴 했지만 디랙은 그걸 싫어했다. 수학적 내용을 시각화할 필요성을 느끼지 못했기 때문이기도 하지만 주된 이유로는 그 이론의 근본적인 문제점을 슬쩍 숨기는 아름답지 않은 방법이라고 여겼기 때문이다. 그가 보기에 자연의 근본적인 이론은 아름다워야 하는데, 재규격화는 아르놀트 쇤베르크의 불협화음처럼 아름답지 않았다.[15]

공학자는 수학의 엄밀성보다는 결과의 신뢰성을 더 신경 쓰기에 재규격화를 반겼을 듯하다. 왜냐하면 그 과정은 매우 높은 정확도로 관찰과 늘 일치하는 답을 내놓기 때문이다. 하지만 역설적이게도 디랙은 자기가 받은 공학교육이 그 기법을 싫어하게 된 근본적인 원인이라고 여겼다.[16] 머천트 벤처러스 칼리지에서 그는 잘 선택된 근사近似를 활용하는 공학자의 기법을 배웠다. 복잡한 현실의 문제들을 단순화시켜서 수학적으로 분석해내기 위해서였다. 디랙은 1980년에 행한 '공학자와 물리학자'라는 제목의 강연에서 그것을 주제로 삼았다. '공학자의 주된 문제는 어떤 근사를 사용할지 결정하는 일입니다.'[17] 종종 물리적 직관을 바탕으로 훌륭한 공학자는 방정식에서 어느 수학 항을 무시할지에 관해 현명한 선택을 한다. '무시된 항은 반드시 작은 것이어야 하며 이로 인해 결과에 큰 영향을 끼쳐서는 안 됩니다. 작지 않은 항은 결코 무시하면 안 됩니다.'[18]

재규격화는 자존심 있는 공학자라면 누구도 동의하지 않을 행위를 수반한다고 디랙은 지적했다. 바로 방정식 속의 큰 항을 무시하기다. 방정식 내의 무한히 큰 양을 무시한다는 것은 공학자로서는 단연코 반대할 일이다. 대다수 물리학자들은 그런 거리낌이 없었기에, 선구적인 이론물리학자들은 디랙의 반대에 별로 주의를 기울이지 않았다. 다이슨이 지적했듯이, 비록 이론 속의 무한대 값이 제거되지 않았더라도, 그것은 실험물리학자들이 실제로 관찰하는 결과를 표현하는 공식formula과 꽤 분리되어 있는 수식mathematical expression 내에 고립되어 있었다. 디랙은 그렇게 보지 않았다. 디랙, 슈뢰딩거, 하이젠베르크, 파울리, 보른 및 보어 (다이슨의 붙인 이름으로는 '나이든 패거리') 는 이제 이론물리학의 진영에서 아인슈타인에 동참했던 반면에 신세대가 중앙무대를 차지했다. 앙시앙 레짐 (구체제) 중에서 파울리만이 이 분야의 새로운 발전 상황과 긴밀히 보조를 맞추었다. 나머지는 자기들만의 사적인 세계로 물러났다. 다이슨과 친구들은 나이든 선배들이 못마땅했다.

> 과학사에서는 늘 혁명가들과 보수주의자들 사이에, 공중에 거대한 성을 지으려는 자들과 굳건한 땅 위에 한 번에 벽돌 하나를 쌓기를 더 좋아하는 자들 사이에 긴장이 존재합니다. 보통의 경우 긴장은 젊은 혁명가들과 늙은 보수주의자들 사이에 존재하는데 (…) 1940년대 말과 1950년대 초에는 혁명가들이 늙었고 보수주의자들이 젊었습니다.[19]

어떤 면에서 디랙은 이론물리학의 트로츠키Trotskij(러시아의 혁명가)였다. 그는 자신의 학문 분야가 하나의 혁명 다음에 또 다음 혁명을 통해 발전하며, 혁명이 일어날 때마다 이전보다 향상이 일어난다고 여겼다. 하지만 양자전기역학은 디랙이 보는 관점에서는 결코 발전이 없었다. 그 이론은 디랙이 초등학교를 다니는 단정한 아이였을 때, 대학교에서 기름때 묻은 앞치마를 두른 (한편으로는 상대성이론을 몰래 탐독하던) 공학생이었을 때, 그리고 대학교에서 수학자로 발돋움할 때 브리스틀에서 처음으로 키웠던 미학적 감수성에 어긋났다. 이 고유한 유미주의Aestheticism가 의지할만한 안내자가 될지 여부는 누고 봐야 했다.

젊었을 때 디랙은 인간관계에 관심이 없었지만, 나이가 들면서 차츰 그 가치를 알게 되었다. 그 결과, 전후의 케임브리지는 유령 도시처럼 보였다. 파울러와 에딩턴은 죽었고, 러더퍼드의 예전 '아이들' 모두는 다른 데로 떠났다. 맨시도 그곳의 삶을 힘들어하면서 프린스턴에 있는 오빠 위그너한테 이렇게 투덜댔다. '여기 삶은 완전히 달라요.'[20]

미국 물리학이 부상하면서 케임브리지는 새 시대의 리더십을 확보하기 위해 디랙에게 눈을 돌렸지만, 헛수고였다. 자신의 연구에만 그리고 약간의 강의에만 관심이 있었던지라, 케임브리지의 이론물리학 학생들을 위해 낙후된 시설을 향상시키는 일에는 일체 나서지 않았다. 물리학과에는 학생들을 위한 공간이 없었기에, 세미나 프로그램도 자체적으로 조직해야 했다.[21] 이제 디랙은 전쟁 중에 했던 대로 집에서 일하는 걸 더 좋아했다. 맨시는 아이들이 아버지를 방해하지 못하게 만들었다. 서재의 문을 두드려 아버지의 주의를 끌려고 했다가는 단단히 혼이 날 거라고 겁을 준 것이다.

1950년 후반에 가브리엘과 주디가 집을 떠났다. 가브리엘은 사회생활을 시작했고 주디는 (질풍노도와 같던 사춘기 이후로는 성격이 누그러져) 결혼을 했다. 그래서 디랙 내외는 어린 두 딸만 기르면 되었다. 맨시에 따르면 디랙은 두 딸한테서 '너무 거리를 두려고' 했기에 그녀는 애들에게 뽀뽀를 해주라고 권해야 했다.[22] 매리도, 모니카도 자기 아버지가 유명하다거나 특별한 사람이라는 전혀 느끼지 못했다고 회상했다. 단지 아버지는 매우 조용하고 온화했다고만 기억했다. 감정 표현이 적었고 아주 느리게 화를 낼 때도 있긴 했지만 말이다. 하지만 여러모로 디랙은 전형적인 아버지였다. 아이들의 취미에도 관심을 가져서 숙제도 도와주고 애완동물을 기르도록 해주었다. 그래도 개를 집안으로 들이지는 못하게 했는데, 모니카의 회상에 의하면 아버지는 '개가 짖을 때 깜짝 놀라는 걸 싫어했기' 때문이라고 한다.[23] 동물복지는 그의 관심사 중 하나였다. 딸아이들의 고양이를 위해 늘어뜨리는 문짝을 설계할 때는 수염의 길이까지 재서 동물이 문을 통과할 때 불편함이 없도록 했다.

디랙 집에 찾아오는 손님들 중에 에스더 샐러먼Esther Salaman과 마이어 샐러먼Myer Salaman이 있었다. 에스더는 우크라이나에서 태어나 자랐으며, 1920년대 초반에 아인슈타인의 학생이었다가 1925년에 캐번디시 연구소에 들어왔고 1년 후 생리학자인 마이어와 결혼했다.[24] 그녀는 미녀인데다 자존감이 높은 여성이어서, 디랙은 그녀를 높이 샀다. 그녀가 19세기의 뛰어난 러시아 소설가들에 대해 열변을 토할 때면 디랙은 유심히 들었다. 그녀가 가장 좋아한 작품은 톨스토이였는데, 『전쟁과 평화』는 디랙도 정독을 하면서 2년에 걸쳐 읽었다. 똑같은 열정을 도스토예프스키의 『죄와 벌』에도 쏟았다. 디랙은 그 작품이 '괜찮다'고 여기면서도 이런 지적을 빠트리지 않았다. '한 챕터에서 저자는 실수를 하고 있다. 해가 하루에 두 번 뜬다고 묘사하고 있다.'[25]

맨시는 여전히 케임브리지에 정을 붙이지 못한 채 그곳의 단조로운 지역적 편협함을 경멸했고 평생 무미건조한 영국에서 살아야 할지 모른다는 생각에 절망하고 있었다. 매일 신문은 쇠락해가는 경제, 계속되는 배급 생활과 물품 부족 소식을 전했다. 전시의 궁핍한 생활이 끝날 기미가 없었다. 앞날이 캄캄하자 맨시는 딸 모니카에게 이렇게 투덜댔다. '네 외삼촌은 집안일을 하는 나한테 네 아빠가 주는 것보다 더 많은 돈을 매주 청소부한테 준다는구나.'[26] 당시는 암울한 시기였다. 그런 현실을 가장 잘 요약한 것이 세상물정에 밝은 원로 공무원 밥 모리스Bob Moriss의 다음 말이다. '모든 면에서 막혀버린 답답하고 옥죄는 올바른 사회.'[27]

대학교가 교수 아내를 대하는 태도 또한 맨시를 여전히 힘들게 했는데, 하지만 몇 가지 희망적인 징후도 보였다. 1948년 대학 당국은 엘리자베스 여왕을 비록 명예 학위이긴 하지만 정식 학위를 얻기 위한 첫 여성 입학생으로 받아들였다.[28] 1년 후 이런 규정하에서 케임브리지의 여학생들이 처음으로 졸업했다. 느리게, 맨시가 원했던 것보다는 훨씬 더 느리게, 케임브리지 대학교의 여성들은 평등을 향해 전진하고 있었다.

***

물리학의 신세대가 보기에 디랙은 냉정하고 무뚝뚝한 이방인이었지만, 하이젠베르크 등 양자역학의 다른 동료 선구자들이 보기에는 배려심 있는 친구였다. 전후 하이젠베르크는 자신이 나치를 위해서 했던 연구를 정당화해야 했지만, 여간 힘든 일이 아니었다. 이전에 동료였던 여러 물리학자들(이전에 동료이자 제자였던 파이얼스 등)은 그와 엮이고 싶지 않았고 아인슈타인은 그를 경멸하기까지 했다.[29] 1948년 하이젠베르크가 (마침 디랙이 떠나 있던 시기에) 케임브리지에 돌아왔을 때, 그는 초췌하고 초조한 모습이었지만 사람들과 스스럼없이 어울렸다. 어느 날 밤에는 베토벤의 〈황제 협주곡〉을 리허설도 없이 연주하여, 머물던 집의 주인을 기쁘게 해주기도 했다. 귀를 기울여주는 사람이 있으면 누구에게든 진지하게 설명했다. 자신은 나치가 아니었으며 독일에 충성을 바치지 않았고 히틀러의 간악한 의도가 실패하도록 애썼다고. 또한, 케임브리지에 좋은 인상을 남기려는 제스처로 대학교 근처 히스턴의 꽃집에서 48송이의 장미를 사갔다. 괴팅겐에 있는 자기 집 정원에 심겠다고 하면서 말이다.[30]

전후 처음으로 하이젠베르크를 만났을 때, 디랙은 전시의 행동에 관한 그의 설명을 액면 그대로 받아들였고 하이젠베르크가 지극히 어려운 상황에서 합리적으로 행동했다고 믿었다. 맨시가 순진하다고 비웃자 디랙은 이렇게 말했다. '그런 나라에서 쉬이 영웅으로 떠받들어질 수 있었겠죠.'[31] 그녀는 하이젠베르크를 간교한 인물이라고 조롱했다. '나나나나나치일 뿐이에요.'[32]

디랙은 하이젠베르크가 히틀러를 위해 일하고 있을 때에도 그를 지지했다. 막스 보른이 깜짝 놀라게도, 디랙은 그에게 하이젠베르크가 왕립학회의 외국인 회원 자격을 얻도록 도와달라고까지 했다. '하이젠베르크의 업적은 히틀러가 완전히 잊히더라도 기억될 겁니다'라고 디랙은 말했다.[33] 디랙은 슈뢰딩거의 왕립학회 회원 선출도 강력하게 지지했다. 왕립학회는 내켜하지 않았다. 관리들의 공통된 의견은 '아무리 훌륭하고 아무리 중요한 사람이더라도 (…) 능력을 뒷받침할 증거가 더 많이 필요하다'라고 한 내부자는 디랙에게 말했다.[34] 미덥지 않다고 여긴 디랙은 슈뢰딩거를 직접 옹호해서 1949년에 그가 회원으로 선출되도록 도왔다. 슈뢰딩거는 감사의 마음이 흘러넘쳐 디랙에게 이렇게 말했다. '정말 성자나 다름없군요.'[35] 디랙은 이전 동료들의 노벨상 수상과 관련해서는 그런 성실성을 보여주지 않았다. 강력한 수상 후보들(파울리, 보른, 요르단 또는 심지어 디랙의 캐번디시 친구인 블랙킷, 채드윅, 콕크로프트 및 월턴)도 그런 지지를 받지 못했다.[36] 디랙이 추천한 유일한 물리학자는 카피차뿐이었다.[37]

디랙은 전쟁 중에 카피차 소식을 거의 듣지 못했지만, 《모스크바 뉴스 *Moscow News*》에서 카피차에 관한 뉴스를 읽었다. 산소 액화 기법을 발명하여 곤궁한 철강 제조업체와 여러 군데의 소련 화학업체의 생산성을 크게 향상시켰다는 내용이었다.[38] 스탈린이 카피차를 만나지는 않았지만, 애정이 있다는 온갖 신호를 보냈다. 가끔씩 전화도 했으며, 여러 가지 상도 주었는데, 가령 소련의 최고 시민상인 '사회주의 노동의 영웅' 상이 그것이다.[39] 전쟁이 끝나자 카피차는 정부 및 스탈린과 함께 일할 수 있는 최고의 과학자임을 입증했다. 스탈린에게 노골적으로 아부도 했다. '우리 조국은 (당신과 레닌처럼) 늘 지도자들이 있어서 다행입니다.'[40]

미국이 일본에 핵폭탄을 투하한지 2주가 지났을 때 카피차의 행운은 나쁜 쪽으로 급선회했다. 스탈린이 핵 기술 및 핵무기를 개발하기 위한 특별 위원회를 꾸리고 심복인 라브렌티 베리야Lavrenty Beria에게 위원회를 이끌게 맡겼다. 스탈린의 모든 간신들 중에서도 베리야는 가장 무서운 인물이었다. 불한당에다 연쇄 강간범이고 쉽게 사람을 죽이는 자였다. 하지만 관리자로서 능력이 뛰어나 거대 기업을 손쉽게 운영할 수 있는 사람이었다. 스탈린의 요청으로 베리야는 소련의 핵 프로젝트의 책임자를 맡았으며 곧 카피차와 멀어졌다. 카피차가 1945년 가을 스탈린에게 베리야가 과학을 모르고 무능하다고 불만을 표출했기 때문이다.[41] 카피차는 상관을 쫓아낼 수 없다는 걸 깨닫고서 프로젝트에서 빠지게 해달라고 부탁했다. 스탈린은 동의했다. 이후 스탈린은 카피차의 목숨이 위험하지 않게는 해주었지만, 그의 직무가 깡그리 박탈되는데도 아무런 조치도 취하지 않았다. 1946년 초 카피차는 끈 떨어진 연 신세가 되고 말았다. 디랙은 전혀 몰랐다. 심지어 1949년 여름 전까지는 카피차가 전쟁에서 살아남았는지도 몰랐다.[42]

***

1947년 9월에 디랙은 앞으로 10년 동안을 위한 가장 생산적인 한 해를 시작했다. 가족과 함께 프린스턴 고등과학연구소에서 안식년을 보냈다. 연구소는 8년 전에 펄드 홀Fuld Hall로 자리를 옮겼는데, 뉴잉글랜드 교회 같은 첨탑을 지닌 4층짜리 붉은 벽돌 건물이었다. 거의 400에이커의 목초지, 들판, 숲 그리고 습지 속에 자리 잡은 그 건물은 결정처럼 대칭 형태였다. 프린스턴 중심지에서 도보로 약 30분 거리에 있었다. 고등과학연구소는 몇 가지 학문 분야에만 집중하고 세계정상급 교수진을 갖추며 교수들 모두가 행정과 원치 않는 학생들한테 방해를 받지 않는 작은 학문 연구기관이라는 에이브러햄 플렉스너의 비전을 실현한 공간이었다. 고등과학연구소는 디랙한테 '천국'이었다.[43]

맨시는 프린스턴에 와서야 편안함을 느꼈으며, 번창하는 학문적 환경 그리고 (케임브리지에 비해서) 활기차고 자유로운 분위기 덕분에 사는 맛이 났다. 공동체는 그녀를 단지 디랙의 아내가 아니라 그 자체로서 멋진 여성으로서 존경의 태도로 대했다. 1947년 디랙에게 그 연구소가 특히 더 매력적이었던 까닭은 오펜하이머가 소장을 맡아서 한 번 방문해달라고 초대했기 때문이었다. 맨해튼 프로젝트에서 막 벗어난 오펜하이머는 '활력으로 빛났지만', 마음속은 편치 않았다. '제 손에 피를 묻힌 듯합니다.'라고 트루먼 대통령에게 한 말에 그런 심경이 베어난다.[44]

디랙과 그의 가족은 전후 영국의 곤궁에서 멀찍이 벗어나서 안도할 수 있었다. 게다가 프린스턴에서 추억의 앨범을 갖게 되었다. 어린 두 딸은 주말에 다실에서 아장아장 걸었고, 아이의 재잘대는 소리가 절간 같던 연구소의 고요를 깼다. 오후 차 마시는 시간에 디랙 내외를 찾아온 아인슈타인은 맨시에게 자기 초상화를 선물하며 서명을 해주었다. 오펜하이머는 반 고흐 그림을 자랑했다. 주말에는 어깨에 도끼를 걸치고 숲으로 나가 오솔길의 수풀을 정리했다.[45] 프리먼 다이슨은 1948년 9월 연구소에 디랙 내외가 왔을 때 만났던 기억을 이렇게 회상한다.

> 모두 맨시를 좋아했다. 그녀는 살아 있는 존재였다. 늘 생기가 가득했고 늘 대화를 나눌 준비가 되어 있었다. 디랙은 케임브리지에 있을 때보다 더 사교적이었다. 말을 걸기가 끔찍하게 어려운 사람이 아니었다. 진지한 질문을 받으면, 곰곰이 생각한 다음에 언제나 짧으면서도 적절한 답을 내주곤 했다.[46]

하지만 여전히 디랙은 한담이나 하자고 꼬드기는 낯선 이들에게 시간을 내주지 않았다. 고등과학연구소의 수학자들 중 한 명의 아내인 루이스 모스는 이런 경험담을 전한다. 디랙한테 어떻게 프린스턴에 자리 잡게 되었냐고 물었더니, 그는 어안이 벙벙한 채로 화늘짝 봄을 놀려 버렸다고 한다. 마치 하수구에서 새어 나오는 오물이라도 보았다는 듯이. 그녀의 말을 들어보자. '한마디도 안하고 그의 온몸은 이렇게 묻는 듯했다. "도대체 왜 제게 말을 거나요?"'[47]

연구소에서 디랙은 펄드 홀 3층에 있는 아담한 자기 연구실에서 일했다.

닐스 보어의 옆방이었다. 1947~48년 동안 디랙의 주요 연구 프로젝트 중 하나는 16년 전에 구상했던 자기단극 이론을 발전시키는 것이었다. 전쟁 중에 그런 입자를 발견했다는 소식을 들었는데, 비록 틀렸다고 밝혀지긴 했지만, 그 소식을 계기로 디랙의 관심을 다시 점화시켰던 듯 하다.[48] 그는 자기단극이 대전된 입자와 어떻게 상호작용하는지를 예측할 절묘한 이론을 내놓긴 했지만, 그 이론은 큰 인기를 끌지 못했다. 그 이론을 자세히 살펴본 몇 안 되는 사람 중 한 명이 파울리였는데, 그는 꽤 정중한 별명 하나를 디랙에게 달아주었다. '모노폴레옹-Monopoleon.'[49]

또 다른 프로젝트에서 디랙은 양자 장이론의 근원으로 돌아갔다. 전자와 광자에 관한 새 이론이 불만이었던지라, 시공간 내의 각 점에서 물리적 조건들을 기술하는 전기장 및 자기장과 같은 양에 양자론을 새로 적용하는 데로 관심을 돌렸다. 이번 연구도 당시에 주목을 받지 못했지만, 나중에 진가를 인정받았다. 1949년에 썼던 논평도 마찬가지였다. 아인슈타인의 특수 상대성이론이 해밀턴의 운동에 관한 설명과 어떻게 결합될 수 있는지를 논한 글이었다. 의외로 너무 단순한 듯 보이는 내용이라 대다수 물리학자들은 관심을 갖지 않았는데, 여럿은 나중에 자신들의 실수를 후회하게 된다.

디랙은 여전히 현대의 양자전기역학이 틀렸다고 믿었다. 그 토대가 되는 전자에 관한 고전적 이론에 근본적인 결점이 있었기 때문이다. 그래서 1951년에 새 이론을 내놓았는데, 자신이 13년 전에 개발했던 것과 꽤 다른 이론이었다. 이번에 나온 그의 고전적 이론은 유체처럼 흐르는 전류의 연속적인 흐름을 기술했다. 고전적 이론이 양자화될 때에만 개별 전자가 등장한다는 이론이었다.[50] 이 이론은 그야말로 물 묻은 폭죽 신세였다. 아무도 디랙의 기술적 독창성을 논의하지 않고 대신에 그가 생산적인 연구를 위한 직관력을 잃어버렸다고 보았다. 하지만 디랙은 직관력을 다시 입증해냈다. 자신의 새 이론의 부산물인 어떤 개념을 재도입했던 것이다. 아인슈타인이 죽여 없었다고 대다수 과학자들이 믿었던 개념, 바로 에테르Ether다.

디랙의 에테르는 19세기 버전과는 상당히 달랐다. 그가 보기에 에테르의 모든 속도는 시공간의 모든 점에서 동일할 가능성이 높다.[51] 이 에테르는 다른 물질에 대하여 특정한 속도를 갖지 않으므로 아인슈타인의 상대성이론에 어긋나지 않는다. 디랙의 상상력은 이 구멍으로 미끄러져서, 이 에테르가 진공에서 일어나는 배경 양자 요동Background quantum agitation의 원천이라고 주장했다. 나중에는 한술 더 떠서 그것이 '매우 가볍고 희박한 물질 형태'일지 모른다고 추측했다.[52] 이런 발상을 언론은 관심을 가졌지만, 과학자들은 콧방귀도 끼지 않았다. 논리는 흠잡을 데 없지만 자연과는 아무 상관이 없다고 보았던 것 같다.[53]

쉰 번째 생일을 맞았을 무렵 디랙은 아인슈타인의 전철을 밟고 있는 듯했다. 주류 물리학에서 벗어나 고립되어 가고 있었다. 프린스턴에서 아인슈타인은 외로운 인물이었다. 최신 연구 주제에 무관심했고, 처음부터 양자역학을 이용하지 않고서 통일장 이론을 찾는 자신만의 돈키호테식 프로젝트에 빠져 있었다. 또한 정치에도 적극적으로 관여하여 연방조사국FBI 국장인 J. 에드거 후버를 화나게 만들었다. 여러 좌파 및 반인종차별 단체들을 지지했기 때문이다. 1950년 후버는 강제 출국을 시키려고 '아인슈타인을 잡는' 비밀 작전을 지시했다.[54] 감시당하는 줄 모른 채 아인슈타인은 머서 스트리트에 있는 집에서 나와 고등과학연구소의 자기 연구실로 걸어가고 있었다. 옆구리에 서류 가방을 끼고서 걷다가, 버려진 담배꽁초가 보이면 주워서 코를 킁킁댔다. 길은 그가 가장 좋아하는 배틀 로드의 직선 구간이었다. 양옆으로 큰 단풍나무들이 우뚝 솟아 있었는데, 아치를 이룬 가지들이 의장대의 검처럼 얽혀 있었다.[55]

고등과학연구소에서 그는 자유롭게 일했고 일상의 사소한 문제들을 신경 쓰지 않았다. 하지만 이 평온은 연구소 소장의 지난 행적을 킁킁대는 FBI 요원들과 기자들에 의해 곧 깨지게 된다. 오펜하이머가 (그리고 디랙이) 예전에 공산주의에 동조했던 전력이 곧 그를 궁지에 몰아넣게 된다.

25장
1950년대 초부터 1957년까지

예전에 공산주의자였던 사람은 유죄였다. 왜냐하면 실제로 그는 소련이 인간의 착취와 비합리적인 낭비 없이 미래의 체계를 개발하고 있다고 믿었기 때문이다. 당시에는 그런 순진함조차 (…) 죄와 수치의 원천이었다.

―아서 밀러, 『시간은 구부러진다*Time Bends*』(1987년)

'**아빠의** 형한테 무슨 일이 생겼나요?' 디랙의 두 딸이 엄마에게 묻곤 했다. '쉿! 그런 말은 하면 안 돼.' 맨시의 한결같은 대답이었다. 디랙은 형의 자살을 그녀한테만 이야기했는데, 사실을 알려줬을 뿐 더 자세한 말은 결코 하지 않았다. 남편이 마음의 짐을 풀지 못했다는 것을 그녀는 알고 있었다. 한번은, 매리와 모니카가 자꾸 조르는 바람에 디랙은 서랍에서 작은 양철통을 꺼내서 비틀어 열었다. 통 안에는 죽은 형의 사진들이 들어 있었다. 그는 급하게 뚜껑을 닫고 서랍에 다시 넣었다. 형이 죽은지 25년이 더 지났는데도, 형의 얼굴을 사진으로 잠깐 보기도 힘들었던 것이다.[1]

디랙의 가정생활을 보면 아마 그는 (자기가 보기에) 아버지가 자녀들을 키울 때 했던 최악의 실수들을 피하려고 애썼던 듯하다. 아버지와 달리 디랙은 딸들이 집에 친구를 데려오도록 권했으며, 과학이든 어떠한 다른 과목이든 공부하라고 다그치지 않았고, 장래 무슨 직업을 가지라는 훈계도 하지 않았다. 디랙의 두 딸은 인생에는 일보다 더 중요한 것이 있음을 알았다. 가족은 언제나 함께 식사했지만, 식사 시간은 대다수 사람들이 보기에 특이했다. 디랙은 식탁의 윗부분에 앉아 천천히 먹으면서 규칙적으로 물 잔을 기울였고 말없이 먹기를 좋아했다. 딸 아이가 말을 시키면 그는 자기 입을 가리키며 짜증스러운 듯 '먹고 있잖아'라고 중얼거렸다. 그는 먹는 음식에 까탈스러운 편이었다. 가령, 소화에 나쁘다며 피클을 먹지 않았다. 그리고 맨시한테 어떠한 음식에도 술을 한 방울도 넣지 말도록 했다. 특히 여자들이 먹는 음식에는 더더욱 그랬다. 크리스마스 푸딩에서 그가 브랜디 한 방울을 냄새 맡거나 맛보기라도 하면 주방에서 옥신각신 다툼이 벌어졌다.

매리와 모니카는 자라면서 서로 상반된 성격을 드러냈는데, 디랙이 보니까, 각각 부모 중 한쪽을 닮았다. 매리는 아빠를 닮아서 조용하고 믿음직하지만 무미건조했던 반면에, 모니카는 엄마를 닮아서 고집이 세고 호기심이 많고 적극적이었다. 둘은 잘 어울리지 않았다. 매리는 모니카와 엄마한테 겁을 먹었고 모니카는 매리한테 심리적으로 이용당한다고 느꼈다. 디랙과 맨시는 아마도 매리가 위축되는 걸 보상해주려고 매리를 더 아꼈을 것이다. 그래서 종종 모니카는 화를 내며 씩씩거렸다. 모니카는 지금도 기억하고 있기로, 어렸을 때 생일 파티를 차려준 게 자기는 딱 두 번인데 반해 매리는 매년 차려주었다고 한다.

이런 알력이 심해질까 염려하여 디랙과 맨시는 기숙학교라는 대표적인 영국식 교육기관을 이용하여 두 딸을 떼어 놓았다. 매리를 이스트 앵글리아East Englia의 크로머Cromer 근처에 있는 엄격하고 종교적인 학교에 보낸 것이다.[2] 그리고 나서 첫 번째로 맞은 주일 아침에 디랙은 모니카를 뒤에 앉히고 자전거를 탔다. 모니카는 아버지와의 사이에 새로운 단계가 시작되길 희망했을 것이다. 하지만 이번에도 그는 매리를 태웠을 때에 늘 그랬듯이 잠시라도 짬을 내서 말을 걸어주지 않았다. 세 시간 동안 자전거를 타고 가면서 그는 딸에게 한마디도 하지 않았다. 모니카는 마음속에 큰 생채기가 생겼다.

케임브리지에 있는 어느 누구도 디랙과 맨시가 자식을 살갑게 챙기는 부모라고 여기진 않았다. 케임브리지 학기가 끝나자마자 둘은 평소처럼 외국 여행을 떠나버려, 아이들은 친구들하고 놀아야 한다고 본 것이다. 하지만 가족은 함께 여행을 떠났다. 여름에 디랙은 가족이 가장 좋아하는 여행지인 콘월로 이틀에 걸쳐 신나게 자동차 여행을 떠났다. 크리스마스 휴가 기간에는 새해 첫날 직후에 가족은 며칠 동안 스모그 자욱한 런던에서 지냈다.[3] 맨시가 친구들과 점심을 먹거나 쇼핑하러 갔을 때 디랙은 두 딸을 데리고 사우스 켄싱턴에 가서 과학박물관을 구경시켜 주었다. 거기서 셋은 표시 장치의 버튼을 눌러가면서 산업혁명의 유물들을 하나하나 관람했다. 저녁에 가족은 웨스트엔드로 가서 공연을 즐겼다. 매리의 기억에 의하면 아버지가 가장 좋아한 공연은 〈파자마 게임The Pajama Game〉과 발레 〈잠자는 숲속의 미녀〉였다고 한다.[4]

디랙의 예술 취향은 전통적인 구별 기준을 따르지 않아서, 고급문화에서부터 돈만 밝히는 싸구려 작품까지 두루 즐겼다. 일요일 아침이면 두 딸한테 대문으로 부리나케 달려가서 셋이 가장 좋아하는 만화인 『댄디Dandy』와 『비노 Beano』의 최신호를 가져오게 했다. 그는 마치 문학작품을 대하듯 만화를 탐독했다고 한다. 보통 그는 여가 시간을 혼자 보내면서 셜록 홈스 소설도 읽고 라디오 음량을 최대로 한 채 클래식 콘서트를 듣거나, 가족이 여왕의 대관식을 보게끔 빌려왔다가 집에 계속 두게 된 텔레비전을 조용히 앉아서 시청했다. 하지만 화려한 왕실 행사는 취향에 맞지 않았다. 대신 그는 새로 만든 버라이어티쇼를 즐겼는데, 깃털 장식을 한 젊은 여자들이 줄을 지어 다리를 높이 쳐드는 야한 춤 동작을 하며 지나갈 때 그는 다른 수백만 명의 남성 시청자들과 함께 설렌 마음으로 바라보았다. 그런 취향은 온당치 않다고 맨시는 여겼지만, 적어도 한 번은 프랑스의 유명 카바레 겸 극장인 폴리 베르제르 Folies Bergère가 영국에서 선보이는 공연을 보러 동행했다.[5]

아인슈타인과 마찬가지로 디랙은 과학에서는 모더니스트였지만 예술에서는 그렇지 않았다. 가장 좋아하는 음악은 모차르트, 베토벤 그리고 슈베르트의 대표작들이었고, 현대 작곡가들의 실험에는 전혀 공감하지 않았다. 또한 추상예술의 극단적 표현도 취향이 아니었다. 현대 예술가 중에서 디랙이 좋아했다고 할 수 있는 사람은 초현실주의 화가 살바도르 달리를 꼽을 수 있다. (마침 에렌페스트가 아들과 함께 자살한 곳에서 걸어서 2분 거리인) 암스테르담에 있는 여동생 베티의 집에 들렀을 때, 디랙은 (지도가 아니라) 나침반을 들고 아침에 길을 나서곤 했다. 10킬로미터쯤 떨어진 암스테르담 국립미술관Rijksmuseum에 렘브란트의 그림을 보러 갔던 것이다.

케임브리지 동료들이 이런 관심사들을 하나라도 알았더라면, 디랙은 1950년대 초반에 보여준 무미건조한 사람보다 훨씬 더 매력적인 사람으로 통했을 것이다. 당시 그는 버트런드 러셀이 창조한 가상의 인물인 드리우츠두스타데스Driuzdustades 교수의 원형과 조금 비슷했다.[6] 한편 디랙은 수학과에 더 이상 정이 가지 않았다. 그래도 세인트 존스 칼리지의 충직한 교수직에 남아 있었고 불평 한마디 없이 수학과의 모든 의식을 따랐다. 학기 중에 화요일 밤마다 그는 가운을 입고서 주빈석에 앉아 저녁을 먹었고, 맨시는 (규정상 남편과 함께 식사에 참석할 수 없었기에) 모니카와 함께 세인트 존스 스트리트에 있는 값싼 인도 식당에서 저녁을 먹었다. 맨시는 카레와 사모사samosa(튀김만두처럼 생긴 남아시아 요리 −옮긴이)를 먹으며 대학교가 자기를 사기꾼 취급한다고 궁시렁댔다.[7]

대학교가 더 이상 남편에게 존경을 표하지 않음을 눈치챈 맨시는 마땅히 받아야 할 존경을 요구하지 않는다고 남편을 탓했다. 하지만 원래부터 디랙은 평판에 무관심해서 엎드려 절을 받으려 하지 않았다. 지위에는 하등 관심이 없었고 조직에서 건네주는 떡고물에도 아무 관심이 없었다. 1930년대 초에는 브리스틀 대학교에서 명예 학위를 준다는 것을 거절했다. 학위는 자질 증명이어야지 선물이 아니라고 여겼기 때문이다. 또 나중에 다른 명예 학위들을 거절하면서 '안타깝지만 사양합니다'라고 대답했다.[8] 1953년에는 기사 작위를 거절하여 맨시를 단단히 화나게 만들었다. 무엇보다도 그녀가 격분한 이유는 레이디 디랙Lady Dirac(영국에서 기사 작위의 아내를 부를 때 레이디라는 호칭을 붙인다 —옮긴이)이 될 기회를 놓쳤기 때문이었다.[9] 디랙은 대학 바깥에 있는 사람들한테서 폴 경Sir Paul이라고 불리기를 원치 않았다. 가끔 전화가 왔을 때 자기를 일컬어 '디랙 교수님Mr Dirac'이라고 부르는 정도는 그나마 괜찮았다.

영예를 원천적으로 반대한 것은 아니지만 그는 영예란 업적에 대해 주어져야지, 운동선수와 유명 사업가한테 주어져서는 안 된다고 믿었다. 기수 고든 리처드스Gordon Richards가 영국 여왕한테서 기사 작위를 받았을 때 디랙은 고개를 가로저으며 말했다. '다음엔 또 누가 받으려나?'[10]

***

기초 물리학은 혼란에 쌓인 듯했다. 보어의 이론이 원자물리학을 제대로 설명하지 못했던 1920년대 초반처럼 엉망이었다. 양자역학이 기존의 이론을 갈아치우는 것을 본 적이 있던 디랙은 비슷한 혁명이 양자전기역학을 대체하기 위해 필요하다고 여겼다. 디랙은 이론물리학자들이 상황을 주도하기를 원했다. 어렸을 때부터 그들은 물리학의 의제를 정했지만, 이제는 실험물리학자들이 운전대에 떡하니 앉아 있었다.

우주선cosmic-ray 프로젝트 및 고에너지 입자가속기에서 나온 결과에 의하면 아원자 세계는 어떤 이론물리학자가 상상했던 것보다도 훨씬 더 복잡했다. 1950년대 중반이 되자 아원자 입자가 두 개보다 더 많다는 사실이 분명해졌다. 수십 내지 심지어 수백 개가 존재했는데, 대다수는 1초의 10억 분의 1의 시간 이하로 존재하다가 안정된 입자로 변환되었다. 이런 붕괴 과정들은 전부 양자역학과 상대성이론을 따랐지만, 아무도 그 둘을 어떻게 적용하는지는 몰랐다. 페르미는 약한 상호작용에 관한 첫 이론을 내놓았는데, 이 작용은 원자핵 내부에서 그 너비의 약 10,000분의 1 정도인 아주 짧은 거리에서만 일어난다. 그 무렵 또 하나의 근본적인 유형의 상호작용인 강한 상호작용이 발견되었다. 이것 또한 원자핵 규모의 거리에서만 발생한다. 전자기력보다 훨씬 센 강한 상호작용력(강력)이 원자핵 내의 양성자들과 중성자들을 묶어 두며 양성자들이 서로 반발하지 못하게 막는다. 이 힘이 없다면 안정적인 원자핵은 결코 생성되지 못할 것이므로 통상적인 물체들은 존재하지 못하게 될 것이다.

자연은 자신의 가장 심오한 비밀들을 드러내길 꺼리는 듯했다. 실험물리학자들이 강한 상호작용을 연구해 봐도 도무지 제대로 이해할 수가 없었다. 하지만 아인슈타인처럼 디랙은 굳이 새로운 상호작용이 초래한 복잡한 현상에 신경 쓰지 않았다. 그가 보기에는, 전자와 광자를 수학적으로 타당한 이론을 통해 제대로 이해하기 전까지는 그런 현상에 주목하는 것은 소용없는 짓이었다. 다른 대다수가 나아가는데 그는 한물간 물리학의 관점을 완강히 고수하면서 제자리에 머물렀다.

오펜하이머도 연구의 최전선에서 물러났다. 그는 아이젠하워 정부에서 핵 정책 자문역으로 두드러진 활동을 했지만, 국가 안보라는 명목하에 연구의 많은 측면들이 비밀로 유지되는 실정이 못마땅했다. 그는 초강대국들도 과학자들과 마찬가지로 지식을 원칙적으로 공유해야 한다고 보았다. 1953년, 통찰력 가득한 한 강연에서 오펜하이머는 미국 외교협의회CFR. Council on Foreign Relations의 비공개회의에 모인 사람들을 깜짝 놀라게 했다. 미국과 소련을 이렇게 비유했기 때문이다. '병 속에 든 두 마리 전갈인데, 각각은 서로를 죽일 수 있지만 그러자면 자기 목숨을 걸어야 합니다.'[11] 그는 초강대국의 고압적 자세와 엄포에도 불구하고 결국은 이성이 승리할 것이라고 믿었다.

***

1954년 4월 14일 자정 직전에 디랙은 케임브리지의 자택에 도착했다. 한 달 동안 빈에서 의붓아들 가브리엘과 함께 지내다가 돌아온 길이었다. 디랙은 매일 오후 빅터 프랭클 연구소Viktor Frankl Institute에 찾아가 가브리엘을 만났는데, 거기서 가브리엘은 피해망상과 정신분열 등의 증상에 대해 정신 질환 치료를 받고 있었다. 디랙은 맨시에게 편지를 보내 의사의 소견을 알렸다. 가브리엘은 '성장 과정에 문제가 있었다'는 내용이었다.[12] 그날 밤 집에 도착하고 곧 디랙은 가브리엘의 치료 상황을 말했을 것이며, 또한 둘은 그날 유럽의 여러 신문에서 다룬 소식을 놓고 이야기를 나누었을지 모른다. 미국 정부가 오펜하이머의 비밀취급 인가를 박탈했다는 소식이었다.

오펜하이머 사건은 1950년대 미국의 반공 이데올로기의 정점이었다. 이런 분위기는 냉전의 시작과 함께 생겨나더니 1949년 늦여름에 거세졌다. 그해에 소련이 최초의 핵무기를 시험했기 때문인데, 이 시험은 미국중앙정보부CIA가 예상했던 것보다 적어도 2년 앞당겨 이루어졌다.[13] 미국은 핵무기 종주국 지위를 소련 때문에 잃을까 우려했고, 아울러 공산주의자들이 공직에서 중요한 자리를 차지하고 있을까 두려워했다. 첫 희생자는 인기 많은 실험 물리학자 프랭크 오펜하이머Frank Oppenheimer였다. 로버트 오펜하이머의 동생인 그는 미네소타 대학교에서 1949년 해고당했다. 열성적인 공산주의자라는 사실을 대학 당국이 밝혀냈기 때문이다(몇 주 후 디랙은 그를 위해 브리스틀 대학교에 자리를 마련해주려고 애썼다).[14] 1950년 2월 초에는 미국 전역을 충격에 빠트리는 사건이 발생했다. 클라우스 푹스(전쟁 동안 디랙 및 파이얼스와 협동 연구를 했다가 이후에 맨해튼 팀의 일원이 됐다)가 소련에 중요 기밀을 전달했다고 자백을 했던 것이다. 이 스파이 행위는 소련이 핵무기를 예상외로 일찍 터뜨리는 데 일조했다. J. 에드거 후버는 푹스의 반역 행위를 '세기의 범죄'라고 불렀다.[15] 비로소 디랙과 파이얼스는 캐번디시 애비뉴 7번지에서 푹스와 대화를 나눌 때 푹스가 했던 이상한 행동을 이해하게 되었다. 그는 대화 내용이 담긴 쪽지를 소련 연락책한테 전달했던 것이다. 푹스의 실체가 드러난 후 18일이 지나서 위스콘신 출신 공화당 의원인 조셉 매카시가 열렬한 반소련 발언을 마구 쏟아 냈다. 상원에서 여섯 시간 동안 행한 강연에서 그는 공산주의자들이 정부 기관 전체에 만연해 있다고 주장했다. 보어가 신문에서 모욕적인 표현들이 끝도 없이 쏟아진다고 투덜대자, 디랙은 몇 주 지나면 끝날 테니 걱정하지 마라고 했다. 왜냐하면 그때쯤이면 기자들도 영어에 있는 욕설을 전부 다 썼을 테니까 말이다. 보어는 못 믿겠다는 듯 고개를 저었다.[16]

1952년 6월 미국 상원이 통과시킨 이민법에 의하면, 미국 비자 신청자는 조직, 동호회 그리고 협회에 예전에 가입했던 기록과 현재 가입된 기록을 제시해야 했다. 비자 발급에 관한 결정은 대체로 영사의 소관이었는데, 그들 대다수는 '공산주의자에게 부드럽게 대하는' 사람으로 비쳐질까 신경을 썼다. 디랙의 비자 신청 기록은 남아 있지 않다. 십중팔구 그는 철의 장막 너머 헝가리에 있는 친척과 자신이 전쟁 전에 좌익 단체들과 연관이 있었다는 사실을 숨김없이 말했을 것이다. 2년 전에 과학 발전을 위한 영국협회에서 버널이 제명된 것을 개탄한 탄원서에 자신이 서명했다는 사실도 언급했을지 모른다. 버널이 모스크바에서 서유럽에 통렬히 반하는 강연을 하는 바람에 벌어진 일이었다.[17] 그 서명은 MI5에서도 알고 있었다.[18]

4월 12일 아침 워싱턴 D.C.에서 오펜하이머의 청문회가 시작된 직후 그는 자신이 질문을 받는 것이 아니라 인민재판을 받고 있음을 깨달았다. FBI는 불법적으로 그와 변호사의 통화 내용을 도청하여 검사에게 보냈다. 검사들이 다음 날의 청문회에 대비하도록 돕기 위해서였다.[19] 청문회 기간 중 두 번째 주말 휴가 기간 동안 오펜하이머는 디랙한테서 온 비관적인 메모를 읽었다. 디랙은 다음 여름부터 시작하여 1년 동안 연구소에서 지낼 계획이었다. 그런데 디랙이 짐작하기에, 미국 정부가 비자를 내줄 가능성이 별로 없었다.[20]

청문회는 5월 5일에 끝났고, 오펜하이머는 지치고 낙담하고 화가 난 채로 프린스턴에 돌아왔다. 청문회는 끔찍했다. 살벌한 대질 심문을 당하면서도 그는 얼버무리거나 허위진술을 했지만 때로는 친구들에게 불리한 진술도 했다. 가장 뼈아픈 증언 중 하나는 에드워드 텔러가 한 말이었다. 그는 맨해튼 프로젝트의 이론 연구팀의 팀장 자리를 주지 않았다며 오펜하이머한테 화가 나 있었고, 또한 오펜하이머가 최초의 수소폭탄 제작 프로젝트를 고의로 지연시켰다고 보았다. 텔러는 이렇게 밝혔다. '1945년 이후의 행동에서 드러나듯이, 지혜와 분별력을 이용할 때 나는 (오펜하이머에게) 비밀취급 인가를 주지 않는 것이 더 현명하다고 봅니다.' 증인석에서 내려오자마자 그는 사색이 되어 있는 오펜하이머에게 손을 내밀었다. 오펜하이머는 그 손을 잡았다. '미안해' 텔러가 말했다.[21]

위원회의 판결을 기다리고 있던 오펜하이머는 디랙한테서 편지 한 통을 받았다. '아쉽게도 미국 비자 신청은 거절되었어.'[22] 대서양의 양쪽에서 거절의 소식이 1955년 5월 27일 날아들었다. 신문기사들 대다수는 디랙이 러시아와 연루되어 있는 것이 원인이라고 직간접적으로 썼다. 캐번디시 애비뉴 7번지에 전화를 한 기자 중에 채프먼 핀처Chapman Pincher가 있었는데, 그는 《데일리 익스프레스Daily Express》의 발이 넓은 안보 담당 기자였다. 맨시는 그 기자에게 단도직입적으로 말했다. '제 남편은 정치에 관심이 없어요.' 이 표현을 핀처는 《데일리 익스프레스》의 짧은 기사('미국이 막은 과학자 "빨갱이 아님"')에 넣었다.[23] 《뉴욕 타임스》의 한 기자가 간신히 디랙과 인터뷰 기회를 얻어 디랙의 비자 신청이 '무참히 거절당했다'는 말을 들었다. 미국 영사가 해준 말에 의하면 디랙은 규정 212A에 의해 비자 자격이 없다고 했다. 다섯 페이지의 신청서 중에 어느 내용이 어긋나는지는 전혀 구체적으로 말해주지 않았다고 했다.[24] 이에 디랙은 평소와 달리 단호해졌다. 영국 정부에 자기는 모든 방위산업 연구에서 손을 떼고 싶다고 말했으며 안식년 연구 장소를 소련으로 바꿀 준비를 했다.[25] 이 계획 수정이 분명 미국 당국자들을 도발했는데, 디랙도 짐작했던 바였다.

한 달 후 오펜하이머는 '청문회'의 결과를 들었다. 위원회는 그가 충성스러운 미국인이긴 하지만 보안 관련 위험성이 있다고 2대 1의 찬반으로 결정했다. 이 결정에 기고만장한 원자력에너지 위원회의 오펜하이머의 적들이 그의 비밀취급 인가를 만료 하루 전에 박탈했다. 크게 상심한 오펜하이머는 영국으로 이민을 가서 케임브리지 대학교에서 물리학 교수직을 맡을까 고민했으며, 이 문제를 디랙과도 상의했다.[26] 청문회 동안 남편을 적극적으로 지지하는 증언을 했던 믿음직한 아내는 알코올 중독자가 되었고 이후로 평생 그렇게 살았다. (소련 잠수함을 타고 러시아로 달아날지 모른다고 여긴 FBI 요원들의 감시를 받으며) 카리브해에서 가족 휴가를 보내고 난 뒤 오펜하이머는 프린스턴 고등과학연구소로 돌아왔다. 그의 능력과 관심이야 줄지 않았지만, 많은 동료들이 보기에는 기운이 빠진 사람 같았다. 그는 예전의 확신에 찬 과학자도 맨해튼 프로젝트의 성공 후 미국의 영웅도 아니었다. 과학의 순교자, 매카시 시대의 갈릴레오가 되고 말았다.

《뉴욕 타임스》가 오펜하이머 판결을 1면에 대서특필한 지 사흘 후, 그 신문은 디랙의 사건에 관한 짧은 기사를 냈다. 디랙의 인터뷰 내용이 실렸고 그 위에는 사진이 한 장 있었는데, 마치 범죄자처럼 보이게 찍은 사진이었다. 이에 분노한 원로 미국 물리학자들이 일급 과학자들이 최근에 당한 비자 신청 거절 문제를 거론하였고, 이 문제는 유명 쟁점이 되었다. 신문 보도가 나온 지 이틀 후 존 휠러와 두 명의 프린스턴 동료들이 신문사에 편지를 보내서 정부의 행동을 개탄했다. '(우리는) 이 행동이 과학과 이 나라를 위해 지극히 불행한 처사라고 믿습니다.' 그리고 덧붙이기를, 디랙의 비자를 거절하게 만든 법은 '우리가 보기에는 일종의 조직화된 문화적 자살행위입니다.'[27] 다른 물리학자들 수십 명도 미 국무부 및 런던 주재 미국 영사관에 압력을 가하자, 두 기관은 비자 거부 결정 책임을 서로에게 떠넘기면서도 그 결정은 이미 '종료'되었다고 기자들에게 말했다. 2주 만에 《뉴욕 타임스》는 국무부가 거부 결정을 재검토하고 있다고 보도했다. 굴욕적인 철회가 내려질 조짐이 확실해졌으며 결국 8월 10일에 철회가 공식 발표되었다. 하지만 너무 늦었다. 디랙은 다른 준비를 이미 마쳤다.

***

러시아에서 안식년을 보낸다는 디랙의 계획은 실현되지 못했기에, 이제는 인도를 방문해 달라는 오래된 초대에 응했다. 1954년 9월 말 디랙 내외는 뭄바이를 향해 출항했다. 둘이 거의 1년을 예정으로 떠난 첫 번째 세계 일주 여행의 첫 단계였다. 디랙 내외는 친구인 솔 아들러Sol Adler와 도로시 아들러Dorothy Adler가 캐번디시 애비뉴 7번지에 머물며, 매리와 모니카를 돌보도록 했다. 두 딸은 부모가 오랫동안 여행을 떠나는 게 못내 화가 나고 두려웠다. 당시 열두 살이던 모니카는 부모가 왜 멀리 떠나는지 중요한 이유 하나를 약삭빠르게 알아차렸다. 아빠한테 지나친 관심을 보이는 여자가 있다고 여긴 엄마가 아빠를 가급적 오랫동안 케임브리지에서 떠나 있게 만들려는 속셈이었던 것이다.[28] 디랙은 그 나라의 모습을 실제로 보고 싶었을지 모른다. 남편과 6년 전에 사별했다가 그 전해에 죽은 친구 이사벨 화이트헤드가 난롯가에서 들려주던 인도 이야기 때문이었다.

디랙이 인도에서 넉달 동안 지낼 수 있도록 해준 사람은 물리학자 호미 바바Homi Bhabha였다. 케임브리지에서 디랙의 전직 동료이자 뭄바이의 타타 연구소Tata Institute의 설립자였다.[29] 교양이 풍부했으며 작품 전시를 하는 화가였고 여러 언어로 된 시에도 조예가 깊었다. 바바는 디랙 내외가 10월 13일에 도착하는 순간부터 왕족 같은 대접을 해주었지만, 뭄바이의 참을 수 없는 열과 습기를 어떻게 하지는 못했다. 그래서 디랙 내외는 서둘러 비교적 서늘한 근처의 마하발레슈와르 힐스Mahabaleshwar Hills로 옮겼다.[30] 맨시는 기후 말고도 싫어할 게 많았다. 시큼한 음식이 질색이었고 기사가 운전하는 차를 타고 궁핍과 누추함이 가득한 냄새 나는 풍경을 지나가는 것도 질색이었다. 남편의 배우자로서 2류 유명인사 취급받는 것도 마음에 들지 않았다. 하지만 인도에서의 경험 덕분에 진정한 존경과 존중이 어떤 것인지 조금 알게 되었고, 그녀의 그런 인식이 디랙에게도 영향을 끼친 듯하다.[31] 살다가 처음으로 디랙은 수많은 군중들의 박수갈채를 받았다. 1955년 1월 5일 저녁에 바도다라Vadodara 근처의 바로다Baroda에서 열린 인도 과학협회 행사의 일환으로 행한 대중강연 자리에서였다. 바로다 크리켓 경기장 내의 한 특별 공간에서 그는 눈을 동그랗게 뜨고 있는 수천 명의 청중에게 강연을 했는데, 청중 다수는 경기장 바깥에 걸린 영화 스크린을 통해 디랙의 발표를 시청했다.[32]

발견의 궁전에서 단단히 망신을 당한 경험 덕분에 디랙은 양자물리학을 알고는 싶지만 아무것도 모르는 사람들에게 강연하는 방법을 터득했다. 아원자 영역을 기술할 때 은유와 시각적 이미지를 싫어한 사람답게 그는 단순하고 방정식이 없는 언어로 말했으며, 아원자 입자들을 자신이 가장 좋아하는 게임과 비교해서 설명했다(이 설명 방식은 나중에 널리 활용되었다).

전자와 광자가 무엇이냐고 물으신다면, 그건 돈이 되는 질문이 아니며 실제로 의미도 없다고 대답할 수밖에 없습니다. 전자와 광자의 중요한 점은 그게 뭐냐가 아니라 어떻게 행동하느냐 (어떻게 운동하느냐) 입니다. 이 상황을 체스 게임과 비교하여 설명해보겠습니다. 체스에서는 여러 가지 말, 즉 킹, 나이트, 졸 등이 있습니다. 말이 뭐냐고 물으신다면 답은 나무 조각이다, 상아 조각이다, 또 어쩌면 종이 위에 그려진 기호다, 등등일 겁니다 (다른 뭐든 가능합니다). 그런건 중요하지 않습니다. 각각의 말은 고유한 움직이는 법이 있는데, 그게 핵심입니다. 체스 게임 전체는 이러한 여러 가지 말을 움직이는 방법에서 나오는데 (…)[33]

청중석의 비전문가들은 물론이고 앞줄에 앉은 물리학자들도 디랙이 양자 역학의 근본적인 내용을 40분 동안 요약한 강연에 흠뻑 빠져들었다. 대중 선동가인 에딩턴의 활기가 없이도 디랙은 행정을 혐오하는, 그리고 연구자로서 전성기를 지난 과학자들한테 필수적인 능력을 확보했음을 여지없이 보여주었다. 바로 과학자의 연구 내용을 대중과 나누는 능력 말이다.

디랙이 인도에서 만난 정치인들 중에 가장 유명한 사람은 카리스마 넘치는 수상인 자와할랄 네루였다. 네루는 1947년 독립 이후로 인도를 계속 이끌고 있었다. 화려하고 대중적인 언어로 폭넓은 사고를 펼치는 정치인의 재능을 갖고 있긴 했지만, 네루는 또한 로버트 프로스트의 시를 인용해서 논쟁을 부드럽게 할 줄 아는 교양 있는 문화인이기도 했다. 1955년 1월 12일 디랙과 델리에서 만나는 동안 네루는 인도의 새 공화국의 미래를 위해 조언을 해줄 말이 있냐고 물었다. 평소처럼 한참 생각에 잠겨 있다가 디랙은 이렇게 대답했다. '공용어, 영어가 낫겠지요. 파키스탄과의 평화 관계, 그리고 미터 법입니다.'[34] 둘은 아마도 핵무기는 논의하지 않았겠지만, 그 주제를 염두에 두고 있었을 듯하다. 열하루 전, 바로다의 과학협회에서 디랙은 네루가 과학자들에게 새 무기의 실현 가능성을 위해 도와 달라는 요청을 하는 강연을 들었다. 그 자리에서 네루는 '현재 우리는 원자폭탄을 갖고 있지 않습니다'라고 말했다.[35] 네루의 지지에 힘입어 바바는 인도의 핵무기 개발 계획을 이끌었으니, 인도의 오펜하이머가 된 셈이었다.[36]

디랙이 1955년 2월 21일 뭄바이에서 출항한 지 2주 후에 여행은 즐겁지 않게 변했다. 황달에 걸리는 바람에 홍콩의 병원에서 여드레를 보내야 했다. 그 후 의사의 허락하에 밴쿠버로 가는 배에 오를 수 있었다. 의사는 건강에 대한 경고와 음식 섭취 지침을 한가득 알려주었다.[37] 맨시는 여행을 계속하지 말아야 한다고 여겼지만, 디랙은 고집을 꺾지 않았다. 그는 여행 대부분을 황달로 아파하면서 침대에서 보냈고 몇 시간마다 구토를 했고 가려움에 고통받았고, 가끔씩은 밤새도록 잠을 자지 못했다.[38] 밴쿠버로 가고 있던 4월 중순 디랙은 지치고 낙담했으며 피부도 누렇게 떴다.[39] 브리티시 컬럼비아 대학교는 디랙 내외를 말끔하게 정돈된 저택의 1층에 거처를 마련해주었다. 즉시 디랙은 곯아떨어졌다.

이틀 후에는 가슴이 무너지는 소식이 프린스턴에서 날아왔다. 아인슈타인이 타계했다는 소식이었다. 처음으로 맨시는 남편이 흐느끼는 모습을 보았다. 한번도 본 적이 없던 모습이었는데, 이후로도 그런 모습은 다시 보지 못했다.[40] 디랙이 그런 눈물을 흘린 까닭은 영웅으로서 그를 존경해왔기 때문이다. 슬픔에 잠겨 있던 몇 시간 동안 그는 어쩌면 브리스틀에서 대학교를 다니고 있을 때를 떠올렸을지 모른다. 상대성이론을 처음 접하면서 이론물리학자로서의 꿈을 키우던 그때를. 디랙의 마음을 사로잡은 것은 아인슈타인의 과학, 정통에 대한 무관심 그리고 이후의 삶에서 드러났듯이 (소심함과 비겁함으로 조심스레 제기한) 비판자들의 야유를 무시하는 능력이었다. 아인슈타인의 재가 뉴저지의 바람 속으로 흩어졌을 때 디랙은 그의 뒤를 이어 이론물리학계의 가장 유명한 외톨이가 되었다. 아무도 이해할 수 없는 이유로 주류에 반기를 든 나이 든 이론물리학자가 되었던 것이다.

아프고 낙담에 빠져 자신이 죽어가고 있다고 믿게 된 디랙은 맨시에게 한 가지 부탁을 들어달라고 했다. 오펜하이머를 만나게 해달라는 것이었다. 금세 그녀는 밴쿠버의 숙소에서 둘을 만날 수 있게 해주었다. 둘 다 낙담했고 최악의 순간을 겪고 있었고, 마지막으로 만났을 때보다 15년쯤 나이 들어 보였다. 둘이 나눈 대화 기록이 남아 있진 않지만, 아마도 디랙은 청문회의 결과, 그리고 어쩌면 텔러와 검사들의 행동과 관련하여 오펜하이머를 위로하고 싶었을 것이다. 많은 친구들한테서 따돌림을 당한 텔러는 디랙이 싫어한, 그리고 가까운 이들에게 나쁘게 말한 몇 안 되는 물리학자였다.[41] 오펜하이머는 배려심이 깊었기에 디랙한테 미국으로 가서 고등과학연구소의 숙소에서 몇 주 동안 몸을 추스르라고 조언해주었다.

고등과학연구소의 동료들은 디랙의 걸음걸이가 달라진 것을 알아차렸다. 더 이상 민첩함이 없이 느릿느릿 조심스레 걸었다. 마치 수술을 받고 난 환자 같았다. 하지만 디랙은 차츰 활기를 되찾아가고 있다. 아침이면 곧 다가올 오타와에서의 모임을 위해 강연을 준비했고, 오후에는 잠을 잤고 초저녁에는 오랫동안 연구소 주위를 걸었다. 다람쥐, 토끼 그리고 가끔씩 나타나는 사슴을 빼고는 늘 혼자였다.[42] 하지만 불운이 닥쳤다. 주디와 그녀의 갓난 딸이 찾아와서 머물고 있을 때 디랙은 오른발의 발허리뼈가 골절되고 말았다. 그래서 다시 병약자 신세가 되었다.[43] 오타와에서는 생애 최초로 강연을 앉아서 했는데, 53세 생일이 가까운 사람답게 노인처럼 보였다.[44]

디랙 내외는 1955년 8월 말 케임브리지에 있는 집으로 돌아가서 거의 1년 만에 두 딸을 만났다. 맨시는 절절한 감사의 편지를 오펜하이머에게 썼다. 이 편지에는 핍박을 가한 이들과 화해를 하라는 디랙의 조언도 담겨 있었다. 디랙은 오펜하이머에게 서머싯 몸의 『예나 지금이나 *Then and Now*』를 읽어보라고 권했다. 17세기 피렌체에서 체사르 보르자와 니콜로 마키아벨리 사이의 음모와 기만을 다룬 작품이다.[45]

***

다음 학기 초 케임브리지에서 첫 번째로 한 세미나에서 디랙은 학생들에게 알렸다. '막 이 연구를 해냈습니다. 중요할 수도 있는 연구지요. 여러분이 배웠으면 좋겠습니다.' 디랙이 미리 그렇게 공개적으로 귀띔하는 경우는 매우 드물었다.[46] 연구에 대한 열정이 다시 불타올랐던 것이다.

디랙의 새 이론은 우주가 근본적으로 점입자가 아니라 '끈'이라는 매우 작은 1차원의 것으로 이루어져 있을지 모른다고 제안했다. 오타와 강연에서 처음 발표된 그 이론은, 디랙이 가장 싫어했던 재규격화 이론의 한 기본 개념을 배제한 양자전기역학에 대한 새로운 접근법이었다. '벌거벗은 전자Bare electron'라는 그 개념은 주위의 장을 갖지 않는 전자라는 허구적인 개념이라고 그는 여겼다. 자신의 새 접근법에서 디랙은 그 이론의 근본적인 대칭성 중하나, 즉 게이지 불변에 집중했다. 이론물리학자들에게는 오랫동안 익숙한 이 대칭성은 이런 뜻이다. 즉, 설령 전자기장과 긴밀히 관련되어 있는 전자기 포텐셜이라는 양이 시공간의 모든 점에서 바뀌더라도, 전체 시공간에 걸친 변화가 게이지 변환이라는 공식에 의해 관장된다면, 그 이론이 그런 변화에 상관없이 동일한 예측을 내놓는다. 디랙은 **게이지 불변량**으로 양자전기역학을 재구성하는 방법을 찾았다. 따라서 전자가 계산에 등장하는 경우면 언제라도 전자는 장과 분리될 수 없다. 재규격화 이론과 동일한 결과가 나오는 이론이지만, 디랙으로서는 그게 더 우수했다.

디랙은 벌거벗은 전자라는 개념을 무척 싫어했기에 '(그것이) 단지 **금지될** 뿐만 아니라 애초에 **가정할 필요도 없는** 이론을 세우고' 싶었다.[47] 그러기 위한 방법으로써, 자기 이론의 방정식들을 전자의 전기장을 기술하는 역선(자석의 자력선과 비슷한 선)에 적용했다. 전자에 관한 고전적인 모형에 의하면, 전자는 연속적으로 변하는 역선으로 둘러싸여 있다. 각각의 역선은 어떤 의미에서 바로 옆의 역선과 무한소로 가까이 있다. 여기에 착안해 디랙은 장의 양자 버전을 상상하여 전자를 입자가 아니라 끈으로 보게 된 것이다.

> 양자론으로 넘어갈 때, 역선Lines of force들이 전부 이산적이며 서로 구분된다고 가정할 수 있을지 모른다. 각각의 역선은 이제 특정 양의 전하와 관련된다. 이 전하는 역선의 (끝단이 있다면) 양 끝단에 등장할 것이며, 한쪽 끝단에서는 정(+)의 부호로 반대쪽 끝단에서는 부(−)의 부호를 가질 것이다. 여기서 자연스레 할 수 있는 가정은 전하의 양이 모든 역선에 동일하며 바로 '전자의 전하량의 크기'라는 것이다. 이렇게 해서 얻어진 모형에서는 기본적인 물리적 실체가 점이 아니라 역선, 즉 끈과 같은 것이다. 이 끈들은 움직이며 양자 법칙에 따라 서로 상호작용한다.[48]

디랙은 찾고 있던 것을 드디어 찾았다. '끈 한 조각의 끝단은 해당 끈 없이는 상상할 수 없으므로, 벌거벗은 전자를 가정하지 않아도 되는 모형'을 말이다. 하지만 그런 성질은 일부일 뿐 새 이론의 전모가 아니었다. 여러 학생들은 그 이론을 살펴보더니 곧 밀쳐 놓아 버렸다. 디랙 역시 그랬다. 하지만 세월이 흐른 후 디랙이 다시 한번 시대를 앞서갔음이 입증되었다.

***

디랙은 이제 연구 경력의 저점低點에 막 다다르고 있었다. 전쟁 중일 때를 제외하고, 1956년은 그가 연구를 시작한 이래로 아무 연구 결과도 발표하지 않은 첫 해였다.[49] 이제 물리학계에서 절반쯤 발을 뺀 그는 카피차를 포함하여 여러 가까운 친구들과도 연락이 끊겼다. 둘은 거의 20년 동안 만나지 못했다.[50] 디랙은 1953년 스탈린의 사망 직후 들어선 니키타 흐루쇼프 정권에서 카피차가 어떻게 지내는지 알고 싶었을 것이다. 영국 신문들은 소련의 새로운 분위기를 보도했다. 1956년 2월 굳은 표정의 당 간부들에게 행한 연설에서 흐루쇼프가 스탈린의 문제적 인간성과 그 정권의 잔혹성을 비판하면서 촉발된 변화였다.[51]

초가을에 디랙이 모스크바에 갔더니 1937년에 자기와 맨시가 보았던 도시와는 전혀 딴판이 되어 있었다. 혁명이 아니라 체제 굳히기에 집중하고 있었고, 1930년대 후반의 내부적으로 강조되던 민족주의라는 편집증이 사라진 대신에 미국의 핵무기 선제공격에 대한 두려움이 만연해 있었다. 디랙이 만나보니 카피차는 어느 때보다도 자신감이 넘쳤고 파란만장한 인생역정을 간직하고 있었다. 한 예로, 카피차가 핵무기 개발에 동참하길 거부하자 최대의 적인 베리야Beriya가 온갖 음해를 가했다고 한다. 카피차는 '과학자가 비밀스러운 전시 연구에 참여하는 것은 끔찍한 일'이라고 여겼는데, 아마도 그걸 디랙한테도 말했을 것이고 디랙은 적어도 속으로는 움찔했을지 모른다.[52] 대다수의 다른 선구적인 소련 물리학자들이 핵무기 개발에 참여했던 반면에, 카피차는 자국으로 날아오는 핵무기를 강력한 빔으로 파괴하는 방법을 연구했다. 분명 미국의 전략방위계획('스타워즈' 계획)의 전조였다. 스탈린이 자기를 좋게 평가한 덕분에 베리야의 심복한테서 처형당하지 않았노라고 카피차는 확신했다. 스탈린이 죽었을 때 레프 란다우는 덩실덩실 춤을 추었지만, 카피차는 만약 베리야가 다음 지도자가 된다면 자기 목숨이 위험함을 알고 있었다.[53] 흐루쇼프가 베리야를 이겼지만, 그래도 카피차의 생명은 여전히 위험했다. 차기 정권 인계에 관한 공식적인 논의가 끝나가던 어느 일요일 아침에 두 관리가 카피차의 작은 연구소에 찾아와서 연구소를 둘러보게 해달라고 부탁했다고 한다. 질문하는 것으로 판단했을 때, 둘은 과학을 잘 모르고 과학에 별로 관심도 없는데도 예정된 방문 시간을 자꾸 넘기며 정오 정각이 되어서야 떠났다. 카피차의 말에 의하면, 둘은 베리야가 체포되어 감금되는 동안에 있을지 모를 마지막 앙갚음으로부터 카피차를 보호하기 위해 (아마도 흐루쇼프나 그 측근들에 의해) 급파되었다고 한다.[54] 몇 주 후 베리야와 여섯 명의 공범은 재판에서 사형판결을 받았다. 흐루쇼프 휘하의 삼성三星 장군이 직접 베리야의 이마에 총을 쏘아 처형했다.[55] 카피차는 크리스마스이브에 그 소식을 들었다. 기쁜 소식이 아닐 수 없었다.

디랙은 핵무기 개발 연구를 거절한 카피차를 입에 침이 마르도록 칭찬했다. 카피차가 디랙을 포함해 다른 모든 이들에게 그렇게 이야기했지만, 진실은 아마도 그렇지 않았다. 카피차가 스탈린에게 보낸 편지(디랙이 죽은 후 여러 해가 지나서 공개된 편지)에 분명히 적혀 있듯이, 카피차는 핵무기 개발에 참여하길 원했으며 도덕적인 거리낌을 전혀 보이지 않았다. 그가 핵무기 개발에 가담하지 않은 이유는 오직 베리야의 발아래서 일하기 싫었기 때문이었다. 또한 어쩌면 동료들한테서 지지를 얻지 못했을지 모르는데, 왜냐하면 일부 동료들은 그가 자기와 친한 전 세계의 유명 과학자들 이외의 과학자들을 경멸한다고 믿었기 때문이다.[56] 대신에 카피차의 위대함을 잘 드러내주는 사례는 스탈린이 공공연히 적이라고 불렀던 란다우를 거듭 보호해준 것이다. 심지어 종종 자신의 목숨을 중대한 위험에 빠트리면서까지 카피차는 란다우를 지켜주었다.[57] 한편, 수십만 명의 러시아인들은 카피차의 불복종에 비하면 미미한 정도의 불복종만으로도 처형을 당했다.

디랙은 1956년 10월의 모스크바 체류 시간 대부분을 관광으로 보냈다. 모스크바 이곳저곳을 구경하다보니 레닌의 무덤 옆에 스탈린의 무덤도 함께 있었다. 또한 탐, 폭 및 란다우와 같은 옛 러시아 친구들과도 다시 정을 나누었다. 놀랍게도 디랙은 탐을 만날 수 있었다. 탐은 수소폭탄을 제작하는 비밀 프로젝트를 이끌고 있었다(이 프로젝트에 참여한 것이 한 가지 계기가 되어 디랙과 그의 우정은 이후 10년 후에 흐지부지되었을지 모른다).[58] 늘 어린 아이 같던 란다우는 당시에 이론물리학자의 제일 선두 자리에 있었고 여전히 반항적이었다. 스탈린 자서전의 종이를 화장실 휴지로 대신 썼다.[59]

란다우는 모스크바 대학교에서 열린 디랙의 강연회에서 청중으로 참여했는데, 거기서 몇몇 청중이 물리학의 철학이 무엇인지 짚어달라고 했다. 그러자 디랙은 칠판에 이렇게 썼다. 물리 법칙들은 수학적 아름다움을 지녀야 한다.[60] 공개적으로 란다우는 디랙의 유미주의를 존중했지만 개인적으로는 비난했다. 한 번은 물리학자 브라이언 피파드Brian Pippard에게 이렇게 말했다. '디랙은 현존하는 가장 위대한 물리학자이지만 1930년 이후로는 중요한 업적이 없어.'[61] 잔인할 정도로 과장인데, 하지만 그게 란다우의 전형적인 모습이었다. 그렇기는 해도 란다우는 1950년대 중반의 지도적인 여러 물리학자들이 생각만 할 뿐 감히 공개적으로 말하지 못했던 말을 하고 있었다. 그런데 여러 사건에서 곧 밝혀지듯이, 디랙을 비판하는 이들은 그를 너무 성급하게 깎아내렸다.

26장
1958년부터 1962년까지

누군가는 세상을 떠났고, 누군가는 나를 떠나갔네

그리고 누군가를 나는 빼앗겼네, 모두 떠나갔다네

모두 모두 가버렸다네, 그리운 옛 얼굴들이여.

— 찰스 램, 〈그리운 옛 얼굴들*The Old Familiar Faces*〉(1789년)

1958년 12월 초 파울리는 58세 생일이 가까워지고 있었다. 그는 병색이 완연했다. 12월 5일 금요일 오후 취리히에 있는 자기 대학교에서 강연 도중 위에 통증을 느껴서 택시를 타고 집으로 돌아왔다고 투덜댔다. 다음 날 도시의 적십자 병원에 가서 검사를 받았다. 확실한 진단이 나지 않는데, 의사는 수술을 하는 수밖에 없다고 했다. 일주일 후 외과 의사가 횡경막의 불룩한 부분을 절개했더니 췌장암 덩어리가 나왔다. 너무 크고 진행이 많이 되어 더 이상 손을 쓸 수가 없었다. 수술한 지 48시간 만에 그는 세상을 떠났다.[1]

파울리의 마지막 해는 그다지 행복하지 않았다. 친구인 하이젠베르크와 함께 개발하던 한 야심찬 이론을 놓고서, 둘 간의 다툼이 고약해지고 곪아 갔기 때문이다. 하지만 연구 경력의 마지막에 그가 물리학에 이바지한 업적

중 하나가 마침내 드러났다. 1956년 초여름 아침 그는 로스앨러모스 연구소의 두 실험물리학자한테서 전보를 받았다. 파울리가 예측했던 입자인 **중성미자**를 발견했다면서 확인해달라는 내용이었다. 디랙을 포함한 다른 과학자들이 말도 안 된다며 무시했던 입자였다. 그런데 파울리가 예측했던 대로 중성미자는 전하가 없고, 전자와 스핀이 동일하며, 질량이 없었다. (중성미자는 1990년대 말까지 질량이 없다고 알려져 있었지만, 이후로는 미세하지만 질량이 있는 것으로 밝혀졌다 −옮긴이). 새로 발견된 입자는 주로 (세기가 지극히 작은) 약한 상호작용을 통해서 물질과 상호작용한다. 매초 어마어마한 개수의 중성미자들이 지구를 관통하는데, 그중에서 단 몇 개만이 (상호작용으로 인해) 굴절을 일으킬 뿐이다.

파울리한테는 엄청난 성공이었지만, 2년 후 약한 상호작용에 대한 그의 직관이 틀렸음이 확실히 드러나고 말았다. 그 이야기는 1956년에 브룩헤이븐 국립연구소에서 시작되었다. 젊은 중국인 이론물리학자 듀오인 C. N. '프랭크' 양과 T. D. 리(보통 'TD'라고 불림)가 파울리를 포함해 거의 모든 다른 이론물리학자들이 보기에 터무니없는 것을 제안했다. 입자들이 약하게 상호작용할 때 자연은 왼쪽과 오른쪽 사이의 대칭, 즉 패리티parity 대칭을 깨트리는 듯 보인다고 말이다. 근본적인 수준에서 중력과 전자기력은 양손잡이성이다. 이 유형의 상호작용을 조사한 모든 실험은 입자의 구성이 거울 영상에서 왼쪽과 오른쪽이 바뀌더라도 결과는 동일하다. 뉴욕의 컬럼비아 대학교에서 (리와 양이 제안한) 약한 상호작용이 좌우 대칭적인지를 조사하는 실험이 두 연구팀에서 실시되었는데, 한 팀은 의욕이 넘치는 상하이 태생의 우젠슝이, 다른 팀은 재치 있는 뉴요커인 레온 레더만Leon Lederman이 맡았다. 두 실험은 각각 1957년 1월 중순 뉴욕의 매서운 추위 속에서 절정에 다다랐다. 그 결과 파울리가 틀렸고, 리와 양의 짐작이 옳았음이 확인되었다. 약한 상호작용에서 **자연은 왼쪽과 오른쪽을 정말로 구별한다.**

이 결과는 센세이션을 일으켰는데, 비단 물리학자들한테서만 그런 게 아니었다. 《뉴욕 타임스》의 1면에도 대서특필되었다. 하지만 디랙은 놀라지 않았다.[2] 일찌감치 1949년에 썼던 상대성이론에 관한 논평의 서문에서 패리티 대칭이 깨어질 가능성을 예견했기 때문이다. 거기서 디랙은 자연에 대한 양자역학적 서술은 입자의 위치가 거울 영상에서 뒤바뀌더라도 (좌우 반전) 그리고 이와 별개로 시간이 앞이 아니라 뒤로 가더라도 똑같을지 여부를 고찰했다. 논평의 말미에서 그는 전문적인 글치고는 특이하게도 인칭대명사를 이용하여 이렇게 적었다. '지금껏 알려진 자연의 모든 정확한 물리 법칙이 이런 불변성을 갖고 있지만, 나는 물리 법칙이 (공간과 시간의) 이런 반사에도 불변이어야 한다고는 믿지 않는다.'

디랙은 중력 및 전자기 법칙이 좌우 대칭과 시간 역전time-reversal 대칭을 갖긴 하지만, 다른 근본적인 상호작용 법칙들은 그런 법칙이 없을지 모른다는 것을 깨달았다. 어떤 선구적인 물리학자도 그 논평을 읽은 것을 기억하지 못했고, 심지어 디랙 자신도 그런 내용을 썼다는 사실조차 잊어버렸다.[3] 1949년 이후로 그는 공간과 시간 내에서 양자 비대칭성의 가능성을 알았지만 아마도 입 밖에 꺼내진 않은 듯하다. 단 한번의 예외라면 한 박사과정 학생의 구술시험에서 꺼낸 적이 있었다.[4] 몇 년 후 동료들이 패리티 대칭 위반이라는 충격적인 사건을 이야기하는 걸 듣고 나서, 디랙은 자신의 논평에서 관련 내용을 가만히 다시 들여다보았다.[5] 무슨 내용이냐고 묻는 학생들에게 그는 이렇게만 대답했다. '내 책에는 그런 내용이 전혀 나오지 않네.'[6] 하지만 스스로도 알았듯이 자신이 이바지한 내용에 칭찬을 많이 받을 수는 없었다. 과학 연구의 승자독식 규칙에 따라 리와 양이 패리티 대칭 어긋남의 중요성을 발견한 공로를 차지했다.[7] 그 발견은 현시대의 위대한 업적이었다.

파울리가 죽는 바람에 원로 이론물리학계서 디랙이 싫어했던 사람이 빠졌다. 비록 이론물리학자들은 서로 공공연히 경쟁하지는 않았지만, 피상적인 우호 관계의 물밑에서는 경쟁의 물길이 소용돌이치고 있었다. 이론물리학에 대한 접근법도 제각각이었다. 가령, 파울리는 보수적인 분석가였던 반면에 디랙은 혁명적인 직관주의자였다. 그렇다고 이론물리학자들을 굳이 양분할 필요는 없다. 파울리의 동료들 대다수는 그의 까칠하고 오만한 태도는 뛰어난 통찰력을 발휘하기 위한 작은 대가라고 여겼다. 하지만 디랙은 그렇게 여기지 않았다. 그는 수업 도중 종종 옆길로 새서 학생들에게 이렇게 말했다. 파울리는 '새로운 개념이 도입될 때마다 걸핏하면 틀린 말에 올라타 있었는데', 가령 스핀 개념이 처음 나왔을 때 그걸 '완전히 짓뭉개버렸다'고.[8] 아마도 디랙은 동료들에 대한 파울리의 무자비하고 지속적인 비난을 용서할 수 없었던 듯하다. 파울리가 고압적으로 홀 이론을 비난하면서 집어치우라고 했을 때, 어쩌면 디랙은 아버지의 망령을 보았지 않았을까?

***

디랙의 두 딸은 아빠가 정치에 큰 관심을 보이는 것을 본 적이 없었다. 아마도 예외라면 도무지 알 수 없는 묘한 표정으로 텔레비전 뉴스를 시청할 때뿐이었다. 맨시는 딴판이었다. 국제적 사건들을 일일이 찾아보면서 자신의 견해를 역설했으며, 오후 시간 내내 친구들과 전화로 정치 이야기를 했다. 1956년 11월 그녀와 가족(오빠 위그너를 포함하여)은 슬픈 표정이 역력했다. 소련 탱크와 군대가 모스크바의 꼭두각시인 헝가리의 반정부 봉기를 진압하여 약 20,000명의 헝가리인들을 죽였기 때문이다. 란다우는 흐루쇼프와 소련공산당 정치국을 '비열한 도살자들'이라고 맹비난했다.[9] 영국에서도 대체로 소련에 대한 온건한 비판 노선을 취하는 《뉴 스테이츠먼》도 그 침공을 '혐오스럽고', '변명의 여지가 없고', '용서할 수 없는' 짓이라고 비난했다.[10] 곧 공산당의 이미지가 크게 실추되었고, 케임브리지의 강경 좌파 학자들이 힘

없는 조직으로 전락했다. 버널을 포함하여 공산주의의 대의를 여전히 따르는 소수만 남았다. 아마 디랙은 헝가리 침공에 대해 심지어 가장 가까운 친구에게도 한마디도 말하지 않았다. 1950년대 중반이 되자 그는 젊은 시절 품었던 이상주의를 완전히 잃어버린 듯했다. 평소와 달리 그는 탐 달리엘Tam Dalyell을 처음 만났을 때 그런 정치 혐오증을 폭발시켰다. 달리엘은 한때 금수저 토리당(영국의 보수당)당원이었다가 수에즈 운하의 국유화에 이어서 발생한 영국의 야만적인 이집트 침공 이후 1956년에 노동당으로 전향한 인물이었다. 디랙은 독자적인 성향의 달리엘이 정치 노선을 바꾼 것을 환영하면서도 이렇게 따끔하게 꼬집었다. '저는 정치인을 **좋아하지** 않습니다.'[11]

하지만 여전히 디랙은 소련에서 오는 소식에 귀 기울이고 있었다. '스푸트니크 때문에 잔뜩 흥분해 있어'라고 그는 1957년 11월 말에 카피차에게 썼다.[12] 디랙은 10월 5일 아침 볼셰비키 혁명 40주년을 기념하기 위해 소련에서 인공위성을 발사했다는 소식을 들었다.[13] 그날 저녁 그와 모니카는 일몰 직후 캐번디시 애비뉴 7번지의 뒷마당에 나갔다. 반짝이는 그 위성이 밤하늘에서 지나가는 모습을 보고 싶어서였다.[14] 지구 궤도를 도는 그 '붉은 달Red Moon', 즉 95분에 지구를 한 바퀴 도는 비치볼 크기의 구에 관한 신문 보도가 일주일 동안 신문 일 면을 뒤덮었고, 디랙은 모든 기사를 빠짐없이 읽었다.[15] 스푸트니크가 성공하자 서구 사회는 소련의 기술을 보잘것없다고 여겼다가 두려울 정도로 감탄하게 되었다. 미국인들에게 스푸트니크는 두려운 자명종 소리였는데, 12월 초에 자국의 인공위성을 발사하려는 시도가 실패하여 로켓 발사 후 몇 초 만에 폭발하는 바람에 훨씬 더 참담한 심정이었다(어느 기자는 이름을 '스테이푸트니크Stayputnik'라고 지었어야 했다고 빈정거렸다).[16] (우주공간으로 날아가지 못하고 지상에 남았다는 뜻에서 stay를 앞에 붙인 것 -옮긴이) 스푸트니크 임무는 소련이 대륙간 탄도 미사일 개발 그리고 사람을 우주로 보내는 과제를 순조로이 진행하고 있다는 것을 증명했다. 스푸트니크 발사 성공에 놀란 언론과 정치인들은 소련(많은 미국인들이 보기에는 후진적인 농업 국가)이 과학 교육에서 미국을 훨씬 앞섰다고 여겼다. 에드워드 텔러는 텔레비전 방송에 출연하여 이렇게 말했다. '미국은 진주만보다 더 중요하고 큰 전투에서 졌습니다.'[17] 《라이프》 잡지도 미국 고등학생들 중 4분의 3이 물리학을 전혀 공부하지 않는다고 꼬집었다. 이런 압박에 밀려 아이젠하워 대통령은 학교 과학 교육의 르네상스를 지시했으며, 1957년에 1961년 사이에 의회는 연구개발에 관한 연방 지출액을 **두 배로 늘려 지출액이 90억 달러**에 이르렀다. 이런 후한 선물의 뜻밖의 수혜자는 고에너지 물리학 분야였다. 새로 등장한 아원자 입자가속기들은 어떤 면에서 스푸트니크의 산물이었다.

디랙은 우주 비행의 기술이 과학에 가져다줄 혜택만큼이나 그런 기술 자체에도 관심이 있었다. 그는 줄리어스 로드 6번지의 뒷마당에서 최초의 비행기들이 이륙하는 모습을 보았을 때의 바로 그 열정으로 스푸트니크 발사를 담은 텔레비전 화면을 바라보았다. 하지만 이런 궁금증이 들었다. 왜 우주 로켓은 수평이 아니라 수직으로 발사되는가? 그가 보기에 로켓을 우주 공간으로 날려 보내는 과제는 연료를 가득 실은 비행기를 날리는 과제와 마찬가지이기에, 수직 이륙은 로켓이 발사대를 떠나기 전에 많은 연료가 사용되므로 지극히 비효율적이다. 따라서 로켓을 수평으로 발사하는 것이 최선일 터였다. 디랙은 이 질문에 흠뻑 빠졌다. 1961년 5월 미국이 (소련보다 한 달 뒤져서) 우주비행사를 우주로 보낸 직후, 디랙은 세인트 존스 칼리지에서 점심을 먹으면서 두 명의 동료를 깜짝 놀라게 만들었다. 평소처럼 조용히 식사하지 않고 거의 한 시간 동안 쉴 새 없이 로켓에 관해 이야기를 했기 때문이다.[18]

이후로 그는 소련과 미국의 우주 프로그램에 관한 보도에 늘 귀를 기울였고 왕립학회에서 열리는 전문가 회의에도 참석했다. 여러 전문가들과 이야기를 해보아도 그는 로켓이 가장 경제적인 방식으로 발사되고 있다는 확신이 들지 않았기에, 급기야 나사에 설명을 요청했다.[19] 나사는 디랙이 틀렸다고 알려주면서, 이런 이유를 댔다. 디랙은 대기가 우주 로켓이 가하는 '항력' 효과 및 고도가 높아질수록 향상되는 로켓 엔진 성능의 중요성을 과소평가하고 있다는 것이다.[20] 우주 로켓은 수직으로 발사해야지만 재빠르게 높은 고도에 도달할 수 있어서, 로켓에 가해지는 공기역학적 압력이 지상보다 훨씬 낮아질 수 있다고 한다. 높이에 따라 공기가 엷어지면서 엔진의 배기가스가 더 큰 추진력을 얻을 수 있다. 이런 이점 때문에 로켓을 수직으로 발사하는 편이 훨씬 더 경제적이라고 여러 전문가들이 디랙에게 설명했는데, 하지만 그래도 디랙이 수긍한 것 같지는 않았다.

***

1923년 케임브리지에 몸담은 이후로 디랙의 연구 환경은 거의 바뀌지 않았다. 하지만 1950년대 말이 되면서 케임브리지의 과학 분과들은 더욱 효율적 운영을 위해 똘똘 뭉쳤다. 다른 국제적인 과학 센터들과의 경쟁에서 우위를 확보하기 위해서 이기도 했고, 아울러 대학 내의 다른 학문 분야와도 경쟁하기 위해서였다. 디랙의 전문분야에서 총대를 맨 사람은 조지 배첼러 George Batchelor였다. 호주 출신의 이 수학자는 비타협적인 태도로 거침없이 자신의 야망을 실현해나가는 인물이었다. 당시 30대 후반이던 배첼러는 유체역학 전문가였다. 기체와 액체의 흐름을 연구하는 응용수학 분야로서 디랙은 별로 관심이 없었다. 디랙은 유체역학을 이론물리학의 소분과 정도로만 간주했다. 디랙은 속물근성을 드러내놓고 다니는 몇 안 되는 인물인 배첼러를 좋아하지 않았다. 동료 학자인 존 폴킹혼John Polkinghorne의 회상에 의하면, 디랙은 유체역학의 선구자인 조지 스토크스George Stokes를 '2류 루커스 수학 석좌 교수(케임브리지 대학교의 수학 교수직)'로 치부하여 안하무인인 배첼

러한테 모욕을 준 적이 있었다고 한다.[21]

1959년 가을 학기 시작부터 디랙은 배첼러가 학장을 맡고 있던 응용수학 및 이론물리학과에서 일했다. 폴킹혼은 배첼러가 유능하고 마음에 맞는 지도자라고 여겨 존경했지만, 디랙과 프레드 호일(당시 최상급 우주론자이자 당시 인기 있는 방송인)은 새 학과에서 연구실을 배정받기를 거절했고, 배첼러가 시행하고자 했던 거의 모든 변화를 싫어했다. 한 예로서, 연구 방법을 좀 더 협업에 바탕을 두고 진행하자는 안이 제시되었는데, 디랙으로서는 가장 질색인 방법이었다. 그는 가끔씩 참여한 새로운 사교 모임에서 다른 시대에서 온 피난민처럼 보였다. 세미나에서 그는 종종 조는 것처럼 보였지만, 적절한 질문을 던져서 그가 아직 건재함을 보여주었다. 하지만 최근의 연구 내용을 거의 모른다는 사실이 드러나는 바람에, 원로 학자들을 언짢게 만들었다. 심지어 풋내기 학생들도 잘 아는 새 입자조차 몰랐다.[22]

비록 거드름을 피우는 사람은 아니었지만, 디랙은 약 25년 동안 쓰고 있던 연구실을 배첼러가 바꾸어 버리고 '자발적으로' 추가 강의를 해달라고 했을 때 단단히 화가 났다. 그런 일련의 공격으로 내상을 입은 그는 벌컥 분통을 터뜨린 적도 있었다. 사연인즉, 캐번디시 연구소의 거들먹거리는 주차 요원이 디랙한테 그 자리에 차를 놔둘 권리가 없다고 말했을 때 벌어진 일이었다. 존 폴킹혼은 디랙의 반응을 이렇게 회상했다. '디랙 교수는 격분했습니다. 20년 동안 그 자리에 주차했다고 주차 요원에게 말했지요.'[23] 디랙은 배첼러의 행정 관련 결정을 받아들였지만 맨시는 고분고분 받아들이지 않았다. 그녀가 부총장에게 통렬한 편지를 보냈더니, 부총장은 달래는 내용의 답장만 보내 놓고서 불만 내용에 대해 잊어버렸다.[24] 대학교 당국은 더 이상 디랙의 편의를 챙기지 않는다는 걸 그녀는 깨달았다.

아마도 일이 즐겁지 않은 이유도 있고 해서 디랙의 결혼 생활은 처음으로 긴장감이 돌았다. 세인트 존스 칼리지의 어느 교수 아내가 그런 조짐을 눈치챘다. 맨시가 슈퍼마켓 밖에서 그녀에게 다가와 이런 볼멘소리를 했을 때였다. '커피 한잔하러 가요. 그이가 일주일 동안 말을 걸지 않고 있고 나도 무척 지겨워요.'[25] 이런 식의 이야기는 케임브리지에 있는 디랙 내외의 지인들을 놀라게 만들지 못했다. 왜냐하면 지인들 대다수는 그처럼 서로 다른 둘이 어떻게 행복하게 지낼 수 있는지 도통 모르겠다고 하던 사람이었기 때문이다. 하지만 그런 행복은 어느 정도는 연극이었다. 내심으로만 보면 디랙에 대한 맨시의 태도는 하나의 극단에서 다른 극단으로 오갔다. 어느 날 그녀는 남편을 껴안고서 자기를 사랑하냐고 물으며 애교를 떨었다. 또 어떤 날에는 화를 내며 이렇게 말했다. '갈 데만 있다면 저는 떠날 거예요.'[26] 그렇게 협박을 해도 디랙은 무덤덤했다. 한번은 그녀가 남편이 저녁을 먹고 있을 때 벌컥 성질을 부렸다. '제가 떠나면 어떻게 할 거예요?' 몇십 초 동안 곰곰이 생각을 하더니, 한다는 대답이 "여보 잘 가"라고 대답하겠죠.'[27]

***

디랙이 하는 연구는 지지부진하다는 인상을 때때로 사람들에게 주긴 했지만, 그는 여전히 물리학에 관해 진지하게 궁리하고 있었다. 연구 중이라는 신호를 맨시에게 주면, 그는 두 딸에게 조용히 하라고 일렀다. 모니카는 자기 방으로 돌아갔고, 매리는 〈오클라호마*Oklahoma*〉의 사운드트랙을 끝없이 방방 울리고 있는 축음기를 껐다. 이제 10대에 들어선 두 딸은 아버지가 저명한 과학자이면서도 매우 말이 없고 겸손하다는 사실을 알아차렸다.[28] '나는 운이 좋았어.' 디랙이 모니카에게 말했다. '좋은 학교도 갔고 훌륭한 선생님도 만났지. 좋은 시절에 좋은 곳에 갈 수 있었고.'[29]

병에서 회복한 가브리엘도 자기 의붓아버지의 세계적 위상을 잘 알았다. 그의 성을 보고 수학과 동료들은 놀라워했는데, 그런 점이 자신에게 전혀 해가 되지 않았다. 디랙은 가브리엘과 가까웠는데, 그의 앞길이 잘되도록 애써주었으며, 종종 둘이 신문에서 읽었던 체스 문제를 논의하기 위해 편지를 주고받았다(G. H. 하디는 그런 문제들을 가리켜 '순수수학의 찬송곡'이라고 불렀다[30]). 주디와 그녀의 가족(1960년 여름에 세 아이를 두고 있었다)은 좀 멀리 있었다. 그녀는 딸에 대한 인내심이 거의 바닥난 어머니와 오랫동안 사이가 좋지 않았다. 많은 친구들이 증언해주듯이, 맨시는 어머니보다 아내로서 더 잘했다. 남편한테는 언제나 격려와 내조를 아끼지 않았지만, 아이들한테는 종종 무신경했다. 매리가 어머니의 거친 혀 때문에 가장 마음의 상처를 입은 듯했다. 맨시는 걸핏하면 매리한테 으르렁거리면서 '못생겼다'느니 '게으르다'느니 하는 말을 내뱉었다. 그런 단어들은 올케 베티를 포함해 가족 중에 돈을 벌어오지 않는 누구에게나 던진 말이었다.[31] 특히나 디랙은 더더욱 감히 맨시에게 그녀도 제 몫의 벌이를 하지 않고 있다고 일러주지 못했다.

1950년대 후반이 되자 매리는 다시 집에 돌아와서 케임브리지에서 일하고 있었다. 그녀는 이민을 갈까 고민하고 있었다. 모니카는 대학교에서 지질학을 공부할 준비를 하고 있었다. 두 딸은 어느덧 독립적인 생활을 하고 있었고, 디랙 내외는 덕분에 더 자유로워진 상황을 십분 활용하여 여행을 훨씬 더 자주 갔다. 사교적인 성격치고는 맨시는 케임브리지에 친구가 매우 적었다. 아주 친한 사람은 존 콕크로프트의 아내 엘리자베스가 고작이었다. 그랬기에 맨시는 외국에 있는 자기 가족과 친구들을 만나러 가기 위한 여행 계획을 지속적으로 세웠는데, 케임브리지에서 더 멀수록 좋았다. 디랙도 마찬가지 심정이었다. 자신의 학과에서 아웃사이더였고 배첼러의 계략에도 분개하던 상황이었기에 그는 자신을 인정해주는 곳에 가고 싶어 했다. 그 결과, 1969년에 은퇴하기 전 10여 년 동안 디랙 내외는 여건이 닿는 한 케임브리지를 떠나 있었다.

중성미자가 발견된 직후, 디랙은 그 입자의 존재를 아인슈타인의 일반 상대성이론으로 설명할 수 있을지 모른다고 여겼다.[32] 1958년 9월에 그런 생각이 들었는데, 프린스턴의 고등과학연구소에서 또 한번 안식년을 시작했을 때였다. 해밀토니안을 이용하여 상호작용을 기술하는 방법(근본적인 이론들을 전개하는 데 있어서 디랙이 좋아하는 방법)을 통해 아인슈타인의 이론의 새로운 버전을 내놓자는 의도였다. 그의 목표는 장의 모든 기본 유형(전자기장, 중력장 등)을 일반적이고 고전적으로 기술하자는 것이었는데, 이는 그런 장의 양자화를 위한 토대가 되어줄 터였다.

이 프로젝트는 실패하긴 했지만, 일반 상대성이론을 해석하는 그의 방법은 중력을 새롭게 통찰하게 해주었다. 그는 1959년 1월 말 매서운 추위가 기승을 부리던 뉴욕에서 열린 미국물리학회의 연례 회의에서 세미나를 통해 그 방법을 설명했다. 큰 모임을 늘 싫어했던 디랙은 아마도 펜 스테이션에서부터 거대하고 붐비는 뉴요커 호텔까지 두 블록을 걸어가서 5,000명의 모임 참가자들과 뒤섞이는 것을 고대하지는 않았을 것이다. 그 사람들 대다수는 빳빳한 흰 와이셔츠 차림에다 옷소매를 걷고 있었다. 디랙이 과학계의 명사가 아니었더라면 그는 눈에 띄지 않는 회의 참가자들 중 한 명이었겠지만, 워낙 유명인사이다 보니 그의 참석만으로도 술집과 라운지에서 이야깃거리가 되었다. 많은 청중들은 점심 식사 후 일찍 도착해서 큰 대연회장에 자리를 잡고 있었다. 좌석들 사이에는 이오니아식의 거대한 기둥이 서 있었고, 대연회장 위에는 거대한 샹들리에 세 개가 값싼 보석처럼 실내를 장식하고 있었다.

디랙은 세미나를 시작하면서 당시 유행하던 입자물리학을 언급하지 않을 것이라고 분명히 밝혔다. 대신에 오래전부터 알려져 있었지만 완벽하게 설명되지 않은 전자기 및 중력 상호작용을 다루겠다고 했다. 청중들 모두는 맥스웰의 전자기장 방정식이 가시광선을 포함한 전자기파의 존재를 예측했으며 장의 에너지가 광자라고 알려진 양자 형태로 나타남을 알고 있었다. 한편 맥스웰과 비슷한 방식으로 아인슈타인은 일반 상대성이론이 중력파의 존재를 예측해낸다는 것을 밝혀냈다. 디랙은 중력장의 에너지를 연구한 결과 중력장이 '중력자graviton'라는 별도의 양자로 전달된다고 예측했다. 중력자는 사반세기 전에 『마르크스주의의 기치 아래Under the Banner of Marxism』라는 저널에서 처음 소개되었지만 오랫동안 잊힌 용어였다.[33] 디랙이 그 이름을 다시 불러낸 이후에도 중력자에 관한 연구는 진전이 없었다. 그 입자는 광자보다 탐지해내기가 훨씬 어려웠는데, 하지만 실험물리학자들은 그걸 찾는 일에 일찌감치 뛰어들었다. 디랙은 《뉴욕 타임스》 기자 로버트 플럼Robert Plumb에게 그 일이 중요하다는 취지의 말을 했다. 다음 날 플럼의 기사가 제1면에 떴다. '(디랙 교수는) 현재 자신의 가설이 사반세기 전에 양전자에 관한 가설과 똑같은 범주에 있다고 믿었다.'[34]

디랙은 일반 상대성이론을 양자화하는 데 성공하지 못했지만, 그의 해밀토니안 방법은 후일 그 이론의 발전에 가장 크게 이바지한 것으로 드러났다.[35] 그의 접근법 및 다른 물리학자들이 독립적으로 개발한 비슷한 다른 기법들 덕분에 아인슈타인의 방정식들은 비교적 단순한 형태로 제시될 수 있었다. 특히 중력장이 급속하게 달라지는 상황일 경우에 그랬다. 디랙이 일반 상대성이론에 그토록 매달리는 모습은 다른 대다수 물리학자들에게 이상하게 비쳤다. 1950년대 후반에 일반 상대성이론은 입자물리학의 거대한 산업 규모와 비교하면 영세업종에 불과했다. 상대성이론은 이론물리학자들에게 인기 없는 주제였으며, 디랙과 같은 소수의 이론물리학자들만이 그것을 개발하여 중력과 전자기력을 이해하기 위한 하나의 이론적 체계를 찾는 일이 중요하다고 여겼다. 회의의 주요 주제는 강한 상호작용 그리고 새로 발견된 메손Meson처럼 그런 상호작용을 느끼는 입자들이었다. 그 분야의 선구자 중 한 명이 파인만이었다. 둘은 1961년 가을에 솔베이 회의에서 다시 만났는데, 거기서 둘은 또 한번 말수가 적은 대화를 나누었다.

파인만 : 파인만입니다.

디랙 : 디랙일세. (침묵)

파인만 : (존경스러운 목소리로) 저런 방정식을 발견하시다니 대단하시네요.

디랙 : 오래전 일이네. (멈춤)

디랙 : 요새 뭘 연구하나?

파인만 : 메손요.

디랙 : 메손에 대한 방정식을 찾고 있나?

파인만 : 그건 너무 어려워요.

디랙 : (단호하게) 누군가는 찾아야지.[36]

디랙의 과묵함은 옆에 앉아 있던 그의 학부생 제자 압두스 살람을 깜짝 놀라게 만들었다. 대화 내용을 듣고서 살람은 파인만과 디랙이 전에 만난 적이 없다고 결론 내렸다. 디랙이 자신의 기준으로도 이상하게 그런 행동을 한 이유는 파인만을 알아보지 못했기 때문이다. 디랙은 사람 얼굴을 잘 기억하지 못했기에, 딱 한번 만난 적이 있는 물리학자들을 잘 알아보지 못했다. 심지어 파인만처럼 개성이 유별난 사람일 때도 그랬다.

***

디랙은 강한 상호작용 입자들을 이해하기 위한 최상의 방법은 이 입자들의 행동을 방정식으로 기술하는 것이라고 확신했다. 자기가 전자 방정식을 발견할 때 그랬던 것처럼 말이다. 하지만 대다수 이론물리학자들은 이제 그런 사고방식을 따르지 않고 있었다. 어떤 이들은 장 이론의 새 유형을 탐구하고 있었고, 또 어떤 이들은 입자의 운동을 기술할 방정식을 찾겠다는 희망을 완전히 버리고, 오직 입자들이 상호작용할 때 무슨 일이 벌어질지를 개괄적으로 기술하는 데만 관심을 기울였다. 이런 접근법에서는, 입자의 모든 가능한 초기 상태에 대해서 '산란 행렬scattering matrix'이 그 입자가 가능한 한 각각의 최종 결과에 이를 가능성을 알려준다. 디랙은 그것을 '파사드façade'라고 일축해버렸다 (파사드는 건물의 바깥 면을 가리키는데, 여기서는 겉보기만 화려한 외관이라는 뜻 —옮긴이)[37].

강한 상호작용 입자들 이외에도 실험물리학자들은 아원자 동물원 내의 또 다른 이입자 족family도 발견했다. 첫 번째 힌트는 1946년에 있었던 우주선에 관한 실험에서 나왔다. 그때 칼 앤더슨이 한 입자를 찾아냈는데, 나중에 뮤온muon이라고 불리게 된 입자였다. 전자의 약 200배에 달하는 질량을 지닌 불안정한 입자였지만, 다른 면에서 보면 전자와 꽤 비슷한 점도 있었다. 스핀을 가졌고 강한 상호작용을 느끼지 않았던 것이다. 하지만 한 가지 결정적인 차이점이 있었다. 1962년에 실험물리학자들이 밝혀내기로, 뮤온은 전자와 연관된 익숙한 중성미자와는 다른 **새로운 유형의 중성미자와 연관**되어 있었다. 네 입자 모두(전자, 뮤온 및 둘의 중성미자)는 다른 구성요소가 없는 듯 보였으며 **렙톤**lepton이라고 나중에 알려지게 될 한 족family의 일원이었다. 렙톤이라는 이름은 레온 레더만Leon Lederman이 도입한 용어로서, 작고 미묘하다는 뜻의 그리스어 단어인 렙토스leptos에서 따왔다.

새 입자가 나왔다고 해도 대체로 디랙은 전혀 흥분하지 않았다. 광자와 전자도 제대로 이해하지 못한다고 여겼기 때문이다. 하지만 1961년 디랙은 이미 다루고 있던 문제를 해결하기 전까지는 새로운 문제에 덤벼들지 않겠다는 규칙을 깼다. 그는 뮤온을 이해하려고 시도했는데, 그 입자는 다만 전자의 들뜬 상태일지 모른다고 여겼다. 그는 전자를 점 입자라고 보는 종래의 관점을 버리고, 그것을 전자기장 속의 구형 거품이라고 간주했다. 그는 '뮤온은 방사상放射狀 진동에 의해 들떠 있는 전자로 볼 수 있다'고 제안했다. 디랙은 그 구를 상대성이론을 이용해 설명했는데, 상대성이론의 방정식들이 그 입자의 시공간상의 운동을 기술해냈다. 응용수학의 위대한 업적이었지만 대다수 물리학자들은 외면했다. 아마도 전자를 너무나 특이한 방식으로 다루었기 때문인 듯하다. 그 이론은 일반적으로 크기가 없다고 가정되는 입자를 기하학적인 대상으로 취급했으며, 그것의 스핀에도 주목하지 않았다. 그 이론이 예측한 내용(디랙은 전자의 첫 번째 양자 들뜸의 질량이 뮤온의 측정된 질량의 고작 사분의 일을 담당한다는 것을 계산해냈다)도 의심자들을 잠재우기에는 역부족이었다.

디랙은 '확장된 전자' 이론을 1962년 10월 16일의 포근한 가을 오후에 프린스턴 고등과학연구소에서 동료들에게 처음으로 발표했다. 오펜하이머는 앞줄에 앉아 있었는데, 깊은 푸른색 눈은 여전히 예리하게 무언가를 꿰뚫어 보는 듯했으며, 안색은 계란 껍데기처럼 연약해 보였다.[38] 여전히 오펜하이머는 대체로 발표자의 심기를 불편하게 만드는 영리한 질문을 잘하는 사람으로서, 자신의 행동이 인정받았는지를 확인하기 위해 때때로 주위를 둘러보며 청중들을 살피는 습관이 있었다. 하지만 디랙이 발표자일 때만큼은 얌전한 사람인 듯 굴었다.

디랙의 청중들이 뿔뿔이 흩어진 지 한 시간 후인 오후 6시 30분 케네디 대통령은 긴급한 정보 사안을 논의하기 위해 백악관의 휘하 참모들과 만났다. 소련이 쿠바에 비밀 미사일 기지를 건설하고 있다는 첩보였는데, 기지는 플로리다에서 150km쯤 떨어진 곳이었기에 미국에 잠재적인 위협이 아닐 수 없었다.[39] 엿새 후 케네디는 그 사안을 공개하면서 쿠바에 해상 봉쇄를 선언하고 소련이 미사일을 철수시키라고 요구했다. 단단히 화가 난 흐루쇼프는 그렇게는 못 한다고 맞섰다. 오펜하이머의 전갈들이 서로의 눈을 노려보고 있었다.

긴장은 10월 28일 해소되었다. 소련이 미국 측의 양보를 받는 조건으로 미사일을 철수하는 데 동의했던 것이다. 아마도 많은 사람들은 인류가 다행히 살아남았다고 안도했을 것이다. 디랙도 그 위기 상황이 전개되는 과정을 프린스턴에서 텔레비전으로 지켜보면서 아마 3차대전을 곧 보게 되지 않을까 우려했을 것이다. 지구는 닥터 스트레인지러브Dr. Strangelove(핵전쟁을 다룬 스탠리 큐브릭 감독의 영화에 나오는 인물이자 영화 제목 —옮긴이)의 자비에 맡겨진 것만 같았다.

***

보어는 쿠바 미사일 위기를 볼 수 있을 만큼 오래 살았다. 아내 마르그레테와 집에서 일요일 점심을 먹은 지 3주 후에 그는 낮잠을 자러 2층에 올라갔다가 심장마비로 세상을 떠났다. 마그레테에게 보낸 조문 편지에서 디랙은 '소중한 벗이 떠났다는' 소식을 들어서 '지극히 유감이라고' 말했다. 그리고 1926년에 코펜하겐에서 처음으로 보어 내외와 함께 지낸 시절을 회상했다. '비단 물리학뿐만 아니라 모든 분야의 사고 활동에서 보어 교수님이 보여준 지혜에 큰 감명을 받았습니다. 교수님은 제가 아는 사람 중에서 가장 지혜로웠기에, 저는 그분께서 나누어주는 지혜를 조금이라도 받아보려고 최선을 다했습니다.'[40]

보어의 죽음은 디랙에게 닥친 여러 건의 고난 중 가장 최근의 일이었다. 디랙은 가장 가까운 동료들이 하나씩 죽는 과정을 목격하고 있었다. 프린스턴에서 폰 노이만이 1957년에 죽었고 이어서 1960년에 베블런이 죽었다. 그리고 보어가 죽기 고작 11달 전에, 디랙은 심장 질환으로 빈의 자택에서 세상을 떠난 슈뢰딩거에 관한 부고를 《네이처》에 썼다. 이 글에서 디랙은 1938년 5월 슈뢰딩거가 나치를 환영했던 것을 다음과 같이 옹호해주었다. '어쩔 수 없이 그는 나치 정권을 인정해줄 수밖에 없었지만 가급적 애매한 방식으로 그렇게 했다.'[41] '지도자의 의지'를 충성을 다해서 지지한다고 밝혔던 슈뢰딩거의 찬양문을 읽었던 많은 사람들은 그 글 속에 애매한 표현들이 보이지 않았을 것이다. 하지만 하이젠베르크와 카피차가 알았듯이, 디랙의 그런 우호적인 마음을 탓할 수는 없을 것이다.

***

1962년이 오기까지 디랙은 양자역학의 초창기에 대한 기억을 공개적으로 논의하는 데 관심이 없었다. 하지만 그해에 예순 살의 나이에 접어들면서 마음이 바뀌었다. 미국의 과학철학자이자 밴블렉의 제자였던 토머스 쿤과 인터뷰를 하기로 했던 것이다. 쿤은 디랙에게 양자물리학의 역사를 위한 기록들을 집대성하는 일에 도움을 달라고 설득했다. 쿤은 디랙이 낯선 환경에서 낯선 사람들과 이야기하길 꺼리는 성향을 알고서, 프린스턴에 있는 위그너의 집에서 첫 번째 인터뷰를 했다. 위그너도 곁에 있으면서 가끔씩 디랙의 말문을 열어주기 위한 재치 있는 농담을 던지곤 했다. 40분간의 인터뷰 동안 디랙은 차분하면서도 또박또박 말했다. 가끔씩 머뭇거리기도 하고 살짝 즐거운 표정을 지어가면서 말했기에, 평소와 달리 흥미진진한 인터뷰 시간이었다.

거의 40년 동안 디랙은 자신이 어떻게 자랐는지를 물리학자 동료들에게 거의 말하지 않았다. 하지만 쿤과 위그너는 디랙한테서 쏟아져 나오는 어릴 적 기억들을 들었는데, 그중에는 세세한 가정사도 들어 있었다.[42] 인터뷰가 시작된 지 10분쯤 지나자 디랙은 형 이야기를 꺼냈다. 위그너의 교묘한 질문들 및 디랙의 답변을 그가 살짝 믿기 어렵다고 여기는 것을 볼 때, 서로 알고 지낸 35년 동안 둘이 그 문제를 거의 이야기한 적이 없음이 분명했다. 인터뷰의 그 대목에서 디랙은 평소처럼 점잖게 말했지만, 신경 써서 또박또박

내뱉는 단어마다 슬픔과 후회의 무거운 짐이 얹힌 듯했다. 특히 펠릭스가 왜 스스로 목숨을 끊었는지를 위그너가 물었을 때가 더욱 그랬다.

> 형은 우울증이 심했던 것 같아. 그런데 음 … 다른 사람들과의 접촉이 전혀 없이 자라는 그런 어린 시절은 나도 마찬가지였지만 형한테도 매우 힘들었을 거야. 그리고 자기보다 더 똑똑한 동생을 둔 것도 꽤나 괴로웠을 테고.[43]

디랙은 더 자세히 말하진 않았지만, 쿤과 위그너는 지혜롭게도 그를 압박하지는 않았다. 만약 그랬더라면 디랙은 마음의 문을 걸어 잠그고 아마도 다음 인터뷰에 응하지 않았을 것이다.

내심 디랙은 형이 자살한 이유를 확실히 안다고 여겼다. 커트 호퍼한테 말하기로, 그는 아버지가 그 참사에 가장 책임이 크다고 확신했다. 아버지는 형을 정상적으로 키우지 않았는데, 예를 들면 강제로 프랑스어만 쓰게 했고 의사가 되고 싶은 꿈을 짓밟았다.[44] 하지만 수십 년 동안 생각해 봐도 디랙은 형이 자살하고 나서 아버지가 왜 그토록 괴로워했는지 이해할 수 없었다. 아버지는 디랙으로서는 여전히 불가사의였고, 가까운 친구들한테 말했듯이, 그가 '혐오했던' 유일한 사람이다.[45]

인터뷰 후 석 달이 지났을 때 쿤은 디랙에게 편지를 보냈다. 인터뷰에 응해 줘서 고맙다는 인사와 함께, 형의 죽음에 관해서 녹음한 내용은 발표되는 기록에서는 제외되고 '향후 사용을 위해 별도로 보관될' 것이라고 알려주었다.[46] 그 내용은 디랙의 사후에야 공개되었다.

***

1962년 디랙은 케임브리지의 연구 활동에서 마지막 단계로 접어들고 있었다. 가족의 상황도 급격히 달라지고 있었다. 딸 매리는 미국으로 이민을 갈 준비를 하고 있었다. 모니카는 '비틀즈를 발견한답시고' 대학교에 가버렸다. 떠나기 직전에 모니카는 엄마한테서 집에서 쫓겨났다. 주디가 10대 때 당했던 상황과 똑같았다.[47] 그 무렵 주디와 그녀의 가족은 미국에 정착했고, 가브리엘은 유럽에서 학자의 길을 걷고 있었다.

디랙은 케임브리지의 집에서 여생을 보내겠거니 여겼다. 정원도 가꾸고 서재에서 연구도 하면서 말이다. 하지만 맨시는 다른 계획을 품고 있었다.

27장
1963년부터 1971년 1월까지

(어떤 비평가들은) 플로베르나 밀턴이나 워즈워스가 마치 흔들의자에 앉아서 세월을 보내는 따분한 할머니라도 되는 듯이 여긴다. 낡아 빠진 분 냄새나 풍기며 과거에만 관심이 있고 새로운 것이라곤 오랫동안 말한 적이 없는 사람들과 동일시하는 셈이다. 물론 그것은 그녀의 집이고 거기 사는 모두는 세도 내지 않고 지낸다. 하지만 그렇더라도 물론 그렇지만, 그런데 … 시간이란 걸 … 아시는가?

－줄리언 반스, 『플로베르의 앵무새 *Flaubert's Parrot*』(1984년)

1960년대 중반에 디랙은 대부분의 시간을 집에서 연구하는 데 쓰고 있었다. 지난 연구로 존경을 받았고 성실함을 인정받긴 했지만, 점점 더 그는 학과에서 설 자리를 잃어가고 있었다. '디랙 교수님은 적합하지 않았다'고 젊은 동료 교수이자 이전 제자였던 존 폴킹혼은 기억한다.[1] 케임브리지 물리학자들 다수도 마찬가지 생각이었지만 과학자들의 암묵적인 기사도 정신을 따랐다. 즉, 위대한 과학자가 한물가서 자기 분야의 최신 경향에 어긋나는 소리를 하더라도, 다른 과학자들에게서 개인적으로 무시하고 조롱당하는 건 몰라도 공개적으로는 지난 업적을 인정하여 진심으로 칭찬해주어야 한다는 것이다.

대학교 바깥에서도 디랙은 다른 세대에서 온 외로운 부적응자의 모습이었다. 새로운 대중문화와 그 경박성이 못내 불편한 사람으로 비쳤다. 그로서는 도저히 이해가 안 되는 일들이 벌어지고 있었다. 즉, 진지한 비평가들이 수프 깡통 그림을 주류 미술로 다루질 않나, 한 세대를 대표하는 노래들 다수가 악보도 읽을 줄 모르고 까불거리기만 하는 노동계층의 리버풀 사람들에 의해 지어지고 있었던 것이다. 디랙이 의아했듯이, 리드 보컬이 바다코끼리라고 주장하는 음악 밴드를 도대체 어떻게 이해할 수 있단 말인가?[2]

디랙은 나이가 들어간다는 것, 그리고 동료들한테서 결과적으로 버림받게 될 것이 차츰 두려워지고 있었다. 여러 조짐을 보건대 배첼러는 디랙의 루커스 석좌교수 자리를 규정에 따른 67세 은퇴에 맞춰서 빼앗을 것이 확실했다. 그런 정황에 위협을 느낀 디랙은 1964년 봄에 재빠르게 대학교 정치의 음험한 지하세계로 뛰어들었다. 호일 등의 몇몇 학자들과 손잡고 5년의 임기가 끝나면 배첼러를 학과장에서 내쫓자는 생각이었다. 하지만 노련한 배첼러의 응수로 인해 그 계획은 비참하게 실패했다.[3] 배첼러 제국의 일원으로 충성하고 싶지 않은 데다, 아이들을 키우는 책임에서도 벗어난 시기였기에 디랙은 (맨시의 권유도 있고 해서) 여행도 더 많이 했고 정원에서 훨씬 더 많은 시간을 보냈다. 잔디밭을 말끔하게 정돈하고 장미의 가지를 치고, 맨시가 식품 저장고에 채울 양보다 더 많이 채소들을 길렀다. 서가에는 원예 잡지들과 책들이 수북이 쌓여 있어서, 그의 서재는 마치 물리학자의 것이 아니라 조경 원예사의 것처럼 보였다.[4] 연구도 여전히 하고 있었지만, 나이 들어가는 모든 이론물리학자들이 겪는 운명을 참아내고 있었다. 마음만 앞섰지 상상력이 따라가 주지 못했다.

케임브리지에서는 뒷방 늙은이로 밀려났지만, 미국에서 그가 가장 좋아하는 학문의 장소에서는 좋은 대접을 받았다. 1963년 봄 디랙은 오펜하이머한테서 이런 말을 들었다. 오펜하이머가 프린스턴 고등과학연구소의 벽에 디랙의 사진을 액자에 넣어 붙여 놓았다고, 그것도 아인슈타인의 사진 옆에다. '너랑 아인슈타인 박사만 그 벽에 붙어 있다고.'[5] 이런 태도만 보아도 미국의 학계가 너그럽다는 걸 알 수 있었다. 일급 학자들이 비생산적인 황혼의 시기를 위엄 있게 보낼 수 있도록 배려해주는 면에서 미국은 영국 대학교들보다 훨씬 더 나았다. 주로 이런 이유로 디랙은 미국에서 더 많은 시간을 보냈다. 1962년부터 1969년에 은퇴할 때까지 디랙은 미국을 해마다 찾아갔는데, 적어도 두어 달 체류했으며 거의 한 학년 (1962~1963년 그리고 1964~1965년) 동안 두 번을 미국에 있었다.[6] 여생의 많은 시간을 그와 맨시는 유럽과 이스라엘에서 학회에 참석하거나 휴가 여행을 떠났다(소련은 더 이상 목적지가 되지 못했는데, 아마도 비자를 받을 수 없었을 것이다). 이 7년 동안 스티븐 호킹(디랙의 동료 소장 교수이자 당시의 떠오르는 스타)은 학과에서 그를 보지 못했다.[7]

맨시는 케임브리지에서 벗어나기로 마음을 정했다. 디랙은 변화를 싫어해서 계속 케임브리지 대학교에 헌신하고 싶었지만, 결국 이민을 가야할 때라는 데에 동의했다. 나라는 미국이 좋을 듯했다. 새로운 삶을 위해 그는 주도적으로 나서지 않았다. 그런 임무는 맨시가 맡았다. 그녀는 새로운 삶을 찾아가는 길에도 바다를 볼 수 있는 선실과 조망이 멋진 객실을 고집하는 과묵한 천재를 수행하는 진취적 관리자라는 새 역할을 떠안게 되었다. 그는 맨시의 엘비스 프레슬리였고, 그녀는 디랙의 파커 대령Colonlel Parker(엘비스 프레슬리의 매니저 −옮긴이)이었다.

***

강의는 어느덧 디랙의 특기가 되어 있었다. 목소리가 약하긴 했지만, 그는 청중들을 매혹시키는 재주가 있었다. 위트나 유머가 아니라 명확성과 겸손함으로 말이다. 강연대에서 그는 브리스틀 출신의 나이 든 목사처럼 보였지만, 우등생 표창일에 소감문을 읽는 여학생 같은 순수함을 지녔다. 약모음을 생략해 급히 발음하고, 특별히 자음을 세게 발음했던 것이다. 청중석에 있는 사람들은 종종 그런 발성법에 놀랐다. 그처럼 과묵한 사람이 매우 유창하게 발음하면서, 'er'이나 'um'에서 거의 주저하지 않았고 문법적인 실수도 전혀 하지 않았기 때문이다. 가장 신경 쓰이게 만드는 그의 특이한 버릇은 문장 중간에서 침묵하는 성향이었다. 생각을 하거나 적절한 단어를 찾아야 할 때 그는 갑자기 말을 멈추곤 했는데, 보통 10초 정도였지만 때로는 1분을 넘기기도 했다. 그랬다가 아무 해명도 없이 다시 강연을 이어갔다.

전문가를 대상으로 한 강연은 별로 하지 않았지만, 가끔씩은 초빙 강연을 했다. 예를 들어, 1964년 봄 뉴욕의 예시바 대학교Yeshiva University에서 양자 장이론에 대한 연속 강의가 있었다. 명강의로 알려진 이 강연에서 디랙은 그 이론을 강의 시작부터 논리적으로 전개했으며, 1946년 램Lamb이 측정했던 수소 원자의 에너지 전이를 예측하게 된 계산 과정을 평소답지 않게 자세히 소개했다. 그 이론과 실험이 실험상의 오차 범위 내에서 일치하긴 했지만, 디랙은 청중에게 확실히 짚고 넘어갔다. 양자전기역학의 이론은 근본적인 오류가 있다고 말이다. '과학자라면 무언가를 너무 강하게 믿어서는 안 됩니다. 오랫동안 품어 왔던 여러 믿음들이 뒤집어질지 모른다는 마음의 대비를 늘 하고 있어야 합니다.'[8]

한번은 예시바 대학교에서 '자연에 대한 물리학자의 관점의 진화'라는 제목의 강연을 했다. 《사이언티픽 아메리칸》1963년 5월 호에 실렸던 기사를 바탕으로 한 강연이었는데, 그 기사는 디랙이 대중과학 잡지에 쓴 유일한 글이었다. 강연의 스타일과 내용은 이후에 나온 수십 건의 비슷한 강연의 전조가되었다. 기초물리학이 위기에 처한 이유를 핵심만 추려서 쉽게 설명했으며, 물리학사에 대한 개괄적인 견해에서 얻은 교훈들을 소개했다. 그 기사에서 디랙은 자기가 가장 좋아하는 일화 하나를 자세히 전해 주었다. 슈뢰딩거가 유명한 비상대론적 버전보다 몇 달 전에 자신의 방정식에서 수학적으로 아름다운 상대론적 버전을 발견했다고 주장했으면서도 그걸 발표하지 않았다는 이야기였다. 이유인즉슨, 그것이 수소 원자에 대한 관찰 결과를 설명해내지 못했기 때문이었다(불일치가 일어난 까닭은 당시에는 전자가 스핀이 있음이 알려지지 않았기 때문이었다). 슈뢰딩거는 자신의 비상대론적 버전이 데이터와 훌륭하게 일치한다고 확신했을 때에야 발표했는데, 만약 더 대담했더라면 상대론적 양자론을 최초로 발표할 수 있었을 것이다. 이 일화에서 디랙이 느낀 교훈은 '방정식의 아름다움이 실험과의 일치 여부보다 더 중요하다'는 것이었다.

디랙은 독자들에게 '신은 매우 고차원적인 수학자이며, 그분은 대단히 발전된 수학을 이용하여 우주를 만들었다고' 넌지시 말했는데, 아마도 이런 신−아름다움의 연결고리는 40년 전에 자신의 동료였던 제임스 진스 경의 저술에서 그걸 처음 만났음을 잊고서 한 말이었다.[9] 실증주의를 신봉하던 청년 시절 디랙은 그 연결고리는 검증이 불가능하기에 무의미하다고 여겼을 테지만, 이제 태도를 바꾸었다. 실험 기반 과학의 대지에서 수십 년을 보내고 나자 디랙은 형이상학적 철학의 바다에서 즐거운 여행을 할 준비가 되어 있었다.

***

이제 물리학자로서 디랙은 현재보다 과거를 더 좋아하는 듯했다. 물리학계를 주도하는 젊은 물리학자들과 함께 있는 것이 불편했던 그는 옛 친구들을 회상할 때 가장 마음이 편했다. 그래서 독일 남부의 한가로운 소도시 린다우에서 3년마다 열리는 노벨상 수상자들의 모임에 꼬박꼬박 참석했다. 거기서 물리학자들과 담소도 나누었고, 이보다 조금 더 조심스러워하면서도 그 모임에 참석했던 학생들과도 이야기를 나누었다. 영국의 새로운 텔레비전 채널인 BBC2의 간판 과학 시리즈인 〈호라이즌*Horizon*〉이 피터 로이조스

Peter Loïzos에게 제작을 맡겨 1965년 모임을 촬영했다. 로이조스가 보니, 학생들한테 가장 명사 대접을 받는 노벨상 수상자 두 명은 디랙과 하이젠베르크였다. 둘은 할리우드 스타처럼 추종자 무리를 모여들게 했으며, 논쟁 같은 건 벌이지 않고 디랙은 하이젠베르크를 집사처럼 따랐다.

로이조스는 디랙한테 말을 시키는 게 쉽지 않음을 알고 있었다. BBC 라디오와 텔레비전의 여러 PD들이 인터뷰를 요청했지만 단박에 거절을 당했었기 때문이었다.[10] 하지만 디랙은 하이젠베르크와 대화를 나누는 장면을 촬영하는 데 동의했으며, 그 결과 여유롭게 대화를 하는 디랙의 모습이 담긴 특별한 영상이 남게 되었다.[11] 늘 사근사근한 미소를 띤 모습의 하이젠베르크는 30년 전이나 지금이나 말끔한 옷차림에다 여유가 넘쳤다. 하지만 디랙은 조금 달라져 있었다. 웃길 정도로 헝클어진 머리카락은 독보적으로 단정치 못한 사람이라는 평판을 여전히 유지해주었지만, 젊은 시절보다 한결 여유가 넘쳤으며, 눈은 늘 미소를 머금었고 말도 매우 확신에 찬 어조였다. 그 만남에서 가장 놀라웠던 점은 디랙이 대화를 주도했다는 것인데, 특히 주제를 아름다움으로 돌리면서 슈뢰딩거가 미숙하게도 상대론적 버전의 방정식을 발표하지 못했다는 대목에서 더욱 두드러졌다. 하이젠베르크가 (전통적인 견해에 따라) 아름다움은 실험 결과와의 일치보다 덜 중요하다고 부드럽게 말하자, 디랙은 유미주의라는 곤봉을 휘둘렀고 하이젠베르크는 방어하느라 진땀을 뺐다.

> **하이젠베르크** : 방정식의 아름다움이 매우 중요한 점이고 그런 아름다움에서 상당한 확신을 얻을 수 있음을 나도 동의합니다. 또 한편으로는 방정식이 실험 결과와 일치하는지 여부도 살펴야 하지요. 자연 현상과 맞아떨어져야만 물리학인 것 이니까요. 하지만 그런지 여부는 한참 나중에야 드러날지도 모릅니다.

디랙 : 그런데 만약 맞아떨어지지 않는다면, 하이젠베르크 박사께선 발표를 미룰 건가요? 슈뢰딩거처럼?

하이젠베르크 : 그건 잘 모르겠네요. 적어도 한 번은 나도 발표를 하지 않긴 했습니다.

멋쩍게 웃는 하이젠베르크는 디랙의 주장을 인정하는 것처럼 보였다. 30년 전이라면 끈질기게 자기주장을 고수했겠지만, 전후의 굴욕적인 상황을 겪다 보니 경쟁심이 약해져 있었다. 논쟁에서 이겼다고 기뻐해선지 디랙의 얼굴은 썩어가는 위아래의 이빨들을 고스란히 드러내며 아주 환하게 웃고 있었다.

***

디랙은 여전히 큰 수 가설Large number hypothesis을 믿고 있었다. 하지만 그도 알고 있었듯이, 대다수 과학자들은 1948년에 에드워드 텔러에 의해 무참히 반박을 당하고 난 후로는, 그 가설을 디랙의 이력에서 큰 흠이라고 여겼다. 텔러가 지적하기로, 그 가설에 의하면 우주가 팽창하고 있기 때문에 지금보다 아주 오래전에는 중력이 더 컸다고 봐야 한다. 텔러가 밝혀낸 바에 의하면, 디랙의 아이디어는 지구의 대양이 2~3억 년 전에 끓어서 증발했다고 하지만, 이는 지구의 생명체가 적어도 5억 년 동안 지구에 존재해 왔다는 지질학 증거와 상반된다.[12] 그 가설에 대한 관심은 1957년에 다시 희미해졌는데, 미국 우주론자 로버트 디크Robert Dicke가 큰 수 가설은 별이 생성되었다가 소멸하기 전에, 인간이 등장했다는 사실의 결과일뿐임을 밝혀냈기 때문이다.[13] 만약 그 가설이 틀렸다면 천문학자들은 물론이고, 모든 다른 생명체들도 존재하지 못할 것이다. 디랙은 디크의 추론이 마음에 들지 않아서 거들떠보

지 않았다. 누가 뭐라든 그는 '그 어느 때보다' 그 가설의 중요성을 믿었다.[14]
1961년 21년 만에 디랙은 우주론에 관한 첫 번째 공개적인 발언을 했다.

> 디크의 가정으로는 생명체가 살 수 있는 행성은 제한적인 시기
> 동안만 존재할 수 있다. 내 가설로는 미래에도 무한정 존재할 수
> 있으며 생명이 끝날 필요도 없다. 두 가정 중 어느 것이 옳은지를
> 판단할 결정적인 논거는 없지만, 나는 영원한 생명의 가능성을
> 허용하는 쪽을 더 좋아한다.[15]

디랙이 내다본 우주의 운명은 그가 1933년 1월에 쓴 철학적인 메모에 나오는
견해와 맞아떨어진다. '인류는 계속해서 영원히 살아갈 것이다'라는 그의 견해
는 '자신의 마음의 평온'을 찾기 위해 세웠던 주관적인 가정이다.[16] 여기서도 분
명히 드러나듯이, 가장 초연한 이 이론물리학자조차도 인간이 없는 우주는 생
각하기 어려웠다.

디랙의 가설을 음미할 가치가 있다고 여긴 몇 안 되는 우주론자에는 보드
카를 꿀꺽꿀꺽 삼키는 거구의 조지 가모프가 있었다. 1965년에 그는 새로 맞
이한 아내 바바라Barbara와 함께 케임브리지에서 안식년을 보냈다. 그녀는 '정
신적 이유로' 가모프가 1956년에 로Rho와 이혼한 직후에 결혼했던 여자다.[17]
가모프 내외는 새로 생긴 처칠 칼리지Churchill College에서 지냈는데, 학교의 이
름에도 들어 있는 영국 수상이 선출한 존 콕크로프트 경이 초대 총장으로 있
던 곳이었다.[18]

디랙과 가모프가 나눈 대화 주제 가운데 하나는 우주의 '정상定常상태' 이론
의 아름다움이었다. 우주는 시작도 끝도 없으며, 무한히 반복되는 플롯을 지닌
영화처럼 영원히 계속된다는 이론이다. 그해 여름에 이 주제가 관심거리가 된
까닭은 지난 수십 년 동안에 이루어진 가장 위대한 천문학적 관찰 덕분에 정상

상태 이론이 신빙성을 잃은 듯했기 때문이다. 뉴저지주 벨 연구소에 있는 두 천문학자가 우주에 고루 퍼져 있는 저에너지 배경복사를 발견해냈다. 이 발견을 하기 직전 두 천문학자는 가모프 등의 물리학자들이 빅뱅 이론을 이용하여 오래전에 그런 배경복사를 예측했다는 이야기를 들었다. 대다수 우주론자들에게 그 이론은 우주의 발생 과정을 아름답고도 단순하게 기술해주었지만, 일반 상대성이론 및 다른 모든 위대한 과학 이론들과도 배치되지 않았다. 프레드 호일이 1949년에 BBC 라디오 방송에서 빅뱅 이론이라는 이름을 붙여준 사람이지만, 그는 끝끝내 정상상태 이론을 포기하지 않은 몇 안 되는 사람 중에서 가장 목소리를 높이고 있었다.[19] 호일은 빅뱅이라는 발상을 불쾌하게 여겼으며 무에서 우주가 출현한다는 개념을 케이크 속에서 '매춘부'가 나타나는 것에 비유하면서 이렇게 말했다. '그건 고상하지도 아름답지도 않았습니다.'[20]

한번은 디랙과 토론한 후에 가모프는 편지를 보내 물었다. 즉, 둘이 코펜하겐에 함께 있을 때 나온 듯한, 아름다움의 역할에 관하여 우스갯소리를 들었느냐고(디랙이 '아름다운'이라는 단어를 사용한 반면에 가모프는 '우아한'이라는 단어를 사용했다).

주장 Ⅰ. 사소한 진술
우아한 이론이 실험과 일치한다면, 걱정할 것이 없다.
↓
주장 Ⅱ. 하이젠베르크의 가정
우아한 이론이 실험과 일치하지 않는다면, 실험이 틀렸음이 분명하다.
↓
주장 Ⅲ. 보어의 수정안
설령 우아한 이론이 실험과 불일치하더라도, 여전히 유효하다. 왜냐하면 이론을 향상시키면 실험과 일치하게 만들 수 있기 때문이다.

↓

주장 Ⅳ. 나의 의견

만약 우아한 이론이 실험과 일치한다면, 절망적이다.[21]

디랙이 보기에, 만약 아름답지 못한 이론(가령 양자전기역학)이 관찰 결과와 일치한다면, 그것은 우연의 일치일 뿐이다. 그는 아름다움의 가치를 확고히 믿었다. 일례로 하이젠베르크가 입자물리학의 새 이론을 내놓고 나서 디랙에게 '구체적인 비평'을 해달라고했더니, 디랙은 그 이론을 폄하하면서 이런 이유를 댔다. 그 이론의 기본 방정식은 '수학적 아름다움이 부족하다'고.[22]

카피차는 아름다움에 목숨을 거는 디랙의 성향을 이해한 몇 안 되는 사람이었다. 아마도 그 자신이 캐번디시와 트리니티 칼리지에서 나눈 디랙과의 대화에서 그런 성향을 키우는 데 일조했기 때문인 듯하다. 디랙은 케임브리지에서 카피차와 함께 지내던 시절의 흥분을 다시는 느끼지 못하겠거니 걱정했을지 모른다. 하지만 다행히도 1966년 봄에 카피차 내외가 출국 비자를 얻어 잠시 케임브리지에 와서 지낼 수 있게 되었다는 소식을 들었다. 4월 하순 카피차 내외의 도착이 가까워지자 디랙과 맨시는 아이들처럼 너무 들떠서 손님 맞을 준비에 집중할 수조차 없었다.

1966년 무렵 카피차는 소련에서 가장 유명한 과학자였고, 그 나라의 대다수 선구적인 예술가들 및 정부를 대놓고 비판하는 어떤 인물의 주소록에도 이름이 올라 있었다. 영국 대사는 미리 콕크로프트에게 서한을 보내서 카피차에게 이런 경고를 전해달라고 했다. 즉, 카피차는 여전히 '반역자 혐의를 벗지 못했'으며 '이번 방문에 따른 사교적 측면은 조금 주의 깊은 감시가 필요하다'는 내용이었다.[23] 하지만 대사의 그런 걱정은 기우였다. 카피차는 아주 처신을 잘했다. 러더퍼드한테 배운 대로 불손함과 공손함의 균형을 갖추어서 기존의 전통을 따르면서도 아주 독립적인 사람임을 보여줄 수 있었다.

인터뷰를 할 때마다 그는 자신은 핵무기 개발에 참여하지 않았으며 애국심을 잃은 적이 없음을 신중하게 강조했다. 트리니티 칼리지에서 했던 '소련에서 젊은 과학자의 훈련'이라는 강연에서 그런 점을 여실히 보여 주었다.[24]

카피차 내외가 점심시간에 맞춰 디랙 집에 도착했을 때 맨시는 부엌에서 각별한 정성을 기울이고 있었다. 졸인 연어 요리를 수제 마요네즈 및 식힌 브루고뉴산 적포도주와 함께 내놓았다. 매리의 기억에 의하면, 그때가 부모님이 연회에 버금가는 진수성찬을 차렸다고 한다.[25] 그날 오후만큼은 거실에 거품 욕조의 따뜻함이 배어 있었다. 그들은 카피차의 오두막에서 보냈던 여름날들에서부터 캐번디시에서 보낸 날들을 함께 그리워했다. 카피차는 결혼 첫날밤에 워낙 재미없는 농담을 하는 바람에 신부가 방을 나가버렸다고 말하자, 디랙과 맨시는 재밌어 죽겠다며 깔깔거렸다.[26]

그들은 카피차 클럽에 관해서도 이야기했을 텐데, 그 모임은 1958년 봄이 되자 없어졌고 대신에 여러 세미나 프로그램들이 진행되고 있었다. 하지만 5월 10일에 다시 사람들이 모여서 676회째 모임을 가졌다. 그래서 아직 살아 있던 일부 회원들(가령, 디랙과 콕크로프트)이 마지막으로 만날 수 있었고 카피차가 직접 그 모임을 끝낼 수 있었다.[27] 모임 장소는 곤빌 & 카이우스 칼리지Gonville & Caius College의 한 말끔한 휴게실이었다. 40년 전 모임에서는 싸구려 커피를 마셨던 그곳에서 참가자들은 이제 고급 디저트 와인을 홀짝였다. 그 행사를 찍은 사진에 보면, 카피차와 쓸쓸한 모습의 디랙이 나온다. 디랙의 왼쪽 팔꿈치는 테이블에 기대어 있고 왼쪽 손은 자기 머리를 받치고 있다. 지겨워 죽겠다는 마음이 내비치는 자세다. 모임의 하이라이트는 카피차가 소련에서 억류당하기 한 해 전인 1933년에 디랙과 카피차가 알아냈던 효과를 함께 발표하는 시간이었다. 뭐냐면, 전자가 빛에 의해 휠(굴절할) 가능성이었다. 둘이 처음 예측했을 때는 그 효과를 관찰하기가 불가능했다. 왜냐하면 사용 가능한 광원이 너무 약했고, 전자 검출기의 성능이 매우 뒤떨어졌기 때문이었다. 하지만 이제는 검출이 가능해 보였다. 검출기의 성능이 향상된 데다 레이저도 발명되었기 때문이다. 참고로, 레이저는 1964년 제임스 본드 영화 〈골드핑거 *Goldfinger*〉에 등장한 이후부터 대중들에게 낯익은 장치였다. 딱 벌어지는 가슴의 소유자인 카피차는 칠판과 이젤 옆에 서서 실험물리학자들이 그 효과를 곧 관찰하게 될 가능성이 높다고 말했다. 문제는 다음이었다. 즉, 디랙과 카피차가 살아서 그걸 볼 수 있을 것인가?[28]

카피차 내외가 케임브리지를 떠난 지 며칠 후 디랙은 관심을 과거에서 미래로 돌렸다. 그 일환으로, 미국 이론물리학자 머레이 겔만이 했던 현대 입자물리학 연속 강의에 전부 참석했다. 겔만은 1950년대 초반 이후로 입자물리학의 가장 생산적인 새로운 아이디어를 가장 많이 내놓은 사람이었다. 당시 서른여섯의 나이에 의욕의 정점에 있던 그는 상상력과 총명함 면에서 존경을 받았지만, 신랄한 혀로 사람들의 두려움을 샀으며 이기적인 성격으로 미움을 받았다. 물론 디랙도 그런 평판에 동의했다.[29] 1960년대에 겔만 등의 물리학자들은 강하게 상호작용하는 입자들을 수학적 패턴으로 구별할 수 있다고 주장했는데, 특히 겔만은 1963년에 그런 패턴 중 하나를 이용하여 새로운 입자의 존재를 예측했다. 실험물리학자들이 다음 해에 그 입자를 발견했는데, 이는 이론물리학의 쾌거가 아닐 수 없었다. 겔만과 그의 동료 조지 츠바이크 George Zweig는 서로 독립적으로 연구하여, 강하게 상호작용하는 입자들이 새로운 유형의 세 가지 기본 입자들의 상이한 조합으로 이루어져 있을지 모른다고 주장했다. 겔만은 그 입자들을 가리켜 쿼크 quark라고 불렀다 (제임스 조이스의 『피네건의 경야』에 나오는 'Three **quarks** for Muster Mark!'에서 따온 단어다). (이 문장은 '머스터 마크에게 세 개의 쿼크를!'이라고 일단 번역할 수 있는데, 하지만 정확히 어떤 의미인지는 알 수 없다. ─옮긴이) 하지만 겔만 스스로도 분명치 못했다. 강의에서 그는 쿼크는 어쩌면 실재하는 입자가 아니라, 강하게 상호작용하는 입자들의 속성 중에서 대칭성을 설명하기 위한 인위적인 수학적 개념이라고 말했다.[30] 1년 후 겔만은 디랙이 쿼크를 '좋아한다'는 말에 깜짝 놀랐다. 겔만이 보기에 쿼크들은 '곤혹스러운 여러 속성들'을 갖고 있는데도 말이다. 가령 양자 및 중성자와 같은 강하게 상호작용하는 입자들 내부에서 영원히 갇혀 있는 성질도 그런 예다.[31] 겔만이 디랙한테 쿼크가 그토록 '경탄스러운지' 이유를 묻자 디랙은 전자, 뮤온 및 중성미자와 동일한 스핀을 갖고 있기 때문이라고 대답했다. 아마 디랙은 물질의 모든 근본적인 구성요소들이 동일한 스핀(전자의 스핀)을 갖는 것이 가능하다고 여겼던 듯하다. 그리고 또 어쩌면 강한 상호작용을 장 이론으로 기술하는 것이 곧 가능해질 수 있으리라고 여겼던 듯하다.

겔만의 강의에서 디랙은 교훈을 하나 얻었다. 이론물리학을 연구하는 상향식 방법(실험 관찰로부터 영감을 얻는 방법)을 디랙이 사용했고, 가르쳐왔던 하향식 방법(아름다운 수학에서 단서를 얻는 방법)보다 훨씬 더 생산적임이 입증되고 있다는 사실이었다. 디랙은 내심 이를 인정했지만, 자신의 접근법을 바꿀 마음은 없었다.[32]

***

1967년 9월 중순에 디랙 내외는 슬픈 소식을 들었다. 디랙의 가장 가까운 친구 중 한 명인 존 콕크로프트 경이 처칠 칼리지의 총장 사택에서 심장마비로 갑자기 세상을 떠났다는 소식이었다. 여러 친구들은 그가 갑자기 죽은 까닭이 2년 전에 시작된 한 대표적인 냉전 멜로드라마에 대한 우려 때문이라고 여겼다. 그때 소련 대사관 직원들이 그의 동료인 블라디미르 트카첸코Vladimir Tkachenko(카피차의 제자)를 런던의 베이스워터 로드Bayswater Road에서 납치해서는, 히드로 공항으로 급히 데려가 모스크바 행 비행기에 태워버린 사건이 있었다. 하지만 비행기가 이륙을 준비하고 있던 바로 그때 공항 경찰차들과

MI5 요원들이 비행기를 둘러쌌다. 요원들이 비행기에 타서 트카첸코를 찾아냈는데, 그는 아픈 사람 같아 보였고 눈이 게슴츠레했다. 분명 진정제를 맞은 듯했다. 요원들이 강제로 그를 끌어내렸고, 이에 소련 당국자들은 노발대발하면서 그가 자발적으로 영국을 떠나려 했으며 영국 요원들한테서 협박과 위협을 받아왔다고 항변했다. 콕크로프트는 그 사건이 《타임스》의 1면에 실리면서 세상에 알려지게 된 날 아침에 죽었다.[33]

이미 아내 엘리자베스는 새 총장에게 자리를 내주기 위해 남편이 곧 사택을 떠나야 한다는 사실을 알고 있었다. 대학교 당국이 그녀의 이사를 도왔다. 콕크로프트의 자녀들의 말에 의하면 대학교 당국이 그녀를 조심스레 그리고 상당히 관대하게 다루었다고 했지만, 맨시는 아니라고 보았다. 그녀는 만나는 사람마다 대학교가 대단히 서둘러 콕크로프트 부인을 사택에서 쫓아내고 있다고 말했다.[34] 케임브리지를 못마땅해 하던 맨시는 결국 인내심이 바닥났다. 남편이 원로 학자를 더 잘 대접해주는 곳으로 자리를 옮겨야만 한다고 그녀는 확신하게 되었다. 또한 처칠 칼리지에 앙갚음을 해주겠다고 공언하기도 했다.

디랙과 맨시는 미국에 정착할 계획을 세우기 시작했다. 미국의 일부 대학교들이 분명 디랙한테 교수직을 제안할 테고, 매리와 모니카도 1968년에 둘 다 시집을 가서 미국에서 살고 있었다. 맨시의 오빠 유진 위그너도 미국에 있었는데, 미국 과학계의 원로 정치인, 즉 정부의 자문관을 맡았으며, 맨시로서는 불만이게도 해마다 더더욱 정치적으로 오른쪽으로 기울고 있었다. 디랙 내외에게 보낸 편지로 볼 때, 분명 위그너는 사려 깊고 가족을 챙기는 사람이었지만, 대중들의 눈으로 볼 때 그의 겸손함은 위선에 가까웠다. 그때쯤 위그너는 너무 자신을 낮추다 보니 많은 지인들은 그가 교묘한 조롱의 방식으로 그런 겸손함을 꾸며낸다고 여길 정도였다. 이상적으로 보자면, 디랙 내외는 프린스턴에 정착하고 싶었을 테지만, 그건 더 이상 선택지가 아니었다. 오펜하이머가 (후두암으로 세상을 떠나기 7개월 전인) 1966년 6월에 은퇴한 후로 프린스턴 고등과학연구소는 디랙에게 학문의 보금자리를 내줄 것 같지 않았고, 또한 프린스턴 대학교도 전성기가 한참 지난 물리학자를 받아들일 것 같지 않았다.

디랙의 가족 중 두 부류는 유럽에 남았다. 베티는 암스테르담에서 만족스러운 주부의 삶을 살고 있었다. BBC 홈 서비스(현재의 라디오 4)의 사운드 트랙을 들으며 집안일을 하거나, 고상한 가톨릭 미사에 정기적으로 참여하고 있었다. 1965년에 가브리엘은 미국 정부가 비자 신청을 거절한 직후 영국 스완지 대학교University of Swansea의 수학과 교수로 임명되었다. 비자가 거부된 까닭은 아마도 케임브리지에서 잠시 공산당원으로 활동했기 때문인 듯하다.[35] 2년 후 그와 가족은 덴마크의 오르후스 대학교University of Aarhus로 옮겼는데, 디랙과 맨시도 여름 휴가 때 그곳에 들렀다.

자녀들 중에서 디랙과 맨시는 주디를 가장 걱정했다. 그녀는 1965년에 고통스러운 이혼을 겪고 나서 아이들에 대한 양육권을 잃었다. 그 직후 버몬트로 이사했고, 매년 여러 달을 엘모어 호숫가에 있는 위그너의 여름 오두막에서 외롭게 보냈다. 위그너는 그녀의 정신 건강이 걱정되었다. 그래서 맨시한테 편지를 썼다. 주디한테는 엄마의 애정이 간절히 필요하니, 힘들게 사는 딸을 챙겨주라고 부탁하는 내용이었다. '걔를 내팽개쳐 놓으면 안 된다.'고 1965년 9월에 맨시에게 말하기도 했다.[36] 2년 반 후에 주디는 엘모어 호수 근처의 한 모텔에 기거하며 외롭게 무일푼으로 망상에 시달리며 살고 있었다. 그녀에게는 정신과의사의 도움이 간절하다고 위그너는 여겼고 여동생이 나서달라고 했다. 하지만 맨시는 그 애가 직장을 얻기 전까지는 주디한테 아무것도 해줄 마음이 없으니 간섭을 그만하라고 오빠에게 대답했다.[37] 맨시는 딸의 곤경에 전혀 책임감을 느끼지 않았기에, 이런 편지를 오빠한테 보냈다.

도대체 왜 제가 죄책감을 느껴야 하나요? (…) 저는 **할 일을 했는데**, 누가 제게 돌을 던질 수 있나요? 걔는 남한테 상처 주는 게 특기에요. 자기가 좋아하는 사람들한테 그래요. 그러니 스스로 제 살길을 찾아야죠.[38]

맨시의 분노는 1968년 9월 17일에 갑자기 사라지고 말았다. 오빠한테서 받은 전보 때문이었다. '주디의 차가 버려진 채 발견됨. 그 애가 어디 있는지 아니?' 맨시는 인생에 최악의 날이었다고 나중에 말했다.[39] 오랫동안 연락을 끊고 살았으니 맨시는 주디가 어디에 있는지 알 리가 없었다. 이튿날부터 디랙 가족은 버몬트에서나 위그너 내외한테서 아무 소식도 듣지 못했다. 맨시는 주디의 실종에 관한 온갖 소문들 때문에 갈팡질팡하며 제정신이 아니었다. 그러면서 주디가 우울증 때문에 자기 목숨을 끊었다고는 결코 믿지 않았다. 맨시가 보기에 십중팔구 주디는 살해당했다.[40] 이 모든 상황에 디랙이 어떻게 반응했는지는 맨시만 알았다. 둘은 아무한테도 그런 이야기를 하지 않은 듯하다.

디랙 가족은 버몬트에 가지 않고 영국에 머물면서 사태를 지켜보기로 했다. 버몬트주 당국을 상대하는 일은 위그너 내외에게 맡겼다. 10월 초에 주디의 자동차가 발견된 장소(버몬트 주 모리스빌Morrisville 근처의 시골 도로)를 찾은 후 위그너와 아내는 경찰이 주변의 시골 지역과 연못들에서 주디를 수색하는 자세한 내용을 디랙 내외에게 편지로 알렸다.[41] 하지만 경찰은 아무것도 찾지 못했다. 점점 위그너 내외는 슬프고 낙담에 젖어서 주디를 다시 볼 수 없으리라고 믿게 되었지만, 디랙 내외는 마지막까지 희망의 끈을 놓지 않았다. 3년 동안 둘은 주디가 갑자기 다시 나타날 온갖 시나리오를 상상해보려고 애썼지만, 현실적인 가능성은 차츰 마지막 남은 희망마저 짓밟아 나가고 있었다. 둘은 주디가 죽은 것이 거의 확실하다는 현실을 받아들였다.[42]

매리의 회상에 의하면, 맨시는 가눌 수 없는 슬픔에 빠져서 '괴로움으로 제정신이 아닌' 상태였다고 한다.[43] 디랙 내외는 고통을 밖으로 드러내지 않았지만, 두 지인, 즉 조각가 헬레인 블루멘펠트Helaine Blumenfeld와 남편 요릭 블루멘펠트Yorrick Blumenfeld는 디랙 부부의 깊은 상처를 엿보았다.[44] 블루멘펠트 내외가 회상하기로, 주디가 실종된 지 2년이 지나서도 디랙과 맨시는 한숨 속에서 잠을 못 이루고 있었고 그 이야기를 끊임없이 서로 했다고 한다. 디랙이 주디에 관해서 하는 말을 듣고서 블루멘펠트 내외는 그녀가 디랙의 생물학적 아버지이려니 짐작했다. 디랙은 마치 친딸을 잃은 아버지처럼 슬퍼했던 것이다.

1969년 초반에 디랙 내외는 마이애미에 머물면서 케임브리지 이후의 삶을 모색하고 있었다. 디랙을 모셔오길 원하는 미국 대학교들 중에서 가장 구미가 당기는 곳은 디랙의 제자인 베럼 쿠르슈노글루Behram Kurşunoğlu가 있는 마이애미 대학교였다. 수완가인 이 터키 물리학자(스테트슨Stetson 모자, 상의 및 넥타이로 늘 말끔하게 차려 입는 사람)는 아인슈타인의 모범을 따라 근본적인 상호작용에 관한 통일 이론을 찾는 데 연구 인생을 바쳤다.[45] 그는 연례 코럴 게이블스(마이애미의 한 도시 ─옮긴이) 회의를 설립했는데, 이 회의는 여러 선구적인 이론물리학자들에게 1월 중순에 집을 떠나서 며칠 동안 플로리다주 남부의 밝고 따뜻한 햇볕 아래 머물 명분을 주었다. 그는 디랙을 마이애미 대학교에 임시 계약으로 일단 모셔온 다음에, 종신 교수직을 맡아달라고 간곡히 설득했다. 또한 디랙과 맨시를 가족처럼 반겼으며 주변의 여러 지역을 구경시켜 주었고 디랙이 코코넛, 악어 및 이국적인 새에 관심을 가지도록 만들었다.[46] 맨시는 디랙이 교수직 제안을 저울질하고 있자, 속이 상했지만, 디랙으로서는 급할 것이 없었다. 마이애미의 뜨거운 열기가 싫었고, 기분전환을 위해 산책하는 사람들을 비뚤어진 사람으로 취급하는 것이 불편했다.[47] 쿠르슈노글루의 외출 가운데 가장 기억에 남을 일은 새해 첫

날에 있었던 일이다. 그날 쿠르슈노글루 내외는 디랙에게 스탠리 큐브릭의 영화 〈2001 스페이스 오디세이〉를 함께 보러 가자고 했다. 8개월 전에 개봉된 그 영화는 평론가와 관객의 평가가 서로 엇갈렸다. 스티븐 스필버그와 신세대 영화감독들에게 영감을 준 반면에, 존 업다이크 소설의 주인공 래빗 옹스트롬Rabbit Angstrom(평범한 소시민을 가리킨다 —옮긴이)을 어리둥절하게 만들었고 업다이크의 아내를 졸게 만들었다.[48] 확실히 스필버그와 취향이 같았던 디랙은 영화에 감탄했다. 이제껏 영화를 많이 보았지만(제임스 본드 시리즈와 디즈니 고전 영화들을 가장 좋아했다), 영화가 그처럼 강한 인상을 남기고, 매리의 남편 토니 콜러레인Tony Colleraine에게 말했듯이, '자신의 꿈을 볼 수 있도록'해 준 경험은 처음이었다. 디랙은 모호하고 열린 결말의 서사를 싫어한 편이었기에, 〈2001 스페이스 오디세이〉를 좋아하리라곤 그 자신도 예상할 수 없었다. 하지만 아마도 큐브릭이 요한 슈트라우스의 〈아름답고 푸른 도나우강〉을 포함한 클래식 음악들을 사운드트랙으로 사용한 점, 그리고 말보다는 주로 시각적 이미지를 통해 이야기를 진행하는 것에 디랙이 끌렸던 듯하다. 양자역학은 대체로 말이 아니라 수학을 통해서만 정확하게 표현될 수 있다는 디랙의 견해는 큐브릭이 〈2001 스페이스 오디세이〉에 관해서 언급한 내용에서도 비친다. '(나는 그 영화에 대해) 말을 많이 하고 싶진 않습니다. 왜냐하면 본질적으로 비언어적인 경험을 다룬 영화니까요.'[49]

이틀 뒤에도 여전히 들뜬 상태로 디랙은 낮 상영 시간에 그 영화를 한 번 더 보았다. 토니 콜러레인과 맨시 및 매리와 함께였는데, 그들은 극장에서 두 시간 반동안 대부분을 서로 속닥거리면서 보냈다. 디랙은 '중계방송 없이' 영화를 다시 보지 않겠냐고 토니에게 말했다. 맨시한테 알리지도 않고 둘은 극장에 남아서 영화를 두 번 더 보고나서 집으로 돌아왔다. 저녁 식사가 식탁에서 차갑게 식어 있는데도, 디랙은 너무 들떠 있어서 음식에는 신경도 쓰지 않았다. 마치 롤러코스터를 세 번 연속 타고 온 어린아이 같았다. 마음을 사로잡은 장면이 여럿 있었는데, 특히 스타게이트 장면 그리고 반백이 된 우주비행사가 18세기의 침실에 나타나는 장면이 인상적이었다. 나중에 콜러레인에게 한 말로는, '나는 그 장면에서 가만히 앉아 있을 수가 없었다.'[50] 맨시는 남편이 '그 이상한 영화'에 대해 무슨 소리를 하든 관심이 없었다. 그녀가 생각하는 좋은 영화는 〈닥터 지바고〉와 같은 낭만적인 대서사시였지, 가장 기억에 남는 등장인물이 말하는 컴퓨터인 영화가 결코 아니었다.

〈2001 스페이스 오디세이〉를 계기로 디랙은 아폴로 우주 프로그램에 부쩍 관심을 갖게 되었다. 1969년 7월 20일 저녁 그는 쿠르슈노글루 집 거실에 있는 텔레비전 앞에서 입을 딱 벌린 채 앉아 있었다. 닐 암스트롱이 달에 발을 디디려고 준비하고 있을 때였다. 디랙은 밤새도록 관련 방송을 시청했다. 큐브릭의 이미지가 더 예리했고 그가 사용한 사운드트랙이 더 선명했으며, 흑백텔레비전의 흐릿한 화면과 약한 소리이긴 하지만, 첫 달 착륙을 보여주는 장면에는 압도적인 현실감이 있었다. 그리고 전직 공학자이기도 했던 디랙으로서는 현실이 가장 중요했다. 최초의 월면보행은 항공 기술의 정점이었는데, 그 시작을 디랙은 어렸을 때 보았다. 바로 그 기술이 인류를 지구에서 수십 만 km 떨어진 곳에 발을 디딜 수 있도록 해주었다. 아폴로 연구팀은 디랙이 평생 본 것 중에서 가장 인상적인 기술적 업적을 달성했기에, 어쩌면 디랙은 공학보다 과학을 선택한 것에 대해 일말의 후회를 가졌을지도 모른다. 자신이 주도해서 달성했던 과학혁명은 스스로 보기에도 막다른 골목에 다다른 반면에, 아폴로 엔지니어들은 '임무 달성'을 선언하고 계속 나아갈 수 있었으니 말이다.

***

1969년 여름 디랙은 교수직을 내려놓고 케임브리지에 남은 몇 안 되는 친구들한테 작별을 고할 준비가 되었다. 그런 친구들 중에 찰리 브로드Charlie Broad도 있었는데, 이 철학자는 디랙한테 상대성이론을 처음으로 제대로 알려준 사람이었다. 당시 81살이었던 브로드는 여전히 트리니티 칼리지에서 살았으며, 2년 후에 세상을 떠났다.

9월 30일 화요일 디랙은 루커스 석좌교수로서 (아이작 뉴턴 경 이후로 그 자리에 앉은 가장 유명한 사람으로서) 케임브리지에서 마지막 날을 보냈다. 디랙은 별다른 의식을 치르지 않고 은퇴를 했는데, 아마도 대학교 당국이 디랙을 송별회의 관심 대상으로 세우면 불편해할까 봐 일부러 행사를 열지 않았을 것이다. 그렇게 판단했을 법도 하지만 착오였다. 디랙은 대학교에 기여한 자신의 업적이 공식적으로 언급되는 쪽을 좋아했을 것이다. 사람들이 받은 인상과 달리, 당시에는 의식을 그다지 싫어하지는 않은 사람이 되어 있기도 했다.[51] 맨시는 노발대발했다. 하지만 세인트 존스 칼리지의 배려에는 고마워했다. 디랙이 언제든 돌아올 수 있도록 디랙의 교수직을 죽을 때까지 연장해주었기 때문이다. 배첼러도 너그러운 사람이 되고 싶었던지, 들를 일이 있으면 언제든 학과의 연구실 하나를 사용해도 좋다고 말했지만, 디랙은 거절했다. 케임브리지 대학교에서 자신의 진짜 안식처는 그가 속한 칼리지였지, 학과가 아니었다.

***

2년 동안 디랙 내외는 영국과 미국을 번갈아 가며 지내다가, 1971년 5월이 되자 맨시는 더 이상 '게으르고 가망 없는 섬나라' 영국을 더 이상 견딜 수가 없었다.[52] 전쟁 이후로 지속적으로 증가한 노동 불안정이 위태로운 지경에 이르러 있었다. 에드워드 히스Edward Heath 정부의 집권 첫해에는 총파업 이후 어느 해보다도 노동쟁의로 인한 근무 일수 감소가 심했다. 우편 노동자들이 파업에 돌입해서 전국에서 7주 동안 우편 업무가 지연되었다. 심지어 롤스로이스도 파산했다.

디랙 내외가 이민을 가려는 나라도 문제가 덜하진 않았다. 미국의 베트남 전쟁 추진이 다른 여느 곳과 마찬가지로 위그너 가정과 디랙 가정에는 논란거리였다. 비둘기파(평화주의자)인 맨시는 '깡패 정부를 위해 싸우다가 쓰러진 미국 젊은이들의 삶'을 안타까워했던 반면에, 매파(전쟁불사론자)인 오빠 위그너는 전쟁이 공산주의 확산을 저지하기 위해 꼭 필요하다고 주장했다.[53] 그녀는 모르고 있었지만, FBI가 그녀를 조사하고 있었고 체제 반항적인 인물이라는 증거를 찾고 있었다.[54] 디랙은 자신이 과거에 공산주의에 동조했던 이력이 미국의 기관들에게 의구심을 불러일으키리라는 걸 알고 있었다. 그래서 오스틴에 있는 텍사스 대학교에 초대를 받았을 때 무자격자라는 이유로 거절하면서 이렇게 말했다. '저는 정치적 소신이 강하지 않습니다만 (…) 소련과학아카데미의 회원인지라, (텍사스 대학교의) 기준에 따르면, 공산당원이기도 합니다.'[55]

1960년대 후반과 1970년대에 미국을 떠날 때면 언제나 그는 당국이 재입국을 금지할지 모른다고 초조해했다. 아마 디랙이 짐작했듯이 FBI가 여전히 감시를 하고 있었다.[56]

미국의 동남아시아 정책에 반대 입장인 디랙은 미국에서 베트남 전쟁을 반대하는 치열한 분위기를 신문과 텔레비전 뉴스를 통해서 계속 접하고 있었다. 마이애미 대학교는 비교적 덜 소란스러운 캠퍼스인데도, 학생들은 거의 매일 당국자들을 질타하면서 베트남 전쟁을 반대하고 피임의 자유와 시민권에 대한 더 많은 지지를 요구했다. 시위자들은 대학 총장인 헨리 킹 스탠퍼드Henry King Stanford와만 이야기하려고 했다. 총장은 '바위'(캠퍼스 중앙에 있는 무대처럼 생긴 석조 구조물)에 서서 학생들을 회유하는 연설을 했고 더 이상의 소란을 막으려고 했다.[57] 이런 군중들 가장자리에서 스탠퍼드는 호리 호리하고 꼬치꼬치 캐묻기 좋아하는 디랙의 모습을 종종 보았다.

1970년 5월 6일 수요일에 학생들은 단단히 화가 났다. 미국의 캄보디아 침공으로 촉발된 시위 기간 동안 오하이오주 방위군이 켄트 주립대학교에서 시위 학생들에게 발포한 지 이틀째 되던 날이었다.[58] 13초 동안의 발포로 인해 학생 넷이 죽었고 9명이 다쳤으며, 1967년에 시작된 사랑의 여름Summer of Love(록 음악에 대한 인기를 바탕으로 미국에서 펼쳐진 히피 및 반전 문화 현상 −옮긴이)현상 이후로 반짝 번성했던 히피적 향락주의를 잔혹하게 위축시켰다. 미국의 분위기는 흉흉해졌다. 대체로 차분한 편인 프린스턴 대학교의 캠퍼스도 불안정했다. 위그너는 학생들 다수가 '이기적이고 허무주의적'이라고 여기면서 마치 '히틀러 소년단원'처럼 행동했다고 말했다.[59] 마이애미 대학교는 무정부주의의 가장자리에 위태롭게 서 있었다. 학생들이 (많은 교직원의 지지를 등에 업고) 나흘 간 파업을 시작했고, 전국의 250개 대학교가 이에 동참했다. 점심 식사 후 따뜻한 오후가 시작될 무렵 스탠퍼드는 '바위'로 가서 1,000명이 넘은 격정적인 시위 학생들에게 연설을 했다. 학생들 다수는 도도하게 팔짱을 끼고 있거나, '미국은 동남아시아에서 나가라'와 같은 구호가 적힌 플래카드를 들고 있었다. 시위 학생들은 신문지, 헌옷 및 폭죽으로 닉슨 대통령의 인형을 만들어 불을 질렀다. 디랙은 1930년대에 케임브리지에서 벌어진 시위 이후로 그 엇비슷한 장면도 본 적이 없었다.

군중을 향해 걸어가는 동안 스탠퍼드는 시위대 가장자리에 있는 한 노인을 보았는데 그가 자기에게 다가오자 깜짝 놀랐다. 바로 디랙이었는데, '두려우십니까?'라고 부드럽게 물었다. 스탠퍼드는 심장이 떨렸지만, 대수롭지 않다는 듯 자기는 학생들에게 연설하기를 고대하고 있노라고 대답했다. 총장이 불안해하는 듯 보이고 마음을 조금 진정시켜줘야 할 것 같아서, 디랙은 평소답지 않게 조언을 해주었다. '총장님의 생각을 말씀하시고, 저들이 하는 말을 들어주십시오.' 디랙의 어조로 보아 그는 시위자들과 '정신적인 유대감'이 있었던 것 같다고 스탠퍼드는 나중에 회상했다. 아마도 디랙이 급진좌파에 물들어 있던 시절의 모습을 스탠퍼드는 희미하게 엿보았던 듯하다. 시위대의 분노를 누그러뜨렸던 그 연설에서 스탠퍼드 총장은 켄트 주립대학교 사태를 '고등교육의 역사에서 가장 슬픈 대목 중 하나'라고 짚은 뒤에, 학생들의 죽음이 미국에서 '이성의 퇴보를 극적으로 나타내준다'고 덧붙였다.[60] 연설 직후 시위대는 평화적으로 물러갔다. 하지만 대학교는 여러 주 동안 위태로운 상태였다. 디랙은 앞날이 어떻게 될지 아마도 궁금했을 것이다.

몇 주 후에 디랙 내외는 짬을 내서 플로리다 주도土都인 탤러해시Tallahassee로 차를 몰았다. 각박하고 범죄가 많은 마이애미에 비해 그곳은 시골 마을처럼 푸근하고 안전했다.[61] 플로리다 주립대학교는 디랙에게 구애를 보냈는데, 그 대학교는 물리학과보다는 학생들의 파티와 훌륭한 미식축구팀으로 가장 잘 알려진 곳이었다. 물리학과의 야심만만한 학과장인 조 라누티Joe Lannutti는 망설이는 디랙을 설득해서 대학교의 '간판 교수'로 만들 기회를 포착했다. 그 대학교 물리학과를 '뛰어난 물리학 중심지'로 키우고 싶은 갈망을 실현시켜줄 마스코트로 삼고 싶었던 것이다.[62] 라누티는 이미 1969년 3월에 디랙 내외를 탤러해시에 초대한 적이 있었는데, 그때 홀리데이 인 호텔에는 출입문 위에 현수막을 걸어 환영을 표했고, 물리학과에서는 몇 달 후 매리의 남편 토니에게 종신재직권을 주었다.[63] 디랙 내외로서는 여생을 매리 근처에서 보내는 것도 좋을듯 싶었고, 따뜻한 날씨가 맨시의 손에서 점점 심해지고 있는 관절염에도 좋을 것 같았다. 하지만 디랙은 탤러해시의 찌는 듯한 무더위 그리고 짖는 개들이 산책을 망치는 것을 어떻게 대처할 수 있는지 알아내기 전까지는 결정을 미루고 싶었다.[64] 당시 그가 가장 좋아하는 운동이 수영이었던지라, 여가시간이면 그는 지역 호수를 찾았다. 대체로 온도계를 가져가서 물의 온도를 재보았는데, 정확히 섭씨 15.5℃를 넘으면 물에 뛰어들었고 그렇지 않으면 집으로 돌아왔다.[65]

1971년 1월 초 플로리다 주립대학교는 공식적으로 디랙에게 매년 갱신되는 초빙석좌교수직을 제안했다.[66] FBI는 맨시나 디랙이 불순세력이라는 증거를 찾지 못했기에, 이민을 가로막을 공식적인 장애물은 없었다. 그 제안을 다섯 달 동안 숙고해 본 뒤 디랙은 수락했고, 곧장 맨시와 함께 케임브리지로 잠시 돌아가서 짐을 쌌다. 블루멘펠트 내외와 나눈 대화에서 헬레인은 디랙에게 탤러해시에 이사 가서 설레냐고 물었다. 그는 맨시를 가리키며 이렇게 대답했다. '집사람이 그렇지요. 그래서 가는 겁니다. 저는 그냥 여기 있는 편이 좋지만요.'[67]

28장
1971년 2월부터 1982년 9월까지

노인들은 일반론에 약해서 구조를 전체적으로 보고 싶은 욕구가 있다. 그래서 늙은
과학자들은 자주 철학자가 된다 (…)

  −유진 위그너, 『유진 P. 위그너의 회상*The Recollections of Eugene P. Wigner*』(1992년)

명사와의 인터뷰로 유명한 원로 여성 방송인 바바라 월터스Barbara Walters
는 1971년에 출간한 저서 『사실상 모든 것에 대해 사실상 누구에게나 말을
거는 방법*How to Talk with Practically Anybody about Practically Anything*』에서 조언을 하나
했다. 하지만 그 조언은 디랙과의 대화에서는 별로 통하지 않았다. 그렇기는
해도, 마이애미 과학박물관의 홍보 담당 도로시 홀컴Dorothy Holcomb은 1971
년 3월 8일 저녁에 디랙을 환영하는 뷔페 만찬에서 몇 마디라도 얻어내려 했
을 때 그 책을 읽었더라면 좋았을 거라면서 아쉬워했다.[1] '안녕하세요?'라고
그녀가 인사를 건네자 디랙도 '반갑습니다'라고 답해주었다. 그녀는 디랙한
테 한번에 몇 마디 이상을 말하게 만들 유일한 방법은 그에게 대화 주제를
골라 달라고 부탁하는 것임을 알아차렸다. 그는 만화를 골랐다. 곧이어 자신

이 1930년대 이후로 읽었던 만화 두 권의 매력에 관해 놀랍도록 유창하게 늘어놓았다. 5세기의 탐험가가 주인공인 『발리언트 왕자*Prince Valiant*』와 자유분방한 신여성이었다가 교외의 가정생활에 눌러앉는 주인공이 나오는 『블론디*Blondie*』가 디랙의 이야깃거리가 됐다. 홀컴은 흠뻑 빠져들었다. 디랙이 『피너츠*Peanuts*』의 기발한 유머를 잘 이해하지 못하겠다고 시인하자, 그녀는 미국 유머를 이해하려고 조금 더 노력해보면 어떻겠느냐고 조언했다. 디랙도 동의했다. 나중에 홀컴은 『양자역학의 원리』와 『사실상 모든 것에 대해 사실상 누구에게나 말을 거는 방법』을 사서 읽어보기로 결심했다. 홀컴도 알게 되듯이, 그녀가 월터스의 책의 마지막에 이르면, 디랙을 대화에 끌어들이려고 했지만 실패하고 만 모든 이에게 긴요할 훌륭한 조언이 나온다. '그들을 설득시키려 하면 안 됩니다.'[2]

이 대화 전에 디랙은 '자연에 대한 이해의 발전'이라는 제목의 강연을 했는데, 물리학의 범위를 훌쩍 뛰어넘는 강연이었다. 〈2001 스페이스 오디세이의〉 시작 부분에 여전히 홀려 있던 그는 어떻게 원시 인류가 미신에서 벗어나서 관찰에 토대를 둔 개념을 활용하여 곡식 재배의 역학을 이해했는지 논하기 시작했다. 또한 사회 문제에 돈을 써야 한다고 믿는 아폴로 우주 프로그램 비판자들에 반대하며 이렇게 말했다. '온갖 종류의 인간 활동을 몽땅 돈에 결부시키는 사람들은 생각이 너무나도 원시적입니다.' 사회 문제의 해법은 우주 프로그램 및 기초과학 연구와는 엄연히 다른 문제이며, '우리 주위에 보이는 대단한 낭비', 특히 일하길 원하는 사람들의 실업을 방지하는 게 관건이라고 디랙은 주장했다. 캘리포니아 히피를 예로 들며 디랙은 이렇게 말했다. '그들은 그냥 빈둥거리기보다는 산불 진화를 돕는 일을 맡기면 좋아한다'고 말이다.[3]

디랙이 연사로서 평판이 높아진 덕분에 그와 맨시는 해외여행을 더 자주할 수 있게 되었다.[4] 플로리다주는 그에게 여행의 자유 및 상당한 급료와 더불어 원한다면 무엇이든 제공했다. 사무실, 사람들과 어울릴 기회, 연구에 대한 금전적 지원을 아끼지 않았고, 무엇보다도 존경하는 태도를 늘 그에게 보여주었다. 대학교 직원들은 종종 아부라고 느껴질 정도로 그를 존중했으며, 맨시를 여왕처럼 받들어 모셨다. 그녀는 붙임성 좋은 플로리다 주립대학교 총장 버니 슬리거Bernie Sliger와 수다도 떨고 저속한 농담도 하면서 시간을 보냈다. 전화를 걸면 잘 받아주고 뭐든 부탁만 하면 총장이 잘 들어주었기 때문이다. 대신에 대학교는 귀빈이 찾아올 경우 가장 유명한 인사인 디랙이 그들을 맞아주기를 부탁했다. 디랙은 함께 어울렸고, 용케도 지겨운 내색을 하지 않았다. 딱 한번 순순히 따라주는 걸 당연시한다는 인상을 받자 디랙의 인내심도 바닥난 적이 있었다. 그가 집에서 꼼짝 않고 있자, 커트 호퍼가 겨우 설득해서 중요한 손님을 시간에 딱 맞춰 만나도록 주선했다.[5]

몇몇 대학원생들을 가볍게 지도해주는 것 말고는 디랙은 가르칠 의무가 없었다. 하지만 1973년에는 일반 상대성이론에 관한 일련의 강의를 하는 데 동의했다. 근본적인 원리로부터 그 이론을 전개하여 논리적 구조를 밝혀내는 것이 목표였다. 청중 속의 한 물리학과 학생인 팜 후미어Pam Houmère는 이렇게 회상했다.

첫 번째 강의는 '서서 듣는 자리뿐'이었습니다. 시작부터 너무 쉽게 설명해서 청소부라도 이해할 수 있을 정도였어요. 위치란 무슨 뜻인가, 시간이란 무슨 뜻인가 등 차근차근 설명해주셨습니다. 차츰 이런 토대에서 쌓아 올라가서 모든 강의 내용이 필연적으로 보이게끔 만들었습니다. 재미있는 것은 디랙 교수는 자기 이론을 실험과 절대 비교하지 않고, 다만 그것이 얼마나 아름다운지만 강조했다는 점입니다. 강의를 끝까지 들은 학생은 몇 명밖에 안 되었지만, 그런 학생들한테는 실로 잊을 수 없는 경험이었습니다.[6]

디랙은 이 강의들을 1980년까지 매해 거의 빠트리지 않고 했으며, 강의 내용을 바탕으로 『일반 상대성이론General Theory of Relativity』이라는 짧은 책을 썼다. 이 고전적인 해설서는 단 하나의 도해도 없이 69쪽에 걸쳐 일반 상대성이론을 설명하고 있다.

***

탤러해시에서 디랙 내외의 집은 캠퍼스 한가운데 대학교의 킨 빌딩 3층에 있는 디랙의 연구실에서 천천히 걸어서 약 20분 거리였다. 평일 아침마다 아침 식사를 한 후 디랙은 양손을 허리 뒤에서 잡은 채로 천천히 빈터를 지나 연구실로 걸어갔다. 동네 개들과 거의 마주칠 일이 없는 길이었다. 여름이면 그는 야구모자를 써서 그야말로 미국인 은퇴자처럼 보였지만, 차가운 겨울 날에는 거의 50년 전에 로드 앤 테일러Lord & Taylor에서 샀던 두꺼운 외투를 입어서 어느 모로 보나 존경스러운 영국인 교수처럼 보였다. 40년이 된 우산을 들고 다닐 때도 종종 있었다. 디랙이 동료 교수한테 말하기로, '그건 내 아버지 것이었지'.[7]

연구실에서 그는 책상에 앉아 3시간을 일했으며, 가끔씩 도서관에 가곤 했다. 사무실을 두드리는 뜻밖의 손님을 위해 그는 단순한 메모를 남겨 놓았다. '가세요.'[8] 전화가 울리면 수화기를 들었다가, 전화를 건 이의 목소리를 듣지도 않고 곧바로 내려놓을 때가 종종 있었다.[9] 정오에는 몇몇 동료들과 함께 도시락을 함께 먹었다. 디랙은 보통 말이 없었지만 가끔씩은 한마디를 던지곤 했다. 미식축구는 도대체 이해가 안 된다거나, 공부에 관심도 흥미도 없는 많은 과학 분야 학부생들을 교육시킬 지혜 같은 것이 대화 주제였을 것이다. 디랙은 농담을 좋아했는데, 특히 단어의 의미를 어떻게 해석하느냐에 따라 달라지는 농담과 살짝 성적인 뉘앙스가 있는 농담을 좋아했다. 그가 가장 좋아하는 농담은 다음과 같은 유형이었다.

> 작은 마을에 새로 부임한 신부가 교구 신도를 방문하기로 했다. 아이들이 북적대는 한 평범한 집에 갔더니 부인이 신부를 맞아들였다. 아이가 몇 명이냐고 신부가 물었다. '열 명이에요'라고 그녀는 대답했다. '쌍둥이 다섯 쌍이지요.' 신부가 다시 물었다. '늘 쌍둥이를 낳았습니까?' 그러자 여자는 이렇게 대답했다. '아니요, 신부님. 가끔씩은 한 명도 안 낳았어요.'[10]

점심을 먹고 나면 디랙은 연구실로 돌아가 소파에서 낮잠을 자거나 때로는 세미나에 참석했는데, 세미나 시간 대부분 졸 때가 많았던 듯하다. 그러고는 오후 늦게 집에 돌아와 맨시와 차를 마셨다. 저녁 식사 후에는 쉬었다. 맨시와 함께 클래식 음악 공연장에 가거나 아니면 혼자 소설을 읽거나 했을 것이다. 에드거 앨런 포Edgar Allan Poe의 미스터리 소설이나, 존 르 카레John Le Carré의 스파이 스릴러 그리고 호일의 공상과학소설이 그가 가장 좋아하는 작품들이었다. 또는 주디가 어렸을 때 그린 그림들이 가득 걸려 있는 거실에서 맨시와 함께 텔레비전을 시청했다.[11] 디랙은 과학 다큐멘터리 시리즈 〈노바Nova〉를 주로 보았지만, 그와 아내가 함께 반드시 보아야 할 작품이라고 여긴 것은 시대극이었다. 가령, 〈포사이트 가 이야기〉(디랙은 주인공 여성인 나이리 돈 포터Nyree Dawn Porter에 매료되었다)라든지 20세기 초반 영국 가정에서 하인과 주인 간의 계급 구분을 극화한 〈윗층, 아래층Upstairs, Downstairs〉 같은 드라마를 좋아했다. 그런 드라마가 방영되는 날 밤에 친구한테서 저녁식사 초대가 오면, 함께 조용히 텔레비전을 본다고 미리 약속할 경우에만 초대를 수락했다. 한번은 저녁 텔레비전 방송으로 뭘 보느냐를 놓고 신경전이 벌어져 수습할 수 없을 지경이 되었다. 셰어Cher의 일요일 밤 텔레비전 쇼(디랙이 한 주 동안 가장 고대하던 방송)와 맨시가 보고 싶어 안달이 난 오스카 시상식 방송이 맞붙었기 때문이다. 이때 생긴 다툼은 여러 날이 지나서야 해결되었지만 대가를 치러야 했다. 텔레비전을 한 대 더 샀다는 것.[12]

이 부부가 둘의 차이를 늘 평화롭게 해결하지는 못했다. 1972년 8월 둘은 결혼생활 최악의 시련을 맞았다. 최근에 남편과 사별한 베티를 만나러 스페인 남동부 해변의 알리칸테에 있는 그녀의 아파트를 찾아갔을 때였다. 올케와 새언니 사이의 관계는 오랫동안 삐걱거렸다. 아마도 맨시는 베티가 지루하고 게으르다고 떠벌리고 다녔기 때문인 듯하고, 베티로서도 새언니의 무자비하고 고압적인 태도에 속이 상했던 같다. 아파트 발코니에서 대화를 나누던 도중에 분노가 폭발했는데, 베티가 2차대전 말 부다페스트의 헝가리인들의 행동에 대해 삐딱한 말을 했고 그걸 디랙이 두둔했기 때문이었다. 맨시는 다짜고짜 집을 나가버린 후 분노에 차서 디랙에게 이런 편지를 보냈다.

> 당신이 나를 쳐다보는데, 나를 아프게 하고 겁주고 굴욕감을 주고 그리고 나를 대단히 화나게 만드는 눈빛이 가득했어요 (…) 사실 가족끼리 가장 정신적인 친밀함을 느끼기 마련이겠지요. 5층의 발코니에서 나를 대하는 당신의 모습은 온통 나를 쫓아내라고 재촉하는 듯 (…) 잔인하게 부당하게 무자비하게 완전히 당신은 나에게 고통을 주는 사람과 한통속이 되었는데, 나는 그런 취급을 당할 짓을 하지 않았어요. 당신이 내 남편 같다고 느껴지지가 않네요. 지나가는 사람 누구한테 물어보아도 맞장구를 칠 거에요. 네, 감정이 없기로 당신과 정말 흡사한 사람한테 계속 충성하세요. 저는 관심 다 끄고 그냥 죽고 싶을 뿐이에요.[13]

며칠 후 그녀는 다시 편지를 보냈는데, 어조가 조금 달랐다.

늘 다정히 배려해줘서 고마워요. 따스하고 애정 어린 당신의 사랑에 감사해요. 아프거나 힘들 때 신경 써주어서 고마워요. 제가 필요한 걸 챙겨줘서 고마워요. 당신이 원하는 바를 말이 아니라 마음으로 제가 알게 해줘서 고마워요. 아프거나 우울할 때 당신 곁에 있게 해줘서 고마워요. 나의 변덕과 야단스러움을 용서해줘서 고마워요. 제가 걱정과 불안에 빠지지 않게 해줘서 고마워요. 언제나 공평하고 정당하게 저를 동등하게 대해 줘서 고마워요. 우리가 행복하고 즐겁게 지내도록 최선을 다해줘서 고마워요. 감사합니다.[14]

한 달 후 이탈리아 트리에스테에서 디랙의 70세 생일을 기념하여 압두스 살람이 심포지엄을 개최했다. 이 자리에서 하이젠베르크를 포함한 모든 참가자들은 가장 원숙한 모습의 디랙 내외를 보았다. 둘은 만족스러운 삶을 사는 노부부의 전형이었다. 하지만 디랙은 분명 지난 몇 주 동안의 불쾌했던 기억을 완전히 잊고 싶지는 않았던 듯하다. 맨시가 보낸 두 통의 편지를 철해서 자기 연구실의 문서들 속에 끼워 넣어 두었으니까. 디랙은 그녀의 온갖 공격(그리고 뒤이은 화해)을 무관심에 가까운 평정심으로 대했던 듯하다. 그가 다른 사람들이 짐작하는 정도보다 더 많이 힘들어 했는지 여부는 우리로서는 알 길이 없다. 왜냐하면 그녀의 행동을 누구에게도 터놓지 (하물며 불평하지) 않았기 때문이다.

인생 후반기에 만난 디랙의 지인들이 보기에 맨시는 좀 논란거리가 있는 사람이었다. 붙임성이 있는 성격이어서 사회생활이 활발했으며, '나의 작은 미키마우스'라고 불렀던 남편한테 헌신했음은 누구도 의심하지 않았다. 많은 동료들은 그녀가 내조를 열심히 해서 그를 어엿한 사람으로 보이게 만들었다고 증언한다. 한 손님은 디랙이 저녁에 허수아비 꼴을 하고 귀가했을 때 그녀가 남편의 옷매무시를 가다듬는 모습에 감동했다고 한다. '집사람이 나를 이토록 잘 챙겨준다니까요'라며 디랙은 맨시가 넥타이를 가다듬을 때 빙긋 웃었다.[15] 그녀가 없었더라면 디랙은 아마도 성년기의 거의 평생을 혼자 대학교에서 마치 찰리 브로드Charlie Broad(동성애가 불법이었을때 공개적으로 동성애자임을 선언한 영국의 철학자)처럼 보냈을 것이다.

하지만 많은 친구들은 그녀가 디랙에게 '제 말 듣고 있나요?'라고 고함을 지를 때 움찔할 수밖에 없었다. 그녀가 '깜둥이' 의사와 유대인을 끈질기게 험담하는 소리를 디랙이 가만히 참고 있을 때 친구들은 그가 어떤 심정일까 궁금해했다. (맨시 자신이 유대인이면서도 가끔씩은 반유대주의자가 된다는 것이야말로 아주 모순된 성격의 소유자라는 증거였다.)[16] 요릭 블루멘펠트가 둘의 34년 동안의 결혼생활의 상황을 암울하게 잘 요약해준다. '아내는 남편한테 바가지 긁는 데 지쳤고, 남편은 단지 자기만의 꿈의 세계에서 살고 싶었다.' 헬레인 블루멘펠트는 디랙이 아내를 견뎌내는 데 놀라서 이렇게 말했다. '디랙은 멋진 사람이에요. 맨시는 그냥 끔찍한 사람이고요.'[17] 하지만 디랙의 집에 자주 놀러 와서 무척 친한 친구였던 릴리 해리시-챈드라는 그런 평가에 동의하지 않는다. '맨시는 대단히 따뜻하고 헌신적이며, 말을 잘 들어주고 배려심이 많은 여자였어요. 디랙은 같이 살기 쉬운 사람이 아니었고요. 둘의 결혼이 성공적이었던 까닭은 서로에게 원하는 것을 주었기 때문이에요. 그는 그녀에게 지위를, 그녀는 그에게 삶을 주었지요.'[18]

***

1970년대 초에 디랙은 잠시 자신의 입자물리학 연구에 대해 낙관적이었다. 스핀이 정수인 고립된 기본 입자를 기술하는 방법을 알아냈던 것이다. 그것도 자신이 특별한 수학적 아름다움을 지녔다고 믿은 방정식을 이용해서 말이다. 게다가 그 방법은 오직 양의 에너지를 기술했기에, 당혹스러운 음의 에너지 해가 나오지 않았다. 그러나 흥분도 곧 시들해졌는데, 왜냐하면 그 방정식을 이용해서 입자가 다른 입자나 장과 어떻게 상호작용하는지(현실세계의 현상)를 기술하는 것이 불가능함을 알아차렸기 때문이다. 수학적 아름다움은 다시 한번 기만적인 신호임이 드러났다.

그러자 디랙은 기본 입자의 이론에 관한 연구를 그만두고 일반 상대성이론 및 여전히 미증명 상태인 그의 큰 수 가설Large numbers hypothesis로 되돌아갔다. 그도 알았듯이, 아인슈타인의 이론과 그 가설은 양립할 수 없었다. 왜냐하면 일반 상대성이론에서 동일한 거리만큼 떨어진 두 동일한 질량 사이의 중력의 세기는, 그 가설과 어긋나게, 언제나 동일한 값을 가져야함을 (뉴턴 역학의 언어로) 요구하기 때문이다. 그래서 디랙은 이 불일치를 프린스턴 고등과학연구소의 전직 동료인 독일 수학자 헤르만 바일Hermann Weyl이 내놓은 개념을 이용하여 해소하려고 시도했다. 마침, 헤르만 바일이 이론물리학을 연구하는 방식은 디랙의 방식과 닮아 있었다. 바일은 한때 이렇게 말했다. '내 일은 언제나 진리를 아름다움과 통합하려고 시도했는데, 하지만 둘 중 하나를 골라야 할 경우 나는 보통 아름다움을 골랐다.'[19] 1922년 바일은 어떻게 중력과 전자기력에 관한 수학적 설명을 통일된 방정식 집합으로 내놓을 수 있을지 살짝 보여주는 프로토타입 이론을 내놓았다. 그 아름다움에 매혹되어 디랙은 바일의 접근법이 일반 상대성이론과 큰 수 가설 사이에, 시간에 따라 중력이 차츰 약해지는 방식을 밝혀내어, 연결고리를 마련해줄지 모른다고 믿었다.[20]

디랙은 레오폴드 핼펀Leopold Halpern의 도움을 받았다. 그는 50세 생일 한 해 전인 1974년에 탤러해시에 이사 온 일반 상대성이론 전문가였다. 오스트리아에서 태어나서 자란 그는 열세 살이던 1938년에 히틀러의 침공이 벌어지자 가족을 따라 해외로 도망쳤다. 27년 동안 유럽의 여러 연구 기관에서 일했는데, 슈뢰딩거와 일한 적도 있었다. 디랙이 그를 처음 만난 것은 1962

년의 한 회의에서였다. 핼펀은 동종요법(인체에 질병 증상과 비슷한 증상을 유발시켜 치료하는 방법) 의사이자 자격을 갖춘 아프리카 의술 전문가였으며, 진짜 기인이었다. 1년 되도록 야외에서 잠을 잤고, 구운 감자를 가라테 동작으로 내리쳐서 잘랐으며 비누로 몸을 씻기를 거부했다. 그러다 보니 엘리베이터 안에서 늘 환영받는 사람이 되지는 못했다. 평범한 성향의 동료들은 그의 수줍음을 가리고 있던 까칠함에 종종 불편을 느꼈다. 가령, 전화가 울리면 그는 조급해하며 날카롭게 '여보세요'라고 말했다가, 친구한테서 온 전화라는 걸 알고 나서야 목소리가 부드러워졌다.

괴짜에다 까칠한 성격 때문에 맨시는 핼펀을 부담스러워했지만, 그런 면을 디랙은 매력 있게 느꼈던지 둘은 친하게 지냈다. 일주일에 적어도 한 번, 둘은 실버 레이크와 로스트 레이크에 수영하러 갔다. 탤러해시 근처에서 디랙이 가장 좋아하는 장소들이었는데, 주된 이유는 그곳의 물이 아주 잔잔했기 때문이었다. 디랙은 모터보트 근처에서는 어디라도 헤엄치길 좋아하지 않았지만, 한 번은 76세였을 때 모터보트를 불러서 주인에게 수상스키를 타게 해줄 수 있냐고 물었다. 주인은 그렇게 해주었다. 핼펀이 맨시에게 그 이야기를 하자 그녀는 펄쩍 뛰었다. '그이는 아직도 저렇게나 어린애 같다니까요!'[21]

주말이면 대체로 둘은 핼펀의 폭스바겐 슈퍼 비틀(핼펀의 5m짜리 카누와 한 쌍의 노를 지붕 선반에 매달고서)을 타고 한 시간을 달려 와쿨라 강으로 갔다.[22] 뭍에서 출발한 지 몇 분만 지나면 둘은 플로리다에서 가장 쾌적한 미시기후(주변 다른 지역과는 다른, 특정 좁은 지역의 기후)를 띠는 거의 야생상태에 오롯이 들어섰다. 유유히 흐르는 강의 상류로 두 시간 정도 노를 저었다. 사사프라스와 미국 벚나무가 우거지고 스페인 이끼가 깔린 숲을 지나갔다. 악어들은 거의 소리를 내지 않았다. 고요가 깨질 때라고는 오직 노를 저을 때 나는 리드미컬한 소리와 빙글빙글 돌며 떠다니는 물수리의 울음

소리, 바람이 숲의 가장자리를 지날 때 가끔씩 나는 소리뿐이었다. 스네이크 포인트에서 점심 도시락을 먹은 후 디랙과 핼편은 옷을 벗고 수영을 즐긴 후, 거의 말을 하지 않고서 다시 출발점으로 돌아왔다. 목가적이고 한가로운 시간이었다. 가끔씩 둘은 손님을 초대해서 함께 갔다. 하지만 내내 조용히 있을 수 있는 사람이어야 했다. 손님 중 한 명이 쿠르슈노글루였는데, 그는 삼단정장에다 넥타이 그리고 스테트슨 모자까지 차려입고 왔다. 여행 중 반쯤 그가 카누 위에 서서 풍경에 감탄하는 소리를 중얼거렸다. 그러자 디랙은 그를 강에 빠트리고는 웃음을 터뜨렸다.

디랙과 핼편은 종종 집에 늦게 돌아와서 (심부름 나간 두 아이처럼) 건성으로 뉘우치는 척했다. 단단히 뿔이 난 맨시에게 자초지종을 설명할 때가 그랬다. 핼편은 매주 와쿨라의 야생동물이 전혀 위험하지 않다고 맨시에 확신시켰다. '뱀과 악어를 그냥 놔두면, 전혀 해를 끼치지 않는다니까요.' 핼편은 그녀가 왜 그토록 걱정이 많은지 이해할 수가 없었다.[23]

***

1970년대에 입자물리학Particle Physics은 혁명의 시기를 맞았다. 수십 년 동안 탐구에 탐구를 거듭한 끝에 물리학자들은 우주의 작동 메커니즘을 가장 미세한 수준에서 새롭고 명확하게 파악해냈다. 우주 안의 모든 것은 몇 가지 기본적인 입자들(소량의 렙톤들과 쿼크들과 이들을 매개하는 약간의 입자들)로 이루어져 있으며 티셔츠에 적을 수 있을 정도로 단순한 양자 장이론으로 기술되었다. 디랙 방정식은 전자와 스핀이 동일한 모든 렙톤과 쿼크의 전자기 상호작용을 기술한다.[24]

지난 50년 동안 물리학자들은 새로운 개념에 대해 인상적인 여러 이름을 붙였으면서도 약력, 전자기력 및 강력에 대한 이러한 설명(20세기의 과학적 사고의 위대한 종합 중 하나)에 대해서는 **표준 모형**이라는 아주 평범한 이름을 부여했다. 그러한 동의에 이르는 첫 번째 중요한 발걸음은 디랙의 옛 제자였던 **압두스 살람** 그리고 미국 이론물리학자 **스티븐 와인버그**가 밟았다. 와인버그는 1967년에 살람과 독립적으로 이렇게 주장했다. 약한 상호작용과 전자기 상호작용은 기본적인 수학적 대칭성이 깨지는 특수한 유형의 게이지 이론을 통해서 통일적인 방식으로 이해할 수 있을지 모른다고 말이다.[25] 여러 해 동안 와인버그–살람 이론은 진지하게 취급받지 못했는데, 이유는 광자와 전자의 이론인 **양자전기역학**(QED. Quantum electrodynamics)보다도 원치 않는 무한대가 훨씬 더 심각하게 등장했기 때문이다. 하지만 1970년대 초반에 상황이 달라졌다. 네덜란드 이론물리학자 헤라르뒤스 엇호프트Gerardus 't Hooft와 마틴 펠트만Martin Veltman이 그 이론의 (그리고 다른 모든 게이지 이론의) 무한대 문제를 재규격화를 통해 제거할 수 있음을 증명해내자, 와인버그–살람 이론은 재빨리 폭넓은 관심과 지지를 받았다.[26] 또한 그 무렵 이론물리학자들은 재규격화를 더 깊게 이해하게 되면서, 그 방법은 디랙이 한탄했던 '카펫 아래에 슬쩍 숨기기'라는 오명을 벗고 훨씬 더 엄밀해졌다. 디랙은 도저히 동의할 수 없었지만 재규격화는 이제 수리물리학의 엄밀한 한 분야로 널리 인정되었고, 결코 술책으로 간주되지 않았다.

곧 물리학자들은 강한 상호작용의 게이지 이론을 찾아냈는데, 와인버그–살람 이론과 똑같은 토대를 지닌 이 이론을 가리켜 **양자 색역학**(QCD. Quantum chromodynamics)이라고 했다. 알고 보니, 겔만이 글루온이라고 명명한 질량 없는 입자에 의해 매개되는, 쿼크들 사이의 강한 상호작용을 기술하는 것이 가능했다. 쿼크는 고립된 상태로는 관찰되지 않는다고 그 이론은 말하는데, 왜냐하면 쿼크들은 함께 가까이 있을 때 자유롭게 행동하지만 강력이 쿼크들을 서로 분리되지 못하게 막기 때문이라고 한다. 따라서 채드윅이 30년 전에 처음으로 관찰했던 중성자는 쿼크들의 온정 어린 감옥인 셈이다.

쿼크들이 그 안에서 탈출할 수는 없지만 자유롭게 행동할 수 있으니 말이다.

양성자와 중성자로 이루어진 아주 작은 핵 (러더퍼드의 표현에 의하면, '알베르트 홀 내의 날벌레 한 마리') 주위를 전자들이 궤도 운동하는 것을 원자라고 본 러더퍼드의 원자 모형은 결국 대체되었다. 이제 원자를 상상하는 가장 근본적인 방법은 상대론적 양자 장이론을 통해서 가능했다. 원자핵 내의 쿼크들은 강한 상호작용과 관련된 장의 양자 들뜸Quantum excitation이었다. 마치 궤도를 도는 전자가 전자장Electron field의 양자 들뜸이듯이 말이다. 원자 내의 모든 것은 그런 장으로 기술할 수 있다. 러더퍼드라면 그런 추상적 개념이 질색이었겠지만, 그 개념은 러더퍼드의 동료 실험물리학자들 및 이론물리학자들이 한 세기에 걸쳐 연구해서 내놓은 어김없는 결과였다.

표준 모형Standard Model이 많은 질문들에 답을 주지는 못했지만(가령 아무도 입자들의 질량을 제대로 이해하지 못했다) 1970년대에 표준 모형이 제시되었다는 것은 과학사의 대단한 쾌거였다. 하지만 디랙은 시큰둥했다. 탤러해시의 보루에서 핼펀과 편안히 안주해 있던 디랙은 새로운 발견에 무덤덤했다. 아마 그는 장 이론을 이용하여 강한 상호작용을 기술하는 방법을 다른 이론물리학자들이 찾는 것을 보고도 딱히 기뻐하지 않았던 듯하다. 산란행렬Scattering matrices이 사용되지 않게 되었을 때 그 자신이 개발해낸 장 이론인데도 말이다. 더 이상 그는 최신 물리학 저널을 따라 읽지 않았고, 자신의 과학 분야에서도 오류를 내기 시작했다. 비록 아무도 그걸 공개적으로 말할 만큼 야멸차지는 않았지만 말이다.[27] 1970년대 중반에 디랙은 입자물리학에 흥미를 잃었으며, 핼펀은 장 이론에 관한 소식보다는, 예수그리스도가 묻힐 때 입었던 수의라고 알려진 토리노의 수의의 기원에 관해 새로 시작된 공개 토론에 더 관심이 갔다.[28]

디랙은 당시 최상의 젊은 입자물리학자들이 인상적이라고 여기면서도 그들이 뭔가 착각 하고 있다고 보았다. 강연과 틈틈이 발표했던 출간물을 통해서 그는 젊은 입자물리학자들이 재규격화라는 문제가 된 방법을 일거에 쇄신하는 데 시간을 바쳐야 한다고 주장했다. 거의 모든 물리학자들이 보기에 이미 확고하게 자리 잡은 방법인데도 말이다.[29] 이와 달리 뮌헨에 있던 하이젠베르크는 1976년 2월에 간암으로 세상을 떠날 때까지 새로운 이론을 발전하는 데 마음을 열어 두었다. 6년 전에는 하이젠베르크의 은사이면서 벗이었던 막스 보른이 괴팅겐에서 타계했다.[30] 양자역학의 선구자들인 디랙의 벗들은 이제 전부 저세상에 가 있었다.

한때 원자물리학에 대한 역사적 관점은 그에게 중요하지 않았지만, 이제는 역사가와 다른 물리학자들과 그런 이야기를 나누는 데 관심이 많았다. 그런 이야기를 할 때 디랙은 늘 양자역학의 초창기가 얼마나 흥분되는 시절이었는지를 애써 강조했다. 흥분의 감정을 정작 그 시절에는 겉으로 거의 드러내지 않았으면서 말이다. 더군다나 회고록이라고도 할 수 있는『들뜬 시대에 관한 회상Recollections of an Exciting Era』이라는 책에서 자신의 감정을 담기도 했다.[31]

1980년 5월에 독감에 시달리면서도 디랙은 시카고에 가서 입자물리학의 역사에 관한 회의에 참석했다. 페르미 국립 가속기연구소(페르미랩)에서 열리는 회의였는데, 그곳에서 디랙은 양자 장이론의 기원에 관해 강연했다. 원탁토론도 있었는데 이 자리에서는 스핀과 양성자의 아이디어가 처음 나왔을 때 파울리가 얼마나 한심한 반대를 했는지를 굳이 들먹였다.[32] 또 다른 논의에서는 반물질의 역사를 자기 나름대로 요약한 내용을 발표했는데, 레온 레더만Leon Lederman은 이 발표를 '디랙의 정수Quintessential Dirac'라고 불렀다. 명료하고 유창하며 겸손한 발표였다며, '내용이 풍성한 크림처럼 흘러나왔다'고 그는 평했다.[33] 디랙이 강의를 마치자, 비키 바이스코프는 디랙이 양전자를 예측하기 약 6년 전인 1925년에 아인슈타인이 먼저 그 입자의 존재를 암시했다고 말했다.[34] 하지만 디랙은 동요하지 않았다. 손사래를 치면서 이렇게 말했다. '아인슈타인 박사님이 운이 좋았네요.' 그리고는 강연장을 나가버렸다. 디랙의 겸손에도 한계는 있었다.

***

맨시는 관대한 안주인이어서 누가 찾아오든 편안하게 대접받는다는 느낌을 주었다. 그녀는 종종 저녁에 파티를 열었는데 손님들의 잔을 정성스레 채워주었고, 맛있는 음식들을 가득 날라주었으며 대화가 끊임없이 이어지도록 신경 써주었다. 디랙은 식탁의 상석에 앉아서 대부분의 저녁 시간을 꾸벅꾸벅 졸면서 보냈다. 가끔은 조언을 하곤 했지만, 보통은 어떠한 조언도 하려고 하지 않았다. 하지만 재촉을 받으면 가끔 몇 마디씩 말을 하곤 했다. 가장 좋아한 대답은 이런 식이었다. '자기 자신을 최우선으로 생각하세요. 아무도 다치지 않을 경우라면 꼭 그렇게 하세요.' 존 스튜어트 밀이 역설한 개인의 도덕적 책임을 약간의 이기적인 측면에서 요약한 내용이었다.[35]

맨시는 가장 좋아하는 사진 한 장을 손님들에게 보여주곤 했다. 디랙이 바티칸에서 요한 바오로 2세와 다정하게 악수하는 사진이었다. '그이와 교황은 죽이 잘 맞았다니까요'라며 맨시는 빙긋 웃곤 했는데, 마치 두 사람이 매주 주말에 골프라도 같이 치러 다니는 사람이라도 된다는 듯이 말했다.[36] 교황에게 사심 없이 과학에 관한 조언을 하는 저명한 과학자들의 단체인 교황청 학술원에서 디랙과 교황은 여러 번 만난 적이 있는데 그때의 한 장면을 담은 사진이었다. 친구이자 우주론자인 조르주 르메트르Georges Lemaître가 원장이 된 다음 해인 1961년에 디랙은 교황청 학술원 회원으로 선출되었다. 디랙 내외의 친구인 커트 호퍼는 맨시가 남편을 자랑스러워했다며 이렇게 회상했다. '손님들에게 교황 사진을 보여준 다음에, 그녀는 전 세계에서 모은 디랙의 모습이 나오는 우표 수집 앨범을 펼쳤어요. 디랙은 쑥스러워하면서도 아내가 하는 대로 내버려두었고요.'[37]

호퍼는 채플 드라이브 223번지를 매주 찾아갔는데, 그중 한 번은 디랙이 뜻밖에도 아버지에 대한 자신의 기억을 쏟아냈다. 디랙은 가장 가까운 친구 한테만 그런 기억을 가감 없이 터놓았는데, 형의 죽음에 관한 정황은 여전히 너무 고통스러웠기에 심지어 아내한테도 터놓지는 않았다.[38] 하지만 형과 가장 행복했던 추억을 1969년 10월 여동생 베티와는 이야기했다. 베티가 뇌졸중으로 혼수상태에 빠져 7시간에 걸친 수술을 한 다음 암스테르담의 한 병원에 있을 때였다.[39] 혼자 침상 옆을 지키면서 그는 여동생의 의식이 돌아오기를 바라는 심정에서 어린 시절 이야기를 들려주었다. 형과 구릉지에서 놀던 이야기, 셋이서 포티스헤드 해변에서 미역을 감던 이야기, 책과 만화책을 돌려가며 읽던 이야기 등이었다. 몇 주 후에 그녀는 의식을 되찾았고 차츰 부분적으로 회복되어 갔다.

호퍼의 회상에 의하면 디랙은 제도화된 종교는 원시적이며 사회를 조종하는 '신화'라고 여겼다. 한번은 모르몬 교회 옆을 지나가는데 커다란 위성 안테나가 교회 건물에 달려 있었다. 그걸 보고서 디랙은 '하나님과 직접 소통하려면' 그런 큰 안테나가 필요하겠네라며 코웃음을 쳤다고 한다.[40] 하지만 디랙은 그즈음 신의 개념을 과학에 관한 논의에서 곧잘 다루었다. 1971년 6월에는 린다우 회의에서 청중들을 깜짝 놀라게 만들었는데, 바로 '신은 존재하는가'라는 주제가 현대물리학의 가장 중요한 다섯 가지 질문 중 하나라고 언급했기 때문이다. 그 질문을 과학적으로 접근할 필요가 있다면서 디랙은 이렇게 말했다.

> 물리학자는 이 질문을 놓고서 구체적으로 다음과 같이 고찰할 줄 알아야 합니다. 신이 있는 우주와 신이 없는 우주가 어떤 의미인지를 먼저 이해하고, 두 유형의 우주가 어떤 차이가 나는지를 명확히 구분한 다음에 실제 우주를 살펴보아서 그것이 두 유형 중 어디에

속하는지를 알아내면 됩니다.[41]

청중들은 처음에는 쓴웃음을 짓다가, 디랙이 신의 존재를 알아낼 방법을 제시하자 쥐죽은 듯 조용해졌다. 만약 미래의 과학자들이 생명의 창조란 어마어마하게 어려운 일임을 증명해낸다면, 디랙이 보기에 그것이 바로 신의 존재의 증거가 될 것이다. 그때까지는 신의 존재라는 가설은 미증명 상태로 남을 수밖에 없었다.[42] 이 추측으로 인해 디랙은 언론에서 호되게 비판을 받았지만, 그는 굴하지 않고 공개적으로나 개인적으로 그 주제를 종종 거론했다. 또한 특정 종교가 자기만이 구원의 유일한 희망을 줄 수 있다고 떠벌리는 것에 대해 못마땅하게 여긴다며, 호퍼는 이렇게 회상했다. '디랙은 어떤 조직이 자신들만 진리를 안다고 선언하는 것은 오만의 극치라고 여겼습니다. 종종 그는 지적하기를 지구에는 수백 가지 종교가 있지만 어느 것이 옳은지 (설령 그런 종교가 있다고 한들) 안다는 건 불가능하다고 했습니다.'[43]

디랙한테는 '종교적인 면이 전혀 없다'고 핼펀은 나중에 적었다. 핼펀이 기억하기로, 디랙은 특히 기적을 인정하는 가톨릭을 포함한 여러 종교들에 비판적이었다고 한다. 왜냐하면 디랙이 보기에 기적이 존재한다는 것은 그 자신이 신성한 아름다움을 지녔다고 보는 자연법칙이 잠시라도 깨질 수 있다는 뜻이기 때문이다.[44] 아인슈타인이나 철학자 스피노자처럼 디랙은 우주가 신과 동일하거나 어떤 면에서 신의 속성의 한 표현이라는 범신론적 입장을 취했던 듯하다. 어쨌거나 범신론은 인간사에 영향을 미치는 신의 개념을 배제한다. 디랙의 범신론은 일종의 미학적인 신조였다. 자연의 가장 근본적인 수준에서 드러나는 현상들은 완벽한 수학적 아름다움을 지닌 이론으로 완벽하게 기술할 수 있다는 믿음이었다. 디랙에게 종교가 있었다면 바로 그것이었다.

디랙이 겸손했다는 건 사실이지만, 그렇다고 조금의 허영심도 없던 사람은 아니었다. 저명한 물리학자들을 전문적으로 조각하던 덴마크 조각가 하랄트 아이젠슈타인Harald Isenstein은 디랙의 상반신을 두 개 만들었는데, 성격상의 특징은 부족했지만 둘 다 디랙을 잘 묘사했다. 1939년 만든 첫 번째 상반신은 디랙이 32년 후에 자신의 집에 전시해두었다.[45] 나중에 이 첫 번째 상반신을 디랙은 세인트 존스 칼리지에 기증했고, 대학교는 그것을 받아서 도서관에 전시했는데 지금도 거기에 있다. 대학교는 디랙을 담은 그림도 현관에 전시해 두길 원했기에 디랙은 기꺼이 응했다.[46] 1978년 초여름 그는 영국 왕실의 초상화가이며 그 전해에 프랭크 시나트라의 초상화가를 그린 마이클 녹스Michael Noakes 앞에 여러 번 앉았다.[47] 첫 번째 만남에서 녹스는 디랙한테 대화를 시도해 왔다.

> **녹스** : 교수님께서 연구하시는 게 뭔지 보통 사람이 알아들을 수 있게 설명 해주실래요?
>
> **디랙** : 네, 우주의 탄생이요.
>
> **녹스** : 왜! 조금만 더 얘기해주세요.
>
> **디랙** : 우주의 탄생은 한 번의 거대한 폭발이었습니다. 우주가 영원토록 변함없이 지속된다는 이야기는 헛소리입니다.
>
> **녹스** : 하지만 만약 그 전에 아무것도 존재하지 않았다면, 폭발할 게 있기는 한가요?
>
> **디랙** : 그건 무의미한 질문입니다.

디랙은 더 이상 말하지 않았을 것이다. 디랙의 과묵함과 무관심함 때문에 불편해하면서도 녹스는 디랙이 무한infinity을 응시하는 듯한 멍한 눈길을 포착해냈다. 디랙은 신탁을 전하는 사제처럼 사심 없어 보였고, 다섯 살 아이처럼 순진무구해 보였다.[48] 이 초상화를 이전의 첫 번째 초상화(에렌페스트의 자살 소식을 들은 직후인 1933년에 친구인 야코프 프렌켈이 그려준 그림)와 비교해보면, 그 사이 45년의 세월 동안 디랙의 자신만만함이 얼마나 많이 줄어들었는지가 드러난다. 한편 그의 성격을 가장 잘 드러낸 그림은 1963년에 로버트 톨래스트Robert Tollast가 그린 그림이다. 그의 초상화는 디랙의 어린아이 같은 순진무구함을 탁월하게 표현하고 있다. 그보다 완성도는 덜 하지만 2년 후에 파인만이 디랙을 그린 훌륭한 그림도 있다. 파인만의 그림에는 존경심이 배어 있다('나는 디랙이 아니다'라고 파인만은 종종 말했다).[49] 디랙은 이 그림을 자신의 서류 캐비닛에 보관해 두었다.

디랙이 기사 작위를 거절한 지 20년이 지나서, 그는 가장 권위 있는 영예인 메리트 훈장Order of Merit을 받았다. 이 훈장을 받았다고 해서 '디랙 씨' 이외의 다른 호칭으로 불리지 않아도 되었기에 편히 수락할 수 있었다.[50] 그 훈장은 국가에 특별한 공을 세운 사람이라고 국왕이 판단한 영연방의 스물네 명한테 주어졌다(이전에 받은 사람으로는 플로렌스 나이팅게일, 윈스턴 처칠 그리고 윌리엄 월튼 등이 있다). 맨시는 남편이 자기 세대의 케임브리지 과학자들 중에서 그 상을 받은 마지막 사람이라고 개탄했다. J. J. 톰슨, 에딩턴, 러더퍼드, 콕크로프트 및 블랙킷이 오래전에 그 상을 받았다.[51] 디랙은 1944년 그 상의 후보로 지명되었지만 거의 30년 동안이나 수상이 미뤄졌다.

1973년 6월 디랙 내외는 그 상을 받으러 영국에 갔다. 기사가 모는 롤스로이스를 타고서 버킹엄 궁으로 갔다. 몇 분 동안 엘리자베스 2세 여왕이 친히 디랙을 접견했고 그 자리에서 상을 수여했다. 그동안 맨시는 대기실에서 기다렸다. 몇 주 후 디랙은 여왕과 했던 대화를 에스더 샐러먼과 마이어 샐러먼에게 말해주었다. 대화는 어린아이들을 키우는 한 여성 과학자가 겪는 어려움에 관한 내용이었다.

직업과 가족 중에서 하나를 선택해야 하는 여성은 어려움에 처할 수밖에 없으며, 남녀 사이에는 진정한 평등이 있을 수 없다고 나는

말했어요. 여왕은 자긴 양성평등을 요구하지 않았다고 말하더군요.[52]

미국으로 돌아오자, 탤러해시의 동료들은 디랙에게 여왕을 만나 본 소감을 물었지만, 그는 말을 별로 하지 않으려 했다. 여왕에 대한 묘사는 딱 두 단어뿐이었다. '매우 작음.'[53]

그해 여름 디랙은 제네바의 CERN(고에너지 물리학 연구소)을 방문해서 최신 입자가속기를 보았다. 콕크로프트와 월턴의 장치가 도달한 에너지의 약 50,000배까지 양성자의 에너지를 증가시킬 수 있는 가속기였다. 방문 기간 동안 그는 걸어서 빈켈리트 거리에 갔다. 기차역에 가깝고 호수 근처에 있는 그 길에 간 까닭은 디랙의 가족이 1905년에 잠시 살았고 1920년대 중반까지 조부모가 소유했던 집을 다시 보고 싶어서였다. 루소 동상 근처를 어슬렁대면서, 디랙은 아버지 그리고 아기였던 베티를 품에 안은 어머니가 지켜보는 가운데 형과 함께 호숫가 공원에서 뛰어놀던 시절을 떠올렸을지 모른다. 디랙은 그 후로 여러 번 초대가 있었는데도 스위스에 온 적이 없었다. 아버지와 관련하여 그곳에서 느꼈던 고통이 너무 컸기에 디랙은 70세가 되어서야 겨우 그곳에 발걸음을 할 수 있었다.

***

1979년 아인슈타인 탄생 100주년에 디랙은 나른하고 무기력해졌다. 그런데도 꿋꿋이, 가급적 많은 기념 모임에서 강연을 했다. 핼편의 회상에 의하면, '아인슈타인이 얼마나 위대한 과학자인지를 확실히 알리기 위해서'였다.[54] 그해에 디랙은 품었던 꿈 하나를 성취했다. 최초의 초음속 여객기인 콩코드 비행기를 타고 대서양을 횡단했던 것이다. 그 비행기는 1960년대에 영미 합작으로 제작되었는데, 소음이 컸고 연료가 엄청나게 많이 들었고 대단히 비경제적이었지만, 현대 공학 기술의 상징으로 간주되었다. 또한 디랙의 고향 도시에서 항공 산업의 최고 경지에 다다른 비행기이기도 했다. 브리스틀 항공회사가 최초의 영국 설계팀을 이끌고서, 줄리어스 로드에서 몇 킬로미터 떨어진 필턴에서 최초의 프로토타입을 제작했으니 말이다.[55]

어찌어찌해서 맨시는 유네스코를 설득해서 그 비행기로 자기랑 디랙에게 대서양 횡단 비행을 할 자금지원을 받아냈는데, 파리에서 열리는 그 단체의 아인슈타인 기념식에 귀빈으로 참석하기 위해서였다.[56] 디랙과 맨시는 1979년 5월 5일 비행기에 올라 거의 6만 피트 상공을 날았다. 디랙이 우주 공간에 가장 가까이 접근했던 순간이었다. 비행기 안에서 그는 어쩌면《뉴욕 타임스》의 영국에 관한 1면 기사를 읽었을지 모른다. 마가렛 대처가 수상이 되었다는 소식이었다.[57] 디랙은 어머니가 불편하게 여겼던 여성 수상이 드디어 현실이 되었다고 여기면서도, 어머니 말대로 대처 부인이 '여자라서 생각이 오락가락하는 바람에' 지지자들이 떨어져 나가지 않을까 궁금해했다.[58]

***

1982년 봄 즈음 디랙과 카피차는 이제 여행이 지겨웠다. 하지만 그해에 둘이 만날 세 번의 기회가 왔고, 둘은 그 기회를 잡았다.[59] 각자 아내를 동반하고서 둘은 6월 말 린다우 회의에서 처음 만났다. 카피차는 1978년에 노벨물리학상을 수상한 이후에야 그 회의에 참석할 자격이 생겼다. 디랙이 거의 40년 동안 로비를 해 준 덕분이었다. 그 시간 동안 디랙이 보기에 노벨물리학상은 거의 전부 러더퍼드의 가장 유능한 '아이들'(블랙킷, 채드윅, 콕크로프트 및 월턴 등)이 휩쓸었으며 1920년대와 1930년대 이후로 등장한 양자역학의 거의 모든 선구자들이 그 상을 받았다. 가령 보른, 페르미, 란다우, 파울리, 탐 및 밴블렉 등 그런 사람들이었는데, 다만 요르단은 나치 전력 때문에

상에서 배제되었을 것이다.

린다우 회의에서 디랙은 약 200명의 학생들 및 노벨상 수상자들 앞에서 재규격화Renormalisation를 마지막으로 공격했다.[60] 유리조각처럼 연약해 보이는 몸으로 디랙은 연단에 서서 지난 50년 남짓 자신이 해왔던 것과 거의 똑같은 말을 했다. 표준모형 내지 다른 어떠한 입자물리학의 성공에도 찬사를 보내지 않았다. 확성기로 증폭된 그의 목소리는 떨리고 있었는데, 's'가 들어간 단어를 발음할 때마다 틀니가 잇몸에 잘 맞지 않아서 쉿소리가 났다. 그는 당시의 이론들은 '그저 작업규정들의 집합'일 뿐이라고 말했다. 물리학자들은 기본으로 되돌아가서, 무한대 값이 등장하지 않는 자연에 대한 해밀토니안 서술Hamiltonian description을 찾아야 한다고 역설했다. 그는 부드러우면서도 조금 반항적인 목소리로 말했다. '언젠가 사람들은 올바른 해밀토니안을 찾을 겁니다.' 하지만 그는 한물간 교리를 설파하고 있었다. 물리학자들은 더 이상 해밀토니안을 바탕으로 기본 입자들을 기술하지 않았다. 다른 방법들이 훨씬 더 편했기 때문이다. 하지만 청중들은 디랙의 25분간의 강연을 존경의 마음으로 들었는데, 어쩌면 그의 외로운 목소리를 더 이상 들을 수 없게 될 날이 머지않았으리라는 슬픈 예감 때문이었을지도 모른다. 디랙도 아인슈타인처럼 시대의 경향에 주저 없이 반기를 들고 그 결과를 온전히 자기 책임으로 받아들일 사람이었다.

디랙 내외와 카피차 내외는 며칠 후 괴팅겐에서 다시 만났다. 카피차는 그 도시에 즐거운 추억이 많았고 디랙도 그랬다. 디랙이 보기에 **괴팅겐은 양자역학의 출생지**였다. 디랙은 거기서 보른과 그의 연구팀과 어울렸고, 오펜하이머와도 친구가 되었다. 여담이지만 나치를 처음 본 것도 그곳에서였다. 디랙 내외는 괴팅겐 기차역이 내려다보이는 게프하르트 호텔에 묵었다. 그 역은 55년 전 디랙이 코펜하겐에 건너와 처음 묵었던 곳이었다.[61] 그날 밤 디랙은 짐 꾸러미를 가득 든 채로 역에서부터 카리오의 집의 하숙방으로 걸어갔다. 이제는 환영해주는 이들이 나와서 그와 맨시를 택시에 태워서 그 도시의 가장 화려한 숙소로 데려다주었다.

카피차와 디랙이 호텔 정원의 테이블에 앉아 있는 사진이 남아 있는데, 거기서 둘은 지치고 조금 의기소침해 보인다. 한때 대화의 큰 주제였던 물리학은 이제 카피차의 최대 관심사인 국제정세보다 훨씬 덜 중요해졌다. 십중팔구 카피차는 최근에 끝난 영국과 아르헨티나 사이의 포클랜드 전쟁을 이야기했을 것이다. 아르헨티나의 레오폴도 갈티에리Leopoldo Galtieri 대통령과 영국의 대처 수상이 남대서양의 논란거리였던 그 섬 지역을 놓고 벌인 전쟁이었다. 디랙은 대처에 대해 양가감정이 있었다. 영국의 교육과 과학에 대한 그녀의 급진적인 태도를 우려했지만, 한편으로는 포클랜드 주민들이 영국인으로 남고 싶은 바람을 결연히 지켜내는 모습에 공감했다. 하지만 디랙은 그런 논란을 협상을 통해 해결했더라면 좋았을 것이라고 생각했다. 전쟁 초기의 예상과 달리, 전쟁에서 죽은 사람의 수가 보호를 받을 영국인의 수보다 더 많이 나왔으니 말이다.[62] 물리학에서와 달리 정치에 관해서라면 디랙은 이제 실용주의자가 되어 있었다.

포클랜드 전쟁은 핵 확산에 비하면 사소한 문제였다. 둘은 몇 주 후 시칠리아에 있는 에리체 여름학교(물리학자 안토니노 지치치Antonino Zichichi가 마련한 자리)에서 다시 만났을 때, 이 주제를 놓고서 진지하게 이야기했다. 거기서 디랙이 언급한 주제는 위험성을 안고 있었다. 지난해 여름에는 '전쟁의 무용성'이라는 제목으로 강연했는데, 누구라도 반대하지 않을 명확한 주제였다.[63] 1982년 여름에는 카피차 및 지치치와 함께 한 페이지짜리 '에리체 성명서'를 작성했는데, 각국 정부들로 하여금 국가 방위 문제(보어의 가장 큰 관심사 중 하나)를 덜 비밀스럽게 진행하라고 촉구하는 내용이었다. 핵무기의 확산을 방지하고, 핵무기 비보유 국가들의 안전을 도모하기 위한 목적이었다.[64] 나중에 10,000명의 과학자들이 서명한 이 성명서는 문구가 의도적으로 매우 담백했기 때문에 에리체에서 서명한 사람들 중에는 핵무기의 반대자들 뿐만 아니라 우파인 유진 위그너 및 열렬한 핵무기 찬성자인 에드워드 텔러 (미국인들 중에서 군비경쟁에 일조하기로는 둘째가라면 서러울 인물)도 가담했다.

1982년 유럽 여행의 마지막 단계에서 디랙 내외는 암스테르담에서 베티를 그리고 덴마크 아르후스에서 가브리엘을 만났고, 그다음으로 케임브리지에 갔다. 디랙이 세인트 존스 칼리지에 갔는데, 그 직후 총장에게도 말했듯이, 그 학교는 디랙의 '인생의 중심지이자 고향이었다.'[65] 그해 여름 휴게실의 대화 주제는 그 대학교에 첫 여성 학부생이 곧 들어온다는 내용이었다. 남성만의 보루인 케임브리지의 시대는 곧 옛말이 될 터였다. 예전에 이론물리학자 피터 고다드가 디랙에게 여학생 입학을 허용해야 하는지 여부를 물었더니, 한참 말이 없다가 디랙은 이렇게 대답했다. '그렇네. 그렇다고 남학생을 더 적게 뽑지만 않는다면.'[66]

세인트 존스 칼리지를 떠나기 전 디랙은 학위복을 포터스 로지Porter's Lodge 에 두고 왔다. 거의 69년 전 학생으로 처음 등록을 했던 곳이다. 그는 이런 꼬리표를 옷에다 적었다. '디랙 교수의 학위복. 누구든 총장한테 가져다주시고 제가 다음에 케임브리지에 올 때까지 보관해 달라고 말해주세요.' 하지만 그는 다시 돌아오지 못하게 된다

29장
1982년 가을부터 2002년 7월까지

나는 말했네, 심지와 기름은 써버렸고

또한 피의 도랑은 얼어버렸으므로

나의 불만스런 가슴은 만족을 얻는다네

거푸집에서 주조된 아름다움으로부터

청동이나 눈부신 대리석에서 나타나네

나타나네, 하지만 우리가 갈 때 다시 사라지네

우리의 고독에 더욱 무관심한 모습으로

그 후에 유령이 있었네. 오 가슴이여, 우리는 늙었네

살아 있는 아름다움은 젊은이들의 것

우리는 그것의 경의를 거친 눈물에 표할 수 없네

— 윌리엄 버틀러 예이츠, 「살아 있는 아름다움*The Living Beauty*」(1919년)

디랙이 물리학을 이야기할 때 보여준 자신만만함은 그가 잘 모르는 어떤 이(피에르 라몽Pierre Ramond, 게인즈빌에 있는 플로리다 대학교의 이론물리학자)에게 딱 한 번 드러냈던 절망감을 감추고 있었다.[1] 예의바르면서도 논리정연한 사람인 라몽은 목소리에 풍부한 음률이 깃들어 있었기에, 누가 듣더라도, 프랑스에서 태어나서 자란 미국인임을 알아차릴 수 있었다. 1983년 초봄의 어느 수요일 점심시간 후 라몽은 게인즈빌에서 차를 달려 플로리다 주립대학교에 세미나를 하러 갔다. 자신의 '영웅이자 등불'인 디랙이 청중 속에 있기를 바라면서. 17층에 있는 세미나실에 도착해보니, 청중들 속에 디랙이 앉아 있었다. 몽상에 젖은 듯한 디랙은 약간 요정 같은 모습으로 보였다.

세미나에서 라몽은 짐작이긴 하지만 확신을 갖고서 근본적인 이론들을 통상의 4차원 시공간이 아니라 더 높은 차원에서 기술할 가능성을 논했다.[2] 그러는 내내 디랙은 졸고 있는 듯했으며, 질문 시간에 아무 말도 하지 않았다. 하지만 세미나가 끝났는데도 평소와 달리 떠나지 않고 있다가 발표자와 함께 단둘이만 남게 되었다. 그런 상황에서 문이 닫혔다.

라몽은 그전에도 두 번 디랙을 만난 적이 있었지만 변변한 대화를 나눌 기회가 없었다. 라몽의 회상에 의하면 '디랙이 말을 하게 만드는 유일한 방법은 직접적인 답을 내놓아야 하는 질문을 하는 것뿐이다.' 그래서 라몽은 세미나에서 발표했던 것과 같은 고차원 장 이론을 탐구하는 일이 좋은 발상인지 여부를 대놓고 물었다. 한참 동안 숨을 죽이고 있는 라몽한테 디랙은 단호히 '아뇨!'라고 내뱉은 후 먼 곳을 화난 듯 응시했다. 둘 다 자리를 떠나지도, 서로를 쳐다보지도 않았다. 둘은 침묵 속에서 얼어붙어 있었다. 그렇게 몇 분이 흘렀다. 디랙은 침묵을 깨면서 이렇게 한발 물러섰다. '아름다운 수학을 통해서라면 고차원 연구도 **유용할지도 모릅니다.**' 이 말에 고무되어 라몽은 기회를 하나 잡았다. 최대한 합리적인 이유를 들어서, 원하는 때면 언제든 그런 주제에 관해 이야기할 자리에 와 달라고 초대를 했다. 자기가 차로 모셔왔다가 다시 데려다주겠다고도 했다. 디랙은 곧바로 이렇게 대답했다. '아닙니다! 저는 할 말이 없어요. 내 인생은 실패작이었지요!'

라몽은 디랙이 야구방망이를 휘둘러 그의 머리를 강타했더라면 아마 덜 충격을 받았을 것이다. 디랙은 무덤덤하게 이렇게 해명했다. 한때는 아주 유망했던 양자역학은 광자와 상호작용하는 전자와 같이 단순한 현상도 결국 제대로 설명해내지 못했다. 무한대 값으로 가득한 무의미한 결과들만 쏟아낸 채로. 이어서 누가 물은 것도 아닌데, 디랙은 자신이 약 40년 동안 줄곧 반대했던 재규격화 개념을 비판했다. 라몽은 너무 충격을 받아서 집중해서 들을 수도 없었다. 그는 디랙이 말을 마치고 조용해질 때까지 기다렸다가, 무한대 문제가 없는 듯한 이론들도 이미 존재함을 지적했다. 하지만 디랙은 관심을 기울이지 않았다. 환멸이 그의 자부심과 의욕을 짓뭉개버렸던 것이다.

디랙은 무표정한 얼굴로 인사를 건네고 떠났지만 라몽은 참담했다. 라몽은 엘리베이터를 타고 1층으로 내려간 다음, 오후의 희미한 빛 속에서 차가 있는 곳으로 혼자 걸어갔다. 25년이 지나서도 그는 얼마나 당혹스러웠는지 당시를 생생히 기억했다. '그런 위대한 사람이 어떻게 자기 인생을 실패로 여길 수 있는지 도저히 믿을 수가 없었다. 과연 다른 사람들의 삶은 어떨까?'

***

라몽은 자신이 디랙에게 자연은 근본적으로 점입자가 아니라 매우 작은 끈 조각들로 만들어졌다는 개념을 직접적으로 언급했는지를 기억하지 못한다. 1970년대 후반과 1980년대 초반 라몽은 당시에는 이론물리학계의 비주류였던 그 개념을 연구하는 작은 연구팀의 일원이었다. 디랙도 1955년에 전자 등의 양자 입자들을 점보다는 선으로 간주할 수 있을지 모른다고 임시적으로 제안하긴 했지만, 디랙의 발상의 수학적 형태는 당시 갓 태어난 끈 이론과는 완전히 달랐다. 하지만 그 이론은 디랙이 1950년대 후반과 1960년대 초반에 했던 연구 내용, 가령 2차원 및 3차원 물체를 양자역학 및 특수 상대성이론과 일치하는 방식으로 기술하는 방법을 활용했다. 그가 작은 구(뮤온을 모형화한 대상)를 기술하기 위해 사용했던 수학은 끈이 공간과 시간 속에서 운동하는 과정을 기술하는 다른 맥락에서 재등장했다.

새로 출현한 끈 이론의 고무적인 특징 중 하나는 종래의 장 이론에 나오는 무한대 문제가 다행히도 없다는 것이다. 전자와 광자에 관한 활용 가능한 최상의 이론인 양자전기역학에서도 골칫거리였던 문제가 끈 이론에는 없었다. 가장 인상적인 점은 끈 이론에 의할 때 중력의 존재가 필연적이게 된다는 것이다. 만약 그 이론이 옳다면 **중력은 반드시 존재해야 한다.** 다른 장 이론에 비해 끈 이론이 더 낫다는 실험적 증거는 없지만, 지지자들에게 그 이론은 완전히 틀렸다고 치부하기에는 너무 아름다웠다. 디랙은 플로리다 주립대학교에서 그 이론에 관해 듣긴 했지만, 딱히 인정하지는 않았다. 그의 호기심은 말라 버렸다. 80세 생일이 지난 몇 달 후 지역 기자인 앤디 린드스트롬이 보기에 디랙은 '깡마른 사람으로 (…) 어깨가 굽었고 허약했다.' 한때는 검던 머리카락은 거의 머리끝까지 벗겨졌고 몇 가닥 남지 않았는데, 마치 머릿속의 위대한 생각 때문에 닳아 없어진 듯 보였고 (…) 여러 가닥의 주름은 그의 부드럽고 외로워 보이는 얼굴에 새겨져 있었으며, 무언가를 영원히 질문하고 있는 듯한 두 눈 주위를 감싸고 있었다.'[3]

1980년 후반에 소화 장애를 극복한 이후 디랙은 건강에 더 자신감이 붙었지만, 3년 후 건강에 대한 걱정이 다시 찾아왔다. 소화와는 무관해 보이는 증상으로서 식은땀이 흐르고 이따금 열이 오르는게 문제였다. 디랙은 지역 의사인 한셀 와트에게 진찰을 받았다. 그는 남부 특유의 느릿한 말투로 아주 편안한 느낌을 주는 차분한 평신도 설교자이기도 했다. 디랙은 그 의사의 말을 따랐는데, 맨시가 보기에도 제대로 진찰할 의사로 보였다. 와트는 디랙의 의학적 문제의 원인이 오른쪽 신장이라고 진단했다. X선 사진을 찍어보니 아마도 어릴 때 걸렸던 결핵 때문인 것으로 드러났다. 디랙은 깜짝 놀랐는데, 어머니가 확신을 심어준 적도 있어서 한 번도 자신이 감염되었으리라고 생각해 본 적이 없었기 때문이다. 디랙은 이렇게 말했다. '결핵은 가족에게서 유전되는데 우리 집안에는 절대 결핵 환자가 없었어요.'[4]

와트 박사가 결핵에 감염된 신장을 떼어내자고 했을 때, 핼펀은 펄쩍 뛰었다.[5] 외과적 치료를 경계하고 오직 약물치료만을 원했던 핼펀은 와트의 제안에 반대했다. 맨시가 화를 내는데도 그는 온갖 방법을 써서 그 제안을 꺾어 버리려 했다. 맨시는 핼펀이 마치 다친 새끼를 돌보는 암호랑이처럼 디랙의 보호자 노릇을 한다고 따졌다. 그리고 핼펀과 마지막으로 대화를 나눈 지 한 달 후인 1983년 6월 29일 탤러해시 메모리얼 병원에 수술을 예약해놓은 사실도 핼펀에게 알리지 않았다.[6] 외과의사는 디랙의 오른쪽 신장에 하키공 만한 물혹이 있다는 사실도 발견했다.[7]

수술은 의학적으로는 성공적이었지만, 디랙을 병약자로 만들었다. 연약하고 의기소침한 채로 그는 여름 내내 집에서 회복에 전념했다. 텔레비전을 보거나 바둑 등의 게임을 할 수는 있어도 제대로 된 일을 할 수는 없었다. 여러 주가 지난 후 몇 걸음 걸을 수 있었지만, 에어컨이 돌아가는 집을 벗어나 무더운 바깥으로 나갈 체력은 여전히 없었다. 수십 년 만에 처음으로 여름에 야외를 산책할 수 없게 되었다. 특히 평생 25만 km를 걸은 윌리엄 워즈워스 William Wordsworth에 필적할 만한 거리를 걸었던 사람에게는 잔인한 일이었다.[8] 디랙을 가장 자주 찾아온 손님은 핼펀이었는데, 그는 일주일에 여러 번 디랙의 침상 곁에 앉아서 과학은 물론이고 정치를 포함해 둘이 좋아하는 주제를 이야기했다. 디랙은 레이건 대통령을 좋아하지 않을 수 없다고 말하면서도, 그의 정책 대다수에는 동의하지 않았다. 디랙은 내심 자유주의자로 남고 싶어했고, 민주당이든 다른 어떤 정치 조직에도 헌신하지 않았다.

핼펀과 맨시의 사이는 갈수록 나빠졌다. 맨시가 끊임없이 잔소리를 해대는 모습에 단단히 화가 나서 핼펀은 종종 상기된 얼굴로 입을 꾹 다문 채 디랙의 집을 나섰다. 핼펀의 회상에 의하면, 디랙이 탤러해시의 견디기 힘든 여름 날씨 때문에 불편하다고 말할 때마다, 맨시는 어김없이 이렇게 맞받아쳤다. '케임브리지보다는 나아요!'[9] 맨시가 보기에 핼펀은 무례하고 참견을 잘하는 사람이었다. 그리고 돌팔이 약을 가져와서, 가망 없는 자신의 친구를 뻔뻔스레 속여 넘기는 사람이었다. 적대감을 알아차린 핼펀은 속임수만

이 희망이라고 판단했다. 맨시가 쇼핑을 하러 나갔을 때 동종요법 치료의 은밀한 계획을 구상해서 간호사가 보고 있지 않은 틈에 디랙이 마실 물에 약초 용액을 떨어뜨렸다.[10] 헬펀에 의하면 디랙의 에너지는 시금치 한 통을 꿀꺽 삼킨 뽀빠이처럼 치솟았다고 한다. 맨시가 '약초 농단'에 대해 알게되자, 디랙이 원래의 음식을 먹도록 식단을 바꾸었다. 만약 헬펀의 증언이 옳다면 디랙은 곧바로 무기력하고 무덤덤한 상태로 돌아갔을 것이라고 한다.

디랙은 깨어 있는 시간 대부분을 휠체어에서 손님들과 이야기를 나누면서 보냈다. 딸 매리와 그녀의 늠름한 새 남편 피터 틸레이도 찾아왔다. 몇 달 후 디랙은 플로리다 주립대학교의 연구실에 가끔 출근할 수 있을 정도로 회복 되었다. 그의 마지막 대학원생인 브루스 헬먼Bruce Hellman의 지도교수 역할을 해주고 자신의 마지막 발간물도 살펴보았다. 헬펀은 디랙을 위해 '양자장이론의 부적절성The Inadequacies of Quantum Field Theory'이라는 텍스트의 초고를 썼다. 디랙은 마지막으로 발표할 글에서 **재규격화**를 제외하길 원했다. 자신이 과학에 기여한 가장 심오한 업적을 바탕으로 출현한 기법인데도 말이다.[11] 끝까지 그는 파인만이 1946년에 지적했듯이 '잘못된 길에' 들어섰음을 인정하려 하지 않았다. 파인만은 차라리 기차더러 탈선을 하라고 조언하는 편이 더 나았을지도 모른다.

***

1984년 4월 초 디랙은 카피차가 죽었다는 소식을 들었다. 소련은 자국의 가장 충성스러운 국민 중 한 명을 잃었다는 사실을 알았다. 공산당 중앙위원회 전체 및 그 나라의 과학계 리더들 중 다수가 그의 죽음을 알리는 《프라우다Pravda》의 선언에 서명을 했다. 디랙은 가장 친한 친구이자 의형제를 잃었지만, 그런 상황을 체념하고 받아들였다. 더 슬픈 소식은 몇 주 후에 들려왔다. 디랙 내외의 아들 가브리엘이 심각한 피부암에 걸렸고, 의사한테서 몇 달밖에 살지 못한다는 선고를 받았다는 소식이었다. 6월에 맨시가 아들을 보러 유럽으로 날아가자, 친구들이 디랙을 돌보았다. 맨시가 돌아온 지 몇 주 후 가브리엘은 7월 20일, 59세의 나이로 세상을 떠났다. 사흘 후 디랙은 너무 아파서 스스로 침대에 몸을 뉘지도 못할 지경이 되었다.[12] 핼펀은 유럽에 있었기에 맨시가 전적으로 남편을 돌보면서 그가 약해지는 시기와 더 심해지는 고집을 상대해야 했다.[13] 디랙의 기운은 가브리엘의 딸 바바라가 와서 머무는 동안 다시 솟아올랐다. 이 손녀를 디랙 내외는 특히 좋아했다. ('셰어 [미국의 가수] 같아 보인다'고 디랙은 며칠 전에 그녀에게 말했다.[14]) 핼펀과 정반대로 바바라는 맨시가 배려심이 많고, 인간적으로 디랙을 돌봐준다고 여겼다. 둘 사이에 가끔 다툼이 있기는 했지만, 둘은 금세 화해를 하고 다시 다정한 사이가 되었다. 바바라가 보기에 디랙의 에너지는 거의 빠져나간 것 같았지만, 물리학에 대한 사랑만큼은 여전히 깜빡거리고 있었다. 그는 자신의 연구 자료를 다시 들추며 결연히 외쳤다. '일해야 해.'[15] 디랙은 정신줄을 놓을까봐, 대단히 걱정했지만 결코 그런 일은 생기지 않았다.

1984년 10월 초 바바라가 유럽으로 돌아간 후 맨시는 24시간 내내 디랙 곁을 보살필 간호사를 고용했다. 디랙은 삶의 마지막 실을 붙들고 있었다. 하지만 여전히 가끔씩 손님을 맞았는데, 가령 매리의 남편 피터 틸레이가 찾아와서 몇 시간씩 디랙의 침상 옆에서 조용히 앉아 있었다. 틸레이의 회상에 의하면, 마지막으로 찾아갔을 때 디랙은 그에게 기대어 담담한 어조로 이렇게 말했다고 한다. '내 인생 최대의 실수는 집 밖으로 나가고 싶어 하는 여자랑 결혼한 것이었네.'[16] 틸레이의 기억에 의하면 디랙의 말은 비통하지도, 후회하는 것 같지도 않았지만 딱 잘라서 어떤 진실을 말하고 있었다. 아마도 디랙은 맨시와 처음 만났던 직후에 그녀가 했던 말(자신은 오직 부모의 집에서 나가려고 첫 남편과 결혼했다는 말) 그리고 47년 전 어머니가 맨시와 결혼하는 문제에 관해 넌지시 해주었던 경고를 생각하고 있었던 듯하다.

맨시와 핼펀 사이의 기 싸움이 다시 시작되었다. 맨시가 외출했을 때 핼펀은 집으로 쓱 들어와서는 약초 엑기스를 디랙의 마실 물에 탔다. 간호사는 디랙이 음식에 관심을 갖게 하는 일을 거의 포기했기에, 마치 아기처럼 음식을 떠먹여 줘야 하는 일은 핼펀의 몫이었다. 디랙이 하고 싶은 거라고는 카피차에 관해 이야기를 하는 것뿐이었다. 디랙은 깨어 있는 시간 중 많은 순간을 카피차의 화려한 인생의 여러 대목들을 떠올리는 데 썼다. 가령, 감히 맞설 **도덕적 용기가 없는 열등한 인간들 가운데 홀로 서서 카피차가 핵폭탄 연구를 거절한 이야기**를 하고, 또 했다. 망상이 계속 반복되는 셈이었다.

10월 18일 목요일 핼펀은 디랙의 집을 나서다가 맨시와 마주쳤다. 자기가 없을 때 친구를 만나러 왔다고 맨시가 호통을 칠 줄 알았지만, 그녀는 그러지 않았다. 그녀는 디랙의 무덤을 예약해 놓으려고 장의사를 만나고 오는 길이라고 했다. 하지만 다음날 핼펀은 몇 달 동안 두려워하던 전화를 받았다. 맨시가 자기 집에 더 이상 발을 들이지 말라는 내용이었다. 와트 박사의 말이라면서 그녀는 디랙은 너무 병약해서 가족 외에는 누구도 만나서는 안 된다고 했다. 분노와 고통과 슬픔에 잠긴 채로 핼펀은 한동안 아무 소식도 듣지 못했다. 나흘 후에 《탤러해시 데모크랫 *Tallahasee Democrat*》의 1면에서 다음 기사를 읽었다. '플로리다 주립대학교의 물리학자가 82세로 타계하다.' 일요일 오후 맨시와 간호사 곁에서 디랙은 심장마비를 일으켰고 오후 11시 5분 전에 숨을 거두었다.[17]

***

'저는 말처럼 주저앉고 싶었어요'라고 맨시는 와트 박사에게 말했다. 하지만 대외적으로는 평소처럼 꿋꿋한 모습을 유지한 채 친구들과 친척들에게 디랙이 평온히 떠났음을 알리고 장례식 준비를 꼼꼼히 챙겼다.[18] 그녀는 자신이 원하는 모습대로 디랙이 기억되도록 무척 애를 썼다. 디랙이 세상을 떠난 다음 날 그녀는 친구들에게 말했다. 남편이 '매우 독실한 사람'이며 성공회의 예법을 충실히 따르는 장례식을 원했다고.[19]

장례식은 10월 24일 탤러해시에 있는 로즈론 공동묘지에서 치러졌다. 하늘은 언제라도 비를 퍼부을 듯 잔뜩 흐렸다. 오전 11시 직전 조문객들이 도착했을 때, 디랙의 관은 새로 판 무덤 옆의 네모난 돌 위에 놓여 있었다. 그 위로 네 개의 나무 기둥에 묶인 밝은 푸른색 천막이 쳐져 있었고, 바람에 살랑대는 한 무리의 침엽수들이 천막에 그늘을 드리우고 있었다. 조문객 중에는 디랙이 딱 한번 속마음을 터놓았던 피에르 라몽도 있었는데, 그는 모인 사람들을 보고 깜짝 놀랐다. 그가 전한 말에 의하면 '아주 유명한 사람인 걸 감안할 때 조문객이 너무 적었다.'[20] 조문객은 약 90명이었는데, 플로리다 주립대학교에서 온 사람들이 수십 명쯤 되었다. 하지만 (맨시가 비통하게 알린 바에 의하면) 케임브리지에서는 단 한 명도 오지 않았다. 조문객들 중 몇몇은 다른 부류의 사람들이 와 있다는 사실이 탐탁지 않았다. 메모를 끄적거리는 기자들과 더불어 한 무리의 텔레비전 촬영팀이 와 있었던 것이다. 맨시의 결정대로 그녀의 남편은 TV 카메라들에 둘러싸인 채로 묻혀야 했다.[21]

W. 로버트 엡스타인W. Rober Abstein 목사가 현존하는 가장 오래된 버전의 성공회 성경구절을 천천히 읽어 나갔다. 맨시가 꼭 넣어달라고 고집했던 구절이었다. 그녀는 햅펀이 입도 뻥끗하지 못하게 했고, 장례식에서는 추도문 낭독도 못하게 했다. 반시간 후 하늘이 밝아지자 엡스타인 목사는 관에 흙을 뿌린 다음 흙 위에 십자가 표시를 그었다. 디랙이 묻힌 장소에는 몇 주 후에 깔끔한 흰색 대리석을 덮었는데, 대리석에는 맨시가 고른 평소 그가 자주 썼던 문구를 새겨 넣었다. '왜냐하면 하나님이 그러해야 한다고 말하셨기에.'

장례를 치르고 며칠이 지나서 맨시는 또 한 번의 타격을 받았다. 버몬트 주 경찰이 전하기로, 주디가 죽은 것이 확실해 보이니 더 이상 수색을 하지 않기로 했다고 한다.[22] 맨시는 처절한 고통에 몸부림쳤다. 단 넉 달 동안에 그녀는 러시아에 있는 가장 친한 친구, 두 명의 자식 그리고 남편을 잃는 비극을 겪었다. 삶이 그녀를 버리는 것 같았지만, 그래도 삶의 의욕을 꺾지는 못했다.

***

'디랙은 완강한 무신론자였다'고 웨스트민스터 사원의 주임 사제 에드워드 카펜터는 반대했다. 디랙을 성당의 과학 코너에서 기념할 생각이 있냐는 질문을 받았을 때였다.[23] 옥스퍼드 대학교의 물리학자 딕 달리츠Dick Dalitz는 한 무리의 과학자들을 이끌고 디랙을 뉴턴과 러더퍼드 옆에서 기념되게 하도록 요구하기 시작했다. 어떤 사람이 그런 사람들과 함께 기념되려면 웨스터민스터 성당 당국자들은 그 사람이 기독교인이거나 아니면 적어도 종교에 적대적이지 않은 사람이어야 하며 10여 년쯤 숙고한 후에 '엄청난 중요성'을 지닌 인물이라고 확신할 수 있어야 했다.[24] 디랙의 위상에 대해는 주임 사제를 쉽게 설득했지만, 달리츠는 디랙이 종교적인 면에서 적격임을 증명하기 어려웠다. 특히 주임 사제가 파울리의 다음 발언을 알아채는 바람에 더더욱 그랬다. '신은 없으며 디랙이 나의 선지자다.' 알고 보니, 파울리는 죽고 난 다음에도 고인이 된 디랙의 발목을 잡는 사람이었다.

이처럼 진척이 없는 상황에서 달리츠는 반대 견해를 깰 확실한 방법을 강구했다. 만약 디랙의 부모가 그에게 세례를 받게 했다면 (그가 종교를 조롱하는 무슨 소리를 했든지 간에) 디랙은 공식적으로 기독교인이었다.[25] 디랙이 살아있다면, 이 터무니없는 논리를 웃긴다고 여겼을 테다. 1980년대 후반

달리츠는 브리스틀의 교구 기록을 샅샅이 뒤졌지만, 디랙의 부모가 자녀들에게 세례를 받게 했다는 증거를 찾지 못했기에 그런 식의 조사는 아무 소득이 없었다. 하지만 교회 당국은 디랙이 교황청 학술원 회원이었다는 것 그리고 학술원의 회의에서 반종교적인 발언을 하지 않았다는 사실에 긍정적인 인상을 받았다. 마침 달리츠와 동료들이 계속 교회 당국에 압박을 가해서, 로비를 시작한 지 6년이 지난 1990년 초반 새 웨스트민스터 주임 사제는 그 사안에 '매우 공감한다'고 선언했다. 그리하여 마침내 1995년 초에 타결되었다.[26]

기념식은 1995년 11월 13일 오후 5시 웨스트민스터 사원에서 저녁예배를 시작으로 진행되었다. 많이 홍보가 되지는 않았음에도 그 의식은 58년 전 러더퍼드의 기념식만큼 거창한 규모였다. 웨스트민스터 사원은 호화찬란했고, 성가대가 부르는 노래는 장엄했으며, 신도들도 목소리가 무척 좋았다. 디랙의 과학적 업적을 기리는 헌사 낭독에 이어 왕립학회 회장이기도 한 수학자 마이클 아티야Michael Atiyah가 웨스트민스터 사원의 회중석에 있는 기념석의 가리개를 벗겼다. 뉴턴의 묘비 바로 옆, 다윈의 묘비에서 단 몇 걸음 떨어진 자리였다. 케임브리지의 석공들은 레이크 디스트릭트에서 캐낸 벌링턴 그린 점판암을 이용하여 가로세로 약 60센티미터짜리 석판을 만들고 거기에 'P. A. M. Dirac OM physicist 1902~84'라고 새기고, 그의 방정식($i\gamma.\partial\psi = m\psi$)도 적었다.[27]

스티븐 호킹이 마지막 연설을 했다. 목소리 합성기를 이용하고 웨스트민스터의 낡은 방송 시스템을 통해서 한 연설이었다.[28] 평소처럼 매혹적인 명쾌함과 유머로 연설을 시작했다.

> 그가 아마도 뉴턴 이래 가장 위대한 영국의 이론물리학자임을 이 나라가 알아차리고 뒤늦게 웨스트민스터 사원에 명판을 세우는 데 11년이 걸렸습니다. 그 이유를 설명하는 게 제 소임입니다. 즉, 왜 그토록 오래 걸렸나는 이유가 아니라 그가 왜 **그토록** 위대한가라는

이유 말입니다.[29]

호킹은 또 한번 가시 돋친 말로 연설을 마무리했다. '그렇게나 오래 걸린 건 그냥 추문입니다.' 걱정스러운 눈길로 달리츠는 기념식을 준비한 주최자들을 쳐다보았다. 분명 호킹은 대상자가 죽은 후 웨스트민스터에서 기념식을 하기까지는 적어도 10년이 걸린다는 웨스트민스터의 규례를 모르고 있었다. 디랙의 기념식은 고작 1년이 늦었을 뿐이다.[30] 나중에 달리츠는 성당 관계자들을 찾아가 용서를 구했다.[31]

오르간 주자가 바흐의 〈전주곡과 푸가 A 장조〉를 연주한 후 디랙의 딸 모니카와 그녀의 두 아이들이 기념 명판에 꽃을 놓았다. 이후 신도들이 찬송가 '아름다움의 주님, 당신의 영광Lord of Beauty, Thine the Splendour'을 불렀다. 기가 막힌 선곡이었다.

***

웨스트민스터 사원이 디랙의 자격을 의심했다는 것에 화가 나서 맨시는 기념식에 참석하지 않았다. '영국인들은 위선자다'라며 그녀는 쏘아붙였다. '로드 바이런도 웨스트민스터에 묻혔는데, 그야말로 세기의 난봉꾼이었는데!'[32] 디랙이 세상을 떠난 후 맨시는 그의 불꽃을 지키는 사람이 되었다. 남편의 인생에 관해 부고를 쓰거나 기록을 남기는 사람들 중에서 디랙이 과학계의 성인이라는 그녀의 믿음을 의심하는 사람들이 보이면 발끈해서 반박의 글을 써 보냈다.[33] 미국의 물리학자 겸 과학사가인 에이브러햄 파이스Abraham Pais도 디랙이 무신론자가 아니라는 그녀의 편지를 받고서 깜짝 놀랐다. '우리는 여러번 예배당에서 나란히 무릎을 꿇고서 기도를 했어요. 누구나 다 알듯이 그이는 위선자가 아니에요.'[34] 디랙이 무신론자임을 확신했던 친구들은 궁금하기 그지없었다. '예의상 아내와 함께 기도회에 참석하지 않았을까? 아니면 디랙은 친구들한테는 종교를 비웃으면서도 몰래 종교를 믿었을까? 아니면 맨시가 꾸며낸 이야기일까?'

디랙의 죽음을 받아들이고 난 후부터 맨시는 10년 동안 활기차게 지냈다. 유럽과 미국을 여행했고 쉴 새 없이 찾아오는 손님들과 즐거운 시간을 보냈다. 손님들 중에는 릴리 해리시-찬드라, 레온 레더만 및 그의 아내 엘렌, 위그너의 딸 에리카 짐머만 등이 있었다.[35] 손님들이 찾아오지 않을 때면 맨시에게 완벽한 날은 쇼핑하거나, 개와 함께 놀거나 플로리다 주의 공무원들과 어울리거나, 투자를 조정하거나, 친구들과 차를 몰고 나가서 지역 메리엇 호텔에서 점심을 먹으며 (치즈 팬케이크를 씹으면서 잡담을 주고받으며) 보내는 날이었다.[36] 딸들과 가깝게 연락하고 지냈는데, 특히 매리를 걱정했다. 매리는 근처에 살았는데 정신 건강에 문제가 있을 때가 종종 있었다. 밤에 맨시는 텔레비전 앞에서 셰리 와인 한 잔을 마시며 공익 다큐멘터리 및 그녀가 가장 좋아하는 프로인 〈제퍼디Jeopardy!〉와 〈가격은 얼마The Price Is Right〉를 시청했다. 편지 교환 및 끊임없는 전화 통화를 통해 그녀는 미국과 유럽의 친구들 및 가족과 계속 연락했다. 하지만 올케 베티와는 연락을 끊었고 베티는 1991년 세상을 떠났다.

맨시는 엘리자베스 콕크로프트를 홀대했다며, 처칠 칼리지에 여전히 화가 나 있었다. 그래서 디랙의 기록물을 빼낼 때 단단히 앙갚음을 해 주었다. 기록물은 플로리다 주립대학교로 옮겨져서 현재 디랙 과학 도서관에 보관되어 있다. 이 도서관은 맨시가 1989년 12월에 공식적으로 문을 열었다.[37] 도서관 밖에 그녀는 헝가리 조각가 가브리엘라 볼로바시Gabriella Bollobás가 만든 디랙의 조각상을 설치했다. 이 조각상은 희한하게도 활기가 없으며, 디랙을 위대하게 만들었던 에너지와 상상력이 전혀 드러나지 않는다.

맨시는 여전히 철이 들지 않았다. 졸렬한 태도와 너그러움 사이를 순식간에 오가곤 했다. 가령, 아침 내내 핼펀을 험담했다가 오후에는 플로리다 주 공무원들을 구워 삶아서 핼펀에게 물리학과 종신 교수직을 주도록 설득하기도 했다.[38] 그 무렵 알츠하이머를 앓고 있던 오빠 위그너한테 특히 그런 오락가락하는 행동을 심하게 했다. 공개적으로는 오빠를 존경하는 태도를 보였지만 사적으로는 그를 '3류 물리학자'로 치부했다.[39] 전화로 그녀는 집안 문제로 오빠와 몇 시간 동안 다투기도 했는데, 오빠의 정치 성향과 그가 '통일교회'에 연루되어 있는 것을 못마땅해했다. 1995년 새해 첫날 그녀는 위그너가 죽자 리언과 엘렌을 불러 놓고서, 각자에게 따로 이렇게 말했다. '하나님 감사해요. 괴물이 죽었네요.'[40]

***

맨시는 80~90세의 나이에도 세상 소식에 귀를 기울였다. 1989년 후반에 들려온 소식은 특히 그녀를 의기양양하게 만들었다. 베를린 장벽이 무너진 다음 소련의 지원을 받던 헝가리의 사회노동당이 권력 독점을 철폐하고, 자유선거를 치르기로 했기 때문이다. 그 직후 조지 부시 1세의 대통령 집권 기간 동안 그녀는 미국 시민권을 신청할지 고민했다. 그가 재선에 나오면 반대표를 던지기 위해서였다. 빌 클린턴이 대통령에 당선되었다는 소식에 환호하면서, 1995년 후반 그녀는 힐러리 로댐 클린턴에게 우호적인 편지를 보냈다. 그러자 힐러리는 백악관의 메모지에 정중한 답장을 보내왔다 ('친애하는 디랙 여사님 (…)').[41] 맨시로서는 그보다 더 큰 기쁨을 준 편지는 없었다.

그녀는 마지막 몇 년 동안 관절염으로 고생했고, 천식으로 대단히 고통스러워했다. 친구들과 가족은 그녀에게 양로원에 가서 지내라고 권했지만, 그녀는 들은 척도 하지 않았다. 24시간 가정 요양비가 아무리 많이 들더라도, 여생을 집에서 보낼 참이었다. 2002년 초 반려견의 발에 걸려서 넘어졌다가

고관절이 부러지는 바람에 그녀는 어쩔 수 없이 병원에 입원했고, 거기서 며칠 후 세상을 떠났다. 매리와 모니카는 공동 묘비 아래에 그녀를 디랙과 함께 묻었다. 디랙 무덤의 묘비명은 그대로 두었고, 그녀의 묘비명은 이랬다. '그녀의 자비로운 영혼을 편히 쉬게 하소서.'

30장
디랙의 뇌와 페르소나에 관하여

그 다음에 그녀는 ☺ 표시를 보여주었는데, '행복'을 뜻하는 표시였다. 가령, 내가 아폴로 우주 미션에 관해 읽고 있을 때라든가, 새벽 3시나 4시에 깨어 있을 때, 거리를 이리저리 걸어 다닐 때, 나만 이 세상에 존재하고 있는 척할 때, 내가 느끼는 감정처럼 말이다.

—마크 해든*Mark Haddon*의 『밤에 개한테 일어난 흥미로운 사건*The Curious Incident of the Dog in the Night Time*』(2003년)의 화자인 크리스토퍼 분이 한 말.

브리스틀은 디랙을 아낀 적이 없었다. 오늘날 그 도시에서 디랙과 관련된 몇 안 되는 기념물이라고 해봤자 잘 알려지지 않은 추상적인 조각상, 어느 우중충한 실용적 건물에 새겨진 이름 그리고 명판 몇 개뿐이다. 지난 5년 동안 브리스틀에 여러 번 들렀지만, 브리스틀 대학교 외부의 사람 중에 디랙에 관해 들어본 사람은 대여섯 명이 고작이었다. 2003년 5월에 브리스틀 기록 관리소의 정문 안으로 처음 걸어 들어간 지 몇 분 후에 나는 활기차 보이는 직원에게 폴 디랙에 관한 자료가 있는지 물었다. 그녀는 나를 의아한 듯 쳐다보더니 물었다 '그 사람이 누군데요?'

기록 관리소에서 디랙의 학창 시절에 관한 자료를 찾는 최상의 방법은 비숍 로드 스쿨의 동년배 학생인 캐리 그랜트에 관한 손때 묻은 문서를 찾는 것이다. 지역 기자들과 텔레비전 방송 스태프들은 그랜트가 그 도시에 지냈던 일을 기록으로 남기고 싶어서 안달이었다. 디랙한테 그렇게 했더라면 그는 아마 겁에 질렸을 것이다. 디랙은 늘 그 도시에 조용히 왔다가 조용히 떠났다. 하지만 1970년대에 그는 지역 의회 의원인 윌리엄 월드그레이브가 이끈 캠페인을 반겼다. 그 조치 덕분에 지역 중등학교 학생을 대상으로 한 수학상이 마련되었다.[1] 월드그레이브 의원이 알아차렸듯이, 브리스틀 시민들한테 디랙이 유명하지는 않았지만, 시민들은 그 도시가 엔지니어인 이삼바드 킹덤 브루넬과 관련이 있다는 사실을 자랑스러워했다. 비록 그 엔지니어는 브리스틀에서 태어나지도, 살지도 않았는데 말이다.

2006년 브리스틀 시민들이 브루넬을 존경한다는 사실은 그의 탄생 200주년 기념식을 다섯 달 동안 진행했다는 데서 명백해졌다. 지역 업체들과 문화 단체들은 협력하여 '브루넬 200'이라는 행사를 여덟 달 동안 열기도 했다. 전시, 연극, 콘서트, 설치 예술 및 시 낭독회 등이 펼쳐진 축제였다.[2] 브리스틀 및 주위 소도시에서 온 약 50,000명의 사람들이 4월에 시작된 개막 주말 행사에 참석했다. 4년 전에 치러진 디랙의 탄생 100주년 행사는 조금 소박했다. 브리스틀 대학교 물리학과가 주관한 본행사는 디랙의 삶과 유산을 기념하는 오후 강연에 이어, 브루넬이 설계한 선박인 SS 그레이트 브리튼Great Britain 위에서 열린 공식 만찬이 있었다. 라디오 4(방송국)의 〈한 주를 시작합시다Start the Week〉에서 디랙 방정식에 관한 인터뷰를 한 적이 있던 나는, 그 행사 주최 측으로부터 디랙의 삶과 연구에 관한 강연을 해달라는 전화를 받았다. 10대때부터 디랙한테 매력을 느꼈던 나로써는 그 강연은 특별한 순간이었다.

나는 디랙의 이름을 교외의 어느 문간에서 처음 들었다. 런던 남동부 교외의 오핑턴Orpington에 있는 자유당을 돕기 위한 기금모금용 주간 복권을 팔려고 돌아다닐 때였다. 1968년 어느 봄날 저녁에 판매를 마감하고 있을 때, 새로운 고객이 자기는 이론물리학자라고 무덤덤하게 말했다. 산만해 보이지만 묘하게 매력이 느껴지는 존 벤돌John Bendall이라는 사람이었다. 우리는 친구가 되었다. 그의 집 거실에서 일요일 아침에 여러 번 이야기를 나눠보았더니 그는 디랙의 광팬이었다. 벤돌은 무슨 이야기를 하든 적당한 구실을 찾아내서 몇 분 이상 자신의 영웅의 이름을 들먹였다.[3] 발밑에 놓인 인형을 갖고 노는 어린 딸에게 파울라Paula라는 이름을 붙인 것도 알고 보니, 우연이 아니었다. 크리스마스 때마다 그는 민스 파이 한 접시를 부엌에서 가져와서는 안락의자에 앉은 다음에, 셰리와인 한 잔을 마시며 『양자역학의 원리』를 읽으며 문장을 꼼꼼히 음미했다. 그 책을 몇 분 훑어보더니, 그에게 이론물리학자가 되고 싶은 마음이 생겼다.

몇 달 후 나는 갑자기 뭔가가 떠올랐다. 어린 시절의 디랙이 브리스틀 태생의 나의 친할머니 아멜리아('밀') 존스와 그리 멀지 않은 곳에서 살았다는 사실이었다. 할머니는 코르셋 공장에서 일하던 그 무렵의 이야기를 즐겨 하셨다. 주말마다 할머니는 약혼자 찰리(부두 노동자, 나중에 나의 친할아버지)와 함께 도시 중심가 주변에서 팔짱을 끼고 춤을 추곤 하셨다. 할머니의 넓은 치마는 거의 땅에 닿을 정도였고, 약혼자의 콧수염은 말끔하게 정돈되어 있었다. 한번은 내게 이렇게 물으셨다. '캐리 그랜트가 미국으로 가기 전 우리가 그 사람을 봤었나요?' 할머니는 어쩌면 자신이 자주 가던 장소인 히포드롬 극장 주변에서 캐리 그랜트를 보았을지도 모른다. 또한 할머니와 할아버지는 찰스 디랙이 평판 높은 사람인 것을 알았을 수 있고, 디랙 가족의 적어도 일부는 보았을지도 모른다. 어쩌면 프랑스어를 쓰는 형제가 함께 걸어가는 모습을 보았을지도.

중년의 나이에 디랙은 그 도시를 여러 번 찾아갔다. 1956년에 자신의 어머니의 고향인 콘월에서 여름 휴가를 보낸 후, 그는 돌아가는 길에 가족과 함께 브리스틀에 들렀다. 줄리어스 로드 6번지 밖에서 멈춘 후 그 집을 가리키면서, 자신이 열 살 때부터 어디에서 살았는지를 딸 매리와 모니카에게 알려주었다.[4] 하지만 그 집에서 보낸 25년의 기억은 일체 말하지 않았다. 브리스틀을 찾았을 때 나는 바깥에서 디랙의 특별한 집을 여러 번 쳐다 보았다. 집안에 들어가는 나 자신을 상상만 했지, 성사되지는 않았다. 2004년 초여름에 그 집을 찾았을 때 기회가 왔다. 집주인이 나를 너그러이 들여보내 주었는데, 디랙의 가장 괴로운 추억들의 극장에 입장시켜 준 셈이다.[5]

앞마당이 내다보이는 자리에 디랙의 아버지 찰스의 작은 서재가 있었다. 세금 조사원의 눈길을 피해 개인교습을 하던 곳이었다. 계단 아래에는 작은 찬장이 있었다. 디랙의 어머니가 독일의 공습 동안 귀에 탈지면을 틀어 막고 웅크려 있던 자리였다. 위에는 작은 침실이 있었는데, 펠릭스가 자살한 지 몇 달 후 디랙은 그곳에서 처음으로 하이젠베르크의 혁신적인 논문을 처음 읽고서 그것이야말로 양자물리학의 열쇠를 담고 있음을 알아차렸다. 오랜 세월 동안 추모 공간으로 비어 있던 펠릭스의 침실은 현재는 그 방을 차지한 아이들의 장난감과 놀이 도구들이 흩어져 있었다. 디랙의 어머니의 작은 부엌은 뒷마당을 내다보고 있었는데, 바로 그 뒷마당에서 디랙은 별을 올려다 보았고 최초의 영국산 항공기들이 이륙하는 모습을 지켜보았으며, 2차 세계대전 동안 정원 가꾸기를 배우기 시작했다. 아무리 둘러보아도 이 교외의 집은 맨시가 디랙을 가리켜 말한 '정서적인 불구'가 사는 곳에 어울리지 않는 듯했다.[6]

그녀의 말은 잔인했을지 모르지만, 디랙은 정확한 표현이라며 인정했으리라. 늘 디랙은 자신이 극단적으로 과묵하고 감정 표현이 부족한 이유를 아버지의 훈육 방식 때문이라고 했다. 하지만 전혀 다른 설명도 가능한데, 그가 자폐아에 가깝다고 보는 견해다. 디랙의 후배 동료들 두 명이 내게 그런 결론을 터놓았는데, 둘 다 마치 부끄러운 비밀을 드러내기라도 하는 듯 나직한 목소리였다. 둘은 자기들 이름을 밝히지 말라고 했다. 하지만 그런 진단은 대단히 조심히 해야 한다. 대단히 내성적이고 무언가에 몰두해 있고 ,비사교적인 사람들은 별 증거도 없이 자폐아로 취급되는 일이 너무도 잦다. 게다가 죽은 사람을 대상으로 성격 분석을 하는 것은 쉽지 않다.

디랙한테 자폐 성향이 있었다고 자신 있게 말하기 전에 우선 그렇게 판단하기 위한 조건들을 명확히 살펴보는 것이 중요하다. 어떤 이를 자폐라고 진단하려면, 그 사람의 아주 어렸을 때부터의 다음 특징 세 가지를 모두 보여야 한다.

1. 사회적 능력이 읽기 및 산수와 같은 다른 '학습' 능력의 발달에 비해 빈약하게 발달한다.
2. 언어적 및 비언어적 의사소통의 발달이 다른 '학습' 능력의 발달에 비해 약하다. 반복적이거나 상투적인 동작을 보이는 행동 신호들, 언어의 습득 부진 및 다양하고 자발적인 상상 놀이의 부족.
3. 이례적으로 좁은 활동 범위 비정상적으로 강하게 집착하는 관심사의 존재[7]

1933년 노벨상 수상식 며칠 전에 디랙 어머니는 기자들에게 디랙은 조숙했고 근면했으며 남달리 조용한 아이였다고 말했다.[8] 디랙이 자폐아라고 판단할 만한 근거는 어머니의 말에서도 디랙의 학교생활 기록에도 충분히 나와 있지 않다. 하지만 성인으로서 그의 행동은 거의 모든 자폐 성향 사람이 어느 정도 지닌 특징을 모두 갖고 있었다. 과묵함, 수동성, 혼자 있기 좋아함, 말을 곧이곧대로 이해하는 성향, 엄격하게 정해진 행동 패턴, 신체 활동의 서투름, 자기 중심성 그리고 무엇보다도 좁은 범위의 관심사와 다른 사람에 대한 공감 능력의 두드러진 부족이 그런 예다. 이런 극단적인 특징들을 소재로 삼아 물리학자들은 수십 년 동안 디랙에 관한 유머를 만들어냈다. 이런 '디랙 이야기'의 거의 전부를 가리켜 '자폐 이야기'라고 불러도 좋을 것이다.

'자폐'라는 단어는 자기 자신이라는 뜻의 그리스어 아우토스autos에서 왔는데, 매우 넓은 범위의 조건들을 포괄한다. 정신 지체에서부터 디랙처럼 전문 분야에서 재능이 있고 종종 '고기능high functioning'이라고 불리는 능력의 소유자까지 두루 가리킨다. 특이한 사례가 할리우드 영화 〈레인맨Rain Man〉에서 극화되었는데, 거기서 더스틴 호프만은 자폐 인물인 레이먼드 배빗Raymond Babbit을 연기하고 있다. 레이먼드는 매우 드문 서번트 증후군도 갖고 있는데, 그의 천재적인 산수 실력 및 야구 통계와 전화번호에 대한 놀라운 기억력에서 명백히 드러난다.

의사들은 영국에서 약 50만 명이 어느 정도 자폐 성향이 있다고 믿는데, 거의 100명 당 한 명꼴이다. 그리고 분명 자폐 성향은 남성에게서 두드러진다. 또한 통계 연구에 의하면, 자폐 성향 사람들에게서 특히 우울증이 흔하며 자폐 성향의 아이들 중 약 20%가 하루에 말하는 단어는 다섯 개를 넘지 않는다.[9] 자폐를 지닌 사람 열 명 중 한 명꼴로 특별한 재능이 있다. 가령, 그림, 컴퓨터나 기계적 암기력 등이다. 또 하나의 특징은, 적절한 수치로 입증된 것으로서, 자폐를 지닌 어린아이는 먹을 음식에 대해 매우 까다롭다는 것이다.[10]

현시대에 자폐증, 특히 미국에서 급증하는 현상에 관해서 상당히 많은 논의가 진행되고 있다. 《네이처》에서 2007년에 밝히기로 미국에서 자폐증은 '자금 모집의 효자 노릇'을 톡톡히 하고 있다.[11] 그럼에도 자폐증을 지닌 사람들의 수가 갑자기 늘어난 상황에 대한 논의는 아마도 토대가 빈약하다. 왜냐하면 진단이 의사마다 종종 달라지고, 데이터의 불확실성이 크기 때문이다.[12] 신뢰할 만한 정보는 훌륭한 실증적 연구가 시작된 1960년대 중반 이후부터야 확보되기 시작했다. 그렇다고 해도 볼티모어에 있는 존스홉킨스 대학교의 오스트리아 출신 아동 정신과 의사인 레오 카너Leo Kanner가 1943년에 그 질환에 처음 이름을 붙인 지 한참 지나서였다. 또한 1년 뒤에 빈의 정신과 의사인 한스 아스퍼거Hans Asperger는 오늘날 아스퍼거 증후군(자폐 행동을 일

부 포함하는)이라고 불리는 질환도 발견했다.[13]

자폐증 연구가 급속도로 발전하고 있긴 하지만, 여전히 걸음마 단계이다. 1920년대 초반의 원자물리학처럼 그 질환에 대한 관찰 증거는 방대하지만, 전문가들조차 데이터에 대한 이해가 단편적임을 시인한다. 그러나 몇 가지 확실한 결론도 나타났다. 가령, 지금까지 밝혀진 바에 의하면 자폐증은 뇌의 어떤 이상 현상과 관련이 있다.[14] 현대의 뇌영상 기술(가령, 양성자 방출 단층 촬영PET)을 이용하여 임상의들이 밝혀낸 바에 의하면, 자폐증을 지닌 사람들의 뇌 속에서는 '다른 사람의 마음을 읽는' 과정과 관련된 영역들이 대다수의 보통 사람들보다 현저하게 비활성화되어 있다.

자폐증에 관한 가장 생산적인 연구를 하는 곳으로 케임브리지의 자폐 연구 센터를 꼽을 수 있다. 연구소장인 사이먼 배런-코헨Simon Baron-Cohen은 자폐증이 극단적인 남성의 뇌의 발현을 주장한 선구자이다. 자폐증을 지닌 사람은 공감이라는 전형적으로 여성적인 특징이 비교적 약한 반면에, 기계장치의 작동 이해, 수학 퍼즐 풀이, 방대한 야구 기록 통계 암기 및 CD 정리 등의 체계화라는 전형적으로 남성적인 특징에는 강하다는 이론이다.[15] 배런-코헨의 한 연구 프로젝트에서 그와 동료들은 선구적인 수학자 및 과학자들의 행동을 연구하고 있다. 그들 중 다수(뉴턴과 아인슈타인도 포함된다고 그들은 믿고 있다)는 적어도 어느 정도 자폐증 기질을 보인다.[16] 최정상급 수학자와 물리학자들 대다수는 두말 할 것 없이 남자들이다. 그렇기에 남성 두뇌가 그런 일에 적합하다는 짐작도 가능한데, 하지만 반대자들은 성별에 따라 정형화된 방식으로 아이를 기른 결과일지도 모른다고 지적한다.

배런-코헨을 만나러 트리니티 칼리지의 연구실에 갔더니, 그는 디랙한테 특히 딱 맞을 듯한 두 가지를 말해주었다. 첫째, 자폐증을 지닌 사람들의 높은 비율이 외국인 아내와 안정적인 결혼생활을 한다고 말하면서, 아마도 그런 여성이 자기 나라 남성보다 외국 남성의 특이한 행동에 더 관대하기 때문이지 않겠냐고 했다. 배런-코헨은 디랙이 헝가리 여성과 거의 50년 동안 결혼생활을 했다는 사실을 모르고 한 말이었다. 물론 우연의 일치일 수도 있다. 그가 몇 분 후에 했던 두 번째 말에 나는 또다시 놀랐다. 자폐 성향이 강한 사람들은 비록 다른 사람들의 문제에 초연한 듯 보이지만, 친구가 부당한 일을 겪는다고 여기면 대단히 분개할 때가 종종 있다고 한다. 그리고 문제를 해결하기 위해서 거의 언제나 똑같던 일상생활을 바꾸거나 내팽개친다고 한다.[17] 배런-코헨은 카피차가 소련에서 억류를 당하자 디랙이 그를 풀어주기 위해 국제 정치 캠페인을 몇 달 동안 벌인 사실을 전혀 몰랐다. 하이젠베르크는 2차 세계대전 후에 이전의 여러 동료들한테서 비난을 받았지만, 디랙은 가장 헌신적인 친구로서의 도리를 다했다. 이 또한 우연의 일치일지 모른다.

하지만 배런-코헨은 젊은 디랙이 1920년대 케임브리지에서 인생의 황금기를 누린 것은 우연이 아니었다고 주장한다.

> 케임브리지는 그의 특이한 성격을 너그러이 봐주고 재능을 인정해줄 특별한 장소였어요. 대학 생활 덕분에 규칙적인 일상생활이 가능했고, 필요한 것은 뭐든 얻을 수 있었겠죠. 직원이 침상을 정리해주고 음식도 대학교에서 제공해주니까요. 트리니티 칼리지의 주빈석 자리는 그가 원했더라면 사교의 자리도 마련해주었죠. 그런 자리에는 상당히 예측 가능한 정해진 규칙과 정형화된 예의범절이 있고요. 수학과에서 그는 원하는 걸 마음껏 할 수 있었던 게, 뜻이 맞는 사람들이 주위에 있었고, 아무도 사람들과 자주 어울리라고 강요하지도 않았으니까요. 그런 환경은 디랙과 같은 사람한테는 가장 잘 맞았을 겁니다.[18]

자폐증에 대한 풍부한 통찰을 줄 수 있는 사람을 한 명 꼽자면, 미국의 사업가 중역이자 교사인 템플 그랜딘Temple Grandin이다. 그녀는 자신을 '자폐증을 지닌 고기능의 사람'이라고 설명했다.[19] 그녀가 쓴 책과 기사를 보면 그랜딘은 자신이 다른 대다수 자폐인들과 공유하고 있는 두 가지 특별한 성격을 강조한다. 둘 다 디랙이 지녔던 특성이다. 첫째, 그녀는 갑작스러운 소리에 대단히 민감한데, 이는 디랙이 초인종 소리나 이웃집 개가 갑자기 짖는 소리에 방해를 받지 않으려고 늘 대단히 주의를 기울였다는 사실을 떠올리게 한다. 둘째, 그녀는 시각적으로 생각하는데, 여러 면에서 볼 때 그녀의 뇌는 다른 대다수 사람들과 다르게 작동한다고 한다.

> 나의 뇌는 이렇게 작동해요. 이미지를 찾는 구글의 검색 엔진과 비슷하죠. '사랑'이라는 단어를 들으면, 나는 뇌 안의 인터넷을 서핑해요. 그러면 일련의 이미지들이 머릿속에 떠올라요. 가령 어미 말이 새끼와 함께 있는 모습이 보이거나, 영화 〈러브 버그Herbie the Lovebug〉나 〈러브 스토리Love stroy〉의 장면을 떠올리거나 비틀즈의 노래 …〈당신에게 필요한 것은 사랑뿐이죠All you need is Love〉를 생각해요.[20]

템플 그랜딘처럼 디랙은 자신의 마음이 '본질적으로 기하학적'이라고 확신했다.[21] 그는 물리학을 대수적인 방식으로 다루는 일이 늘 불편했으며 그림으로 떠올릴 수 없는 수학적 과정도 불편하게 여겼다. 재규격화에 그토록 불편했던 이유도 바로 그 때문이었다.

하지만 이번에도 자폐 특성과 디랙의 행동 사이의 이 상관관계는 우연의 일치일 수 있는데, 하지만 다른 상관관계들도 고려했을 때는 그렇게 말하기 어려울 듯하다. 내가 보기에는 십중팔구 디랙의 자폐적인 자질들은 이론물리학자로서 성공하는 데 결정적이었다. 수학과 물리학에 관한 정보를 체계적으로 정리하는 능력, 시각적 상상력, 자기중심적인 성향, 집중력과 결단력 등이 그런 자질들이다. 그런 자질들만으로 디랙의 재능을 설명할 수는 없지만, 그가 세계를 바라보는 독특한 방식을 어느 정도 이해할 수 있게는 해준다.

자폐의 진정한 속성에 관한 강력한 단서 중 하나는 유전적인 질환이라는 것이다. 자폐증은 집안에서 유전된다. 설득력 있긴 하지만 그 이론은 어떻게 자폐와 관련 있는 여러 유전자들이 세대에서 세대로 이어지는지를 물리학의 이론이 갖는 정확성으로 예측해낼 수는 없다. 관찰에 바탕을 둔 연구에서 밝혀지기로, 한 집안에 두 명의 아이가 자폐일 가능성은 매우 드물지만, 한 아이가 자폐일 때 두 번째 아이가 자폐일 확률은 약 20분의 1인데, 이는 일반적인 집안에서 자폐아가 나올 확률의 약 8배다. 여기서 디랙의 형 펠릭스가 자폐였는가라는 의문이 제기된다. 이번에도 그의 성격에 관한 정보가 거의 남아 있지 않은 상황에서 이렇다 저렇다 말하기는 사실 불가능하다. 하지만 어느 날 저녁에 디랙 집안의 계보학자인 기젤라 디랙Gisela Dirac한테 찾아갔다가 몇 가지 단서를 얻었다. 그녀는 가계도를 살펴보고서 이렇게 말했다. '놀랍게도 집안의 많은 이들이 심한 우울증이 있었어요. 게다가 여러 명은 자살을 했고요.' 내가 부탁하자 그녀는 나중에 그런 사례들이 표시된 가계도를 보내주었다. 지난 세기에 그런 사례가 적어도 여섯 건 있었다.

찰스 디랙도 자폐 행동의 신호를 보였다. 동료와 학생 들의 말을 들어보면, 그는 자기중심적이었고 자기 일에 몰두했으며 엄격한 교육 방식을 고수했다고 한다. 아들 폴 디랙과 마찬가지로 찰스 디랙은 다른 사람들의 감정을 이해하는 능력이 부족했다. 하지만 폴 디랙은 수줍은 성향으로 인해 공감 능력 부족이 확연히 드러났지만, 찰스 디랙은 인간 불도저처럼 행동하는 성향을 보였던 듯하다. 둘 다 남편으로서는 배우자와 같이 살기 어려운 유형이었다. 디랙의 어머니는 10대 때 도서관에서 만난 매력적인 스위스 남자에 빠져서 결국 불행한 결혼생활을 보냈지만, 맨시는 다른 여자들이라면 남편감으로 생각하기 어려운 남자와 안정적인 결혼생활을 유지할 방법을 잘 찾아냈다.

디랙은 자신이 어떤 면에서 아버지와 비슷함을 알고 있었다. 찰스 디랙이 1936년 6월에 세상을 떠난 지 세 달 후 맨시는 폴 디랙이 그런 유사성에 너무 신경을 쓴다는 점, 그리고 그가 아버지의 몇몇 습관들을 무의식적으로 흉내 내려고 할지 모른다고 넌지시 알려주었다.[22] 그 직후 디랙은 유전학에 대한 보어의 회의에 참석해서 유전적 특징들 및 그런 특징들이 어떻게 한 세대에서 다음 세대로 전해지는지 들을 때, 아버지한테서 물려받은 자신의 유전적 특성을 곰곰이 생각했다. 코펜하겐의 보어 연구소 강연장의 나무 벤치에 앉아서 강의를 들으면서, 아마도 디랙은 그런 유전 특성들 중 어떤 요소가 자신의 유전자 안에 심어져 있을지 궁금해 했을 것이다.

유전적 특성이 어떻든 간에 디랙과 아버지가 다른 사람임은 의심의 여지가 없다. 부자의 고통스러운 식사시간에 대한 이야기를 워낙 많이 들었던지라, 줄리어스 로드 6번지에서 뒷마당이 내다 보이는 어두운 다이닝룸에 처음 들어섰을 때 나는 몸이 부르르 떨렸다. 원래의 벽난로가 아직 남아 있었다. 디랙의 어머니가 쪽문을 통해 김이 무럭무럭 나는 오트밀 접시를 주방에서 가져오고 디랙이 남김없이 다 먹게끔 다그치는 장면이 쉽게 상상이 되었다. 결핵의 증상 중 하나로 디랙은 식욕이 적은 편이었는데, 그의 부모는 아들이 그런 병이 있으리라곤 전혀 의심하지 않았기에, 아들이 먹고 싶다는 양보다 훨씬 더 많이 먹으라고 아무 거리낌없이 다그쳤을 것이다.[23]

나이가 들어서 디랙은 그 다이닝룸을 고문실로 기억했다. 그가 여러 번 말했듯이 바로 그곳에서 아버지는 디랙을 침묵과 금지의 인생으로 몰아붙였다. 어린 디랙은 프랑스어를 쓰라고 강요를 받았기에, 아버지가 무자비한 벌을 내릴 실수를 하느니 입을 꾹 다무는 편이 더 쉽다는 걸 알았다. 가족 중 어느 누구도 이 식사시간에 관한 기록을 남겨 놓지 않았으므로, 그가 한 말이 과장인지 어떤지 알 길이 없다. 더군다나 우리로서는 그의 부모가 지적으로는 조숙하지만, 정서적으로는 뒤쳐진 아이를 키우는 문제에 관해 어떻게 느꼈는지 알 길이 없다.[24] 현대의 관점에서 볼 때 디랙의 부모는 자신들이 감당해야 하는지도 모르는 문제를 상대하고 있었다. 그것 때문에, 안 그래도 힘든 결혼생활이 더욱 나빠졌다. 만약 그들이 지금의 브리스틀에 살았더라면 시의회는 (영국의 대다수 지역 당국자들처럼) 지원에 나서서 아들을 특수학교에 다닐 수 있도록 했을 것이다.

한편으로 나는 찰스 디랙이 가부장적이고 둔감한 남자라는 폴 디랙과 어머니의 증언을 인정하면서도, 그가 어린 아들을 괴롭혀서 과묵한 아이로 만들었다고 믿지는 않는다. 그보다는 아마도 부자 관계는 양육보다는 천성의 지배를 받았을 것이다. 어린 디랙은 말이 거의 없는 아이로 태어났고, 가장 가까운 가족을 포함하여 다른 사람들한테 전혀 공감하지 못했다. 그는 모든 잘못을 아버지한테 돌렸지만, 다른 이유로도 아버지를 싫어하긴 마찬가지였다. 너무나 심하게 아버지를 싫어해서 그런 사실을 안 소수의 지인들(가령 커트 호퍼)을 깜짝 놀라게 만들 정도였다. 호퍼는 디랙의 내심을 듣고 나서 이런 의문이 들었다. '왜 폴은 아버지를 그토록 미워했고, 그에게 사로잡혀 있었을까?' 아마도 주된 이유는 디랙 자신도 어쩔 수 없이 아버지의 성향이 핏줄 속에 녹아 있음을 알았기 때문일 것이다.

31장
유산

디랙은 물리학과 학생들에게 방정식의 의미는 신경 쓰지 말고, 그 아름다움만 신경 쓰라고 말했습니다. 이 조언은 수학적 아름다움에 대한 감각이 매우 예민하여 그것에만 의지해 앞으로 나갈 수 있는 물리학자들한테만 유용합니다. 그런 물리학자는 많지 않은데, 어쩌면 디랙이 유일할지 모릅니다.

─스티븐 와인버그, 2002년 8월 8일 브리스틀 대학교에서 열린 디랙 100주년 회의에서[1]

모든 과학자는 설령 아무리 저명하더라도 과학에 필수 불가결한 존재가 아니다. 비록 위대한 개인이 단기적으로 과학에 영향을 미치긴 하지만, 설령 그런 과학자가 없더라도 장기적으로 과학은 그다지 달라지지 않을 것이다. 만약 마리 퀴리와 알렉산더 플레밍이 태어나지 않았더라도 라듐과 페니실린은 지금 교과서에 적힌날 이후에 어쨌든 발견되었을 것이다.

  하지만 과학자라면 누구든 자신이 자연의 비밀들 중 특별한 것을 밝혀낸 사람으로 후손들에게 인정받고 싶을 것이다. 이런 기준에서 볼 때 분명 디랙은 위대한 과학자였으며, 현대물리학의 만신전에서 아인슈타인 바로 밑자리를 차지한 몇 안 되는 물리학자였다. 하이젠베르크, 요르단, 파울리, 슈뢰딩거 및 보른과 나란히 디랙은 양자역학을 발견해낸 1군의 이론물리학자에 속했다. 하지만 그의 업적은 특별했다. 전성기인 1925년에서 1933년 사이에 그는 과학의 한 새로운 분야를 독보적으로 발전시켰다. 자연이라는 책이 종종 그의 앞에 펼쳐져 있는 것만 같았다. 프리먼 다이슨은 디랙의 연구를 매우 특별하게 만든 핵심을 이렇게 요약한다.

> 다른 양자역학 선구자들의 위대한 논문들은 디랙의 논문보다 더 허접하고 구성이 덜 완벽합니다. 디랙의 위대한 발견들은 하나씩 하늘에서 뚝 떨어진 멋진 대리석 조각상과 같아요. 순수 사고를 통해 자연의 법칙들을 마술과도 같이 만들어낼 수 있었던 것 같아요. 디랙의 독특함은 바로 그 순수성에 있었습니다.[2]

디랙의 책 『양자역학의 원리』가 그런 조각상 중 하나라고 다이슨은 평한다. '그는 양자역학을 하나의 완성된 예술작품으로 제시한다.' 첫 출간 이후 지속적으로 인쇄되고 있는 그 책은 양자역학에 대한 가장 통찰력 깊고 멋진 입문서이며, 지금도 여전히 대다수의 젊고 유능한 이론물리학자들에게 강력한 영감의 원천이다. 그들이 사용하는 모든 교재들 중에서 어떠한 것도 그만큼 양자역학을 아름답고 엄밀한 논리로 설명한 책은 없었다. 1972년에 루돌프 파이얼스는 디랙의 자질을 이렇게 요약했다. '디랙의 장점은 논리적으로 (…) 직선적으로 사고하는 방법을 터득했다는 것이다. 반면에 우리 모두는 곡선을 따라 삐뚤삐뚤 가는 경향이 있다. 그의 연구를 대단히 독보적으로 만든 것은 절대적으로 직선적으로 사고하는 범상치 않은 방식이었다.'[3]

하지만 대다수 젊은 물리학자들은 양자역학의 내적 논리가 아니라 그 이론을 이용하여 빠르고 신뢰할 만한 결과를 얻는 일이 관심사였다. 실제로 그 논리는 원자 및 분자 세계를 기술하는 대단히 쓸모있고 실용적인 도구 모음을 준 셈이다. 매일 마이크로일렉트로닉스 업계에 종사하는 수만 명의 연구자들은 디랙과 동료들이 개발한 기법들을 일상적으로 이용한다. 명확하게 확립되기까지 오랜 세월이 걸렸던 개념들이 이제는 그 창시자들을 괴롭혔던 두통을 일으키는 일없이 사용되고 있다.

소형화로 향하는 현재의 경향 때문에 양자역학은 훨씬 더 중요해지고 있다. 점점 더 성장하고 있는 초극미 기술 (이른바 나노 기술 [나노는 난쟁이를 뜻하는 그리스어 단어 나노스nanos에서 따온 말]) 분야에서 양자역학은 브루넬에게 고전역학이 그랬듯이 필수불가결하다. 이 새로운 기술의 한 분야인 스핀트로닉스spintronics(스핀 기반의 전자공학의 줄임말)에서 공학자들은 (종래의 장치들이 작동하는 방식인) 전하의 흐름을 제어할 뿐만 아니라 전자의 스핀의 흐름까지도 제어하는 새로운 장치를 개발하려고 애쓰고 있다. 스핀은 한 상태에서 다른 상태로 전자가 이동하는 것보다 훨씬 더 빠르게 전환되므로, 스핀트로닉스 장치는 종래의 장치보다 더 빠르게 작동하고 열이 덜 생긴다. 만약 공학자들의 희망대로 스핀 기반의 트랜지스터를 만들고 메모리와 논리회로에서 종래의 트랜지스터를 대체할 수 있다면, 현재의 가능한 한계를 훌쩍 뛰어넘어 훨씬 더 소형의 컴퓨터를 제작하는 경향이 지속될 수 있을 것이다.

어쩌면 디랙이 처음으로 전자스핀을 양자역학의 논리 구조 속에 포함시킨 지 딱 한 세기 만에 그의 방정식(일상생활과는 아무 관련이 없는 수학적 상형문자로 한때 취급된 방정식)은 수백억 달러 산업의 이론적 기반이 될 수 있을 것이다.

***

위대한 사상가들은 언제나 사후에 생산적이다. 이런 기준으로 볼 때 디랙은 가장 위대한 과학자 중 한 명이라고 할 수 있다. 그가 도입한 개념들 중 여럿은 지금도 발전되고 있으며, 현대적 사고에 여전히 긴요하기 때문이다. 가령 디랙 방정식은 수학자들에게 지금도 풍부한 사고의 원천이다. 그들은 디랙 방정식에 처음 등장했던 수학적 대상인 스피너spinor에 오랫동안 매료되어 왔다. 마이클 아티야의 견해를 들어보자.

> 누구도 스피너를 완전히 이해하지는 못합니다. 스피너에 관한 대수는 형식적으로는 이해할 수 있지만, 기하학적 의미는 아직도 수수께끼입니다. 어떤 면에서 스피너는 기하학의 '제곱근'을 기술한다고 할 수 있는데, 마치 −1의 제곱근이라는 개념을 이해하는 데 몇 세기가 걸렸듯이, 스피너도 마찬가지일지 모릅니다.[4]

디랙의 영향력은 우주의 가장 작은 구성요소를 연구하는 과학자들한테서 가장 두드러지게 느껴진다. 실험물리학자들은 오늘날 러더퍼드조차 놀랄 정도로 높은 에너지로 입자들을 충돌시킬 수 있다. CERN에 있는 거대한 입자가속기인 강입자충돌기LHC에서 그들은 **우주 태초의 순간의 수백만 곱하기 수백만 분의 1초 이내**로 우주의 초기조건을 재현할 수 있다. 이런 가속기에서 아원자 충돌이 벌어질 때 실험물리학자들은 아원자 입자들이 생성되고 소멸되는 과정을 일상적으로 관찰하는데, 이 과정은 **상대론적 양자 장이론**으로만 설명할 수 있다. **디랙의 영향력은 그 이론 전반에 걸쳐 있다.** 장에 관한 현대적 사고의 핵심적 부분인 그 이론을 공동으로 발견하고 양자역학의 핵심 원리를 정식화한 사람이 바로 디랙이다.

지난 약 25년 동안 입자가속기가 낼 수 있는 에너지와 최신 이론을 검증하는 데 필요한 에너지 사이의 간격이 놀랍도록 늘어났다. 국제 협력을 통해 자금을 모집하여 가속기를 제작하고 운영하기는 점점 더 어려워지고 비싸지고 있기에, 새로운 장치는 느리게 등장할 수밖에 없다. 그 결과로 아원자 입자에 관한 이론이 실험 데이터의 등장을 앞질러 발전해왔다. 이는 디랙이 1931년의 기념비적인 논문에서 나온 의제대로 이론물리학자는 실험보다는 수학의 인도를 받게 된다는 뜻이다. 그렇게 믿은 물리학자가 바로 C. N. 양Yang Chen-Ning이다. 1979년에 함께 참석한 프린스턴 회의에서 양은 디랙과 만났다. 그 자리에서 양은 디랙이 그 개념을 내놓았을 때 '위대한 진리'를 건드린 것 같다고 넌지시 동의했다.[5] 바로 그 1931년 논문에서 디랙은 반전자 및 반양성자의 존재를 암시했고, 이후 세대의 이론물리학자에게 영향을 끼친 기하학적 방법을 이용하여 자기단극에 관한 양자론을 전개했다. 실험물리학자들이 자기단극을 찾아내지 못하자, 디랙은 그 프로젝트를 또 한번의 실망스러운 결과라고 여겼다. 그래서 죽을 때까지도 자기단극이 자연에서 등장할 것 같지 않겠거니 여겼다.[6] 하지만 오늘날 많은 물리학자들은 다르게 본다. 가령 단순하게 일반화된 한 표준 모형에서 자기단극이 예측되기 때문이다('현대적인' 자기단극은 디랙의 자기단극에 비해 수학적으로 더 잘 정의되어 있다).[7] 게다가 우주론자들에 따르면, 자기단극은 빅뱅의 순간에 엄청난 양으로 생성되었음이 틀림없기에 현재 검출 가능할 것이라고 한다. 그런데 현재 검출되지 않고 있는 상황을 가리켜 '자기단극 문제'라고 불린다.

디랙의 자기단극의 검출 문제는 가상의 역사에서 하나의 질문을 제기한다. 즉, 만약 양전자가 처음 발견될 무렵에 자기단극도 발견되었다면 디랙의 명성에 어떤 영향을 끼쳤을까? 그처럼 연거푸 성공을 거두었더라면 동료들 중에서 디랙의 명성은 더욱 높아졌을 것이고, 대중들한테도 훨씬 더 유명해졌을지 모른다. 하지만 디랙은 가장 최근에 그의 후임을 맡은 루커스 석좌교수인 스티븐 호킹처럼 언론에 잘 나서는 유명인사가 될 기회가 없었다. 대중적인 책을 쓰자는 생각이 디랙한테는 떠오르지 않았던 듯하며, 게다가 그는 스티븐 호킹이 매체의 집중조명을 받으려고 시도했던 유형의 시도들을 생각조차 해보지 않았을 것이다. 가령 호킹은 영화 〈스타트렉〉, 만화 〈심슨 가족

〉에도 등장했고 심지어 런던의 한 나이트클럽의 댄스 플로어에도 나타났다.[8] 하지만 디랙은 동료들 대다수가 짐작하는 바와 달리 그런 대담한 시도를 높이 샀다.

***

디랙은 양자역학 이외의 여러 다른 분야에도 업적을 남겼다. 가장 의외였던 분야의 업적을 꼽자면, 화학 원소의 상이한 동위원소들을 구분하는 새로운 방법을 발명한 것이었다. 그 방법을 2차 세계대전 동안 개발해냈지만, 그 아이디어는 실용화가 어려웠던 듯하다. 곧 잊혔다가 30년 후에 독일과 남아프리카의 공학자들에 의해 독립적으로 재발견되었다.[9] 디랙의 방법은 여전히 경제적으로는 실현 가능성이 없는 듯하지만, 매우 강한 신물질을 개발하는 과정에서 디랙의 방법이 원자력 산업에서 사용될 가능성은 여전히 남아 있었다.

디랙과는 어울릴 듯하지 않은 또 다른 업적으로, 1933년에 카피차와 함께 전자의 파동 및 입자 성질을 연구한 것이 있다. 레이저 기술의 현대적 발전으로 인해 카피차−디랙 효과(전자의 가느다란 빔이 빛의 정상파에 의해 굴절하는[휘는] 현상)의 존재를 증명할 참신한 기회가 열렸다. 카피차와 디랙도 1966년의 마지막 카피차 클럽 모임에서 그 효과가 입증될 새로운 가능성들을 논의했다. 여러 연구팀이 그 효과를 증명하려고 시도했지만, 아무도 성공하지 못하고 있었다. 그러다가 2001년 이른 봄에 네브래스카 대학교의 연구팀이 고출력 레이저 및 전자들의 미세한 빔을 이용하여 그 효과를 관찰했는데, 이때 사용한 장치는 식탁 위에 올려놓을 수 있을 정도의 크기였다.[10] 카피차−디랙 효과는 이제 전자와 빛의 파동이면서 입자인 이중적 속성을 탐지하는 미세한 관찰 수단으로 이용되고 있다.

디랙은 또한 일반 상대성이론에도 유산을 남겼는데, 하지만 그의 재능이 한껏 펼쳐지지는 않았다. 이상하게도 무슨 이유에선지 그는 아인슈타인의 이론이 빛도 탈출할 수 없는 강한 중력장을 지닌 천체인 블랙홀의 존재를 예측한다는 발견(1939년에 오펜하이머와 동료들이 해낸)에 별로 관심을 보이지 않았다. 일반 상대성이론에 디랙이 남긴 가장 큰 업적을 꼽자면, 그가 가장 좋아한 양자역학의 해밀토니안 버전과 그 이론의 유사성을 포착해내서, 상보적인 수학적 기법들의 한 집합을 고안해 낸 것이었다(다른 물리학자들도 그 시기에 비슷한 연구를 했다).[11] 알고 보니, 그 방법은 서로 궤도운동을 하면서 천천히 에너지를 잃는 한 쌍의 가까운 중성자별(이른바 펄서)을 연구하는 천문학자들에게 유용했다. 에너지를 차츰 잃는 현상은 아인슈타인의 일반 상대성이론으로 쉽게 설명할 수 있었다. 특히 디랙이 공동 발명한 기법을 사용하여 해석하면 더욱 그랬다. 펄서는 가속된 전자가 전자기복사를 방출하는 것과 흡사하게 중력복사를 방출하기 때문이다. 중력파에 관한 연구는 요즈음 천문학의 가장 전도유망한 분야이다.

가장 큰 규모에서 우주의 작동 방식에 관한 디랙의 직관은 원자를 다룰 때만큼 강하지는 않았다. 하지만 그렇다고 해서 2차 세계대전 발발 직전에 했던 스콧 강연에서 우주론의 상태를 논할 때 보여준 먼 안목을 부정할 수는 없다. 당시는 우주론이 걸음마 단계였는데 말이다. 지나가는 말로 예리한 추측을 내놓기도 했는데, 우리 주위의 모든 것들의 복잡한 구조에는 우주의 초기 상태의 양자 요동이 바탕에 깔려 있다는 말이었다. 디랙은 이렇게 제안했다. '새로운 우주론은 어쩌면 상대성이론이나 양자론보다 철학적으로 훨씬 더 혁명적이라고 증명될 겁니다.' 아마도 그는 현재 거두고 있는 우주론의 큰 결실을 고대했을 것이다. 오늘날 우주의 가장 먼 물체들을 정밀하게 관찰할 수 있게 되자, 자연과 물질의 본질이 더 자세히 밝혀지고 가장 진보한 양자 이론들이 대두되고 있다. 프린스턴 고등과학연구소에서 디랙의 동료인 나탄 자이베르그Nathan Seiberg는 이렇게 평했다. '그 강연은 설령 1939년이 아니라 1999

년이었더라도 마찬가지로 인상적이었을 거예요.'[12]

디랙이 생애 말년을 향해 가면서 종종 자신의 큰 수 가설에 대해 수비적인 자세를 취하긴 했지만, 그것이 늘 옳다고 믿었다.[13] 수십 년 동안 그를 사로잡았던 큰 수 가설에 대한 현대적 견해는 그런 수들 중 오직 하나만이 아직도 불가사의라는 것이다. 즉, 전자와 양성자 사이의 전하의 세기와 중력의 세기의 비율(10^{39})만이 수수께끼로 남아 있다. 근본적인 문제는 왜 중력이 다른 근본적인 힘들에 비해 매우 약한지를 이해하는 일이다.[14] 디랙을 곤혹스럽게 만들었던 다른 모든 큰 수들은 이제 우주론의 표준 이론에서 도출되기에, 그런 수들 사이의 관련성을 추측할 필요가 없다. 그가 우연의 일치라고 본 것은 환상에 불과했다.[15]

디랙은 중력의 세기가 우주의 탄생 이후로 감소했다고 확신했으며, 인생의 후반 오랜 기간을 그것을 증명하는 데 쏟았다. 하지만 태양계의 근처 행성들을 대상으로 천문학자들이 실시한 관측 결과 그럴 가능성은 현재 거의 없을 것으로 보인다. 디랙의 직관이 옳았을 가능성이 여전히 있긴 하지만, 그 주제는 오늘날의 연구 과제로 별로 주목받지 못하고 있다. 디랙이 옳았다고 언제나 확신했던 과학자가 레오폴드 핼펀이었는데, 그는 2004년에 플로리다 주립대학교를 떠나서 나사와 스탠퍼드 대학교가 운영하는 인공위성 기반 실험 프로젝트를 담당하는 상주 이론물리학자가 되었다. 그 프로그램의 목적은 아인슈타인의 일반 상대성이론의 검증되지 않은 예측들 중 일부를 확인하기 위함이다.[16] 핼펀은 그 예측들을 인공위성의 관찰 결과와 비교하고 싶었지만 뜻을 이루지 못했다. 2006년 6월에 암으로 세상을 떠나고 말았던 것이다.[17]

중력에 관한 디랙의 예측이 장래에 어떻게 되든지 간에, 그의 이름은 우주의 시작에서 반물질의 역할과 함께 언제나 기억될 것이다. 현대의 빅뱅 이론에 따르면, 물질과 반물질은 약 138억 년 전 우주가 시작하는 순간에 똑같은 양으로 창조되었다. 그 직후 쿼크와 반쿼크로부터 생성된 무거운 입자들 중 일부가 붕괴하면서, 10억 분의 1쯤 되는 물질이 반물질보다 조금 더 많아지는 중대한 사건이 벌어졌다. 이 차이를 자세히 분석한 최초의 과학자는 탐의 제자인 안드레이 사하로프Andrei Sakharov(나중에 소련에서 용감한 인권 활동가로 활약한 인물)였다. 그는 1967년에 이 차이가 왜 생겼는지, 그리고 왜 우주에 압도적으로 물질이 많이 남게 되었는지 논의했다. 그 조그마한 불균형이 없었더라면, 우주가 탄생하면서 생긴 물질과 반물질은 서로 즉시 상쇄되어 우주 전부는 고에너지 빛의 임시 욕조가 되었을 것이다. 그랬더라면 물질은 반물질을 발견할 기회조차 얻지 못했을 것이다.[18]

우주가 시작할 때 반물질에 비해 물질이 많았던 이유는 아직도 알려지지 않았는데, 수천 명의 물리학자들이 그걸 이해하려고 연구 중이다. 실험적 정보의 주된 원천은 입자가속기인데, 거기서 입자들을 서로 충돌시켜 반물질을 생성한 다음에 물질에 의해 다시 소멸되기 전에 재빨리 반물질을 '분리시킨다'. 한 입자의 붕괴를 그것의 반물질의 붕괴와 비교함으로써 실험물리학자들은 물질–반물질 불균형의 근원을 이해할 수 있기를 고대하고 있다.

매일 입자가속기들은 현재 10억 곱하기 10만 개의 양전자와 10억 곱하기 5,000개의 반양성자를 생성한다. 총 무게는 대략 1g의 10억 분의 1이다. 비록 매우 적은 양이긴 하지만, 그것을 마음껏 생산할 수 있는 능력은 현재 호모 사피엔스가 (종이 처음 출현한 지 100만 년 만에) 반물질을 도구로 사용한다는 증거이다. 오늘날 양전자는 전세계에 있는 대량생산된 장치에서 일상적으로 생성된다. 의사들은 양전자 단층 촬영술PET, positron emission tomography을 사용하여 환자의 뇌와 심장 내부를 수술하지 않고서도 살펴본다. 그것은 단순한 기술이다. 환자한테 양전자를 저절로 방출하는 특별한 방사성 화학물질을 극미량 주입하면 양전자는 화학물질이 닿는 조직에서 전자와 상호작용을 한다. PET는 이 원리를 이용한 것이다. 이렇게 해서 찍힌 사진은 전자–양전자 소멸 시에 내놓는 복사선의 기록이다.

불과 몇십 년 만에 양전자는 과학자가 보기에, 특이하고 새로운 입자에서 그저 또 다른 유형의 **아원자 양자**로 바뀌고 말았다. 대중들도 그것을 공상적으로 다루는 작품을 통해서 반물질에 훨씬 더 친숙하다. 가령 〈스타트렉〉이라든가 댄 브라운의 『천사와 악마*Angels and Demons*』가 그런 작품이다. 하지만 반물질 이야기에서 가장 놀라운 점은 인간이 시각, 후각, 미각 및 촉각을 통해서가 아니라 디랙의 머릿속에서 일어난 순전히 이론적인 추론을 통해서 그것을 이해하고 지각했다는 사실이다.

***

아인슈타인처럼 디랙도 늘 일반화를 추구했다. 가급적이면 더 적은 원리들로 우주에 관해 더 많이 설명할 수 있는 이론을 찾으려 했던 것이다. 또한 두 사람 모두 그런 이론은 아름다운 방정식으로 표현될 수 있어야 한다고 믿었다.[19] 물리학자로서 디랙은 수학의 덕을 톡톡히 보았다. 1975년에 디랙이 썼던 이례적으로 솔직한 다음 구절에 그런 점이 잘 나타나 있다.

> 수용적이고 겸손한 사람은 수학이 친히 이끌어줄 것이다. 번번이 어떻게 해야 할지 모를 때 나는 (그것이 일어나기를) 그냥 기다렸다. 그러면 뜻밖의 길로 들어서게 되었는데, 그 길에서 새로운 풍경이 펼쳐졌고 새로운 영역으로 들어섰으며, 주위를 살펴보고 미래의 길을 계획할 수 있는 발판을 세울 수 있었다.[20]

공개적으로는 결코 인정하지 않았지만, 아름다움은 디랙을 이끌고 어떤 풍부하고 새로운 연구의 목초지에도 데려다 주기도 하고 전혀 결실을 맺지 못하는 사막으로도 데려다주었다. 그는 수학적 아름다움의 홍보대사여서 그런 미덕을 지닌 아름다움은 거듭 칭송하고 자연을 기술하긴 했지만, 아름다움이 없는 수학을 이용해서 헛되이 보낸 시간들은 일체 언급하지 않았다. 놀랍게도 그가 수학적 아름다움의 원리를 내놓은 때는 최상의 업적을 이룩했던 해로부터 여러 해가 지나서였다. 그리고 자신의 위대한 발견들(대체로 그의 미학관에서 볼 때 성공적이라고 인정되는 발견들)을 놓고서 디랙이 이야기한 일부 내용들은 그런 원리에 대한 믿음의 관점에서 재해석되었음을 우리는 생각해보아야 한다. 양자역학에 관한 선구적인 논문에서 그는 아름다움이 지도 원리라고 명시적으로 밝힌 적이 없었다. 그는 가장 연구 성과가 적은 시기의 침묵 속에서 그 원리의 가치를 다시 떠올렸다.[21]

디랙은 우선 자신이 수학적 아름다움의 원리를 1940년대 후반에 사용했음을 짚고 넘어갔다. 그 시기에 디랙은 광자와 전자에 관한 **재규격화 이론**을 배척하면서 그것이 너무 추하다는 이유를 댔다. 하지만 그는 자신의 원리를 건설적으로 사용해서 새 이론을 세울 수는 없었다. 따라서 디랙의 아름다움에 대한 열정은 어느 정도 파괴적이라고 할 수 있겠지만, 그는 다른 방법은 몰랐다. 기질적으로 그는 흉한 무한대 문제가 없는 전자와 광자에 대한 진정으로 아름다운 이론을 찾을 때까지는 입자물리학의 다른 주제에 집중할 수가 없었다.

양자 장이론에서 이러한 결점을 벗어날 방법은 아쉽게도 너무 늦게 나왔다. 전자와 광자에 대한 매우 전도유망한 무한대 문제가 없는, 한 이론이 1984년 가을에 이론물리학자들 사이에서 나돌기 시작했다. 디랙이 누워서 죽어가고 있던 무렵이었다. 런던 대학교의 마이클 그린Michael Green과 칼텍의 존 슈워츠John Schwarz는 **끈 이론**이 근본적 상호작용들의 통일 이론의 기반이 될 수 있을지 모른다는 것을 보여주는 중대한 논문 한 편을 발표했다.[22] 이전에 그 이론의 주장에 의하면, 약한 상호작용은 실험 증거와 달리 완벽한 **좌우 거울대칭**을 가져야만 했다. 그 이론이 이 **대칭성의 깨짐**을 기술할 수 있음을 증명하고 끈 이론이 가지고 있던 다른 당혹스러운 이상성을 해결함으로써 그린과 슈워츠는 혁명을 시작했다. 몇 주 만에 끈 이론은 이론물리학의 가장 인기 있는 주제가 되었다. (끈 이론은 개발의 시작 단계인 여러 개념들의 모음이기에) 완성된 이론과는 거리가 멀었지만, 표준 모형과 아인슈타인의 일반 상대성이론을 다 함께 아울러 모든 근본적 상호작용들을 통일적으로 파악할 흥미로운 새 체계의 바탕이 될 가능성이 높다.

이 새 이론은 자연을 점입자가 아니라 끈의 조각의 관점에서 기술하는데, 끈은 너무 작아서 **끝에서 끝까지 정렬해도 수십억 곱하기 수십억 개의 끈을 연결해야 원자핵 하나의 길이에 불과하다.** 우주의 근본적인 구성요소를 이런 끈으로 보는 견해에서는 오직 하나의 근본적인 실체(끈)가 존재하며 온갖 종류의 입자들(가령, 전자와 광자)은 마치 소리굽쇠Tuning fork의 진동 모드와 비슷하게 단지 끈이 들뜨는 한 양상일 뿐이다.[23] 그 이론의 수학은 무시무시할 정도로 어렵지만, 그러한 복잡성에도 불구하고 존 스튜어트 밀이 역설한 기초물리학의 가장 중요한 임무를 떠맡고 있다. 즉, 모든 근본적 상호작용들을 통일적으로 기술하려고 시도한다.

디랙에게 분명 감동을 준 점을 꼽자면, 현대의 끈 이론에는 그가 혐오했던 무한대 문제가 없다. 그는 끈 이론의 수학적 아름다움에 감탄했을 텐데, 그런 점은 끈 이론을 이용하는 물리학자들뿐만 아니라 새로운 개념 발굴을 위해 끈 이론을 연구하는 많은 수학자들도 기쁘게 만들었다. 알고 보니 끈 이론은 디랙 방정식과 흡사하게 자연을 이해하기 위한 도구였을 뿐만이 아니라 그 자체로도 가치를 지니는 순전히 수학적 사상들의 비옥한 원천이었다. 디랙은 자신이 내놓은 아름답긴 하지만 분명 쓸모없는 수학적 개념들을 후배 물리학자들이 물리학적 응용 사례를 알아낸 것에 흐뭇해할 것이다. 한 예가 끈 이론과 양자 장이론 사이의 관련성인 **AdS/CFT 대응성**(반 더 시터르 공간/등각 장론 대응성anti-de Sitter/conformal field theory correspondence)이다. 이것은 디랙이 1963년에 처음 내놓은 수학(그리고 이와 관련된 1936년의 논문)을 바탕으로 한다. 1997년에 그 대응성을 처음으로 제시했던 아르헨티나 이론물리학자인 **후안 말다세나**Juan Maldacena는 디랙의 논문에 관해 이렇게 말했다. '1963년 논문에는 그 대응성을 지지하는 결정적인 주장이 담겨 있어요. 사실 그 논문은 AdS/CFT 개념의 선구자인 셈이지요.'[24]

프린스턴 고등과학연구소의 수리물리학자 **에드워드 위튼**보다 끈 이론에 더 많은 통찰을 던져 준 사람은 없었다. 1981년 서른 살의 나이로 에리체 여름학교의 강사를 하고 있을 때 그는 디랙을 잠시 만났다. 그 자리에서 디랙이 재규격화를 비판했지만, 위튼은 그의 충고를 따르지 않는 쪽을 선택했다. 디랙은 위튼의 연구를 줄곧 지켜보았으며, 1982년에는 (떨리는 손으로) 교황청 학술원에 위튼을 특별상 수상자로 선정하는 것을 지지하며, 아울러 그의 수학적 업적을 '위대하다고' 평하는 편지를 썼다.[25] 1980년대 초부터 끈 이론가들 사이에서 위튼의 명성은 반세기 전에 양자 이론가들 사이에서 디랙의 명성에 버금갔다.

위튼은 끈 이론이야말로 디랙이 염두에 두고 있던 혁명에 어울리는 이론이라고 여긴다. 무한대 문제가 아예 존재하지 않아서 재규격화가 필요 없는 이론 말이다.

> 어떤 면에서 재규격화에 대한 디랙 박사의 반응은 당연했습니다. 끈 이론이 등장함으로써 그가 원했던 더 나은 이론이 결국 나왔으니까요. 하지만 새로운 이론으로 향하는 가장 큰 발전은 재규격화를 이용하고 연구했던 물리학자들이 이루어낸 겁니다. 따라서 디랙에 대한 평가는 엇갈릴 수밖에 없습니다. 옳았던 것도 있지만, 그의 접근법은 전혀 실용적이지 않았습니다.[26]

디랙이 재규격화를 대하는 원칙적이고 비생산적인 태도를 이처럼 재치 있게 판단한 것을 반대하긴 어렵다. 만약 그가 순수수학을 배울 때 깨달았던 수학적 엄밀성을 고수하면서도 공학 교육을 받았을 때 배웠던 실용주의를 어느 정도 지닐 수 있었더라면, 그의 업적은 확실히 훨씬 더 위대했을 것이다. 아마도 만약 그가 양자 장이론에 더 열중했더라면, 그 이론은 더 빠르게 발전했을 것이고 현대 끈 이론은 더 일찍 나왔을 것이다.

끈 이론이 근본적 상호작용들에 관한 통일 이론으로서 유일한 강력한 후보이긴 하지만, 결코 모든 이론물리학자들이 그 가치를 확신하지는 않는다. 상당수의 물리학자들은 그 이론이 오직 4차원보다 높은 차원의 시공간에서만 타당하다는 걸 우려한다(10차원 내지 11차원에서 그 이론을 정식화하는 것이 제일 쉽다). 더군다나 그 이론을 뒷받침하는 실험 증거는 거의 없다. 아직 끈 이론은 실험물리학자들이 검사해 볼 수 있는 명확한 예측을 내놓지 못하고 있다. 여러 물리학자들의 주장에 의하면, 바로 그런 점을 볼 때 그 이론은 터무니없이 과대평가되어 있으며, 다른 이론을 탐구하는 편이 나을 것이라고 한다. 가장 목소리를 높이는 회의론자로 표준모형의 선구자인 마틴 펠트만을 꼽을 수 있다. '끈 이론은 헛소리입니다. 실험과 아무 상관이 없으니까요.'[27]

하지만 디랙이 이론물리학을 추구하는 방법에 관한 강연에서 거듭 말했던 내용에서 보자면, 그는 이러한 비판에 결코 동의하지 않으리라. 그는 끈 이론가들에게 이렇게 조언했을 것이다. **이론의 아름다움이 인도하는 대로 따라가고, 실험적 지지가 부족한 것을 우려하지 말고, 설령 그 이론을 반박하는 듯 보이는 관찰 결과가 몇 가지 나오더라도 주춤하지 말라고.** 하지만 끈 이론가들에게 겸손하도록 주의를 당부하긴 할 것이다. 항상 열린 마음을 갖고, 자신들이 기초물리학의 완성 지점에 있다고 결코 착각하지 말라고 말이다. 지난 경험이 지나가고 나면 결국에는 새로운 혁명이 뒤따를 것이다.

뜻밖에도 남달리 정서가 메말랐던 그 사람이 동료들에게 전한 조언은 이랬다. 무엇보다도 자신의 감정을 따르세요.

감사의 말씀

예술은 나, 과학은 우리.

– 클로드 베르나르*Claude Bernard*, 『실험의학 연구 입문*L'Introduction à l'étude de la médecine*

expérimentale』(1865년)

클로드 베르나르는 옳았다. 과학자들의 전기들 또한 '우리'이지 '나'가 아니다. 어떠한 전기도 많은 도움 없이는 만족스럽게 쓸 수 없다는 점에서 말이다. 그래서 우선 나는 폴 디랙에 관한 기억 및 다른 정보를 보존해왔던 과학자, 역사가, 문서 기록 담당자 및 작가들에게 감사의 말을 전하고 싶다. 나의 감사는 디랙 자신에게까지 확장된다. 그는 분명 삶의 많은 결정적인 사건들에 관한 문서를 챙겨 두었다. 심지어 케임브리지의 주차장 이용권에 관한 다툼까지도 말이다.

하지만 조금 더 구체적으로 말해보자. 우선 나는 디랙의 가장 가까운 가족에게 감사드린다. 딸 모니카는 늘 큰 도움을 주었는데, 내 질문을 따뜻이 받아주고, 기꺼이 가족 문서들을 내가 열람할 수 있게 해 주었다. 그녀의 친구

존 에이미가 그 과정 내내 정말로 내 뜻을 잘 받아들여 주었는데, 진심으로 그에게 감사드린다. 모니카 못지않게 디랙의 또 한 명의 딸이 매리도 내게 친절을 베풀었건만, 그녀는 2007년 1월 20일 탤러해시에서 세상을 떠났다. 그녀의 후견인 마셜 나이트도 내게 대단히 너그럽고 친절했는데, 특히 내가 플로리다에 갔을 때 그랬다.

다들 짬을 내서 도움을 준 다음 분들께 감사드린다. 기젤라 디랙과 크리스티안 디랙, 레오 디랙, 비키 디랙, 바바라 디랙-스베이스트럽, 크리스틴 테슬레르, 팻 위그너, 찰스 업튼과 매리 업튼, 피터 란토스 및 에리카 침머만. 소중한 증언을 해준 예전 가족은 토니 콜러레인과 피터 틸리였다. 기젤라 디랙은 디랙 집안의 계보학자로서 디랙 집안의 프랑스 및 스위스 유래를 확실하게 밝히는 일에 지칠 줄을 몰랐다.

내가 특별한 감사를 드리고 싶은 네 곳은 케임브리지 대학교의 세인트 존스 칼리지, 프린스턴의 고등과학연구소, 탤러해시의 플로리다 주립대학교 그리고 브리스틀 대학교이다.

세인트 존스 칼리지는 나를 초대해서 여러 번 그곳에서 지내게 해주어, 내가 그곳의 일상생활을 경험하고 뛰어난 시설을 사용하고 디랙의 예전 동료들 및 지인들 여럿과 길게 이야기를 나눌 수 있게 해주었다. 이런 환대와 더불어 칼리지의 시설들, 특히 도서관을 이용할 수 있게 배려해준 총장과 교수들에게 감사드린다. 나의 눈을 뜨게 해준 대화의 기회를 준 고 존 크룩, 던컨 더머, 클리퍼드 에반스, 제인 힐, 존 리크, 닉 맨턴, 조지 왓슨 및 모리스 윌크스 경에게 감사드린다. 나는 칼리지 도서관으로부터 든든한 지원을 받았는데, 특히 마크 니콜스, 맬컴 언더우드 그리고 특별 소장품 담당 사서 조너선 해리슨에게서 많은 도움을 받았다. 해리슨의 각별한 배려는 이 책의 집필에 큰 도움이 되었다. 케임브리지 대학교 도서관은 가장 요긴했는데, 나는 엘리자베스 리드햄-그린과 재키 콕스에게 감사드리고 싶다. 두 분은 정성스럽게

나의 질문 항목에 답해 주었다. 또한 케임브리지에서 감사드리고 싶은 분으로는 요릭 블루멘펠트와 헬레인 블루멘펠트, 리처드 이든, 피터 랜드소프, 브라이언 피파드 경, 레버렌드 존 폴킹혼, KBE 그리고 로드(마틴)리스가 있다.

프린스턴 고등과학연구소에서 나는 다행히도 생산적이고 매우 행복한 여름을 네 번이나 보내면서 책을 연구하고 집필할 수 있었다. 거기서 다음 분들과의 대화에서 나는 큰 은혜를 입었다. 이브-알랭 브아, 프리먼 다이슨, 피터 고다드, 후안 말다세나, 네이선 자이버그, 머튼 화이트 및 에드워드 위튼. 연구소의 도서관 시설은 타의 추종을 불허하는데, 아낌없이 내게 도움을 준 그곳의 다음과 같은 모든 직원들에게 감사드린다. 카렌 다우닝, 모모타 갱굴리, 가브리엘라 호스킨, 에리카 모스너, 마샤 터커, 크리스티 베난지 그리고 주디 윌슨-스미스. 그곳에서 지내는 시간을 매우 보람 있게 만든 다른 동료들은 다음과 같다. 린다 안트체니어스, 앨런 쳉, 카렌 쿠오조, 제니퍼 핸슨, 베아트리스 제슨, 케빈 켈리, 카미유 메르제, 나딘 톰슨, 새런 토지-고프 및 새러 잰투어. 또한 프린스턴에서 다음 분들에게도 감사드린다. 질렛 그리핀, 릴리 해리시-찬드라, 루이 모스 및 테리 넬슨.

세인트 존스 칼리지의 전직 총장이자 프린스턴 고등과학연구소의 현 소장인 피터 고다드에게 특별한 감사를 드리고 싶다. 어느 누구도 그보다 이 책의 집필에 지원을 보내고 진행 상황에 관심을 보인 사람은 없다. 정말로 나는 큰 은혜를 입었다.

플로리다 주립대학교에서 나는 우수한 도서관 시설 덕분에 그리고 디랙 문서보관소 담당 직원들의 귀한 도움 덕분에 큰 은혜를 입었다. 폴 디랙 과학 도서관의 과장인 새런 슈어젤이 정말 큰 도움을 주었다. 전기작가가 중요한 문서보관소로부터 수천 킬로미터 떨어져서 작업해야 할 때 마주치는 문제들을 그녀가 이해해준 것은 내게 큰 도움이 되었다. 다음 분들과 함께 일한 것도 내겐 즐거움이었다. 척 맥킨, 폴 버머런, 특별 소장실의 루시 패트릭을 포함한 모든 사서들: 버트 앨트먼, 가넷 아반트, 데니스 지아니아노, 징거 하키, 앨리스 모트스, 마이클 마토스 및 채드 언더우드. 대학교의 전현직 교수들로는 나는 다음 분들에게 감사드린다. 호위 배어, 스티브 에드워즈, 고故 레오폴드 핼펀, 커트 호퍼, 해리 크로토, 로블리 라이트, 빌 몰턴 및 한스 플렌들. 플로리다 주의 동료들을 통해 나는 디랙에 대한 기억을 나와 공유해준 탤러해시의 다른 여러 사람들을 만났다. 다음 분들이다. 켄 아센더프, 파멜라 후메르, 페그 라누티, 진 라이트, 팻 릿치, 래 로더 그리고 한셀 와트.

브리스틀 대학교에서는 다음 분들에게 도움을 받았다. 데브라 아벤트-깁슨, 마이클 베리 경, 크리스 해리스, 마이클 리처드슨, 마거릿 스미스와 빈센트 스미스 그리고 레슬리 원. 브리스틀의 다른 많은 분들도 디랙의 어린 시절을 조명해주려고 많이 애써주었다. 특히 다음 분들이다. 카렌 벤슨과 크리스 벤슨, 딕 클레멘츠, 앨런 엘컨, 앤드루 랭, 존 페니 및 존 스티드스. 운 좋게도 나는 지역 사학자인 돈 칼턴을 소개 받았는데, 그는 20세기 초반 브리스틀의 역사를 조명하는 일에 수고를 마다하지 않았다.

보관 문서에서 인용을 해도 좋다고 허락해 준 다음 기관들에게도 감사드린다. 미국철학협회American Philosophical Society, 옥스퍼드 대학교 보들리안 도서관Bodleian Library, 브리스틀 대학교 도서관, 브리스틀 기록 관리소Bristol Record Office, 영국방송사British Broadcasting Corporation, 케임브리지 대학교 크라이스츠 칼리지의 총장과 교수진, 케임브리지 대학교 도서관의 특별평의원The Syndics of Cambridge University Library, 린다우 노벨상 수상자 회의 위원회Council for the Lindau Nobel Laureate Meetings, 프린스턴 고등과학연구소, 프린스턴 대학교 세인트 존스 칼리지의 총장과 교수진과 학자들, 미국 매릴랜드주, 칼리지 파크에 있는 양자물리학 역사 기록보관소Archives for the History of Quantum Physics, 영국 브리스틀 기록 관리소에서 운영하는 머천트 벤처러스 협회산하 기록 보관소 Archives for the Society of Merchant Venturers, 케임브리지 대학교 킹스 칼리지의 학장과 학자들, 코펜하겐 닐스 보어 문서 보관소Niels Bohr Archive, Copenhagen, 프린스턴 대학교 도서관, 1851년 세계박람회를 위한 왕립위원회, 브뤼셀에 있는 국제 솔베이 기구International Solvay Institutes, Brussels, 서섹스 대학교의 특별 소장실, 인도 방갈로르 통합 신학 대학교 문서 보관소Archives at the United Theological College.

자료 조사를 하는 동안 문서 보관소를 포함한 여러 기관에 있는 여러 친구들과 동료들이 소중한 도움을 주었다. 다음 분들에게 감사드린다. 캘리포니아공과대학교 문서 보관소의 셸리 어윈과 보니 루트. 매릴랜드에 있는 미국 물리학연구소의 물리학사 센터의 멀레인 브라운, 줄리 가스, 스펜서 워트 및 스테파니 얀코프스키. 제네바에 있는 CERN의 존 엘리스, 롤프 란두아, 에스텔 라페리에르. 아카이브스 센터의 아니타 홀리어. 케임브리지 크라이스츠 칼리지의 캔디스 귀트. 1851년 세계박람회를 위한 왕립위원회의 안젤라 케니와 발레리 필립스. 크랜필드 대학교 항공대학교 문서 보관소의 존 해링컨. 런던 임페리얼 칼리지의 문서 보관소의 앤 버렛. 런던 람베스 팰리스 라이브러리의 나오미 워드. 런던의 왕립학회의 마틴 카와 로스 맥퍼레인. 뮌헨의 막스 플랑크 연구소의 핀 아서루트와 펠리시티 포스. 위스콘신 주 매딘슨 대학교의 버넌 바저, 톰 버틀러, 케리 크레스, 론 라슨, 데이비드 널 및 빌 로빈스. 프린스턴 대학교 파이어스톤 도서관의 애너리 파울스와 멕 세리 리치. 브뤼셀 자유대학교의 솔베이 문서 보관소의 카롤 메이슨, 도미니크 보가에르츠 그리고 이사벨레 쥐프 런던 과학박물관의 헤더 메이필드, 더그 밀러드, 앤드루 나훔, 매튜 퍼드니 및 존 터커. 과학박물관도서관Science Museum Library의 다음 전현직 직원에게 감사를 드릴 수 있어서 특별히 기쁘다. 이언 카터, 앨리슨 폴러드 프라바 샤, 발레리 스콧, 로버트 샤프, 조안나 슈림프턴, 짐 싱글턴, 맨디 테일러, 피터 타자스크, 존 언더우드 및 닉 와이어트. 임페리얼 칼리지 도서관의 벤 웰러한에게도 감사드린다. 뭄바이 타타 연구소의 인다라 초우드후리. 요크의 내셔널 미디어 뮤지엄National Media Museum의 콜린 하딩과 존 트레누스. 서섹스 대학교 특별 소장실의 도리시 셰리던과 카렌 왓슨. 미국과 영국의 타운과 도시의 자세한 날씨 조건들을 결정하는 데 도움을 준 다음 분들에게도 감사를 드린다. 기상청의 스티브 존슨과 플로리다 주립대학교의 멜리사 그리핀.

내 질문에 대답해주어서 아주 큰 도움을 준 분들은 다음과 같다. 마이클 아티야 경, 톰 볼드윈, 존 반스, 허먼 바텔란, 스티브 배터슨, 존 벤돌, 지오반나 블랙킷, 마거릿 부스, 구스타브 보른, 올라프 브라이트바흐, 앤드루 브라운, 니콜라스 카팔디, 데이비드 캐시디, 브라이언 캐스카트, 마틴 클라크, 폴 클라크, 크리스 콕크로프트, 티어 콕크로프트, 플러린 콘드로, 베벌리 쿡, 피터 쿠퍼, 탐 달리엘, 딕 달리츠, 올리비어 대리골, 리처드 데이비스, 스탠리 데서, 데이비드 에저튼, 존 엘리스, 조이스 파멜로, 마이클 프레인, 이고르 가모프, 조슈아 골드먼, 제프리 골드스톤, 제레미 그레이, 칼 홀, 리처드 하트리, 피터 하비, 스티브 헨더슨, 크리스 힉스, 존 홀트, 제프 휴스, 레인 휴스턴, 밥 자페, 에드거 젠킨스, 앨런 존스, 밥 켓첨, 앤 콕스, 찰스 쿠퍼, 피터 라마르크, 윌리스 램, 도미니크 램버트, 엘런 레더먼과 레온 레더만, 새빈리, 존 매덕스, 필립 만하임, 로빈 마샬, 데니스 맥코믹, 아서 I. 밀러, 제임스 오버뒨, 밥 파킨슨, 존 파팅턴, 로저 펜로즈 경, 트레버 파월, 로저 필립스, 크리스 레드먼드, 토니 스카, 로버트 슐만, 버나드 슐츠, 사이먼 싱, 존 스코룹스키, 울리카 쬐덜린트, 알리스테어 스폰셀, 헨리 킹 스탠퍼드, 사이먼 스티븐스, 조지 수다샨, 콜린 테일러-센, 로라 손, 클레어 토멀린, 마틴 벨트먼, 앤드루 워윅, 존 왓슨, 러셀 웹, 니나 웨더번, 존 휠러, 고故 데이비드 화이트헤드, 올리버 화이트헤드, 프랭크 윌첵, 마이클 워보이스, 나이젤 렌치, 데니스 윌킨슨 경 그리고 아베 요페. 알렉세이 코예브니코프에게 특별히 감사드린다. 그는 지난 세기 러시아 물리학의 발전과 관련하여 내게 아낌 없는 도움을 주었다.

기본적인 자료 조사에 도움을 준 다음 분들에게 진심으로 감사드린다. 안나 케인, 마틴 클라크, 루스 호리, 안나 멘지스, 제임스 잭슨, 조슈아 골드먼, 케이티 키크해퍼, 타다스 크루포브니카스 그리고 지미 세바스티언.

기술적인 도움을 준 다음 분들에게 감사드린다. 비블리오스케이프 Biblioscape(경이로운 문헌검색 소프트웨어)의 폴 첸과 이언 하트.

문서 번역에 관해서는 다음 분들에게 은혜를 입었다. 폴 클라크, 기젤라 디랙, 칼 그랜딘, 아스게르 회, 안나 멘지스, 도라 보보리 그리고 에스터 몰너-밀스.

원고의 일부를 읽고서 건설적인 조언을 해 준 다음 분들에게 감사드린다. 사이먼 배런-코헨, 폴 클라크, 올리비어 대리골, 우타 프리스, 프리먼 다이슨, 로저 하이필드, 커트 호퍼, 밥 자페, 라마무르티 라자라만, 마틴 리스와 존 터커. 그리고 전체 원고를 읽고서 수십 건의 유용한 조언을 해준 다음 분들에게 감사드린다. 돈 칼튼, 스탠리 데서, 알렉세이 코예브니코프, 피터 롤런즈, 척 슈워거, 마티 슈워거 그리고 데이비드 우코. 특별히 책의 여러 초고들을 읽고서 매번 매우 통찰력 깊고 건설적인 피드백을 건네준 내 친구 데이비드 존슨과 데이비드 섬너에게 감사드린다.

마지막으로 내 책의 출판사 파버 앤 파버Farber and Farber가 책에 들인 크나큰 공에 대해 감사드리고 싶다. 케이트 워드는 책의 제작을 세심하게 감독했으며, 케이트 머리-브라운은 내용과 문체에 대한 예리하고 민감한 눈으로 책을 읽고서 소중한 제안과 조언을 많이 해주었다. 리즈 오도널은 편집자의 이상적인 존재였다. 꼼꼼하고 민감하고 호기심이 많고, 협동심이 강한 사람이다. 무엇보다도 닐 벨튼에게 감사드린다. 그는 책의 구상부터 지원을 아끼지 않았는데, 시종일관 지혜로운 조언을 해주었고 수준 높게 잡아 주었다.

'우리'의 개념은 지금껏 확장되기만 했다. 책의 부정확한 내용이나 폴 디랙

의 업적과 인간에 대한 묘사에 대한 책임은 나에게 있다. 그런 면에서 이 책
은 '나'다.

그레이엄 파멜로

2008년 6월

주석에 나오는 줄임말

AHQP Archives for the History of Quantum Physics, multiple locations, provided by Niels Bohr Library & Archives, American Institute of Physics, College Park, Maryland., USA.

AIP American Institute of Physics, Center for the History of Physics, Niels Bohr Library, Maryland, USA.

APS Archive of the American Philosophical Society, Philadelphia, USA.

BOD Bodleian Library, University of Oxford, UK.

BRISTU Bristol University archive, UK.

BRISTRO Bristol Records Office, UK.

CALTECH California Institute of Technology, archive, USA.

CHRIST'S Old Library, Christ's College, Cambridge University, UK.

CHURCHILL Churchill Archives Centre, Churchill College, Cam bridge University, UK.

DDOCS Dirac letters and papers, property of Monica Dirac.

EANGLIA Tots and Quots archive, University of East Anglia, Norwich, UK.

FSU Paul A. M. Dirac Papers, Florida State University Libraries, Tallahassee, Florida, USA. All of the letters Dirac's mother wrote to him are in this archive.

IAS Institute for Advanced Study, archive, USA.

KING'S King's College, Cambridge; unpublished writings of J. M. Keynes.

LC Library of Congress, Collections of the Manuscript Division.

LINDAU Archive of Lindau meetings, Germany.

NBA Niels Bohr Archive, at the Niels Bohr Institute, Copenhagen.

PRINCETON Eugene Wigner Papers, Manuscripts Division, Depart ment of Rare Books and Special Collections, Princeton University Library, USA.

ROYSOC Archives of the Royal Society, London, UK.

RSAS Royal Swedish Academy of Sciences, Center for History of Science, Stockholm.

SOLVAY Archives of the Solvay Conferences, Free University of Brussels, Belgium.

STJOHN St John's College archive, Cambridge, UK.

SUSSEX Crowther archive, Special Collections at the University of Sussex, UK (the university holds the copyright of the archive).

TALLA Dirac archive at the Dirac Library, Florida State University, USA,

UCAM University of Cambridge archive, UK.

UKNATARCHI National Archives of the UK, Kew.

WISC University of Madison, Wisconsin, archives, USA.

1851COMM Archives of the Royal Commission of 1851, Imperial College, London, UK.

주석

프롤로그

1. '듣기보다 말하기를 좋아하는 사람들이 언제나 더 많다'는 구절은 디랙이 가장 좋아한 문구 중 하나로서 유진 위그너가 다음 자료에서 인용한 것이다. Mehra (1973: 819).

2. 디랙은 '신은 수학자'라는 말을 《사이언티픽 아메리칸》의 1963년 5월호 기사에서 했다.

3. 다윈의 이 말은 그의 자서전 7부에 나온다. 저 구절을 쓴 때는 1881년 5월 1일이다.

4. 셰익스피어를 운운한 이 말을 한 사람은 고인이 된 조 라누티Joe Lannutti이다. 디랙이 왔을 때 플로리다 주립대학교 물리학과를 주도하는 교수였다. 인용문의 출처는 페기 라누티Peggi Lannutti와 가졌던 2004년 2월 25일 인터뷰다. 라누티는 또한 다음에서도 그 이야기를 하고 있다. J. Lannutti (1987) 'Eulogy of Paul A. M. Dirac' in Taylor (1987: 44-5).

5. 이 말은 2004년 2월 21일 및 2006년 2월 25일에 커트 호퍼와 한 인터뷰에서 나왔다. 나는 그 말을 2007년 9월 22일에 이메일로 다시 자세히 확인했다. 호퍼의 회상 내용은 디랙은 다음에 나온 이야기와 자세한 내용까지 일치한다. Dirac in Salaman and Salaman(1986), in his interview, AHQP, 1 April 1962 (pp. 5-6). 아울러 디랙이 친구인 레오폴드 핼펀과 난도 벌라주Nandor Balázs한테 했던 어린시절 이야기와도 일치한다. 나는 이 두 동료에게 각각 2003년 2월 18일과 2002년 7월 24일에 이야기를 나누었다. 디랙의 아내는 다음 자료에서 식사 시간에 그의 어린 시절 경험에 관한 회상 내용을 알려준다. Letter to Rudolf Peierls, 8 July 1986, Peierls archive, additional papers, D23 (BOD).

1장

1. Letter from André Mercier to Dirac and his wife, 27 August 1963, Dirac Papers 2/5/10 (FSU).

2. Interview with Dirac, AHQP, 1 April 1962, p. 5.

3. Dirac Papers 1/1/5 (FSU). 또한 BRISTRO에 있는 머천트 벤처러스 스쿨 기록을 보기 바란다.

4. 가령 다음을 보기 바란다. Jones (2000: Chapter 5).

5. Pratten (1991: 8-14).

6. 그녀는 콘월에 잠시 살았는데도 자신은 영국인이 아니라 콘월 사람이라고 나중에 우겼다. Interview with Christine Teszler, 22 January 2004.

7. 플로렌스 디랙은 1940년 2월 초반, 맨시 디랙에게 보낸 날짜를 적지 않은 편지(DDOCS)에서 이 이야기를 했다. 1889년 리처드 홀튼은 547톤 선박인 아우구스타Augusta호의 선장이었다.

8. 리처드 홀튼은 공식 문서에서 자기 아내를 가장이라고 칭한다는 걸 알고 있었다. 그의 항해 기록은 다음에 있다. 'They Sailed Out of the "Mouth"' by Ken and Megan Edwards, microfiche 2001, BRISTRO, FCI/CL/2/3. 또한 영국 런던 그리니치의 국립해양박물관의 문서기록실에 보관되어 있는 홀튼의 선장 자격증을 보기 바란다.

9. 찰스와 플로렌스의 초반 생애에 관한 자세한 내용은 다음에 있다. Charles's documents in Dirac Papers 1/1/8 (FSU).

10. 루이스 디랙은 과부가 된 지 얼마 안된 아네트 비외가 낳은 사생아 아들이었는데, 그녀는 자신의 처녀 때 성인 지루Giroud를 아들에게 붙였다. 한참 지나서 아기의 부모가 함께 살게 되었을 때 그는 아버지의 성인 디랙을 받았다. 그렇지 않았더라면 그의 물리학자인 손자는 폴 디랙이 아니라 폴 지루라고 불리게 되었을 것이다. 스위스 생모리스의 주민 등록 기록. 루이스 디랙이 산골 마을의 아름다움을 노래한 시들은 비록 많이 읽히지는 않지만 지금도 발간되고 있다. 그의 시는 비올리Bioley에서 처음 출간되었다(1903년).

11. Dalitz and Peierls (1986: 140).

12. 솔방울은 배경이 푸른색이다. 표범과 클로버는 배경색이 은색이다(http://www.dirac.ch/diracwappen.html). 디랙 집안의 첫 가족이 생모리스에서 시민권을 얻고 난 이후 스위스 법은 그 후손들에게도 똑같은 권리를 부여했다.

13. 이 편지는 1897년 8월 27일 플로렌스가 찰스에게 보낸 내용이다. 이 편지를 포함해 둘이 주고받은 다른 현존하는 편지들은 다음에 나온다. Driac Papers 1/1/8 (FSU). 영국인들이 이메일을 주고받게 된 시기가 대략 1995년부터라고 나는 여기고 있다.

14. 펠릭스의 정식 이름은 레지널드 찰스 펠릭스Reginald Charles Félix였다. 그의 어머니는 펠릭스의 이름을 늘 영어식으로 썼기 때문에 나도 이 책에서 그렇게 사용할 것이다.

15. 디랙 부부의 집 주소는 브리스틀 비숍스턴 몽크 로드 15번지였다. 그 집은 지금도 그 자리에 있다. 디랙의 이사 날짜는 다음에 나온다. UKNATARCHI HO/144/1509/374920.

16. 디랙의 출생에 관한 자세한 내용은 다음 자료에서 볼 수 있다. Letter from Flo to Paul and Manci, 18 December 1939, Dirac Papers, 1/5/1 (FSU). 디랙을 '조금 작은'이라고 부른 것과 눈 색깔에 관한 내용은 다음 자료에 있다. Poem 'Paul', Dirac Papers, 1/2/12 (FSU). 찰스는 자기 어머니 집안, 포티에Pottier가에서 쓰던 이름을 아이들에게 붙였다. 아이들의 이름의 기원은 다음과 같다. 레지널드 찰스 펠릭스 디랙은 아버지 및 할아버지 펠릭스 장 아드리앵 포티에에서 따왔다. 폴 에이드리언 모리스 디랙의 경우 폴은 찰스의 외할머니 포티에에서 따왔고, 모리스는 아마도 찰스 디랙의 고향인 생모리스의 추억 때문에 따왔을 것이다. 베아트리스 이사벨 마거릿 왈라 디랙의 경우 왈라는 찰스의 어머니 줄리 앙투아네트 왈라 포티에에서 따왔는데 베아트리스는 플로렌스의 자매 베아트리스의 이름에서 따온 듯하다.

17. Letter to Dirac from his mother, 18 December 1939, Dirac Papers, 1/4/9 (FSU).

18. Sunday Dispatch, 19 November 1933 (p. 17).

19. 1856년 5월 16일 《브리스틀 타임스 앤 미러*Bristol Times and Mirror*》는 그 지역을 '사람들의 공원'이라고 불렀다. 시 의회가 1860년대 초에 머천트 벤처러스 협회를 포함한 소유자들한테서 대대적으로 그 땅을 사들인 직후의 일이었다.

20. Mehra and Rechenberg (1982: 7). 두 저자는 자신들이 포함시킨 디랙의 어린 시절을 디랙이 확인했다고 밝히고 있다.

21. Dirac Papers, 1/1/12 (FSU).

22. Dirac Papers, 1/1/9 (FSU).

23. 디랙 가족 기록에는 이 엽서들 중 하나가 있는데 뒷면에 찰스 디랙이 1907년 9월 3일이라고 날짜를 적어 두었다. 아마도 그날이 사진이 찍힌 날인 듯하다 (DDOCS).

24. 친구들은 에스더 샐러먼과 마이어 샐러먼이다. 다음을 보기 바란다. Salaman and Salaman (1986: 69). 샐러먼 내외는 디랙이 자신의 기억에 관한 이야기를 읽고서 맞다고 확인해주었다고 한다. Interview with AHQP on 4 April 1962, see p. 6.

25. Interview with Dirac, AHQP, 4 April 1962; Salaman and Salaman (1986).

26. 디랙이 딸 매리에게 한 말에 의하면 그의 부모는 식탁에서 물 한 잔도 마시지 못하게 했다고 한다. Interview with Mary Dirac, 21 February 2003.

27. Letter from Dirac to Manci Balázs, 7 March 1936(DDOCS).

28. Letter from Dirac to Manci Balázs, 9 April 1935(DDOCS).

29. 만 다섯 살에 학교 입학은 1870년의 교육법에서 도입되었다. 디랙의 어머니는 영국의 의무 교육으로 수혜를 입은 첫 세대에 속했다. Woodhead (1989: 5).

30. 맨시 디랙이 기젤라 디랙에게 아침 식사를 늦게 내놓은 것에 관한 자세한 내용을 1988년 티치노의 카슬라노에서 말해주었다. Interview with Mary Dirac, 21 February 2003.

31. 이 시기에 비숍 로드 스쿨에 관한 자세한 나용은 다음에 나온다. The Head Teacher's report, in the BRISTRO archive: 'Bishop Road School Log Book' (21131/SC/BIR/L/2/1).

32. 이 내용의 출처는 디랙 형제의 가족사진 및 둘이 학교에 다닐 때의 키에 관한 데이터이다(다음을 보기 바란다. Felix's records in Dirac Papers, 1/6/1, FSU). 1914년 11월 펠릭스의 키는 162cm였고 몸무게는 50kg이었는데 반해, 폴의 키는 147cm 몸무게는 30kg이었다. 2년 전인 1914년 후반 펠릭스가 폴의 나이였을 때, 그의 키는 동생과 엇비슷했지만 몸무게는 10kg 남짓 더 나갔다.

33. Felix's school reports (1908–12) are in Dirac Papers, 1/6/1 (FSU).

34. 디랙을 '명랑한 어린 학생'이라고 묘사한 대목은 어머니의 다음 시에 나온다. 'Paul' in Dirac Papers, 1/2/12 (FSU).

35. 'Report cards' in Dirac Papers, 1/10/2 (FSU).

36. Quoted in Wells (1982: 344). 성인일 때 디랙은 문자 A로 끝나는 단어의 끝에 문자 L을 덧붙이지 않았다. 하지만 문자 R에 살짝 강세를 두는 브리스틀 사람들의 특징적인 습관을 갖고 있었다. 가령 '우주universe'라는 단어가 그런 예다.

37. Dirac's school reports are in Dirac Papers, 1/10/2 (FSU).

38. Interview with Mary Dirac, 21 February 2003.

39. Interview with Flo Dirac, Svenska Dagbladet, 10 December 1933.

40. 공학에 응용된 그 기법은 르네상스 시대에 피렌체에서 유행하게 되었다. 건축가 필리포 브루넬리스키Fillipo Brunelleschi는 그런 그림을 이용하여 고객들이 건물과 공예품을 시각화할 수 있도록 해주었으며, 또한 자기가 없을 때에도 조수들이 일을 할 수 있도록 지시를 해줄 수 있다.

41. 1853년 헨리 콜의 실용 미술에 관한 최초의 보고서는 학생들이 '직선, 비율 및 대칭의 아름다움과 같은 최상의 아름다움의 요소들이 담긴' 과제를 학생들에게 주라고 교사들에게 촉구했다(다음의 회의록. The Committee of the Council of Education [1852~3], HMSO, pp. 24-6). 이런 미학적 권고는 수십 년 동안 교육에 대한 보고서와 지침서에서 줄지 않고 이어졌다. 1905년 정부의 교육위원회는 중학교 교사들에게 이렇게 강조했다. '학자는 형태와 색상의 아름다움을 지각하고 음미하게끔 교육 받아야 한다. 아름다움에 관한 느낌은 소중히 여겨져야 하며 진지한 교육 문제로 다루어져야 한다.' 다음을 보기 바란다. Board of Education (1905).

42. Gaunt (1945: Chapters 1 and 2). 미학 운동은 영국의 문화생활에서 아름다움의 중요성을 처음으로 꽃피운 것이 아니었다. 가령 18세기에도 취향을 즐기는 사람들한테는 자신들이 교양 있고 지적으로 특출함을 증명하기 위해 아름다움의 개념을 언급하는 것이 중요했다. 다음을 보기 바란다. Jones (1998). 1835년에 고티에는 미학주의의 본질을 자신의 소설 중 하나에서 이렇게 정의했다. '쓸모가 없지 않으면 어떤 것도 아름답지 않다. 쓸모 있는 것은 모조리 추하다. 왜냐하면 그것은 필요를 표현하고 있는데 사람이 필요로 하는 것은 그의 빈약하고 나약한 본성처럼이나 추하고 역겹기 때문이다. 집에서 가장 쓸모 있는 장소는 화장실이다.' Quoted in Lambourne (1996: 10).

43. Hayward (1909: 226-7).

44. 디랙이 그린 초기의 제도 그림들은 다음에 있다. Dirac Papers, 1/10/2 (FSU). 그중 하나를 보면 디랙이 그린 작은 건물의 이상화된 이미지에서는 네 개의 수직면 중 두 개가 나오는데 원근법을 제대로 살려서 표현하고 있다. 디랙은 각 면의 평행선들이 멀리 있는 단 하나의 점에서 만남을 보여줌으로써 원근법을 잘 이해하고 있음을 드러내고 있다.

45. 정부 교육위원회는 이렇게 권고했다. '각진 서체를 가르쳐서는 안 되며 가독성을 해치거나 아름다움의 지각을 더디게 만드는 어떤 서체도 금한다.' Board of Education (1905: 69).

46. Government report on inspection on 10~12 February 1914, reported in the log book of Bishop Road School, stored in BRISTRO: 'Bishop Road School Log Book' (21131/SC/BIR/L/2/1).

47. Westfall (1993: 13).

48. 베티는 콜리세움 링크에서 스케이트 타기를 다음에서 언급하고 있다. Letter to Dirac, 29 January 1937 (DDOCS).

49. 'Paul', a poem by his mother, Dirac Papers, 1/2/12 (FSU). 이와 관련이 있는 시행들은 다음과 같다. '여덟 살에 조용한 구석에서/ 홀로 머물며 책을 정독하네/ 책상 위에서 목소리는 강하고 달콤하게/ 긴 시들을 외우고 또 외우네.'

50. Interview with Flo Dirac in Svenska Dagbladet, 10 December 1933.

51. 'Recollections of the Merchant Venturers', 5 November 1980, Dirac Papers 2/16/4 (FSU).

52. Salaman and Salaman (1986: 69).

53. 디랙의 장학금으로 다음 학교에서 쓸 비용을 충당했는데 비용은 첫 해(1914~15)에 8파운드에서 마지막 해(1917~18)에 15파운드로 늘어났다. BRISTRO, Records of the Bishop Road School, 21131/EC/Mgt/Sch/1/1.

54. 사진작가 윈스턴Winstone의 책(1972년)에 1900-14년 사이의 브리스틀 사진 수십 점이 나온다.

55. Interview with Mary Dirac, 14 February 2004.

56. Dirac Papers, 1/10/6 (FSU). 해당 강의는 머천트 벤처러스 테크니컬 칼리지에서 열렸는데, 거기서 디랙은 나중에 공부하게 된다.

57. H. C. 프랫Pratt이 1980년대 중반에 리처드 달리츠한테 말한 내용. 프랫은 1907년부터 1912년까지 비숍 로드 스쿨에 다녔다.

2장

1. Words by H. D. Hamilton (School Captain, 1911~1913). 이 구절은 그 노래의 둘째 연이다.

2. Lyes (n.d.: 5).

3. Pratten (1991: 13).

4. 아래에 나오는 회상은 리처드 달리츠가 알려주었다. 레슬리 필립스는 1915년부터 1919년까지 머천트 벤처러스 스쿨을 다녔다. 찰스가 정한 규칙들 중 일부는 다음에 남아 있다. Dirac Papers, 1/1/5 (FSU). 1980년 디랙은 자기 아버지의 평판을 다음에 남겨 놓았다. Dirac Papers, 2/16/4 (FSU).

5. Interview with Mary Dirac, 7 February 2003.

6. '페니 스팅커penny stinker'(값싸고 고약한 담배)라는 이름으로 불린 이 만화들은 1860년대부터 인기가 있었는데 디랙의 어린 시절까지도 여전히 유행했다. 진지한 내용이 없다는 이유로 사람들은 이런 만화에 이맛살을 찌푸렸다.

7. Interview with Mary Dirac, 21 February 2003.

8. Bryder (1988: 1 and 23). See also Bryder (1992: 73).

9. Interview with Mary Dirac, 26 February 2004.

10. 머천트 벤처러스 스쿨에 다닐 때 디랙의 성적은 다음 자료에 있다. Dirac Papers, 1/10/7 (FSU).

11. 가령 다음을 보기 바란다. The reports of the Government's Department of Science and Art, from 1854, London: Her Majesty's Stationery Office.

12. Stone and Wells (1920: 335-6).

13. Stone and Wells (1920: 357).

14. Stone and Wells (1920: 151).

15. Interview with Dirac, AHQP, 6 May 1963, p. 1.

16. 화학 수업 시간에 디랙의 급우였던 J. L. 그리핀Griffin이 리처드 달리츠한테 해 준 말.

17. Daily Herald, 17 February 1933, p. 1.

18. Interview with Dirac, AHQP, 6 May 1963, p. 2.

19. Interview with Dirac, AHQP, 6 May 1963, p. 2.

20. 디랙은 말하기를, 자신은 '자연의 근본적인 문제들에 관심이 컸다. 많은 시간을 들여 그 문제들을 생각하곤 했다.' Interview with Dirac, AHQP, 1 April 1962, p. 2.

21. Dirac (1977: 11); Interview with Dirac, AHQP, 1 April 1962, pp. 2-3.

22. Wells (1895: 4).

23. 가령 다음을 보기 바란다. Monica Dirac, 'My Father', in Baer and Belyaev (2003).

24. Pratten (1991: 24).

25. Dirac (1977: 112).

26. 레슬리 로이 필립스Leslie Roy Phillips(머천트 벤처러스 스쿨에서 1915년에서 1919년까지 디랙의 급우)가 1980년대에 리처드 달리츠에게 알려준 내용.

27. Dirac Papers, 2/16/4 (FSU).

28. Interview with Dirac, AHQP, 6 May 1963, p. 2.

29. 나중에 디랙은 머천트 벤처러스 스쿨에서 상으로 더 많은 책을 받았다. 가령 『세계의 결정적 전쟁들Decisive Battles of the World』과 쥘 베른의 『미셸 스트로고프Michael Strogoff』과 그런 책이다. 디랙이 머천트 벤처러스 스쿨에서 상으로 받은 책들 중 일부는 플로리다 주립대학교의 디랙 도서관에 소장되어 있다. 디랙의 독서에 관한 다른 정보는 그의 조카딸 크리스틴 테슬레르Christine Teszler에게서 얻었다.

30. Letter from Edith Williams to Dirac, 15 November 1952, Dirac Papers, 2/4/8 (FSU).

31. From Merchant Venturers' School yearbooks 1919, BRISTRO 40659, 1.

32. Stone and Wells (1920: 360).

33. 1921년 봄 디랙은 쥴리어스 로드 6번지의 정원 내의 (아버지의 주석이 달린) 기하 제도처럼

보이는 공간에서 채소 기르기로 계획했다. 1921년 4월 24일에 계획했던 그 일은 다음 자료에 나온다. Dirac Papers, 1/8/24 (FSU).

34. 비숍스턴 주민인 노먼 존스Norman Jones가 1980년대 중반에 리처드 달리츠에게 한 말에 의하면 찰스에 관해 가장 생생한 기억은 '그가 늘 우산을 든 채 딸과 함께 언덕을 힘겹게 올라가는 모습인데, 딸을 그는 매우 좋아했다'는 것이다. 리처드 달리츠와의 인터뷰에서 사적으로 나눈 내용.

35. Interview with Dirac, AHQP, 1 April 1962. 머천트 벤처러스 스쿨을 다닐 때 펠릭스의 성적은 다음 자료에 나온다. Dirac Papers, 1/6/4 (FSU).

36. Quoted in Holroyd (1988: 81-3).

37. Interview with Monica Dirac, 7 February 2003; Interview with Leopold Halpern, 18 February 2003.

38. 머천트 벤처러스 스쿨이 그 시설을 낮에 이용했고, 칼리지가 밤에 이용했다.

39. 펠릭스의 대학 관련 문서들은 다음에 있다. Dirac Papers, 1/6/8 (FSU); 장학금 관련 기록은 다음에 있다. BRISTRO 21131/EC/Mgt/sch/1/1.

40. 디랙은 1917년에 브리스틀 대학교에 입학 자격시험을 쳤는데 대다수 다른 지원자들보다 3년이나 일렀다. 그는 한 해 동안 고등 수학을 공부하여 마침내 '물리학, 화학, 역학, 기하학 및 제도 그리고 추가적인 수학'에서 자격을 인정받아 어떤 전문 과목에서도 학위를 딸 수 있는 상태가 되었다. Dirac Papers, 1/10/13 (FSU); Details of Dirac's matriculation 디랙의 대학입학 시험에 관한 자세한 내용은 친구 허버트 윌트셔Herbert Wiltshire가 1952년 2월 10일 디랙에게 보낸 편지에도 나온다. Dirac Papers, 2/4/7 (FSU).

41. Interview with Dirac, AHQP, 6 May 1963, p. 7.

42. Interview with Flo Dirac, Svenska Dagbladet, 10 December 1933.

3장

1. Stone and Wells (1920: 371-2).

2. Bristol Times and Mirror, 12 November 1918, p. 3.

3. 'Recollections of Bristol University', Dirac Papers, 2/16/3 (FSU).

4. Lyes (n.d.: 29). 돌핀 스트리트 영화관에서는 가령 패티 아버클이 〈푸줏간 소년The Butcher Boy〉에 나왔다.

5. Quoted in Sinclair (1986).

6. Dirac Papers, 2/16/3 (FSU).

7. 공학생으로서 디랙이 공부했던 교재 목록은 다음에 나와 있다. Dirac Papers,

1/10/13 and 1/12/1 (FSU).

8. BRISTU, papers of Charles Frank. '전혀 감을 잡지 못하는'이라는 말은 전기공학을 가르쳤던 S. 홈스Homes씨가 G. H. 로클리프Rawcliffe에게 했고, 그가 이 말을 다시 1973년 5월 3일 찰스 프랭크Charles Frank에게 옮겼다.

9. Papers of Sir Charles Frank, BRISTU. '공학생인데도 그는 많은 시간을 물리학 도서관에서 보냈다'고 프랭크는 1973년에 공책에 적었다.

10. 대학에는 평일뿐만 아니라 토요일 아침 수업도 있었다 (전통적으로 수요일 오후는 대체로 스포츠 활동 때문에 수업이 없었다). 머천트 벤처러스 칼리지에 다닐 때 디랙에 관한 정보는 대학의 다음 자료에 있다. Year Books (BRISTRO 40659/1).

11. Letter to Dirac from Wiltshire, 4 May 1952, Dirac Papers, 2/4/7 (FSU). 대다수 사람들이 찰리라고 알고 있는 윌트셔의 첫 두 이름은 허버트 찰스Herbert Charles였다.

12. Dirac Papers, 2/16/3 (FSU).

13. Dirac Papers, 2/16/3 (FSU).

14. Interview with Leslie Warne, 30 November 2004.

15. Records of the Merchant Venturers' Technical College, BRISTRO.

16. 그 사진은 대학 공학 협회가 더글러스 사의 공장에 견학 갔을 때의 모습을 보여준다. Douglas' Works, Kingswood, 11 March 1919, Dirac Papers, 1/10/13 (FSU).

17. 'Miscellaneous collection, FH Dirac', September 1915, Dirac Papers, 1/2/2 (FSU).

18. 1918년부터 1925년까지 찰스와 함께 가르쳤던 E. B. 쿡Cook이 리처드 달리츠에게 해 준 말.

19. 1925년에 코탐 로드 스쿨에 들어와서 나중에 찰스의 뒤를 이어 프랑스어 주임교사가 된 W. H. 벌록Bullock이 리처드 달리츠에게 해준 말.

20. 찰스 디랙의 편지는 다음 자료에 재수록 되어 있다. Michelet (1988: 93).

21. Charles Dirac's Certificate of Naturalization, Dirac Papers, 1/1/3 (FSU). 찰스 디랙이 영국 시민권을 신청한 내용에 관한 문서는 다음에 있다. UKNATARCHI HO/144/1509/374920.

22. Interview with Mary Dirac, 21 February 2003.

23. Interview with Dirac, AHQP, 1 April 1962, p. 6.

24. Letter to Dirac from Wiltshire, 10 February 1952, Dirac Papers, 2/4/7 (FSU).

25. Dirac (1977: 110).

26. Sponsel (2002: 463).

27. Dirac (1977: 110).

28. 다음 책이 한 권에 5실링(25펜스)였다. Easy Lessons in Einstein by Dr E. L. Slosson. 다음 책은 한 권에 1기니(1.05파운드)였다. The Reign of Relativity by Viscount Haldane.

29. Eddington (1918: 35-9).

30. Dirac Papers, 1/10/14 (FSU).

31. Testimonies of Dr J. L. Griffin, Dr Leslie Roy Phillips and E. G. Armstead, provided to Richard Dalitz.

32. 어머니가 디랙에게 보낸 편지 내용인데, 편지는 날짜가 적혀 있지 않지만 디랙이 1920년 8월 1일경 럭비에 막 체류하기 시작했을 때 쓰였다. Dirac Papers, 1/3/1 (FSU).

33. Rugby and Kineton Advertiser, 20 August 1920.

34. Letters to Dirac from his mother, August and September 1920, especially 30 August and 15 September (FSU).

35. Interview with Dirac, AHQP, 1 April 1962, p. 7.

36. Letter from G. H. Rawcliffe, Professor of Electrical Engineering at Bristol to Professor Frank on 3 May 1973. BRISTU, archive of Charles Frank.

37. Broad (1923: 3).

38. Interview with Dirac, AHQP, 1 April 1962, p. 4 and 7.

39. Schilpp (1959: 54-5). 나는 브로드가 쓴 옛날 단어인 '걸쇠'를 '신발끈'으로 바꾸었다.

40. Broad (1923: 154). 이 책은 브로드가 디랙과 동료들에게 한 강의에 바탕을 두고 있다. 브로드는 모든 강의를 꼼꼼하게 준비했고 미리 자료로 작성해 놓았기에 출간하기가 쉬웠다. 그러므로 우리가 이 책에서 읽는 내용은 브로드가 디랙에게 강의했던 내용일 가능성이 높다.

41. Broad (1923: 486).

42. Broad (1923: 31).

43. Dirac (1977: 120).

44. Dirac (1977: 111).

45. Schultz (2003: Chapters 18 and 19).

46. Galison (2003: 238).

47. Skorupski (1988).

48. Mill (1892). 과학의 속성에 관한 그의 가장 유명한 발언은 제 2권과 제 3권(21장)에 나온다.

49. Dirac (1977: 111).

50. Interview with Dirac, AHQP, 6 May 1963, p. 6.

51. http://www.uh.edu/engines/epi426.htm (accessed 27 May 2008).

52. Nahin (1987: 27, n. 23). 헤비사이드는 자서전의 집필을 완성하지 못했다.

53. Interview with Dirac, AHQP, 6 May 1963, p. 4. 공학자들이 사용하는 그리고 디랙이 공학도였을 때 읽은 깔끔한 기법들의 또 다른 예는 그의 교재들 중 한 권(Thomälen, 1907)의 부록에 나와 있다.

54. 다이어그램을 공부하기 위해 사용했던 책 두 권은 다음과 같다. Popplewell (1907) (see especially Chapter 5) and Morley (1919) (see especially Chapter 6).

55. Dirac (1977: 113).

56. 그 '흥을 깬 과목'을 디랙은 1920년 여름에 배웠다. 디랙의 성적은 다음 자료에 나온다. Dirac Papers, 1/10/16 (FSU).

57. Interview with Dirac, AHQP, 6 May 1963, p. 13. 라틴어 실력이 부족하다고 디랙이 케임브리지의 대학원 과정에 입학하는 데 장애가 되지는 않았지만, 학부에서는 공부할 수가 없었을 것이다.

58. Warwick (2003: 406 n.); Vint (1956).

59. Letter from Charles Dirac, 7 February 1921, STJOHN.

60. 디랙은 1921년 6월 16일에 시험을 치렀다. 시험 관련 문서는 다음에 있다. Dirac Papers, 1/10/11 (FSU).

61. Letter from Dirac to the authorities at St John's College, 13 August 1921, STJOHN.

62. Boys Smith (1983: 23). 당시 케임브리지 대학교에서 학생으로 사는 데 드는 비용의 훨씬 더 높은 추산치는 다음에 나온다. Howarth (1978: 66): about £300.

63. Letter from Charles Dirac, 22 September 1921, STJOHN.

64. Unsigned letter from St John's College to Charles Dirac, 27 September 1921, STJOHN. 편지에 서명한 그 사람은 이렇게 마무리하고 있다. '아마도 (어떻게 할지) 결정하기 전에 귀하께서는 자제분이 쓸 수 있을 총금액을 제게 알려주시면 고맙겠습니다. 그러면 자제분이 뭘 할 수 있을지 더 잘 말씀드릴 수 있을 겁니다.'

4장

1. Interview with Dirac, AHQP, 6 May 1963, p. 9.

2. 수학과에서 디랙의 첫 학기에 관한 내용은 E. G. 암스테드Armstead가 리처드 달리츠에게 보낸 편지에서 알려준 이야기들이다. 해당 교수는 호레이스 토드Horace Todd이다.

3. Dirac (1977: 113); interview with Dirac, AHQP, 6 May 1963, p. 10.

4. Interview with Dirac, AHQP, 1 April 1962, p. 3.

5. 필시 디랙이 그 학문을 배운 책은 다음일 것이다. Projective Geometry by G. B. Matthews (1914), Published by Longmans, Green and Co. 이 책은 디랙에게 매우 뜻깊은 것임이 분명한데, 왜냐하면 죽을 때까지 지니고 있었던 젊은 시절의 몇 안 되는 책이기 때문이다. 그가 갖고 있던 책은 현재 플로리다 주립 대학교의 디랙 도서관에 소장되어 있다.

6. 디랙이 배운 순수수학은 다음 네 과목이다. 'Geometry of Conics; Differential Geometry of Plane Curves', 'Algebra and Trigonometry; Differential and Integral Calculus', 'Analytical Projective Geometry of Conics' and 'Differential Equations, Solid Geometry'. 다음을 보기 바란다. Bristol University's prospectus for 1922-3, BRISTU.

7. 디랙이 배운 응용수학은 다음 네 과목이다. Dirac studied four courses in applied mathematics: 'Elementary Dynamics of a Particle and of Rigid Bodies', 'Graphical and Analytical Statics', Hydrostatics', 'Dynamics of a Particle and of Rigid Bodies' and 'Elementary Theory of Potential with Applications to Electricity and Magnetism'. 다음을 보기 바란다. Bristol University's prospectus for 1922-3, BRISTU.

8. 노먼 존스Norman Jones (1912년부터 1925년까지 머천트 벤처러스 스쿨에 다녔음)가 1980년대에 리처드 달리츠에게 해준 말. 달리츠한테서 사적으로 들었다.

9. Interview with Dirac, AHQP, 1 April 1962, p. 8, and 6 May 1963, p. 10.

10. 특수 상대성이론이 과목에 들어 있었다는 것은 그 주제에 관한 시험 문제가 존재한다는 사실에서 유추할 수 있다. 다음을 보기 바란다. Dirac Papers, 1/10/15 and 1/10/15A (FSU).

11. '비가환적'이라는 용어는 한참 후인 1920년대에 디랙이 도입했다.

12. Cahan (1989: 10-24); Farmelo (2002a: 7-12).

13. Letter from Hassé to Cunningham, 22 March 1923, STJOHN.

14. Interview with Dirac, AHQP, 6 May 1963, p. 14. 디랙은 케임브리지에 처음 갔을 때 커닝햄을 만났다.

15. Warwick (2003: 466, 467, 468, 493 and 495).

16. Stanley (2007: 148); see also Cunningham (1970: 70), STJOHN.

17. Letter from Ebenezer Cunningham to Ronald Hassé, 16 May 1923, and letter from Dirac to James Wordie, 21 July 1923, STJOHN. 워디Wordie는 케임브리지에서 보내던 첫 몇 해 동안 디랙의 가정교사가 되었다. 과학산업연구부의 지원금은 전문적으로 말해서 연구 활동을 위한 생계 수당이었다. Postcard from Dirac to his parents, 25 October 1926 (DDOCS).

18. 디랙은 아버지가 돈을 대준 일의 중요성을 가까운 친구들에게 종종 이야기했다. 이를 확인해준 친구들의 인터뷰는 다음과 같다. Kurt Hofer in an interview on 21 February 2004, Leopold Halpern in an interview in February 2006 and Nandor Balázs in an interview on 24 July 2002.

5장

1. Gray (1925: 184-5).

2. Boys Smith (1983: 10).

3. 케임브리지 학생 잡지 『그란타The Granta』의 그 시대 호들을 보기 바란다. 가령, 시 'The Proctor on the Granta', 19 October 1923.

4. Boys Smith (1983: 20).

5. 디랙이 거치하던 하숙집에 대한 기록을 남겨두었다. 다음을 보기 바란다. Dirac Papers, 1/9/10 (FSU). 빅토리아 로드 7번지에 있던 디랙의 하숙집 여주인은 미스 조세핀 브라운이었다. 디랙은 1923년 10월부터 1924년 3월까지 그 하숙집에서 지냈다. 1924년 4월부터 6월까지는 밀턴 로드 1번지에서 지냈다. 대학원 마지막 해에는 알파 로드 55번지에서 지냈다.

6. 대학 기록에 의하면 디랙은 거기서 식사를 했다. 첫 학기에 대학에서의 식사 비용은 8파운드 17실링이었는데, 거기서 식사를 했던 다른 학생들과 똑같은 액수였다(STJOHN). 미스 브라운이 청구하는 하숙비에는 '요리'나 '음식 제공'에 대한 비용은 포함되지 않았다.

7. From documents in STJOHN. 디랙한테 제공되었을 메뉴의 전형적인 예는 1920년 12월 18일에 나온 다음과 같은 음식들이다. '토끼 스프 / 삶은 양고기/ 감자, 으깬 순무, 당근 오뵈르/ 팬케이크 / 생강 과자 / 뜨거운 파이와 찬 파이 / 안초비 달걀'. 그는 배고팠을 리가 없다.

8. Interview with Monica Dirac, 7 February 2003.

9. Interview with Mary Dirac, 21 February 2003. 디랙의 말은 '나 자신에게 용기를 주려고'였다.

10. Interview with John Crook, 1 May 2003.

11. Boys Smith (1983: 7).

12. 케임브리지 학생 잡지 《그란타*The Granta*》의 그 시대 호들을 보기 바란다.

13. Werskey (1978: 23).

14. Snow (1960: 245). Dirac (1977: 117).

15. Needham (1976: 34).

16. Stanley (2007: Chapter 3), especially pp. 121-3; Earman and Glymour (1980: 84-5).

17. Hoyle (1994: 146).

18. De Bruyne, N. in Hendry (1984: 87).

19. 이 설명은 주로 다음에서 얻었다. Snow (1960), and from Cathcart (2004: 223).

20. Wilson (1983: 573).

21. Oliphant (1972: 38).

22. Mott (1986: 20-2); Hendry (1984: 126).

23. Oliphant (1972: 52-3).

24. 카를 구스타프 융이 1923년에 영어에 'extrovert(외향적인)'와 'introvert(내향적인)'를 도입했다.

25. 'Naval diary, 1914-18. Midshipman', by Patrick Blackett, pp. 80-1. Text kindly supplied by Giovanna Blackett.

26. Nye (2004: 18, 24-5).

27. Boag et al. (1990: 36-7); Shoenberg (1985: 328-9).

28. Boag et al. (1990: 34).

29. 추콥스키의 첫 번째 책 악어는 1917년 출간되었다. 이 정보는 알렉세이 코예브니코프Alexei Kojevnikov 덕분에 얻었다. 카피차가 그 별명을 처음 설명한 것을 나중에 채드윅은 이렇게 회상했다. 러더퍼드와 연구에 관한 논의를 할 때 카피차는 늘 자기 머리가 물어뜯길까봐 걱정이 돼서 그런 별명을 짓게 되었다고. (Chadwick papers, II 2/1 CHURCHILL). 채드윅은 다른 설명들은 사실이라고 인정하지 않았다. (e.g. Boag et al. 1990:11).

30. Letter from Keynes to his wife Lydia, 31 October 1925, Keynes archive, JMK/PP/45/190/3/14 to JMK/PP/45/190/3/16 (KING'S © 2008).

31. Spruch (1979: 37-8); Gardiner (1988: 240). 또한 다음을 보기 바란다. The Cambridge Review, 7 March 1942; Boag et al. (1990: 30-7).

32. Parry (1968: 113).

33. Letter from Kapitza to V. M. Molotov, 7 May 1935, translated in Boag et al. (1990: 322).

34. Hughes (2003), Section 1.

35. Childs, W., Scotland Yard, to Chief Constable, Cambridge, 18 May 1923, KV 2/777, UKNATARCHI.

36. Werskey (1978: 92); Brown (2005: 26, 40).

37. 1933년 그리고 1934년의 두 학기에 카피차의 중재로 열린 카피차 클럽 모임에 관해 회상해준 모리스 골드하버Maurice Goldhaber에게 감사드린다.

38. Blackett (1955).

39. Postcard from Dirac, 16 August 1925 (DDOCS).

40. 가령 다음을 보기 바란다. Letters to Dirac from his mother, 26 October and 16 November 1925, 2 June 1926, 7 April 1927: Dirac Papers, 1/3/5 and 1/3/6 (FSU).

41. 램지 맥도널드의 노동당 정부는 소수당이어서, 정부의 생존이 다른 두 당 중 적어도 한 당의 지지에 달려 있었다. 그런 이유도 있고 해서 그 정부는 온건 정책을 폈다.

42. Letter to Dirac from his mother, 9 February 1924, Dirac Papers, 1/3/3 (FSU).

43. 1924년의 한 편지에 보면 펠릭스는 주급으로 2파운드 10실링을 받았다. Dirac Papers, 1/6/3 (FSU).

44. 박사의 이름은 철자가 확실하지는 않다. 그가 펠릭스한테 보낸 편지들 중 가령 1923년 9월 25일자와 9월 21일자 편지가 다음에 들어있다. Dirac Papers, 1/6/6 (FSU). 나는 펠릭스와 서신을 교환한 사람의 신지론에 대해 조언을 해준 피터 하비Peter Harvey 그리고 박사의 편지의 어조를 동양철학의 추종자의 관점에서 지적해 준 러셀 웹Russell Webb에게 감사드린다.

45. Interview with Dirac, AHQP, 1 April 1962, pp. 5-6.

46. Cunningham (1970: 65-6).

47. Description of Compton is from the article 'Compton Sees a New Epoch in Science', New York Times, 13 March 1932.

48. Einstein (1949), in Schilpp (1949: 47).

49. Hodge (1956: 53). 디랙이 케임브리지에서 공부하던 초창기 시절에 수학적,과학적으로 받은 영향은 다음에 자세한 내용이 나온다. The final section of Darrigol (1992).

50. Cunningham, E., 'Obituary of Henry Baker', The Eagle, 57: 81. Dirac (1977: 115-16).

51. Edinburgh Mathematical Notes, 41, May 1957.

52. Quoted in Darrigol (1992: 299-300).

53. Moore (1903: 201); Baldwin (1990: 129-30). 도덕과 비교하여 예술의 역할에 대한 무어의 개념은 헤겔 및 헤겔의 추종자들한테서 이미 나타났다. 무어는 이 입장을 빅토리아 시대 사상가 헨리 시즈윅Henry Sidgwick한테서 습득한 공리주의에 맞게 조정했다. 존 스튜어트 밀은 '더 높은' 쾌락의 위대한 가치라는 개념을 통해 무어를 앞지르고 있다.

54. (2002: 32). 버드Budd가 아름다움의 경험에 관한 칸트의 개념을 기술하고 있듯이, 그것은 상상과 이해가 상호 조화에 의해 서로 촉진되는 놀이다 (2002: 32).

55. Boag et al. (1990: 133).

56. Letter from Einstein to Heinrich Zangger, 26 November 1915.

57. 이것을 포함해 1948년 말까지 디랙의 모든 출간물은 다음에 재수록되어 있다. Dalitz (1995).

58. Interview with Dirac, AHQP, 7 May 1963, p. 7.

59. Orwell (1946: 10).

6장

1. 1925년 4월 커닝햄이 디랙에 대해 한 말로 디랙의 졸업반 학생 장학금 신청을 위해서였다. 1851COMM.

2. Undated to Dirac from his mother, c. May 1924.

3. 디랙은 성미카엘 축일(가을) 학기에 뉴 코트의 1층 H7실에 있었다. 나중에 다른 방으로 이리저리 옮겼다. 1925년 사순절(겨울) 학기와 부활절 학기에는 뉴 코트 E12실에서 살았다. 1927년 성미카엘 축일 학기에서 1930년 부활절 학기까지는 뉴 코트 A4실에서 살았다. 1930년 성미카엘 축일 학기에는 2층 C4실에서 살았다. 1936년 마이클마스 학기부터 1937년 성미카엘 축일 학기까지는 뉴 코트 I10실에서 살았다.

4. Letter from Dirac to Max Newman, 13 January 1935, Newman archive in STJOHN.

5. Letter to Dirac from his mother, undated, c. November 1924, Dirac Papers, 1/3/3 (FSU).

6. Letter from 'Technical Manager' (unnamed) at W & T Avery Ltd, 10 January 1925, Dirac Papers, 1/6/3 (FSU).

7. Interview with Dirac, AHQP, 1 April 1962, p. 5; Salaman and Salaman (1986: 69). 나는 묘비에

적힌 펠릭스의 사망 일자 1925년 3월 5일은 정확하다고 여긴다. 사망 증명서에는 사망 일자가 하루 늦게 적혀 있다.

8. Letter to Dirac from his Auntie Nell, 9 March 1925, Dirac Papers, 2/1/1 (FSU).

9. Express and Star (local paper in Much Wenlock), 9 March 1925; Bristol Evening News, 27 March 1925.

10. Interview with Mary Dirac, 21 February 2003; interview with Monica Dirac, 7 February 2003. In an interview with Leopold Halpern, 18 February 2003. 핼펀에 의하면, 디랙은 펠릭스의 자살을 이야기하기엔 너무 고통스럽다고 했다고 한다.

11. Bristol Evening News, 9 March 1925.

12. Bristol Evening News, 10 March 1925.

13. 디랙은 종종 그런 말을 했다. 그의 감정은 다음에 기록되어 있다. Salaman and Salaman (1986: 69). 그와 가까운 친구 레오폴드 핼펀도 디랙이 그런 말을 따로 자기에게 해주었다고 했다 (Interview on 18 February 2002).

14. Letter to Dirac from his mother, 4 May 1925, Dirac Papers, 1/3/4 (FSU). 디랙은 친구들에게 마음을 열었을 때 늘 그 말을 했고 자기 아이들한테도 말해주었다.

15. 플로렌스는 1938년 3월 5일 「펠릭스를 추모하며*In Memoriam, To Felix*」라는 시를 썼다. 시는 다음 자료에 나와 있다. Dirac Papers, 1/2/12 (FSU).

16. Letter to Dirac from his mother, 22 March 1925, Dirac Papers, 1/3/4 (FSU).

17. Death certificate of Felix Dirac, registered 30 March 1925.

18. Interview with Leopold Halpern, 18 February 2003.

19. Interview with Christine Teszler, 22 January 2004.

20. 디랙이 다룬 문제는 이랬다. 만약 빛이 콤프턴이 주장한대로 광자로 이루어져 있다면, 이 입자들은 태양 표면 주위에서 소용돌이치는 전자들과의 충돌로 인해 어떤 영향을 받을 것인가?

21. Mehra and Rechenberg (1982: 96).

22. Dirac (1977: 118).

23. C. F. Weizsäcker, in French and Kennedy (1985: 183-4).

24. Pais (1967: 222). 파이스는 보어의 특이한 말투를 생생하게 전하면서 이렇게 언급했다. '보어는 자기가 생각하는 것보다 더 분명하게 말하지 않는 계율을 갖고 있었다.'

25. Letters from Bohr to Rutherford, 24 March 1924 and 12 July 1924, UCAM Rutherford archive.

26. Elsasser (1978: 40-1).

27. In his AHQP interview on 1 April 1962 (p. 9) and in an interview on 26 June 1961 (Van der Waerden 1968: 41). 이 자료에 보면 디랙은 참석하지 않았다고 말했고, 그 외의 자료에서는 참석했다고 말했다. (Dirac 1977: 119).

28. 하이젠베르크는 다음 자료에서 카피차 클럽에서 자신의 경험 그리고 파울러와 함께했던

경험을 회상하고 있다. BBC Horizon programme 'Lindau', reference 72/2/5/6025. 녹화는 디랙의 참석 하에 1965년 6월 28일에 이루어졌다.

29. 신청서는 다음에 있다. 1851COMM.

30. Letter to Dirac from his mother, with a contribution from his father, June 1925, in Dirac Papers, 1/3/4 (FSU). 어머니의 말에 의하면 그 신청을 홍보한 매체는 다음과 같다. Times Higher Education Supplement.

31. 교정을 거친 논문이 다음 자료에 있다. Dirac Papers, 2/14/1 (FSU).

32. 이 논문의 영어 번역본과 더불어 양자역학 초기 역사의 다른 주요 논문들은 다음에 재수록되어 있다. Van der Waerden (1967).

33. Dirac (1977: 119).

34. Interview with Flo Dirac, Stockholms Dagblad, 10 December 1933.

35. Darrigol (1992: 291-7).

36. Dirac (1977: 121).

37. Letter from Albert Einstein to Paul Ehrenfest, 20 September 1925, in Mehra and Rechenberg (1982: 276).

38. Dirac (1977: 121-5).

39. Dirac (1977: 122).

40. 여기서 X와 Y는 편미분이라고 알려진 유형의 수식이다. 중요한 점은 푸아송 괄호의 형태와 차이 AB – BA 사이의 표면적 유사성이다.

41. Eddington (1928: 210).

42. Elsasser (1978: 41).

43. Reference for Dirac, written by Fowler in April 1925, for the Royal Commission of the Exhibition of 1851, 1851COMM.

44. 그 학생은 베테랑 교수인 조지프 라머 경Sir Joseph Larmor 밑에서 공부하고 있던 로버트 쉴랩Robert Schlapp이었다.

45. Van der Waerden (1960).

46. Letters from Oppenheimer to Francis Fergusson, 1 November and 15 November 1925; in Smith and Weiner (1980: 86-9).

47. Bird and Sherwin (2005: 44).

48. Letter to Dirac from his mother, 16 November 1925. 그녀는 11월 24일에 쓴 디랙에게 보낸 또 다른 편지에서도 '얼음 덩어리'의 이미지를 다시 말하고 있다, Dirac Papers, 1/3/4 (FSU).

49. 하이젠베르크가 나중에 한 말에 의하면, 그가 양자역학에 관한 디랙의 첫 논문을 읽었을 때 저자가 일급 수학자인 줄 알았다고 한다. (BBC Horizon programme, 'Lindau', reference 72/2/5/6025).

50. Frenkel (1966: 93).

51. Born (1978: 226).

52. Letter to Dirac from Heisenberg, 23 November 1925, Dirac Papers, 2/1/1 (FSU).

53. 이 무렵 하이젠베르크가 디랙에게 보낸 모든 편지들은 다음에 있다. Dirac Papers, 2/1/1 (FSU).

54. Beller (1999: Chapter 1) 또한 다음을 보기 바란다. Farmelo (2002a: 25-6).

7장

1. Letter from Einstein to Michel Besso, 25 December 1925, quoted in Mehra and Rechenberg (1982: 276).

2. Letter from Einstein to Ehrenfest, 12 February 1926, quoted in Mehra and Rechenberg (1982: 276).

3. Bokulich (2004).

4. Dirac (1977: 129).

5. Slater (1975: 42).

6. Jeffreys (1987).

7. Bird and Sherwin (2005: 46).

8. Interview with Oppenheimer, AHQP, 18 November 1963, p. 18.

9. 'The Cambridge Review', 'Topics of the Week' on 14 March and 12 May 1926.

10. Letters to Dirac from his mother, 16 March 1926 and 5 May 1926, Dirac Papers, 1/3/5 (FSU).

11. Morgan et al. (2007: 83); Annan (1992: 179-80); Brown (2005: 40 and Chapter 6); Werskey (1978: 93-5).

12. Quoted in Brown (2005: 75).

13. Wilson (1983: 564-5).

14. Morgan et al. (2007: 84).

15. Morgan et al. (2007: 80-90).

16. Dirac Papers, 2/1/2 (FSU).

17. 이 내용은 3년 전에 카피차가 졸업식에서 박사학위를 받았을 때의 기록을 따랐다. 학위 수여식 절차는 그때와 똑같았기 때문이다. 다음을 보기 바란다. Boag et al. (1990: 168-9).

18. Letter to Dirac from his mother, 28 June 1926, Dirac Papers, 1/3/5 (FSU).

19. 케임브리지 신문들은 7월에 폭염 사망자가 속출했다고 보도했다. 그 도시에서 3년 동안 가장 더웠던 날의 다음 신문을 보기 바란다. Cambridge Daily News, 15 August 1926.

20. 디랙은 인도 콜카타의 학생인 무명의 사티엔드라 보스가 내놓은 복사 스펙트럼의 유도 공식을 면밀하게 공부했다. 누구도 왜 그의 공식이 통하는지 이해하지 못했다. 아인슈타인은 보스의 개념을 발전시켜, 지금은 그 둘의 이름을 따서 불리는 이론을 내놓았다.

21. Postcard from Dirac to his parents, 27 July 1926, DDOCS.

22. Letter to Dirac from Fermi, Dirac Papers 2/1/3 (FSU).

23. Greenspan (2005: 135); Schücking (1999: 26).

24. Letter to Dirac from his mother, 2 October 1926, Dirac Papers 1/3/6.

25. Mott (1986: 42).

8장

1. 1932년 4월 짐 크로우더는 오후에 차를 마시며 보어에게 비슷한 이야기를 들었다고 적었다(Book I of Crowther's notes from his meeting with Bohr, pp. 99-100 [SUSSEX]).

2. Book I of Crowther's notes from his meeting with Bohr, 24 April 1932, pp. 96-101, SUSSEX. 또한 다음을 보기 바란다. The article on Dirac by John Charap in The Listener, 14 September 1972, pp. 331-2.

3. Book I of Crowther's notes from his meeting with Bohr, p. 99, SUSSEX.

4. Dirac (1977: 134).

5. Bohr's words (Nicht um zu kritisieren aber nur um zu lernen) are quoted in Dirac (1977: 136).

6. Postcard from Dirac to his parents, 1 October 1926 (DDOCS).

7. Letter from Dirac to James Wordie, 10 December 1926, STJOHN; Dirac (1977: 139).

8. '뽐내기를 좋아했다 – liked the sound of his own voice'와 같은 표현은 다음에 나온다. The letter John Slater wrote to John Van Vleck on 27 July 1924, John Clarke Slater papers APS. 또한 다음을 보기 바란다. Cassidy (1992: 109).

9. Crowther notes, p. 99, SUSSEX.

10. 그 파동은 수학적으로 복소함수라고 알려진 것인데, 이는 그 파동이 임의의 점에서 두 성분, 즉 실수부와 허수부를 갖는다는 뜻이다. 임의의 점에서 파동의 '크기'는 두 성분 모두와 관련을 갖는데, 이 크기를 절댓값modulus이라고 한다. 보른에 의하면 한 점 근처의 매우 작은 영역에서 양자를 찾을 확률은 파동의 절댓값의 제곱과 관련이 있다.

11. Pais (1986: 260-1).

12. Heisenberg (1967: 103-4).

13. Interview with Oppenheimer, AHQP, 20 November 1963.

14. Weisskopf (1990: 71).

15. Interview with Dirac, AHQP, 14 May 1963, p. 9.

16. Garff (2005: 308-16, 428-31).

17. Interview with Monica Dirac, 3 May 2006.

18. Quoted in Garff (2005: 311); interview with Dirac, AHQP, 14 May 1963, p. 9.

19. Møller (1963).

20. 디랙은 또한 다음 책을 공부하면서 그런 함수의 필요성을 알아차렸다. Eddington's The Mathematical Theory of Relativity (1923). 190쪽에서 에딩턴은 엄밀하지 않은 수학을 사용하고 있으며, 주석에서 그것에 주의를 환기시키고 있는데, 디랙은 그 주석을 읽었다. 이는 델타 함수가 한 과학 방정식을 타당하게 만들어주는 데 필요하다는 사례였는데, 델타 함수가 없었다면 그 방정식은 수학적으로 이해하지 못했을 것이다. 다음을 보기 바란다. Interview with Dirac, AHQP, 14 May 1963, p. 4.

21. Interview with Dirac, AHQP, 6 May 1963, p. 4.

22. Heaviside (1899: Sections 238-42).

23. Lützen (2003: 473, 479-81).

24. Interview with Heisenberg, AHQP, 19 February 1963, p. 9.

25. Dirac (1962), report of the Hungarian Academy of Sciences, KFKI−1977−62.

26. Letter from Einstein to Paul Ehrenfest, 23 August 1926, 다음을 보기 바란다. Pais (1982: 441).

27. 디랙이 이를 언급한 출처는 다음과 같다. A press release issued by Florida State University on 24 November 1970; Dirac Papers, 2/6/9 (FSU).

28. Letters to Dirac from his mother, 19 November, 26 November, 2 December, 9 December 1926, Dirac Papers, 1/3/6 (FSU).

29. 아마도 찰스는 다른 편지들도 디랙에게 썼을지 모른다. 만약 그렇다면 디랙이 그 편지들을 보관하지 않았던 것이다. 이는 평소 디랙의 습관에 맞지 않는데, 왜냐하면 그는 가족과 나눈 서신들을 대부분 보관했기 때문이다. 게다가 어머니가 아들에게 자주 보냈던 편지들에는 아버지의 전언이 종종 들어 있었는데, 이는 아버지가 아내를 통해 아들에게 연락하고 있었음을 알게 해준다. 그런 식의 가족 간 의사소통은 당시에 흔했다.

30. Letter to Dirac from his father, 22 December 1926, Dirac Papers, 1/1/7 (FSU).

31. Letter to Dirac from his mother, 25 December 1926, Dirac Papers, 1/3/6 (FSU).

32. Mehra (1973: 428-9).

33. Postcard from Dirac to his parents, 10 January 1927, DDOCS.

34. Slater (1975: 135).

35. Elsasser (1978: 91).

36. Born (2005: 88).

37. 'The deepest thinker': Dirac (1977: 134).

38. '가장 눈에 띄는 과학적 마인드. . .': Crowther notes, p. 21, SUSSEX. '논리적인 천재'라는 말은 보어와의 인터뷰에서 나온다, AHQP, 17 November 1962, p. 10.

39. 두 말 모두 크로우더의 노트에서 인용, p. 97, SUSSEX.

40. 'PAM Dirac and the Discovery of Quantum Mechanics', Cornell 학회, 20 January 2003.

9장

1. Bird and Sherwin (2005: 62).

2. Bernstein (2004: 23).

3. Bird and Sherwin (2005: 65).

4. 카리오 씨의 집 주소는 다음이다. Giesmarlandstrasse 1. 다음을 보기 바란다. Interview with Oppenheimer, AHQP, 20 November 1963, p. 4.

5. Michalka and Niedhart (1980: 118).

6. Frenkel (1966: 93).

7. Interview with Gustav Born, 6 April 2005.

8. Frenkel (1966: 93).

9. Weisskopf (1990: 40).

10. Bird and Sherwin (2005: 56, 58).

11. 괴팅겐에서 학문적 펜싱에 관한 내용은 다음을 보기 바란다. Frenkel (1966: 94). 또한 다음을 보기 바란다. Peierls (1985: 148).

12. Interview with Oppenheimer, AHQP, 20 November 1963, p. 6.

13. Interview with Oppenheimer, AHQP, 20 November 1963, p. 11.

14. Delbrück, M. (1972) 'Homo Scientificus According to Beckett'.

15. Greenspan (2005: 144-6).

16. Elsasser (1978: 71-2).

17. Letter from Raymond Birge to John Van Vleck, 10 March 1927, APS.

18. Elsasser (1978: 51).

19. Frenkel (1966: 96).

20. Delbrück (1972: 135).

21. Wigner (1992: 88).

22. Mill's comment is in Mill (1873: Chapter 2).

23. Interview with Oppenheimer, AHQP, 20 November 1963, p. 11.

24. 괴팅겐에서 지낼 때 디랙은 자신의 이론을 원자가 양자도약을 할 때 방출하는 빛에

성공적으로 적용했다. 분명 보어와 논의를 한 이후였을 것이다. 다음을 보기 바란다. Weisskopf (1990: 42-4).

25. Letter from Pauli to Heisenberg, 19 October 1926, reprinted in Hermann et al. (1979). 또한 다음을 보기 바란다. Beller (1999: 65-6); Cassidy (1992: 226-46).

26. Heisenberg (1971: 62-3).

27. 하이젠베르크는 그 원리가 에너지와 시간 그리고 전문 용어로 '정준공액변수Canonically conjugate variables'라고 알려진 다른 양들의 쌍에도 적용됨을 증명했다.

28. 학생들한테 유명한 산책길이었다. 가령 다음을 보기 바란다. Frenkel (1966: 92). 1927년 4월 5일 디랙은 부모에게 보내는 엽서에 그 산책길 이야기를 했다 (DDOCS).

29. Lecture by Dirac, 20 October 1976, 'Heisenberg's Influence on Physics': Dirac Papers, 2/29/19 (FSU); 또한 다음을 보기 바란다. The interview with Dirac, AHQP, 14 May 1963, p. 10.

30. 다음을 보기 바란다. The article on complementarity in French and Kennedy (1985), e.g. Jones, R.V. 'Complementarity as a Way of Life', pp. 320-4; 또한 다음을 보기 바란다. The illustration of Bohr's coat of arms, p. 224.

31. Interview with Dirac, AHQP, 10 May 1969, p. 9.

32. Eddington (1928: 211). 이 책은 그가 1927년 1월과 3월 사이에 했던 일련의 강의를 바탕으로 물리학의 최신 개념들을 개괄하고 있다.

33. Eddington (1928: 209-10).

34. Dirac (1977: 114).

35. Dirac Papers, 2/28/35 (FSU). 세미나는 1972년 10월 30일에 열렸다. 다음을 보기 바란다. Farmelo (2005: 323).

10장

1. Interview with Oppenheimer, AHQP, 20 November 1963, p. 5.

2. Greenspan (2005: 137).

3. Goodchild (1985: 20). 설령 디랙이 그 시를 직접 짓지는 않았더라도, 그런 정서에는 공감했다. 다음을 보기 바란다. Interview with von Weizsächer, AHQP, 9 June 1963, p. 19.

4. Dirac (1977: 139); Greenspan (2005: 141).

5. Greenspan (2005: 142), and von Meyenn and Schücking (2001: 46). 그 학생은 오토 헤크만Otto Heckmann이었다. 보이스 스미스의 말은 케임브리지 대학교 세인트 존스 칼리지의 이전 동료인 피터 고다드와 2006년 7월 5일 나눈 대화에서 나왔다.

6. 장학금에 관한 정보는 출처가 다음과 같다. Angela Kenny, archivist, Royal Commission for the

Exhibition of 1851 (E-mail, 10 December 2007).

7. Letter from Dirac to James Wordie, 28 February 1927, STJOHN.

8. Letter to Dirac from his mother, 28 June 1928, Dirac Papers, 1/3/8 (FSU).

9. Greenspan (2005: 145).

10. Greenspan (2005: 146).

11. Letter to Dirac from his mother, 7 April 1927, Dirac Papers, 1/3/7 (FSU).

12. Letter to Dirac from his mother, 20 May 1927, Dirac Papers, 1/3/7 (FSU).

13. Letter to Dirac from his mother, 6 January 1927, Dirac Papers, 1/3/7 (FSU).

14. Letter to Dirac from his mother, 10 February 1927, Dirac Papers, 1/3/7 (FSU).

15. Letter to Dirac from his mother, 20 May 1927, Dirac Papers, 1/3/7 (FSU).

16. Letter to Dirac from his mother, c. 26 March 1927, Dirac Papers, 1/3/7 (FSU).

17. 플로렌스는 그 수업에 참석하는 여러 남자와 어울렸고, 심지어 그들 중 한 명을 디랙에게 소개했다. 독일어를 쓰는 보험회사 직원인 몽고메리 씨('몬티')였다. Letter to Dirac from his mother, 18 March 1927, Dirac Papers, 1/3/7 (FSU).

18. 이 회상은 1980년대에 리처드 달리츠에 의한 내용이다.

19. Letter from Dirac to Manci Balázs, 7 April 1935, DDOCS.

20. Letter from Dirac to Manci Balázs, 17 June 1936, DDOCS.

21. 그들의 주소는 다음과 같았다. 173 Huntingdon Road. Fen (1976: 161); Boag et al. (1990: 78).

22. 회의는 1927년 10월 24일부터 29일까지 레오폴드 공원에 있는 솔베이 생리학 연구소에서 열렸다.

23. Letter from John Lennard-Jones (of Bristol University) to Charles Léfubure (Solvay official), 9 March 1928, SOLVAY.

24. 다음을 보기 바란다. http://www.maxborn.net/index.php?page=filmnews (accessed 13 May 2008).

25. Heisenberg (1971: 82-8); interview with Heisenberg, AHQP, 27 February 1963, p. 9. 호텔의 장소는 1927년 10월 3일 회의 진행자가 디랙에게 보낸 장소에 나와 있다. Dirac Papers, 2/1/5 (FSU).

26. Dirac (1982a: 84).

27. Interview with Heisenberg, AHQP, 27 February 1963, p. 9.

28. Heisenberg (1971: 85-6).

29. 1850년대 초에 《펀치Punch》의 유머 작가 더글러스 제럴드Douglas Jerrold는 논란이 많았던 페미니스트 작가 해리엇 마티노Harriet Martineau를 두고서 이런 재담을 날렸다. '신은 없고, 해리엇 마티노가 선지자다.' 다음을 보기 바란다. A. N. Wilson (2002), The Victorians, London:

Hutchinson, p. 167.

30. Dirac Papers, 2/26/3 (FSU).

31. Dirac (1977: 140).

32. Dirac (1977: 141).

11장

1. Menu from College records, STJOHN.

2. Crowther (1970: 39) and Charap (1972).

3. Interviews with Dirac, AHQP, 1 April 1962, p. 15; 7 May 1963, pp. 7-8.

4. 디랙은 당시 추구하던 목표에 대해 서로 상반되는 이야기들을 했다. 한 이야기에 의하면, 그는 '전자에 관한 만족할 만한 상대론적 이론을 어떻게 얻을 수 있을까?'라는 질문에 답을 찾고 있노라고 밝혔다 (Dirac 1977: 141). 다른 이야기에서는, '나의 주된 관심사는 가능한 한 가장 단순한 유형의 입자, 즉 아마도 스핀 없는 입자의 만족할 만한 상대론적 이론을 얻는 것이다'고 말하고 있다. 디랙은 후자의 말을 다음 제목을 단 '종이 한 장'에 적었다. 'Sommerfeld Atombau un Spektralinen II 539.18' in Dirac Papers, 2/22/15 (FSU). 나는 1977년의 발언을 더 좋아하는데, 왜냐하면 디랙이 자신만의 사고로 주의 깊게 열어나간 과학사의 진행 과정에 가장 근접한 생각이기 때문이다.

5. Farmelo (2002a: 133).

6. 다음을 보기 바란다. Notes for Dirac's lectures in the 1970s and 1980s: 2/28/18-2/29/52 (FSU).

7. Huxley's 1870 Presidential Address to the British Association for the Advancement of Science in Huxley (1894). 디랙은 비슷한 문구를 사용하고 있다. '새로운 개념의 시조는 늘 어떤 발전이 그것을 죽여 버릴지 모를까 봐 늘 조금 두려워한다.' (1977: 143).

8. Interview with Dirac, AHQP, 7 May 1963, p. 14; Dirac (1977: 143).

9. Letter from Darwin to Bohr, 26 December 1927 (AHQP).

10. Interview with Rosenfeld, AHQP, 1 July 1963, pp. 22-3.

11. Mehra (1973: 320).

12. 재능 있는 젊은 물리학자 루돌프 파이얼스가 밝히기로, 그 방정식을 며칠 동안 연구했는데도 그는 '무엇을 다루는지 낌새를 채기 시작하긴 했지만, 단 한 단어도 이해하지 못했다.' Letter from Peierls to Hans Bethe, 4 May 1924, quoted in Lee (2007b: 33-4).

13. Florida State University Bulletin, 3 (3), 1 February 1978.

14. Slater (1975: 145).

15. Postcard from Darwin to Dirac, 30 October 1929, Dirac Papers, 2/1/9 (FSU).

16. 디랙은 1927~8년의 성 미카엘 학기 및 사순절 학기에서 양자역학 강의를 하고서 100파운드를 벌었다. 다음을 보기 바란다. The letter from the Secretary to the Faculty of Mathematics, 16 June 1927, Dirac Papers, 2/1/4 (FSU).

17. 나중에 크로우더는 1950년에 공산당을 떠났다고 확언했지만, 언제 공산당을 떠났는지는 확실하지 않다. 이 정보를 알려준 앨런 존스에게 감사드린다.

18. Clipping, annotated by Charles Dirac, in Dirac Papers, 1/12/5 (FSU).

19. The Times, 5 October 1931, p. 21. 잘 정리된 이 기사는 아마 용케도 디랙을 설득해서 그의 연구에 대한 이야기를 들었던 한 기자가 썼다.

20. 'Mulling over the Universe with Paul Dirac', interview by Andy Lindstrom, Tallahassee Democrat, 15 May 1983.

21. Letter to Dirac from his mother, 26 January 1928, Dirac Papers, 1/3/8 (FSU). 또한 다음을 보기 바란다. Postcard from Dirac to his parents, 1 February 1928 (DDOCS).

22. 다음을 보기 바란다. The entry for Bishop Whitehead in Crockford's Clerical Dictionary, 1947, p. 1,416. 또한 다음을 보기 바란다. Billington Harper (2000: 115-26, 129-33, 293-5). 화이트헤드 부인에 관한 인용문은 p. 145에 나온다. 이자벨 화이트헤드의 집에 관해 설명해 준 올리버 화이트헤드 및 이자벨 화이트헤드의 손자로서 고인이 된 데이비드 화이트헤드에게 감사드린다.

12장

1. Kojevnikov (1993: 7-8).

2. Peierls (1985: 62-3).

3. Kojevnikov (2004: 64-5).

4. Letter from Tamm to his wife, 4 March 1928, in Kojevnikov (1993: 7).

5. '튤립 꽃밭이 이제 활짝 피어 있다': Postcard from Dirac to his parents, 29 April 1928 (DDOCS). '(라이덴은) 해수면 아래여서 거리들만큼이나 운하들이 많다': Postcard from Dirac to his parents, 29 June 1927 (DDOCS).

6. Letter from Tamm to his wife, undated, Kojevnikov (1993: 8).

7. Casimir (1983: 72-3).

8. Brown and Rechenberg (1987: 128).

9. Letter from Heisenberg to Pauli, 31 July 1928, in Kronig and Weisskopf (1964).

10. Peierls (1987: 35). 이 이야기에서 파이얼스는 극장에 간 것을 기억하지만, 그가 1928년 9월

14일 디랙에게 보낸 편지 (Lee [2007: 50])를 보면 둘은 오페라를 보러 간 듯하다. 20세기 초반 프로이센 예절에 관해 알려준 올라프 브라이트바흐Olaf Breidbach 교수에게 감사드린다.

11. Born (1978: 240) and Greenspan (2005: 151-3).

12. Schücking (1999: 27).

13. 보어는 자기가 특히 좋아했던 서부 영화 속의 카우보이들을 가리키는 표준적인 이름을 따서 가모프에게 '조'라는 별명을 붙였다 (Interview with Igor Gamow, 3 May 2004). 또한 다음을 보기 바란다. Reines (1972: 289-99; see pp. 280); Mott (1986: 28).

14. 유일한 예외는 디랙의 러더퍼드의 학생 J. W. 하딩Harding과 공저한 다음 논문이다. 'Photoelectric Absorption in Hydrogen-Like Atoms', in January 1932.

15. Gamow (1970: 14).

16. Wigner (1992: 9-15).

17. Letter from Gabriel Dirac to Manci Dirac, 5 September 1940: '흥미롭게 여기실지 모르겠지만, 모두들 ([막스] 보른 교수, [모리스] 프라이스 및 아빠 [폴 디랙]) 존 폰 노이만이 세계 최고의 수학자라는 걸 알고 있어요 (DDOCS).

18. Fermi (1968: 53-9).

19. Wigner (1992: 37-43).

20. Interview with Pat Wigner, 12 July 2005.

21. 디랙은 1928년 7월 18일 부모에게 이런 편지를 보냈다. '여기 숲에는 밤이면 반딧불이가 가득해요. 하르츠 산의 정상에 올라가 봤어요.' (DDOCS).

22. 디랙의 아내는 나중에 그에게 이런 내용의 편지를 보내게 된다. '아름다운 책이 내게 미치는 효과와 똑같은 효과를 아름다운 풍경이 당신에게 미치는 것 같네요.' 12 August 1938 (DDOCS).

23. Letter to Dirac from his mother, 12 July 1928, Dirac Papers, 1/3/8 (FSU).

24. Sinclair (1986: 32-3).

25. Letter from Dirac to Tamm, 4 October 1928, Kojevnikov (1993: 10). 회의는 8월 5일부터 8월 20일까지 열렸다.

26. Brendon (2000: 241).

27. Salaman and Salaman (1986: 69). 이 이야기에서는 디랙이 그걸 경험한 해를 1927년이라고 나와 있다. 하지만 그해에 러시아에 가지 않았기에 그건 불가능하다.

28. 그는 우선 배를 타고 콘스탄티노플(그 다음 해에 이스탄불로 이름을 바꾼 도시)로 간 다음에 다시 아테네와 나폴리를 거쳐 마르세이유까지 간 다음에, 배에서 내려 프랑스를 가로질러 집으로 돌아왔다. 그는 9월 10일 월요일에 브리스틀에 도착하기로 계획했다 (Letter from Dirac to his parents, 8 September 1928, DDOCS).

29. Letter to Dirac from his mother, 28 October 1928, Dirac Papers, 1/3/8 (FSU). 연설문은 기록문서의 이 파일에 있다.

30. 12월 중순 디랙은 클라인이 쓴 논문을 읽었다. 거기에는 디랙 방정식이 예측한 대로라면, 만약 전자들을 한 장애물을 향해 발사했을 때 원래 있었던 전자들보다 더 많은 전자들이 튕겨져 나온다는 내용이 있었다. 마치 테니스 공을 라켓으로 쳤더니 한 개가 아니라 여러 개의 공이 라켓에서 튕겨져 나가는 식이다.

31. Howarth (1978: 156).

32. Cambridge Review, 29 November 1929, pp. 153-4. 또한 다음을 보기 바란다. The rhapsodic review in the Times Literary Supplement, 24 October 1929.

33. Draft letter to Dirac from L. J. Mordell, 4 July 1928, Dirac Papers, 2/1/7 (FSU).

34. Mott (1986: 42-3).

35. Letter from Jeffreys to Dirac, 14 March 1929, Dirac Papers, 2/1/8 (FSU).

36. 세인트 존스 칼리지는 강의 수업 이외에는 연구에 전적으로 몰두할 수 있는 수리물리학 강사직을 수여했다.

13장

1. Letter from Dirac to Oswald Veblen, 21 March 1929, LC, Veblen archive.

2. Scott Fitzgerald (1931: 459).

3. Letter from Dirac to Veblen, 21 March 1929, LC (Veblen archive).

4. Diaries of Dirac (DDOCS).

5. Fellows (1985); 다음을 보기 바란다. The introduction (p. 4) and the conclusion.

6. Comment made by Bohr to Crowther, recorded by Crowther on 24 April 1932 in the Crowther archive, SUSSEX, Book II of his notebooks, pp. 96-7. 이 일화의 여러 버전 들 중 하나를 다음에서 볼 수 있다. Infeld (1941: 171).

7. 라운디에 관한 기사는 그의 사망 다음 날인 1971년 12월 10일의 『위스콘신 스테이트 저널Wisconsin State Journal』을 보기 바란다.

8. 이 내용은 다음에 전부 재수록되어 있다. Kragh (1990: 72-3). 원래 내용은 다음에 있다. Dirac Papers, 2/30/1 (FSU).

9. 『위스콘신 스테이트 저널』의 마이크로 필름 기록을 확인해보니 그 기사는 1929년 4월 1일과 5월 29일 사이에 발간되지 않았다. (5월 30일자 마이크로필름은 빠져 있었다).

10. Van Vleck (1972: 7-16; see pp. 10-11).

11. '1929년 4월과 5월 물리학 강의'에 대한 디랙의 급여 기록은 WISC에 있다. 체류 초기인 4월 10~16일 동안 디랙은 거의 일주일 내내 아이오와 대학에서 지냈다.

12. 디랙은 5월 27일 매디슨을 떠나서 미니애폴리스, 캔자스시티 및 애리조나 주 윈슬로를 거쳐

그랜드 캐넌으로 갔다.

13. Quoted in Brown and Rechenberg (1987: 134). 이 내용은 1929년의 여행을 위해 디랙과 하이젠베르크가 준비한 과정 및 여행 자체를 상세하게 알려준다.

14. Mehra (1973: 816).

15. Brown and Rechenberg (1987: 136-7).

16. Interview with Leopold Halpern, 18 February 2003.

17. Brown and Rechenberg (1987: 139-41).

18. 하이젠베르크는 1929년 여행에서 돌아와서 양자역학계에서 최고의 탁구 선수가 되었다. Interview with von Weiszächer, AHQP, 9 July 1963, p. 11.

19. Mehra (1973: 816).

20. Mehra (1972: 17-59).

21. 야코는 당시 일본에서 옷에 뿌리는 향수로 흔히 사용되었다. Hearn (1896: 31n).

22. 디랙은 다음 자료에서 여행 시간표를 제시하고 있다. Letter to Tamm on 12 September 1929, Kojevnikov (1993: 29); Brendon (2000: 234).

23. Letter to Dirac from his mother, 6 July 1929, Dirac Papers, 1/3/11 (FSU).

24. Letter to Dirac from his mother, 6 May 1929, Dirac Papers, 1/3/10 (FSU).

25. Postcards from Dirac to his parents, autumn 1929, DDOCS.

26. Interview with Oppenheimer, 20 November 1963, p. 23 (AHQP).

27. Fitzgerald (1931: 459).

28. Dirac (1977: 144).

29. Kojevnikov (2004: 56-9).

30. Pais, A. (1998: 36).

31. Letter from Dirac to Bohr, 9 December 1929, NBA.

32 Letter to Dirac from his mother, 11 October 1929, Dirac Papers, 1/3/10 (FSU). 철자는 어머니가 쓴 것이다. 디랙은 12월 19일에 집에 도착할 예정이었다. (Postcard from Dirac to his parents, 27 November 1929, DDOCS).

33. Letter from Dirac to Manci, 26 February 1936 (DDOCS).

14장

1. Cavendish Laboratory Archive, UCAM. 시는 전자에게 보내는 발렌타인데이 카드의 내용으로써 분명 적혔을 것이다.

2. Dirac, 'Symmetry in the Atomic World', January 1955. 이 비유가 나오는 내용은 다음에 있다.

Dirac Papers, 2/27/13 (FSU).

3. Cited in Kragh (1990: 101).

4. Gamow (1970: 70); letter from Dirac to Tamm, 20 March 1930, in Kojevnikov (1993: 39).

5. 1935년 2월 16일 토요일 밴블렉은 디랙을 보스턴에 있는 한 영화관에서 열리는 '디즈니 데이'에 데려갔다. '디랙이 미키마우스를 좋아했다'는 말이 들어 있는 문서는 다음에 나온다. Van Vleck papers at AMS.

6. 디랙의 공식은 n=-log2 [log2 ($\sqrt[2]{(\sqrt{\cdots 2})}$)]이다. 여기서 괄호 (. . .)는 n제곱근을 나타낸다. 이 이야기는 다음에 나온다. Casimir (1984: 74~5). 여기서 저자는 디랙이 2를 세 번만 사용한 거나 마찬가지여서 그 놀이를 망쳤다고 주장한다. 공식의 각 기호는 수학에서 매우 흔하므로 디랙의 해법은 놀이의 규칙에 맞다.

7. Postcard from Dirac to his parents, 20 February 1930 (DDOCS).

8. Telegram to Dirac from his mother, 22 February 1930, Dirac Papers, 1/3/12 (FSU).

9. Letter to Dirac from his mother, 24 February 1930, Dirac Papers, 1/3/12 (FSU).

10. 디랙이 FRS에 선출되었다는 인증서는 왕립학회의 웹사이트에서 볼 수 있다. 1929년 12월 31일 기준으로 학회의 447명 회원의 명단은 다음에서 볼 수 있다. The Yearbook of the Royal Society 1931.

11. Letter to Dirac from his mother, 24 February 1930, Dirac Papers, 1/3/12 (FSU).

12. Letter from Hassé to Dirac, 28 February 1930, Dirac Papers, 2/2/1 (FSU).

13. Letter from Arnold Hitchings to the Bristol Evening Post, 14 December 1979.

14. 1935년에 디랙은 그 차를 처분했다. Dirac Papers, 1/8/2 (FSU).

15. Interview with John Crook, 1 May 2003.

16. Mott (1986: 42).

17. 디랙이 그렇게 하는 행동은 유명했다. 그의 등산 개인교사였던 탐이 1931년 5월 27일 아내에게 보낸 편지에 명시적으로 설명되어 있다. Kojevnikov (1993: 55)
또한 다음을 보기 바란다. Mott (1972: 2).

18. Interview with Monica Dirac, 7 February 2003; 또한 다음을 보기 바란다. M. Dirac (2003: 42).

19. Letter from Taylor Sen (1986: 80). Howarth (1978: 104).

20. 가령 다음을 보기 바란다. Daily Telegraph, 12 February 1930, Manchester Guardian, 12-18 February 1930.

21. Peierls (1987: 36).

22. Letter to Dirac from his mother, 12 June 1930, Dirac Papers, 1/3/12 (FSU).

23. Kojevnikov (1993: 40), note on letter from Dirac to Tamm, 6 July 1930.

24. The Guardian, 'World Conference of Scientists', 3 September 1930. 크로우더가 아마 이 기사를

썼을 것이다.

25. Ross (1962).

26. 강연의 장소와 시간은 과학 발전을 위한 영국협회의 기록에 있다. BOD.

27. Delbrück (1972: 280-1).

28. The report of the Science News Service is in Dirac Papers, 2/26/8 (FSU).

29. New York Times, 10 September 1932.

30. 나는 독일어 단어 quatsch를 crap으로 번역했다. 이 일화를 다룬 비슷한 버전은 다음에 나온다. Interview with Guido Beck, AHQP, 22 April 1967, p. 23.

31. 디랙의 강연에 불만을 느낀 가장 유명한 학생으로 프리먼 다이슨을 꼽을 수 있는데, 그는 이렇게 회상한다. '양자역학을 배워볼까 해서 디랙의 책을 읽었더니 전혀 만족스럽지 못했습니다.' E-mail from Dyson, 19 August 2006.

32. Nature, Vol. 127, 9 May 1931, p. 699.

33. Pauli's review is in Kronig and Weisskopf (1964: 1,397-8).

34. Einstein (1931: 73).

35. 휴가 때 독서에 관한 일화: Woolf (1980: 261); '나의 디랙은 어디에 있지?'라는 일화는 다음에 나온다. Tallahasse Democrat, 29 November 1970.

36. Hoyle (1994: 238).

37. Freeman (1991: 136-7).

38. Quoted in Charap (1972: 331).

39. Letter from Tamm to Dirac, 13 September 1930, in Kojevnikov (1993: 43).

40. Einstein (1931: 73).

41. 1930년 12월 11일 뉴욕에 도착했을 때 아인슈타인이 한 말. Reported in the LA Times, 12 December 1930, p. 1.

42. Letter to Dirac from Tamm, 29 December 1930, Kojevnikov (1993: 48-9).

43. Letter from Kemble to Garrett Birkhoff, 3 March 1933 (AHQP).

44. 디랙은 그 저녁 식사에 1932년 12월 17일에 참석했다. Dirac Papers, 2/79/6 (FSU).

45. Letter from Kapitza to his mother, 16 December 1921, in Boag et al. (1990: 138-9).

46. Da Costa Andrade (1964: 48).

47. Da Costa Andrade (1964: 162).

48. Records of the Cavendish dinners (CAV 7/1) 1930, p. 10 (UCAM).

49. Records of the Cavendish dinners (CAV 7/1) 1930, p. 10 (UCAM).

50. Snow (1931).

51. Snow (1934). 디랙이 이 책에 등장하며, 그리고 그의 견해들 일부도 누구의 것인지 밝히지 않고 나온다. 다음을 보기 바란다. Snow (1934: 97-8 and 178-83).

52. Letter from Chandrasekhar to his father, 10 October 1930, quoted in Miller (2005: 96).

53. Letter to Dirac from his mother, 8 November 1930, Dirac Papers, 1/3/13 (FSU).

15장

1. Letter to Dirac from his mother, 27 April 1931, Dirac Papers, 1/4/1 (FSU). 디랙은 4월 15일에 브리스틀을 떠난 듯하다 (postcard from Dirac to his parents, 15 April 1931, DDOCS).

2. Letter from Dirac to Van Vleck, 24 April 1931, AHQP.

3. Kapitza Club, 21 July 1931. See the Kapitza Club notebook in CHURCHILL.

4. Dirac (1982: 604); Dirac (1978).

5. 1밀리미터의 100만 분의 1거리 (대략 수소 원자 내의 전자와 양성자 사이의 거리) 만큼 떨어진 서로 끌어당기는 두 자기단극 사이의 힘의 크기는 보통 크기의 사과 무게의 약 10,000분의 1이다.

6. Heilbron (1979: 87~96).

7. 셜록 홈스는 그 말을 자신의 다음 소설에서 했다. The Adventure of the Blanched Soldier (1926). 그리고 매우 비슷한 표현을 여러 편의 다른 소설에서도 사용했다.

8. '이론물리학자 중의 이론물리학자'라는 표현은 종종 디랙에게 적용된다. 가령 다음을 보기 바란다. Galison (2000).

9. 탐은 5월 9일 케임브리지에 도착해서 6월 25일에 떠났다.

10. Fen (1976: 181).

11. Crowther (1970: 103).

12. Letter from Tamm to his wife, undated c. May 1931, in Kojevnikov (1993: 54).

13. Letter to Dirac from Tamm, 18 May 1931, in Kojevnikov (1993: 54~5).

14. Werskey (1978: 92).

15. Annan (1992: 181).

16. 제임스 벨(1896~1975)은 스코틀랜드의 선구적인 등반가였고 소련에 흠뻑 빠져 있었다. 그는 수십 년 동안 디랙과 연락하며 지냈다.

17. Wersley (1978: 138-49).

18. Bukharin (1931).

19. Brown (2005: 107).

20. Letter to Dirac from Tamm, 11 July 1931, Dirac Papers, 2/2/4 (FSU).

21. Home Office Warrant 4081, 27 January 1931, KV 2/777, UKNATARCHI.

22. Postcard from Dirac to his parents, 13 July 1931 (DDOCS).

23. Letter to Dirac from his mother, 8 July 1931, Dirac Papers, 2/2/4 (FSU).

24. 디랙이 이에 관해 한 가장 직접적인 말은 그의 어머니가 1933년 12월에 스톡홀름에 있는 베티에게 보낸 편지에 등장했다. '디랙의 말이, 그땐 끔찍했고 세월이 흐르면서 우리가 나아졌다더구나.' 디랙에게 보낸 편지에서 그녀는 집안의 황폐한 분위기를 종종 언급한다.

25. Letter to Dirac from his mother, 19 July 1931, Dirac Papers, 2/2/4 (FSU).

26. Letter to Dirac from his mother, 20 July 1931, Dirac Papers, 2/2/4 (FSU).

27. Postcard from Flo to Betty Dirac, 1 August 1931: '폴과 바다 여행을 했단다. 날씨는 좋았고 아주 화창했어. 일요일 아침 6시 35분에 돌아왔다. 너희 둘 다 서로를 돌봐주면 좋겠구나' (DDOCS).

28. 그 지역은 그 다음 해에야 글레이셔 국립공원이라는 공식 명칭으로 불리게 되었다.

29. Robertson (1985).

30. 가구 예산은 26,000달러였다. 카펫 예산은 거의 8,000달러였다. Batterson (2007: 612). 파인 홀은 지금은 존스 홀이라고 불린다.

31. Jacobson, N., 'Recollections of Princeton' in Robertson (1985).

32. Letter from Pauli to Peierls, 29 September 1931, in Hermann et al. (1979).

33. Enz (2002: 224-5).

34. New York Times, 17 June 1931.

35. Pais (1986: 313-17).

36. Brown (1978).

37. Enz (2002: 211).

38. 'Lectures on Quantum Mechanics', Princeton University, October 1931, Dirac Papers, 2/26/15 (FSU). 이 강연 내용은 바네시 호프먼Banesh Hoffman이 글로 옮겼고 디랙의 확인을 거쳤다.

39. 'Dr Millikan Gets Medal', New York Times, 5 September 1928.

40. Kevles (1971: 180); Galison (1987: Chapter 3, pp. 86-7).

41. Interview with Robert Oppenheimer, AHQP, 18 November 1963, p. 16.

42. De Maria and Russo (1985: 247, 251-6).

43. Letter from Anderson to Millikan, 3 November 1931, Quoted in De Maria and Russo (1985: 243). 이 편지에서 앤더슨은 앞서 '바로 며칠 전에' 얻은 데이터를 기술하고 있다.

44. Interview with Carl Anderson, 11 January 1979, p. 34, available at http://oralhistories.library.cal tech.edu/89 (accessed 13 May 2008), p. 34.

45. De Maria and Russo (1985: 243).

46. Letter to Dirac from Martin Charlesworth, 16 October 1931, Dirac Papers, 2/2/4 (FSU). 찰스워스는 대학원 시절 동안 디랙의 개인교사였고 그를 매우 좋아했다. 나중에 1935년 3월 19일에 디랙에게 보낸 편지에서 '나의 (즉, 그의) 사랑을 보내며'. 당시의 문화적 분위기에서

놀라운 표현이다. Dirac Papers, 2/3/1 (FSU).

47. Batterson (2006: Chapter 5).

48. Brendon (2000: Chapter 4).

49. New York Times, 14 June 1931.

50. Letter from Gamow to Dirac, written in June 1965, Dirac Papers, 2/5/13 (FSU). 또한 다음을 보기 바란다. Gamow (1970: 99).

51. Gorelik and Frenkel (1994: 20-2). 또한 다음을 보기 바란다. Kojevnikov (2004: 76).

52. Gorelik and Frenkel (1994: 50-1). 가모프는 자서전(1970년)에서 이 사건에 대해 부분적으로 부정확한 내용을 진술로 내놓는다.

53. 첫 번째 소련판은 달리츠(1995년)에서 자세히 논의되는데, 거기에는 책의 서문 번역이 들어 있다.

54. 이바넨코는 그 책을 내용 변경 없이 번역하려고 했지만, 러시아 판에는 양자역학을 실용적인 문제들에 적용하기에 관한 장이 추가되어 있다. 디랙이 이데올로기적 압력 때문에 그 장을 추가했는지는 확실치 않다.

55. Greenspan (2005: 161).

56. Letter from Dirac to Tamm, 21 January 1932, in Kojevnikov (1993: 60). 디랙은 군이론과 미분기하학이라는 수학 분야를 배우고 있었다.

57. Interview with Oppenheimer, AHQP, 20 November 1963, p. 1.

58. Letter to Dirac from his mother, 9 October 1931, Dirac Papers, 2/2/4 (FSU).

59. Letter to Dirac from his mother, dated 28/31 September 1931, Dirac Papers, 2/2/4 (FSU).

60. Letter to Dirac from his mother, 22 December 1931, Dirac Papers, 2/2/4 (FSU).

61. Brown (1997: Chapter 6).

62. Cathcart (2004: 210-12); Chadwick (1984: 42-5).

63. Brown (1997: 106).

16장

1. 에딩턴은 이 말을 과학 발전을 위한 영국협회의 연례 회의에서 했다. 'Star Birth Sudden Lemaître Asserts', New York Times, 12 September 1933.
2. 가모프의 아내 바바라가 번역한 연극의 영어 판은 다음에 나온다. Gamow
(1966: 165-218). 연극 프로덕션에 관한 발언은 다음에 나온다. Von Meyenn (1985: 308-13).
3. Wheeler (1985: 224).
4. Crowther (1970: 100).

5. Letter from Darwin to Goudsmit, 12 December 1932, APS.

6. Interview with Beck, AHQP, 22 April 1967, p. 23.

7. Interview with Klein, AHQP, 28 February 1963, p. 18. 클라인의 회상에 의하면, '하이젠베르크가 내게 이런 말을 했다. 디랙이 몇 년 후(1933년)에 노벨상을 탔을 때 디랙에게 자기 이론을 믿느냐고 물었더니, 디랙은 1년 전에 양전자가 발견되어서 이제는 그 이론을 더이상 믿지 않아도 된다고 답했다.' (Interview with Klein, AHQP, 28 February 1963, p. 18).

8. Cathcart (2004: Chapters 12 and 13).

9. Reynolds's Illustrated News, 1 May 1932.

10. Daily Mirror, 3 May 1932.

11. Cathcart (2004: 252). Einstein's lecture took place on 6 May; 다음을 보기 바란다. The Cambridge Review, 13 May 1932, p. 382.

12. Howarth (1978: 187).

13. Howarth (1978: 224).

14. Report in Sunday Dispatch on 19 November 1933.

15. Interview with von Weizsächer, AHQP, 9 June 1963, p. 19.

16. Note from P. H. Winfield to Dirac, Dirac Papers, 2/2/5 (FSU).

17. Letter from Sir Joseph Larmor to Terrot Reaveley Glover (1869–1943), The classical scholar and historian, 20 February 1934, STJOHN.

18. Infeld (1941: 170).

19. Letter to Dirac from his mother, 27 July 1932, Dirac Papers, 2/2/6 (FSU).

20. Letter to Dirac from his sister, 14 October 1932, Dirac Papers, 2/2/6 (FSU).

21. Letter to Dirac from his sister, 11 July 1932, Dirac Papers, 2/2/6 (FSU).

22. Letter to Dirac from his sister, 15 October 1932, Dirac Papers, 2/2/6 (FSU).

23. Letter to Dirac from his mother, 21 April 1932, Dirac Papers, 2/2/6 (FSU). 또한 다음을 보기 바란다. The letter of 1 June 1932.

24. Letter to Dirac from his father, Dirac Papers, 1/1/10 (FSU).

25. 그 논문에는 여러 부분들이 모여서 이루어졌는데, 주로 디랙이 맡은 부분이 있었고, 주로 포크와 포돌스키가 맡은 부분이 있었으며, 또한 세 저자 사이에 서신교환을 하면서 발전된 부분도 들어 있었다. 협동 연구에 관한 짧은 요약문이 다음에 들어 있다. The letter written to Dirac by Podolsky in Kharkov on 16 November 1932, Dirac Papers, 2/2/6 (FSU). 이런 정보를 알려준 알렉세이 코에브니코프에게 감사드린다.

26. Weisskopf (1990: 72-3).

27. Infeld (1941: 172).

28. Article in the Los Angeles Times by Harry Carr, 30 July 1932.

29. 반전자의 발견에 관한 더 자세한 내용은 다음을 보기 바란다. Anderson (1983: 139-40), and Darrow (1934).

30. Interview with Louis Alvarez by Charles Weiner, 14-15 February 1967, American Institute of Physics, p. 10.

31. Von Kármán (1967: 150).

32. Von Kármán (1967: 150).

33. Interview with Carl Anderson, 11 January 1979, available online at http://oralhistories.library.calt ech.edu/89 (accessed 13 May 2008).

34. Galison (1987: 90).

35. New York Times, 2 October 1932.

36. Letter from Robert Oppenheimer to Frank Oppenheimer, autumn 1932, in Smith and Weiner (1980: 159).

37. Nye (2004: 54). 블랙킷의 제자인 프랭크 챔피언Frank Champion이 회상한 이 사건은 아마도 1931~2년 학년도에 일어났다. 이 정보를 알려준 매리 조 니에Mary Jo Nye에게 감사드린다.

38. 다음을 보기 바란다. http://www.aps-pub.com/proceedings/1462/207.pdf (accessed 13 May 2008).

39. De Maria and Russo (1985: 254).

40. Contribution of Occhialini to the Memorial Meeting for Lord Blackett, Notes and Records of the Royal Society, 29 (2) (1975).

41. Dalitz and Peierls (1986: 167). 이 일화는 모리스 프라이스가 알려준 것이다.

42. Dirac's notes on Fowler's lectures on 'Analytic Dynamics' are in Dirac Papers, 2/32/1 (FSU).

43. Letter from Dirac to Fock, 11 November 1932. 알렉세이 코에브니코프가 내게 이 편지를 전달해주었다.

44. Greenspan (2005: 170).

45. Bristol Evening Post, 28 October 1932.

46. Letter to Dirac from his mother, 26 October 1932, Dirac Papers, 2/2/7 (FSU).

47. Letter to Dirac from his mother, 9 January 1933, Dirac Papers, 2/2/8 (FSU).

17장

1. IAS Archives Faculty Series, Box 32, Folder: 'Veblen, 1933'.

2. De Maria and Russo (1985: 266 and 266 n.). 앤더슨의 논문은 1932년 가을 중반부터 그 대학 도서관에서 볼 수 있었다.

3. Archie Clow, Contributing to Radio 3 programme Science and Society in the Thirties (1965). 대본은 케임브리지 대학 트리니티 칼리지의 도서관에 보관되어 있다.

4. Schücking (1999: 27).

5. Interview with Léon Rosenfeld, AHQP, 22 July 1963, p. 8.

6. Halpern (1988: 467).

7. Letter to Dirac from Isabel Whitehead, 20 July 1932, Dirac Papers, 2/2/6 (FSU).

8. Taylor Sen (1986).

9. Dirac, book review in the Cambridge Review, 6 February 1931.

10. Interview with von Weizsächer, AHQP, 9 June 1963, p. 19.

11. Private papers of Mary Dirac. 디랙은 그 메모를 1933년 1월 17일에 썼다.

12. Letter from Dirac to Isabel Whitehead, 6 December 1936, STJOHN.

13. 콩트는 이렇게 말했다. '그렇다면 가장 큰 문제는 인위적인 노력에 의해 사회적인 감정을 자연적인 상태에서 이기적 감정에 의해 유지되는 위치로까지 높이는 것'이다. 다음을 보기 바란다. http://www.blupete.com/Literature/Biographies/Philosophy/Comte.htm (accessed 14 May 2008).

14. 왕립학회의 본부는 당시에 벌링턴 하우스에 있었다.

15. 디랙의 이전 제자 겸 동료였던 버서 스월스Bertha Swirles는 1933년 2월 20일 더글러스 하트리Douglas Hartree에게 보낸 편지에서 그 강연을 '센세이션'이라고 묘사했다. Hartree archive, 157, CHRIST'S.

16. 디랙은 런던 수학학회에서 자기가 좋아하는 주제인 '고전역학과 양자역학 사이의 관계'에 대하여 전문적인 강연을 하고 있었다. 장소는 벌링턴 하우스에 있는 왕립천문학회 건물에서였다. Dirac Papers, 2/26/18 (FSU).

17. 그 단어는 다음에서 사용되었다. 15 March issue of the Physical Review.

18. Quoted in Pais (1986: 363).

19. Interview with von Weizsächer, AHQP, 9 July 1963, p. 14.

20. Letter from Tamm to Dirac, 5 June 1933, in Kojevnikov (1996: 64-5).

21. Interview with Dirac, AHQP, 14 May 1963, p. 31.

22. Letter from Pauli to Dirac, 1 May 1933, 다음을 보기 바란다. Pais (1986: 360).

23. Galison (1994: 96).

24. Darrow (1934: 14).

25. Roqué (1997: 89-91).

26. Brown and Hoddeson (1983: 141).

27. Blackett (1955: 16).

28. Gell-Mann (1994: 179).

29. 다음을 보기 바란다. 1933년 9월 27일에 디랙이 레닌그라드에서 했던 강연 (Dalitz 1995: 721), 1933년 12월 디랙의 노벨상 수상 강연 그리고 양전자에 관한 디랙의 대다수 후속 강연들.

30. Blackett (1969: xxxvii).

31. Gottfried (2002: 117).

32. 보어의 지지는 카피차를 통해서 얻어졌다. 다음을 보기 바란다. Correspondence quoted in Kedrov (1984: 63-7).

33. The quote from Rutherford is from Kapitza's letter to Bohr of 10 March 1933, quoted in Kedrov (1984: 63-4).

34. 작자미상. 'Conservatism and the Young', Cambridge Review, 28 April 1933, pp. 353-4.

35. 논쟁은 1933년 2월 21일에 벌어졌고 다음 날 《케임브리지 이브닝 뉴스Cambridge Evening News》에 보도되었다. 또한 다음을 보기 바란다. Howarth (1978: 224-5).

36. 작자미상 (1935); Essay by Blackett (1934년 3월의 라디오 방송을 근거로 삼음), pp. 129-44, see p. 130.

37. Werskey (1978: 168).

38. Werskey (1978: 148).

39. The Cambridge Review, 20 January 1933. 그 기사는 케임브리지 대학 공동체에 디랙 책의 러시아어 번역자들이 표현한 조심스러운 마음을 알려주었다.

40. 작자미상. (1933) 'The End of a Political Delusion', Cambridge Left, 1 (1): 10-15; p. 12.

41. Daily Herald, 15 September 1933, p. 10. McGucken (1984: 40-1).

42. Letters to Dirac from his mother, 20 July and 22 July 1933, Dirac Papers, 1/4/3 (FSU).

43. Letter to Dirac from his mother, 8 August 1933, Dirac Papers 1/4/3 (FSU).

44. Postcards from Dirac to his mother, from September 1933 (DDOCS).

45. Letter from Dirac to Tamm, 19 June 1933, in Kojevnikov (1993: 67); 또한 다음을 보기 바란다. The letter from Tamm to Dirac on 5 June 1933 (Kojevnikov 1993: 64).

46. Interview with Beck, AHQP, 22 April 1967, APS, p. 23.

47. 그 저택은 1931년 12월에 보어에게 하사되었다. 그러자 보어와 가족은 1932년 여름, 거기로 이사했다. 보어가 첫 번째로 그 저택에 재워준 손님들은 어니스트 러더퍼드와 그의 아내였는데, 둘은 1932년 9월 12일부터 22일까지 머물렀다. 이 정보를 알려준 핀 아세루드Finn Aaserud와 펠리시티 포르스Felicity Pors에게 감사드린다.

48. Parry (1968: 117).

49. Casimir (1983: 73-4). Letter from Dirac to Margrethe Bohr, 24 September 1933, NBA.

50. Letter from Dirac to Margrethe Bohr, 24 September 1933, NBA.

51. Letter from Dirac to Bohr, 20 August 1933, NBA.

52. Fitzpatrick (1999: 40-1).

53. Conquest (1986: Epilogue).

54. M. Dirac (1987: 4).

55. Anne Kox, 'Een kwikkolom in de Westertoren: De Amsterdamse natuurkunde in de jaren dertig'.

56. Letter from Dirac to Bohr, 28 September 1933, NBA.

57. Letter from Margrethe Bohr to Dirac, 3 October 1933, NBA.

58. Letter from Ehrenfest to Bohr, Einstein and the physicists James Franck, Gustave Herglotz, Abram Joffé, Philipp Kohnstamm and Richard Tolman, 14 August 1933, NBA. 에렌페스트가 자살하던 날에 썼던 또 하나의 자살 메모는 2008년에 발견되었다. 다음을 보기 바란다. Physics Today, June 2008, p. 26-7.

59. Roqué (1997: 101-2).

60. Letter from Heisenberg to Pauli, 6 February 1934, in Hermann et al. (1979).

61. 디랙은 자신이 놀란 것을 《데일리 미러》 기자에게 말했다. 1933년 11월 13일자 그 신문의 기사를 보기 바란다.

62. Taylor (1987: 37).

63. 노벨물리학상을 수상한 최연소 실험물리학자는 로렌스 브래그Lawrence Bragg인데, 그때 나이가 스물다섯이었다. 이 최연소 기록은 아직도 깨지지 않고 있다. 노벨상을 받은 가장 젊은 이론물리학자라는 디랙의 기록은 (세 달 차이로) 1957년에 T. D. 리Lee에 의해 깨졌다.

64. Reports on 10 November 1933 included the Daily Mail, Daily Telegraph, Manchester Guardian; the Daily Mirror reported on the following day.

65. Sunday Dispatch, 19 November 1933.

66. Letter from Dirac to Bohr, 28 November 1933, NBA.

67. Greenspan (2005: 242). 모리스 골드하버의 기억에 의하면, 그가 디랙의 수상이 '대단한 뉴스'라고 말했더니 보른이 쏘아보았다고 했다. Interview with Maurice Goldhaber, 5 July 2006.

68. Cambridge Review, 17 November 1933; Brown (2005: 120). 또한 다음을 보기 바란다. Stansky and Abrahams (1966: 210-13). 행진 며칠 전에 몇몇 사회주의자들과 반전주의자들은 케임브리지 영화관 티볼리를 떠나는 관객들과 충돌을 벌였다. 애국적인 영화 〈우리의 싸우는 해군Our Fighting Navy〉의 저녁 관람 후였다. 그 충돌은 도시의 화젯거리가 되었고 따라서 종전 기념일 행진에 대한 관심이 컸음을 확실히 드러냈다.

18장

1. Dalitz and Peierls (1986: 146).

2. Information from RSAS, 14 September 2004.

3. 이번장의 내용의 주된 출처는 다음이다. Dirac Papers (FSU): Letter to Dirac from his mother, 21 November 1933 (2/2/9). 플로렌스가 자기 여행에 관해 쓴 이야기는 다음에 있다. 'My visit to Stockholm' (1/2/9) and in a long, descriptive letter to Betty (2/2/9).

4. Reports in Svenska Dagbladet and Dagens Nyheter, both on 9 December 1933.

5. 이것은 정신을 딴 데 판 어머니에 관해 디랙이 가장 좋아한 이야기 중 하나다. 다음에 잘 설명되어 있다. Kurşunoğlu (1987: 18).

6. Reports in the Stockholm newspapers Nya Dagligt Allehanda, 9 December 1933, Stockholms Dagblad, 10 December 1933.

7. Reports in the Stockholm newspapers Nya Dagligt Allehanda, 9 December 1933, Stockholms Dagblad, 10 December 1933.

8. Report in Dagens Nyheter, 11 December 1933.

9. Dagens Nyheter, 11 December 1933; Svenska Dagbladet, 11 December 1933.

10. 여성 하객들이 만찬에 초대된 때는 1909년부터였는데, 그 해에 여성 스웨덴 작가 셀마 가렐뢰프Selma Lagerlöf가 노벨문학상을 받았다.

11. Dagens Nyheter, 11 December 1933; Svenska Dagbladet, 11 December 1933; Stockholms Tidningen, 11 December 1933.

12. 다음을 보기 바란다.
http://nobelprize.org/physics/laureates/1933/dirac-speech.html (accessed 14 May 2008).

13. Annemarie Schrödinger notes 'Stockholm 1933', AHQP. Letter from Schrödinger to Dirac, 24 December 1933.

14. 디랙의 실수를 확인해주고 그 문제의 속성을 명확하게 설명해준 파르타 다스굽타Sir Partha Dasgupta 교수에게 감사드린다.

15. Flo Dirac, Dirac Papers, 1/2/9 (FSU) and 2/2/9 (FSU).

16. 다음을 보기 바란다.
http://nobelprize.org/nobel_prizes/physics/laureates/1933/dirac-lecture.html (accessed 14 May 2008).

17. Schuster (1898a: 367); 또한 다음을 보기 바란다. Schuster's follow-up article (1898b).

18. Born (1978: 270). 또한 다음을 보기 바란다. 'Eamon de Valera, Erwin Schrödinger and the Dublin Institute' (McCrea 1987).

19. Flo Dirac, Dirac Papers, 1/2/9 (FSU) and 2/2/9 (FSU).

20. 디랙은 에이브러햄 파이스의 책『주님은 미묘하시다Subtle is the Lord』를 읽고서 '노벨 위원회의 작동 방식에 대한 소개 내용이 가장 흥미롭다'고 언급했다. Dirac Papers, 2/32/12 (FSU). 그 책은 아인슈타인이 디랙의 노벨상 수상을 추천하지 않았다고 밝힌다.

21. Nobel Committee papers, 1929 RSAS.

22. 브래그를 제외하고 비교적 덜 알려진 폴란드 물리학자 체슬라프 비알로브르제스키Czesław Białobrzeski가 1933년에 디랙을 추천했다. 다른 선구적인 이론물리학자들은 디랙을 추천하지 않았다.

19장

1. Letter from Pauli to Heisenberg, 14 June 1934, reprinted in Hermann et al. (1979).

2. Schweber (1994: 128-9).

3. Letters from Oppenheimer to George Uhlenbeck, March 1934 and to Frank Oppenheimer, 4 June 1934, in Kimball Smith and Weiner (1980: 175, 181).

4. Interview with Dirac, AHQP, 6 May 1963, p. 8, Salam and Wigner (1972: 3-4). 또한 다음을 보기 바란다. Peierls (1985: 112-13).

5. Letter from Rutherford to Fermi, AHQP, 23 April 1934.

6. 'Peter Kapitza', 22 June 34, KV 2/777, UKNATARCHI.

7. 'Note on interview between Captain Liddell and Sir Frank Smith of the Department of Scientific and Industrial Research, Old Queen Street', 26 September 1934, KV 2/777. 제프리 휴스Jeffrey Hughes는 'VSO'가 러시아 망명자 I. P. 시로프Shirov일지 모른다고 추측한다 (Hughes 2003).

8. Born (1978: 269-70).

9. 가족의 동영상을 보여준 이고르 가모프에게 감사드린다. 그 동영상은 1920년대에 촬영된 것인데, 그녀의 어머니가 그런 식으로 옷차림을 한 장면이 나와 있다.

10. The correspondence between Dirac and Rho Gamow 디랙과 로 가모프 사이에 나눈 서신은 다음에 있다. Dirac Papers, 2/13/6 (FSU).

11. Letter from Dirac to Manci, 9 April 1935 (DDOCS).

12. Letter from Dirac to Rho Gamow, Dirac Papers, 2/2/10 (FSU).

13. 리디아 잭슨의 유저遺著 관리자 로즈매리 데이비슨과 2006년 1월 8일에 나눈 대화.

14. Letter to Dirac from Lydia Jackson, 20 March 1934, Dirac Papers, 2/2/10 (FSU).

15. Fen (1976: 182).

16. Letter to Dirac from Lydia Jackson, 25 June 1934, Dirac Papers, 2/2/10 (FSU).

17. Letter to Dirac from Lydia Jackson, 5 February 1936, Dirac Papers, 2/3/3 (FSU).

18. Van Vleck (1972: 12-14).

19. 손님은 그의 여동생 맨시였다. M. Dirac (1987: 3-8; p. 3).

20. 디랙이 맨시를 처음 사귈 때의 이야기는 주로 맨시한테서 얻었다(1987년).

21. Letter to Dirac from Van Vleck, June 1936, Dirac Papers, 2/2/11 (FSU).

22. 디랙은 모벤 스트리트 8번지에 살고 있었다. 다음을 보기 바란다. The Dirac archive in IAS (1935).

23. Quoted in Jerome and Taylor (2005: 11).

24. Jerome and Taylor (2005: Chapters 2 and 5).

25. Blackwood (1997: 11).

26. Testimonies of Malcolm Robertson and Robert Walker, 'The Princeton Mathematics Community in the 1930s'.

27. The Physical Review received the paper on 25 March 1935: Pais (1982: 454-7).

28. Blackwood (1997: 15-16).

29. Infeld (1941: 170).

30. 다음을 보기 바란다. 'The Princeton Mathematics Community in the 1930s', in particular the interviews of Merrill Flood, of Robert Walker and of William Duren, Nathan Jacobson and Edward McShane.

31. Letter from Dirac to Max Newman, 17 March 1935, Newman archive STJOHN.

32. 디랙은 맨시와 함께 아이스크림 소다와 랍스터 저녁식사를 먹었던 추억을 1935년 5월 2일과 5월 25일에 그녀에게 보낸 편지에서 각각 넌지시 내비치고 있다. (DDOCS).

33. 맨시는 리처드 벌라주와 1932년 9월 20일에 이혼했다. 다음을 보기 바란다. Budapest's archive of marriages, microfilm repository no A555, Inventory no 9643, Roll no 155. 이 문서들에 의하면 맨시는 벌라주와 1924년 2월 27일에 결혼했다.

34. 맨시는 이런 교제들에 관해 친구인 릴리 해리시-찬드라에게 말했다. Interview with Lily Harish-Chandra, 4 August 2006.

35. Wigner (1992: 34, 38-9).

36. Letter to Dirac from Manci, 2 September 1936 (DDOCS).

37. M. Dirac (1987: 4-5).

38. Letter to Dirac from Anna Kapitza, dated beginning December 1937, copy held by Alexei Kojevnikov.

39. Hendry (1984: 130).

40. 카피차의 억류에 관한 자세한 이야기는 다음에 나온다. Internal MI5 memo, signed GML, 11 October 3KV 2/777 (UKNATARCHI). 또한 다음을 보기 바란다. The letters from Kapitza to his wife in Boag et al. (1990: Chapter 4).

41. 카피차의 석방을 위해 러더퍼드가 벌인 캠페인의 자세한 이야기는 다음을 보기 바란다. Badash (1985), notably Chapter 2. 또한 다음을 보기 바란다. Kojevnikov (2004: Chapter 5).

42. Letter from Dirac to Anna Kapitza, 19 December 1934, copy held by Alexei Kojevnikov.

43. 디랙은 1935년 1월 13일에 쓴 편지에서 맨시를 언급하지 않은 채 이 휴가 이야기를 맥스

뉴먼Max Newman한테 했다(Newman archive, STJOHN). 가모프가 니니리치Ni-Nilich라고 이름 붙여준 악어에 관한 이야기는 다음 편지들에 나온다. Letters from Dirac to Manci on 2 February, 29 March, 22 April and 2 May 1935 and in the letter from Manci to Dirac on 5 April 1935 (DDOCS). 또한 다음을 보기 바란다. The letter from Gamow to Dirac, 25 March 1935, Dirac Papers, 2/3/1 (FSU).

44. Letter from Dirac to Anna Kapitza, 14 March 1935, copy held by Alexei Kojevnikov.

45. Letter from Rutherford to Bohr, 28 January 1935, Rutherford archive, UCAM.

46. Gardiner (1988: 240-8).

47. Gardiner (1988: 241).

48. Gardiner (1988: 242).

49. Kragh (1996: Chapter 2).

50. 'Lemaître Follows Two Paths to Truth', New York Times, 19 February 1933.

51. Letter from Dirac to Manci, 2 February 1935 (DDOCS).

52. 디랙은 1930년쯤에 르메트르가 카피차 클럽에서 강연한 것을 들은 적이 있었다. 디랙은 1971년 9월 1일에 적은 메모에서 그 이야기를 했다. '양자역학의 불확정성에 관해 많은 논의가 있었다. 르메트르는 자신은 신이 원자 사건들의 영향에 직접 영향을 끼쳤다고 믿지 않는다는 견해를 역설했다.' Dirac Papers, 2/79/2 (FSU).

53. Letter from Dirac to Manci, 2 March 1935 (DDOCS).

54. Letter from Dirac to Manci, 2 May 1935 (DDOCS). 슈나벨은 연주회를 1935년 3월 7일에 했다.

55. Letter from Dirac to Manci, 10 March 1935 (DDOCS).

56. Letter to Dirac from Manci, 28 March 1935 (DDOCS).

57. Letter from Dirac to Manci, 29 March 1935 (DDOCS).

58. Letter from Dirac to Manci, 2 May 1935 (DDOCS).

59. Letter from Dirac to Manci, 9 May 1935 (DDOCS).

60. Letter to Dirac from Manci, 30 May 1935 (DDOCS).

61. Letter to Dirac from Manci, 4 March 1935 (DDOCS).

62. Letter from Dirac to Manci, 9 April 1935 (DDOCS).

63. Badash (1985: 29).

64. Badash (1985: 31).

65. Letter from Kapitza to his wife, 13 April 1935, quoted in Boag et al. (1990: 235).

66. Letter from Kapitza to his wife, 23 February 1935, quoted in Boag et al. (1990: 225).

67. Letter from Kapitza to his wife, 23 February 1935, quoted in Boag et al. (1990: 225, 226).

68. Kojevnikov (2004: 107).

69. Letter from Dirac to Manci, 2 May 1935 (DDOCS).

70. Lanouette (1992: 151); 또한 다음을 보기 바란다. Letter from Dirac to Anna Kapitza, 31 May 1935, copy held by Alexei Kojevnikov.

71. Letter from K. T. Compton to the Soviet Ambassador, 24 April 1935, copy held by Alexei Kojevnikov.

72. Letter from Dirac to Anna Kapitza, 27 April 1935, copy held by Alexei Kojevnikov.

73. 'Embassy Occupied by Troyanovsky', New York Times, 7 April 1934.

74. Letter from Dirac to Anna Kapitza, 27 April 1935, copy held by Alexei Kojevnikov.

75. Letter from Dirac to Anna Kapitza, 27 April 1935.

20장

1. Letter from Dirac to Anna Kapitza, written from the Institute for Advanced Study, Princeton, 14 May 1935. Copy of letter held by Alexei Kojevnikov.

2. Letter from Dirac to Anna Kapitza, written in Pasadena, 31 May 1935, copy held by Alexei Kojevnikov.

3. Crease and Mann (1986: 106); Serber (1998: 35-6).

4. Letter from Dirac to Manci, 4 June 1935 and 10 June 1935 (DDOCS).

5. Letter from Dirac to Manci, 1 August 1935 (DDOCS).

6. Letter from Dirac to Manci, 22 June 1935 (DDOCS).

7. Quoted in Brendon (2000: 241).

8. Letter from Kapitza to his wife, 30 July 1935, quoted in Boag et al. (1990: 251).

9. Letter from Dirac to Manci, 17 August 1935 (DDOCS).

10. Letter to Dirac from Manci, 30 September 1935 (DDOCS). See also Dirac, M. (1987: 6).

11. Letter from Dirac to Manci, 22 September 1935 (DDOCS).

12. Letter from Dirac to Manci, 23 October 1935 (DDOCS).

13. Letter to Dirac from Manci, 9 October 1935 (DDOCS).

14. Letters from Dirac to Manci, 3 October 1935 and 8 November 1935 (DDOCS).

15. Letter from Dirac to Manci, 17 November 1935 (DDOCS).

16. Letter to Dirac from Manci, 22 November 1935 (DDOCS).

17. Letter from Dirac to Manci, 3 October 1935 (DDOCS).

18. 1937년 2월 6일 맨시에게 보낸 편지에서 디랙은 아버지가 버나드 쇼의 희곡 한 권을 갖고 있다고 언급한다.

19. Letter to Dirac from his mother, 15 July 1934, Dirac Papers, 1/4/4 (FSU).

20. 디랙 아버지의 공책은 다음에 있다. Dirac Papers, 1/1/10 (FSU). 찰스 디랙이 공책에 첫 내용을 적은 날은 1933년 9월이었다. 가장 최근 날짜의 내용은 1935년 11월 4일이었기에, 그는 아마도 1936년 초에 공책을 적기를 그만두었던 듯하다.

21. Dalitz and Peierls (1986: 146).

22. Letter to Dirac from his mother, 4 August 1935, Dirac Papers, 1/4/5 (FSU).

23. Letter to Dirac from his mother, 4 August 1935, Dirac Papers, 1/4/5 (FSU).

24. Dalitz and Peierls (1986: 155-7).

25. Letter from Dirac to Tamm, 6 December 1935, in Kojevnikov (1996: 35-6).

26. 디랙이 센클랜드의 결과에 과잉 반응을 한다고 여긴 물리학자 중 한 명은 한스 베테였다. 그는 다음 편지에서 '그에게 무슨 일이 생긴 거지?'라고 썼다. A letter to Rudolf Peierls on 1 August 1936, in Lee (2007b: 152).

27. Dirac (1936: 804).

28. Letter from Heisenberg to Pauli, 23 May 1936, Vol. II, p.442.

29. Letter from Einstein to Schrödinger, 23 March 1936, AHQP.

30. Letter from Schrödinger to Dirac, 29 April 1936, Dirac Papers, 2/3/3 (FSU).

31. Letter from Bohr to Kramers, 14 March 1936, NBA.

32. Letter from Dirac to Blackett, 12 February 1937, Blackett archive ROYSOC.

33. Letter from Dirac to Manci, 15 January 1936. 이 단락의 다른 자세한 내용은 다음에 있다. His letters to Manci of 25 January 1936, 2 February 1936 and 10 February 1936 (DDOCS).

34. Huxley (1928: 91) ('정서적인 면에서 그는 이방인이었다') and p.230 ('신비주의자, 인도주의자이면서 동시에 오만한 인간혐오자'). 또한 다음을 보기 바란다. Huxley (1928: 90, 92-6).

35. Letter from Dirac to Manci, 2 February 1936 (DDOCS).

36. Letter to Dirac from Manci, 23 February 1936 (DDOCS).

37. Letter from Dirac to Manci, 7 March 1936 (DDOCS).

38. Letter from Dirac to Manci, 7 March 1936 (DDOCS).

39. Letter to Dirac from Manci, 13 March 1936 (DDOCS).

40. Letters from Dirac to Manci, 23 March 1936 and 29 April 1936, and letter to Dirac from Manci, 24 April 1936 (DDOCS).

41. Letter from Dirac to Manci, 5 May 1936 (DDOCS).

42. 디랙은 전해에도 거짓말을 했다. 디랙은 그 사실을 1936년 6월 23일 맨시에게 보낸 편지에서 밝혔다 (DDOCS).

43. Letter from Dirac to Manci, 9 June 1936 (DDOCS).

44. Letter from Dirac to Manci, 5 June 1936 (DDOCS).

45. Sinclair (1986: 55).

46. A. Blunt, 'A Gentleman in Russia', and a review of Crowther's Soviet Science by Charles Waddington, both in the Cambridge Review, 5 June 1936.

47. Letter to Dirac from his mother, 7 June 1936, Dirac Papers, 1/4/6 (FSU).

48. Letters to Dirac from his sister, 6 June, 8 June and 9 June 1936, Dirac Papers, 1/7/1 (FSU).

49. Letter from Dirac to Manci, 17 June 1936 (DDOCS).

50. Letter to Dirac from his mother, 11 June 1936, Dirac Papers, 1/4/6 (FSU).

51. Daily Mirror, 21 May 1934, p.14. 기사는 이렇게 마무리되었다. '디랙. 우리의 후손들은 채플린, 포드, 코워드Coward 및 캔터Cantor가 잊히더라도 그 이름은 계속 언급할지 모른다.' 캔터는 미국 작가이자 연예인인 에디 캔터Eddie Cantor이다.

52. Letter from Dirac to Manci, 17 June 1936 (DDOCS).

53. Letter to Dirac from his mother, July 1936, Dirac Papers, 1/4/6 (FSU).

54. Letter to Dirac from his mother, 27 August 1936, Dirac Papers, 1/4/6 (FSU).

55. Feinberg (1987: 97).

56. Dalitz and Peierls (1986: 151).

57. Letter from Kapitza to Rutherford, 26 April 1936, quoted in Badash (1985: 110).

58. Letter to Dirac from Manci, 2 September 1936 (DDOCS).

59. Pais (1991: 411).

60. 앞의 두 인용문은 디랙이 1936년 10월 7일 맨시에게 보낸 편지에 나온다 (DDOCS). 디랙은 회의에 자금지원을 해준 록펠러 재단의 한 직원에게 자신은 '진정으로 열정적'이라고 말했다. Quoted in Aaserud (1990: 223).

61. Dirac, M. (1987)에 의하면 맨시는 퀸 매리 호의 첫 항해에 동참했다고 회상하고 있다. 하지만 그 당시 그녀는 부다페스트에 있었다.

62. Letter from Dirac to Manci, 19 October 1936 (DDOCS).

63. Letter from Dirac to Manci, 17 November 1936 (DDOCS).

64. Letter to Dirac from Isabel Whitehead, 29 November 1936, Dirac Papers, 2/3/4 (FSU).

65. Letter from Dirac to Isabel Whitehead, 6 December 1936, STJOHN.

66. Letter to Dirac from Isabel Whitehead, 9 December 1936, Dirac Papers, 2/3/4 (FSU).

67. Interview with Monica Dirac, 7 February 2003. 맨시는 종종 디랙의 청혼 이야기를 모니카에게 해주었다. 차에 대한 설명은 다음에 나온다. The letter from Dirac to Manci, 17 November 1935 (DDOCS).

68. Letter to Dirac from Manci, 29 January 1937 (DDOCS).

69. Letter to Dirac from his mother, 24 December 1936, Dirac Papers, 1/4/6 (FSU).

21장

1. Dirac, M. (1987: 4).

2. Letter from Dirac to Manci, 18 February 1937 (DDOCS).

3. Letter from Dirac to Manci, 6 February 1937 (DDOCS).

4. Letter from Dirac to Manci, 20 February 1937 (DDOCS). 디랙은 이렇게 썼다. '초승달이 뜬 지 얼마가 지나야 내 사랑과 단 둘이서 그녀를 내 품에 안을련지...'.

5. Letter from Dirac to Manci, 19 February 1937 (DDOCS).

6. Letter from Dirac to Manci, 20 February 1937 (DDOCS).

7. Letter to Dirac from Manci, 16 February 1937 (DDOCS).

8. Letters to Dirac from Manci, 25 January and 16 February 1937 (DDOCS).

9. Letter to Dirac from Betty, 29 January 1937 (DDOCS).

10. Letter to Dirac from Manci, 29 January 1937 (DDOCS).

11. 맨시가 1937년 2월 16일에 보낸 편지에서 은밀히 한 말들은 디랙 부모가 서로 맞지 않았다는 내용으로 읽을 수 있다 (DDOCS). '아가씨가 오늘 당신 부모님이 아마도 서로 좋아하지 않는 이유를 알려주었어요. 아버님은 어쩔 수가 없던 거니까 아버님을 탓하지 마세요. 어머니도 마찬가지고요.'

12. Letter to Dirac from Manci, 18 February 1937 (DDOCS).

13. Letter to Dirac from Manci, 28 January 1937 (DDOCS). 디랙의 '뜻밖의' 결혼은 다음에서 언급되었다. The Cambridge Daily News, 7 January 1937.

14. Letter from Rutherford to Kapitza, 20 January 1937, in Boag et al. (1990: 300).

15. Letter from Dirac to Kapitza, 29 January 1937, Dirac Papers 2/3/5 (FSU).

16. Letter to Manci from Anna Kapitza, 17 February 1937, Dirac Papers, 2/3/5 (FSU).

17. 디랙이 '위그너의 누이'라고 말한 것이 지인들 사이에서 유명해졌다. 디랙의 두 딸은 그가 이 표현을 아내를 소개할 때 썼다고 확인해주었다.

18. Manci often used this expression. See, for example, Dirac (1987: 7).

19. Interview with Monica Dirac, 7 February 2003.

20. Salaman and Salaman (1996: 66-70); see p. 67.

21. Daniel (1986: 95-6).

22. Letter from Dirac to Manci, 19 February 1937 (DDOCS).

23. 디랙이 자기 아이를 갖고 싶었던 바람은 나중에 맨시가 임신을 했다는 소식을 듣고 나서 그가 보인 반응을 보면 명백하다.

24. Gamow (1967: 767).

25. Christianson (1995: 257).

26. Dingle (1937a).

27. Untitled supplement to Nature, Vol. 139, 12 June 1937, pp. 1001-2; p. 1001.

28. Dingle (1937b).

29. Report on Theoretical Physics to the Institute for Advanced Study, 23 October 1937, in the IAS Archives General Series, 52, 'Physics'.

30. Estate of Charles Dirac, prepared by Gwynn, Onslow & Soars. 이들이 문서를 준비한 때는 1936년 10월 7일이었다 (DDOCS).

31. Letter to Dirac from his mother, 21 January 1937, Dirac Papers, 1/4/7 (FSU). 또한 다음을 보기 바란다. The letter of 1 February 1937 in the same file of the archive.

32. Interview with Kurt Hofer, 21 February 2004.

33. Kojevnikov (2004: 119).

34. Postcard from Manci Dirac to the Veblens, 17 June 1937, LC Veblen archive.

35. Telegram from Kapitza to Dirac, 4 June 1937, KV 2/777, UKNATARCHI.

36. Service (2003: 223).

37. Fitzpatrick (1999: 194).

38. Letter from Kapitza to Rutherford, 13 September 1937, in Boag et al. (1990: 305-6).

39. Kojevnikov (2004: 116).

40. 카르코프를 탈출하기 전에 란다우는 우크라이나 물리기술 연구소에서 일했다. 그는 1938년 4월 28일에 모스크바에서 체포되었으며, 카피차는 그의 석방을 부탁하는 편지를 스탈린에게 보냈다. 그의 편지는 다음에 인용되어 있다. David Holloway (1994: 43).

41. Letter from Dirac to Kapitza, 27 October 1937, Dirac Papers, 2/3/6 (FSU).

42. Letter to Dirac from Kapitza, 7 November 1937, Dirac Papers, 2/3/6 (FSU).

43. Letter from Fowler to Dirac, 25 January 1939, Dirac Papers, 2/3/8 (FSU).

44. 디랙이 아주 좋아했던 말이다. 다음을 보기 바란다. R. Dalitz, Nature, 19 Vol. 278 (April) 1979.

45. Hoyle (1992: 186).

46. Hoyle (1994: 131).

47. Hoyle (1994: 133).

48. Letter from Dirac to Bohr, 5 December 1938, NBA.

49. 플로렌스의 시가 적어도 두 편 신문에 실렸다. 'Cambridge' appeared in the Observer on Saturday, 23 July 1938, and 'Brandon Hill' was published in the local Western Daily Press on Saturday, 12 March 1938.

50. 1938년 2월 2일, 프린스턴 대학은 디랙에게 1938년 10월 1일부터 시작하는 종신교수직을 제안하면서 12,000달러의 연봉을 주겠다고 했다. Dirac Papers, 2/3/7 (FSU).

51. Letter from Anna Kapitza to Manci Dirac, 9 March 1938, Dirac Papers, 1/8/18 (FSU).

52. Nature, 21 May 1938, No. 3577, p. 929. 슈뢰딩거의 유명한 편지는 다음에 발표되었다. Graz Tagepost, 30 March 1938. 다음을 보기 바란다. Moore (1989: 337-8).

53. Letters from Dirac to Manci in August 1938 (DDOCS). 위그너는 프랭크와 1936년 12월 23일 결혼했는데, 그녀는 1937년 8월 16일에 죽었다. 다음을 보기 바란다. 'The Einhorn Family', compiled by Margaret Upton (private communication).

54. 벨은 1938년 3월 15일 디랙에게 이런 편지를 썼다. '이미 한두 해 전에 나는 소련의 시련이 아마 날조된 게 아닌가 하는 결론에 이르렀어. 어쨌거나 그게 새로운 유형은 아니야. 1918년의 톰 무니Tom Mooney 사건이 그런 날조였고, 희생자는 이후로 줄곧 감옥에 있어 (…) 또한 사코 & 밴제티Sacco & Vanzetti 사건도 마찬가지고. 게다가 우린 인도에서 큰 일을 한듯 해. 하지만 '고백 기술'은 특이하게 러시아스러워. 적어도 현재의 규모로 보자면 말이야.' Letter to Dirac from J. H. Bell, Dirac Papers, 2/3/7 (FSU).

55. Moore (1989: 347); Letter from Schrödinger to Dirac, 27 November 1938, Dirac Papers, 2/3/7 (FSU).

56. 디랙은 그 이유를 슈뢰딩거에 관한 다음 부고에서 밝히고 있다. In Nature, 4 February 1961, 189, p.355-6.

57. Letter from Dirac to Kapitza, 22 March 1938, Dirac Papers, 2/3/7 (FSU).

58. Howarth (1978: 234-5).

59. The Times, 6 October 1938.

60. 'Eddington Predicts Science Will Free Vast Energy from Atom', New York Times, 24 June 1930. 그는 세계열강회의World Power Conference에서 연설하고 있었다. 그가 제시하기로, 그런 에너지는 입자들이 소멸하도록 만들거나 수소 원자핵이 녹아서 헬륨 핵이 생성되게 하면 방출될 수 있다.

61. Rhodes (1986: 28).

62. Weart and Weiss Szilard (1978: 53).

63. Weart and Weiss Szilard (1978: Chapter II).

64. Weart and Weiss Szilard (1978: 71-2).

65. 그 행사는 학회의 건물인 조지 스트리트 24번지에서 오후 4시 30분에 시작되었다. 막스 보른도 참석했다.

66. Mill (1892: Book 2, Chapter 12).

67. This quote is from the text of the lecture, Proceedings of the Royal Society (Edinburgh), 59 (1938-9: 122-9); p. 123.

68. Granta, 48 (1): 100, 19 April 1939.

22장

1. Bowyer (1986: 51).

2. 이것은 영국인들이 자신을 어떻게 취급했는지 말할 때 맨시가 가장 즐겨 썼던 표현 중하나다. Interview with Mary Dirac, 21 February 2003.

3. Boys Smith (1983: 44).

4. Cambridge Daily News, 2 September 1939, p.5.

5. Cambridge Daily News, 1 September 1939, p.3. 나의 어머니 조이스 파멜로Joyce Farmelo에게 감사드린다. 어머니는 당시의 불행한 피난민 생활을 포함해 다른 여러 경험들을 내게 들려주었다.

6. E-mail from Mary Dirac, 5 March 2006.

7. 'Cambridge During the War', the Town', Cambridge Review, 27 October 1945; 'Cambridge During the War', St John's College', Cambridge Review, 27 April 1946. 또한 다음을 보기 바란다. 'Thoughts Upon War Thought', Cambridge Review, 11 October 1940.

8. Barham (1977: 32-3).

9. Letter to Dirac from his mother, 26 January 1940, Dirac Papers, 1/4/10 (FSU).

10. 맨시는 임신 기간의 마지막 몇 달을 런던의 마운트필드 조리원Mountfield Nursing Home에서 지냈다. 매리의 출산에 관한 정보는 그녀의 육아일기에 나온다. 더 자세한 내용은 2006년 1월 16일 매리 디랙한테서 받은 이메일의 내용이다.

11. Letter to Dirac from Manci, 20 February 1940 (DDOCS). 맨시가 그때 말했던 영어는 문법에 맞지 않았다. 'I never felt as much that she has nor heart nor feelings whatsoever as yesterday.'

12. Peierls (1985: 150, 155).

13. Rhodes (1986: 323).

14. Facsimiles of the memos are in Hennessy (2007: 24-30).

15. Peierls (1985: 155).

16. 이에 관한 가장 초기의 현존하는 편지는 1940년 10월 26일자로 파이얼스가 디랙에게 보낸 편지다. AB1/631/257889, UKNATARCHI.

17. Rhodes (1986: 303-7); Fölsing (1997: 710-14).

18. Letter to Aydelotte from Veblen and von Neumann, 23 March 1940, IAS Archives Faculty Series, Box 33, folder: 'Veblen-Aydelotte Correspondence 1932-47'. 괄호로 표시된 부분에서 생략된 문구는 이렇다. '캐나다뿐 아니라 독일의 요아킴슈탈Joachimsthal 근처에 상당량의 우라늄이 매장되어 있습니다.'

19. Letter to Adyelotte from Veblen, 15 March 1940: IAS Archives General Series, Box 67, folder: 'Theoretical Physics 1940 Proposals'.

20. Cannadine (1994: 161-2).

21. Letter from Manci to Crowther, 28 June 1941, SUSSEX.

22. Barham (1977: 54); Bowyer (1986: 51).

23. Letter to Dirac from his mother, 27 June 1940, Dirac Papers, 1/4/10 (FSU).

24. Letters to Dirac from his mother, 16 August and 31 August 1940, Dirac Papers, 1/4/10 (FSU).

25. Letter to Dirac from his mother, 12 May 1940, Dirac Papers, 1/4/10 (FSU).

26. Letter to Dirac from his mother, 21 June 1940, Dirac Papers, 1/4/10 (FSU).

27. Letter from Dirac to Manci, 27 August 1940 (DDOCS).

28. Letter from Dirac to Manci, 23 August 1940. 나흘 후 그는 맨시에게 이런 편지를 보냈다. '이런 시국에 당신과 떨어져 있어서 미안해요. 하지만 케임브리지에 진짜 위험이 있다고는 생각하지 않아요.' (DDOCS).

29. 구스타프 보른Gustav Born이 나중에 회상하기로, 이 여행에서 디랙은 '눈이 반짝이며 친절하지만 거리를 두는 사람'이었고, 자기 혼자 있을 때 가장 행복했다. Interview with Gustav Born, 12 February 2005.

30. '여자들은 요리를 하고 남자들은 번갈아 설거지를 한다'고 디랙은 맨시에게 말했다. Letter, 23 August 1940 (DDOCS).

31. Letter from Dirac to Manci, 2 September 1940 (DDOCS).

32. Letter to Dirac from Manci, 8 September 1940 (DDOCS).

33. Letter from Pryce to Dirac, 18 July 1940, Dirac Papers, 2/3/10 (FSU).

34. Letter from Dirac to Manci, 21 January 1940 (DDOCS).

35. Letter from Gabriel to Dirac, 30 August 1945, and another undated later in the same month, Dirac Papers, 1/8/12 (FSU).

36. Letter to Dirac from his mother, 31 August 1940, Dirac Papers, 1/4/10 (FSU).

37. Letter from Peierls to Oppenheimer, 16 April 1954, LC, Oppenheimer archive.

38. 이 인용문의 첫 번째 부분은 디랙이 1940년 12월 18일에 맨시에게 보낸 편지에 나온다. 두 번째와 세 번째 부분은 그녀에게 다음 날 쓴 편지에 나온다.

39. Letter to Dirac from Manci, 22 December 1940 (DDOCS).

40. Werskey (1978: 23); 또한 다음을 보기 바란다. The foreword by C. P. Snow to Hardy (1940: 50-3).

41. Letter to Dirac from Hardy, May 1940, Dirac Papers, 2/3/10 (FSU).

42. Attendance register of Tots and Quots in 1940, Zucherman archive, wartime papers, SZ/TQ, EANGLIA.

43. Letter from Crowther to Dirac, 15 November 1940, Dirac Papers, 2/3/10 (FSU).

44. Brown (2005: Chapter 9).

45. 전시 연구와 관련하여 파이얼스가 디랙에게 보낸 첫 번째 편지는 날짜가 1940년 10월 26일자였다. UKNATARCHI.

46. Bowyer (1986: 181). 맨시는 종종 화재 진압에 주디의 역할을 언급한다(E-mail from Mary Dirac, 23 April 2006). 그 전에 벌어졌던 일촉즉발의 상황을 맨시는 다음 편지에서 거론하고 있다. 15 February 1941 in her letter to Crowther on 17 February 1941, SUSSEX.

47. 디랙은 크로우더를 종종 '신문기자'라고 칭했다. 가령 다음을 보기 바란다. Letter from Dirac to Manci, 4 May 1939 (DDOCS).

48. 스파이의 이름은 다음과 같았다. Jan Willen der Braak. 'The Spy Who Died Out in the Cold', Cambridge Evening News, 30 January 1975.

49. Letter from Harold Brindley, 7 August 1939, STJOHN; 디랙은 다음 편지에서 에딩턴과의 대화를 차분히 언급하고 있다. Letter to Peierls, 16 July 1939, Peierls archive (BOD).

50. Letter from Pryce to Dirac, 11 June 1941, Dirac Papers, 2/3/11 (FSU).

51. 강연 시간은 왕립학회의 모임 공고에 기록되어 있다. 오후 다과 시간은 3시 45분에 시작했다.

52. Letter to Dirac from Pauli (then at the Institute for Advanced Study), 6 May 1942, Dirac Papers, 2/3/12 (FSU).

53. 보어는 1943년 가을에 독일 점령 하의 덴마크를 탈출할 때까지 그 프로젝트에 관해 알지 못했다. 다음을 보기 바란다. Bohr (1950).

54. Telegram to Dirac from Kapitza, 3 July 1941, Dirac Papers, 2/3/11 (FSU).

55. Letter from Dirac to Kapitza, 27 April 1943, Dirac Papers, 2/14/12A (FSU).

56. Penny (2006: 'Fatalities in the Greater Bristol Area').

57. Letter to Dirac from Dr Strover, 2 October 1941, Dirac Papers, 2/3/11 (FSU).

58. 플로렌스가 이웃인 아담 부인에게 1941년 크리스마스 직전에 쓴 편지. Dirac Papers, 1/2/1 (FSU).

59. 디랙의 어머니 플로렌스는 버로우 공동묘지Borough Cemetery의 무덤 번호 7283번에 묻혔다.

23장

1. Article by Lannutti in Taylor (1987: 45).

2. Interview with Monica Dirac, 1 May 2006.

3. 위원회의 명칭은 MAUD였는데, 아마도 다음의 축약어인 듯하다. Ministry of Aircraft production Uranium Development committee: Gowing (1964: Chapter 2).

4. Gowing (1964: 53n.).

5. Nye (2004: 73-4).

6. Nye (2004: 75-85).

7. The quote is from Churchill (1965: epilogue).

8. Letter to Dirac from F. E. Adcock, 24 May 1942, Dirac Papers, 2/3/12 (FSU).

9. Letter to Dirac from Nigel de Grey of the Foreign Office in London, 1 June 1940, Dirac Papers, 2/3/10 (FSU).

10. Copeland (2006: Chapter 14).

11. 디랙의 강의 수업에서 다이슨의 급우 중 한 명이었던 데니스 윌킨슨 경Sir Denys Wilkinson이 2004년 1월 15일에 보낸 편지. 또한 2004년 1월 16일에 있었던 전화통화 내용. '나는 1942년 3월에 케임브리지에서 디랙의 수업을 들었습니다. 프리먼 다이슨은 나보다 1년 후배였지만, 매우 조숙해서 그도 같이 수업을 들었지요. 그는 질문을 많이 해대서 수업에 방해가 되었답니다. 디랙은 언제나 많은 시간을 들여 답을 해주었는데, 한번은 적절한 대답을 마련하려고 수업을 일찍 끝내기도 했지요.' (Interview, 15 January 2004).

12. Sir Denys Wilkinson, letter, 15 January 2004; phone call, 16 January 2004.

13. Letter from Dirac to Peierls, 11 May 1942, UKNATARCHI.

14. 다음을 보기 바란다. Thorp and Shapin (2000: 564).

15. Letter from Wigner to the US Office of International Affairs, 1 September 1965, Wigner archive, PRINCETON.

16. Anecdotes from interview with Monica Dirac, 7 February 2003 and 1 May 2006; and with Mary Dirac, 21 February 2003.

17. Hoyle (1987: 187).

18. Dirac, M. (2003: 41).

19. Letter from Dirac to Manci, 13 July 1942 (DDOCS).

20. 평소처럼 겸손한 어조로 디랙은 맨시에게 이런 편지를 보냈다. '이런 매우 특수한 강의에 수상이 온다는 게 조금 이상했어요. 어떻게 수상이 그런 짬을 냈을까 궁금하더라고요.' Letter from Dirac to Manci, 17 July 1942, DDOCS.

21. Letter from Peierls to Dirac, 30 September 1942, AB1/631/257889.

22. Letter from Manci to Dirac to 'Anna', 15 October 1986, Wigner archive in PRINCETON.

23. 'Mrs Roosevelt's Village Hall Lunch', Cambridge Daily News, 5 November 1942.

24. Wattenberg (1984).

25. Interview with Al Wattenburg, 30 October 1992.

26. 이 모임들 중 하나는 아마도 1943년 7월 31일에 있었을 것이다. 왜냐하면 디랙이 다음 편지에서 날짜를 그렇게 밝혔기 때문이다. His letter to Fuchs of 19 August 1943 (BOD). 디랙은

푹스에게 또 한 통의 편지를 보냈다. Letter to Fuchs on 1 September 1943 (BOD).

27. Peierls (1985: 163-4).

28. Szasz (1992: xix and 148-51).

29. Gowing (1964: 261).

30 Peierls, 'Address to Dirac Memorial Meeting, Cambridge', in Taylor (1987: 37).

31. Brown (1997: 250).

32. 추가로 케임브리지에서 70명이 부상을 당했고 1,271채의 가옥이 손상을 입었다 (Barham 1977: 53).

33. 'Cambridge Streets Light-Up at Last!', Cambridge Daily News, 26 September 1944.

34. 조에는 자기 가족의 '위협적인 상황'을 1943년 3월에 하이젠베르크에게 편지로 알려서 도움을 구했다. 네 달 후에 하이젠베르크는 답장에서 그는 구체적인 도움을 줄 수 없지만 다음 번에 네덜란드에 들를 때 조에와 만나고 싶다고 밝혔다(이 만남은 실제로는 성사되지 않은 듯하다). 조에는 다시 1944년 2월 2일 부다페스트에서 편지를 보내서 베티가 아리아족의 후손임을 긴급하게 보증해 달라고 부탁했다. 다음을 보기 바란다. Brown and Rechenberg (1987: 156).

35. Letter from Betty to Dirac, 20 July 1946, Dirac Papers, 1/7/2A (FSU).

36. Interview with Mary Dirac, 21 February 2003.

37. 가브리엘이 나중에 회상한 바에 따르면, 디랙은 신이 존재하지 않으며 천국이나 지옥도 없다고 선언했다고 한다. Letter from Gabriel Dirac to the Diracs, 18 January 1972, Dirac Papers, 1/8/14

38. E-mail from Mary Dirac, 17 February 2006. 모니카는 두 딸이 세례를 받았음을 확인해주고 있다.

39. Boys Smith (1983: 44).

40. Letter from Lew Kowarski to James Chadwick, 12 April 1943 (CHURCHILL).

41. Interview with the late John Crook, 1 May 2003. 크룩 교수는 디랙이 이 말을 할 때 같이 있었다.

42. 'Happy Crowds Celebrate VE-Day', Cambridge Daily News, 9 May 1945.

43. Interview with Monica Dirac, 1 May 2006.

44. Pincher (1948: 111). 이 사건에 관한 채프먼 핀처Chapman Pincher의 이야기는 디랙이 거짓말을 했음을 암시했다. 핀처는 이렇게 말하고 있다. 'PAM 디랙 박사, 관련된 과학자들 중 한 분인 이 박사는 자기는 중요한 전시 연구에 당시에 관여하지 않았다고 내게 말했다. 하지만 영국의 원자 에너지에 관한 백서가 진술하고 있듯이, 그는 연쇄반응에 관한 이론적인 조사를 통해서 원자폭탄 프로젝트에 도움을 주었다.' 핀처는 디랙의 곧이곧대로 말하는 성향을 감안하지 않았다.

45. Brown (2005: 266).

46. Interview with Leopold Halpern, 26 February 2006. 디랙이 핼펀에게 말하기를, 자기는 영국 정부의 행동에 실망해서 화를 식히려고 혼자 오랫동안 걸었다고 했다. 디랙은 국무부 관리 C. D. C 로빈슨Robinson으로부터 출국 비자 거절 소식을 들었다 (Letter to Dirac, 13 June 1945, Dirac Papers, 2/3/15 [FSU]). 이틀 후 네빌 모트Nevill Mott는 디랙에게 편지를 보내서 실망한 과학자들이 하게 될 시위에 대해 알려 주었다. 모트는 디랙이 시위대의 활동 회원이 되기를 바라지 않는다고 솔직히 터놓는다 (Letter to Dirac from Mott, Dirac Papers, 2/3/15 [FSU]).

47. Letter from Manci Dirac to Crowther, 18 May 1945, SUSSEX.

48. Telegram from Joe Teszler to the Diracs, 1 July 1945, Dirac Papers, 1/7/5 (FSU).

49. Interview with Christine Teszler, 22 January 2004.

50. Letters from Joe Teszler to Manci, 19 July, 2 August, 23 August, 31 August, 6 September and 27 September 1945, Dirac Papers, 1/7/5 (FSU).

51. Cornwell (2003: 396).

52. 로즈 경기장에서 경기를 벌인 팀은 공식적인 호주 팀이 아니라 '호주 복무The Australian Services' 팀이라는 곳이었다.

53. Smith (1986: 478).

54. 'How Cambridge Heard the Great Victory News', Cambridge Daily News, 15 August 1945.

55. 가령 다음을 보기 바란다. Time, 20 August 1945, p. 35.

56. Cornwell (2003: 394-400).

57. 작자미상. (1993: 36).

58. 작자미상. (1993: 71).

59. Dalitz (1987a: 69-70). Also, interview with Dalitz, 9 April 2003.

60. Interview with Christine Teszler, 22 January 2004.

61. Letter from Betty to Dirac, 20 July 1946, Dirac Papers, 1/7/2A (FSU).

62. Brown (2005: 173).

63. Crowther (1970: 264).

64. 강연에 관한 공식 기록은 다음에 있다. UKNATARCHI (Dirac Papers. BW83/2/257889).

24장

1. Osgood (1951: 149, 208-11).

2. Interview with Feynman by Charles Weiner, 5 March 1966, 27 March 1966, AIP. Interview with Lew Kowarski by Charles Weiner, 3 May 1970, AIP.

3. 디랙의 강연을 타이핑으로 적은 원고는 다음에 있다. The Mudd Library, PRINCETON.

4. 파인만의 이론에서 전자와 같은 양자가 시공간 내의 한 점에서 다른 점으로 전이할 확률은 두 점 사이의 모든 가능한 경로들에 대하여 양자가 이동할 확률들을 모두 더해서 계산할 수 있다.

5. Interview by Charles Weiner of Richard Feynman, 27 June 1966 (CALTECH). 또한 다음을 보기 바란다. Feynman's Nobel Lecture and Gleick (1992: 226) and its references.

6. Interview with Freeman Dyson, 27 June 2005. 다이슨에 의하면 파인만은 그 이야기를 여러 번 했다고 한다.

7. Quoted by Oppenheimer in Smith and Weiner (1980: 269). 위그너는 파인만의 박사학위 논문의 검토자들 중 한 명이었다. 다른 검토자로는 휠러가 있었다. 구술 시험은 1942년 6월 3일에 있었으며, 박사학위 논문 검토자들의 보고서는 다음에 있다. Mudd Library, PRINCETON.

8. 다음을 보기 바란다. Kevles (1971: Chapter 12) and Schweber (1994: Section 3).

9. Schweber (1994: Chapter 4); Pais (1986: 450-1); Dyson (2005).

10. Lamb (1983: 326). 'Radar Waves Find New Force in Atom', New York Times, 21 September 1947.

11. Ito (1995: 171-82).

12. Feynman (1985: 8).

13. Dyson (1992: 306). Interview with Dyson, 27 June 2005. 다이슨이 자신을 '복수심을 품은 거물'이라고 묘사한 것은 다음에 나온다. Schweber (1994: 550).

14. Dyson (2005: 48).

15. 디랙은 추상미술이나 쇤베르크의 음악에서 조금도 즐거움을 얻지 못했고, 그 둘 다 아름답지 않다고 여겼다.

16. 'The Engineer and the Physicist', 2 January 1980, Dirac Papers, 2/9/34 (FSU).

17. Dirac Papers, 2/29/34 (FSU).

18. Dirac Papers, 2/29/34 (FSU).

19. Dyson (2006: 216).

20. Letter from Manci to Wigner, 20 February 1949, PRINCETON.

21. Interview with Richard Eden, 14 May 2003.

22. M. Dirac (1987: 6).

23. M. Dirac (2003: 41).

24. 부모의 일생에 관한 정보를 제공해준 샐러먼의 딸 니나 웨더번Nina Wedderburn에게 감사드린다. Fen (1976: 375).

25. Gamow (1966: 122); Salaman and Salaman (1986: 69).

26. Interview with Monica Dirac, 7 February 2003.

27. Quoted in Hennesey (2006: 5).

28. 케임브리지 대학에서 여학생이 남학생과 평등해지기까지는 수세기가 걸렸다. 케임브리지 내의 첫 여자 단과대학인 거튼 칼리지Girton College와 뉴넘 칼리지Newnham College가 1869년과 1871년에 각각 설립되었다. 1881년부터 여성들은 우등 졸업시험을 치를 수는 있었지만, 합격했다고 해서 대학으로부터 공식 학위 인정을 받지는 못했다. 1882년부터 여성의 성적이 남성의 성적과 함께 발표되긴 했지만, 별도의 명단으로 발표되었다. 1921년 여성에 대한 전면적인 입학을 제안하는 보고서가 거절되었다. 여성을 대학의 정식 구성원으로 받아들이는 것을 허용하는 법안들이 마침내 1948년 5월 왕실의 동의를 받았고, 케임브리지를 졸업한 최초의 여성은 이듬해 10월 엘리자베스 여왕이었다. 이 법에 따라 케임브리지의 여학생들은 1949년 1월에 처음으로 졸업했다.

29. 하이젠베르크가 전후에 우울해진 이유는 다음에 제시되어 있다. Cassidy (1992: 528).

30. R. Eden, unpublished memoirs, May 2003, p. 7a.

31. 디랙은 전후에 하이젠베르크를 1958년에 처음 만났다. '영웅'이라는 말은 다음에 나온다. Interview with Antonio Zichichi, 2 October 2005.

32. Interview with Monica Dirac, 7 February 2003.

33. Greenspan (2005: 253, 263-4). 디랙은 하이젠베르크의 추천을 지지하면서, 그가 왕립학회의 외국인 회원으로 선출되는 일은 파울리보다 먼저여야 한다고 말했다. 콕크로프트는 디랙에게 보낸 2월 15일자 편지에서 '나는 그(하이젠베르크)가 파울리보다 더 저명하다는 데 동의한다'고 썼다. Dirac Papers, 2/4/7 (FSU).

34. Letter to Dirac from Douglas Hartree, 22 December 1947, Dirac Papers, 2/4/2 (FSU).

35. Letter to Dirac from Schrödinger, 18 May 1949, Dirac Papers, 2/4/4 (FSU).

36. 블랙킷이 1947년에 노벨상을 수상한 직후, 디랙은 그에게 '진심어린 축하'를 보내면서, 이렇게 말했다. '진즉 탔어야 했어.' Letter from Dirac to Blackett, 7 November 1948, Blackett archive, ROYSOC. 그렇지만 디랙은 블랙킷을 노벨상 후보로 추천하지는 않았다.

37. 디랙은 1953년 이전에 두 번, 1946년 1월 16일과 1950년 1워 25일에 노벨상에 카피차를 추천했다. 디랙의 기록에 보면 분명히 드러나듯이, 그는 나중에 카피차를 여러 번 추천했다 (RSAS).

38. Letter from Dirac to Kapitza, 4 November 1945, Dirac Papers, 2/4/12 (FSU); 또한 다음을 보기 바란다. Letter from Kapitza to Stalin, 13 October 1944, reproduced in Boag et al. (1990: 361-3).

39. Boag et al. (1990: 378).

40. Letter from Kapitza to Stalin, 10 March 1945, cited in Kojevnikov, A. (1991) Historical Studies in the Physical Sciences, 22, 1, pp. 131-64.

41. Letters from Kapitza to Stalin, 3 October 1945 and 25 November 1945, reprinted in Boag et al. (1990: 368-70, 372-8).

42. Letter to Dirac from Manci, 12 July 1949 (DDOCS).

43. Tallahassee Democrat, 29 November 1970.

44. Bird and Sherwin (2005: 332).

45. 일화들의 출처: '아장아장 걷는 딸들', Interview with Freeman Dyson, 27 June 2005; '일요일에 차 마시러 온 아인슈타인 대접', Interview with Monica Dirac, 7 February 2003, Interview with Mary Dirac, 21 February 2003; '초저녁 술마시기 모임', 오펜하이머가 소장으로 있는 동안 연구소의 사교 의식 중 하나; '아마추어 벌목꾼', Interview with Morton White, 24 July 2004.

46. Interview with Freeman Dyson, 27 June 2005. E-mail from Dyson, 23 October 2006.

47. Interview with Louise Morse, 19 July 2006.

48. 디랙은 여러 통의 성가신 편지를 오스트리아-헝가리 실험물리학자 펠릭스 에렌하프트Felix Ehrenhaft에게서 받았다. 독불장군이었던 그는 자기가 자기단극의 존재를 입증할 증거를 얻었다고 주장했다. Dirac Papers, 2/13/1 and 2/13/2 (FSU).

49. Letter from Pauli to Hans Bethe, 8 March 1949, Hermann et al. (1979).

50. 새 이론은 별 주목을 받지 못했지만, 텔레비전 수상기의 전자 빔을 연구하고 있던 과학자들 (가령, 런던 임페리얼 칼리지의 데니스 가버Dennis Gabor)의 흥미를 끌었다. 디랙과 가버 사이의 서신교환(1951년) 내용은 다음에 있다. Gabor archive at Imperial College, London.

51. Dirac (1954).

52. Dirac (1954).

53. 'The Ghost of the Ether' was published in the Manchester Guardian article on 19 January 1952; the New York Times published 'Briton Says Space Is Full of Ether', 4 February 1952. (노벨상 수상자들을 위한) 1971년 린다우 회의에서 디랙의 강연에서 그는 에테르가 양자역학에 유용하지는 않은 듯하다고 말했지만, 그 개념이 언젠가 유용할지 모른다는 걸 배제하지는 않았다.

54. Jerome (2002: Chapter 12, 278-82).

55. Interview with Einstein's acquaintance Gillett Griffen on 20 November 2005, and with Louise Morse on 19 July 2006. 아인슈타인이 담배꽁초를 주워서 코에 대고 킁킁대는 이야기는 다음에서 얻었다. Kahler, A. (1985), My Years of Friendship with Albert Einstein, IX, 4, p. 7.

25장

1. 이 대목의 정보는 주로 다음에서 얻었다. Interviews with Monica Dirac (7 and 8 February 2002) and Mary Dirac (21 February 2002 and 17 February 2006). 또한 다음을 보기 바란다. M. Dirac

(2003: 39-42). Information about Dirac and Betty from interview with Christine Teszler, 22 January 2004.

2. 이 기숙학교는 다음과 같다. Beeston Hall School in West Runton, near Cromer. E-mail from Mary Dirac, 30 October 2006.

3. 디랙 가족은 종종 켄싱턴의 바크스턴 가든스 호텔Barkston Gardens Hotel에 하루나 이틀 정도 묵었다.

4. Interview with Mary Dirac, 21 February 2003.

5. Letter to Dirac from Manci, 5 September 1949 (DDOCS): '우리는 폴리-베르제르가 파리 공연을 그대로 재현하는 런던에서 조용한 주말을 보낼 수 있어요.'

6. Professor Driuzdustades appears in Russell's 1954 short story 'Zahatopolk' (see Russell 1972: 82-110).

7. 맨시와 모니카는 종종 다음 식당에서 식사를 했다. Koh-I-Noor restaurant in St John's Street. Interview with Monica Dirac, 7 February 2003.

8. Dalitz (1987b: 17).

9. Interview with Monica Dirac, 7 February 2003.

10. Interview with Tony Colleraine, 15 July 2004.

11. Bird and Sherwin (2005: 463-5).

12. Letter from Dirac to Manci, undated, late March 1954 (DDOCS).

13. Szasz (1992: 95).

14. Letter from Dirac to Oppenheimer, 11 November 1949, LC Oppenheimer archive.

15. Szasz (1992: 86, 95).

16. 파이스는 종종 이 이야기를 했다. 가령 다음을 보기 바란다. Pais (2000: 70).

17. 아마도 디랙은 맨시의 헝가리 국적 때문에 1951년 초까지 회의에서 배제된 듯하다. 다음을 보기 바란다. Interview with Lew Kowarski by Charles Weiner, 3 May 1970, AIP, pp. 203-4.

18. 1950년 3월 23일자인 탄원 관련 문서는 다음에 있다. The Bernal Papers, KV 2/1813, UKNATARCHI.

19. McMillan (2005: 12, 199).

20. 디랙이 4월 17일에 오펜하이머에게 보낸 이 편지는 남아 있지 않은 듯하다. 하지만 프린스턴 고등과학연구소의 루스 바넷Ruth Barnett은 그녀가 디랙에게 보낸 다음 편지에서 그 편지를 언급한다. Letter to Dirac of 28 April 1954, Dirac Papers, 2/4/10 (FSU).

21. McMillan (2005: 214).

22. Letter from Dirac to Oppenheimer, 24 April 1954, IAS Dirac archive.

23. 'US-Barred Scientist "Not Red"', Daily Express, 28 May 1954.

24. 'US Study Visa Barred to Nobel Prize Physicist', New York Times, 27 May 1954.

25. Letter to Dirac from Christopher Freeman, Secretary of the Society for Cultural Relations with the USSR, 26 April 1954, Dirac Papers, 2/16/9 (FSU).

26. Pais (1998: 33).

27. Letter from Wheeler, Walker Bleakney and Milton White to the New York Times, published in the newspaper on 3 June 1954.

28. 그 여성이 누구인지는 불확실하다. Interview with Monica Dirac, 7 February 2003.

29. Dirac Papers, 2/14/5 (FSU).

30. 마하발레슈와르 힐스에서 머문 후 디랙 내외는 12월 15일까지 뭄바이의 타타 연구소로 돌아왔다. '이후 디랙 내외는 마드라스로 갔다가 12월 20일 방갈로르로 가서 거기서 크리스마스를 보냈다. 한해의 마지막 날 저녁에 둘은 뭄바이로 돌아왔고 다시 1월 5일 바로다에 있는 인도 과학협회에 갔다. 나흘 후에는 델리로 가서 곧 타지마할을 구경했다'. 디랙 내외는 1월 18일부터 1월 23일까지 캘커타에 있다가 며칠에 걸쳐 델리로 돌아왔고 그 후에 마침내 타타 연구소로 돌아왔다. 1955년 2월 21일에 뭄바이에서 배로 출항해 인도를 떠났다.

31. Interview with George Sudarshan, 15 February 2005. 1955년에 수다르산은 타타 연구소의 연구 조수였다.

32. 디랙이 강연 초청을 선뜻 수락한 내용은 다음에 나온다. His letter to Dr Basu, 23 June 1954, Dirac Papers, 2/4/10 (FSU).

33. 디랙의 교정을 거친 강연 원고는 다음에 있다. Dirac Papers, 2/14/5 (FSU). 이 강연 내용을 출간한 버전에서는 디랙의 절묘한 발언들 다수가 빠져 있다.
(Journal of Scientific and Industrial Research, Delhi, A14, pp. 153–65).

34. Salaman and Salaman (1996: 68).

35. Science and Culture, Volume 20, Number 8, pp. 380–1, see p. 380.

36. Perkovich (1999: 59). 인도는 바바가 비행기 추락으로 죽은 지 8년 후인 1974년에 핵보유국이 되었다.

37. Letter to Oppenheimer from G. M. Shrum, 4 April 1955 (Oppenheimer archive, Dirac Papers, LC). 디랙은 1954년 12월의 의료 검진 동안에 오염된 주사바늘로 인해 일종의 황달, 상동성 혈청간염에 걸렸을지 모른다. Dirac Papers, 1/9/3 (FSU).

38. Note from Manci to Oppenheimer included in Dirac to Oppenheimer, 25 September 1954 (LC, Oppenheimer archive, Dirac Papers).

39. 디랙 내외는 4월 16일에 밴쿠버를 향해 출항했다. Letters from Manci to Oppenheimer, 15 April 1955, 22 April 1955 and other undated letters written at about the same time (LC, Oppenheimer archive).

40. 맨시는 남편이 딱 한 번 울던 모습을 종종 언급했다. 가령 다음을 보기 바란다. Science

News, 20 June 1981, p. 394.

41. Interview with Tony Colleraine, 22 July 2004.

42. Letter from Manci to Oppenheimer, 29 August 1955, Oppenheimer archive, Dirac Papers, LC.

43. Medical report on 28 March 1955, Dirac Papers, 1/9/3 (FSU).

44. 디랙 내외는 1955년 5월 22일부터 6월 30일까지 프린스턴에 있었고, 7월 1일에 비행기를 타고 오타와로 갔다.

45. Letter from Manci to Oppenheimer, 29 August 1955 (LC, Oppenheimer archive).

46. Interview with Jeffrey Goldstone, 2 May 2006.

47. Talk on 'Electrons and the Vacuum' by Dirac at the Lindau conference. 디랙이 주석을 단 원고 (June 1956)는 다음에 있다. Dirac Papers, 2/27/14 (FSU).

48. 'Electrons and the Vacuum', pp. 7-8.

49. 디랙은 다음 해인 1957년에 출간된 이 책의 집필에 많은 시간을 보냈다. Fourth edition of The Principles of Quantum Mechanics.

50. 1937~1949년 사이의 카피차의 활동에 대한 이야기는 다음을 보기 바란다. Kojevnikov (2004: Chapters 5-8).

51. Taubman (2003: Chapter 11).

52. 인용문은 다음에 나온다. A letter from Dirac to Bohr, undated, NBI. 이 방문에서 오간 내용이 강의록에 꾸밈없이 적혔다.

53. Dorozynski (1965: 61).

54. Boag et al. (1990: 368). 또한 다음을 보기 바란다. Knight (1993: Chapters 9 and 10).

55. Taubman (2003: 256).

56. Fitzpatrick (2005: 227).

57. Dorozynski (1965: 60-1).

58. Feinberg (1987: 185 and 197).

59. Weisskopf (1990: 194).

60. 디랙의 글은 지금도 칠판에 보존되어 있다.

61. 란다우는 1957년에 모스크바의 한 회의에서 이 발언을 했다. Interview with Sir Brian Pippard, 29 April 2004.

26장

1. Enz (2002: 533).

2. 디랙은 그 소식이 발표되기 전에 케임브리지에서 떠도는 소문을 들었을 것이다. 그 실험에

관한 첫 번째 기사는 다음에 발표되었다. Guardian on 17 January 1957.

3. Shanmugadhasan (1987: 56).

4. 디랙은 양자역학의 좌우 대칭 문제를 다음에서 제기했다. Ph.D. Examination of K. J. Le Couteur in 1948. 다음을 보기 바란다. Dalitz and Peierls (1986: 159).

5. 1970년 8월 25일 디랙은 물리학자 이바르 발러Ivar Waller에게 이런 메시지가 든 종이 한 장을 건넸다. '거기서 내가 믿지 않는 진술은 P 및 T 불변이 책 Rev Mod Phys vol 21(1949)의 393쪽에 나오는 것이다. 나는 그걸 더 이상 살펴보지 않았다. PAM 디랙.' Waller archive, RSAS. 또한 다음을 보기 바란다. Pais (1986: 25-6).

6. Polkinghorne (1987: 229).

7. 7년 후인 1964년 프린스턴 대학의 두 실험물리학자가 약한 상호작용이 관여하는 어떤 양자 과정들은 시간이 반전될 때 대칭이지 않음을 확인했을 때, 대다수 물리학자들은 또다시 충격에 휩싸였다. 하지만 디랙은 아니었다. 그는 1949년의 상대성이론에 관한 두 단락의 글에서 그런 가능성을 예견했었다.

8. '틀린 말wrong horse'라는 문구는 다음에서 나왔다. The Fermilab Symposium in May 1980, Brown and Hoddeson (1983: 268). '완전히 짓뭉개버렸다'는 문구는 다음에서 나왔다. Dirac's talk at the Argonne Symposium on Spin, 26 July 1974. 다음을 보기 바란다. 'An Historical Perspective on Spin' Lecture notes, pp. 3, Dirac Papers, 2/29/3 (FSU).

9. Taubman (2003: 302).

10. 'The Soviet Crime in Hungary', New Statesman, 10 November 1956, p. 574.

11. Interview with Tam Dalyell, 9 January 2005. 달리엘은 이 만남이 1971년 아니면 1972년에 있었다고 회상한다.

12. Letter from Dirac to Kapitza, 29 November 1957, Dirac Papers, 2/4/12 (FSU).

13. 40주년 기념과의 관련성은 다음에서 지적했다. New Statesman in 26 October and 9 November 1957.

14. Interview with Monica Dirac, 1 May 2006.

15. 디랙은 달에 가고 싶다고 딸 매리에게 종종 말했다. Interview with Mary Dirac, 10 April 2006.

16. Newhouse (1989: 118).

17. Newhouse (1989: 118).

18. 디랙과 함께 점심을 먹은 다른 두 물리학자는 다음과 같다. 피터 란즈호프Peter Landshoff and 존 너탤John Nuttall. Interview with Peter Landshoff, 6 April 2006.

19. Letter from Dirac to Walter Kapryan, 19 July 1974, Dirac Papers, 2/7/6 (FSU).

20. 우주 로켓이 수평보다 수직으로 발사되는지 그 이유를 알려준 밥 파킨슨Bob Parkinson과 더그 밀러드Doug Millard에게 감사드린다.

21. Interview with the Revd. Sir John Polkinghorne, 11 July 2003.

22. Interview with the Revd. Sir John Polkinghorne, 11 July 2003. 디랙은 한때 '로rho 메손이 뭐냐?'고 물었다. 그것은 거의 모든 입자물리학 연구자들한테 잘 알려진 입자였다.

23. Interview with the Revd. Sir John Polkinghorne, 11 July 2003.

24. Interview with Monica Dirac, 7 February 2003. 1967년에 디랙의 주차 권리는 더욱 제약을 받아서 다시 한번 맨시는 격분했다. Letter from R. E. Macpherson to Dirac, 2 November 1967, Dirac Papers, 2/6/3 (FSU).

25. Interview with John Crook, 1 May 2003.

26. 1959년 크리스마스 휴가가 끝난 뒤 가브리엘은 어머니에게 자기들 앞에서 아버지에게 '떠나겠다'는 소리를 하지 말라고 다그쳤다. Letter from Gabriel to the Diracs, 13 January 1960, Dirac Papers, 1/8/12 (FSU).

27. Interview with Stanley Deser, 5 July 2006.

28. Letter to Dirac from Manci, 10 April 1954 (DDOCS).

29. Interview with Monica Dirac, 7 February 2003.

30. Hardy (1940: 87). 가령 다음을 보기 바란다. Letters to Dirac from Gabriel, 22. September 1957 and 8 October 1957, property of Barbara Dirac−Svejstrup.

31. Interview with Mary Dirac, 21 February 2003.

32. 디랙이 1961년 가모프에게 한 말에 의하면, 그는 일반 상대성이론에 관한 연구를 시작했는데, 그 이론과 중성미자의 관련성을 찾기 위해서였다고 한다. 하지만 그 연구는 실패로 끝났다. Letter from Dirac to Gamow, 10 January 1961, LC, Gamow archive.

33. '중력자graviton'이라는 용어는 다음 사람에 의해 처음으로 활자화되어 사용된 듯하다. The Soviet physicist D. I. Blokhintsev in the journal Under the Banner of Marxism (Pod znamenem marxisma): Blokhintsev (1934). 다음을 보기 바란다. Gorelik and Frenkel (1994: 96).

34. 'Physicists Offer New Theories on Gravity Waves and Atomic Particles', New York Times, 31 January 1959.

35. Deser (2003). 디랙이 일반 상대성이론 연구에 기여한 업적에 대해 조언해 준 다음 분들에게 감사드린다. Sir Roger Penrose (Interview 20 June 2006) and Stanley Deser (interview 5 July 2006).

36. Pais (1986: 23) and Salam (1987: 92).

37. 디랙은 1970년 10월 8일에 했던 다음 강연을 위한 노트에 그 이론을 그런 식으로 묘사했다. 'Relativity Against Quantum Mechanics', Dirac Papers, 2/28/19 (FSU). 또한 다음을 보기 바란다. Dirac (1970).

38. 오펜하이머에 대한 이런 묘사는 다음 자료를 바탕으로 한다. By Stephen Spender in Journals 1939~1983. 또한 다음을 보기 바란다. Bernstein (2004: 194).

39. 작자미상. (2001: 109-34).

40. Letter from Dirac to Margrethe Bohr, 20 November 1962, NBA. Margrethe's reply, dated 19 December 1962, is in Dirac Papers, 2/5/9 (FSU).

41. Nature, 4 February 1961, pp. 355-6; see p. 356.

42. Interview with Dirac, AHQP, 1 April 1962, pp. 5-7.

43. Interview with Dirac, AHQP, 1 April 1962, p. 5 (text from the original tape).

44. Interview with Kurt Hofer, 21 February 2004.

45. 내가 한 다음 두 인터뷰에서 둘 모두 디랙이 자기 아버지를 '혐오'한다고 말했다고 한다. 디랙으로서는 매우 강경한 단어였다. Interviews with Leopold Halpern and Nandor Balázs, respectively on 18 February 2003 and 24 July 2002.

46. Letter from Kuhn to Dirac, 3 July 1962, Dirac Papers, 2/5/9 (FSU). 디랙은 이후에 쿤과 네 번의 인터뷰를 더 가졌다. Interviews with Kuhn in 7 Cavendish Avenue, Cambridge, on 6, 7, 10 and 14 May 1963.

47. Interview with Monica Dirac, 30 April 2006.

27장

1. Interview with the Revd. Sir John Polkinghorne, 11 July 2003.

2. Interview with Mary Dirac, 21 February 2003.

3. 디랙은 배첼러를 응용수학 및 이론물리학 학과장에서 내쫓으려는 캠페인의 일환으로서 H. 대번포트Davenport에게 보내는 1964년 4월 27일자 편지에 공동 서명했다. UCAM, Hoyle archive.

4. Interview with Yorrick and Helaine Blumenfeld, 10 January 2004.

5. Letter to Dirac from Oppenheimer, 21 April 1963, Dirac Papers, 2/5/10 (FSU).

6. 디랙 내외는 1962년 및 1963년에 미국에 있었다(1962년 4월 하순까지 그리고 1962년 9월 하순부터 1963년 4월 초까지 프린스턴 고등과학연구소에서 머물렀다). 1964년과 1965년에는 주로 프린스턴 고등과학연구소에서 1964년 9월부터 1965년 봄까지 머물렀다. 1966년 3월과 4월에는 뉴욕주의 스토니 브룩에 머물렀고, 1967년에는 봄에 스토니 브룩에 11월과 12월에 오스틴에 있는 텍사스 대학에 머물렀다. 1968년과 1969년의 경우, 1968년 12월에 크리스마스 이후까지 스토니 브룩에 머물렀으며, 그 후에는 마이애미 대학으로 옮겨서 거기서 1969년 봄까지 머물렀다.

7. Goddard (1998: xiv).

8. Dirac (1966: 8). 이 강연들의 주제들 중 하나는 슈뢰딩거의 양자역학 버전은 장 이론에 적용될 때엔 타당하지 않으며 하이젠베르크의 버전만이 만족스럽다는 디랙의 결론이다.

9. Dirac (1963:53).

10. 디랙이 BBC 라디오와 텔레비전 프로그램에 출연하기를 거절한 여러 사례들이 플로리다 주립대학의 디랙 기록보관소에 보관되어 있다. 특히 유명한 사례는 그가 쓴 《사이언티픽 아메리칸》의 기사와 관련하여 인터뷰를 하자는 제안을 거절한 것이었다 (Letter to Dirac from BBC radio producer David Edge, on 11 June 1963, Dirac Papers, 2/5/10 [FSU]).

11. BBC Horizon programme 'Lindau', reference 72/2/5/6025. 촬영일은 1965년 6월 28일이고 방송일은 1965년 8월 11일이다.

12. Barrow (2002: 105-12). 하지만 텔러는 언급하기를, 그 계산에 관한 실험적 부정확성이 너무 커서 그 가설을 결정적으로 배제하기는 불가능하다고 했다.

13. Barrow (2002: 107).

14. Letter from Dirac to Gamow, 10 January 1961, Gamow archive LC.

15. Quoted in Barrow (2002: 108).

16. Private papers of Mary Dirac. Dirac wrote the notes on 17 January 1933.

17. Letter to Dirac from Gamow, 26 October 1957, Dirac Papers, 2/5/4 (FSU).

18. John Douglas Cockcroft, Biographical Memoirs of Fellows of the Royal Society (1968): 139-88; see p. 185.

19. Mitton (2005: 127-9).

20. Overbye (1991: 39).

21. Letter from Gamow to Dirac, June 1965 (undated), Dirac Papers, 2/5/13 (FSU).

22. Letter from Heisenberg to Dirac, 2 March 1967, Dirac Papers, 2/14/1 (FSU). Letter from Dirac to Heisenberg, 6 March 1967, quoted in Brown and Rechenberg (1987: 148).

23. Letter from Geoffrey Harrison, HM Ambassador in Moscow, to Sir John Cockcroft, 19 April 1966, Cockcroft archive, CKFT 20/17 (CHURCHILL).

24. 카피차는 그 강연을 5월 16일 월요일 오후 5시에 했다. Source: Cambridge University Reporter, 27 April 1966, p. 1,649.

25. Letter from Manci to Barbara Gamow, 12 May 1966, LC (Gamow archive). 다른 정보는 다음에서 얻었다. Interview with Mary Dirac, 21 February 2003.

26. Letter from Manci to Rudolf Peierls, 8 July 1986, Peierls archive, additional papers, D23 (BOD).

27. Boag et al. (1990: 43-4).

28. Batelaan, H. (2007) Reviews of Modern Physics, 79, pp. 929-42.

29. 디랙은 겔만의 물리학자로서의 재능은 대단히 존중했지만, 결코 그와 어울리려고는 하지 않았다. Source: interview with Leopold Halpern, 26 February 2006.

30. Gell-Mann (1967: 699). 겔만이 처음에 쿼크의 실재성에 대해 가졌던 회의적인 견해의 더 많은 사례들은 다음을 보기 바란다. Johnson (2000: Chapter 11).

31. Gell-Mann (1967: 693).

32. 'Methods in Theoretical Physics', 12 April 1967, Dirac Papers, 2/28/5 (FSU).

33. 트카첸코는 9월 18일에 소련 대사관에 다시 인계되었다. 영국 당국의 이야기에 의하면 트카첸코가 러시아로 돌아가겠다는 바람을 '자유롭게 표현한' 것은 맞지만, 그가 소련 당국의 억류 하에 죽게 되지 않을까 우려했다고 한다. 다음을 보기 바란다. The Times, 18 June 1967, p. 1; New York Times, 16 September 1967, p. 1. 또한 다음을 보기 바란다. The obituary of John Cockcroft by Kenneth McQuillen, former Vice-Master of Churchill College. 이 일화를 알려준 그 대학의 교수인 마크 골디Mark Goldie에게 감사드린다.

34. E-mail from Chris Cockcroft, 17 May 2007. 또한 다음을 보기 바란다. Oakes (2000: 82). 이 일화를 메리 디랙과 모니카 디랙이 확인해 주었다.

35. Letter from Wigner to Office of International Affairs, 1 September 1965, PRINCETON, Wigner archive.

36. 가령 다음을 보기 바란다. Letter from Wigner to Manci, 2 September 1965 (FSU, Wigner letters, annex to Dirac Papers).

37. Letters from the Wigners, 6 and 13 May, and 14 September 1968 (FSU, Wigner letters, annex to Dirac Papers).

38. Letter from Manci to Wigner, 10 February 1968, Wigner archive (Margit Dirac file) PRINCETON.

39. Telegram 17 September 1968 (FSU, Wigner letters, annex to Dirac Papers); Interview with Mary Dirac, 26 February 2006.

40. Interview with Mary Dirac, 26 February 2006.

41. Letter from Mary Wigner to the Diracs, 7 October 1968, Dirac Papers, 2/6/6 (FSU).

42. Letters from the Wigners to the Diracs, 20 and 25 September and 9 October 1968 (FSU, Wigner letters, annex to Dirac Papers). Interview with Mary Dirac, 26 February 2006 and e-mail 7 June 2006.

43. Interview with Mary Dirac, 26 February 2006 and e-mail 7 June 2006.

44. Interview with Helaine and Yorrick Blumenfeld, 10 January 2004.

45. Interview with Philip Mannheim, 8 June 2006. 또한 다음을 보기 바란다. The article on Kurşunoğlu, 'The Launching of La Belle Epoque of High Energy Physics and Cosmology' in Curtright et al. (2004: 427-46).

46. An account of Dirac's time at the University of Miami is given by Kurşunoğlu's wife in Kurşunoğlu and Wigner (1987: 9-28).

47. 맨시는 1969년 2월 4일 가모프의 아내에게 보낸 편지에서 디랙이 마이애미 대학의 교수직 제안을 수락하지 않았다며 이렇게 불평했다. '제 기분이 엉망이 되었어요.' (LC, Gamow archive,

Manci Dirac file).

48. 래빗과 제니스 옹스트롬이 영화 〈2001 스페이스 오디세이〉에 대해서 한 반응은 다음에 나온다. Rabbit Redux, 1971, Chapter 1 (In the Fawcett Crest Book paperback edition, pp. 58 and 74).

49. LoBrutto (1997: 277).

50. 〈2001 스페이스 오디세이〉를 보려고 디랙이 처음 찾아왔을 때의 일을 회상해준 당시 매리의 남편 토니 콜럴레인에게 감사드린다. Interview 15 July 2004 and e-mails on 26 September and 22 October 2004.

51. Interview with Monica Dirac, 7 February 2003.

52. Letter from Manci to Barbara Gamow, 16 March 1971, Gamow archive LC.

53. Letter from Manci to Wigner, 10 February 1968, PRINCETON, Wigner archive.

54. 이 FBI 문서들은 1986년에 기밀 해제되었다. 정보자유/프라이버시 법Freedom of Information/ Privacy Acts 하에서 이 문서들의 사본을 얻게 해준 밥 케첨Bob Ketchum에게 감사드린다.

55. Letter from Dirac to Alfred Shild, 29 August 1966 (copy held by Lane Hughston).

56. 가령 다음을 보기 바란다. The letter from the Senior Secretary at the University of Texas at Austin to the Immigration and Naturalization Service, 8 December 1967, part of the CIA file on Dirac in the 1960s and 1970s. 이 문서들을 얻게 해준 로버트 케첨Robert Ketchum에게 감사드린다.

57. Tebeau (1976: 151-71 and 219-35). Stanford (1987: 54-5). Interview with Henry King Stanford, 3 July 2006.

58. Wicker (1990).

59. Letter from Wigner to Manci Dirac, 9 October 1968 (FSU, Wigner letters, annex to Dirac Papers).

60. Miami Herald, 7 May 1970, p. 1.

61. 모리스(1972)에 의하면, 1970년에 탤러해시의 인구는 약 72,000명이었다. 같은 해 마이애미의 총 인구는 약 335,000명이었다.

62. 플로리다 주립대학 물리학과는 물리학 중심지가 되겠다는 열망에서 국립과학재단National Science Foundation으로부터 뛰어난 과학 센터Center of Excellence의 지원금을 그 무렵에 얻었다.

63. Letter from Colleraine to Dirac, 2 February 1970, Dirac Papers, 2/6/9 (FSU).

64. Tallahassee Democrat, 29 November 1970.

65. Interview with Peter Tilley, 2 August 2005; Interview with Leopold Halpern, 26 February 2006.

66. Letter from Norman Heydenburg (Chair of the FSU physics department) to Dirac, 4 January 1971, Dirac Papers, 2/6/11 (FSU).

67. Interview with Helaine and Yorrick Blumenthal, 10 January 2004.

28장

1. Press release from Dorothy Turner Holcomb, 'Barbara Walters … I needed you!', 9 March 1971, Dirac Papers, 2/6/11 (FSU).

2. Walters (1970: 173).

3. Notes on 'The Evolution of our Understanding of Nature', 8 March 1971, in Dirac Papers, 2/28/21 (FSU).

4. 1969년과 1983년 사이에 디랙은 대략 140번의 강연을 했는데, 1년에 평균 10번의 강연을 한 꼴이었다. 그는 미국에서 88번, 해외에서 52번 강연을 했다. 해외 강연은 주로 유럽에서 했지만 더 멀리서 한 적도 있는데, 1975년에 호주와 뉴질랜드에서 한 강연이 대표적이다. Dirac Papers, 2/52/8 (FSU)

5. Interview with Kurt Hofer, 21 February 2004.

6. Interview with Pam Houmère, 25 February 2003.

7. E-mail from Hans Plendl, 5 March 2008, and another from Bill Moulton, 5 March 2008.

8. Interview with Kurt Hofer, 21 February 2004. 호퍼의 회상에 의하면, 디랙은 자기가 내팽개친 사람이 친구란 사실을 알고 나면 안타까워했다고 한다.

9. Interview with Hofer. 별도로 레오폴드 핼펀도 디랙이 전화 매너에 대한 이 설명이 맞다고 확인해주었다.

10. Pais (1997: 211). 스티브 에드워즈(Steve Edwards, interview, 27 February 2004)와 마이클 카샤(Michael Kasha, interview, 18 February 2003)를 포함한 플로리다 주립대학의 여러 동료들은 디랙이 이 농담을 할 때 즐거워했다고 증언하고 있다.

11. M. Dirac (2003: 39).

12. Interview with Barbara Dirac-Svejstrup, 5 May 2003.

13. Letter from Manci to Dirac, undated, August 1972, Dirac Papers, 2/7/2 (FSU).

14. Letter from Manci to Dirac, 18 August 1972, Dirac Papers, 2/7/2 (FSU).

15. Interview with Ken van Assenderp, 25 February 2003.

16. Interview with Helaine and Yorrick Blumenfeld, 10 January 2004. 헬레인 블루멘펠트는 이렇게 회상한다. '내가 두 번째 아들을 임신하고 있을 때 맨시는 늘 전화를 걸어와서 이런저런 것들을 확인했어요.' 아덴브룩의 병원에서 블루멘펠트 부인이 예정된 진료를 받으러 가기 직전에 맨시가 이런 조언을 했다. '글쎄, 음, 거기에는 흑인 의사들이 많대요. 흑인 의사들이 만지지 못하게 하세요. 전부 더러운 사람들이니까요.' 모니카 디랙의 회상에 의하면 그녀의 어머니는 '자기가 만난 사람 중에 가장 반유대주의적인 사람'이었다. 맨시 자신이 유대인이라는 걸 감안하면 꽤 놀라운 사실이다. 모니카는 스물한 살일 때 어머니가 유대인 핏줄임을 알았다. Interviews with Monica Dirac, 7 February 2003 and 3 May 2006.

17. Interview with Yorrick and Helaine Blumenfeld, 10 January 2004.

18. Interview with Lily Harish-Chandra, 12 July 2007.

19. Quoted in Chandrasekhar (1987: 65).

20. 말년에 디랙의 연구 의제에 대한 가장 확실한 내용은 그가 1974년 11월에 조 라누티에게 쓴 요약 글에 나온다. Dirac Papers, 2/7/9 (FSU).

21. Halpern (2003: 25). Interview with Leopold Halpern, 18 February 2003.

22. Halpern (2003: 24-5).

23. 레오폴드 핼펀은 2006년 2월 26일 일요일에 나에게도 똑같은 여행을 시켜주었다. 이 여행 동안 그리고 초기의 인터뷰에서 그는 자기와 디랙이 강에 여행 갔던 일과 맨시가 집에서 둘을 맞이한 일을 설명해주었다. 2004년 2월 27일에 있었던 별도의 인터뷰에서 스티브 에드워즈는 디랙이 크로슈노글루를 와쿨라 강에 빠트린 악명 높은 사건을 이야기해 주었다.

24. Weinberg (2002).

25. 게이지 이론의 특수한 유형은 양C.N. Yang 및 그와 함께 연구한 로버트 밀스Robert Mills가 1954년에 처음으로 기술했다. 양은 그 이론을 '맥스웰 방정식의 조금 직접적인 일반화'라고 묘사했다 (Quoted in Woolf 1980: 502).

26. Crease and Mann (1986: Chapter 16).

27. 1970년대 후반에 디랙은 우주의 불투명성을 잘못 해석했는데, 그의 오류는 카피차-디랙 효과의 오해와 관련이 있었다(E-mail from Martin Rees, 27 November 2006). 또 다른 실수는 다음에 나온다. Dalitz and Peierls (1986: 175).

28. Interview with Leopold Halpern, 18 February 2002. 핼펀의 회고에 의하면, 디랙은 그 발견을 진지하게 여겨서 그걸 이해하고 싶어 했다. '예수의 초상을 어떻게 설명할 수 있나? 이런 일이 어떻게 생길 수 있나?' 디랙은 여러분 그렇게 말했다고 한다. (수의는 나중에 가짜로 판명되었다.)

29. 디랙이 재규격화의 현대적 이론에 조금이라도 관심을 가졌다는 기록은 없다. 하지만 그는 그 이론을 연구한 뛰어난 물리학자들, 가령 압두스 살람, 헤라르뒤스 엇호프트 및 에드워드 위튼 등의 공로는 인정했다. 디랙은 그들을 수상 후보자로 추천하기도 했다. 이런 추천을 했다는 증거는 탤러해시 기록보관소에 있다.

30. Interview with Rechenberg, 3 June 2003.

31. Dirac (1977).

32. Brown and Hoddeson (1983: 266-8).

33. Interview with Lederman, 18 June 2002.

34. Interview with Lederman, 18 June 2002. 다음을 보기 바란다. Farmelo (2002b: 48). 아인슈타인은 1925년 논문 '전자와 일반 상대성'에서 양전자의 존재를 예측하는 데 가까이 다가갔다. 다음을 보기 바란다. Fölsing (1997: 563-5).

35. Kurşunoğlu and Wigner (1987: 26). 다음을 보기 바란다. Mill (1869), especially Chapter 3, 'Of Individuality, as One of the Elements of Well-Being'.

36. Interview with Kurt Hofer, 21 February 2004.

37. E-mail from Kurt Hofer, 6 March 2004.

38. Letter from Manci to Rudolf Peierls, 23 December 1985, Peierls archive, additional papers, D23 (BOD).

39. Interview with Christine Teszler, 22 January 2004, and an e-mail, 27 March 2004.

40. 이 일화는 1978년에 디랙과 호퍼가 탤러해시의 스타다움 드라이브에 있는 모르몬 교회를 지날 때의 이야기다. Interview with Hofer, 21 February 2004.

41. Talk on 'Fundamental Problems of Physics', 29 June 1971 (audio recording from LINDAU). See Dirac Papers, 2/28/23 (FSU).

42. 이 강연에서 디랙은 신이 존재하지 않는다면 무지막지하게 어려울 것이라고 여긴 생명의 출현 확률을 제안했다. 그가 제시한 확률은 10^{100}분의 1이다(구골googol이라고 알려진 수).

43. E-mail from Kurt Hofer, 28 August 2006.

44. Halpern (1988: 466 n.). 또한 다음을 보기 바란다. Dirac's notes on his lecture 'A Scientist's Attitude to Religion', c. 1975, Dirac Papers, 2/32/11A (FSU).

45. 2/6/7 (FSU). 이젠슈타인은 보어의 집에서 디랙을 만난 후에 그에게 연락했다. Letter from Isenstein to Dirac, 29 June 1939, Dirac Papers, 2/3/9 (FSU). 이젠슈타인은 1969년에 다시 연락을 해왔다. 다음을 보기 바란다. Letter from Isenstein to Dirac, 29 June 1969, Dirac Papers, 2/6/7 (FSU).

46. 상반신 조각에 관한 교신 내용에 대해서는 1971년 여름에 있었던 서신을 보기 바란다. Dirac Papers, 2/6/11 (FSU).

47. 디랙이 초상화 작업을 위해 화가 앞에 앉아 있었다고 알려준 마이클 녹스에게 감사드린다 (Interview, 3 July 2006). 녹스에 의하면 프랭크 시나트라Frank Sinatra는 자신의 초상화를 위해 화가 앞에 앉아 있지는 않았지만 결과물을 무척 좋아해서 서재의 벽에 걸어두었다고 한다.

48. 디랙은 그 그림을 좋아하긴 했지만, '나를 조금 늙어보이게 그렸다'고 살짝 불평을 하기도 했다. 디랙은 코 왼편에 있는 흔적에 예민했는데, 1977년 여름에 제거한 물혹의 흔적이다. 이 때문에 녹스가 그린 디랙의 초상화에는 얼굴의 오른쪽 면만 보인다. 디랙은 1980년에 하워드 모건Howard Morgan이 국립 초상화 갤러리의 의뢰를 받아 그린 두 점의 백묵 그림에서는 조금 더 결연해 보였다.

49. 파인만의 그림은 다음 책의 권두삽화에 실려 있다. Kurşunoğlu and Wigner (1987). '나는 디랙이 아니다'라는 파인만의 이야기는 다음에 나온다. Interview by Charles Weiner of Richard Feynman, 28 June 1966, p. 187 (CALTECH).

50. 로드 월드그레이브Lord Waldegrave의 지적에 의하면, '그 상은 대체로 이 사람의 개입

덕분이었다고 한다.' Victor Rothschild, the late Lord Rothschild, who was well placed at that time as a Permanent Secretary in the Cabinet Office as Head of the Central Policy Review Staff of Prime Minister Edward Heath' (Interview with Lord Waldegrave, 2 June 2004).

51. Letter from Manci to Barbara Gamow, 1 May 1973, LC.

52. Salaman and Salaman (1986: 70). 디랙은 딸 모니카의 경험을 토대로 이 문제를 제기했다. 그녀는 '지질학을 공부했지만 아기를 돌보느라 결국 학문을 포기했다.'

53. Interview with Mary Dirac, 21 February 2003.

54. Interview with Leopold Halpern, 18 February 2003.

55. 그 프로젝트에서 영국이 담당한 부분은 1962년에 체결된 협약에 따라서 영국 항공사와 프랑스 회사 쉬드 아비아시옹Sud Aviation의 합작으로 마침내 제작되었다. 영국 항공사는 브리스틀 항공사 및 다른 항공 회사들로부터 1960년에 결성되었다.

56. 디랙 내외는 딜레스에서 파리로 1979년 5월 5일 날아갔다 (DDOCS). Letters to Dirac from Abdul-Razzak Kaddoura, Assistant Director-General for Science at UNESCO, dated 29 March 1979, are in Dirac Papers, 2/9/3 (FSU).

57. New York Times, 5 May 1979.

58. A copy of the speech is in Dirac Papers, 1/3/8 (FSU).

59. 카피차는 1982년 2월 18일에 이런 편지를 보냈다. '네가 간다니까, 확실히 나도 여행하고 싶은 마음이 동하네.' Dirac Papers, 2/10/6 (FSU).

60. A recording of Dirac's 1982 talk to the Lindau meeting, 'The Requirements of a Basic Physical Theory' (1 July 1982), and other details are available at LINDAU.

61. Details of the accommodation are in Dirac Papers, 2/10/7 (FSU).

62. Interview with Kurt Hofer, 21 February 2004; interview with Leopold Halpern, 26 February 2006.

63. 디랙은 1981년 8월 15일에 그 강연을 했다. Dirac Papers, 2/29/45 (FSU).

64. 에리체 성명서Erice Statemen는 인터넷에서 쉽게 찾을 수 있다.

65. 1982년 12월 7일 디랙은 세인트 존스 칼리지 총장에게 12월 27일에 디랙의 80세 건강을 축하하기 위해 열리는 모임에 참석하지 못해 죄송하다는 편지를 보냈다. '59년 동안 세인트 존스 칼리지는 내 인생의 중심지이자 고향이었습니다' (STJOHN).

66. Interview with Peter Goddard, 7 June 2006.

29장

1. 라몽Ramond이 디랙을 만난 이야기는 다음에서 얻었다. An interview with Ramond on 18

February 2006 and from subsequent E-mails. 여기 나오는 만남의 날짜는 이야기의 이전 버전에 나온 것보다 늦다 (Pais 1998: 36-7). 라몽은 학과의 기록을 살펴본 후에 여기 인용된 날짜가 옳다고 확인해 주었다. 만남의 정확한 날짜를 내놓을 수는 없다.

2. E-mail from Pierre Ramond, 22 December 2003.

3. Tallahasse Democrat, 15 May 1983, page G1.

4. Letter to Dirac and Manci from Dirac's mother, 8 April 1940, Dirac Papers, 1/4/10 (FSU).

5. Interview with Dr Watt on the telephone, 19 July 2004.

6. 디랙의 마지막 강연인 'The Future of Atomic Physics'는 1983년 5월 26일 뉴올리언스에서 열렸다. Dirac Papers, 2/29/52 (FSU).

7. 디랙의 외과의사는 데이비드 마일스 박사였다. 수술 후 보고서의 사본을 건네 준 행크 와트Hank Watt 박사에게 감사드린다.

8. Solnit (2001: 104).

9. Halpern (1985). Interview with Halpern, 24 February 2006.

10. 핼펀이 사용한 엑기스는 에키나시아, 큰엉겅퀴 및 인삼으로 만든 것이었다. Interview with Halpern, 24 February 2006.

11. Dirac (1987: 194-8).

12. Letter from Manci Dirac to Lily Harish-Chandra, 30 September 1984 (property of Mrs Harish-Chandra).

13. Letter from Manci Dirac to Lily Harish-Chandra, 16 March 1984 (property of Mrs Harish-Chandra).

14. Interview with Barbara Dirac-Svejstrup, 5 May 2003.

15. Interview with Barbara Dirac-Svejstrup, 5 May 2003.

16. Interview with Peter Tilley, 2 August 2005.

17. 디랙의 사망 확인서에 의하면, 그는 심장마비로 죽었다. 검시관은 그의 최종 사망 원인은 신장 질환이 아니라 동맥 막힘이라고 판단했다. 다음을 보기 바란다. Dirac Papers, 1/9/17 (FSU).

18. Telephone call with Hansell Watt, 19 July 2004.

19. 맨시가 성공회식 장례를 선택한 까닭은 미국 성공회는 미국에 있는 영국 국교회이며 캔터베리 대주교 관할의 성공회 연합의 한 교구이기 때문이다. Information from Steve Edwards, interview, 16 February 2006.

20. E-mail from Pierre Ramond, 23 February 2006.

21. 장례식에 관해 들려 준 다음 분들에게 감사드린다. Mary Dirac, Steve Edwards, Ridi Hofer and Pierre Ramond

22. 주디 사건의 자세한 내용은 다음에서 얻었다. Mercer County Surrogate's Office. 주디 톰슨

사건을 종결한다는 문서는 1984년 10월 29일자이다.

23. Letter from Dick Dalitz to Peter Goddard, 3 November 1986 (STJOHN; permission to quote this letter from Dalitz during interview with him 9 April 2003).

24. Letter from Peter Goddard to the Master of St John's College, 26 May 1990, STJOHN.

25. Interview with Richard Dalitz, 9 April 2003.

26. Letter from Michael Mayne to Richard Dalitz, 20 May 1990, STJOHN.

27. 기념 석판은 다음에서 설계되고 제작되었다. Cardozo Kindersley workshop in Cambridge. 다음을 보기 바란다. Goddard (1998: xii).

28. Letter from Dalitz to Gisela Dirac, 30 November 1995, property of Gisela Dirac.

29. Goddard (1998: xiii).

30. Interview with Richard Dalitz, 9 April 2003.

31. Letter from Dalitz to Gisela Dirac, 30 November 1995, property of Gisela Dirac.

32. Letter from Manci to Gisela Dirac, 4 July 1992, property of Gisela Dirac. 맨시는 바이런의 장례에 관해 잘못 알고 있었다. 바이런의 유해가 영국으로 돌아왔을 때, 웨스트민스터 안장은 거절되어 바이런은 헉널Hucknall에 매장되었다. 이후 그를 웨스트민스터에 묻으려는 세 번의 시도가 있었지만, 모두 성공하지 못했다. 마지막 시도가 1924년에 있었는데, 이번에는 청원서에 하디, 키플링 및 세 명의 전직 수상(밸푸어, 애스퀴스, 로이드 조지)이 서명했다. 시인의 코너에 명판을 새겨도 좋다는 허가는 마침내 1969년에 내려졌다.

33. 가령 다음을 보기 바란다. The letter from Manci to the editor of Scientific American, August 1993, p. 6.

34. The letter from Manci to Abraham Pais, 25 November 1995, in Goddard (1998: 29).

35. 레더먼 내외는 1980년 5월 이후로 디랙 내외랑 친하게 지냈는데, 그해에 디랙이 입자물리학의 역사에 관한 회의에 참석했다. 릴리 해리시-찬드라는 디랙의 동료인 수학자 해리시-찬드라와 결혼했다. 에리카 짐머만은 위그너가 1920년대 후반에 괴팅겐에서 맺었던 관계에서 난 위그너의 딸이었다.

36. Interview with Peggy Lannuti, 25 February 2004.

37. 맨시는 디랙의 노벨상 메달과 인증서를 세인트 존스 칼리지에 되돌려 보냈다 (Letter from Manci to 'Anna', 15 October 1986, Wigner archive PRINCETON). 맨시가 이야기한 엘리자베스 콕크로프트가 처칠 칼리지에서 면박을 당했다는 이야기는 다음에 나온다. Oakes (2000: 82).

38. Letter from Manci to 'Anna', 15 October 1986, Wigner archive PRINCETON.

39. Interview with Kurt Hofer, 21 February 2004; interview with Leopold Halpern, 26 February 2006.

40. Interview with the Ledermans, 30 October 2003.

41. The letter to Manci from Hillary Rodham Clinton, 12 February 1996 (DDOCS). 로뎀 클린턴은

이렇게 썼다. '모든 미국인을 위해 더 나은 삶의 비전을 공유하는 분에게서 연락을 받아서 기쁩니다. 그런 비전을 성취하기가 늘 쉽지만은 않음을 깨달은 분으로부터 연락을 받아 특히 보람찹니다.' Interview with Monica Dirac, 1 May 2006.

30장

1. 그 상에는 롤스로이스와 영국 항공우주산업British Aerospace이 자금을 댔다. 윌리엄 월드그레이브의 회상에 의하면, 디랙은 그 상을 지지했으며 그의 공식 교육이 시작되었던 비숍 로드 스쿨의 사진을 자기에게 보내달라고 부탁했다.

2. 브루넬 200의 세부사항을 알려준 로라 손Laura Thorne에게 감사드린다.

3. 이 세부사항 및 이 문단의 다른 내용들은 2007년 10월 18일 존 벤돌과의 전화 통화에서 확인한 것이다.

4. Interview with Mary Dirac, 10 August 2006.

5. 이 방문은 2004년 6월 22일에 있었다. 브리스틀의 역사가인 돈 칼튼Don Carleton이 친절하게 주선해주었다.

6. The letter from Manci to 'Anna', 15 October 1986, in PRINCETON, Wigner archive (Margit Dirac file).

7. 이 세 가지 기준은 자폐증 전문가 우타 프리스Uta Frith가 그 질환에 대한 결정적인 소개문에 내놓은 더욱 엄밀한 기준에 바탕을 두고 있다(2003: 8-9). 그녀의 기준은 다음에서 기술하고 있는 가장 자세하고 가장 최근의 방안과 일치한다. The Diagnostic and Statistical Manual of the American Psychiatric Association(2000), 4th edition, Washington DC, and a similar scheme issued by the World Health Organization, 'The ICD-10 Classification of Mental and Behavioural Disorders: Clinical Descriptions and Diagnostic Guidelines'

8. Stockholms Dagblad, 10 December 1933.

9. Walenski et al. (2006: 175); for the data on depression see p. 9.

10. Wing (1996: 47, 65 and 123).

11. 작자미상. (2007) 'Autism Speaks: The United States Pays Up', Nature, 448: 628-9; 다음을 보기 바란다. p. 628.

12. Frith (2003: Chapter 4).

13. 자폐 성향을 지닌 사람들과 달리 아스퍼거 증후군에 걸린 사람들은 어렸을 때의 언어 습득이나 다른 측면에서의 지적 발달에 지체를 보이지 않는다. 하지만 아스퍼거 증후군에 걸린 사람들은 나이가 들었을 때 자폐에 걸린 사람들과 비슷한 사회성의 손상을 겪는다. 다음을 보기 바란다. Frith (2003: 11).

14. Frith (2003: 182).

15. Interview with Simon Baron-Cohen, 9 July 2003; Baron-Cohen(2003: Chapters 3 and 5).

16. Fitzgerald (2004: Chapter 1).

17. Frith (2003: 112).

18. E-mail from Simon Baron-Cohen 25 December 2006.

19. Grandin (1995: 137).

20. Park (1992: 250-9); Temple Grandin's quote is from Morning Edition, US National Public Radio, 14 August 2006. 다음을 보기 바란다. http://www.npr.org/templates/story/story.php?storyId=5628476 (accessed 16 August 2006).

21. Dirac (1977: 140).

22. Letter to Dirac from Manci, 2 September 1936, DDOCS.

23. 많은 결핵 환자들은 피로, 불만감, 식욕 상실, 허약함 또는 체중 저하 등과 같은 일반적인 증상들을 보인다: Seaton et al. (2000: 516).

24. 다음 책에는 자폐아를 이해할 수 있는 내용이 들어 있다. The memoir of Gunilla Gerland (translated by Joan Tate), A Real Person: Life on the Outside. 구닐라 겔란드*Gunilla Gerland*는 자기 부모와의 어릴 적 관계, 특히 아버지와의 관계에 대한 오해를 자신이 알아차린 것을 설득력 있게 쓰고 있다.'아버지는 다른 누군가의 욕구를 전혀 존중하지 않았다 (…) 내 아버지의 행동의 결과는 순수한 사디즘의 것이었는데, 하지만 그렇다고 아버지가 정말로 사디스트는 아니었다. 그는 내가 굴욕을 당하는 것을 그 자체로 즐기지 않았다. 그는 심지어 그걸 상상조차 할 수 없어 했다.' (Gerland 1996). 또한 다음을 보기 바란다. Grandin (1984).

31장

1. 와인버그는 내가 100주년 기념 모임에서 큰 소리로 읽을 수 있도록 이 문구를 써 주었다. 이 글이 옳다고 2007년 7월 22일 와인버그가 확인해 주었다 (이메일).

2. Interview with Freeman Dyson, 27 June 2005.

3. Quoted in Charap (1972: 332).

4. E-mail from Sir Michael Atiyah, 15 July 2007.

5. Woolf (1980: 502).

6. Letter from Dirac to Abdus Salam, 11 November 1981, reproduced in Craigie et al. (1983: iii).

7. 't Hooft (1997: Chapter 14).

8. 스티븐 호킹은 1993년 6월 21일에 방영된 드라마 〈스타트렉〉의 한 편에 처음으로 등장했으며, 1999년 5월 9일과 2005년 5월 1일에 방영된 만화 〈심슨 가족〉의 편들에서 등장했다.

9. Letter from Nicolas Kurti to New Scientist, 65 (1975), p. 533; letter from E. C. Stern (1975) to Science, 189, p. 251. 또한 다음을 보기 바란다. The comments by Dalitz in 'Another Side to Paul Dirac', in Kurşunoğlu and Wigner (1987: 87-8).

10. Freimund et al. (2001). 카피차-디랙 효과는 1986년에 원자에서는 관찰되었지만, 전자에서는 관찰되지 않았다 (Gould et al. 1986). 그 효과에 관한 현대의 실험에 관해 알려준 허먼 베텔란Herman Betelann에게 감사드린다.

11. Deser (2003: 102).

12. Interview with Nathan Seiberg, 26 July 2007, and E-mail, 20 August 2007.

13. 인터뷰에서 레오폴드 핼펀은 큰 수 가설이 디랙에게 갖는 중요성을 종종 강조했다(Interview with Halpern, 26 February 2006).

14. 지금까지의 측정에 의하면, 중력은 그 다음으로 강한 근본적인 힘인 약력의 세기의 10억 분의 10억 분의 10억 분의 100만 분의 1이다.

15. Rees (2003). 큰 수 가설에 관한 디랙의 위상에 대해 알려준 마틴 리스Martin Rees에게 감사드린다.

16. E-mails from James Overduin, 20-2 July 2006.

17. Overduin and Plendl (2007).

18. 반물질에 관한 실험적 연구의 현상황에 대해 전문가로서 조언해준 CERN의 롤프 란다우Rolf Landau에게 감사드린다.

19. 다음을 보기 바란다. Yang (1980: 39).

20. 1975년 11월 27일에 쓴 이 글은 디랙에게 특별했던 것 같다. 그걸 종이 한 장에 쓴 다음에 자신의 강의 노트에 끼워 넣었다. Dirac Papers 2/29/17 (FSU). '그것이 일어나기를'에 의해 대체된 문장은 '나는 수학이 내 손을 잡고 이끈다고 느꼈다'이다.

21. 디랙의 논문에서 아름다움을 맨처음 언급한 것은 그가 1933년에 카피차와 공동으로 쓴 다음 논문이었다. The Reflection of Electrons from Standing Light Waves. 여기서 둘은 가브리엘 리프만Gabriel Lippmann이 도입한 천연색 사진의 아름다움을 언급하고 있다.

22. 그린과 슈워츠의 논문은 1984년 9월 10일에 학술 저널 『피지컬 레터 B Physics Letter B』에 접수되었고 12월 13일에 출간되었다.

23. 현대 끈 이론에 관한 대중적인 설명은 다음을 보기 바란다. Greene (1999).

24. 개인적인 연락. Juan Maldacena, 18 September 2009.

25. 디랙의 편지는 위튼의 '수리물리학의 여러 문제에 내놓은 빛나는 해법들'을 거론한다. Dirac Papers, 2/14/9 (FSU).

26. Interview with Edward Witten, 8 July 2005, and E-mail, 30 August 2006.

27. E-mail from Veltman, 20 January 2008. 끈 이론에 관한 회의적인 평가는 다음을 보기 바란다. Woit (2006), especially Chapters 13-19.

참고문헌

족보

디랙집안의 족보는 Gisela Dirac—Wahrenburg에 의해 운영되고 있는 웹사이트인
http://www.dirac.ch을 참고하였다.

작자미상. (1935) The Frustration of Science, foreword by F. Soddy, New York: W. W. Norton.

작자미상. (1993) Operation Epsilon: The Farm Hall Transcripts, Bristol, Institute of Physics Publishing.

작자미상. (2001) The Cuban Missile Crisis: Selected Foreign Policy Documents from the Administration of John F. Kennedy, January 1961–November 1962, London: The Stationery Office, pp. 109–34.

작자미상. (2007) 'Autism Speaks: The United States Pays Up', Nature, 448: 628–9.

Aaserud, F. (1990) Redirecting Science: Niels Bohr, Philanthropy, and the Rise of Nuclear Physics, Cambridge: Cambridge University Press.

Annan, N. (1992) Our Age: Portrait of a Generation, London: Weidenfeld and Nicolson.

Badash, L. (1985) Kaptiza, Rutherford and the Kremlin, New Haven, Conn.: Yale University Press.

Baer, H. and Belyaev, A. (eds) (2003) Proceedings of the Dirac Centennial Symposium, London: World Scientific.

Baldwin, T. (1990) G. E. Moore, London and New York: Routledge.

Barham, J. (1977) Cambridgeshire at War, Cambridge: Bird's Farm.

Baron—Cohen, S. (2003) The Essential Difference, New York: Basic Books.

Barrow, J. (2002) The Constants of Nature, New York: Pantheon Books.

Batterson, S. (2006) Pursuit of Genius, Wellesley, Mass.: A. K. Peters Ltd.

– (2007) 'The Vision, Insight, and Influence of Oswald Veblen', Notices of the AMS, 54(5): 606–18.

Beller, M. (1999) Quantum Dialogue: The Making of a Revolution, Chicago, Ill.: University of Chicago Press.

Bernstein, J. (2004) Oppenheimer: Portrait of an Enigma, London: Duckworth.

Billington Harper, S. (2000) In the Shadow of the Mahatma, Richmond: Curzon.

Bioley, H. (1903) Les Poètes du Valais Romand, Lausanne: Imprimerie J. Couchoud.

Bird, K. and Sherwin, M. J. (2005) American Prometheus: The Triumph and Tragedy of J. Robert Oppenheimer, New York: Vintage.

Blackett, P. M. S. (1955) 'Rutherford Memorial Lecture 1954', Physical Society Yearbook 1955.

- (1969) 'The Old Days of the Cavendish', Rivista del Cimento, 1 (special edition): xxxvii.

Blackwood, J. R. (1997) 'Einstein in a Rear-View Mirror', Princeton History, 14: 9-25. 495

Blokhintsev D. I. and Gal'perin F. M. (1934) 'Gipoteza neutrino I zakon sokhraneniya energii', Pod znamenem marxisma, 6: 147-57.

Boag, J. W., Rubinin, P. E. and Shoenberg, D. (eds) (1990) Kapitza in Cambridge and Moscow, Amsterdam: North Holland.

Board of Education (1905) Suggestions for the Consideration of Teachers and Others Concerned with Public Elementary Schools, London: Her Majesty's Stationery Office.

Bohr, N. (1950) Open Letter to the United Nations, Copenhagen: J. H. Schultz Forlag.

- (1972) The Collected Works of Niels Bohr, Amsterdam: North Holland.

Bokulich, A. (2004) 'Open or Closed? Dirac, Heisenberg, and the Relation Between Classical and Quantum Mechanics', Studies in the History and Philosophy of Modern Physics, 35: 377-96.

Born, M. (1978) My Life: Recollections of a Nobel Laureate, London: Taylor & Francis.

- (2005) The Born-Einstein Letters 1916-55, Basingstoke: Macmillan. (First published 1971.)

Bowyer, M. J. F. (1986) Air Raid! The Enemy Air Offensive Against East Anglia, Wellingborough: Patrick Stephens.

Boys Smith, J. S. (1983) Memories of St John's College 1919-69, Cambridge: St John's College.

Brendon, P. (2000) The Dark Valley: A Panorama of the 1930s, New York: Alfred A. Knopf.

Broad, C. D. (1923) Scientific Thought, Bristol: Routledge. Reprinted in 1993 by Thoemmes Press, Bristol.

Brown, A. (1997) The Neutron and the Bomb, Oxford: Oxford University Press.

- (2005) J. D. Bernal: The Sage of Science, Oxford: Oxford University Press.

Brown, L. M. (1978) 'The Idea of the Neutrino', Physics Today, September, pp. 23-8.

Brown, L. M. and Rechenberg, H. (1987) 'Paul Dirac and Werner Heisenberg: A Partnership in Science', in B. M. Kursˌunog ˇ lu and E. P. Wigner (eds), Reminiscences about a Great Physicist: Paul Adrien Maurice Dirac, Cambridge: Cambridge University Press, pp. 117-162.

Brown, L. M. and Hoddeson, L. (1983) The Birth of Particle Physics, Cambridge: Cambridge University Press.

Bryder, L. (1988) Below the Magic Mountain: A Social History of Tuberculosis in Twentieth Century Britain, Oxford: Clarendon Press.

- (1992) 'Wonderlands of Buttercup, Clover and Daisies', in R. Cooter (ed.), In the Name of the Child: Health and Welfare 1880-1940, London and New York: Routledge, pp. 72-95.

Budd, M. (2002) The Aesthetic Appreciation of Nature, Oxford: Clarendon Press. Bukharin, N.

(1931) 'Theory and Practice from the Standpoint of Dialectical Materialism', available at http://www.marxists.org/archive/bukharin/works/1931/diamat (accessed 22 May 2008).

Cahan, D. (1989) An Institute for an Empire, Cambridge: Cambridge University Press.

Cannadine, D. (1994) Aspects of Aristocracy, New Haven, Conn.: Yale University Press.

Cassidy, D. C. (1992) Uncertainty: The Life and Science of Werner Heisenberg, New York: W. H. Freeman and Co.

Cathcart, B. (2004) The Fly in the Cathedral, London: Penguin Books.

Chadwick, J. (1984) 'Some Personal Notes on the Discovery of the Neutron', in J. Hendry (ed.), Cambridge Physics in the Thirties, Bristol: Adam Hilger, pp. 42-5.

Chandrasekhar, S. (1987) Truth and Beauty: Aesthetic Motivations in Science, Chicago, Ill.: University of Chicago Press.

Charap, J. (1972) 'In Praise of Paul Dirac', The Listener, 14 September, pp. 331-2.

Christianson, G. E. (1995) Edwin Hubble: Mariner of the Nebulae, Bristol: Institute of Physics Publishing.

Churchill, Randolph (1965) Twenty-One Years, London: Weidenfeld and Nicholson.

Conquest, R. (1986) Harvest of Sorrow: Soviet Collectivization and the Terror-Famine, New York: Oxford University Press.

Copeland, B. J. (2006) Colossus: The Secrets of Bletchley Park's Codebreaking Computers, Oxford: Oxford University Press.

Cornwell, J. (2003) Hitler's Scientists, London: Penguin Books.

Craigie, N. S., Goddard, P. and Nahm, W. (eds) (1983) Monopoles in Quantum Field Theory, Singapore: World Scientific.

Crease, R. P. and Mann, C. C. (1986) The Second Creation: Makers of the Revolution of Twentieth Century Physics, New Brunswick, NJ: Rutgers University Press.

Crowther, J. G. (1970) Fifty Years with Science, London: Barrie & Jenkins.

Cunningham, E. (1970) 'Ebenezer: Recollections of Ebenezer Cunningham', unpublished, archive of St John's College, Cambridge.

Cunningham, E. (1956) 'Obituary of Henry Baker', The Eagle, 57, p. 81.

Curtright, T., Mintz, S. and Perlmutter, A. (eds) (2004) Proceedings of the 32nd Coral Gables Conference, London: World Scientific.

Da Costa Andrade, E. N. (1964) Rutherford and the Nature of the Atom, New York: Anchor Books.
Dalitz, R. H.

—(1987a) 'Another Side to Paul Dirac' in B. M. Kurşunoğlu and E. P. Wigner (eds), Reminiscences about a Great Physicist: Paul Adrien Maurice Dirac, Cambridge:

Cambridge University Press, pp. 69–92.

- (1987b) 'A Biographical Sketch of the Life of P. A. M. Dirac', in J. G. Taylor (ed.), Tributes to Paul Dirac, Bristol: Adam Hilger, pp. 3–28. – (ed.) (1995) The Collected Works of P. A. M. Dirac 1924–1948, Cambridge: Cambridge University Press.

Dalitz, R. H. and Peierls, R. (1986) 'Paul Adrien Maurice Dirac', Biographical Memoirs of the Royal Society, 32: 138–85.

Daniel, G. (1986) Some Small Harvest, London: Thames and Hudson.

Darrigol, O. (1992) From c-Numbers to q–Numbers, Berkeley, Calif.: University of California Press.

Darrow, K. K. (1934) 'Discovery and Early History of the Positive Electron', Scientific Monthly, 38 (1): 5–14.

De Maria, M. and Russo, A. (1985) 'The Discovery of the Positron', Rivista di Storia della Scienza, 2 (2): 237–86.

Delbrück, M. (1972) 'Out of this World', in F. Reines (ed.), Cosmo logy, Fusion and Other Matters: George Gamow Memorial Volume, Boulder, Col.: Colorado Associated University Press, pp. 280–8.

Deser, D. (2003) 'P. A. M. Dirac and the Development of Modern General Relativity', in H. Baer and A. Belyaev (eds) (2003) Proceedings of the Dirac Centennial Symposium, London: World Scientific, pp. 99–105.

Dingle, H. (1937a) 'Modern Aristotlelianism', Nature, 8 May.

–(1937b) 'Deductive and Inductive Methods in Science: A Reply', supplement to Nature, 12 June, pp. 1,001–2.

Dirac, M. (1987) 'Thinking of My Darling Paul', in B. M. Kursunog lu and E. P. Wigner (eds), Reminiscences about a Great Physicist: Paul Adrien Maurice Dirac, Cambridge: Cambridge University Press, p. 3–8.

Dirac, M. (2003) 'My Father', in H. Baer and A. Belyaev (eds) (2003) Proceedings of the Dirac Centennial Symposium, London: World Scientific, pp. 39–42.

Dirac, P. A. M. (1936) 'Does Conservation of Energy Hold in Atomic Processes?' Nature, 22 February, pp. 803–4.

- (1954) 'Quantum Mechanics and the Ether', Scientific Monthly, 78: 142–6.

- (1963) The Evolution of the Physicist's Picture of Nature, Scientific American, May, vol. 208, no. 5, pp. 45–53.

- (1966) Lectures on Quantum Field Theory, New York, Belfer Graduate School of Science, Yeshiva University.

- (1970) 'Can Equations of Motion Be Used in High–Energy Physics?', Physics Today, April, pp. 29–31.

- (1977) 'Recollections of an Exciting Era', in C. Weiner (ed.), History of Twentieth Century Physics, New York: Academic Press, pp. 109-46.

- (1978) 'The Monopole Concept', International Journal of Physics, 17 (4): 235-47.

- (1982) 'Pretty Mathematics', International Journal of Physics, 21: 603-5.

- (1982a) 'The early years of relativity' in G. Holton and Y. Elkana (eds) Albert Einstein: Historical and Cultural Perspectives, Princeton: Princeton University Press, pp. 79-90.

- (1987) 'The Inadequacies of Quantum Field Theory', in B. M. Kurs,unog lu and E. P. Wigner (eds), Reminiscences about a Great Physicist: Paul Adrien Maurice Dirac, Cambridge: Cambridge University Press, pp. 194-8.

Dorozynski, A. (1965) The Man They Wouldn't Let Die, New York: Macmillan. Dyson, F. (1992) 'From Eros to Gaia', Pantheon Books, New York.

- (2005) 'Hans Bethe and Quantum Electrodynamics', Physics Today, October, pp. 48-50.

- (2006) The Scientist as Rebel, New York: New York Review of Books. Earman, J. and Glymour, C. (1980) 'Relativity and Eclipses: the British Eclipse Expeditions of 1919 and Their Predecessors', Historical Studies in the Physical Sciences, 11: 49-85.

Eddington, A. (1918) 'Report on the Meeting of the Association Held on Wednesday November 27 1918 at Sion College, Victoria Embankment, E.C.', Journal of the British Astronomical Association, 29: 35-9.

- (1928) The Nature of the Physical World, Cambridge: Cambridge University Press.

Einstein, A. (1931) in James Clerk Maxwell: A Commemorative Volume 1831-1931, Cambridge: Cambridge University Press.

Elsasser, W. (1978) Memoirs of a Physicist in the Atomic Age, London: Adam Hilger.

Enz, C. P. (2002) No Time to Be Brief: A Scientific Biography of Wolfgang Pauli, Oxford: Oxford University Press. Farmelo, G. (ed.) (2002a) It Must Be Beautiful: Great Equations of Modern Science, London: Granta.

- (2002b) 'Pipped to the Positron', New Scientist, 10 August, pp. 48-9.

- (2005) 'Dirac's Hidden Geometry', Nature, 437, p. 323.

Feinberg, E. L. (ed.) (1987) Reminiscences about I. E. Tamm, Moscow: Nauka. Fellows, F. H. (1985) 'J. H. Van Vleck: The Early Life and Work of a Mathematical Physicist', unpublished PhD thesis, University of Minnesota.

Fen, E. (1976) A Russian's England, Warwick: Paul Gordon Books.

Fermi, L. (1968) 'Illustrious Immigrants: The Intellectual Migration from Europe 1930-41', Chicago, Ill.: University of Chicago Press.

Feynman, R. P. (1985) QED: The Strange Theory of Light and Matter, London, Penguin Books.

Fitzgerald, M. (2004) Autism and Creativity, New York: Brunner—Routledge.

Fitzpatrick, S. (1999) Everyday Stalinism, Oxford: Oxford University Press.

- (2005) Tear Off the Masks!, Princeton, NJ: Princeton University Press.

Fölsing, A. (1997) Albert Einstein: A Biography, New York: Viking.

Freeman, J. (1991) A Passion for Physics, London: Institute of Physics Publishing.

Freimund, D. L., Aflatooni, K., and Batelaan, H. (2001) 'Observation of the KaptizaDirac Effect', Nature, 413: 142–3.

French, A. P., and Kennedy, P. J. (eds) (1985) Niels Bohr: A Centenary Volume, Cambridge, Mass.: Harvard University Press.

Frenkel, V. Y. (1966) 'Yakov Ilich Frenkel: His Life, Work and Letters', Boston, Mass.: Birkhäuser Verlag.

Frith, U. (2003) Autism: Explaining the Enigma, 2nd edn, Oxford: Blackwell.

Galison, P. (1987) How Experiments End, Chicago, Ill.: University of Chicago.

- (2000) 'The Suppressed Drawing: Paul Dirac's Hidden Geometry', Representations, autumn issue, pp. 145–66.

- (2003) Einstein's Clocks, Poincaré's Maps, London: Sceptre.

Gamow, G. (1966) Thirty Years that Shook Physics, Doubleday & Co, New York.

- (1967) 'History of the Universe', Science, 158 (3802): 766–9.

- (1970) My World Line: An Informal Autobiography, New York: Viking Press.

Gardiner, M. (1988) A Scatter of Memories, London: Free Association Books.

Gardner, M. (2004) The Colossal Book of Mathematics, W. W. Norton & Co, New York.

Garff, J. (2000) Søren Kierkegaard, trans. B. H. Kirmmse, Princeton, NJ: Princeton University Press.

- (2005) Søren Kierkegaard: A Biography, trans. B. H. Kirmmse, Princeton, NJ: Princeton University Press. Gaunt, W. (1945) The Aesthetic Adventure, London: Jonathan Cape. Gell—Mann, M. (1967) 'Present Status of the Fundamental Interactions', in A. Zichichi (ed.), Hadrons and Their Interactions: Current and Field Algebra, Soft Pions, Supermultiplets, and Related Topics, New York: Academic Press.

- (1994) The Quark and the Jaguar, London: Little, Brown & Co.

Gerland, G. (1996) A Real Person: Life on the Outside, trans. Joan Tate, London: Souvenir Press.

Gleick, J. (1992) Richard Feynman and Modern Physics, London: Little, Brown.

Goddard, P. (ed.) (1998) Paul Dirac: The Man and His Work, Cambridge: Cambridge University Press.

Goodchild, P. (1985) J. Robert Oppenheimer: Shatterer of Worlds, New York: Fromm

International.

Gorelik G. E. and Frenkel, V. Y. (1994) Matvei Petrovich Bronstein and Soviet Theoretical Physics in the Thirties, Boston, Mass. : Birkhäuser Verlag.

Gottfried, K. (2002) 'Matter All in the Mind', Nature, 419, p. 117.

Gould, P. et al. (1986) Physical Review Letters, 56: 827–30.

Gowing, M. (1964) Britain and Atomic Energy 1939–45, Basingstoke: Macmillan.

Grandin, T. (1984) 'My Experiences as an Autistic Child and Review of Selected Literature', Journal of Orthomolecular Psychiatry, 13: 144–74.

– (1995) 'How People with Autism Think', in E. Schopler and G. B. Mesibov (eds), Learning and Cognition in Autism, New York: Plenum Press: 137–56.

Gray, A. (1925) The Town of Cambridge, Cambridge: W. Heffers & Sons Ltd.

Greene, B. (1999) The Elegant Universe, New York: W.W. Norton & Co.

Greenspan, N. T. (2005) The End of the Uncertain World: The Life and Science of Max Born, Chichester: John Wiley & Sons Ltd.

Halpern L. (1988) 'Observations of Two of Our Brightest Stars', in K. Bleuler and M. Werner (eds), Proceedings of the NATO Advanced Research Workshop and the 16th International Conference on Differential Geometrical Methods in Theoretical Physics, Boston, Mass. : Kluwer, pp. 463–70.

– (2003) 'From Reminiscences to Outlook', in H. Baer and A. Belyaev (eds), Proceedings of the Dirac Centennial Symposium, London: World Scientific, pp. 23–37.

Harap, J. (1972) 'In Praise of Paul Dirac', The Listener, 14 September, pp. 331–2.

Hardy, G. H. (1940) A Mathematician's Apology, Cambridge: Cambridge University Press.

Hayward, F. H. (ed.) (1909) The Primary Curriculum, London: Ralph, Holland & Co.

Hearn, L. (1896) Kokoro: Hints and Echoes of Japanese Inner Life, London: Osgood & Co.

Heaviside, O. (1899) Electromagnetic Theory, Vol. II, London: Office of 'The Electrician'.

Heilbron, J. (1979) Electricity in the 17th and 18th Centuries, Berkeley, Calif. : University of California Press.

Heisenberg, W. (1967) 'Quantum Theory and its Interpretation', in S. Rozental (ed.), Niels Bohr: His Life and Work As Seen by His Friends and Colleagues, New York: Wiley, pp. 94–108.

– (1971) Physics and Beyond, London: George Allen & Unwin.

Hendry, J. (ed.) (1984) Cambridge Physics in the Thirties, Bristol: Adam Hilger Ltd.

Hennessey, P. (2006) Having It So Good, London: Allen Lane.

– (2007) Cabinets and the Bomb, Oxford: Oxford University Press.

Hermann, A., v. Meyenn, K. and Weisskopf, V. F. (eds) (1979) Wolfgang Pauli: Scientific Correspondence with Bohr, Einstein, Heisenberg, 3 vols, Berlin: Springer.

Hodge, W. V. D. (1956) 'Henry Frederick Baker', Biographical Memoirs of Fellows of the Royal Society, Vol. II, November, pp. 49-68.

Holloway, D. (1994) Stalin and the Bomb, New Haven, Yale University Press.

Holroyd, M. (1988) Bernard Shaw, Vol. I: 1856-98, New York: Random House.

't Hooft, G. (1997) In Search of the Ultimate Building Blocks, Cambridge: Cambridge University Press.

Howarth, T. E. B. (1978) Cambridge Between Two Wars, London: Collins.

Hoyle, F. (1987) 'The Achievement of Dirac', Notes and Records of the Royal Society of London, 43 (1): 183-7.

- (1994) Home is Where the Wind Blows, Mill Valley, Calif.: University Science Books.

Hughes, J. (2003) Thinker, Toiler, Scientist, Spy? Peter Kapitza and the British Security State, Manchester: University of Manchester.

Huxley, A. (1928) Point Counterpoint, New York, Random House.

Huxley, T. H. (1894) Biogenesis and Abiogenesis: Collected Essays, 1893-1894: Discourses, Biological and Geological, vol. 8, Basingstoke: Macmillan.

Infeld, I. (1941) Quest: The Evolution of a Scientist, London: The Scientific Book Club.

Ito D. (1995) 'The Birthplace of Renormalization Theory', in M. Matsui (ed.), Sin-itiro Tomonaga: Life of a Japanese Physicist', Tokyo: MYU, pp. 171-82.

Jeffreys, B. (1987) 'Reminiscences at the Dinner held at St John's College', in J. G. Taylor (ed.), Tributes to Paul Dirac, Bristol: Adam Hilger, pp. 38-9.

Jerome, F. (2002) The Einstein File, New York: St Martin's Griffin.

Jerome, F. and Taylor, R. (2005) Einstein on Race and Racism, New Brunswick, NJ: Rutgers University Press.

Johnson, G. (2000) Strange Beauty, London, Jonathan Cape.

Jones, D. (2000) Bristol Past, Chichester: Phillimore.

Jones, R. (1998) Gender and the Formation of Taste in Eighteenth-Century Britain, Cambridge: Cambridge University Press.

Kedrov, F. B. (1984) Kapitza: Life and Discoveries, Moscow: Mir Publishers.

Kevles, D. J. (1971) The Physicists: The History of a Scientific Community in Modern America, New York: Alfred A. Knopf.

Khalatnikov, I. M. (ed.) (1989) Landau: the Physicist and the Man, trans. B. J. Sykes, Oxford: Pergamon Press.

Knight, A. (1993) Beria: Stalin's First Lieutenant, Princeton, NJ: Princeton University Press.

Kojevnikov, A. (1993) Paul Dirac and Igor Tamm Correspondence Part 1: 1928-1933, Munich, Max

Planck Institute for Physics.

– (1996) Paul Dirac and Igor Tamm Correspondence Part II: 1933-36, Munich, Max Planck Institute for Physics.

– (2004) Stalin's Great Science: The Times and Adventures of Soviet Physicists, London: Imperial College Press.

Kragh, H. (1990) Dirac: A Scientific Biography, Cambridge: Cambridge University Press.

– (1996) Cosmology and Controversy, Princeton, NJ: Princeton University Press.

Kronig, R. and Weisskopf, V. F. (eds) (1964) Collected Scientific Papers by Wolfgang Pauli, Vol. II, New York: Interscience Publishers.

Kurs͟unog lu, B. N. and Wigner, E. P. (eds) (1987) Reminiscences About a Great Physicist: Paul Adrien Maurice Dirac, Cambridge: Cambridge University Press.

Kurs͟unog lu, S. A. (1987) 'Dirac in Coral Gables', in B. M. Kurs͟unog lu and E. P. Wigner (eds), Reminiscences about a Great Physicist: Paul Adrien Maurice Dirac, Cambridge: Cambridge University Press, pp. 9-28.

Lamb, W. (1983) in 'The Fine Structure of Hydrogen' in L. M. Brown and L. Hoddeson

(eds) (1983), The Birth of Particle Physics, Cambridge: Cambridge University Press, pp. 311-28.

Lambourne, L. (1996) The Aesthetic Movement, London: Phaidon Press.

Lanouette, W. (1992) Genius in the Shadows: A Biography of Leo Szilard, New York: Scribner's.

Lee, S. (ed.) (2007a) Sir Rudolf Peierls: Selected Private and Scientific Correspondence, Volume 1, London: World Scientific.

– (ed.) (2007b) The Bethe-Peierls Correspondence, London: World Scientific.

LoBrutto, V. (1997) Stanley Kubrick: A Biography, London: Faber & Faber.

Lützen, J. (2003) 'The Concept of the Function in Mathematical Analysis', in M. J. Nye

(ed.), The Cambridge History of Science, Vol. V: The Modern Physical and Mathematical Sciences, Cambridge: Cambridge University Press, pp. 468-87.

Lyes, J. (n.d.) 'Bristol 1914-19', Bristol Branch of the Historical Association (undated but apparently c. 1920).

McCrea, W. H. (1987) 'Eamon de Valera, Erwin Schrödinger and the Dublin Institute', in C. W. Kilmister (ed.), Schrödinger: Centenary Celebration of a Polymath, Cambridge: Cambridge University Press, pp. 119-34.

McGucken, W. (1984) Scientists, Society and State, Columbus, Ohio: Ohio State University Press, pp. 40-1.

McMillan, P. J. (2005) The Ruin of J. Robert Oppenheimer and the Birth of the Modern Arms Race, New York: Penguin.

Matthews, G. B. (1914) Projective Geometry, London: Longmans, Green & Co.

Matsui, M. (1995) Sin-Itiro Tomonaga: Life of a Japanese Physicist, Tokyo: MYU.

Mehra, J. (ed.) (1973) The Physicist's Conception of Nature, Boston, Mass.: D. Reidel.

Mehra, J. and Rechenberg, H. (1982) The Historical Development of Quantum Theory, Vol. IV, New York: Springer-Verlag.

Michalka, W. and Niedhart, G. (eds) (1980) Die ungeliebte Republik, Munich: DTV.

Michelet, H. (1988) in Les Echos de Saint-Maurice, Saint-Maurice, Editions SaintAugustin, pp. 91-100.

Mill, J. S. (1869) On Liberty, London: Penguin Books.

- (1873) Autobiography.

- (1892) A System of Logic, London: George Routledge and Son.

Miller, A. I. (2005) Empire of the Stars, London: Little, Brown.

Mitton, S. (2005) Fred Hoyle: A Life in Science, London: Aurum Press.

Moldin, S. O. and Rubenstein, J. L. R. (eds) (2006) Understanding Autism: from Basic Neuroscience to Treatment, New York: Taylor & Francis.

Møller, C. (1963) 'Nogle erindringer fra livet på Bohrs institute I sidste halvdel af tyverne [Some memories from life at Bohr's institute in the late 1920s]', in Niels Bohr, et Mindeskrift [Niels Bohr, a Memorial Volume], Copenhagen: Gjellerup, pp. 54-64.

Moore, G. E. (1903) Principia Ethica, Cambridge: Cambridge University Press.

Moore, W. (1989) Schrödinger: Life and Thought, Cambridge: Cambridge University Press.

Morgan, K., Cohen, G. and Flin, A. (2007) Communists and British Society 1920-91, London: Rivers Oram Press.

Morley, A. (1919) Strength of Materials, London: Longmans, Green and Co.

Morrell, G. W. (1990) 'Britain Confronts the Stalin Revolution: The Metro-Vickers Trial and Anglo-Soviet Relations, 1933', Ph.D. thesis, Michigan State University.

Morris, A. (1972) The Florida Handbook 1971-72, Tallahassee, Fla.: Peninsular Publishing Company.

Mott, N. F. (1986) A Life in Science, London: Taylor & Francis.

Nahin, P. J. (1987) Oliver Heaviside: Sage in Solitude, New York: IEEE Press.

Needham, J. (1976) Moulds of Understanding, London: George, Allen & Unwin.

Newhouse, J. (1989) War and Peace in the Nuclear Age, New York: Knopf.

Nye, M. J. (ed.) (2003) The Cambridge History of Science, Vol. V: The Modern Physical and Mathematical Sciences, Cambridge: Cambridge University Press.

- (2004) Blackett: Physics, War, and Politics in the Twentieth Century, Cambridge, Mass.: Harvard

University Press.

Oakes, B. B. (2000) 'The Personal Papers of Paul A.M. Dirac: Their History and Preservation at the Florida State University', Unpublished PhD thesis, Florida State University.

Oliphant, M. (1972) Rutherford: Recollections of the Cambridge Days, Amsterdam: Elsevier Publishing Company.

Orwell, G. (2004) Why I Write, London: Penguin.

Osgood C. (1951) Lights in Nassau Hall. A Book of the Bicentennial 1746-1946, Princeton, NJ: Princeton University Press.

Overbye, D. (1991) Lonely Hearts of the Cosmos, New York: Harper Collins.

Overduin, J. M. and Plendl, H. S. (2007) 'Leopold Ernst Halpern and the Generalization of General Relativity', in H. Kleinert, R. T. Jantzen and R. Ruffini (eds), The Proceedings of the Eleventh Marcel Grossmann Meeting on General Relativity, Singapore: World Scientific.

Pais, A. (1967) 'Reminiscences from the Post−War Years', in S. Rozental (ed.), Niels Bohr: His Life and Work as Seen by His Friends and Colleagues, New York: Wiley, pp. 215-26.

- (1982) Subtle is the Lord, Oxford: Oxford University Press.

- (1986) Inward Bound, Oxford: Oxford University Press.

- (1991) Niels Bohr's Times, in Physics, Philosophy and Polity, Oxford: Clarendon Press.

- (1997) A Tale of Two Continents: A Physicist's Life in a Turbulent World, Princeton, NJ: Princeton University Press. - (1998) 'Paul Dirac: Aspects of His Life and Work', in P. Goddard (ed.), Paul Dirac: The Man and His Work, Cambridge: Cambridge University Press, pp. 1-45. - (2000) The Genius of Science, Oxford: Oxford University Press.

Park, C. (1992) 'Autism into Art: a Handicap Transfigured', in E. Schopler and G. B. Mesibov (eds), High−Functioning Individuals with Autism, New York: Plenum Press, pp. 250-9.

Parry, A. (1968) Peter Kapitza on Life and Science, Basingtoke: Macmillan.

Peierls, R. (1985) Bird of Passage, Princeton, NJ: Princeton University Press. - (1987) 'Address to Dirac Memorial Meeting, Cambridge', in J. G. Taylor (ed.), Tributes to Paul Dirac, Bristol: Adam Hilger, pp. 35-7.

Penny, J. (2006) 'Bristol During World War Two: the Attackers and Defenders', unpublished.

Perkovich, G. (1999) India's Nuclear Bomb, Berkeley, Calif.: University of California Press.

Pincher, C. (1948) Into the Atomic Age, London: Hutchinson and Co.

Polkinghorne, J. C. (1987) 'At the Feet of Dirac', in B. M. Kurs̤unog lu and E. P. Wigner (eds), Reminiscences about a Great Physicist: Paul Adrien Maurice Dirac, Cambridge: Cambridge University Press, pp. 227-9.

Popplewell, W. C. (1907) Strength of Materials, London: Oliver and Boyd.

Pratten, D. G. (1991) Tradition and Change: The Story of Cotham School, Bristol: Burleigh Press Ltd.

Raymond, J. (ed.) (1960) The Baldwin Age, London: Eyre and Spottiswoode.

Rees, M. (2003) 'Numerical Coincidences and "Tuning" in Cosmology', Astrophysics and Space Science, 285 (2): 375-88.

Reines, F. (1972) (ed.) Cosmology, Fusion and Other Matters: George Gamow Memorial Volume, Boulder, Col.: Colorado Associated University Press.

Rhodes, R. (1986) The Making of the Atomic Bomb, London: Simon and Schuster.

Robertson, M. (1985) 'Recollections of Princeton: The Princeton Mathematics Community in the 1930s',

Roqué, X. (1997) 'The Manufacture of the Positron', Studies in the Philosophy and History of Modern Physics, 28 (1): 73-129.

Ross, S. (1962) 'Scientist: The Story of the Word', Annals of Science, 18 (June): 65-85.

Rowlands, P. and Wilson, J. P. (1994) Oliver Lodge and the Invention of Radio, Liverpool: PD Publications.

Rozental, S. (ed.) (1967) Niels Bohr: His Life and Work as Seen by His Friends and Colleagues, New York: Wiley.

Russell, B. (1972) The Collected Stories, London, George Allen & Unwin.

Sachs R. G. (ed.) (1984) The Nuclear Chain Reaction: Forty Years Later, Chicago, Ill.: University of Chicago Press.

Salam, A. (1987) 'Dirac and Finite Field Theories', in J. G. Taylor (ed.), Tributes to Paul Dirac, Bristol: Adam Hilger, pp. 84-95.

Salam, A., and Wigner, E. P. (eds) (1972) Aspects of Quantum Theory, Cambridge: Cambridge University Press.

Salaman, E. and M. (1986) 'Remembering Paul Dirac', Encounter, 66 (5): 66-70.

Schilpp, P. A. (1959) (ed.) The Philosophy of C. D. Broad, New York: Tudor Publishing Company.

– (1970), Albert Einstein: Philosopher–Scientist, Library of Living Philosophers, Volume VII, La Salle, Ill.: Open Court Publishing Company.

Schücking, E. (1999) 'Jordan, Pauli, Politics, Brecht, and a Variable Gravitational Constant', Physics Today, October, pp. 26-36.

Schultz, B. (2003) Gravity from the Ground Up, Cambridge: Cambridge University Press.

Schuster, A. (1898a) 'Potential Matter: A Holiday Dream', Nature, 18 August, p. 367.

– (1898b) 'Potential Matter', Nature, 27 October, pp. 618-19.

Schweber, S. S. (1994) QED and the Men Who Made It: Dyson, Feynman, Schwinger and

Tomonaga, Princeton, NJ: Princeton University Press.

Scott Fitzgerald, F. (1931) 'Echoes of the Jazz Age', Scribner's Magazine, November, pp. 459-65.

Seaton, A., Seaton, D. and Leitch, A. G. (2000) Crofton and Douglas's Respiratory Diseases, Vol. II, Oxford: Blackwell.

Serber, R. (1998) Peace and War, New York: Columbia University Press.

Service, R. (2003) A History of Modern Russia, Cambridge, Mass.: Harvard University Press.

Shanmugadhasan, S. (1987) 'Dirac as Research Supervisor and Other Remembrances', in J. G. Taylor (ed.), Tributes to Paul Dirac, Bristol: Adam Hilger, pp. 48-57.

Shoenberg, D. (1985) 'Piotr Leonidovich Kapitza', Biographical Memoirs of Fellow of the Royal Society, 31: 326-74.

Sinclair, A. (1986) The Red and the Blue: Intelligence, Treason and the Universities, London: Weidenfeld and Nicolson.

Skorupski, J. (1988) 'John Stuart Mill', in E. Craig (ed.), Routledge Encyclopaedia of Philosophy, London: Routledge.

Slater, J. (1975) Solid-State and Molecular Theory: A Scientific Biography, New York: John Wiley and Sons.

Smith, A. K. and Weiner, C. (eds) (1980) Robert Oppenheimer: Letters and Recollections, Stanford, Calif.: Stanford University Press.

Snow, C. P. (1931) 'A Use for Popular Scientists', Cambridge Review, 10 June, p. 492-3.

– (1934) The Search, London: Victor Gollancz.

– (1960) 'Rutherford in the Cavendish', in J. Raymond (ed.), The Baldwin Age, London: Eyre & Spottiswoode, pp. 235-48.

Solnit, R. (2001) Wanderlust: A History of Walking, New York: Penguin Books.

Sponsel, A. (2002) 'Constructing a "Revolution in Science": The Campaign to Promote a Favourable Reception for the 1919 Solar Eclipse Experiments', British Journal of the History of Science, 35 (4): 439-67.

Spruch, G. M. (1979) 'Pyotr Kapitza, Octogenarian Dissident', Physics Today, September, pp. 34-41.

Stanford, H. K. (1987) 'Dirac at the University of Miami', in B. M. Kurs͵unog lu and E. P. Wigner (eds), Reminiscences about a Great Physicist: Paul Adrien Maurice Dirac, Cambridge: Cambridge University Press, pp. 53-6.

Stanley, M. (2007) 'Practical Mystic: Religion, Science and A. S. Eddington', Chicago, Ill.: University of Chicago Press.

Stansky, P. and Abrahams, W. (1966) Journey to the Frontier: Julian Bell and John Cornford: Their Lives and the 1930s, London: Constable.

Stoke, H. and Green, V. (2005) A Dictionary of Bristle, 2nd edn, Bristol: Broadcast Books.

Stone, G. F. and Wells, C. (eds) (1920) Bristol and the Great War 1914-19, Bristol: J. W. Arrowsmith Ltd.

Szasz, F. M. (1992) British Scientists and the Manhattan Project, London: Macmillan.

Tamm, I. E. (1933) 'On the Work of Marxist Philosophers in the Field of Physics', Pod znamenem marxizma (Under the Banner of Marxism), 2: 220-31.

Taubman, W. (2003) Khrushchev, London: Free Press.

Taylor, J. G. (ed.) (1987) Tributes to Paul Dirac, Bristol: Adam Hilger.

Taylor Sen, C. (1986) 'Remembering Paul Dirac', Encounter, 67 (2): 80.

Tebeau, C. W. (1976) The University of Miami – a Golden Anniversary History 1926-1976, Coral Gables, Fla.: University of Miami Press.

Thomälen, A. (1907), trans. George How, London: Edward Arnold & Co.

Thorp, C. and Shapin, S. (2000) 'Who was J. Robert Oppenheimer?', Social Studies of Science, August.

Van der Waerden, B. L. (1960) 'Exclusion Principle and Spin', in M. Fierz and V. F. Weiskopff (eds), Theoretical Physics in the Twentieth Century, London: Interscience Publishers Ltd, pp. 199-244.

– (ed.) (1967) Sources of Quantum Mechanics, New York: Dover.

Van Vleck, J. (1972) 'Travels with Dirac in the Rockies', in A. Salam and E. P. Wigner (eds), Aspects of Quantum Theory, Cambridge: Cambridge University Press, pp. 7-16.

Vint, J (1956) 'Henry Ronald Hassé', Journal of the London Mathematical Society, 31: 252-5.

Von Kármán, T. (with Edson, L.) (1967) The Wind and Beyond, Boston, Mass.: Little, Brown and Company.

von Meyenn, K. (1985) 'Die Faustparodie', in K. von Meyenn, K. Soltzenburg and R. U. – Sexl (eds), Niels Bohr 1885-1962: Der Kopenhagener Geist in der Physik, Brunswick: Vieweg, pp. 308-42.

von Meyenn, K. and Schücking E. (2001), 'Wolfgang Pauli', Physics Today, February, p. 46.

Walenski, M., Tager-Flusberg, H. and Ullman, M. T. (2006) 'Language and Autism', in S. O. Moldin and J. L. R. Rubenstein (eds), Understanding Autism: From Basic Neuroscience to Treatment, New York: Taylor & Francis, pp. 175-204.

Wali, K. C. (1991) Chandra: A Biography of S. Chandrasekhar, Chicago, Ill.: University of Chicago Press.

Walters, B. (1970) How to Talk with Practically Anybody About Practically Anything, New York: Doubleday & Co., Inc.

Warwick, A. (2003) Masters of Theory: Cambridge and the Rise of Mathematical Physics, Chicago, Ill.: University of Chicago Press.

Watson, J. D. (1980) The Double Helix, ed. G. S. Stent, New York: W. W. Norton & Co.

Wattenberg, A. (1984) 'December 2, 1942: The Event and the People', in R. G. Sachs (ed.), The Nuclear Chain Reaction: Forty Years Later, Chicago, Ill.: University of Chicago Press, pp. 43-53.

Weart, S. and Weiss Szilard, G. (eds) (1978) Leo Szilard: His Version of the Facts, Cambridge, Mass.: MIT Press.

Weinberg, S. (2002) 'How Great Equations Survive', in G. Farmelo (ed.), It Must Be Beautiful: Great Equations of Modern Science, London: Granta, pp. 253-7.

Weiner, C. (1977) History of Twentieth Century Physics, New York: Academic Press.

Weisskopf, V. (1990) The Joy of Insight, New York: Basic Books.

Wells, H. G. (2005) The Time Machine, London: Penguin.

Wells, J. C. (1982) Accents of English 2, Cambridge: Cambridge University Press.

Werskey, G. (1978) The Visible College, London: Allen Lane.

Westfall, R. S. (1993) The Life of Isaac Newton, Cambridge: Cambridge University Press.

Wheeler, J. A. (1985) 'Physics in Copenhagen in 1934 and 1935', in A. P. French and P. G. Kennedy – (eds), Niels Bohr: A Centenary Volume, Cambridge, Mass.: Harvard University Press, pp. 221-6.

– (1998) Geons, Black Holes, and Quantum Foam, New York: W. W. Norton & Co.

Wicker, W. K. (1990) 'Of Time and Place: The Presidential Odyssey of Dr Henry King Stanford', Doctor of Education thesis, University of Georgia.

Wigner, E. P. (1992) The Recollections of Eugene P. Wigner as Told to Andrew Szanton, New York: Plenum Press.

Wilson, A. N. (2002) The Victorians, London: Hutchinson.

Wilson, D. (1983) Rutherford: Simple Genius, London: Hodder and Stoughton.

Wing, L. (1996) The Autistic Spectrum, London: Robinson.

Winstone, R. (1972) Bristol as It Was 1914-1920, Bristol: published by the author.

Woit, P. (2006) Not Even Wrong: The Failure of String Theory and the Continuing Challenge to Unify the Laws of Physics, London: Jonathan Cape. Woodhead, M. (1989) 'School Starts at Five . . . or Four Years Old', Journal of Education Policy, 4: 1-21.

Woolf, H. (ed.) (1980) Some Strangeness in the Proportion: A Centennial Symposium to Celebrate the Achievements of Albert Einstein, Reading, Mass.: Addison–Wesley. Yang, C. N. (1980) 'Beauty and Theoretical Physics', in D. W. Curtin

(ed.), The Aesthetic Dimension of Science, New York: Philosophical Library, pp. 25-40.

찾아보기

도서출판 **승산**에서 나온 책들

2020년 노벨 물리학상 수상자 로저 펜로즈의 책들

실체에 이르는 길 1,2
로저 펜로즈 지음 박병철 옮김

현대 과학은 물리적 실체가 작동하는 방식을 묻는 물음에는 옳은 답을 주지만, '공간은 왜 3차원인가?'처럼 실체의 '정체'에는 답을 주지 못하고 있다. 『황제의 새 마음』으로 물리적 구조에 정신이 깃들 가능성을 탐구했던 수리 물리학자 로저 펜로즈가 이 무모해 보이기까지 하는 물음에 천착하여 8년이라는 세월 끝에 『실체에 이르는 길』이라는 보고서를 내놓았다. 이 책의 주제를 한마디로 정의하자면 '물리계의 양태와 수학 개념 간의 관계'이다. 설명에는 필연적으로 수많은 공식이 수반되지만 그 대가로 이 책은 수정 같은 명징함을 얻었다 공식들을 따라가다 보면 독자들은 물리학의 정수를 명쾌하게 얻을 수 있다.

−2011 아시아 태평양 이론물리센터 선정 올해의 과학도서 10권

마음의 그림자
로저 펜로즈 지음 노태복 옮김

로저 펜로즈가 자신의 전작인 『황제의 새 마음』을 보충하고 발전시켜 내놓은 후속작 『마음의 그림자』는 오늘날 마음과 두뇌를 다루는 가장 흥미로운 책으로 꼽을 만하다. 의식과 현대 물리학 사이의 관계를 논하는 여러 관점들을 점검하고, 특히 저자가 의식을 바탕이라 생각하는 비컴퓨팅적 과정이 실제 생물체에서 어떻게 발현되는지 구체적으로 소개한다. 논의를 전개하며 철학과 종교 등 여러 학문을 학제적으로 아우르는 과정은 다소의 배경지식을 요구하지만 그 보상으로 이 책은 '과학으로 기술된 의식을 가장 높은 곳에서 조망하는 경험'을 선사할 것이다.

시간의 순환
로저 펜로즈 지음 이종필 옮김

빅뱅 이전에는 무엇이 있었을까? '우리 우주' 질서의 기원은 무엇일까? '어떤 우주'의 미래가 우리를 기다리고 있을까? 우주론의 핵심적인 이 세 가지 질문을 기준으로, 로저 펜로즈는 고전적인 물리 이론에서 첨단 이론까지 아우르며 우주의 기원에 대한 새로운 의견을 제시한다. 저자는 다소 '이단적인 접근'으로 보일 수 있는 주장을 펼치지만, 그는 이 가설이 기초가 아주 굳건한 기하학적, 물리학적 발상에 기반을 두고 있었음을 설명한다. 펜로즈는 무엇보다도 특히, 열역학 제2법칙과 빅뱅 바로 자체의 특성 밑바닥에 근본적으로 기묘함이 깔려 있다는 관점을 가지고 우리가 아는 우주의 여러 양상들에 대한 가닥을 하나로 묶어 나간다

유행, 신조 그리고 공상
로저 펜로즈 지음 노태복 옮김

세계 정상급 수학자이자 물리학자인 로저 펜로즈는 2003년에 프린스턴대학교 출판부의 초청을 받아 세 번의 강의를 하였다. 펜로즈가 제시하는 끈 이론에 대한 비판적 견해가 그 강의의 내용이자 이 책의 주제이다. 독자들은 이 책을 읽음으로써 양자역학에 대한 깊은 통찰을 얻을 수 있을 것이다.

리처드 파인만

파인만의 물리학 강의 1~3
리처드 파인만 강의 로버트 레이턴,매슈 샌즈 엮음
박병철, 김충구, 정재승, 김인보 외 옮김

50년 동안 한 번도 절판되지 않았으며, 전 세계 물리학도들에게 이미 전설이 된 이공계 필독서. 파인만의 빨간책. 파인만의 진면목은 바로 이 강의록에서 나온다고 해도 과언이 아니다. 사물의 이치를 꿰뚫는 견고한 사유의 힘과 어느 누구도 흉내 낼 수 없는 독창적인 문제 해결방식이 『파인만의 물리학강의』 세 권에서 빛을 발한다. 자신이 물리학계에 남긴 가장 큰 업적이라고 파인만이 스스로 밝힌 붉은 표지의 전설적인 강의록.

파인만의 물리학 길라잡이
리처드 파인만, 마이클 고틀리브, 랠프 레이턴 공저 박병철 옮김

50년 파인만의 『물리학 길라잡이』가 드디어 국내에 출간됨으로써, 독자들은 파인만의 전설적인 물리학 강의를 온전하고 완성된 모습으로 누릴 수 있게 되었다. 파인만 특유의 위트 넘치는 언변과 영감 어린 설명은 이 책에서도 그 진가를 유감없이 발휘하고 있다. 마치 파인만의 육성을 듣는 듯한 기분으로 한 문장 한 문장 읽어가다 보면 어느새 물리가 얼마나 재미있는 학문인지 깨닫게 될 것이다. 특히 이 책은 칼텍의 열등생을 위한 파인만의 흥미로운 충고를 담고 있고, 물리학의 기본 법칙과 물리학 팁을 더욱 쉽고 명쾌하게 짚어 내는가 하면 실제로 시행착오를 거치며 문제를 해결해 나가는 과정이 자세히 나와 있어, 청소년과 일반 독자들이 파인만의 강의를 보다 쉽게 만날 수 있는 기회가 될 것이다.